MW01194372

¿CUÁL ES LA IGLESIA VERDADERA?

UNA RESPUESTA EVANGÉLICA A LAS PRETENSIONES DE LA IGLESIA DE ROMA

Néstor Díaz, Lucas Banzoli, Carlos Andrés Murr, Edgar Treviño, Cristian Villamizar, Benjamín Ibáñez Chandú, Joaquín Palomares, Enmanuel Díaz, Danny Totocayo

Publicado por Ibukku, LLC
www.ibukku.com
Diseño de portada: Ángel Flores Guerra Bistrain
Diseño y maquetación: Diana Patricia González Juárez
Copyright © 2024 Néstor Díaz, Lucas Banzoli, Carlos Andrés Murr, Edgar Treviño, Cristian Villamizar, Benjamín Ibáñez Chandú, Joaquín Palomares, Enmanuel Díaz, Danny Totocayo
ISBN Paperback: 978-1-68574-804-3
ISBN Hardcover: 978-1-68574-806-7
ISBN eBook: 978-1-68574-805-0

Índice

PRÓLOGO

¿Qué es la verdad? ¿Por qué es tan importante, o qué implicación tiene? Estas preguntas puede que no las formulemos directamente, pero pesan en nuestro día a día para quienes requieren respuestas teológicas o apologéticas ante los desafíos de diversos movimientos religiosos. Esto lleva a las personas a buscar incansablemente la verdad, que no es más que la coincidencia de lo que se afirmamos respecto a los hechos, o la correspondencia de lo que creemos respecto a la realidad.

El cristianismo tiene que ver con eso. Los cristianos de todos los siglos vivimos nuestra fe, consciente de la realidad que la respalda, una fe con base histórica y que puede rastrear hechos concretos. Contrario a religiones como el islam, el budismo o el hinduismo, nuestra fe descansa en hechos históricos, como la existencia de los patriarcas, la fidelidad de Dios hacia Israel, hasta llevarlo a la vida, obra, muerte y resurrección de Jesús. Y sin obviar el nacimiento y expansión de la iglesia cristiana como efecto inmediato a la verdad de Jesucristo.

¿Dónde podemos obtener la información necesaria para validar si lo que alguien cree, se corresponde con la verdad? En la Biblia obtenemos un valioso relato de cómo algunas personas se enfrentaron a este dilema. En el libro de Los Hechos de los Apóstoles, capítulo 17, leemos que Pablo y Silas fueron a Macedonia, específicamente a la ciudad de Berea. Lo relevante aquí es que los bereanos son elogiados por validar y comprobar con las Escrituras si las enseñanzas de Pablo y Silas eran correctas. El texto dice en los versos 10 y 11 del capítulo 17: *"Inmediatamente, los hermanos enviaron de noche a Pablo y a Silas hasta Berea. Y ellos, habiendo llegado, entraron en la sinagoga de los judíos. Y estos eran más nobles que los que estaban en Tesalónica, pues recibieron la palabra con toda solicitud, escudriñando cada día las Escrituras para ver si estas cosas eran así"*.

Algo que caracteriza a los cristianos de todos los siglos es su amor por las Escrituras, un amor que reconoce la absoluta autoridad de Dios. Allí nos topamos con el hecho de que Dios habla a su pueblo a través de profetas que tienen la responsabilidad de transmitir su mensaje; y que finalmente nos habló a través de su Hijo. Esa palabra escrita es la que usa Jesús para tomar decisiones de carácter teológico (Mateo 22:29). También dijo que esa palabra está por encima de las tradiciones humanas (Marcos 7:8,13), incluso, para vencer espiritualmente ante las acechanzas del enemigo que aborrece nuestras almas (Lucas 4:4,8,12).

Lo maravilloso de todo esto es que quienes necesitamos y buscamos la verdad, sabemos en donde hallarla. El salmista, inspirado por el Espíritu Santo, dice que los mandamientos de Dios son verdad (Sal 119:86). En Juan 17:17, nuestro Señor Jesús afirma *"Santifícalos en tu verdad; tu palabra es verdad"* (RV1960). Y esa verdad, que hallamos inspirada por Dios, nos trae libertad (Juan 8:32).

El libro que tiene usted en sus manos es una respuesta ante algunas diferencias que se suscitan sobre algunos aspectos inherentes al cristianismo, y que pueden ayudarnos a identificar la verdadera iglesia. Más específico, es una respuesta a las diferencias respecto al catolicismo romano, analizando algunas de sus doctrinas comparándolas con el consejo de Dios expuesto en las Escrituras, y que nos permitan concluir si bien el catolicismo es la verdadera iglesia, o debemos rechazarlo por faltar a la verdad.

Si ha tenido dudas con preguntas como si la verdadera iglesia debe apoyarse en el papado, o si el papel de María en el Cristianismo es como se enseña en el catolicismo romano, o si como cristianos debemos precisar de la intercesión de los santos, la utilización de ídolos en el culto, o incluso creer en la existencia del purgatorio, entre otros, este libro será una excelente herramienta para llevarnos a dirimir correctamente sobre estas diferencias doctrinales.

Confiadamente le invito a sumergirse en estas páginas asumiendo la posición de los habitantes de Berea, quienes como se dijo anteriormente, *"recibieron la palabra con toda solicitud, escudriñando cada día las Escrituras para ver si estas cosas eran así"*. Sé que cada uno de estos temas cumplirá el propósito de Dios, no sólo ayudándonos a usted a identificar la verdadera iglesia, sino también experimentando lo que produce la verdad en nuestras vidas: la verdad nos hace libres.

Que Dios le bendiga.

Juan Pablo Valles
Apologética EDF - edf.org.ve

INTRODUCCIÓN

Las diferencias entre evangélicos y católicos romanos son notables, por más que el ecumenismo tanto católico como evangélico pretenda minimizar o borrar. Que ambos tenemos doctrinas en donde estamos de acuerdo, es verdad, sin embargo, las diferencias, no podrían permitir una unión total, como desean muchos ecumenistas. A menos que esas diferencias se hicieran a un lado en nombre del ecumenismo.

Nací y fui bautizado como católico romano, por 18 años creí en las doctrinas de Roma, pero, al conocer las doctrinas del cristianismo evangélico, mi vida cambio, aquel catolicismo romano ritualista, no bíblico, y que no me transmitía a fondo lo que es la fe cristiana, quedo atrás. Este es un libro en donde el lector, *podrá ver ampliamente esas diferencias.*

Para el lector que no profesa ninguna religión, este libro será muy educativo, a los evangélicos les ayudará a *profundizar más en los errores de las doctrinas de Roma*, y, al mismo tiempo, *fortalecerse en las doctrinas bíblicas que el cristianismo evangélico enseña.* En el caso de los creyentes católicos romanos, la reacción al mensaje de este libro puede variar, algunos podrán sentirse ofendidos que se cuestione y niegue las doctrinas de Roma, habrá quienes comprenderán mejor la posición evangélica, y otros podrán darse cuenta de que las doctrinas que el catolicismo romano enseña no tienen base bíblica e histórica.

El contenido que este libro presenta, llevara a reacciones que variaran dependiendo de la persona.

Nos hemos esforzado en presentar en este libro una respuesta a lo que el catolicismo romano enseña, evitando los muñecos de paja, y las caricaturas de la posición católica romana. Acompáñenos al escrutinio y comparación de las doctrinas de Roma con el texto bíblico y la historia. No tratamos todas las doctrinas católico-romanas que la iglesia de Roma enseña, pero si tratamos de las más importantes. Los *autores de este libro* somos de *diferentes denominaciones evangélicas, y aunque pudiéramos tener diferencias, esas no son un impedimento para la hermandad, la comunión, y la unión en lo más esencial.*

Contrario a lo que dicen muchos apologistas católicos romanos, que los evangélicos estamos divididos, y solo nos unimos para *"atacar"* al catolicismo romano, eso es un argumento de monigote de paja, los miembros de las diferentes denominaciones evangélicas tenemos comunión unos con otros, en lo que nos une, por supuesto que podemos discutir nuestras diferencias, pero, al final del día, eso *no rompe la comunión y el amor cristiano que tenemos los unos para las otros.*

Cada autor del tema asignado en este libro ha tratado de presentar con claridad, tanto lo que Roma enseña, y su contraste con lo que la Biblia y la Historia enseña. Hemos trabajado arduamente también para presentar un libro de calidad teológica, apologética, e histórica, porque son temas muy profundos y requieren mucha investigación y seriedad. Hay mucho camino por recorrer es verdad, pero libros como este, que es un trabajo conjunto y muy completo en los temas que trata, escrito por cristianos de diferentes denominaciones, nos motiva a seguir trabajando en el estudio, y la publicación de libros con solido conocimiento bíblico e histórico del tema a tratar.

La mayoría de los libros publicados sobre el catolicismo romano de corte evangélico en América Latina, son traducciones del inglés (salvo pocas excepciones), este es un libro donde sus autores, aunque puedan hacer uso de libros en inglés y traducir citas para este libro, sigue siendo un libro escrito por latinoamericanos. Hacen falta más libros como este en las librerías cristianas evangélicas. Es por ello que *tratamos de presentar los mejores argumentos en cada capítulo que tratamos.*

Este es un libro que será de mucha instrucción y bendición para todos los católicos que se acerquen con una mente abierta, y por supuesto también lo será para aquellos evangélicos que comparten las doctrinas que los autores de este libro profesan. Los temas que se tratan con respecto al catolicismo romano son variados, lo que hace tener una mayor amplitud y una vista panorámica de las doctrinas que la iglesia de Roma enseña.

El cristianismo evangélico desde años ha estado creciendo mucho en América Latina, y el católico romano, así como el no católico, en este libro descubrirá cuales son los argumentos bíblicos e históricos solidos que han llevado a los evangélicos a ese importante crecimiento, en contraste con esto, se dará cuenta también que las doctrinas que el catolicismo romano ha enseñado y que mucha gente cree, no han resultado satisfactorias cuando se analizan y comparan con la Escritura y la Historia de la Iglesia.

Quiero agradecer por la invitación a participar en este libro al editor, pastor, y apologista evangélico Danny Totocayo, mi hermano en Cristo y amigo. Siempre es de bendición colaborar con él.

Dios los Bendiga
Edgar Treviño

Capítulo 01
¿CUÁL ES LA VERDADERA IGLESIA?

Por Danny Totocayo

Para responder esta pregunta de manera clara, me propongo hacerlo haciendo algunas aclaraciones en el siguiente orden:

1. Lo que es la Iglesia de Cristo.

2. ¿Es el catolicismo la Iglesia de Cristo?

3. La mayoría de cristianos se encuentran en las denominaciones evangélicas.

LO QUE ES LA IGLESIA DE CRISTO
1. ¿Qué es la iglesia?

La palabra *"iglesia"*, que empleamos nosotros, es una adaptación castellana de la griega ekklesía. La palabra hebrea gahal simplemente significa una asamblea y usualmente se traduce ekklesía en la Septuaginta.

La palabra griega, ekklesía, significaba una asamblea y se usaba en un sentido político, no religioso. No se refería a las personas; sino a la reunión. Ekklesía se usa en este sentido secular dos veces en el Nuevo Testamento (Hechos 19:32,41). Pero en el Nuevo Testamento también se empieza a usar para hacer referencia a las personas mismas, a aquellas que han sido salvadas por Dios, ya sea que estén reunidas o no.

La Iglesia es el conjunto de creyentes que han creído en Jesús como su Señor y Salvador. El apóstol Pablo dice: *"Os saludan todas las iglesias de Cristo"* (Romanos 16:16). La Iglesia somos los creyentes, los santos, los escogidos, los discípulos, los cristianos, los del camino (Hechos 22:4).

La *"Iglesia"* no es un edificio en donde Dios habita. En el Antiguo Testamento Dios sí habitaba en edificios especialmente construidos para El. Éxodo 25:8 dice: *"Y harán un santuario para mí, y habitaré en medio de ellos".* Ahora Dios no reside en un edificio (Hechos 17:24-25). El cuerpo del creyente es el templo del Espíritu Santo. 1 Corintios 6:19-20 dice: *"¿O ignoráis que vuestro cuerpo es templo del Espíritu Santo, el cual está en vosotros, el cual tenéis de Dios, y que no sois vuestros? Porque habéis sido comprados por precio; glorificad, pues, a Dios en vuestro cuerpo y en vuestro espíritu, los cuales son de Dios".*

La Iglesia es *"universal"* y esto incluye a los cristianos que estan en la tierra y en el cielo (Hebreos 12:22-23).

La Iglesia es *"local"*, es decir en cada ciudad había una Iglesia, pero también dentro de una misma ciudad también existían varias iglesias. Por ejemplo, en Galacia habian varias iglesias (1 Corintios 16:1).

> *"La iglesia es una hermandad o comunión espiritual, en la cual se han abolido todas las diferencias que separan a la humanidad. "No hay judío ni griego" (se supera así la más profunda de todas las divisiones, basada en la historia religiosa); "no hay esclavo ni libre" (se salva así la valla social y económica mayor), "ni griegos ni bárbaros" (se supera la más profunda de las divisiones culturales), "no hay varón ni mujer" (se supera la más honda de todas las divisiones humanas)".[1]*

2. El Fundador de la Iglesia: Jesucristo.

El Fundador es nuestro Señor Jesucristo. El Fundador también llegó a ser la Piedra Angular por Su muerte y resurrección (Hechos 4:11; Efesios 2:20).

Nuestro Señor Jesús es el fundamento (1 Corintios 3:11; 1 Pedro 2:5–9) por ser el Hijo de Dios, razón por la que se dice que la confesión que Pedro hizo de Cristo también es la Roca (Mateo 16:16).

Nuestro Señor Jesús nos compró con su propia sangre (Hechos 20:28).

Nuestro Señor Jesús es la Cabeza de la Iglesia (Efesios 1:20–23), no el apóstol Pedro.

Como Fundador, Él también fue quien mandó el Espíritu Santo, para capacitar a su Iglesia.

---

1   Myer Pearlman. Teología Sistemática.

Jesús es nuestra Roca (Mateo 21:42; 1 Pedro 2:7-8), es decir nuestro fundamento (1 Corintios 3:11), los apóstoles en conjunto podrían ser llamados también el fundamento en Efesios 2:20, aunque parece ser que en este texto se habla del Señor Jesús como ese fundamento de los apóstoles, ya que se le llama la piedra angular. Veamos lo que se dice en este texto: *"Edificados sobre el fundamento de los apóstoles y profetas, siendo Cristo Jesús mismo la piedra angular"* (Efesios 2:20).

El apóstol Pedro no es la Roca. En el catecismo católico dice por un lado que solamente Pedro es la Roca sobre la cual Cristo edificaría su Iglesia: *"El Señor hizo a Pedro, y solamente a él, la piedra de su Iglesia"* (CIC N° 881), pero también reconoce que Cristo es El Único Fundamento contradiciéndose. También es cierto que en un lugar le llama Roca a la confesión de Pedro. Veamos lo que se dice: *"Sobre la roca de esta fe, confesada por Pedro, Cristo ha construido su iglesia..."* (CIC N°552), pero vemos a los apologistas católicos diciendo que en Mateo 16:18 la roca es Pedro y no la confesión.

¿No podrían existir dos significados de la palabra Roca en Mateo 16:13-20

Podrían, pero en Mateo 16:13-20 no vemos que El Señor Jesús le diera dos significados a la palabra Roca, por lo tanto, es vano decir que, tanto la confesión como Simón son la Roca o las Rocas. Algun católico podría decir que estoy malinterpretando el catecismo católico romano, y que la Roca no puede ser la confesión, pero esto dice su catecismo:

> *"442... Pedro confiesa a Jesús como "EL Cristo, el Hijo del Dios vivo... Este será, desde el principio (cf.1 Ts. 1,10), el centro de la fe apostólica (cf. Jn 20,31) profesada en primer lugar por Pedro como cimiento de la Iglesia (cf. Mt 16:18)".*

Como se puede ver, se presenta Mateo 16:18 como referencia para demostrar que la confesión es el Cimiento, es decir la Roca. Y si esto es así, entonces Simón no es la Roca en este pasaje. Ahora bien, si Pedro fuera la Roca, eso no lo hace papa. Ciertamente Pedro era el primero entre iguales, pero no tenía un primado de jurisdicción.

¿Por qué Pedro no podría ser la Roca?

(1) **Mateo 16:18 puede traducirse también de varias maneras:** *"Tú eres Pedro, y sin embargo sobre esta Roca edificaré mi Iglesia".* Otra traducción seria: *"Tú eres Pedro, pero sobre esta Roca edificaré mi Iglesia"* y hasta se puede traducir correctamente: *"Tú eres Pedro, mas sobre esta Roca edificaré mi Iglesia".*

El termino griego *"kai"* significa *"y"*, *"y sin embargo"* (vea el texto griego de Mateo 3:14; 6:26), *"pero"* (Vea el texto griego de Marcos 12:12; Lucas 20:19, Romanos 1:13) y hasta tiene el significado de *"mas"*.

(2) **El Señor Jesús cambia de segunda persona a tercera persona, de "tu" a "sobre esta", por lo que, según el texto bíblico, es sobre la Roca sobre quien se edificaría, no sobre Petros.** Aunque hay muchas formas de decir algo, esto no supone que en Mateo 16:18 El Señor Jesús hizo afirmaciones tontas y oscuras como suponen los católicos. Cuando El Señor Jesús cambia de segunda persona a tercera persona, de *"tu"* a *"sobre esta"*, está diciendo claramente que Pedro no es esa Roca.

(3) **El Señor Jesús cambia, no solo de segunda persona a tercera persona; sino también de una palabra masculina a una femenina.** Si yo dijera a mi vecino: *"Y yo también te digo que tú eres Juanito y sobre esta Juanita pondré mi confianza"*, nadie en su sano juicio entendería que a la persona que llame Juanito, también le estoy llamando Juanita, ya que esto sería hacer uso de una mala gramática. Es no saber distinguir entre una palabra masculina y otra femenina. De manera similar, cuando Jesús dijo a Simón, *"tú eres Petros"* y luego dijo sobre *"esta Roca edificaré mi Iglesia"*, nadie razonable entiende que se esté hablando solo de Simón. Note también que, si yo creyera que Petros es de igual tamaño a Petra, nada indica que El Señor Jesús quiso decir que Petros es esa Petra. Le daré un ejemplo para que me entienda. Si le digo a un varón adulto y del mismo tamaño que su esposa, *"tú eres Tigre y sobre esta Tigresa pondré mi confianza en el trabajo"*, no se da por sentado que estoy hablando de la misma persona, aun cuando ambos tienen el mismo tamaño.

(4) **Petros es una piedra pequeña, y se usa como sinónima de lithos. Petros no es siempre una piedra pequeña; pero no es igual a Petra.** Si Petros y Petra significaran lo mismo sería inverosímil que Jesús dijera: *"Tú eres Petros"* y de inmediato hiciera una redundancia y mencionara a Simón con el nombre de *"Petra"*. Pero si estas palabras tuvieron un significado diferente y son aplicados a cosas distintas, entonces lo dicho por Jesús tiene más sentido. ¿Por qué cree que a Pedro nunca se le llama Petra en la Biblia? Porque él no es la Roca. En 2 Macabeos 1:16 se muestra que Petros significa piedra pequeña, no piedrecita, pero tampoco una Piedra grande como Petra. Veamos lo que dice este texto: *"Abrieron la puerta secreta del techo y a pedradas aplastaron al jefe; le descuartizaron, y cortándole la cabeza, la arrojaron a los que estaban fuera"*. Con estas piedras se aplasto a una persona, no era tan grande, pero tampoco muy pequeña. Eran piedras que se podían lanzar. En 2 Macabeos 4:41

Petros se usa para hacer referencia a una piedra pequeña. Veamos lo que dice este texto: *"Cuando se dieron cuenta del ataque de Lisímaco, unos se armaron de piedras (petrous), otros de estacas y otros, tomando a puñadas ceniza que allí había, lo arrojaban todo junto contra las tropas de Lisímaco".*

3. ¿Cuándo nació la Iglesia?

"La iglesia de Cristo nació como tal el día de Pentecostés, cuando fue consagrada por la unción del Espíritu. De la misma manera que el Tabernáculo fue construido y luego consagrado por el descenso de la gloria divina (Éxodo 40:34), así también los primeros miembros de la iglesia se congregaron en el aposento alto y se consagraron en calidad de iglesia mediante el descenso del Espíritu Santo. Es probable que los primeros creyentes vieron en este acontecimiento el retorno de la gloria de Jehová, que hacía mucho que había partido del templo, y cuya ausencia fue lamentada por algunos de los rabinos. David reunió los materiales para la construcción del templo, pero la obra fue realizada por su sucesor Salomón. De igual manera el Señor Jesús había reunido los materiales, por así decirlo, de su iglesia, durante su ministerio terrenal, pero el edificio mismo fue levantado por su sucesor, el Espíritu Santo. En realidad, esta obra fue realizada por el Espíritu que operaba por medio de los apóstoles, que establecieron los fundamentos y construyeron la iglesia mediante su predicación, enseñanza y organización. Por lo tanto, se dice que la iglesia fue edificada sobre el fundamento de los apóstoles y profetas (Efesios 2:20)".[2]

4. Los nombres de la Iglesia

En la Biblia, a la Iglesia se le ha dado varios nombres. Estos son algunos de ellos:

Cuerpo de Cristo (Efesios 1:22-23; 5:23; Colosenses 1:18; 1 Corintios 12:27).

Desposada (Jn. 14:1-3; 1 Ts. 4:16-17; Ap. 19:7-9).

Edificio. Jesucristo es la piedra angular del edificio (Ef. 2:20; cp. 1 Co. 3:11).

Sacerdocio. En 1 Pedro 2:5, el apóstol combina las figuras de edificio y sacerdocio cuando declara: *"ustedes son como piedras vivas, con las cuales se está*

---

2   Myer Pearlman. Teología Sistemática

edificando una casa espiritual. De este modo llegan a ser un sacerdocio santo" (NVI).

Rebaño. Esta imagen bella y tierna se encuentra en Juan 10:16 y describe la relación de los creyentes con el Señor (Hechos 20:28; 1 Pedro 5:3). Jesús declaró: *"También tengo otras ovejas [los gentiles] que no son de este redil [los judíos]; aquéllas también debo traer, y oirán mi voz; y habrá un rebaño, y un pastor"* (Juan 10:16).

Ramas. En Juan 15 Jesús es la vid verdadera y la Iglesia las ramas.

Pueblo elegido (1 Pedro 2:9).

Una nación santa (1 Pedro 2:9).

Pueblo adquirido por Dios (1 Pedro 2:9).

Israel de Dios (Gálatas 6:16).

La Jerusalén de arriba (Gálatas 4:26).

La Iglesia de Cristo es el conjunto de cristianos, es decir aquellos que han sido salvos por gracia por medio de la fe en Cristo Jesús. Pero esta iglesia, ¿es la católica-romana?

¿ES EL CATOLICISMO LA IGLESIA DE CRISTO?

No, claro que no, y esto es muy evidente. Pero si el catolicismo romano no es la Iglesia de Cristo, ¿Cómo se llega a esta conclusión?

Antes de presentar las razones por las que creo que el catolicismo romano no es la Iglesia de Cristo, tenga en cuenta los siguientes tres puntos:

1. El catolicismo es la religión que nace de la mezcla entre el cristianismo y el paganismo romano después de la "conversión" de Constantino

Esto se hizo posible cuando Constantino proclamo libertad religiosa en Roma. Se dice que Constantino se convirtió a Cristo, pero su conversión fue falsa. La New Catholic Encyclopedia en su artículo *"Constantino I, el Grande, Emperador Romano"* dice de Constantino:

> *"El Arco de Constantino representa su victoria sobre Maxentius y contiene símbolos paganos, pero ningún dios es nombrado; la victoria es atribuida a un "instinctu divinitatis" (un impulso divino) expresión aceptable para los cristianos y paganos. La mayoría de los ciudadanos eran paganos, así que retuvo el oficio de pontifex maximus y continuó*

usando las leyendas "Sol Invictus" y "lux perpetua" en sus monedas y monumentos, que eran expresiones de eterna calidad del estado romano. En una carta al Oriente, Constantino habló de su experiencia sobre la Providencia de Dios (Vita 2: 24-42) y afirmó su vocación divina para proteger a los cristianos en el Oriente y Occidente. En una segunda carta, exhortó a los paganos a convertirse a la "divina ley de Dios" pero proclamó libertad religiosa para todos (2: 48-60)".[3]

Al haber libertad religiosa para todos, tristemente el Cristianismo se mezcló con el paganismo romano. Sin embargo, debe aclararse que antes de Constantino ya estaban entrando herejías al Cristianismo, como por ejemplo el arrianismo, la transubstanciación y otras creencias falsas. Después de Constantino también se añadieron más doctrinas y costumbres paganas.

El Historiador Wil Durant y experto en civilizaciones afirma:

"El Paganismo sobrevivió... en la forma de antiguos ritos y costumbres condonadas, o aceptadas y transformadas por una Iglesia indulgente. Los santos reemplazaron el culto de los dioses paganos. Las Estatuas de Isis y Horus fueron rebautizadas como María y Jesús. Incienso, velas, flores, procesiones, vestimentas, himnos que habían agradado a la gente en otros cultos, fueron domesticados y limpiados en el ritual de la iglesia... El paganismo se asimilo como leche materna dentro de la nueva religión, y Roma cautiva capturo a su conquistador...el mundo se convirtió al Cristianismo".[4]

El historiador Cesar Vidal nos dice:

"Desde el 333, Constantino se declaró abiertamente arriano ... Constantino logro introducir en el interior mismo ceremonias, aspectos, creencias y prácticas cuyo origen evidentemente era el paganismo..., produce hasta pavor el espectáculo de una iglesia que, seducida por el destello de las glorias humanas, se entregó prácticamente en masa al sincretismo religioso más evidente. En términos históricos, hoy no se puede negar que el acercamiento de Constantino a la iglesia, si bien significo para esta, enormes beneficios económicos, sociales, y políticos, también implico el inicio de su corrupción a causa de las múltiples semillas paganas sembradas en ella desde ese momento".[5]

---

3   La New Catholic Encyclopedia. NCE, 2003, 2nd edition, vol. 4, págs. 179-181

4   Will Durant, Story of Civilization, 1950, vol. III, pág. 656

5   Cesar Vidal, El Mito de María, págs. 67-70. Chick Publicaciones, 1995

Constantino no es necesariamente el fundador del catolicismo. Pero es el hombre que el diablo uso para que el Cristianismo se haya mezclado con ideas no enseñadas por los apóstoles y surja asi lo que se conoce hoy como catolicismo romano. Martin Carega escribe: *"Constantino mezclo la Antigua Religión de los Misterios Paganos con Cristianismo, y el resultado fue ¡La Iglesia Católica Romana!"*.[6]

2. La apostasía de la Iglesia estaba predicha. El apóstol Pablo dice que en sus días ya estaba en acción el misterio de la iniquidad (2 Tesalonicenses 2:7), por lo cual no debe de sorprendernos que el Cristianismo se haya ido corrompiendo. En los días de Pablo y los demás apóstoles ya habían estado entrando herejías. Algunos estaban enseñando que la resurrección de los muertos ya se había efectuado, otros decían que había que guardar las fiestas judías y la circuncisión. Los apóstoles corrigieron en sus cartas y epístolas las falsedades que se estaban enseñando en sus mismos días. Después de la muerte de los apóstoles entraron nuevas doctrinas erróneas conforme pasaban los años. Estas doctrinas falsas, fueron aceptadas y aprobadas gradualmente, y esa iglesia apostata, ha llegado a conocerse como Catolicismo Romano.

3. Cristo siempre estuvo con su Iglesia, a pesar de la apostasía. Cristo prometió estar todo el tiempo con su Iglesia hasta el fin del mundo, pero eso no significa que no habría apostasía. Dios siempre ha tenido un pueblo aun cuando habría apostasía. Yo creo que asi como hoy en día hay católicos que no dan culto a María, no creen que deban usar imágenes, no creen en el primado petrino jurisdiccional, no creen en la infalibilidad del magisterio, asi también en el pasado, a través de la historia de la Iglesia, siempre ha existido un pueblo que ama a Dios, aun dentro de los ortodoxos, dentro del catolicismo romano, dentro de muchos otros grupos cristianos que no aceptaron las mentiras romanas. A veces se cree que no habian cristianos evangélicos antes de la reforma, pero esto es absurdo. Una persona puede ser cristiana, sin ser católico idolatra. Yo creo que muchos estan como el profeta Elías, diciendo que ellos son los únicos que han quedado, pero la verdad es que Dios casi siempre ha tenido sus siete mil, los cuales no han doblado sus rodillas a Baal ni a ninguno de los ídolos del catolicismo romano. Es cierto que Cristo hizo muchas promesas condicionales y a veces se piensa que la promesa de Cristo de estar todo el tiempo con su Iglesia hasta el fin del mundo no se cumplió por no cumplirse con las condiciones de fidelidad a Dios, pero yo creo que

---

6   Martin Carega, Pontifex Maximus, Dinastia Milenaria de ¡Brujos Sacerdotes! pág. 29

aun cuando hubo esta apostasía también hubo un Pueblo con el que Cristo siempre estuvo a su lado porque le fue fiel.

Si la Iglesia apostato y se desvió de la Palabra de Dios, ¿Qué otras razones existen para concluir que el catolicismo no es la Iglesia de Cristo?

Considere algunas razones por las que el catolicismo romano no puede ser la Iglesia de Cristo:

1. El catolicismo dijo por medio de sus lideres que la Biblia es un veneno y por lo mismo prohibió su lectura. Algunos podían malinterpretar las Sagradas Escrituras, pero esta no es razón para que sea un delito el ser propietario de una Biblia.

El papa Pio IX dijo que, *"La lectura de la Biblia es un veneno".*[7] En 1864 este mismo papa afirmo que *"La propagación de la Biblia es una peste".*[8]

En 1198, el Papa Inocencio III declaró que nadie debería leer la Biblia o sería apedreado hasta la muerte por *"soldados de la Iglesia militar".*[9]

En 1229, el Consejo de Toulouse, se prohibió tener el Antiguo o Nuevo Testamento.

En Inglaterra, antes de la Reforma, Tomás Moro (1478-1535) en dos años y medio como canciller, *"luchó contra la disponibilidad de la Escritura (…)".*[10]

2. El catolicismo enseña la doctrina blasfema de comer el cuerpo de Cristo de manera literal. Esto incluye el comer sus huesos, sus riñones, sus pulmones, su corazón, su sangre, etc. **¿Cree que podemos comer literalmente el cuerpo de Cristo sin caer en canibalismo? Comer el cuerpo de Cristo literalmente también** sería torturar a Cristo, y por lo mismo no pudo ser ordenado. Como puede notar, la doctrina de la transubstanciación, ese supuesto cambio de sustancia es totalmente falsa.

Muchos católicos no saben, pero su mismo catecismo católico admite que su participación de la hostia es imperfecta. Veamos lo que dice:

7   Papa Pio IX, Si II 8.12.1964

8   Sillabus, 8-12-1864

9   Enciclopedia de Diderot, 1759

10   LINBERG, Carter. Reformas en Europa. São Leopoldo: Sinodal, 2001, pág. 378-379

"1390 Gracias a la presencia sacramental de Cristo bajo cada una de las especies, la comunión bajo la sola especie de pan ya hace que se reciba todo el fruto de gracia propio de la Eucaristía. Por razones pastorales, esta manera de comulgar se ha establecido legítimamente como la más habitual en el rito latino. "La comunión tiene una expresión más plena por razón del signo cuando se hace bajo las dos especies. Ya que en esa forma es donde más perfectamente se manifiesta el signo del banquete eucarístico" (Institución general del Misal Romano, 240). Es la forma habitual de comulgar en los ritos orientales".

3. El catolicismo romano es un sistema religioso idolátrico que incita a la idolatría. En un himno que muchos católicos cantan, se admite que se adora a María. Solo citare una parte del himno para dejar claro esto que estoy diciendo:

Virgen Santa, Madre mía.
Luz hermosa, claro día.
Que la tierra aragonesa
Te dignaste visitar,
ESTE PUEBLO QUE TE ADORA
(...).[11]

María es endiosada en el catolicismo romano. El Papa Pío XII dijo de María, alto y claro:

*"Y (...) sí era digna de recibir el honor, la gloria, el imperio, —porque más llena de gracia, más santa, más hermosa, **MÁS ENDIOSADA**, incomparablemente más, que los más grandes Santos y los más sublimes Ángeles, ya sea por separado o juntos; —porque misteriosamente relacionado en el orden de la Unión hipostática con toda la Santísima Trinidad, con Aquel que es sólo por esencia la Majestad infinita, Rey de reyes y Señor de señores, que es la Hija mayor del Padre y la Madre Suprema de la Palabra y la Esposa amada del Espíritu Santo; — porque Madre del Rey divino, de Aquel a quien el Señor Dios le dio el trono de David y la realeza eterna en la casa de Jacob desde el vientre de su madre (...)".*[12]

Hablar de toda la idolatría en el catolicismo romano nos tomaría una eternidad, por lo que no hablare más, basta con sus cantos y declaraciones de sus lideres.

---

11   http://www.devocionario.com/maria/pilar_1.html
12   https://www.vatican.va/.../hf_p-xii_spe_19460513_fatima.html).

4. Los papas en el catolicismo romano son los hombres más malos, más malos que Barrabas. Aquí presentare una lista muy corta de estos lideres católicos:

El papa Esteban VI (896-897), ordeno que se desenterrara el cadáver de su antecesor, el papa Formoso. Lo hizo vestir con las ropas papales para juzgarlo con su cuerpo putrefacto. Una vez que se le sentencio se le hizo cortar los tres dedos con los que impartía la bendición, se le decapitó, y se le arrastró el cuerpo por toda la ciudad, y al final se arrojó el resto del cadáver al río Tíber.

El papa fornicario y saqueador, Juan XII (955- 963) cayó en *"fornicación con numerosas mujeres, dejar ciego a Benedicto, su padre espiritual, asesinato de un cardenal subdiácono llamado Juan, beber a la salud de Satanás en el altar de Pedro"*.

El papa ateo, Bonifacio VIII (1294- 1303). Este Papa practicó la brujera según Will Durant. Llamó mentiroso e *"hipócrita"* a Jesucristo, profesó ser ateo, negó la vida futura, fue homicida y pedófilo. Dave Hunt escribe sobre el: *"No titubeó en tener a su madre y a su hija juntas como concubinas"*.[13]

El papa pervertido, Alejandro VI (1492-1503). Este papa realizo una orgia en el Vaticano el 31 de octubre de 1501. En ella participó toda la familia papal con cincuenta prostitutas.

Hablar aquí de todo lo malo que eran los papas no es posible por causa de sus numerosos pecados y maldades, baste con lo que acabo de señalar para que tenga una idea de lo que ellos fueron.

5. La iglesia católica es la más grande de las ladronas y la más materialista. Es cierto que en algunos lugares a ayudado a algunos necesitados, pero esta ayuda es comparable con la que le dio la adivina de Endor a Saul cuando le dio de comer.[14] Esta ayuda de inconversos como la de esta adivina o la de Bill Gates y otros, es la clase de ayuda que ofrece el catolicismo. Una ayuda de hipócritas, que hacen bien sin verdadero amor. Solo lo hacen fingiendo amor, ya que no han nacido de nuevo.

¿Cómo cree que se ha hecho de tanta fortuna el catolicismo romano?

Aquí está la respuesta:

---

13   A Woman Rides the Beast, p. 173

14   1 Samuel 28:22-25

El papa Nicolás V legitimó el comercio de esclavos en su bula *"Divino amore communiti"* (por amor divino a la comunidad) el 18 de junio de 1452.

El papa Inocencio III decretó: *"confiscar los bienes de un hereje, enajenarlos y desheredar a los hijos de los herejes"*.[15]

El papa Alejandro III en el concilio de Tours en 1136, ordeno a los príncipes y gobernantes, encarcelar a los que tenían otra creencia y confiscarles sus bienes.[16]

"En el tiempo de Gregorio VIII se instituyó el diezmo de Saladín que debían pagar todos los que no participasen personalmente en las Cruzadas con el fin de recobrar la Tierra Santa".[17]

El papa Alejandro VIdejo que un noble cometiera el pecado de incesto con su hermana por el pago de 24.000 piezas de oro.[18]

El papa Sixto IV (1471-1484) financio una guerra contra los turcos, construyendo en Roma un prostíbulo para ambos sexos.[19]

En tiempos del papa Clemente VI (1342-1352) a las prostitutas les impuso un impuesto ya que eran numerosas.[20]

Según el sacerdote Raúl Soto, canónigo de la Basílica de Guadalupe, los narcotraficantes pueden diezmar:

"Más mexicanos deberían seguir el ejemplo de los narcotraficantes Rafael Caro Quintero y Amado Carrillo, que entregaron varias donaciones millonarias a la Iglesia".[21]

El obispo de Aguascalientes, Ramón Godínez, admitió que a la Iglesia católica llegan limosnas del narcotráfico cuando afirma:

---

15   Rahn Otto, Kreuzzug gegen den Gral, Engerda 1995, pág. 193

16   Lea Henry Charles, Historia de la Inquisición, tomo 1, Aalen 1980, pág. 562

17   Jordi Rivero ¿Qué es el diezmo? https://es.catholic.net/op/articulos/33028/cat/980/-que-es-el-diezmo.html#modal

18   Cawthorne Nigel, Das Sexleben der Päpste – Die Skandalchronik des Vatikans, Colonia 1999, pág. 195

19   Cawthorne Nigel, Das Sexleben der Päpste – Die Skandalchronik des Vatikans, Colonia 1999, pág. 172

20   Cawthorne Nigel, Das Sexleben der Päpste – Die Skandalchronik des Vatikans, Colonia 1999, pág. 137

21   La Jornada, 20 de septiembre de 2007

"Donde quiera se dan (limosnas del narco), en Aguascalientes y en Tepezalá, pero no nos toca a nosotros investigar el origen del dinero".[22]

6. El catolicismo romano es pagano en extremo. En los templos católicos hay imágenes de gárgolas, imágenes del diablo, y hasta en ellos se canta a la *"pachamama"*. En mi país, por ejemplo, se le canta constantemente, pero algunos católicos estan muy avergonzados y ya empezaron a denunciar esta práctica.

Veamos algunas evidencias del paganismo católico-romano:

El catolicismo paganizo el cristianismo al absorber del paganismo romano, sus creencias y costumbres. "El Partenón, el templo ateniense de la diosa griega Atenea, fue dedicado a María en el siglo VI. Lo mismo hicieron varios otros templos paganos. Todo el paganismo romano, que involucraba "santos", imágenes y falsas doctrinas, fue absorbido en gran parte por el catolicismo, que tomó para sí la esencia del paganismo romano".[23]

El culto a la santa muerte es de origen católico-romano. El investigador de los cultos, religiones y sectas, Edgar Treviño escribió: *"Uno de los testimonios legendarios sobre el origen del culto a la Santa Muerte se remonta según sus creyentes al siglo XVI, en donde de acuerdo con sus palabras, la Santa Muerte nació como una mujer blanca en el estado de Michoacán, posteriormente debido a lo que se decía de ella, la inquisición la apreso y la condeno por "bruja"".[24]*

Otro investigador del culto a la santa muerte escribe:

"El inicio del culto a la Santa Muerte en México se establece hace unos 500 años, con la llegada de los españoles, si bien no tanto debido a la tradición católica del Día de Todos los Santos, sino por la influencia de la imagen de la muerte traída por el clero que acompañaba a los conquistadores…. Los primeros misioneros franciscanos que llegaron con el fin de evangelizar a los habitantes de la Nueva España trajeron la devoción a San Pascual Bailón, así como una representación de un santo muy especial, ya que lo mostraba muerto, representación que pasearon por la actual Guatemala y Chiapas, en concreto Tuxtla Gutiérrez. Entonces los indígenas comenzaron a elaborar imágenes de San Pascual Bailón muerto y lo llamaron el "Santo Muerto". Después le agregaron la guadaña

---

22   Reforma, 20 de septiembre, de 2005

23   Lucas Banzoli, Historiador, teólogo y autor de muchos libros

24   Edgar Treviño. Estudios sobre sectas, religiones y otras falsas enseñanzas

y la balanza y se le empezó a conocer como la "Santa Muerte" ... cuyo Santuario Nacional en la colonia Morelos funciona desde el año 2000" expresa el padre Romo, el culto moderno a la Santa Muerte, el culto abierto fuera de los domicilios particulares, el culto institucionalizado, se inició en los años noventa y fue aglutinado por la Iglesia Santa".[25]

El apologista católico romano el P. Jorge Luis Zarazúa Campa nos muestra lo siguiente:

"Hay algunos investigadores que aseguran que el origen del culto a la Santa Muerte se debe a una desviación de una devoción católica con el mismo nombre, promovida en la Nueva España durante la implantación del Evangelio y cuyos orígenes se remontan a Europa... De hecho, hay una serie de imágenes realizadas en Roma a lo largo de los siglos XVII y XVIII con el tema Memento mori, frase latina que significa: "Recuerda que morirás" y que se caracterizó por la representación de la muerte simbolizando así la brevedad de la vida y la seguridad de la muerte... Encontramos estas representaciones en la Basílica de San Pedro, en Santa María de la Victoria, en Santa María del Popolo, en la Iglesia de Jesús y María (Chielsa di Gesu e María), en Santa María in Monterone, en San Pietro in Vincoli, etc. ... Parece que en todas estas imágenes se trata más bien de representar a los esqueletos de los muertos, más que buscar una representación de la muerte".[26]

Andrew Chesnut añade:

"(...) el origen de la santa esquelética proviene de la Europa medieval, particularmente de España. Durante la conquista y la colonización del Hemisferio Occidental, los frailes españoles se valieron de la figura del Sombrío Segador como un medio para evangelizar a los indígenas".[27]

Katia Perdigón Castañeda, doctorado en antropología, declaro sobre el culto de la Santa Muerte en una entrevista con Milenio Diario lo siguiente:

"El culto a la muerte como lo conocemos en nuestros días nada tiene que ver con las tradiciones prehispánicas de México, aun cuando muchas personas lo consideran así, es más bien una actividad que ha surgido a partir de la llegada de los españoles y está basada en la religión católica

---

25 Antonio del Bornio, La Santa Muerte, altares, oraciones y rituales, prólogo de Mons. David Romo Guillen págs. 19, 20, 21 Editorial Skiros, Selector

26 Citado en Estudios sobre sectas, religiones y otras falsas enseñanzas. Edgar Treviño

27 Chesnut., Ibíd. 205

popular… La actual adoración a la muerte es una mezcla cultural entre la evangelización de los frailes franciscanos y la tradición judeo cristiana, se les inculcaba a los nativos que para alcanzar una santa muerte, debían llevar una buena vida".[28]

Treviño señala:

"La Santísima Muerte es ya un movimiento religioso por el número de fieles que aglutina en América Latina, cerca de 12 millones, principalmente en México y Estados Unidos, devoción que ha ido creciendo en Centro América. En Estados Unidos atrae a los blancos y a los afroamericanos, ello podría deberse a la naturaleza universal de la muerte. El culto clandestino se ha hecho popular, a diferencia de los santos católicos, quienes son venerados un día por año, la niña blanca se venera cada mes, el altar más famoso se encuentra en Tepito".[29]

La cruz arqueada. Piers Compton, escribió que el crucifijo torcido del papa Juan Pablo II es:

"un símbolo siniestro, usado por los satanistas en el siglo sexto, que había sido revivido para la época del Vaticano Segundo. Esta era una cruz torcida o rota, en la cual se mostraba una figura repulsiva y distorsionada de Cristo, que los practicantes de la magia negra y brujos de la Edad Media habían usado para representar el término bíblico marca de la Bestia. Así, no sólo Paulo VI, sino sus sucesores, llevaron ese objeto y lo sostuvieron para que fuera reverenciado por las multitudes, que no tenían la menor idea de que representaba el anticristo".[30]

El papa Juan Pablo 2 beso el satánico Corán. Muchos lo defienden argumentando que es una muestra de amor a los islamistas. Si esto sirve de excusa, entonces que besen la biblia satánica para que digan a los satanistas que asi les demuestran amor.

Si habláramos de las practicas paganas que se han realizado y realizan en el catolicismo, aun en el vaticano en presencia del papa Francisco, no habría tiempo. Podríamos hablar sobre el halloween católico, el rosario y muchísimas otras prácticas católicas tomadas del paganismo, pero basta con lo expuesto.

---

28   http://conservacion.inah.gob.mx/204

29   Edgar Treviño. Estudios sobre sectas, religiones y otras falsas enseñanzas

30   La cruz partida: Mano oculta en el Vaticano, pág. 72

---

7. En el catolicismo los papas y curas estan y han estado los más grandes pervertidos sexuales. Según Eric Frattini, entre los papas, hubo: siete fetichistas, veintidós homosexuales, diez incestuosos, diecisiete pederastas, diez proxenetas, veinte sádicos y masoquistas, nueve violadores, y un zoofílico.[31]

En el documento *"RESUMEN DE ABUSOS SEXUALES EN LA IGLESIA CATÓLICA"* se dice que en Canadá los abusos cometidos:

> *"entre 1880 y 1996 en las Residential Schools, internados dirigidos por clérigos donde los hijos de nativos americanos fueron obligados a separarse de sus familias para volverlos ciudadanos occidentales. En dichos centros, los niños, niñas y adolescentes sufrieron abuso espiritual, cultural, emocional, físico y sexual. Los datos oficiales cifran en 100 mil las víctimas. Casi un año después, el 27 de marzo de 2019, cinco diócesis canadienses informaron que iniciarán investigaciones para cuantificar los abusos sexuales que no tengan que ver con las residentials schools".*

En Estados Unidos, durante 70 años, en algunas diócesis se conocieron 300 casos de sacerdotes que abusaron de más de 1.000 víctimas y esto sólo en uno de los 50 estados que componen el país. Si se multiplica por el resto de estados y en todo el tiempo de existencia de Estados unidos habría varios cientos de miles de víctimas de abuso sexual.

Hoy todo el mundo sabe, por las investigaciones que se han hecho, que los obispos y sacerdotes católicos de Francia han abusado sexualmente de al menos 216.000 menores de edad en los últimos 70 años. Es posible que las victimas lleguen a más de 330.000 si se tiene en cuenta a los afectados por parte de miembros laicos.

Si contáramos todo lo que han hecho los lideres católicos en todos los países por mil setecientos años, la suma de los abusos seria contada por millones.

8. El catolicismo romano ha sido asesino casi toda su vida. Una *"iglesia"* que ha asesinado todo el tiempo, ¿Cómo puede ser la Iglesia de Cristo? Pero hay quienes dicen que el catolicismo no ordeno asesinar a nadie, otros como Jose Miguel Arráiz dicen que las inquisiciones eran buenas.

Veamos qué tan buenas eran las inquisiciones hechas por los católicos romanos:

---

31   "Los papas y el sexo". Eric Frattini. 2010

En el siglo 20, los católicos que se identificaban con la ustasha (organización terrorista nacionalista croata, basada en el racismo religioso, aliada del nazismo), hicieron muchas matanzas.

"Las peores atrocidades, aunque parezca extraño, las ejecutaron los miembros de la inteligencia. El caso de Peter Brzica es, sin duda, uno de los más increíbles en esta categoría. Peter Brzica asistió al Colegio Franciscano de Siroki, Brijeg, en Herzegovina. Fue estudiante de leyes y miembro de la organización católica de los Cruzados. La noche del 29 de agosto de 1942, en el campo de concentración de Jasenovac, se dio la orden de llevar a cabo ejecuciones. Se hicieron apuestas sobre quién podría matar al mayor número de detenidos. Con un afilado cuchillo de carnicero, Peter Brzica cortó el cuello de 1,360 prisioneros. Después de proclamarlo como el ganador de la competencia, lo eligieron Rey de los Cortacuellos. Sus premios fueron un reloj de oro, una vajilla de plata, un lechón asado y vino. Las atrocidades cometidas por la Ustasha iban más allá de la tortura física. En Nevesinje, la Ustasha arrestó a toda una familia serbia, formada por el padre, la madre y cuatro hijos. La madre y los hijos fueron separados del padre. Durante siete días no les dieron nada de comer ni beber. Luego, a la madre y a los hijos les dieron un buen trozo de carne asada y mucha agua. Puesto que tenían tanta hambre, se comieron toda la carne. Después que terminaron de comer, los de la Ustasha les dijeron que habían comido carne de su padre. Esto sucedió en el siglo XX. Es un ejemplo de la ira incontrolable del Vaticano".[32]

En la primera cruzada católica, en la ciudad de Maara, el cronista francés Raoul de Caen, testigo presencial de los hechos, escribió que no solo mataba, sino también, *"los nuestros hervían a los paganos adultos en un caldero, ponían a los niños en brochetas y los devoraban a la parrilla".*[33] Maalouf describe a los fanáticos francos, que *"se esparcen por los campamentos, gritando en voz alta que quieren devorar la carne de los sarracenos, y que se reúnen por la noche alrededor del fuego para devorar a su presa".*[34] Baudri, el arzobispo de Dôle, defendía el canibalismo bajo el argumento de que *"comerse los cadáveres de los infieles*

---

32   Cortinas de Humo. Jack Chick

33   Apud MAALOUF, Amin. Las cruzadas vistas por los árabes. 4ª ed. São Paulo: Brasiliense, 2001, pág. 47. También citado en: NAZARIO, Luiz. Autos de fe como espectáculos de masas. São Paulo: Associação Editorial Humanitas: Fapesp, 2005, p. 39

34   MAALOUF, Amín. Las cruzadas vistas por los árabes. 4ª ed. São Paulo: Brasiliense, 2001, pág. 47

es todavía hacerles la guerra".[35] Ivan Lins declara que los cruzados devoraron los cadáveres de los musulmanes *"incluso ya en estado de putrefacción".*[36] Un capellán del conde de Tolosa, también testigo presencial, escribió que *"los cruzados de la clase popular venían a devorar, con avaricia, los cuerpos de sarracenos descompuestos y ya fétidos, que llevaban quince días en los pantanos, cerca de la ciudad".*[37]

En 1179, durante el Tercer Concilio de Letrán, el Papa Alejandro III decretó que:

> *"quienes persiguieran a los herejes de Languedoc verían perdonados sus pecados durante dos años y que la salvación eterna sería la recompensa de los que murieran en la lucha".*[38]

En 1194, el papa Celestino III había enviado un delegado para convocar la asamblea de prelados y nobles en Mérida, asistiendo personalmente al rey Alfonso II de Aragón, quien dictó el siguiente decreto:

> *"Ordenamos a todos los Valdenses que, en vista de ser excomulgados de la Santa Iglesia, son declarados enemigos de este reino y deben abandonarlo, igualmente en todos los estados de nuestros dominios. En virtud de esta orden, cualquiera que, a partir de este día, se permita recibir en su casa a los desdichados valdenses, asistir a sus perniciosos discursos o proporcionarles alimentos, atraerá con ello la indignación de Dios Todopoderoso y la nuestra; sus bienes serán confiscados sin apelación y será castigado como culpable del delito de lesa majestad; además, cualquier noble o plebeyo que encuentre uno de estos miserables dentro de nuestros estados, sepa que si los insulta, maltrata o persigue, no hará nada que no nos sea agradable".*[39]

En el cuarto concilio de Letrán, de 1215, se decretó que:

35   Apud LINS, Iván. La Edad Media: la Caballería y las Cruzadas. 2ª ed. Río de Janeiro: Panamericana, 1944, pág. 317

36   LINS, Iván. La Edad Media: la Caballería y las Cruzadas. 2ª ed. Río de Janeiro: Panamericana, 1944, p. 322

37   Apud LINS, Iván. La Edad Media: la Caballería y las Cruzadas. 2ª ed. Río de Janeiro: Panamericana, 1944, p. 322-323

38   LÓPEZ, Luis Roberto. Historia de la Inquisición. Porto Alegre: Mercado Aberto, 1993, pág. 33

39   MELO, Saulo de. Historia de la iglesia y evangelismo brasileño. Maringá: Orvalho, 2011, pág. 98

> *"Los gobernadores seculares no deben tolerar herejes en sus dominios. Los gobernantes que se negaran a erradicar a los herejes tendrían que ser expulsados, ya sea por sus súbditos o por cruzadas desde el exterior. Las cruzadas contra los herejes traen los mismos privilegios sacramentales e indulgencias ganadas en las cruzadas contra los turcos en Jerusalén"[40].*

En este concilio se exige:

> *"Si un señor temporal deja de cumplir el pedido de la Iglesia de purificar su tierra de la contaminación de la herejía, será excomulgado por el metropolitano y los demás obispos de la provincia. Si no se enmienda dentro de un año, el hecho debe ser comunicado al Sumo Pontífice, quien declarará a sus vasallos libres del juramento de fidelidad y ofrecerá sus tierras a los católicos. Estos exterminarán a los herejes, poseerán la tierra sin discusión y la conservarán en la fe verdadera. (...) Los católicos que tomen la cruz y se dediquen al exterminio de los herejes gozarán de la misma indulgencia y privilegio que los que van a tierra santa".[41]*

En 1229, el Concilio de Tolosa, el mismo que prohibió la lectura de la Biblia y mandó dar caza a quienes se atrevieran a leerla, *"encomendó a los obispos la instrucción de los procesos y el dictado de las sentencias que debía ser aplicada, y que podría terminar con amonestación, confiscación de bienes o muerte en la hoguera".[42]*

Se equivoca quien piense que la Inquisición sólo perseguía a los *"herejes"* más radicales y subversivos. Ella persiguió a cualquiera que estuviera en desacuerdo con la enseñanza católica en lo más mínimo. Los llamados *"franciscanos espirituales"* (sucesores de Francisco de Asís que decidieron guardar los votos de pobreza, cuando los demás ya se habían desviado del énfasis original) fueron perseguidos y asesinados por *"herejía"*, y esta herejía consistía *"primero en todo en desobediencia a la bula Quorundam de Juan XXII, que les había prohibido llevar capirotes y togas para distinguirse de los conventuales".[43]*

---

40   OLIVEIRA, Zaqueu Moreira de Historia del cristianismo en esquema. Recife: STBNB Edições, 1998, pág. 105

41   Cuarto Concilio de Letrán, Canon 3. Citado en: BETTENSON, Henry. Documentos de la Iglesia Cristiana. São Paulo: Aste, 1967, p. 180-181

42   VARA, Julián Donado; ARSUAGA, Ana Echevarría. La Edad Media: Siglos V-XII. 1ra ed. Madrid: Editorial universitaria Ramón Areces, 2010, p. 266

43   DEANESLY, Margarita. La Historia de la Iglesia Medieval: de 590 a 1500. São Paulo: Ed. Costumbre, 2004, pág. 274

El Papa Martín V (1369-1431) envió una carta al Rey de Polonia ordenando su exterminio:

> *"Sabed que los intereses del Santo Gobierno y los de vuestra corona consideran vuestro deber exterminar a los husitas. Recuerde, estas personas malvadas se atreven a proclamar principios de igualdad; afirman que todos los cristianos son hermanos... que Cristo vino a la tierra para abolir la esclavitud; llaman a la libertad, (...). Mientras aún hay tiempo, entonces, levanta tus fuerzas contra Bohemia; quemar, masacrar, hacer desiertos por todas partes, porque nada podría ser más agradable a Dios, o más útil a la causa de los reyes, que el exterminio de los husitas".* [44]

En la época de la Dieta de Augsburgo (1530), el Papa Clemente VII (1523-1534) discrepaba de la idea misma de la Dieta, pues afirmaba con firmeza que *"las grandes asambleas sólo sirven para introducir opiniones populares, (...), pero a filo de espada debemos poner fin a las controversias".* [45]

Cerca de un millón de Valdenses desde los años 1540 a 1570, *"fueron ejecutados públicamente en varios países de Europa, exceptuando todos aquellos que fueron aniquilados en secreto y de los que hay registros humanos existentes".* [46]

El papa Julio III (1550-1555), *"reforzó la Inquisición, hizo revisar el índice de libros prohibidos, fue implacable con los sospechosos de herejía e hizo encarcelar y juzgar ante la Inquisición a Morone, uno de los más eminentes cardenales, un celoso reformador. Sin embargo, fue culpable de usar su alto cargo para otorgar favores a miembros de su familia. Fue intensamente impopular entre la población romana y, a su muerte, causaron desorden, mutilaron su estatua, liberaron a los prisioneros de la Inquisición y destruyeron sus registros".* [47]

El papa Pío V (1566-1572), uno de los papas más aclamados y aún considerado famoso por los católicos tradicionalistas, *"(...) a los que lucharon contra los hugonotes, (...) les envió tropas y dinero desde Italia (...) no sólo había prometido a los vencedores compartir con ellos todos los bienes de la Iglesia, sino también ir personalmente a dirigir la guerra".* [48]

---

44   THOMPSON, RWEl Papado y el Poder Civil. Nueva York: 1876, pág. 553

45   D'AUBIGNÉ, Merle JH. Historia de la Reforma del siglo XVI: vol. V. São Paulo: Casa Editora Presbiteriana, 1962, pág. 124

46   J. P. Challender, Illustrations of Popery, 1838, p. 400

47   LATOURETTE, Kenneth Scott. Una historia del cristianismo: Volumen II: 1500 dC a 1975 dC, São Paulo: Hagnos, 2006, pág. 1168

48   CANTÚ, Cesare. Historia Universal - Vigésimo Segundo Volumen. São Paulo: Editora das Américas, 1954, pág. 204-205

El Inquisidor, Eymerich escribió en su Manual que incluso se permitía la tortura de niños y ancianos, a los que se golpeaba con látigos: *"Cabe preguntarse, en cambio, si los niños y los ancianos pueden ser torturados por su fragilidad. Puedes torturarlos, pero con cierta moderación; deben ser golpeados con palos o con látigos".*[49]

Luis Roberto López dice que, *"la tortura solo se prohibió formalmente después de que entraron en vigor los principios de los Derechos Humanos. Lo cual, dicho sea de paso, no impidió que el Papa Pío IX, a mediados de 1864, defendiera la violencia como instrumento válido contra los enemigos del catolicismo".*[50] Y a esto añade, que *"el protestantismo había sido completamente erradicado gracias a la eliminación física de todos sus seguidores. No fue un exterminio a cuentagotas, fue una masacre sumaria".*[51]

Voltaire dijo que para su época, había un total de 14 millones de muertes causadas por el catolicismo. Dowling en su Historia del Romanismo presenta la cifra de 50 millones de muertes por el catolicismo. Dice:

> *"Desde el nacimiento del Papado en el 606, hasta la actualidad, es estimado por cuidadosos y creíbles historiadores, que cincuenta millones de la familia humana, han sido masacrados por los perseguidores papales, por el crimen de herejía, en un promedio de más de cincuenta mil asesinatos religiosos por cada año de existencia del papado".*[52]

9. El catolicismo enseña a blasfemar e idolatrar a sus papas blasfemos. Los católicos no solo idolatran a María, también idolatran a sus papas. Veamos aquí algunas evidencias de esto:

> *"Cuidémonos de no perder esa salvación, esa vida y aliento que nos has dado, porque eres nuestro pastor, eres nuestro médico, eres nuestro gobernador, eres nuestro esposo, finalmente eres otro Dios, en la tierra".*[53]
> *"Aquellos a quienes el Papa de Roma separó, no fue un hombre quien los separó, sino Dios. Porque el Papa tiene un lugar en la tierra, no*

---

49   EYMERICH, Nicolás; PEÑA, Francisco. Manual del Inquisidor. 2ª ed. Río de Janeiro: Rosa dos Tempos, 1993, pág. 156

50   LÓPEZ, Luis Roberto. Historia de la Inquisición. Porto Alegre: Mercado Aberto, 1993, pág. 39

51   LÓPEZ, Luis Roberto. Historia de la Inquisición. Porto Alegre: Mercado Aberto, 1993, pág. 106

52   "Historia del Romanismo". Pág. 541, 542, New York 1871

53   Quinto Concilio, Sesión IV, año 1512; Del latín en Mansi SC, Vol. 32, col. 761 - también citado en La Historia de los Concilios, vol. XIV, col. 109, por Labbe y Cossart

meramente de un hombre sino del Dios verdadero ... él disuelve, no por autoridad humana, pero también por autoridad divina ... Yo estoy en todo y sobre todo, por lo tanto Dios mismo y yo, el sacerdote de Dios, ambos tenemos una esencia, y soy capaz de hacer casi todo lo que Dios puede hacer... por lo tanto, si estas cosas que digo no son hechas por un hombre, sino por Dios, ¿qué hacéis de mí sino Dios? Además, si los cardenales de la Iglesia Constantino los llama dioses, entonces yo estoy por encima de todos los cardenales, ya que por eso estoy por encima de todos los dioses". [54]

"El Papa y Dios son lo mismo, por lo tanto, él tiene todo el poder en el Cielo y en la tierra". [55]

"Todos los nombres que en la Escritura se aplican a Cristo se aplican al Papa". [56]

"Eres el pastor, eres el médico, eres el director, eres el agricultor; finalmente, eres otro dios en la Tierra". [57]

"El Papa tiene potestad para cambiar los tiempos, abrogar leyes y prescindir de todo, incluso de los preceptos de Cristo". [58]

"El Papa tiene una autoridad y un poder tan grandes que puede modificar, explicar o interpretar incluso las leyes divinas ... El Papa puede modificar las leyes divinas ya que su poder no proviene de los hombres, sino de Dios, y actúa como vicario de la Hijo de Dios en la Tierra, con el más amplio poder de atar y desatar el rebaño". [59]

"Pero el supremo maestro en la iglesia es el pontífice romano. Unión de mentes, por tanto, requiere juntos en perfecto acuerdo en una fe, completa sumisión y obediencia de voluntad a la iglesia y al pontífice romano como a Dios mismo". [60]

"Todo clérigo debe obediencia al Papa, incluso si ordena el mal; porque nadie es susceptible de juzgar al Papa". [61]

---

54   Decretales Domini Gregori ix Translatione Episcoporum, sobre el Traslado de los obispos, título 7, capítulo 3; Corpus Juris Canonice, 2nd Leipzig ed., 1881, col. 99; Paris, 1612, volumen 2, Decretales, col. 205, cuando Inocencio III era Papa

55   Papa Pío V, citado en Barclay, Capítulo XXVII, p. 218, "Ciudades Petrus Bertanous"

56   Berlamino, Sobre la autoridad de los concilios, LIV. 2, cap. 17

57   Philippe Labbe y Gabriel Cossart, "Historia de los Concilios", 1972, vol. 14, col. 109

58   Extraído de "Decretal de Translat, Episcop", cap. 6

59   Extracto de "Prompta Bilbiotheca", publicado en Roma, 1900

60   The Great Encycicla Letters of Leo XIII, encíclica de enero 10, 1890, pág. 193

61   Papa Inocencio III, Giovanni Lotario di Segni, 1198-1216. Citado en Rosa, Peter de: Vicarios de Cristo. La cara oculta del papado. Ediciones Martínez Roca, Barcelona-España, 1989, pág. 93

Papa San Nicolás I (Papa desde el 24 de abril de 858, al 13 de noviembre de 867) declaro: "Yo estoy en todo y por encima de todo, por lo que el mismo Dios, y yo, el vicario de Dios, tiene un consistorio (…) y yo soy capaz de hacer casi todo lo que Dios puede hacer".[62]

El Papa Inocencio III (Papa desde el 22 de febrero 1198, al 16 de Julio 1216) dijo: "Podemos de acuerdo a la plenitud de nuestro poder, disponer de la ley y prescindir por encima de la ley. Aquellos a quienes el Papa de Roma los separe, no es un hombre que los separa, pero es Dios. Porque el Papa ocupa un lugar en la tierra, no simplemente de un hombre, sino de un Dios verdadero".[63]

Beato Papa Pío IX (Papa desde el 16 de junio de 1846 al 7 de febrero 1878) dijo ser: "el sucesor de los apóstoles, el Vicario de Jesucristo (…) Yo soy el camino, la verdad y la vida (…)".[64]

El Papa San Pío X (Papa desde el 4 de agosto de 1903, al 20 de agosto 1914) dijo alto y claro: "El Papa no es simplemente el representante de Jesucristo. Por el contrario, él es Jesucristo Mismo, (…)".[65]

"El Papa no sólo es el representante de Jesucristo, sino que es Jesucristo Mismo, oculto bajo el velo de la carne".[66]

"Incluso si el Papa fuera Satanás encarnado, no debemos levantar la cabeza contra él (…)".[67]

"Si tenemos que escoger entre las Sagradas Escrituras de Dios, y los antiguos errores de la iglesia, debemos rechazar la primera".[68]

"Nunca invito a un ángel que baje del cielo para oír misa aquí. No es el lugar para los ángeles. La única persona en el cielo que le pido venir aquí es a Jesucristo, a Él le ordeno bajar. Él tiene que venir según mi voluntad. Tomé pan en mis dedos esta mañana y dije: Este es el cuerpo y la

---

62   Los historiadores de la Iglesia de Inglaterra, Período de la Reforma. Josiah Pratt,1856, p. 159

63   Decretals of Greogory IX," Book 1, chapter 3

64   History of the Christian Church, Henry Charles Sheldon, p. 59

65   Evangelical Christendom, Vol. 49, January 1, 1895, p. 15, "the organ of the Evangelical Alliance," published in London. J. S. Phillips

66   Fuente: National Catholic, Julio de 1895

67   St. Catherine of Siena, SCS, p. 201-202, p. 222, citado en Apostolic Digest, Michael Malone, Book 5: "The Book of Obedience", Chapter 1: "There is No Salvation Without Personal Submission to the Pope"

68   Johann Faber, defender of the Papacy, citado en History of The Reformation, J. H. Merle d'Aubigne, book 11, Ch. 5, Par. 9.y J. H. Merle d'Aubigne, book 11, Ch. 5, Par. 9.

---

sangre de Jesucristo, y Él tiene que bajar. Esta es una de las cosas que debe hacer Él, tiene que bajar cada vez que digo misa a mi voluntad (…)".[69]

"Confesamos que el Papa tiene el poder de cambiar las Escrituras y de la adición a la misma, y el de quitarle según su voluntad".[70]

"El Papa es de gran autoridad y poder, que es capaz de modificar, declarar, o interpretar aun las leyes divinas. El Papa puede modificar la ley divina, ya que su poder no es de un hombre, sino de Dios, y él actúa como vicegerente de Dios en la tierra".[71]

10. El catolicismo es la secta que más confusión trae por causa de sus divisiones en cuanto a doctrina y en cuanto a práctica. Aun cuando en las iglesias evangélicas hay diversidad doctrinal, esta diversidad y falta de unidad doctrinal en el catolicismo es mayor. Veamos las divisiones del catolicismo:

Existen diferencias entre los católicos tradicionales, católicos carismáticos, católicos ortodoxos, católicos sedevacantistas, católicos liberales que practican la brujería, la hechicería, etc. Muchos no saben, pero es el catolicismo quien causo el gran cisma. Un famoso sitio web ortodoxo afirma: *"Contrariamente a lo que afirman algunos historiadores, el cisma es realmente 'de Occidente', ya que fue la Iglesia Romana la que se separó de la comunión de Fe de las Iglesias hermanas".*[72] Estoy totalmente de acuerdo.

No hay unidad doctrinal con los ortodoxos. Estos no estan de acuerdo con los católicos en cuanto al canon. Los ortodoxos tienen como canónicos los libros de 1° Esdras (= 3° Esdras en la Vulgata), la Oración de Manasés, el Salmo 151, 2° Esdras (= 4° Esdras en la Vulgata) y 4° Macabeos. La Iglesia Ortodoxa Copta Etíope tiene 81 libros en total en la Biblia, con la mayoría en el NT que contiene los *"Hechos de Pablo"*, *"1er Clemente"* y *"El Pastor de Hermas"*. El AT de la Iglesia Etíope agrega el *"Libro de los Jubileos"*, el *"Libro de Enoc"* y el *"4° de Baruc"*. La Biblia Ortodoxa Siria, excluye 2 Pedro, 2 y 3

---

69   Roman Catholic Priest David S. Phelan, The Western Watchman (St. Louis: Western Watchman Publishing Company), June 10, 1915

70   Roman Catholic Confessions for Protestants Oath, Article XI, Confessio Romano-Catholica in Hungaria Evangelicis publice praescripta te proposita, editi a Streitwolf, as recorded in Congressional Record of the U.S.A., House Bill 1523, Contested election case of Eugene C. Bonniwell, against Thos. S. Butler, Feb. 15, 1913

71   Lucius Ferraris, in "Prompta Bibliotheca Canonica, Juridica, Moralis, Theologica, Ascetica, Polemica, Rubristica, Historica", Volume V, article on "Papa, Article II", titled "Concerning the extent of Papal dignity, authority, or dominion and infallibility", #30, published in Petit-Montrouge, Paris, J. P. Migne, 1858 edition

72   http://www.ecclesia.com.br/biblioteca/igreja_ortodoxa/o_cristianismo_ortodoxo_em_perguntas_e_respostas.html

de Juan, Judas y el Apocalipsis. La iglesia ortodoxa rusa desde el siglo XVII en adelante eliminó los *"deuterocanónicos"* del AT de sus Biblias. Los ortodoxos no creen en la infalibilidad papal, solo aceptan 7 concilios, mientras que el catolicismo acepta 21 concilios, no aceptan la doctrina de la inmaculada concepción de María, no creen en el purgatorio, no creen en el limbo, no admiten la existencia de un Juicio Particular para evaluar la suerte de las almas inmediatamente después de la muerte sino un único Juicio Universal, no creen en un bautismo por aspersión, no aceptan imágenes esculpidas solo iconos, no creen que en la cena del Señor se participe solo con pan sino también con vino, no creen que para el sacerdocio deba hacer obligatoriamente el voto del celibato, ya que es opcional, nunca ha admitido la existencia de indulgencias, además de las devociones al Sagrado Corazón de Jesús, Corpus Christi, Vía Crucis, Rosario, Cristo Rey, Inmaculado Corazón de María y otras conmemoraciones similares.

Si hay *"una Iglesia Católica"* que es *"la única Iglesia de Cristo"*, entonces ¿cuál es? Porque hay muchas "iglesias" católicas. Aquí solo algunas para no cansar al lector:

Católica del rito latino
Católico apostólico cristiano
Católico apostólico ortodoxo
Católico armenio
Católico bizantino
Católico brasileño
Carismático católico de Brasil
Católico maronita
Católico ortodoxo armenio
Católico ortodoxo griego
Católico ortodoxo ruso
Renovación carismática católica
Católico renovado
Católico sirio
Católica de la tradición litúrgica alejandrina
Iglesia católica copta (1741)
Iglesia católica etíope (1846)
Iglesia católica apostólica libre de Brasil
Iglesia católica apostólica de evangelización misionera
Iglesia nacional católica apostólica
Iglesia católica liberal (ICL)

Hay más de 100 millones de católicos carismáticos, a los cuales los papas no los han rechazado, aun cuando estos piensan diferente del catolicismo tradicional. El historiador Lucas Banzoli, sobre la división católica, escribe: *"Otra división en el catolicismo se refiere a las divergencias entre lo tradicional y lo carismático, también presentes hoy".* Luego presenta el siguiente gráfico para ilustrarlo:

Católicos tradicionales	Católicos carismáticos
El bautismo en el Espíritu Santo no es un evento separado del bautismo en agua.	Hay un bautismo en agua y otro en el Espíritu, que ocurren en diferentes momentos de la vida del cristiano.
El don de lenguas se refiere a las lenguas idiomáticas humanas.	El don de lenguas se refiere a "lenguas de ángeles", ininteligible
El don de lenguas no existe hoy, pero sirvió para aquella época apostólica.	El don de lenguas continúa hasta el día de hoy.
No existe tal cosa como caer en el Espíritu.	Hay "caer en el Espíritu"
No hay retiros de sanación interior y liberación.	Hay retiros de sanación interior y liberación.
Posición escatológica preterista	La mayoría abraza el futurismo
No hay salvación fuera de la Iglesia Católica Romana	Hay salvación fuera de la Iglesia Católica (incluso entre los evangélicos, que son considerados "hermanos")
No admite ninguna influencia proveniente del protestantismo.	Fue fuertemente influenciado por libros y pastores protestantes en el propio movimiento carismático temprano.

Como puede ver, el catolicismo tradicional y el catolicismo carismático es distinto. Banzoli a esto añade: *"Por lo tanto, vemos que los católicos no tienen moral para hablar de división, porque ellos son los grandes maestros de la división. Con el Cisma de Oriente (¿o fue Occidente?) se separaron de la Iglesia Ortodoxa por su propia arrogancia y ambición de poder temporal en el siglo XI; debido a su frialdad espiritual, lo poco que quedó de ella se perdió después del siglo XVI, y lo que quedó de las divisiones hoy continúa dividido, entre católicos tradicionales, carismáticos, ortodoxos y muchos otros".*[73]

---

73   http://heresiascatolicas.blogspot.com/2012/08/a-igreja-catolica-e.html/ ¿Es la Iglesia Católica "una"? Lucas Banzoli, 25 de agosto de 2012

En el catolicismo hay predicadores de la teología de la liberación. Se pone la ayuda a los pobres en igualdad al evangelio.

En el catolicismo se rechaza y se aprueba la idolatría. Las contradicciones sobre esto se pasan por alto muchas veces, pero las evidencias saltan a la luz y no se puede negar lo que está muy claro. Por ejemplo, Alfonso de Ligorio, considerado doctor y santo por la Iglesia romana, en su libro *"Glorias de María"* habla sobre sus creencias idolátricas cuando exalta a María tanto como a Cristo. Aquí algunas declaraciones de este idolatra: *"En consecuencia, los ángeles, los hombres y todas las cosas en el cielo y en la tierra están sujetas al dominio de María"* (página 35). *"Si María es por nosotros, ¿quién contra nosotros?"* (página 90). *"¡Ve a María! El Señor decretó no conceder ningún favor sin la mediación de María. Así que en sus manos está nuestra salvación"* (página 144). Como puede ver, la idolatría católica se acepta por un lado y no se puede negar ya que es demasiado evidente. Ciertamente, hay quienes rechazan la idolatría, y asi muestran que no estan unidos los que pertenecen a esta babilonia satánica.

En el catolicismo los sedevacantistas han presentado un documento de 202 contradicciones entre el magisterio católico y el concilio vaticano segundo. Aquí no podría presentar todas esas contradicciones por lo extenso del documento, pero los católicos no pueden darle una respuesta. Ni un solo apologista católico se ha atrevido a responder estas 202 contradicciones. Solo se las pasa por alto y se las toma como si no existieran.

Contradicciones en el catolicismo: Las contradicciones en el catolicismo son muchas, pero aquí solo señalare algunas pocas:

– El Papa Gregorio Magno dice que solo en el catolicismo se puede adorar verdaderamente a Dios. Según él, *"La Santa Iglesia universal enseña que no es posible adorar verdaderamente a Dios excepto en ella…"*[74] **Sin embargo**, el Concilio Vaticano II dice: *"Pero el designio de salvación abarca también a los que reconocen al Creador, entre los cuales están en primer lugar los MUSULMANES, que, confesando adherirse a la fe de Abraham, adoran con nosotros a un Dios único, misericordioso, que juzgará a los hombres en el día postrero"*.[75]

– El catecismo católico en el numeral 121 dice: *"(…) La antigua alianza no ha sido revocada"*. **Pero** el papa Eugenio IV en el Concilio de Florencia en 1441, dijo ex cathedra: *"La Santa Iglesia Romana firmemente cree, profesa y*

---

74   The Papal Encyclicals, vol. 1. 1740-1878, p. 230

75   Lumen gentium, # 16. Decrees of the Ecumenical Councils, vol. 2, p. 861

*enseña que las legalidades del Antiguo Testamento, o sea, de la Ley de Moisés, …
cesaron una vez venido nuestro Señor Jesucristo".*[76]

– El Papa Eugenio IV, en el Concilio de Florencia, dijo ex cathedra: *"La
Santa Iglesia Romana cree firmemente, profesa y enseña que aquéllos que no están
en el seno de la Iglesia Católica, no solamente los paganos, sino también los judíos
o herejes y cismáticos, jamás compartirán la vida eterna, e irán irremediablemente
al fuego eterno preparado para el diablo y sus ángeles, a no ser que se hayan unido
a la Iglesia antes de morir…".*[77] **Pero** el concilio Vaticano II dice: *"… no se ha
de señalar a los judíos como reprobados de Dios…"*[78]

– El catecismo católico enseña que la salvacion y la justificación de los
elegidos permanecerán, y para ello cita a Agustín, un creyente de la preservación de los santos, aprobando esta creencia. Esto dice: *"1994 (…) la salvación
y la justificación de los elegidos permanecerán".* **Pero** en otros lugares se condena
esta creencia.

– El Papa Francisco en una basílica del vaticano dijo que Jesús probablemente pidió disculpas a sus padres: *"Al final de aquella peregrinación, Jesús
volvió a Nazaret y vivía sujeto a sus padres (cf. Lc 2,51). Esta imagen tiene también una buena enseñanza para nuestras familias. En efecto, la peregrinación no
termina cuando se ha llegado a la meta del santuario, sino cuando se regresa a casa
y se reanuda la vida de cada día, poniendo en práctica los frutos espirituales de la
experiencia vivida. Sabemos lo que hizo Jesús aquella vez. En lugar de volver a
casa con los suyos, se había quedado en el Templo de Jerusalén, causando una gran
pena a María y José, que no lo encontraban. Por su «aventura», probablemente
también Jesús tuvo que pedir disculpas a sus padres. El Evangelio no lo dice, pero
creo que lo podemos suponer".*[79] **Pero** en otros lugares dice que Jesús no peco
por lo que no podría pedir disculpas.

– El catecismo dice que solo hay un Dios y nunca habrá más dioses, **pero**
también declara que seremos dioses cuando esto no puede ser posible, ya
que seriamos la cuarta persona de la Trinidad. Se cita a Atanasio, quien dice:
*"Porque el Hijo de Dios se hizo hombre para **hacernos Dios**"* (San Atanasio de
Alejandría, De Incarnatione, 54, 3: PG 25, 192B). Luego se cita a Tomas

---

76   Denzinger 712

77   Decrees of the Ecumenical Councils, vol. 1, p. 578; Denzinger 714

78   Nostra aetate, # 4

79   Homilía del santo padre Francisco. Basílica Vaticana, Domingo 27 de diciembre de 2015, Fiesta de la Sagrada Familia de Jesús, María y José. http://w2.vatican.va/…/
papa-francesco_20151227_omelia-santa…)

de Aquino, quien dice de manera similar: *"Unigenitus [...] Dei Filius, suae divinitatis volens nos esse participes, naturam nostram assumpsit, ut homines deos faceret factus homo ("El Hijo Unigénito de Dios, queriendo hacernos partícipes de su divinidad, asumió nuestra naturaleza, para que, habiéndose hecho hombre, hiciera dioses a los hombres") (Santo Tomás de Aquino, Oficio de la festividad del Corpus, Of. de Maitines, primer Nocturno, Lectura I)"*.[80]

– La doctrina del limbo fue enseñada en concilios, por papas y catecismos en comunión con sus lideres, pero el catolicismo hoy en día rechaza esta creencia. El Papa Zósimo (417-418) en el Concilio de Cartago, canon sobre el pecado y la gracia dice: *"También se ha decidido, que si alguno dijese que por esta razón el Señor dijo: 'En la casa de mi Padre hay muchas moradas' (Juan 14,2), que ello puede entenderse que en el reino de los cielos habrá algún lugar intermedio o cualquier otro lugar donde viven los niños benditos que partieron de esta vida sin el bautismo, sin el cual no pueden entrar en el reino de los cielos, que es la vida eterna, sea anatema"*.[81] El papa Gregorio Magno (590-604) afirmo que los niños que no han pecado por su voluntad deben ir a los *"tormentos eternos"*.[82] El Papa Inocencio III (1206) dice en su carta MAIORES ECCLESIAE CAUSA a Imberto, arzobispo de Arlés lo siguiente: *"La pena del pecado original es la carencia de la visión de Dios... "*[83] En el Segundo Concilio de Lyón convocado en 1274 encontramos lo siguiente: *"Sin embargo, las almas de los que mueren en pecado mortal, o solo con pecado original, van rápidamente al infierno, para ser castigados, sin embargo, con diferentes castigos"*.[84] El Papa Martín V, en el Concilio de Constanza, sesión 15, 6 de julio de 1415, condeno los artículos de John Wyclif. La proposición de 6 de Wyclif decía: *"Los que afirman que los hijos de los fieles que mueren sin bautismo sacramental no serán salvos, son estúpidos e impertinentes por decir esto". Esta afirmación, simplemente fue llamado por este Papa "condenado""*.[85] En el Concilio de Florencia el papa Eugenio IV dijo excatedra: *"Asimismo definimos (...) las almas de aquellos que mueren en pecado mortal o actual o con solo el original, bajan inmediatamente al infierno, para ser castigadas, si bien con penas diferentes"*.[86] En la sesión 11, 4 de febrero de 1442, dijo ex cathedra: *"En cuanto a los niños advierte que, por*

---

80   Catecismo católico, 460

81   Denzinger 102, adición autentica al canon 2

82   Gregorio Magno, Moralia 9, 21, en el comentario a Job 9,17. PL 75,877

83   Denzinger 410

84   George J. Dyer, STD, Limbo: pregunta sin resolver, pág. 58-59

85   Decrees of the Ecumenical Councils, vol. 1, p. 422

86   Concilio de Florencia, Sesion 6, 6 de Julio de 1439

razón del peligro de muerte, que con frecuencia puede acontecerles, como quiera que no puede socorrérseles con otro remedio que con el bautismo, por el que son librados del dominio del diablo [el pecado original] y adoptados por hijos de Dios, no ha de diferirse el sagrado bautismo por espacio de cuarenta o de ochenta días o por otro tiempo según la observancia de algunos... "[87] **Pero** el catecismo católico de hoy declara algo distinto: *"En cuanto a los niños muertos sin Bautismo, la Iglesia sólo puede confiarlos a la misericordia divina, como hace en el rito de las exequias por ellos. En efecto, la gran misericordia de Dios, que quiere que todos los hombres se salven y la ternura de Jesús con los niños, que le hizo decir: Dejad que los niños se acerquen a mí, no se lo impidáis (Mc 10,14), nos permiten confiar en que haya un camino de salvación para los niños que mueren sin el Bautismo".*[88]

– Bob Sungenis, un apologista católico corrigió el catecismo católico. Bob Sungenis corrigió el catecismo católico para adultos, y así demostró, sin quererlo, que el magisterio católico es FALIBLE. A Sungenis le pregunto un católico: *"En enero de 2008 ha llamado la atención de los medios de comunicación por su confrontación pública con la Conferencia Episcopal de EE. UU. con ocasión de la publicación del Catecismo para adultos. ¿De qué se trataba?"* A esta pregunta Sungenis responde de la siguiente manera:

> *"El problema se encontraba en la frase del Catecismo para adultos publicado en el 2006. En la página 131 constaba: "Por lo tanto, la alianza que Dios hizo con el pueblo israelita por medio de Moisés mantiene para ellos su eterna validez." Seamos sinceros. Cualquiera que tiene nociones básicas de teología católica y con la Sagrada Escritura sabe que esta frase es herética hasta la médula. ¿Cómo entonces es posible que se encuentre como tal en un catecismo católico? Esto es buen ejemplo en el cual se puede ver que el principio caveat Emptor [principio jurídico según el cual el comprador asume el riesgo en el caso de un producto defectuoso] se puede aplicar hasta a los documentos católicos oficiales, especialmente si los escriben obispos católicos liberales que de hecho forman gran parte del episcopado actual. Ya desde la fecha en la que el escritor judío Jules Isaac, en 1948, escribió el libro Jesús e Israel, en la Iglesia Católica existe el movimiento que acusa a la Iglesia y al Nuevo Testamento como antisemitas. Ese nuevo movimiento intentaba adaptarse a la religión judía y hacer de ella una cuestión actual de forma permanente. Eso ha llegado hasta el punto que los liberales católicos empezaron públicamente*

---

87   Denzinger 712; Decrees of the Ecumenical Councils, vol. 1, p. 576

88   Catecismo de la Iglesia Católica, nº 1261

enseñar que los judíos tienen su propia alianza con Dios según la cual se pueden salvar, y que por eso mismo ellos no deben ser meta de la evangelización cristiana (esto consta por ejemplo en el documento sobre la liturgia publicado en 1998, editado por la Conferencia Episcopal de EE. UU. y en la declaración Reflexiones sobre la Alianza y misiones firmada por el Cardenal William Keeler de Baltimore). Por supuesto, no ayudó mucho una afirmación bastante controvertida y ambigua del Beato Juan Pablo II, de 1981, según la cual "la Antigua Alianza nunca ha sido revocada por Dios", y la que, sin atender su verdadero significado, ha sido aprovechada por los liberales como un trampolín para enseñar que los judíos tienen su propia relación con Dios y que el judaísmo y catolicismo son religiones más o menos hermanadas que dependen una de otra. Era pues solamente cuestión de tiempo cuando el catecismo oficial (Catecismo de EE. UU. de 1996) recogerá el relevo y repetir lo que en los círculos liberales se decía desde hace ya tiempo. Incluso el Catecismo de la Iglesia Católica de 1994 decía que "la Antigua Alianza nunca ha sido revocada", aunque del contexto queda claro que "la Antigua Alianza" se refiere a los libros de Antiguo Testamento, y no a la alianza de Moisés. Según lo cual, aunque la afirmación prima facie es imprudente, por lo menos no es herética. Pero cuando alguien afirma que la ley de Moisés es irrevocable en sí y que los judíos actuales lo pueden invocar y por el mismo ser salvos, entonces eso llega a ser una herejía que lo penetra todo de dimensiones enormes. Y de esa forma en 2008 la Conferencia Episcopal de EE. UU. ha decidido eliminar esa problemática (suavemente dicho) frase. ¿Afirmaría usted que eso era fruto de su intervención? Sí, porque nadie más en el mundo no levantó por eso ni el más mínimo ruido. Todo el mundo o lo ignoraba, o me decían que me callara, o me llamaban antisemita porque me he atrevido criticar la religión y la política judía. Con el fin de frenar la difusión de mencionada herejía, escribí una carta de 15 páginas y un ejemplar mandé a la… Congregación para la Doctrina de la Fe en el Vaticano. También publiqué un largo artículo en la revista Cultur Wars (enero de 2008) en el cual he desenmascarado la herejía del disputado Catecismo. En los siguientes seis meses los obispos americanos convocaron una reunión extraordinaria en la que por votación (243 en contra de 14) decidieron eliminar la ofensiva frase del Catecismo. Al año siguiente (2009), el Vaticano ha mandado la recognitio a la Conferencia Episcopal de EE. UU aceptando y confirmando la corrección".

Tanto hay para hablar sobre el catolicismo, pero lo dicho hasta aquí es suficiente para que tenga una idea de lo que es el catolicismo romano.

LA MAYORIA DE CRISTIANOS SE ENCUENTRAN EN LAS DENOMINACIONES EVANGÉLICAS

Antes de demostrar que la mayoría de cristianos se encuentran en las denominaciones evangélicas debo hacer las siguientes aclaraciones:

A la Iglesia de Cristo no se la conoce por una sucesión apostólica, se la conoce por su fe en Cristo, por su doctrina y por el amor (Juan 13:35) que se tienen entre cristianos, amor que Dios derramo en sus corazones (Romanos 5:5). Si la Iglesia evangélica no tuviera sucesión, ni 2 mil años de existencia, esto de ninguna manera impediría que fuera la Iglesia de Cristo, ya que el buen fruto que los católicos reconocen que existe en la Iglesia evangélica es la evidencia de que somos hijos de Dios.

No todos los que van a un culto evangélico son salvos, muchos de ellos estan perdidos, lejos de Dios, tanto como la mayoría de católicos. Las denominaciones evangélicas son muchas, y dentro de ellas hay falsos creyentes, pero también hay verdaderos creyentes. Muchos de estos verdaderos creyentes son luteranos, presbiterianos, bautistas, metodistas, cuáqueros, pentecostales trinitarios, etc.

Si los creyentes de las denominaciones evangélicas tienen sucesión doctrinal en lo fundamental y estan fundados en Cristo, entonces son la Iglesia de Cristo. No importa mucho si otros grupos tienen sucesión apostólica, ya que esta no garantiza la salvación ni la correcta comprensión de las enseñanzas de Cristo y la de sus apóstoles, ya que los ortodoxos y los católicos romanos, que dicen tener una sucesión desde los apóstoles, tienen doctrinas que tomaron del paganismo.

¿Es posible que haya cristianos verdaderos dentro de otras denominaciones no evangélicas? Es posible. Se de curas católicos que no dan culto a María, como por ejemplo el sacerdote Daniel Acosta. He conocido católicos, adventistas y de otros grupos que no estan comprometidos con las creencias de sus fundadores; sino solo con Dios y con su Palabra, por lo que creo que Dios puede tener un remanente entre estos grupos religiosos.

A un hombre que echaba fuera demonios en el nombre de Jesús, los apóstoles le prohibieron que siguiera haciendo esta obra divina, a menos que se uniera siguiendo a los apóstoles. Pero este no quiso, y con todo Jesús no le rechazó, más bien dijo a sus apóstoles: "Porque el que no es contra nosotros, por nosotros es" (Marcos 9:40). Y aquí no quiero que piense que creo que los católicos representan a los apóstoles y los evangélicos a este hombre que no quiso seguir a los apóstoles. El catolicismo es falso y no sigue la doctrina de Cristo, pero si el catolicismo fue en una época pasada, la Iglesia de Cristo, los cristianos evangélicos igualmente seriamos la Iglesia de Cristo sin unirnos a ella, y esto, por nuestra obediencia al evangelio.

¿Cómo sabemos si entre las denominaciones evangélicas se encuentran la mayoría de cristianos y no en otras denominaciones religiosas?

Porque los creyentes de las denominaciones evangélicas sobresalen por encima de todas las denominaciones por su doctrina, su consagración y estilo de vida.

1. Los creyentes evangélicos somos la Iglesia de Cristo porque hemos puesto nuestra fe en Cristo, el Hijo de Dios, nuestra Roca. El catolicismo romano no puede negarlo y ahora se ve obligado a reconocer que somos cristianos como lo dicen sus propios documentos. El catecismo católico romano dice:

> *"818 Los que nacen hoy en las comunidades surgidas de tales rupturas y son instruidos en la fe de Cristo, no pueden ser acusados del pecado de la separación y la Iglesia católica los abraza con respeto y amor fraternos [...] justificados por la fe en el Bautismo, **se han incorporado a Cristo; por tanto, con todo derecho se honran con el nombre de cristianos** y son reconocidos con razón por los hijos de la Iglesia católica como hermanos en el Señor" (CIC).*

Los cristianos evangélicos no necesitamos del reconocimiento de ningún documento católico, nos basta con el reconocimiento de Dios, pero para quienes creen que los evangélicos no somos cristianos les he presentado esta cita del catecismo católico romano.

Si los evangélicos somos cristianos, ¿Cómo es que no somos la Iglesia de Cristo?

2. Los creyentes evangélicos somos los más odiados y perseguidos por nuestra fe. En EEUU, en Israel y en todas las naciones los que más predican y los más radicales en cuanto a consagración somos los evangélicos y por lo mismo nos odian en su mayoría, ya que al mundo no le gusta la luz y la vida espiritual. Es cierto que algunos calvinistas han matado, y no lo excusamos, pero este pecado no ha llegado a la extrema maldad del catolicismo con sus inquisiciones y cruzadas matando a millones de personas.

3. Los creyentes evangélicos tenemos solo a un Dios Trino inmutable como dice la Biblia. En el catolicismo se dice que seremos dioses, lo cual es falso. En el catecismo católico, en el numeral 460 se cita y se avala a Atanasio, quien dice: *"Porque el Hijo de Dios se hizo hombre para hacernos Dios"*.[89]

4. Los creyentes evangélicos tenemos a un Dios-hombre como el expiador de los pecados, no a simples hombres. En los Fundamentos del Dogma Católico, el Dr. Ludwig Ott dice: *"En el poder de la gracia de la redención merecida por Cristo, María, por su espiritual entrada en el sacrificio de su Hijo divino por los hombres, hizo expiación por los pecados de los hombres, y… mereciendo la aplicación de la gracia redentora de Cristo. De esta manera es colaboradora en la redención subjetiva de la humanidad"*.[90]

5. Los creyentes evangélicos tienen mayor permanencia en la fe que la de cualquier otro grupo religioso. Aunque en las iglesias evangélicas hay apostasía en algunos, los creyentes en general son más firmes para seguir a Cristo y no volver atrás hacia el pecado que antes se practicaba. Los evangélicos crecen en su fe, la divulgan y el cristianismo crece. Pero ¿Qué pasa en el catolicismo? La mayoría está en las fiestas, en los crímenes, en los robos, en los bares para beber cerveza si tienen muchisisisisima sed.

6. Los creyentes evangélicos tienen Pastores casados con pocas excepciones como también se ve en nuestros comienzos en el primer siglo. *"Pero es necesario que el obispo sea irreprensible, marido de una sola mujer… que gobierne bien su casa, que tenga a sus hijos en sujeción con toda honestidad (pues el que no sabe gobernar su propia casa, ¿cómo cuidará de la iglesia de Dios?)"* (1 Timoteo 3:2-5).

Esto es muy diferente del catolicismo romano, en donde la mayoría de sus *"ministros"* no son casados y por lo mismo no pueden comprender lo que es el matrimonio y lo que es criar a los hijos.

7. Los creyentes evangélicos tienen como su única infalible regla de fe a la Biblia, porque solo ella es la Palabra profética más segura como lo dijo el apóstol Pedro. ¿Qué persona razonable quiere basar sus creencias en las declaraciones de papas y concilios, si no cumplen con las condiciones

---

89   San Atanasio de Alejandría, De Incarnatione, pág. 54, 3: PG 25, 192B

90   Fundamentos del Dogma Católico, el Dr. Ludwig Ott, pág. 213.

morales y espirituales para enseñar a la Iglesia? ¿Qué persona razonable va a basar sus creencias en lo que dicen concilios *"ecuménicos"* que se contradicen?

8. Los creyentes evangélicos tienen ministros ungidos por Dios. El poder de Dios se puede notar cuando se dan predicaciones de pastores evangélicos por esto hay corazones quebrantados cuando ministran el evangelio. Pero en el catolicismo romano los curas católicos solo tienen el poder del engaño, la manipulación y los insultos. Por esta razón los católicos que quieren servir a Dios de la manera más correcta dejan el catolicismo todo el tiempo.

9. Los creyentes evangélicos tienen los mejores canticos cristianos. Nuestros canticos son superiores en todo sentido a los canticos de cualquier otra iglesia, tanto en su letra como en su composición musical. La música católica es pésima por no decir la peor de todas las iglesias. Y con esto no quiero decir que no haya canticos malos en la Iglesia evangélica, pero a pesar de esto, la música evangélica es la que trae mayor bendición, tanto en su letra como en su composición musical.

Canticos como: *"Enciende una luz"*, *"Dios de Pactos"* y muchas otras canciones de Marcos Witt nos han sido de tanta bendición, que los católicos, adventistas, unicitarios y muchos otros las cantan en sus iglesias.

Los canticos de Marcos Barrientos como: *"Sin reservas"*, *"Ven es hora de adorarle"*, *"Dame de beber"*, *"Preciosa Sangre"*, entre otras son cantadas en iglesias católicas.

Himnos como: *"¡Cuán Grande es El!"* del Pastor Carl Boberg, *"Sublime gracia"* de John Newton y *"Entera consagración"* de la poetisa Frances Ridley Havergal son otros canticos que traen bendición y no hay canticos católicos que los superen en melodía y en letra a estos himnos.

¿Por qué los católicos, los adventistas y otros grupos tienen que invitar a Marcos Witt, Steve Green y a otros músicos para sus cultos?

10. Los creyentes evangélicos tienen una visitación mayor de Dios que cualquier otra iglesia. En el Avivamiento galés muchos vinieron a los pies de Cristo y toda la ciudad conoció la grandeza del amor y poder de Dios. No hablare de todos los grandes avivamientos que se dieron en la época de Edwards, Whitefield y Wesley, ni de los que se dieron en otras épocas como las de Charles Finney, D. L. Moody, Duncan Campbell, etc. porque no quiero cansar al lector, solo señalare el avivamiento de Korea. Jonathan Goforth escribió sobre este avivamiento:

"Un estudiante tuvo un mes vacacional y las pasó en un cierto distrito para evangelizar. Él consiguió 100 almas para el Señor. Otro estudiante resolvió en su corazón hablar por lo menos con seis personas por día sobre sus almas. Al final de nueve meses, él había hablado a 3.000 personas. Un cierto año, los Metodistas del sur tenían tal escasez de fondos que ni las escuelas podían ser construidas en Songdo, donde había cerca de 150 estudiantes listos para comenzar a estudiar. Yun Chi Ho, un ex-ministro de educación, se ofreció para dar clases a esos estudiantes. Los chicos, bajo su liderazgo, levantaron un edificio de madera y cubrieron el techo con paja y comenzaron sus clases... Una carta dirigida por el pastor, por esa ocasión, afirmaba que niños de 8 y 9 años de edad, después de las clases, salían hacia las calles y, con lágrimas en los ojos, tomaban a las personas en las calles implorando que entregaran sus vidas al Salvador. Él dijo: "Durante los últimos 3 días, cerca de 400 personas vinieron a entregarse a Cristo". Eso fue conseguido a través de la obra de los niños después de que salían de las clases. Las personas que los oían se sentían desgarradas en sus corazones a causa de sus pecados".[91]

Quien quiera conocer lo que es un avivamiento debe ir a una librería evangélica para conocer un poco de como Dios visito a su Iglesia y como el catolicismo queda avergonzado porque no hay vida espiritual en esa secta satánica.

11. Los creyentes evangélicos son los más consagrados. Una vez un hombre, miembro de la secta hindú, El Samaj, fue enviado para averiguar la clase de vida que tenía John Hyde y encontrarle faltas con el fin de impedir su influencia en la India. Vivió tres o cuatro días con Hyde; pero se escapó y dijo: *"No hay faltas en él, el hombre carece de faltas".* ¡Gloria a Dios!

Podríamos hablar mucho de esto, pero pido al lector que lea libros de los grandes despertares en las denominaciones evangélicas para conocer el tipo de consagración que se ha enseñado y ha existido, la cual es muy superior a la de Francisco de Asís, la madre Teresa, Santa Rosa de Lima, San Martin de Porres, Francisco Xavier, etc.

Invito al lector a considerar la vida consagrada de George Müller, Jonathan Edwards, Elizabeth Elliot, Richard Wurmbrand, el Hno. Yun, Charles Finney, John Wesley, David Brainerd, David Livingstone, Guillermo Carey, D. L. Moody, Enrique Martin, John Hiyde, Duncan Campbell, David Wilkerson, Luis Palau, etc.

---

91   Avivamiento en Korea. Jonathan Goforth

12. Los creyentes evangélicos tienen una vida de oración mayor que la de cualquier otra iglesia, tanto en calidad como en tiempo. El reformador escoces, John Knox, oraba de tal manera que la reina María, tenía más miedo de sus oraciones que de todos los ejércitos de Europa. Según Orlando S. Boyer, el teólogo Jonathan Edwards dedicaba su vida al estudio de la Biblia y a la oración 13 horas al día. Véase su libro *"Biografías de grandes cristianos"*, Tomos 1 y 2. El evangelista Josué Yrion, ayuno 70 días, según su testimonio. En nuestras iglesias evangélicas los creyentes oran y ayunan más que los creyentes de cualquier otra denominación.

13. Los creyentes evangélicos tienen mayor dedicación al evangelismo y a las misiones. Aquí solo hare de mención de unos pocos, que toda la cristiandad reconoce por su labor evangelística:

John Hyde, el gran misionero enviado a la India, en 1908 oró a Dios para que le diera un alma cada día. En ese año ganó alrededor de 400 almas para Cristo. El año siguiente, pidió dos almas por día, y como resultado gano alrededor de 800 almas para Dios. Luego, en 1910, rogó que se le concediesen cuatro almas por día, y Dios le contestó su petición.

Reinhard Bonke se dedicó tanto al evangelismo y *"gano"* millones de almas para Cristo. *"Desde 1987, mediante multitud de grandes eventos en África y otras partes del mundo, el ministerio ha registrado más de 77 millones de decisiones por Jesucristo documentadas".*[92]

D. L. Moody predicaba a todo aquel con quien se encontraba y por eso le llamaban el loco Moody. Fue un gran evangelista.

Podría citar a **William Carey, Hudson Taylor, Dave Wilkerson, A. B. Simpson**, entre otros; pero los que cite son suficientes.

14. Los creyentes evangélicos tienen lideres más compasivos por las almas que la de cualquier otra iglesia. George Whitefield rara vez predicaba sin llorar. David Wilkerson iba a predicar a lugares muy difíciles en donde se encontraban los pandilleros más temibles, y esto por causa del amor que Dios puso en su corazón. Él iba a rescatar las almas que se estaban perdiendo en las drogas, la delincuencia y toda clase de perversión. John Knox dijo a Dios entre lágrimas: *"Dame Escocia o muero"*. Y Dios le dio Escocia. Dios ajusticio a la reina María, una católica e idolatra empedernida y después de ello Escocia conoció a Cristo.

---

92   https://new.cfan.org/reinhard-bonnke?language=es&office=us

15. Los creyentes evangélicos tienen mayor dedicación al estudio de las Sagradas Escrituras es mayor. Los que más leen la Biblia son los evangélicos. No todos son eruditos, ni la mayoría; pero los que la leen, practican lo que leen en sus vidas diarias. Es cierto que siempre hay algunos hipócritas, pero esto no anula a la mayoría, quienes se dedican a la lectura de la Palabra de Dios para conocer más de Dios. En todo lugar en donde se encuentre un evangélico, verán a alguien que lee la Biblia, y no tanto para debatir; sino para vivir la vida cristiana. Los católicos no leen la Biblia, son muy pocos los que la leen, y muchos de los que lo hacen se vuelven evangélicos.

16. Los creyentes evangélicos tienen mayores obras para el beneficio de la humanidad. La reforma de los luteranos y calvinistas lucho contra el gobierno monárquico y estuvo a favor de la democracia. La reforma de John Newton lucho contra el comercio de esclavos y así lo hicieron muchos otros hombres de Dios. Abraham Lincoln lucho por la libertad de los esclavos. El evangelista metodista William Booth lucho contra el hambre y la desgracia. Fundo *"El Ejército de Salvación"*, y hoy en día este Ministerio trabaja en 132 países. El Ejército de Salvación provee ayuda social en todo el mundo. Los gastos estimados estan en 3.120 millones de dólares solo para el 2009 en los Estados Unidos de América, involucrando ayuda para más de 30 millones de personas según *"Forbes, the 200 Largest U.S. Charities"*. Existen cientos de ONGs evangélicos que ayudan en todo el mundo y los católicos lo saben.

17. Los creyentes evangélicos tienen publicaciones escritas de mayor bendición y edificación que las publicaciones de otras denominaciones. La mayoría de libros de edificación son de autores evangélicos. Si leyeran los libros del hermano Yun, Nicolas Tranchini, Joel Beeke, Richard Wurmbrand, David Wilkerson, Sergio Scataglini y los libros de otros hombres de Dios, los católicos dejarían su Iglesia.

¿Por qué los líderes católicos honestos compran literatura evangélica? Porque nuestra literatura es mejor.

Déjeme presentarle una lista breve de libros evangélicos edificantes que los católicos no podrían escribir jamás: (1) Las doce transgresiones de Sergio Scataglini. (2) El hombre celestial del hermano Yun, el apóstol chino. (3) Heme aquí, Señor, envíame a mí de Josué Yrion. (4) La cruz y el puñal de David Wilkerson. (5) Pasión por las almas de Oswald Smith. (6) Torturado por Cristo de Richard Wurmbrand. (7) Conferencias sobre los avivamientos de Charles Finney.

18. Los creyentes evangélicos tienen a los eruditos y pensadores más importantes. (1) *Los más grandes científicos son evangélicos.* La mayoría de premios nobel en ciencia son evangélicos. (2) *Los eruditos en teología, en idiomas bíblicos como el griego, el hebreo y otros idiomas son evangélicos.* Son cientos los diccionarios y comentarios de eruditos evangélicos, que los católicos tienen que comprar para aprender algo. (3) *Los filósofos más destacados son los evangélicos.* Tenemos a Alvin Plantinga, conocido como la mente más lógica de América. Tenemos a William Lane Craig, conocido como la pesadilla de los ateos. Craig es invitado para conferencias en las iglesias católicas. Tenemos a muchos otros como los muy conocidos: J. P. Moreland, John Lennox, Michael Licona, William Dembski, etc. (4) *Los historiadores más reconocidos son evangélicos.* Por esto los católicos compran los libros de Justo L. Gonzales, Philip Schaff, Gary Habermas, Cesar Vidal, Pablo A. Deiros, Gabino Fernández Campos, Lucas Banzoli, etc. ¿A quiénes tienen los católicos? A muy pocos, y todos estos llegan a besar estatuas.

19. Los creyentes evangélicos tienen a Pastores muy usados para la liberación de personas que han sido poseídos por demonios. Se de pastores bautistas y pentecostales que ejercen este servicio de echar fuera demonios de los católicos que vienen a visitar nuestras congregaciones. Según el testimonio del Pastor bautista, Paolo Botari, ha ministrado a más de 30 mil personas endemoniadas desde los años 1980 hasta el año 2000 y en el nombre de Jesús ha echado fuera los demonios que los oprimían. Y no uso *"agua bendita"* ni *"una crucesita"*.

20. Los creyentes evangélicos tienen a sus Pastores con las predicaciones más profundas que las de cualquier otra iglesia. Oiga y lea a Billy Graham, a Oswald Smith, a Sergio Scataglini, a Josué Yrion, a David Wilkerson, y vera la profundidad y la gracia de Dios sobre sus vidas en la predicación. Los curas y papas católicos jamás predicaran como ellos, a ellos solo les queda leer sus manuscritos fríos y secos, y por lo mismo nadie cambia en el catolicismo.

21. Los creyentes evangélicos tienen predicaciones más rectas y más severas contra el pecado y mucho más persuasivas para luego tener intimidad espiritual con Dios. ¿Qué papa o cura católico predica diciendo: *"arrepentíos de vuestros pecados"* en la manera y con la autoridad que lo hace un Pastor evangélico? Los papas y todos sus lideres católicos son una vergüenza, son cobardes, peor que hipócritas, fariseos que no se atreven a condenar el pecado y es que tampoco podrían hacerlo, ya que ellos son los peores pecadores.

Aun puedo decir que ellos son peor que los fariseos. Lo único que saben es insultar en sus debates, pero predicar con severidad contra el pecado ¡imposible! ya que saben que eso enojara a sus lideres y papas.

22. Los creyentes evangélicos tienen a muchos sirviendo a Dios desde niños por causa de la obra divina. Veamos algunos predicadores que fueron impactados por el poder del amor de Dios desde muy niños. Esta es una lista breve:

(1) Nezareth Casti Rey de nacionalidad peruana, predica desde los 3 años.

(2) Benjamín Vargas Chávez, niño predicador peruano.

(3) Ana Carolina Días, niña brasileña que predica desde los dos años. La pastora más pequeña del mundo.

(4) Marcos Ferreira do Santos, expulsa demonios desde que tenía cinco años.

(5) Los hermanos Dailyn y Kevin Patiño (panameños) predican desde los dos y tres años de edad.

(6) En Estados Unidos, es famoso el caso del niño Terry Durham.

(7) En Ecuador, las iglesias evangélicas informaron que contaban con noventa y ocho niños predicadores.

Debo reconocer *que no me gusta ver a niños predicando*, pero aun con todo, *no puedo negar como Dios ha obrado en ellos*.

23. Los creyentes evangélicos tienen mayor influencia para la conversión de curas católicos que la de evangélicos al catolicismo. En el libro *"Lejos de Roma, cerca de Dios"* se presentan 55 testimonios de exsacerdotes católicos, los cuales dejaron el catolicismo romano por causa de Cristo. Es cierto que hay pastores evangélicos que se hicieron católicos, pero este es un numero bastante menor.

24. Los creyentes evangélicos renuncian a las riquezas para la obra de Dios en mayor grado que los católicos. Cuando Charles Studd cumplió los 25 años de edad recibió en herencia de su padre más de 29.000 libras esterlinas; pero Studd movido por Dios decidió ser fiel a la Palabra, y dar ese dinero al Señor. Los beneficiados con las 5.000 libras fueron D. L. Moody y su Instituto Bíblico en Chicago, George Müller, con sus Hogares para Huérfanos, de Bristol, Jorge Holland, que tenía un ministerio entre los pobres en Londres, y Booth Tucker, del Ejército de Salvación en la India. Otras cinco personas recibieron los cheques por 1.000 libras cada uno, entre ellos el general William Booth, del Ejército de Salvación. Poco después, cuando fue informado de que la herencia era aún mayor, agregó donaciones a la Misión al Interior de China.

La mayoría de mis hermanos evangélicos se sacrifican por la obra de Dios, pero los católicos casi nada, y los curas mucho menos, ya que solo saben gastar en cervecitas si tienen muchisisisisima sed.

25. Los creyentes evangélicos tienen mayor influencia en su servicio a Dios para la conversión de los delincuentes que la de los curas, adventistas, testigos y otros sectarios. He ido muchas veces a los penales para predicar con varios amigos Pastores, y nunca he visto que curas o monjas fueran a los penales a predicar. He visto a pocos adventistas y russellistas; pero no a católicos. Sin embargo, los evangélicos somos los que más ayudamos a los presos a salir de su vida de pecado.

Capítulo 02
EL PRINCIPIO DE "SOLA ESCRITURA."

La Biblia es la Única autoridad infalible.
Por el Dr. Carlos Andrés Murr

"No existe mejor lugar para conocer la verdad de Dios que la Biblia, y no existe ninguna autoridad infalible fuera de las Sagradas Escrituras."

INTRODUCCIÓN

Las denominaciones surgidas de la reforma protestante, el cristianismo evangélico, la iglesia Ortodoxa, y la Iglesia Católica Romana, están de acuerdo en que la Biblia es la Palabra de Dios, pero difieren en cuanto a si es o no la única fuente de autoridad infalible. Infalible significa que es certera y no yerra, pues dice siempre la verdad acerca de Dios. La iglesia Católica Romana cree que además de la Biblia existe una sagrada tradición y un magisterio dejados por Cristo como autoridades *"infalibles"* para determinar la fe y prácticas de la iglesia. La palabra tradición, para la iglesia romana, es una referencia a supuestas verdades y prácticas transmitidas por la iglesia que no están contenidas específicamente en las Escrituras. La palabra *"magisterio"* proviene del latín *"magisterium"* y hace referencia al cargo de un maestro; a su enseñanza o transmisión de conocimientos. La Iglesia Católica Romana utiliza esta palabra para referirse a la acción y autoridad de enseñar que adjudica a su Papa y a los obispos que están en comunión con él. La pretensión de Roma es que su magisterio es guiado por el Espíritu Santo para no equivocarse ni en sus concilios, ni cuando su Papa habla ex cátedra (desde su silla de autoridad) en función como maestro de toda la iglesia en asuntos de fe y moral. El problema es que muchas de las prácticas denominadas como *"tradición"* son desarrollos surgidos siglos después, que no vienen de Cristo ni de los apóstoles. También es un hecho demostrable que el supuesto magisterio infalible de la iglesia romana ha fallado y errado en numerosas ocasiones, invalidando la Palabra de Dios al enseñar como doctrinas mandamientos de hombres (Marcos 7:7,13).

Las iglesias de la reforma protestante y las iglesias evangélicas sostienen el principio de *"La Sola Escritura"*, insistiendo que la Biblia ha sido y es la única fuente infalible de revelación de Dios, y la única regla certera de fe y práctica cristiana. Es común escuchar a apologistas católico romanos presentar la posición de la reforma protestante y su principio de *"Sola Escritura"* como una desviación de lo que la iglesia ha creído desde sus inicios, pero es la iglesia romana quien se desvía al añadir a la Palabra de Dios otras supuestas fuentes infalibles de doctrina. Si hacemos un análisis histórico podemos concluir que los reformadores del siglo XVI estaban mucho más cerca de las enseñanzas de Jesucristo y de los primeros padres de la iglesia de lo que está hoy Roma. No encontramos en los primeros escritos cristianos posteriores al Nuevo Testamento pretensiones de que exista una autoridad infalible fuera de las Sagradas Escrituras.

La adherencia o el rechazo al principio de *"Sola Escritura"* es de absoluta importancia porque es la raíz de la mayoría de las diferencias de fe y práctica entre el catolicismo romano y el cristianismo evangélico. Cuando la iglesia Católica Romana sostiene dogmas o prácticas que no se encuentran en la Biblia, es porque tienen su fuente en un desarrollo doctrinal posterior, habiendo sido adoptadas bajo la autoridad de su magisterio, en siglos y hasta milenios subsecuentes a la era apostólica.[93]

Todo Católico Romano tiene la obligación de creer incuestionablemente lo que su iglesia le dice sin importar si son enseñanzas novedosas para las cuales no existe precedente bíblico ni fundamento en los primeros siglos de la fe. Para el cristiano evangélico la autoridad suprema debe ser la Biblia, para el Católico Romano la autoridad suprema es su institución; lo que sus autoridades le dicen que es la verdad. Podríamos decir que, si el cristiano evangélico se adhiere al principio de *"Sola Escritura"*, en la practica el católico romano se adhiere al principio de *"solo el magisterio"*. Para el católico romano, su magisterio es el único que tiene la autoridad para interpretar correctamente la Biblia, y el único que puede determinar que opiniones de los Padres de la Iglesia son válidas y cuales deben desecharse. Al final de todo, en la práctica de su fe, quien determina lo que el católico romano debe creer y la forma en la que debe vivir su fe, es su institución.

---

93 Por ejemplo, el dogma de la asunción de María proclamado por el Papa Pio XII hasta el año 1950.

La oposición de la iglesia Católica Romana al principio de Sola Escritura es el intento de justificar su magisterio para legitimar una colección de doctrinas y prácticas que no vienen de Cristo ni de los apóstoles, haciendo creer a su pueblo que ellos son la única iglesia verdadera que tiene la autoridad de Cristo. El presente capítulo es una introducción al tema de *"La Sola Escritura"* en el que trataremos con las siguientes cuestiones:

- ¿Qué es *"Sola Escritura"*?
- ¿Por qué es necesario este principio?
- Las bases del Principio de *"Sola Escritura"*.
- Lo que *"Sola Escritura"* no es, y
- Responderemos a cinco objeciones comunes al principio de "Sola Escritura".

A. ¿QUÉ ES "SOLA ESCRITURA"?

La *"Sola Escritura"* es el principio que dice que la Biblia es la única regla infalible de fe y práctica en la vida cristiana; En otras palabras, es la única autoridad que no se equivoca en revelarnos el contenido de nuestra fe y como debemos vivirla. La palabra *"autoridad"* se refiere al derecho que tiene una persona o institución de ordenar las creencias y las acciones de las personas. Al ser la Biblia, la palabra de Dios, Dios, como autor de la vida, tiene el derecho de decirnos lo que debemos creer y como debemos vivir. El carácter de Dios revelado en las Escrituras atestigua que Él dice la verdad y no se equivoca. La Biblia reclama ser la Palabra de Dios y es por ello que adscribimos a ella la autoridad infalible de Dios. El principio de *"Sola Escritura"* reconoce la suficiencia de las Escrituras como nuestra autoridad suprema en todos los asuntos espirituales. La suficiencia significa que todas las verdades necesarias para nuestra salvación y vida espiritual se enseñan explícita o implícitamente en las Escrituras. Wayne Grudem define la suficiencia de las Escrituras diciendo que *"Las Escrituras contienen todas las palabras de Dios que Él quiso que su pueblo tuviera en cada etapa de la historia de la redención, y que contienen todas las palabras de Dios que necesitamos para nuestra salvación, para confiar perfectamente en El, y para obedecerle perfectamente."*[94]

1. La Sola Escritura es un principio. Un principio es un tipo de regla o concepto que guía a quienes se rigen por él. Los principios se basan en observaciones que constatan su validez, por ejemplo, el principio de causalidad postula que todo efecto debe tener siempre una causa, algo que observamos

---

94   Wayne Grudem. Systematic Theology (Grand Rapids, Michigan, Inter-Varsity Press, Zondervan, 1994), p. 127.

que es consistentemente cierto siempre (a excepción de Dios que es eterno y auto existente). Existen principios científicos, racionales, matemáticos, físicos, económicos, morales, religiosos, epistémicos, hermenéuticos entre otras muchas áreas del conocimiento humano. Por ejemplo, un principio básico de geometría atribuido a Arquímedes es: *"la distancia más corta entre dos puntos es la línea recta"*, es un principio verdadero; se puede comprobar matemáticamente al medir la distancia entre dos lugares y observar todas las posibles formas para llegar de un punto A avanzando hacia otro punto B. Siempre será cierto que la distancia entre dos puntos es la línea recta. En la ética, el principio de la regla de oro dice: *"trata a otros como quieres que otros te traten"* (Mateo 7:12), este es un principio que no se puede medir matemáticamente, tampoco se puede probar científicamente, pero es un principio necesario para tener armonía, y paz con nuestros semejantes. Todo aquel que se oponga a este principio, cambiará de opinión al momento que otros comiencen a tratarle mal. La veracidad de los principios se comprueba al aplicarlos, y al compararlos con las opciones alternas. Así sucede con el principio de Sola Escritura: es evidente que la Biblia reclama ser la palabra inspirada de Dios, y que el Nuevo Testamento es el testimonio más confiable de las enseñanzas de Jesús y de los apóstoles. Aunado a esto, si analizamos a través de la historia las determinaciones de múltiples concilios eclesiásticos, o los pronunciamientos y enseñanzas de los obispos de distintas ciudades o de los papas en Roma, observamos claramente que no han sido infalibles, que se han contradicho, y que han errado. En base a estas realidades, podemos concluir con certeza que la Biblia es la autoridad más certera para guiar y determinar la dirección de la iglesia; las Escrituras son el estándar verdadero ante el cual las doctrinas y dirección de la iglesia deben ser medidos.

Han existido opiniones encontradas sobre si *"Sola Escritura"* es una doctrina o un principio.

El diccionario de la Real Academia Española define la palabra *"doctrina"* como *"una enseñanza que se da para instrucción de alguien"*.[95] También como un *"conjunto de ideas u opiniones religiosas, filosóficas, políticas, etc., sustentadas por una persona o grupo"*.[96] En su sentido más básico, una doctrina es cualquier tipo de enseñanza, de tal forma que si el principio de Sola Escritura se enseña como un principio necesario para que los cristianos entendamos que la verdad infalible de Dios se encuentra solo en las Escrituras, desde esta

---

95   https://dle.rae.es/doctrina#
96   Idem.

perspectiva podemos conceder que si este principio se enseña, ya es una doctrina. Sin embargo, tras revisar varios tomos de libros de teología sistemática, no encuentro un capítulo o subtitulo de sus capítulos sobre la *"doctrina de la Sola Escritura"*. En la opinión de este autor, es preferible identificar a *"La Sola Escritura"* como un principio. Los apologistas romanos buscan enfatizar a *"Sola Escritura"* como una doctrina para argumentar que en la Biblia no existe un versículo que formule *"Solo las Escrituras son la única fuente de autoridad para determinar lo que los cristianos deben creer y como deben vivir su fe."* Al no existir un versículo así, entonces tratan de derribar al principio de Sola Escritura diciendo que no existe base bíblica para él, y así justifican la autoridad que la iglesia romana se adjudica. Recordemos que, aunque el principio de Sola Escritura no se encuentra explícitamente en la Biblia, si se encuentra implícitamente. En Hechos 2:42, NVI, los primeros cristianos: *"Se mantenían firmes en la enseñanza de los apóstoles"*.[97] Las enseñanzas de los apóstoles que estuvieron con Jesús, fueron la guía de autoridad infalible para la iglesia primitiva, y esas enseñanzas se han preservado en el Nuevo Testamento, solo en las Escrituras.

2. La única autoridad infalible es la Biblia. El principio de *"Sola Escritura"* ha sido distorsionado con definiciones inexactas, tanto por los proponentes del catolicismo romano como por los mismos cristianos evangélicos; que es necesario definir lo que es y lo que no es. El principio de *"Sola Escritura"* no intenta decir *"nada más que la Biblia"*, ni tampoco *"solo yo y la Biblia"*, su propósito es enfatizar algo auto evidente en las mismas Escrituras y presente en las enseñanzas de Jesús y de los apóstoles: que la Biblia es la única regla infalible de fe y conducta para la iglesia. La historia ha demostrado que los seres humanos, aun siendo hombres de Dios, son propensos al error. El mismo apóstol Pedro (quien anduvo y fue instruido por el mismo Jesús) en algún momento fue confrontado como se ve en Gálatas 2:11-14 por el apóstol Pablo (quien no fue uno de los discípulos de Jesús durante su ministerio terrenal). El apóstol Pablo dice en Gálatas 2:11-14: *"11 Pero cuando Pedro vino a Antioquía, me opuse a él cara a cara, porque él era digno de ser censurado. 12 Porque antes de venir algunos de parte de Jacobo, él comía con los gentiles, pero cuando aquellos vinieron, Pedro empezó a retraerse y apartarse, porque temía a los de la circuncisión. 13 Y el resto de los judíos se le unió en su hipocresía, de tal manera que aun Bernabé fue arrastrado por la hipocresía de ellos. 14 Pero cuando vi que no andaban con rectitud en cuanto a la verdad del evangelio, dije a Pedro*

---

97   En este escrito utilizaré principalmente las versiones bíblicas de La Nueva Biblia de las Américas, y la Nueva Versión Internacional.

delante de todos: «*Si tú, siendo judío, vives como los gentiles y no como los judíos, ¿por qué obligas a los gentiles a vivir como judíos?*» (NBLA). Al final de cuentas, fue la verdad de la suficiencia del evangelio de Dios la que prevaleció aun para corregir al mismo Pedro. Es muy claro en la Biblia y en la historia que los seres humanos yerran, que la iglesia puede errar, esto no significa que siempre y en todo, yerra, sino que no hay garantía de que alguien sea preservado del error, a menos que se someta a lo que Dios ha revelado en las Sagradas Escrituras.

B. ¿POR QUÉ ES NECESARIO EL PRINCIPIO DE SOLA ESCRITURA?

La *"Sola Escritura"* es necesaria porque existen doctrinas, tradiciones, y prácticas que contradicen principios bíblicos, que a través de los siglos la iglesia fue adoptando, que no tuvieron su origen en Jesús ni en los apóstoles, pero que, sin embargo, hoy son transmitidas como *"verdades de Dios"*, y tradiciones de la iglesia. Muchas personas dentro de la Iglesia Católica Romana, al desconocer la Biblia y la historia de la iglesia, piensan que, si estas *"tradiciones"* son enseñadas por la iglesia, deben venir de Cristo o que fueron descubiertas bajo la guía del Espíritu Santo. La veneración de los santos y los rezos a ellos, por ejemplo, están dentro de estas prácticas que la iglesia romana considera parte de su *"tradición"*. Es importante preguntarnos ¿son estas tradiciones antiguas? sí, pero ¿son enseñanzas que han sido transmitidas desde Jesús y de los apóstoles? ¡Por supuesto que no! Cipriano de Cartago en el siglo III dijo: que las costumbres (o tradiciones) que se infiltran no deben impedir que la verdad prevalezca y triunfe, porque *"La costumbre sin verdad, no es más que la antigüedad del error"*.[98] Quizá alguien podría preguntarnos, ¿cómo podemos asegurar de que muchas de las cosas que la iglesia romana considera como *"tradiciones"* no vienen de Jesús ni de los apóstoles? Existen al menos cuatro razones por las que podemos saber que una tradición o un dogma de la iglesia no viene de Cristo:

1. Porque no vemos esas enseñanzas o prácticas en el Nuevo Testamento.
2. Porque algunas son explícitamente contrarias a principios o verdades de las Escrituras.
3. Porque no encontramos estas enseñanzas o prácticas en las generaciones inmediatamente posteriores a la era apostólica. No encontramos

---

98   Cyprian of Carthage. (1886). The Epistles of Cyprian. In A. Roberts, J. Donaldson, & A. C. Coxe (Eds.), R. E. Wallis (Trans.), Fathers of the Third Century: Hippolytus, Cyprian, Novatian, Appendix (Vol. 5, p. 389). Christian Literature Company.

que fuesen tradiciones u opiniones sostenidas por todos en todas partes en la era post apostólica.

4. Cuando podemos ubicar la aparición y desarrollo de estas nuevas creencias o prácticas décadas, y siglos posteriores a la era apostólica.

Ejemplos de algunas de estas enseñanzas y prácticas en la Iglesia Católica Romana son la veneración de María y de los santos, o la veneración de sus imágenes. Jamás encontraremos a Jesús enseñando a los apóstoles a pedir la intercesión en oración de santos del Antiguo Testamento; Jesús enseñó a sus discípulos a orar al Padre (Mateo 6), no a rezar a Abraham o al profeta Isaías para que intercedan por nosotros. Los rezos a los santos no tienen precedente bíblico ninguno, todas las oraciones en la Biblia son dirigidas única y exclusivamente a Dios, el único ser omnisciente y omnipresente capaz de escuchar al mismo tiempo las oraciones de todas las personas. Ni Jesús ni los apóstoles enseñaron jamás que sus seguidores debían venerar a María ni ninguna imagen en su representación. Existen muchos otros ejemplos de tradiciones y dogmas que la iglesia Católica Romana desarrolló a través de los siglos que no vienen de Jesús ni de los apóstoles: los dogmas marianos, el tesoro de los méritos de los santos, el bautismo de infantes, la doctrina del purgatorio, y muchas más. Los seres humanos pueden equivocarse, y errar, esta realidad ha llegado a afectar en distintos momentos históricos posteriores a la era apostólica, la veracidad de las enseñanzas que la iglesia imparte. Es indispensable evaluar siempre toda enseñanza y tradición a la luz del estándar de verdad superior que es la Palabra de Dios.

C. LOS FUNDAMENTOS DEL PRINCIPIO DE "SOLA ESCRITURA."

La Sola Escritura es un principio firme basado en las siguientes realidades:

1. La naturaleza, intención y propósito de las Escrituras.

2. El ejemplo de Jesucristo y los apóstoles dando a las Escrituras autoridad suprema.

3. Si la iglesia de Cristo debe permanecer en las enseñanzas de Jesús, y de sus apóstoles, el Nuevo Testamento es la única fuente fidedigna de sus enseñanzas.

4. El ejemplo de los primeros cristianos valida el principio de Sola Escritura.

5. Todas las otras fuentes de autoridad y dirección eclesiástica pueden errar.

1. La naturaleza, intención y propósito de las Escrituras. Conocemos a la Biblia con el nombre de *"Las Sagradas Escrituras"* porque son considerados escritos sagrados, distintos a cualquier otro porque provienen de Dios. El apóstol Pablo dice en 2 Timoteo 3:16 que las Escrituras son inspiradas por Dios; el adjetivo *"theopneustos"* (θεόπνευστος) significa que fueron exhaladas por Dios, que salieron de su boca, es decir, que Dios mismo es su autor. El Apóstol Pablo dijo en Romanos 3:2 que *"a los judíos se les confiaron las palabras mismas de Dios."* Si observamos el contexto, el verso 3 muestra que algunos no creyeron a lo que Dios reveló en las Escrituras sobre la venida del Mesías: *"Pero si algunos no creyeron, ¿acaso su incredulidad anula la fidelidad de Dios?"*, en el verso 4 Pablo responde a su pregunta retórica: *"¡De ninguna manera! Dios es siempre veraz, aunque el hombre sea mentiroso"*. El apóstol Pablo pone en relieve que los hombres pueden ser mentirosos y errar, pero Dios es siempre veraz. Pablo muestra que creer a Dios es creer lo que dicen las Escrituras, y continúa: *"Así está escrito: «Por eso, eres justo en tu sentencia, y triunfarás cuando te juzguen»"*, Pablo refuerza su argumento aludiendo a la autoridad de las Escrituras citando al Salmo 51:4. En la carta a los Romanos Pablo utiliza más de 63 citas directas del Antiguo Testamento, mostrando que para él la autoridad de las Escrituras es suprema e incuestionable para aclarar cualquier asunto, pues como dijo en Romanos 3:2 constituyen *"las palabras mismas de Dios"*. No existe ninguna tradición eclesiástica, ningún escrito de algún padre de la iglesia, ninguna resolución de un concilio de la iglesia que se describa como *"inspirado por Dios"* o como *"las palabras mismas de Dios"*.

En 2 Timoteo 3:15 Pablo dijo a Timoteo que las Escrituras pueden darnos la sabiduría que lleva a la salvación mediante la fe en Cristo Jesús. En los versos 16-17 dijo que *"la Escritura es inspirada por Dios, y útil para enseñar, para reprender, para corregir, para instruir en justicia, a fin de que el hombre de Dios, sea perfecto, equipado para toda buena obra"*. Estos versos revelan la intención de Dios para las Escrituras, es en ellas donde somos instruidos para conocer a Dios, su verdad, y sus propósitos, en ellas está la autoridad infalible para corregir creencias o conductas que son incorrectas, y en ella somos equipados para vivir una vida cristiana que produce buenas obras. En Romanos 15:4 Pablo dice que las Escrituras tienen la intención y propósito de instruirnos y guiarnos: *"Porque todo lo que fue escrito en tiempos pasados, para nuestra enseñanza se escribió, a fin de que por medio de la paciencia y del consuelo de las Escrituras tengamos esperanza"*. El Salmo 119:105 describe a las Escrituras como una lampara que alumbra nuestro camino; la Biblia tiene la intención de ser como una luz que alumbra y guía la vida del pueblo de Dios. El Apóstol

Pedro dice en 2 Pedro 1:19-21: *"19 Y así tenemos la palabra profética más segura, a la cual ustedes hacen bien en prestar atención como a una lámpara que brilla en el lugar oscuro, hasta que el día despunte y el lucero de la mañana aparezca en sus corazones. 20 Pero ante todo sepan esto, que ninguna profecía de la Escritura es asunto de interpretación personal, 21 pues ninguna profecía fue dada jamás por un acto de voluntad humana, sino que hombres inspirados por el Espíritu Santo hablaron de parte de Dios"* (NBLA). El mensaje de Jesucristo contenido en las Escrituras son *"la palabra profética más segura"*, el adjetivo griego *"bébaios"* (βέβαιος) viene de una raíz que alude a caminar en un piso sólido, firme y estable. Es una referencia a algo seguro, que permanece, que está garantizado, y en lo cual podemos apoyarnos o depender firmemente.

Jesucristo oró al Padre por sus discípulos diciendo *"santifícalos en tu verdad, tu Palabra es verdad"* (Juan 17:17). Esa verdad que salió del Padre fue registrada en las Escrituras, El apóstol Pablo pudo decir con confianza en Romanos 3:2 que en las Escrituras *"a los judíos se les confiaron las palabras mismas de Dios"*. En 2 Pedro 1:19-21 Pedro dice que tenemos en el mensaje del evangelio, que está contenido en las Escrituras, la Palabra profética más segura. Jesús dijo en Juan 10:35 que *"la Escritura no puede ser quebrantada"* (destruida o removida), *y que el cielo y la tierra pasaran, pero sus palabras no pasaran"* (Mateo 24:35). La naturaleza única de las Escrituras es una base firme para sustentar el principio de Sola Escritura. Los autores de las Escrituras fueron hombres de Dios que fueron dirigidos y guiados por el Espíritu Santo hablando de parte de Dios, por eso podemos hacer de las palabras de las Escrituras un fundamento firme para saber lo que la iglesia de Cristo debe creer y como debe vivir.

2. El ejemplo de Jesucristo y los apóstoles. Jesús y los apóstoles dijeron que las Escrituras son la palabra de Dios, inspirada por Dios, que salió de Dios, y que los santos hombres de Dios la escribieron siendo guiados por el Espíritu Santo. La fe cristiana fue iniciada por Jesucristo y expandida por el ministerio de sus apóstoles, para ambos las Sagradas Escrituras tenían una autoridad incuestionable, inigualable, e insustituible; esta realidad debería ser razón suficiente para seguir su ejemplo.

El Señor Jesucristo y los apóstoles citaron siempre a las Escrituras con autoridad determinante. En Mateo 4, Jesús al ser tentado por Satanás, citó las Escrituras tres veces mostrando su autoridad absoluta diciendo *"escrito está"*:

- Mateo 4:4 NVI Jesús respondió: —**Escrito está**: *"No solo de pan vive el hombre, sino de toda palabra que sale de la boca de Dios"* (citando a Deuteronomio 8:3).

- Mateo 4:7 También **está escrito:** *"No pongas a prueba al Señor tu Dios"* (citando a Deuteronomio 6:16).

- Mateo 4:10 NBLA «¡Vete, Satanás! Porque escrito está: "al Señor tu Dios adorarás, y solo a él servirás" (citando a Deuteronomio 6:13).

Veamos algunos otros ejemplos claros del lugar que tenían las Escrituras para Jesús:

- En Marcos 11:27-28 Jesús fue cuestionado en Jerusalén por los principales sacerdotes, los escribas y los ancianos quienes le preguntaron: "¿Con qué autoridad haces estas cosas, o quién te dio la autoridad para hacer esto?" En este dialogo de Jesús con los lideres religiosos, él respondió en Marcos 12:10 citando las Escrituras, *"¿No han leído ustedes esta Escritura: 'La piedra que desecharon los constructores ha llegado a ser la piedra angular?'"* (cita al Salmo 118:22-23). Para Jesús las Escrituras eran la autoridad determinante.

- En Mateo 19:3-5, *"3 Se acercaron a Él algunos fariseos para ponerlo a prueba, diciendo: «¿Le está permitido a un hombre divorciarse de su mujer por cualquier motivo?». 4 Jesús respondió: ¿No han leído que Aquel que los creó, desde el principio los hizo hombre y mujer?"* (cita a Génesis 1:26). 5 y dijo: *"Por esta razón el hombre dejará a su padre y a su madre y se unirá a su mujer, y los dos serán una sola carne"* (cita a Génesis 2:24). Jesús utiliza la autoridad infalible de las Escrituras para mostrar la intención que Dios tuvo para el matrimonio desde el inicio.

- Cuando Jesús fue confrontado por los saduceos sobre el tema de la resurrección, respondió en Mateo 22:29, *"Erráis, ignorando las Escrituras y el poder de Dios."* Jesús no les dijo que erraban ignorando la *"santa tradición"* ni las resoluciones de algún magisterio, apunta al origen de su error como ignorar las Escrituras. Entonces respondió en Mateo 22:31-32: *"Y en cuanto a la resurrección de los muertos, ¿no han leído lo que les fue dicho por Dios, cuando dijo: 'Yo soy el Dios de Abraham, y el Dios de Isaac, y el Dios de Jacob?' Él no es Dios de muertos, sino de vivos."*

- En Marcos 7:5 los fariseos y los escribas le preguntaron a Jesús: *"¿Por qué Tus discípulos no andan conforme a la tradición de los ancianos?"* En los versos 8 y 13 Jesús los confrontó por poner sus tradiciones al mismo nivel de autoridad que las Escrituras: *"Dejando el mandamiento de Dios, ustedes se aferran a la tradición de los hombres". "Así, por la tradición que se transmiten entre ustedes, anulan la palabra de Dios."*

- En Lucas 16, al contar a Jesús la parábola del rico y Lázaro, Jesús presenta a Abraham hablando de la importancia de encontrar la verdad de Dios en las Escrituras. Lucas 16:29: *"... Ellos tienen a Moisés y a los profetas; que los oigan a ellos".* Jesús no dijo que ellos tienen al magisterio y la tradición junto a las Escrituras, hizo alusión únicamente a las Escrituras como una fuente suficiente para guiarnos y conocer lo que Dios pide de nosotros.

Es incuestionable que para nuestro Señor Jesucristo las Escrituras tenían una autoridad suprema, inigualable, y determinante, es por eso que la fe cristiana debe seguir el ejemplo de Cristo, y eso es precisamente en lo que consiste el principio de *"Sola Escritura"*. El apóstol Pablo sostuvo la misma actitud hacia las Escrituras, en Hechos 20, tras haber estado tres años enseñando a la iglesia de Éfeso, el apóstol Pablo hizo llamar a los ancianos de la iglesia a Mileto. Al despedirse, Pablo les exhorta que *"tengan cuidado de sí mismos y de toda la congregación, en medio de la cual el Espíritu Santo les ha hecho obispos para pastorear la iglesia de Dios."* Pablo les advierte que después de su partida, *"vendrán lobos feroces que no perdonarán el rebaño."* También de entre ellos mismos se levantarían algunos hablando cosas perversas para arrastrar a los discípulos tras ellos, por eso debían estar alertas. El versículo de Hechos 20:32 es muy importante, Pablo les dice: *"Ahora los encomiendo a Dios y a la palabra de Su gracia, que es poderosa para edificarlos y darles la herencia entre todos los santificados."* El apóstol Pablo no los encomendó a la virgen María, tampoco a *"la madre iglesia"*, ni *"a Pedro y a sus obispos en Jerusalén"*, mucho menos a *"la santa tradición"*, sino que los encomendó *"a Dios y a la palabra de Su gracia"*; Ese mensaje es el evangelio de Cristo atestiguado en las Escrituras. En Hechos 20:27 Pablo dice: *"no rehuí declararles todo el propósito [consejo o designio] de Dios,"* sin duda es una alusión a que Pablo, cuando estuvo con los creyentes en Éfeso, les enseñó la verdad revelada de Dios en las Escrituras, y por eso al despedirse de ellos los encomendó a Dios y a ese mensaje contenido en su palabra.

En el Nuevo Testamento, Jesús citó alrededor de 78 veces directamente a las Escrituras, los apóstoles citaron a las Escrituras cientos de veces en los escritos del Nuevo Testamento (existen por lo menos 283 citas directas, y algunos han encontrado hasta 1,600 alusiones y ecos a temas, personajes y citas del Antiguo Testamento). ¿Acaso el ejemplo de Jesucristo y de los apóstoles no es razón suficiente para creer que las Escrituras son las únicas que tienen suprema autoridad para guiar al pueblo de Dios?

3. El Nuevo Testamento es la única fuente fidedigna de las enseñanzas de Jesús y de los apóstoles. El apóstol Pedro escribe en 2 Pedro 1:16: *"Porque cuando les dimos a conocer el poder y la venida de nuestro Señor Jesucristo, no seguimos fábulas ingeniosamente inventadas, sino que fuimos testigos oculares de Su majestad"* (NBLA). Pedro da testimonio de que ellos, como discípulos de Cristo, fueron testigos de la gloria del ministerio de Jesús desde su bautismo cuando el Padre dio honor y gloria declarando: *"Este es Mi Hijo amado en quien me he complacido"*. En el verso 18 dice: *"Nosotros mismos escuchamos esta declaración, hecha desde el cielo cuando estábamos con Él en el monte santo"*. El apóstol Juan dice algo similar afirmando que como apóstoles fueron testigos de la vida de Jesús y su poder, en 1 Juan 1:1 dice sobre *"lo que hemos oído, lo que hemos visto, lo que hemos contemplado, lo que hemos tocado"*. El Nuevo Testamento es un testimonio veraz de los apóstoles como testigos de lo que Jesús dijo e hizo, si deseamos tener una iglesia fundamentada correctamente en las enseñanzas de Cristo, necesitamos recurrir a los únicos escritos existentes de los apóstoles.

El Nuevo Testamento es la única fuente fidedigna de las enseñanzas de Jesús y de los apóstoles por las siguientes tres razones:

- Por su antigüedad, son documentos del primer siglo escritos por testigos del ministerio de Jesús entre el año 48 al 90 d.C.
- Por su recepción, por el reconocimiento que tuvieron sus libros en la iglesia primitiva y su inclusión en el canon.
- Por su autoría: El Nuevo Testamento fue escrito por los apóstoles o su círculo ministerial: tenemos cinco libros atribuidos al apóstol Juan (El Evangelio según San Juan, 1ª, 2ª, y 3ª de Juan, y Apocalipsis). Tenemos dos cartas atribuidas al apóstol Pedro (1ª y 2ª de Pedro), un evangelio atribuido a Mateo, otro a Juan Marcos, sobrino de Bernabé (algunos eruditos lo atribuyen a haber sido dictado por el apóstol Pedro). El Nuevo Testamento también contiene trece cartas del apóstol Pablo, dos libros de Lucas (Lucas y Hechos), un colaborador del apóstol Pablo, y un investigador diligente que consultó a los testigos oculares del ministerio de Jesús. La carta de Hebreos es de un autor desconocido para nosotros, pero que era parte del círculo ministerial del apóstol Pablo. Todos los libros del Nuevo Testamento fueron escritos por los apóstoles o su círculo ministerial; es el único documento apostólico existente.

El Nuevo Testamento es la doctrina y tradición apostólica por excelencia. Si nos preguntamos ¿dónde podemos encontrar un testimonio fidedigno de aquello que los apóstoles de Jesucristo enseñaron acerca de lo que Jesús dijo e hizo?, ¿dónde podemos encontrar un registro confiable de las enseñanzas de los apóstoles? Fuera del Nuevo Testamento no existe ninguna otra fuente. Tenemos falsos evangelios gnósticos de entre el siglo II al IV, tenemos también opiniones y anécdotas de escritores cristianos posteriores, pero nada es comparable al Nuevo Testamento. Tiene mucho mayor credibilidad un documento escrito en el primer siglo escrito por testigos del ministerio de Jesús, que cualquier creencia o práctica tardía desarrollada por la iglesia hasta el siglo IV, XIII, o XX. No necesitamos que un texto de la Biblia diga: *"La Sola Escritura es un principio verdadero"*, es evidente que solo las Escrituras tienen un peso de verdad que no tiene comparación ni rival. El Nuevo Testamento contiene las palabras inspiradas por Dios de los apóstoles de Jesús. y es el único documento apostólico fidedigno existente.

4. El ejemplo de los primeros cristianos. Desde el mismo Nuevo Testamento, solo a las Escrituras se les da un carácter de infalibilidad y autoridad suprema que no tiene igual.

Hechos 17:11: *"Estos eran de sentimientos más nobles que los de Tesalónica, de modo que estuvieron muy dispuestos a recibir el mensaje y todos los días examinaban las Escrituras para ver si era verdad lo que se les anunciaba."* (NVI). Lucas, el autor del libro de Hechos, inspirado por el Espíritu Santo, elogia a los judíos de Berea por tener un corazón más noble y dispuesto que los judíos en Tesalónica, porque estaban dispuestos a estudiar las Escrituras para constatar que el mensaje del evangelio era verdadero; las Escrituras fueron para ellos el estándar incuestionable de autoridad para discernir la verdad.

La fe cristiana debe seguir el ejemplo de Cristo y de los apóstoles en cuanto al lugar de autoridad única que tuvieron para ellos las Sagradas Escrituras. En los escritos de los primeros cristianos, en los padres apostólicos, y también en el resto de los padres de la iglesia, no observamos pretensiones de que existiera otra autoridad infalible fuera de las Escrituras.

En la epístola de San Ignacio a los Romanos (107 d.C.), Ignacio escribe lo siguiente en el capítulo 4:3: *"No les mando nada, cosa que hicieron Pedro y Pablo. Ellos eran apóstoles, yo soy un reo; ellos eran libres, pero yo soy un esclavo".*[99] Claramente existe un reconocimiento de la autoridad inigualable que

---

99   Ropero, A., ed. (2004). Lo mejor de Los Padres Apostólicos (pp. 198–199). Editorial CLIE.

los apóstoles tuvieron a comparación de los obispos posteriores. En la Epístola de Ignacio a los Trallanos les dice en el capítulo 3:3: *"Siendo así que los amo, los trato con blandura, aunque es posible que escriba de modo más estricto en su favor; pero no creí que tuviera competencia para hacerlo, y que, siendo un reo, les dé órdenes como si fuera un apóstol."*[100] Claramente para Ignacio la autoridad apostólica fue única e inigualable, es obvio que los escritos apostólicos del Nuevo Testamento, que son inspirados por Dios, deben guiar a la iglesia. No existe indicio en los padres apostólicos que existiera un papa o magisterio en su tiempo, la autoridad infalible de las Escrituras no tenía rival.

Jerónimo en el siglo IV escribió que Policarpo había sido discípulo del apóstol Juan y que Juan lo había ordenado obispo de Esmirna. En algún momento después del año 110 d.C. Policarpo escribió una carta a los Filipenses, en el capítulo 3:2 dice lo siguiente: *"Porque ni yo, ni hombre alguno, puede seguir la sabiduría del bienaventurado y glorioso Pablo, el cual, cuando estuvo entre ustedes, enseñó cara a cara a los hombres de aquel día la palabra de verdad con cuidado y certeza; y cuando estuvo ausente, les escribió una carta, en la cual, si la escudriñan con diligencia, podrán ser edificados en la fe que se les ha dado, la cual "es la madre de todos nosotros."*[101] Observemos que Policarpo afirma que nadie se puede comparar con el apóstol Pablo y anima a los Filipenses a escudriñar con diligencia la carta de Pablo a los Filipenses, carta que hoy forma parte del canon del Nuevo Testamento. Policarpo también escribe a los Filipenses en el capítulo 7:2: *"y todo el que tergiversa las palabras del Señor para sus propios deseos carnales y dice que no hay resurrección ni juicio, este hombre es el primogénito de Satanás. Por lo tanto, abandonemos las acciones vanas de muchos y sus falsas enseñanzas, y volvamos a la Palabra que nos ha sido entregada desde el principio."*[102] Los cristianos debemos abandonar las falsas enseñanzas y prácticas erradas de algunos, volviéndonos a la Palabra que nos ha sido entregada desde el principio, ¿No es acaso esto lo mismo que el principio de Sola Escritura afirma? La palabra de Dios es la única que tiene la autoridad infalible de Dios para evaluar ante su medida cualquier doctrina y practica errada, teniendo la autoridad de corregirlas.

Clemente de Roma escribe una carta a los Corintios en el primer siglo que sirve de testimonio sobre la autoridad incomparable que los padres apostólicos asignaron a las Escrituras. Clemente dice en el capítulo 45: *"Contended,*

---

100 Ropero, A., ed. (2004). Lo mejor de Los Padres Apostólicos (p. 190). Editorial CLIE.

101 Ropero, A., ed. (2004). Lo mejor de Los Padres Apostólicos (p. 228). Editorial CLIE.

102 Ropero, A., ed. (2004). Lo mejor de Los Padres Apostólicos (p. 230). Editorial CLIE.

hermanos, y sed celosos sobre las cosas que afectan a la salvación. Habéis escudriñado las Escrituras, que son verdaderas, las cuales os fueron dadas por el Espíritu Santo; y sabéis que no hay nada injusto o fraudulento escrito en ellas."[103] Al comenzar su carta a los corintios, Clemente les recuerda del tiempo en que *"andaban conforme a las ordenanzas de Dios"* (cap. 1), que *"prestando atención a Sus palabras, [no a algún magisterio o papa] las depositaban diligentemente en sus corazones"*, *"los mandamientos y las ordenanzas del Señor estaban escritas en las tablas de su corazón"* (cap. 2). En el capítulo 3 dice: *"se cumplió lo que está escrito"* citando a Deuteronomio 32:15. En el capítulo 13 enfatiza: *"hagamos lo que está escrito, porque el Espíritu Santo dice: No se alabe el sabio en su sabiduría"*, citando a Jeremías 9:23-24. Estos son solo algunos ejemplos de la autoridad sin rival que Clemente asignaba a las Escrituras; su carta está repleta de alusiones y citas bíblicas que son citadas con autoridad absoluta para corregir, traer claridad, y fundamentar sus exhortaciones a los corintios.

Consistentemente vemos en los padres apostólicos que otorgan una autoridad suprema a las Escrituras y a los escritos de los apóstoles. Jamás vemos a Los Padres Apostólicos hablar de tradiciones infalibles ni mucho menos de un magisterio infalible existente en sus días. No existe para la iglesia primitiva ningún mecanismo de infalibilidad fuera de las Sagradas Escrituras. Quince siglos después de Los Padres Apostólicos, la intención de la reforma protestante fue enfatizar precisamente lo que el cristianismo en sus primeros siglos sostuvo, la autoridad infalible de las Escrituras como regla de fe y doctrina. El reformador Martin Lutero consideraba a las Escrituras como su única autoridad infalible. En su debate en Leipzig de 1519 sobre las indulgencias con el teólogo John Eck, Lutero dio su famosa declaración: *"A un simple hombre laico armado con las Escrituras se le debe creer más que a un Papa o a un concilio sin ellas."*[104] Lutero enfatizó que ningún Papa puede establecer artículos de fe que no tengan base en las Escrituras. En la Dieta de Worms (una asamblea de príncipes alemanes en la ciudad de Worms) en 1522, cuando Eck le pidió que renunciara a sus supuestos errores, pronunció estas tremendas palabras: *"A menos que esté convencido por el testimonio de las Escrituras o por razones evidentes, no acepto la autoridad de los papas y los concilios porque se han contradicho entre sí, mi conciencia está cautiva a la Palabra de Dios. No puedo ni me retractaré de nada, porque ir en contra de mi conciencia no es ni correcto ni seguro. Dios ayúdame. Amén."*[105] El propósito de la reforma fue volver al evan-

---

103   Ropero, A., ed. (2004). Lo mejor de Los Padres Apostólicos (p. 140). Editorial CLIE.

104   R. Bainton, Here I Stand (Nashville: Abingdon, 1950), p. 90.

105   Idem. 144.

gelio anunciado en las Escrituras, y a la suficiencia de la autoridad infalible de la Biblia ante graves errores en la iglesia de su tiempo.

5. Todas las otras fuentes son falibles. Solo a Cristo que fue perfecto, sin pecado, quien es Dios con nosotros, y a las Escrituras, la Biblia adscribe infalibilidad. No vemos en ningún pasaje bíblico que esa infalibilidad se extienda a los obispos de Cristo ni a su iglesia. El Espíritu Santo tiene el poder de guiarnos a toda verdad (Juan 16:13), eso no significa que siempre la iglesia deja guiarse por Él. La iglesia debe ser columna y baluarte de la verdad (1 Timoteo 3:15), eso no significa que no puede extraviarse nunca de la verdad. La iglesia debe ser santa (1 Pedro 1:15), pero eso no significa que siempre viva en santidad. No existe un cristiano infalible, los padres de la iglesia erraron, los concilios a través de la historia se han contradicho, los papas de la iglesia romana han dicho barbaridades errando. No existe mejor lugar para conocer la verdad de Dios fuera de la Biblia. De acuerdo a lo que Dios mismo dice en su revelación, fuera de las Escrituras no existe nada que tenga la inspiración y autoridad suprema que ellas tienen, eso es precisamente lo que reconoce el principio de *"Sola Escritura"*.

San Agustín (354-430 d.C.) a finales del siglo IV en su Tratado contra los Donatistas 2.3.4 sostiene el principio de Sola Escritura que el cristianismo evangélico hoy defiende, pero antes de compartir esta cita es importante aclarar lo siguiente: Los padres de la iglesia sostuvieron diversidad de creencias. No existen dos padres de la iglesia que crean exactamente lo mismo en todo, inclusive dentro de los escritos de San Agustín encontramos opiniones en las que en su desarrollo teológico cambió de opinión a través del tiempo. Existe una famosa frase de San Agustín que ha sido repetida por los apologistas católico romanos y de la cual es importante entender su contexto: *"Por mi parte, no debo creer en el evangelio excepto si me mueve la autoridad de la Iglesia Católica"*.[106] En el siglo II y III la iglesia cristiana enfatizó su catolicidad (su universalidad) ante el surgimiento de sectas falsas para apelar a lo que había sido creído por la iglesia toda en todas partes. El primero en referirse a la iglesia como *"católica"* fue Ignacio de Antioquia en el año 107 d.C. Ignacio estaba escribiendo en el idioma griego y es así como utiliza este adjetivo que significa *"en todas partes"* o *"conforme al todo"*. La iglesia de Cristo es católica, con ello no estamos diciendo que es la institución católica romana actual, sino que es universal porque se expande por todo el mundo. En el siglo IV, San Agustín escribió contrarrestando el error del Maniqueísmo, específicamente

---

106 *Contra la* Epístola Fundamental de Maniqueo, cap. 5, https://www.newadvent.org/fathers/1405.htm

contra un tratado de Maniqueo llamado *"La Epístola Fundamental"*, en el que estaba contenido casi todo lo que creía esta secta falsa. Aparentemente la epístola comenzaba así: *"Manes, apóstol de Jesucristo, por la providencia de Dios Padre"*. San Agustín cuestiona esta mentira diciendo: *"No creo que Manes sea un apóstol de Cristo"*. *"...Quizás me leas el evangelio y trates de encontrar en él un testimonio de Manes. Pero si te encontraras con una persona que aún no cree en el evangelio, ¿cómo le responderías si te dijera: no creo?"* Agustín muestra que el maniqueísmo es una novedad, un movimiento falso sin sustento bíblico ni histórico, y lo contrasta con la iglesia cristiana universal (católica) que existe desde el primer siglo con Jesucristo, es en ese contexto que dice con justa razón Agustín: *"Por mi parte, no debo creer en el evangelio excepto si me mueve la autoridad de la Iglesia Católica."* San Agustín no está diciendo que la iglesia tiene más autoridad que la Biblia, ni siquiera que la iglesia tiene una autoridad paralela, sino que existe un sustento histórico de nuestra fe y un testimonio universal de la iglesia desde el principio hasta su tiempo. La iglesia recibió el mensaje de Cristo, y pudo discernir el evangelio y cuáles son los libros canónicos que dan testimonio de Jesucristo. Es obvio que Manes no fue apóstol de Jesucristo ni sus enseñanzas fueron las de Cristo. Siempre es vital entender el contexto de los escritos de los padres de la iglesia. Consideré necesario explicar el contexto de esta frase utilizada por apologistas de la iglesia romana, antes de proceder a mostrar una cita donde Agustín sostiene el principio de Sola Escritura que el cristianismo evangélico hoy defiende. Es importante la siguiente cita porque es evidencia que aun hasta finales del siglo IV y principios del siglo V no existía en la iglesia el concepto del papado universal del obispo de Roma, ni tampoco el de un magisterio infalible; siempre las Escrituras fueron la única regla infalible de fe y conducta.

San Agustín a finales del siglo IV en su *Tratado contra los Donatistas* 2.3.4 sostiene el principio de Sola Escritura que el cristianismo evangélico hoy sostiene, prestemos atención a sus palabras:

> *"Pero, ¿quién puede no darse cuenta de que el canon sagrado de las Escrituras, tanto del Antiguo como del Nuevo Testamento, está confinado dentro de sus propios límites, y que [Las Escrituras] se encuentran en una posición tan absolutamente superior a todas las cartas posteriores de los obispos, que sobre ellas [sobre las Escrituras] no podemos tener ningún tipo de duda o disputa sobre si lo que confesadamente contiene es correcto y verdadero? En cambio todas las cartas de los obispos que se han escrito o se están escribiendo desde el cierre del canon, pueden ser refutadas si en ellas hay algo que se desvíe de la verdad, ya sea por el discurso de alguien*

que resulta ser más sabio en la materia que ellos mismos, o por la autoridad más importante y la experiencia más erudita de otros obispos, por la autoridad de los concilios; y además, que los propios concilios, que se celebran en los diversos distritos y provincias, deben ceder, más allá de toda posibilidad de duda, a la autoridad de los concilios plenarios que se forman para todo el mundo cristiano; y que incluso de los concilios plenarios, los primeros son frecuentemente corregidos por los que les siguen, cuando, se sacan a la luz cosas que antes estaban ocultas, y se sabe lo que antes estaba oculto".[107]

En esta declaración, San Agustín dice que las Sagradas Escrituras, tanto del Antiguo como del Nuevo Testamento, se encuentran en una posición absolutamente superior a todas las cartas posteriores de los obispos. Aquí están incluidos todos los Escritos de los Padres de la Iglesia del pasado, pero también muestra que las Escrituras están por encima de cualquier autoridad eclesiástica posterior. Los propios concilios de la iglesia pueden ser corregidos por concilios posteriores cuando salen a la luz cosas que ignoraban. San Agustín está diciendo que los padres de la iglesia, los concilios eclesiásticos, y las autoridades de la iglesia, pueden ser refutadas si hay en ellas cualquier cosa que se desvíe de la verdad. Agustín dijo que no podemos tener ningún tipo de duda y que no puede estar en disputa que las Escrituras contienen lo que es correcto y verdadero. Sin duda, ante los ojos de San Agustín, la Biblia tiene la autoridad para corregir a la iglesia. En esta sección San Agustín está sosteniendo el mismo principio de Sola Escritura que posteriormente los reformadores sostuvieron, y que el cristianismo evangélico hoy defiende.

En conclusión, la Sola Escritura es un principio firme basado en las siguientes verdades:

- No existe mejor lugar para conocer la verdad de Dios que la Biblia. Jesús y los apóstoles dijeron que las Escrituras son la palabra de Dios, inspirada por Dios, que salió de Dios, y que los santos hombres de Dios la escribieron siendo guiados por el Espíritu Santo.
- No existe ninguna otra fuente fidedigna de las enseñanzas de Jesús y de los apóstoles fuera del Nuevo Testamento. El Nuevo Testamento fue escrito por los apóstoles de Jesús y su círculo ministerial. Tiene mucho mayor credibilidad un documento escrito en el siglo primero por los testigos oculares del ministerio de Jesús, que una creencia desarrollada en el siglo IV o en el siglo XIII, XVI, o XX.

107 https://www.newadvent.org/fathers/14092.htm

- La fe cristiana fue iniciada por Jesucristo y expandida por el ministerio de sus apóstoles, para ambos las Sagradas Escrituras tenían una autoridad inigualable e insustituible. La fe cristiana debe seguir el ejemplo de Cristo y de los apóstoles. Esta verdad es apoyada por el lugar que las Sagradas Escrituras tuvieron en los escritos de los padres apostólicos y el resto de los padres de la iglesia. No observamos en ellos pretensiones de que exista una autoridad infalible fuera de las Escrituras.

- Los seres humanos, aun teniendo buenas intenciones, se equivocan, erran y pecan; esto es un hecho probado a lo largo de la historia del pueblo de Israel, al cual Dios se reveló dando las Escrituras, y a través de dos mil años de historia de la iglesia cristiana. Los hombres y el pueblo de Dios han errado, y lo único que tiene la autoridad infalible para traer corrección cuando la iglesia falla es la Palabra de Dios.

Estos son los fundamentos del principio de *"La Sola Escritura"*; En base a estas premisas que son verdaderas, podemos concluir certeramente que no existe ninguna autoridad infalible para conocer la doctrina que la iglesia debe creer y enseñar fuera de las Sagradas Escrituras.

D. LO QUE SOLA ESCRITURA NO SIGNIFICA.

Es común escuchar a algunos apologistas católico romanos atacar al principio de Sola Escritura desconociendo lo que significa. Veremos a continuación algunas percepciones erradas sobre el principio de Sola Escritura.

1. Sola Escritura no significa que no necesitamos a nada ni a nadie más que solo la Biblia. La Sola escritura significa que la Biblia es la única norma infalible de fe, no significa que no se necesitan maestros en la iglesia para discipular y enseñar al pueblo de Dios. El Señor Jesucristo dio a sus apóstoles la encomienda de hacer discípulos suyos para transmitirles las cosas que él les había enseñado (Mateo 28:19-20). Fue el plan de Cristo que los apóstoles hicieran discípulos suyos y enseñaran a la iglesia. En Efesios 4:11-12 Cristo constituyó a unos apóstoles; a otros, profetas; a otros, evangelistas; y a otros, pastores y maestros, a fin de capacitar al pueblo de Dios para servir y edificar el cuerpo de Cristo, que es Su iglesia. La enseñanza de la fe y los oficios ministeriales son necesarios en la iglesia. Un error común de algunos, es pensar que los cristianos evangélicos al suscribirnos al principio de la Sola Escritura, rechazamos el ministerio de enseñanza de los maestros de la iglesia. Los cristianos no rechazamos las resoluciones de todos los concilios, ni la tradición en el sentido general, como el canon de las Escrituras que hemos recibido, ni el credo niceno-constantinopolitano; todos ellos son importantes y tienen un gran valor. La Sola Escritura lo que dice es que los maestros de la iglesia y los concilios pueden errar y necesitan apegarse a la revelación que Dios ha dado en su Palabra. Sola Escritura no es un rechazo de la iglesia, de su historia, ni de todas las tradiciones eclesiásticas, sino la convicción, que encontramos en la misma Biblia, de que la iglesia y sus tradiciones deben ser evaluadas a la luz del estándar de verdad superior de la Palabra de Dios.

Al morir los apóstoles que nos legaron el Nuevo Testamento, observamos que culminó un período histórico de revelación publica de Dios a la humanidad; no observamos a la iglesia recibiendo las cartas de los primeros obispos o apologistas como Palabra de Dios. Tampoco observamos que las determinaciones de los primeros concilios ecuménicos de la iglesia, a partir del siglo IV en adelante, fueran recibidas como palabra infalible de Dios. Después de la muerte de los apóstoles no observamos ningún mecanismo de infalibilidad en el que la iglesia sea preservada de errar fuera de la medida de lo que Dios ya ha revelado explícitamente en las Sagradas Escrituras; esto es precisamente lo que el principio de Sola Escritura reconoce. Las Sagradas Escrituras constituyen el único testimonio fidedigno de lo que Jesús y los apóstoles enseñaron, y en la era post apostólica la iglesia debe medir sus creencias y practicas a la luz de lo que Dios ya reveló en su Palabra.

2. Sola Escritura no significa que la verdad es determinada por lo que cada persona entiende. El apóstol Pedro dijo en 2 Pedro 1:20: *"Pero ante todo sepan que ninguna profecía de la Escritura es asunto de interpretación personal."* La verdad no se determina por lo que una sola persona entiende que dice la Biblia, debemos leer la Biblia en su contexto literario, gramático, histórico, y conscientes con lo que toda la Escritura dice sobre un tema determinado. El intérprete honesto y responsable debe leer la Biblia junto a la iglesia; debe considerar la forma en que los eruditos bíblicos y los hombres de Dios a través de la historia han interpretado la Biblia.

Jesús prometió a sus apóstoles, tras haber estado tres años con él, que el Espíritu Santo les guiaría a toda verdad, Jesús no prometió que era imposible que pudieran errar nunca, mucho menos prometió que cada generación de lideres cristianos jamás podría errar, es por eso que debemos volver a las Escrituras siempre para evaluarnos ante la medida de la verdad infalible de Dios. El católico Romano que critica a los protestantes de ser su propio magisterio, está en *"la misma situación"*. El católico romano cree ciegamente lo que su magisterio dice que la Biblia dice, a pesar de que exista clara evidencia que su magisterio malinterpreta y saca de contexto versículos de la Escritura. Una vez que su magisterio lo dice, es prácticamente incuestionable y debe ser creído. Ellos se apoyan en lo que hombres falibles les dicen, criticándonos a nosotros de no creerle a su magisterio; los cristianos evangélicos buscamos entender los pasajes bíblicos en su contexto y con la guía de maestros expertos y eruditos bíblicos. Ellos escuchan a su magisterio, y nosotros al nuestro; nos critican de hacer lo que ellos mismos hacen.

Para el cristiano evangélico su conciencia debe estar sujeta a la Palabra de Dios. Es cierto que muchos cristianos evangélicos también yerran malinterpretando textos bíblicos sin la dedicación suficiente al estudio, y a las consideraciones históricas sobre lo que la iglesia ha creído y recibido. También hay quienes creen sin cuestionar lo que algún maestro o peor aún, algún youtuber les dice. Muchos católicos romanos están en la misma situación, escuchan a *"youtubers"* sin formación teológica seria, que desconocen mucho de las Escrituras, la teología, la historia, y hasta de las mismas doctrinas romanas y protestantes, y los miles que les escuchan se dejan influenciar por ellos, creyendo que les están diciendo la verdad. La realidad es que debemos siempre utilizar el discernimiento, aun algún teólogo bien preparado, o un siervo de Dios fiel dice algo, debemos evaluarlo todo a la luz de las Escrituras en su contexto. Los hombres no son infalibles, y Dios pide que usemos discernimiento. En 1 Corintios 14:19 el apóstol Pablo dice a esta iglesia *"que dos o tres personas profeticen y que los demás evalúen lo que se dice... Asimismo, los profetas hablen dos o tres, y los demás juzguen lo que ellos dicen"*. En 1 Juan 4:1 se nos exhorta: *"Amados, no crean a todo espíritu, sino prueben los espíritus si son de Dios; porque muchos falsos profetas han salido por el mundo"*. Vemos en estos textos una labor comunitaria de discernimiento en la iglesia, no una tarea aislada individual, debemos hacer teología junto a la iglesia, con nuestros hermanos expertos en el presente y los expertos del pasado. El cristiano debe usar siempre discernimiento al escudriñar y conocer las Escrituras para adherirse a la fe que ha sido una vez dada a los santos (Judas 1:3).

La Palabra de Dios nunca nos dijo que existe un magisterio infalible fuera de la autoridad infalible de las mismas Escrituras. Al interpretar la Biblia, existe una regla que es útil; la regla de un monje de Leríns al sur de Francia, llamado Vicente de Lerins (m. 434 d.C.). Vicente conocía y utilizaba las Escrituras y escribió una obra que se conoce como el Commonitorium. Vicente buscaba el criterio para discernir la fe que la iglesia ha recibido de las novedades y engaños de los herejes. Vicente decía que debemos ver *"la fe que ha sido creída en todas partes, siempre, por todos"*. Esta regla habla de la universalidad de las doctrinas esenciales de la fe cristiana (que son *"creídas en todas partes"*), también apela a la antigüedad (*"creídas siempre"*) no son novedosas sino bíblicas y apostólicas (que fueron creídas desde los inicios en la iglesia), y que tuvieron una aprobación general (*"creídas por todos"*), son creencias que podemos observar que han sido sostenidas por todos nuestros antepasados en la fe; o al menos por la mayoría de los expertos en las Escrituras a través de la historia. La regla de Vicente de Lerins continúa siendo una regla útil hasta nuestros tiempos, y podemos probar que existen dogmas y prácticas de la iglesia romana que no corresponden a la fe que ha sido creída en todas partes, siempre, por todos.

La Sola Escritura no significa que la verdad es determinada por lo que cada persona entiende por sí misma aisladamente, el cristiano diligente interpreta las Escrituras junto a sus hermanos en la fe a través de la historia. El intérprete responsable considera siempre el contexto de un pasaje, se deja guiar por el Espíritu Santo, utiliza la razón, y considera las explicaciones de hombres de Dios y eruditos a través de dos mil años de fe.

3. Sola Escritura no significa que la Biblia es exhaustiva o que contiene todo el conocimiento; no es exhaustiva, pero si es suficiente. La Sola Escritura no dice que la Biblia contiene todo el conocimiento de tal forma que no debamos creer nada más que lo que ella dice. Por ejemplo, el canon de las Escrituras, la lista de libros que la iglesia reconoce como inspirados por Dios no viene en ningún libro de la Biblia. En el primer siglo los libros del Nuevo Testamento estaban apenas siendo escritos por separado, los apóstoles escribieron los evangelios y cartas inspirados por Dios a sus comunidades de fe en distintas décadas. Ninguno de los apóstoles dejó una lista de los otros libros aprobados que los otros apóstoles escribían. Sin embargo, todas las cartas y libros fueron recibidos por las distintas comunidades de fe, fueron copiados, transmitidos y diseminados. La iglesia recopiló todos estos libros para finalmente reconocer el canon completo de libros del Nuevo Testamento. Obviamente la historia de la iglesia de los siglos II en adelante, está fuera de los límites del contenido del Nuevo Testamento, la Biblia no es exhaustiva y no provee todo el conocimiento útil sobre la iglesia después de la era apostólica. Al abrazar el principio de la Sola Escritura por supuesto que no significa que rechazamos lo que sucedió en la era post apostólica y mucho menos el canon bíblico. Por cierto, es común escuchar a apologistas católico romanos decir que la iglesia Católica Romana nos dio la Biblia y que el Papa Damaso I declaró cuales eran los libros inspirados que los protestantes usan; ellos dicen que la Biblia es Católico Romana; una declaración que refleja mucha ignorancia. Para empezar, la iglesia de los primeros siglos no era la Católica Romana actual. La alusión a Damaso I es una referencia a un pequeño concilio local en Roma, un sínodo, que aparentemente tuvo lugar en el año 382 d.C., sin embargo, no existe registro histórico temprano sobre este sínodo, se asume por un documento llamado Decretum Gelasianum (una obra escrita por una persona desconocida en el siglo sexto); contiene un canon de las Escrituras que afirma fue emitido por el Concilio de Roma. Es también importante saber que el obispo Damaso I no tuvo una función de papa sobre la iglesia, jamás fue jefe de toda la cristiandad con jurisdicción sobre todas las iglesias. Otro factor importante es que mucho antes del obispo de Roma Damaso I, el obispo Atanasio de Alejandría en el 367 d.C. ya había definido la lista de los 27 libros del Nuevo Testamento. La Biblia no es católica romana ni protestante, sino herencia del pueblo judío, el conjunto de libros inspirados por Dios a través de los profetas, y de los apóstoles de Jesucristo.

Es evidente que la historia de la iglesia es abrumadoramente post apostólica, la era apostólica constituye solo el primer siglo, pero han existido 19 siglos de historia posterior. Por esta razón, el Nuevo Testamento mismo no contiene la historia de la compilación de los libros del canon del Nuevo Testamento que sucedió en los siglos posteriores a la muerte de los apóstoles. El principio de Sola Escritura no desecha la historia, no rechaza lo que sucedió después como si la Biblia fuera exhaustiva en contarnos las cosas que sucedieron después. La Biblia no reclama hablar de todos los temas existentes. La Sola Escritura no significa que las Escrituras contienen todo el conocimiento, la Biblia no es exhaustiva, pero si es suficiente. La Biblia es suficiente para explicarnos el evangelio, como puede el ser humano recibir la salvación disponible en Cristo, y para decirnos cómo la iglesia debe vivir una vida cristiana agradable a Dios.

4. Sola Escritura no significa que rechazamos cualquier verdad que no esté explícitamente contenida en las Escrituras. Si algo es verdadero por ser auto evidente o por haber suficientes pruebas de su veracidad, entonces es verdad, aunque no esté en la Biblia. En materia científica esto es evidente, la ciencia descubre principios sobre el funcionamiento del universo, la física, o la vida, que no están contenidos en las Escrituras. Sin embargo, en asuntos de la fe cristiana es muy difícil probar que existan otras verdades sobre Dios o la vida cristiana que Dios no ha revelado en las Escrituras. Si no están en el testimonio de los profetas y apóstoles en la Biblia, ¿cómo podríamos saber que algo viene realmente de Dios? Cuando hablamos de creencias y prácticas de la fe cristiana es aplicable el consejo que Pablo da a los Corintios en

1 Corintios 4:6: *"aprendan de nosotros a no ir más allá de lo que está escrito"*. Supongamos que Jesús hubiera revelado otras cosas que no están escritas en la Biblia, deberíamos hacernos preguntas al respecto como ¿en dónde están?, ¿cuáles son?, y más importante aún, ¿cuál es la evidencia de que esas enseñanzas realmente vienen de Jesucristo? Entonces, por un lado, no rechazamos cosas que son verdaderas solo por no estar en la Biblia, como es el caso del canon de las Escrituras que comentamos en el punto anterior. Pero, el hecho que no rechazamos cualquier verdad que no esté explícitamente contenida en las Escrituras, tampoco significa que aceptamos cualquier dogma y tradiciones que no tienen evidencia de ser apostólicas, y menos aún si son contrarias a las Escrituras. El canon de las Escrituras es apostólico y existe amplia evidencia de su recepción en la iglesia primitiva, contrastemos el canon con la veneración a María y los rezos a los santos fallecidos, además de ser contrarios a las Escrituras, no son enseñanzas apostólicas, ni tienen evidencia de haber sido practicados por la iglesia primitiva.

5. Sola Escritura no significa que es imposible que Dios pueda hablar algo, sino que la Biblia es la autoridad final para evaluar aquello que se dice que viene de Dios. Creemos que Dios, en Jesucristo, nos ha revelado todo lo que necesitamos para poder ser salvos y vivir una vida agradable delante de Él. El apóstol Pedro dijo en 2 Pedro 1:2: *"Su divino poder, al darnos el conocimiento de aquel que nos llamó por su propia gloria y excelencia, nos ha concedido todas las cosas que necesitamos para vivir con devoción."* (NVI). Sin embargo, el principio de Sola Escritura no dice que es imposible que Dios puede hablar más que solo en la Biblia; existen experiencias de muchos cristianos que dan testimonios de alguna ocasión en la que Dios les habló de alguna manera muy personal. Dios es soberano para hablar personalmente a sus hijos si así a Él le place, pero cualquier experiencia debe ser filtrada a través de la Palabra de Dios; debe ser consistente con lo que Dios ya ha revelado, y debe haber pruebas indubitables de que realmente viene de Dios. En el caso de algunos dogmas desarrollados por la iglesia Católica Romana podemos discernir que no son consistentes con las Escrituras, y por lo tanto, no vienen de Dios. La Sola Escritura no significa que limitamos a Dios, o que sea imposible que Dios hable a su pueblo de alguna manera, La Sola Escritura significa que la Biblia es la autoridad final y la regla para medir y evaluar todo aquello que alguien dice que viene de Dios. Los cristianos aplicamos el principio que vemos en los judíos de Berea en Hechos 17:11: *"Escudriñaban las Escrituras para ver si estas cosas eran así"*.

6. Sola Escritura no significa que El Espíritu Santo no puede guiar a las personas y a la iglesia. La iglesia tuvo una participación muy importante en reconocer el canon de las Escrituras, pero es muy diferente reconocer la infalibilidad de la Palabra de Dios a tener una autoridad infalible. La iglesia primitiva tuvo una función muy importante: la recepción de las Escrituras, dar testimonio de la fe recibida, corregir el error, preservar y transmitir las Escrituras, proclamarlas y enseñarlas. Existe una necesidad bíblica de la iglesia como testigo de Cristo (Isaías 43:10), pero la iglesia puede errar, esto no significa que siempre y en todo, yerra. La realidad es que no hay garantía de que alguien sea preservado de errar a menos que se someta a la regla de fe que son las Escrituras que contienen las palabras mismas de Dios.

Los apologistas católico romanos nos acusan de decir que toda la iglesia apostató de la fe, o que la iglesia de Cristo murió, y que esto es imposible, pues Jesús prometió que las puertas de la muerte no prevalecerían contra su iglesia (Mateo 16:19). Los cristianos conocedores de la historia de la iglesia, no decimos que la iglesia murió, sino que la iglesia aun estando viva no es inmune de errores, una iglesia puede tener vida y aun así errar. Es indudable que Dios ha permitido que existan en su iglesia desviaciones doctrinales, errores, herejías, sectas y doctrinas falsas. El apóstol Pablo dijo a los ancianos de la iglesia de Éfeso en Hechos 20:29-31: *"Sé que después de mi partida, vendrán lobos feroces entre ustedes que no perdonarán el rebaño. También de entre ustedes mismos se levantarán algunos hablando cosas perversas para arrastrar a los discípulos tras ellos. Por tanto, estén alerta."* Observamos en el Antiguo Testamento que Dios permitió que su pueblo Israel cayera en idolatría y apostasía en distintas épocas de su historia, sin embargo, siempre hubo hombres de Dios y profetas que Dios levantó para llamar al pueblo a ser fieles al pacto y su revelación previa. Existe evidencia en la iglesia cristiana imperial y medieval que existió un proceso de acumulación y ampliación gradual de prácticas y dogmas que no fueron bíblicos ni apostólicos. Esto no significa que la iglesia dejo de existir ni que hubo una apostasía total; El Espíritu Santo siempre ha estado presente en todos aquellos que son humildes y sensibles a su guía y que obedecen a Dios en su Palabra.

En 2 Timoteo 3:16 el apóstol Pablo no dijo que toda la iglesia es inspirada por Dios, ni tampoco que toda la tradición y el magisterio son inspirados por Dios, sino únicamente se refirió a las Escrituras diciendo que ellas son útiles para instruirnos y corregirnos. Solo a las Escrituras se les atribuye ser *"inspiradas o salidas de la boca de Dios", "guiadas por el Espíritu Santo"*, y ser *"las palabras mismas de Dios"*, a nada ni a nadie más se le describe con esas palabras ni en la Biblia, ni en los Padres de la Iglesia.

El Principio de *"Sola Escritura"* es el esfuerzo de la iglesia de ser fieles a lo que sabemos con certeza que salió de Dios. No es que *"Sola Escritura"* sea una doctrina inspirada por Dios, sino que es el reconocimiento de que la Biblia es infaliblemente inspirada por Dios y nada más lo es. Es la identificación de lo que es inspirado por Dios y separándolo de lo que no lo es. La Sola Escritura es un principio práctico y necesario para que la iglesia sea guardada de prácticas erradas que emergen y que después son transmitidas sin haber provenido de Dios; este principio debe aplicarse tanto a la iglesia Católica Romana, como a las iglesias evangélicas.

7. Sola Escritura no significa que rechazamos toda tradición. El principio de *"Sola Escritura"* no necesariamente desecha la tradición, pero si desecha las prácticas contrarias a las verdades que Dios ha revelado. La tradición que ha sido transmitida desde tiempos tempranos en la historia de la iglesia es útil, por ejemplo, el canon de las Escrituras que fue transmitido y aceptado por la iglesia es importantísimo, siempre debemos considerar la tradición temprana de la iglesia, pero debemos filtrarla a través de la verdad revelada en las Escrituras. Es un hecho que no todo lo que hoy es presentado como *"tradición"*, por la iglesia romana, viene de Cristo o de los apóstoles.

El principio de la *"Sola Escritura"* no es un rechazo a toda tradición, de hecho, los reformadores mismo no rechazaban la tradición, apelaban al cristianismo primitivo y a los Padres de la Iglesia.

El reformador Juan Calvino escribió al Cardenal Sadoleto: *"Nuestro acuerdo con la antigüedad es mucho mayor que el de ustedes (romanistas), lo único que hemos hecho es intentar reavivar la forma antigua de la iglesia. La que existió en los tiempos de Crisóstomo, y Basilio entre los griegos, o Cipriano, Ambrosio y Agustín entre los Latinos"*.[108]

Debemos ser cuidadosos al recurrir a los Padres de la Iglesia, pues siempre sus escritos y frases tienen un contexto especifico, debemos adentrarnos a ver de que estaban hablando y ante que estaban reaccionando. También debemos cuidar el nivel de autoridad que damos a los Padres de la iglesia, pues no son inspirados por Dios, por supuesto, fueron hombres de su tiempo y sujetos a sus sesgos, y prejuicios al igual que nosotros lo somos hoy a los nuestros; esa es

---

108   Letham, R. (2019). The Holy Trinity: In Scripture, History, Theology, and Worship (Revised and Expanded, p. 309). P&R Publishing.

la importancia de recurrir siempre al principio de La Sola Escritura. Tanto la iglesia Católica Romana actual como los protestantes, o evangélicos podemos citar a los Padres en citas que nos convienen y pasar por alto las citas que no nos convienen, pues ellos no eran católicos romanos, ni tampoco protestantes, sino lideres cristianos de su tiempo. A los apologistas romanos les encanta citar secciones selectas de los Padres para intentar sustentar algunos de sus desvíos doctrinales, sin embargo, hay muchas doctrinas donde los Padres de la iglesia no están de acuerdo con lo que cree actualmente la iglesia católica romana, pues son doctrinas desarrolladas en la época medieval, que no vamos a encontrar en la patrística y mucho menos en la doctrina apostólica del Nuevo Testamento. De todas maneras, sigue siendo edificante y útil observar la fe de los padres de la iglesia, que nos precedieron. San Basilio (329-379 d.C.), en su tratado *Sobre el Espíritu Santo. 7.16* dijo: *"Pero no nos basamos sólo en el hecho de que tal es la tradición de los Padres; porque ellos también siguieron el sentido de las Escrituras y partieron de la evidencia que, deduje de las Escrituras y les presenté"*.[109] Vemos en San Basilio, en este párrafo, un énfasis en que las Sagradas Escrituras deben tener precedente sobre la tradición de los padres. También San Agustín es su tratado *Sobre la Unidad de la Iglesia 4.7* dice: *"El que se aparta contrariando las Escrituras, aun si está en donde la iglesia esta, ellos no son la iglesia"*. Existe una necesidad de que los que se consideran iglesia de Cristo no se aparten de las Escrituras.

La *"Sola Escritura"* no es un rechazo a toda tradición, lo que dice es que toda tradición, sin importar que tan antigua sea, debe ser consistente con la revelación de Dios y debe ser evaluada a la luz de las Escrituras. Sola Escritura significa que cuando hay un problema entre lo que dicen las Escrituras y lo que dice la tradición, la Escritura tiene autoridad suprema.

Tras observar los constantes ataques de los apologistas romanos a La Sola Escritura nos damos cuenta que existe en ellos un desconocimiento de lo que significa, y la razón de sus ataques es una sola: La oposición del Catolicismo Romano al principio de Sola Escritura no es otra cosa que el intento de justificar su magisterio para legitimar una colección de doctrinas y prácticas que no vienen de Cristo ni de los apóstoles.

Hay tres cosas que el Catolicismo Romano debe probar para deshacerse del principio de Sola Escritura:

a. *Probar que el principio de Sola Escritura es incorrecto.*

---

109 https://www.newadvent.org/fathers/3203.htm

b. *Probar que su tradición realmente es apostólica.*

c. *Probar que su magisterio es infalible.*

No pueden probar ninguno de estos tres puntos. No basta con atacar buscando desprestigiar el principio de Sola Escritura, la iglesia romana debe probar que su tradición realmente es apostólica, y que su magisterio realmente es infalible, ambas cosas son demostrablemente falsas. Así que de nada sirve y fracasa el gran alboroto de los apologistas católicos contra el principio de las Escrituras como la regla final de autoridad infalible. Lo que hay atrás de esta discusión es el intento de decir: *"No solo la Biblia determina lo que debemos creer sino también LA IGLESIA".* Así que en la práctica el catolicismo romano cambia el principio de *"Sola Escritura"* por el de *"Sola Iglesia",* pero podríamos preguntarnos ¿cuál iglesia? ¿La ortodoxa?, no por supuesto que no, exaltan solo a su sede, institución, y magisterio. El principio de creer que solo las Escrituras son la palabra infalible de Dios tiene precedente implícito en las enseñanzas de Jesús, y en las enseñanzas de los apóstoles y de la iglesia primitiva, mientras que la creencia de que la iglesia es infalible al nivel de las mismas Escrituras no tiene base ni precedente ninguno.

E. LAS OBJECIONES AL PRINCIPIO DE SOLA ESCRITURA

La oposición del Catolicismo Romano al principio de Sola Escritura no es otra que el intento de justificar su magisterio para legitimar una colección de doctrinas y prácticas que no vienen de Cristo ni de los apóstoles. Me gusta hacer la siguiente pregunta a los católicos romanos ¿Si pudiera demostrarte que la iglesia católica romana saca de contexto textos bíblicos haciéndoles decir algo que no dicen, y si pudiera mostrarte que ciertas prácticas de la iglesia católica romana actual no son bíblicas, no son apostólicas, ni son conforme a lo que la iglesia primitiva creía, las seguirías creyendo? Tristemente, al igual que los adeptos a una secta, la mayoría de la gente prefiere seguir en el error que reconocer con humildad que es un error.

Las objeciones del catolicismo romano más utilizadas en contra del principio de La Sola Escritura son las siguientes:

1. La Sola Escritura no está en la Biblia.
2. La lista de libros del canon no está en la Biblia, esto *"prueba"* que el principio de Sola Escritura es falso, pues se necesita la autoridad de la iglesia para determinar que libros formarían parte del canon.
3. No solo las Escrituras tienen autoridad, la Biblia misma habla de la importancia de la tradición.

4. El concilio de los apóstoles en Hechos 15 muestra que se necesita la autoridad de la iglesia.

5. Los protestantes teniendo *"Sola Escritura"*, no se ponen de acuerdo, necesitan la autoridad de la iglesia para determinar lo que dicen las Escrituras.

Veamos a continuación estas objeciones una por una, y demos respuesta.

1. Primera Objeción: La Sola Escritura no está en la Biblia.

Algunos defensores de la fe Católica Romana piensan lo siguiente: *"si solo las Escrituras son las que deben determinar las doctrinas que debemos creer, entonces la 'doctrina' de 'Sola Escritura' no es sostenible porque no está en la Biblia".* Ellos razonan, *"los protestantes deberían saber que Dios ha dado autoridad al magisterio de la Iglesia Católica Romana para definir dogmas y prácticas que no necesitan estar en la Biblia para poder ser aceptadas."*

La Iglesia Católica Romana cree que las Escrituras son infalibles, pero no cree que solo las Escrituras son infalibles, cree que Dios guía de forma infalible a su institución en sus concilios y cuando su Papa habla ex cátedra; El católico romano cree que Dios habla infaliblemente por la iglesia. Hagamos el papel de abogado del enemigo viendo el caso en contra del principio de *"Sola Escritura"* analizando juntos un pasaje en el libro de Hebreos.

Hebreos 1:1-2: *"1 Dios, habiendo hablado hace mucho tiempo, en muchas ocasiones y de muchas maneras a los padres por los profetas, 2 en estos últimos días nos ha hablado por su Hijo."* (NBLA). ¿Dice el texto que Dios habló infaliblemente solo por las Escrituras? No, no lo dice. ¿Habló Dios a través de los profetas? Por supuesto. Entonces no es solo por las Escrituras que habla Dios. ¿Habló Dios a través de Jesucristo? Claro que sí, Jesús es la máxima revelación de Dios a la humanidad. Entonces no es solo por las Escrituras que Dios habla, pues nos habló en Cristo. ¿Habló Dios a través de los apóstoles? Por supuesto, Dios habló a través de ellos durante sus ministerios y en los escritos del Nuevo Testamento. Entonces Dios no solo habla por las Escrituras. Estamos de acuerdo en que Dios no solo ha hablado por las Escrituras, pero recordemos que el principio de Sola Escritura no dice que Dios solo ha hablado por las Escrituras, sino que solo las Escrituras son la única regla infalible de fe para guiar a la iglesia de Jesucristo.

Continuemos razonando juntos, ¿a través de quienes dice Hebreos 1:1-2 que Dios ha hablado? El pasaje dice que fue a través de los profetas y ahora nos ha hablado por su Hijo. ¿En dónde encontramos hoy lo que Dios habló a través de los profetas? En el Antiguo Testamento por supuesto, solo en las Escrituras. ¿En dónde encontramos hoy lo que Dios habló por Jesucristo? En los evangelios del Nuevo Testamento, solo en las Escrituras. El pasaje no dice que Dios habló por la tradición y el magisterio sino por los profetas y que ahora nos ha hablado en Cristo. El Catolicismo Romano podrá objetar a esto y decir que también existe una tradición que fue preservada por la iglesia desde los apóstoles, pero la carga de la prueba recae sobre ellos, pues no existe hasta hoy tal cosa como un compendio de tradiciones orales de los apóstoles preservadas fuera de los documentos apostólicos del Nuevo Testamento. ¿Existe algún conjunto de tradiciones que los apóstoles transmitieron de Cristo que no están en las Escrituras? *"¡No!"*. Si existiera un conjunto de tradiciones importantes de Cristo estarían comunicadas en los mismos Evangelios y en las cartas apostólicas, por lo menos tendríamos un compendio de dichas tradiciones registrada en los padres apostólicos (los primeros cristianos después de la muerte de los apóstoles que nos dejaron cartas y escritos). ¿Dónde encontramos hoy lo que Dios habló por medio de los apóstoles enviados por Jesucristo y que transmitieron sus enseñanzas? *"Solo en la Escritura"*. Como observamos, los apologistas de la iglesia romana no tienen una salida fácil al tratar de despreciar el principio de La Sola Escritura.

El principio de Sola Escritura no dice que Dios habló en el pasado únicamente a través de la Biblia, sino que solo las Escrituras contienen actualmente la revelación infalible de Dios. Algunos católicos romanos dirán, *"pero tampoco la declaración 'solo las Escrituras son infalibles' está en la Biblia"*. Debemos hacer la pregunta: ¿Se necesita encontrar una declaración explícita en la Biblia del principio de *"Sola Escritura"* para ser un principio verdadero? No necesariamente, pues tampoco existe una declaración explícita de la doctrina de la trinidad, sin embargo, es un concepto implícito en las Escrituras. Podemos encontrar implícitamente lo que el principio de La Sola Escritura sostiene en las declaraciones de la misma Biblia. Las mismas Escrituras, nuestro Señor Jesucristo y los apóstoles, citaron a las Escrituras con autoridad determinante que no tenía comparación con nada más.

Continuemos haciendo preguntas necesarias para tener mayor claridad: ¿habló Dios a través de los profetas? Por supuesto. ¿Hubo profetas falsos? sí. ¿Cómo podemos saber si lo que alguien dice hablar por Dios, viene realmente de Dios? Las Escrituras nos exhortan a usar discernimiento: *"no crean a cualquier espíritu, sino sométanlo a prueba para ver si es de Dios, porque han salido por el mundo muchos falsos profetas"* (1 Juan 4:1). *"En el pueblo hubo falsos profetas. También entre ustedes habrá falsos maestros, que encubiertamente introducirán herejías destructivas"* (2 Pedro 2:2). *"En cuanto a los profetas, que hablen dos o tres y que los demás examinen con cuidado lo dicho"* (1 Corintios 14:29). *"No desprecien las profecías, sométanlo todo a prueba, aférrense a lo bueno, eviten toda clase de mal"* (1 Tesalonicenses 5:20-22). La Biblia nos advierte que debemos estar alertas y evaluar lo que escuchamos decir que viene de Dios. ¿Existe algún estándar de autoridad que podemos usar para evaluar, discernir la verdad y corregir el error? ¡Claro que sí! Las Sagradas Escrituras (2 Timoteo 3:15-17, Juan 8:31-32; Juan 17:17; 2 Pedro 1:19-21). Ni las Escrituras, ni Jesucristo, ni los apóstoles, ni los padres apostólicos dicen en ningún lugar que Dios habló por *"la tradición"* o por *"un magisterio infalible"*, pero todos ellos están de acuerdo en que Dios habla en las Escrituras. En Mateo 22:29 Jesús dijo: *"Ustedes andan equivocados porque desconocen las Escrituras."* Las Escrituras son el estándar más confiable para discernir la verdad y distinguir la verdad del error.

¿Existe evidencia de que, fuera de las Escrituras, Dios siga hablando verdades universales a la iglesia que son infalibles? NO. ¿Existe evidencia de que la iglesia, los concilios, y los lideres de la iglesia son falibles? SI. ¿Cuál es la única fuente de verdad que fue citada con autoridad infalible y suprema por Jesucristo? *"Solo la Escritura"*. ¿Cuál es la fuente de verdad que fue citada con autoridad infalible y suprema por los apóstoles? *"Solo la Escritura y las enseñanzas de Jesús contenidas hoy en las Escrituras"*. ¿Cuál es la única fuente de verdad que fue citada con autoridad infalible y suprema por los padres de la iglesia? *"Solo la Escritura"*.

La declaración: *"Solo las Escrituras son infalibles"* no está en la Biblia, pero es una declaración absolutamente correcta, porque es un principio visto a través de los lentes de la autoridad de Cristo, a la luz del tiempo y la experiencia. La Sola Escritura no dice que la Biblia es la única fuente de dirección o guía útil en nuestra fe, sino que es la única infalible, que no puede fallar o equivocarse en cuanto a decirnos la verdad de Dios.

2. Segunda Objeción: El canon de las Escrituras no está en la Biblia; esto prueba que necesitamos a la iglesia y no solo la Biblia.

Es importante observar que el canon de las Escrituras no es una doctrina que creemos sino el conjunto de libros apostólicos del primer siglo que reconocemos como inspirados por Dios. ¿Por qué reconocemos la procedencia divina de los libros del Nuevo Testamento? Porque existe evidencia clara de su recepción temprana en la iglesia de Cristo atribuyendo a estos libros tanto un origen apostólico como inspiración de parte de Dios. Desde el primer siglo, en 2ª de Pedro 3:15-17 el mismo apóstol Pedro habla de las cartas del apóstol Pablo otorgándoles la categoría de ser parte de las *"Escrituras"* (trece de los veintisiete libros del Nuevo Testamento son cartas de Pablo). Pedro dice que *"hay en ellas algunos puntos difíciles de entender que los ignorantes e inconstantes tergiversan, como lo hacen también con las otras Escrituras para su propia perdición."*

Los cristianos debemos reconocer que la iglesia tuvo una participación muy importante en reconocer el canon de las Escrituras. El problema con el catolicismo romano es que se adjudica la historia de la iglesia como si fuera la historia de la institución católica romana, cuando es la historia de la iglesia toda que no le pertenece a Roma. La iglesia que enfatizó su universalidad o catolicidad en los siglos II y III en adelante, no es la institución católica romana actual pues no tenía los dogmas, prácticas, ni identidad que la iglesia romana tiene hoy. Los cristianos estamos de acuerdo en que la iglesia de los primeros tres siglos compiló y transmitió las Escrituras, pero una cosa es recibir y transmitir los escritos apostólicos, y otra es tener una autoridad infalible. Es muy diferente reconocer la infalibilidad de la Palabra de Dios a tener una autoridad infalible propia.

Los apologistas Católico Romanos podrían argumentar que, si la iglesia no fuera infalible para reconocer el canon, entonces la autoridad de la Biblia no puede sostenerse, pero esto no es así. La Biblia misma revela que existe una necesidad de que el pueblo de Dios de testimonio de lo que Dios ha revelado (Isaías 43:10; Hechos 1:8). La iglesia debe ser testigo de Cristo y su Palabra, pero esto no hace a la iglesia incapaz de errar. Por ejemplo, Juan el Bautista dio testimonio y reconoció a Jesucristo como el salvador (Juan 1:29), pero eso no significa que Juan el Bautista tuviera una autoridad infalible. En Lucas 7:29 cuando Juan el Bautista fue puesto en prisión injustamente, aparentemente tuvo un momento donde su fe fue sacudida cuando envió a preguntar a Cristo si ¿era el quien había de venir? o ¿debían esperar a otro? Otro ejemplo es el pueblo de Israel; nadie puede negar que el pueblo judío fue quien reconoció la autoridad de las Escrituras del Antiguo Testamento, ¿pero fue el pueblo judío infalible? ¿Hablaba su sanedrín infaliblemente por Dios? ¿Era el sumo sacerdote de Israel infalible? ¡No! jamás fueron infalibles. De hecho, fue el propio sumo sacerdote y la élite religiosa del tiempo de Jesús, quienes condenaron a Jesucristo a morir en la cruz. Fue la élite religiosa quienes persiguieron a los primeros cristianos, esto a pesar de haber sido ellos quienes habían recibido, reconocido y preservado las Sagradas Escrituras. Este hecho histórico es una muestra indudable que los seres humanos, aun cuando hayan sido usados por Dios, no son infalibles, deben mantenerse conectados al Señor y a lo que Dios explícitamente ha hablado para poder continuar en la verdad.

El ejemplo de Juan El Bautista, y el ejemplo de la religión judía son claros ejemplos donde el reconocimiento no necesariamente implica infalibilidad. La iglesia tuvo una función de recepción de las Escrituras, de dar testimonio de la fe recibida, de corregir el error, de preservar y transmitir las Escrituras, de proclamarlas y enseñarlas, pero nada de eso hace a las personas infalibles. El principio de *"Sola Escritura"* se sostiene. Necesitamos la función que la iglesia realizó y no solo la Biblia, pero eso no significa que la iglesia posee una autoridad infalible al nivel de las Escrituras, y mucho menos significa que esa Iglesia que recibió las Escrituras es la Iglesia Católica Romana actual.

3. Tercera Objeción: "La Biblia misma habla de la importancia de la tradición".

La palabra *"tradición"* es una alusión a enseñanzas, prácticas o costumbres que han sido transmitidas. Los apologistas católico romanos dicen que la Biblia enseña que debemos prestar atención a las tradiciones de la iglesia, utilizando pasajes como 1 Corintios 11:2: *"Los felicito porque siempre se acuerdan de mí y mantienen las tradiciones que les trasmití."* (DHH). Entonces dicen, *"¿ya lo ves?, no es solo la Biblia tiene autoridad infalible, la Biblia misma habla de la importancia de la tradición".* A continuación, responderemos a esta objeción.

a. ¿Qué dice la Biblia sobre la tradición?

¿A que tradición se refiere Pablo?, ¿dice que es infalible esa tradición? La palabra tradición en el idioma griego del Nuevo Testamento es *"paradosis"* (παράδοσις), y se refiere a una instrucción transmitida. Esta palabra aparece trece veces en el Nuevo Testamento, utilizada en la mayoría de las veces refiriéndose a tradiciones de los hombres que no vienen de Dios. *"Paradosis"* aparece tres veces en Mateo 15:2-3 y 6, en el contexto de los religiosos criticando a Jesús y a sus apóstoles por no guardar *"la tradición"* de los ancianos (también en el mismo contexto en Marcos 7:3, 5, 8, 9, 13). En Marcos 7:6-9: *"6 Jesús les respondió: «Bien profetizó Isaías de ustedes, hipócritas, como está escrito: 'Este pueblo con los labios me honra, pero su corazón está muy lejos de Mí. 7 Mas en vano me rinden culto, enseñando como doctrinas tradiciones de hombres'. 8 Dejando el mandamiento de Dios, ustedes se aferran a la tradición de los hombres». 9 ... Ustedes violan el mandamiento de Dios para guardar su tradición".* Jesucristo reclamó a los religiosos por aferrarse a sus tradiciones al punto de pasar por alto los mandamientos de Dios contenidos en las Escrituras. Es interesante que en el proceso de reprenderlos Jesús citó las Escrituras *("como está escrito")*. El apóstol Pablo era celoso de las tradiciones del Judaísmo, en Gálatas 1:13-14 dice: *"13 Porque ustedes han oído acerca de mi antigua manera de vivir en el judaísmo, de cuán desmedidamente perseguía yo a la iglesia de Dios y trataba de destruirla. 14 Yo aventajaba en el judaísmo a muchos de mis compatriotas contemporáneos, mostrando mucho más celo por las tradiciones de mis antepasados".* Pablo guardaba las tradiciones de sus antepasados al punto de ir en contra de la voluntad de Dios rechazando al Mesías de Israel, y persiguiendo a la iglesia de Cristo. En Colosenses 2:8 el apóstol Pablo exhorta a la iglesia de Colosas: *"Cuídense de que nadie los cautive con la vana y engañosa filosofía que sigue tradiciones (παράδοσιν) de hombres... y no conforme a Cristo".* Pablo advierte a la iglesia que no se dejen engañar para seguir tradiciones de hombres que no son conforme a Cristo. Evidentemente existen tradiciones que nos pueden hacer ir en contra de las enseñanzas mismas de Dios. Es importante notar que es la elite religiosa la que se menciona en las Escrituras guardando tradiciones, fuera de las Escrituras, que fueron utilizadas para oponerse a la misma verdad de Cristo. Este es el peligro dentro de la Iglesia Católica Romana, que hoy transmite tradiciones que no son apostólicas, como la veneración de María y de los santos, así como la práctica de rezarles. Dios nos manda acercarnos solo a Él en oración, y honrarlo solo a Él. Fue por las tradiciones de la iglesia que el sacerdote católico y hombre de Dios Juan Huss fue quemado en la hoguera en el concilio de Constanza de 1415, y William Tyndale en 1536 por traducir la Biblia al idioma del pueblo. Las tradiciones de la iglesia romana llevan a muchas personas sinceras a ir en contra de las enseñanzas mismas de las Escrituras.

La palabra *"tradición"* (paradoseis) se utiliza de forma positiva en tres ocasiones en la Biblia, en los escritos del apóstol Pablo, en 1ª Corintios 11:2; 2ª de Tesalonicenses 2:15 y 3:6. En 1ª de Corintios 11:1-2 Pablo dice: *"Sean imitadores de mí, como también yo lo soy de Cristo. Los alabo porque en todo se acuerdan de mí y guardan las tradiciones con firmeza, tal como yo se las entregué".* ¿De qué tradiciones está hablando el apóstol Pablo? ¿Se referirá a enseñanzas sobre venerar a María y rezarle?, o ¿será que les enseñó que existen siete sacramentos que Dios utiliza para dispensar su gracia a través de la iglesia? Ah no, la enseñanza de los siete sacramentos fue incorporada casi doce siglos después en el cuarto concilio de Letrán. ¿De qué tradiciones está hablando Pablo entonces? Se refiere a las enseñanzas que les dio, veamos el contexto: en los capítulos 8 al 10 el apóstol Pablo está exhortando a los Corintos en contra de la idolatría, les pide que se abstengan de participar de comer carne de animales que habían sido sacrificados a los ídolos en los templos paganos. En el contexto inmediato antes del capítulo 11 Pablo dijo en 1 Corintios 10:31-33: *"31 Entonces, ya sea que coman, que beban, o que hagan cualquier otra cosa, háganlo todo para la gloria de Dios. 32 No sean motivo de tropiezo ni a judíos, ni a griegos, ni a la iglesia de Dios. 33 Así como también yo procuro agradar a todos en todo, no buscando mi propio beneficio, sino el de muchos, para que sean salvos".* Es en este contexto que Pablo les pide en el capítulo 11 que imiten su ejemplo, así como él buscaba imitar a Cristo. Pablo los anima sabiendo que lo recuerdan y que guardan las enseñanzas que Él les transmitió; es una referencia a continuar con un buen comportamiento cristiano tal como les enseñó.

El apóstol Pablo también utiliza la palabra *"paradoseis"* en 2 Tesalonicenses 2:15: *"no se olviden de las tradiciones que les hemos enseñado personalmente y por carta"* (DHH). El contexto de este capituló es en referencia al regreso de nuestro Señor Jesucristo, para que no se dejen engañar por nadie que diga que el día del regreso de Cristo ya sucedió. En el verso 5 les dice: *"¿No recuerdan que yo les hablaba de esto cuando aún estaba con ustedes?".* El verso 15 no está hablando de un conjunto de tradiciones eclesiásticas fuera de la Biblia que deben ser transmitidas por todas las generaciones. Pablo sencillamente les está diciendo: *"no se dejen engañar por enseñanzas falsas, no olviden las enseñanzas que les transmití sobre la venida del Señor cuando estuve con ustedes".* En 2 Tesalonicenses 3:6-7 Pablo vuelve a utilizar una vez más la palabra *"paradoseis"*: *"6… apártense de cualquier hermano que lleve una conducta indisciplinada y que no siga las tradiciones que recibieron de nosotros. 7 Pues ustedes saben cómo deben vivir para seguir nuestro ejemplo: nosotros no llevamos entre ustedes una conducta indisciplinada"* (DHH). Pablo amonesta a la iglesia porque algunos estaban de holgazanes sin trabajar pensando que si Cristo iba a volver pronto ¿qué caso tiene trabajar?, aparentemente, algunos individuos vivían a cosa de otros. En 2 Tesalonicenses 3:6-7 Pablo exhorta a la iglesia para que se aparten de quienes no siguen las enseñanzas y ejemplo que les transmitió. Estas personas vivían de forma indisciplinada siendo carga a otros cristianos, su conducta no reflejaba amor ni responsabilidad; no era un comportamiento apegado a lo que el apóstol Pablo les mostró.

En conclusión, ¿a qué tradición se refiere 1 Corintios 11:2? El apóstol Pablo está recordando a los Corintios que vivan de acuerdo a las enseñanzas que les transmitió. En las tres citas en las que el Apóstol Pablo hace referencia a la palabra *"tradición"* o *"tradiciones"* está hablando a iglesias que él mismo había iniciado, pidiéndoles que se acuerdan de sus enseñanzas. Estas tradiciones no son otra cosa que las enseñanzas para vivir una vida cristiana sana en la fe, recordando el buen ejemplo de vida que Pablo les dio. La Iglesia Católica Romana utiliza pasajes como 1ª de Corintios 11:2 para colgar de este texto cosas que no tienen nada que ver con lo que el texto dice, buscan justificar tradiciones que no son apostólicas, sino tradiciones provenientes del siglo IV; que no vienen de Cristo, y tampoco surgieron por la guía del Espíritu Santo. Nuestra respuesta es contundente, la Biblia no habla de la importancia de la tradición, en ningún momento dice que existan un conjunto de tradiciones que constituyen una autoridad infalible para guiar a la iglesia a través de los siglos.

b. ¿Qué dice la Iglesia Católica Romana sobre la tradición?

El catecismo de la Iglesia Católica Romana en sus numerales 80 al 82 dice: 80 *"La Tradición y la Sagrada Escritura están íntimamente unidas y compenetradas. Porque surgiendo ambas de la misma fuente, se funden en cierto modo y tienden a un mismo fin"*. 81 *"La sagrada Escritura es la palabra de Dios, en cuanto escrita por inspiración del Espíritu Santo"*. *"La Tradición recibe la palabra de Dios, encomendada por Cristo y el Espíritu Santo a los Apóstoles, y la transmite íntegra a los sucesores"*. 82 *"Y así las dos se han de recibir y respetar con el mismo espíritu de devoción"*.[110] Observemos que barbaridad dice el catecismo, *"las dos [la Biblia y la tradición] se han de recibir y respetar con el mismo espíritu de devoción"*. La Iglesia Católica Romana pone a la tradición al mismo nivel de la Palabra de Dios. Otro error es asumir que esa tradición es realmente una enseñanza transmitida desde Cristo: *"la Tradición recibe la palabra de Dios, encomendada por Cristo y el Espíritu Santo a los Apóstoles, y la transmite"*. El problema con dicha declaración es identificar ¿Cuál es esta tradición apostólica? ¿Tenemos acaso fuera de la Biblia algún cuerpo de tradiciones definidas que vienen de Jesucristo? ¿Existieron en los siglos II, III o IV un conjunto identificado de tradiciones que fueron transmitidas desde el tiempo de los apóstoles? No, únicamente tenemos el testimonio de la verdadera tradición apostólica que fue compilada en el Nuevo Testamento y que es suficiente para guiar a la iglesia de Cristo a la verdad. Los apologistas católico romanos pudieran objetar, *"pero el apóstol Juan dijo que no todo lo que Jesús hizo se escribió"*. En Juan 20:30-31: *"30 Jesús hizo muchas otras señales en presencia de sus discípulos, las cuales no están registradas en este libro. 31 Pero estas se han escrito para que ustedes crean que Jesús es el Cristo, el Hijo de Dios, y para que al creer en su nombre tengan vida"*. Es verdad que las Escrituras no son exhaustivas en

---

110   https://www.vatican.va/archive/catechism_sp/p1s1c2a2_sp.html

narrar cada detalle de la vida de Jesús, sin embargo, son suficientes para que la humanidad sepa quién es Jesús, como tener vida eterna a través de Él, y como vivir una vida cristiana fiel a Dios.

No existe ningún documento antiguo confiable sobre las enseñanzas de Jesús más que los evangelios del Nuevo Testamento. Algún católico romano pudiera cuestionar, *"¿y que de antes que se escribiera el Nuevo Testamento? ¿cómo sabia la iglesia la verdad de Cristo si no era a través de las enseñanzas transmitidas por los apóstoles antes de escribirse la Biblia?"*. Estamos absolutamente de acuerdo que antes de que los apóstoles pusieran por escrito las enseñanzas de Jesús, sus enseñanzas orales fueron la forma en que la iglesia fue guiada. Dice Hechos 2:42: *"Se mantenían firmes en la enseñanza de los apóstoles"*, y Efesios 2:20 dice que eran *"edificados sobre el fundamento de los apóstoles y los profetas, siendo Cristo Jesús mismo la piedra angular"*. Las enseñanzas de los apóstoles de Jesucristo fueron y son el fundamento de la fe de la iglesia, pero estas fueron puestas por escrito en el Nuevo Testamento y no existe ninguna otra compilación de enseñanzas orales que la iglesia tenga. Si los apologistas católico romanos nos cuestionan diciendo que el apóstol Juan dijo que no todo lo que Jesús hizo se escribió, podemos responder preguntando ¿conoces algún conjunto de tradiciones que vienen de Cristo que no fueron puestas por escrito en la Biblia? ¿cuáles son exactamente?, y ¿cómo sabes que vienen de Cristo?

c. Los Padres de la Iglesia y el desarrollo de la tradición.

Se conocen como *"Padres de la Iglesia"* a los pastores u obispos, teólogos, defensores de la fe, y escritores cristianos antiguos que dejaron escritos en los que razonaron sobre los fundamentos intelectuales, doctrinales y prácticos de la fe cristiana. Su período histórico se conoce como la Era Patrística y abarca aproximadamente desde finales del siglo I hasta mediados del siglo VIII, principalmente durante los siglos IV al V. A los primeros cristianos en escribir, que vivieron a finales del siglo primero y principios del segundo, se les conoce como *"Los Padres Apostólicos"* porque vivieron en un tiempo cercano a los apóstoles (y se les atribuye haber conocido a algunos de ellos). Estos escritores son los primeros cristianos en haber dejado escritos en la generación posterior a los apóstoles. Los padres apostólicos constantemente citaban a las Escrituras, y no mencionaron absolutamente nada sobre el papado, pues no existía, tampoco mencionaron nada sobre ninguna *"sagrada tradición"*, ni tampoco sobre ningún magisterio infalible.

El Dr. Keith A. Mathison, profesor de teología sistemática en Reformation Bible College, en Florida, escribió un libro altamente recomendado sobre el tema de la Sola Escritura, The Shape of Sola Scriptura (La forma de la Sola Escritura). El Dr. Mathison demuestra que mucho de lo que la Iglesia Católica Romana sostiene como *"tradición"* es un desarrollo tardío que no tiene su fuente en las Escrituras ni en lo que la iglesia creyó desde sus inicios. Existió una evolución en el concepto de la tradición que categoriza como tradición I, II, y III. El Dr. Mathison utiliza los estudios de Heiko Oberman (1930-2001), un gran historiador y teólogo, que fue profesor de Teología y de Historia eclesiástica en Harvard Divinity School, y en la Universidad de Tübingen, Alemania. Oberman fue un experto mundial en el estudio de la Reforma y de la época medieval. El Dr. Mathison, siguiendo las clasificaciones sobre la tradición desarrolladas por Oberman, muestra que en los primeros tres siglos existió un consenso en la iglesia sobre la relación entre la Escritura y la tradición que es la misma que fue sostenida por los reformadores. Las Escrituras, compuestas por el Antiguo Testamento y los libros del Nuevo Testamento, fueron considerados la única fuente de revelación infalible para la iglesia. Sin embargo, las Escrituras debían ser interpretadas dentro de la iglesia que recibió la fe de los apóstoles. Ireneo de Lyon (130-202 d.C.) fue un apologista cristiano que combatió las herejías gnósticas escribiendo alrededor del año 180 d.C. Ireneo enfatizaba la fe que fue recibida; veamos lo que dice en su libro Contra Herejes 1.10.2:

> *"Por tanto, habiendo recibido este mensaje y esta fe, como acabamos de decir, la Iglesia, aunque esparcida por el mundo entero, lo guarda cuidadosamente como habitando en una sola mansión, y cree de manera idéntica, como no teniendo más que una sola alma y un solo corazón (Hechos 4:32), predicando y enseñando estas cosas al unísono y transmitiendo la tradición como si tuviera una sola voz".[111]*

¿A qué tradición se refiere Ireneo? Se refiere a lo que acababa de decir en el párrafo anterior, 1.10.1:

> *"La Iglesia, aunque esparcida por el mundo entero hasta los confines de la tierra, ha recibido de los apóstoles y de sus discípulos la fe en un solo Dios Padre omnipotente, 'que hizo el cielo y la tierra, el mar y cuanto hay en ellos', y en un solo Cristo Jesús, el Hijo de Dios, que se encarnó por nuestra salvación, y en el Espíritu Santo, que ha proclamado por medio de los profetas los tiempos de Dios: la venida, el nacimiento del seno de la virgen, la pasión, la resurrección de entre los muertos y la ascensión*

---

111 Ireneo de Lyon. (2003). Lo mejor de Ireneo de Lyon (A. M. Troncoso, Ed.; pp. 84–85). Editorial CLIE.

corporal a los cielos del amado Jesucristo nuestro Señor y su venida de lo alto de los cielos en la gloria del Padre, para recapitular todas las cosas, y resucitar toda carne de todo el género humano, a fin de que ante Jesucristo nuestro Señor, nuestro Dios, nuestro Salvador y Rey, según el beneplácito del Padre invisible, doblen su rodilla los seres celestiales, los de la tierra y los infernales y toda lengua le confiese y realice Él en todos un justo juicio, enviando al fuego eterno los espíritus del mal, y a los ángeles transgresores y apóstatas, así como los hombres impíos, injustos, inicuos y blasfemos; mientras que a los que han permanecido en su amor, unos desde el principio, otros desde su conversión, a los que han guardado sus mandamientos, les dará como gracia la vida, la incorruptibilidad y la gloria eterna".[112]

Ireneo busca probar que las herejías gnósticas son una novedad que jamás fue creída antes, no son parte de lo que la iglesia ha creído y transmitido desde sus inicios. La tradición a la que Ireneo se refiere es el evangelio mismo; las enseñanzas de los apóstoles contenidas en el mismo Nuevo Testamento. Esta tradición no es otra cosa que lo que las Escrituras revelan infaliblemente a la luz del testimonio de la iglesia sobre esta fe que fue recibida por los primeros cristianos. Este texto es muestra que, en los primeros tres siglos de cristianismo, *"la tradición"* era una alusión a la fe que la iglesia recibió, que no es otra cosa que el evangelio contenido en las mismas Escrituras.

El erudito Heiko Oberman llama Tradición I a la visión de que la tradición, la fe recibida por la iglesia, fue una herramienta para ayudar en la interpretación fiel de las Escrituras, siendo las Escrituras mismas la única fuente de revelación divina infalible. Esta posición, el Dr. Mathison la describe como la posición que sostiene La *"Sola Scriptura"*, así que la Sola Escritura no es un principio novedoso inventado por los reformadores sino la convicción de la iglesia en sus primeros siglos. La Biblia es la única autoridad infalible para guiar a la iglesia, esta fue la posición predominante en la iglesia primitiva, aun durante la mayor parte del período medieval, y volvió a ser enfatizada durante la Reforma. La única revelación de Dios está contenida en las Escrituras y estas deben interpretarse en el contexto de la iglesia y por la regla de fe. La regla de fe es la fe apostólica preservada en los credos y confesiones tempranas que dan testimonio de lo que creía la iglesia para descartar las herejías o falsas doctrinas que fueron surgiendo.

---

112   Ireneo de Lyon. (2003). Lo mejor de Ireneo de Lyon (A. M. Troncoso, Ed.; p. 84). Editorial CLIE.

El Dr. Mathison en el capítulo 4 de su libro, *"La reforma radical, la contra-rreforma y los desarrollos posteriores a la reforma,"* resume de forma muy clara lo que ha sucedido con el desarrollo del concepto de *"la tradición"*. Por un lado, la iglesia Católica Romana llama hoy *"tradición"* a lo que no es tradición, sino determinaciones novedosas sin base bíblica. Por el otro lado, muchos en el cristianismo evangélico desconocen o desechan la verdadera tradición temprana de la iglesia. Entre el siglo IV al XII comenzó una evolución en el concepto de la tradición. La Tradición II fue la opinión, que fue surgiendo poco a poco, de que había dos fuentes distintas de revelación divina, las Escrituras y la tradición de la iglesia. Esta posición cree que la tradición se transmite oralmente y que se observa mediante las prácticas tradicionales que la iglesia en siglos posteriores comenzó a practicar (por ejemplo, el bautismo de infantes, el orar por el alma de los difuntos, el purgatorio, etc.). Algunos apologistas católicos ven matices del concepto de tradición II en los escritos de San Basilio (330-378 d.C.) y San Agustín (354-430 d.C.), aunque es cuestionable que estos padres de la iglesia abrazaran la posición completa de dos fuentes de revelación, pero utilizaron un lenguaje que fue utilizado posteriormente para validarlo. La mayoría de los padres de la iglesia y teólogos continuaron a través de la edad media sosteniendo el concepto de Tradición I, siendo las Escrituras la única fuente de autoridad infalible que fue recibida y que deben interpretarse dentro del contexto de la fe apostólica recibida por la iglesia. Fue hasta el siglo XII cuando comenzó a ser aceptada la posición de dos fuentes de revelación de la tradición II, pero hasta el siglo XIV es que se consolidó. William de Ockham (1287-1347 d.C.) fue el primero en enseñar explícitamente la tradición de dos fuentes. La Tradición II es la posición que sostiene gran parte del catolicismo romano y enseña que hay dos fuentes de revelación para la iglesia: La primera son las Escrituras y la segunda son las supuestas tradiciones orales no escritas transmitidas a través de los siglos en los escritos de los padres. Esta fue la posición que tomó el Concilio de Trento (1545-1563) en oposición a los reformadores. Esta posición de tradición II no fue lo que la iglesia de Cristo sostuvo en sus primeros siglos. El protestantismo y las iglesias evangélicas que se adhieren al principio de Sola Escritura están anclados en la postura que fue predominante en la mayoría de los siglos de fe cristiana.

Durante la Reforma, Martin Lutero y Juan Calvino utilizaron el concepto de tradición I sostenido por la iglesia entre los siglos I al IV, que continuó hasta el siglo XII, y aun hasta los tiempos de los mismos reformadores. Los reformadores usaron el concepto de tradición I para luchar en contra de los resultados del concepto de tradición II dentro de la iglesia católica romana.

Los reformadores enfatizaron lo que fue creído desde el principio, que las Escrituras son la única fuente de revelación de Dios, y la única fuente infalible de autoridad, así utilizaron la frase de *"Sola Scriptura"* (en latín, el idioma teológico de su tiempo). Los reformadores sostenían *"La Sola Escritura"*, no *"La Escritura Sola"*, las Escrituras debían ser interpretadas no individualmente sino en la iglesia y por la iglesia en el contexto hermenéutico de la regla de fe apostólica que fue recibida. Puesto que el concepto de Tradición I era utilizado por los reformadores, para contrarrestar las desviaciones escriturales de la Iglesia, como la venta de indulgencias plenarias, Roma reaccionó aferrándose más al error y dogmatizó el concepto de Tradición II en el concilio de Trento (1545-1563).

Es obvio que, si la iglesia romana adoptó dogmas y prácticas a través de los siglos, que no están sostenidas por las Escrituras, buscara encontrar justificación para ellas en una supuesta tradición como una supuesta segunda fuente de revelación. El problema es que no quedó todo allí, en los siglos posteriores, Roma comenzó a manipular el concepto de *"la tradición"*, y comenzó a desarrollar la posición que hoy sostiene. El Dr. Mathison llama Tradición III, a una posición novedosa que no fue creída en la iglesia por más de dieciséis siglos. La Tradición III es un desarrollo católico romano que atribuye la autoridad de dar *"revelación de Dios"* a la iglesia misma en sus pronunciamientos de fe. En esta nueva posición las Escrituras no son la verdadera fuente de revelación, ni tampoco lo es la tradición de la iglesia sino ¡el magisterio vivo de la iglesia! Cualquiera que sea lo que Roma hoy pronuncie como vinculante para todos los católicos romanos, debe ser obedecido y se convierte en parte de *"la fe apostólica"*. El magisterio católico romano *"interpreta"* las Escrituras y la tradición para apoyar cualquiera que sea la doctrina o posición que Roma quiera desarrollar y la trata como si fuera revelación divina o Palabra de Dios. Esta posición no tiene apoyo ninguno en la patrística, es un concepto desconocido por la fe de la iglesia a través de los siglos, y es una novedad que ha convertido a Roma en una gran secta. Es irónico que los apologistas católico romanos acusan a los cristianos protestantes diciendo que el principio de Sola Escritura es una novedad, cuando quien incurrió en crear un concepto teológico novedoso fue el magisterio de la iglesia Católica Romana.

Como consecuencia de la adopción de la iglesia romana del concepto de tradición III, los reformadores radicales rechazaron toda tradición, incluyendo el concepto de la tradición I que estuvo presente en la iglesia por siglos. El Dr. Mathison comenta que los cristianos en Estados Unidos trajeron una fuerte influencia de la reforma radical de los anabaptistas que rechazaba toda tradición, esto aunado al iluminismo racionalista, y al populismo democrático llevó a muchos a la posición de lo que Mathison llama *"la tradición 0"*. Los primeros misioneros a América Latina fueron hombres de Dios norteamericanos que influenciaron la fe evangélica que llegó a Latinoamérica. La posición de *"la tradición 0"* enfatiza cosas muy buenas como la suficiencia y autoridad de las Escrituras, y la responsabilidad del cristiano de leer su Biblia, pero también trae consigo un desconocimiento y rechazo a la historia de la iglesia, junto con los credos y concilios de los primeros siglos de cristianismo. La *"Tradición 0"*, implica el abandono total del credo y la autoridad eclesiástica, y es el enfoque predominante dentro de las iglesias cristianas evangélicas actuales. La *"tradición 0"* también tiene peligros, creer que todas las opiniones sobre la interpretación de la Biblia son iguales en términos de su peso de autoridad. Esto ha llevado al surgimiento de sectas y la proliferación de falsas doctrinas, como el rechazo de la doctrina de la trinidad, y la adopción de enseñanzas que no son bíblicas ni apostólicas dentro de algunas iglesias evangélicas. ¿Cuántas iglesias evangélicas hoy practican cosas que no son bíblicas como *"declarar"*, o creer en la falsa doctrina de la prosperidad? La realidad es que la iglesia Católica Romana yerra secuestrando la historia de la iglesia y adjudicándosela como si fuera solo su historia, pero los cristianos evangélicos también yerran ignorando su historia. Ante el desconocimiento de la teología y la historia temprana de la iglesia algunos terminan practicando falsas doctrinas. Esta es la posición que el catolicismo romano actual ridiculiza y ataca, no es *"La Sola Escritura"* lo que atacan, sino La *"Escritura Sola"*. El propio Dr. Mathison aboga por una visión de Sola Scriptura comunitaria, no el soloísmo bíblico (*"solo yo y mi Biblia"*), pues la correcta interpretación de las Escrituras se encuentra con la Iglesia. La recepción del canon de las Escrituras dependió de la tradición, de lo que la iglesia cristiana primitiva recibió y reconoció como Sagradas Escrituras, esta tradición I es importantísima, aunque las Escrituras mismas son superiores a ella. La doctrina católica de tradición II, sostiene que la Tradición y las Escrituras son iguales, un grave error, la posición de la *"Tradición 0"* piensa que toda tradición debe ignorarse, mientras que la posición de la Tradición I fue la que fue sostenida en los primeros siglos de la fe. La única revelación de Dios está contenida en las Escrituras y estas Escrituras deben interpretarse en el contexto de la fe recibida por la iglesia.

La tradición III que la iglesia romana hoy sostiene ha hecho que en la práctica cualquiera que sea lo que su iglesia enseñe se vuelva tradición por definición. Si determina un dogma, aunque este sea una novedad teológica e histórica, se vuelve revelación de Dios vinculante al católico romano. En la época medieval se desarrolló el concepto de *"depositum fidei"* (*"el depósito de la fe")*, en donde la iglesia se veía a sí misma como el lugar de depósito para guardar *"las verdades de la fe"*. Estamos de acuerdo en que la iglesia primitiva recibió las Escrituras que contienen la fe apostólica, y que debe guardarlas, que el credo y el canon de la Biblia, dan testimonio de la fe apostólica que fue recibida. El problema es que, para la iglesia romana, en su propia percepción, ese deposito incluye también *"una supuesta tradición sagrada"* que no es apostólica, sino que son creencias y prácticas novedosas propuestas por la Iglesia Católica Romana para sus fieles. La Iglesia al hacer teología tiene la responsabilidad de demostrar las bases bíblicas y apostólicas de una enseñanza que propone, no puede ponerse a inventar nuevos dogmas. El Papa Pio XII introdujo la enseñanza novedosa sobre la asunción en cuerpo y alma de María, como algo que *"fue revelado por Dios"*, eso no es tradición, eso es una novedad teológica y una enseñanza falsa; es una total y absoluta autonomía del magisterio de Roma donde no tiene límites ni rendición de cuentas. El magisterio de la iglesia romana puede inventar enseñanzas que jamás han sido bíblicas ni apostólicas innovando, ¡qué gran peligro! Si combinamos esto con la doctrina de *"la infalibilidad papal"* dogmatizada hasta el concilio vaticano I en 1870, tenemos a una iglesia en donde las Escrituras y la verdadera tradición son irrelevantes, pues se convierte en una doctrina de *"Solo Magisterio"*, cualquier cosa que se le ocurra determinar y enseñar a su magisterio, se vuelve por definición *"la verdadera fe apostólica y regla de fe infalible para la iglesia"*. Roma se ha convertido en una secta que puede determinar absolutamente lo que quiera sin bases bíblicas ni apostólicas reales demandando que todo el mundo crea que vienen de Dios.

En conclusión, una gran parte de lo que la Iglesia Católica Romana considera *"tradición"* definitivamente no es apostólica. ¿Cuándo es entonces que lo que se presenta como *"tradición"* no tiene autoridad?

1. Cuando es novedosa; que no viene de Cristo ni de los apóstoles, y
2. Cuando se desvía de las enseñanzas de Cristo. Jesús dijo: *"Si ustedes permanecen en mi Palabra, serán verdaderamente mis discípulos, y conocerán la verdad, y la verdad los hará libres"*. Una iglesia se aparta de Cristo cuando deja de permanecer en Sus enseñanzas.

¿Creía Cristo que la tradición tenía el mismo valor que las Sagradas Escrituras? Evidentemente no, Jesús dijo en Marcos 7:13: *"Así, por la tradición que se transmiten, anulan la palabra de Dios"*. Hay tradiciones contrarias a la Palabra de Dios que algunos ponen al nivel de aquello que fue revelado por Dios. Algunas preguntas útiles para hacer reflexionar un poco al católico romano son estas: ¿Creía la iglesia de Cristo que observamos en el Nuevo Testamento todo lo que la Iglesia Católica Romana actual considera como tradición?, ¿practicaba lo que la Iglesia Católica Romana práctica?, ¿se veía la iglesia del Nuevo Testamento como la Iglesia Católica Romana actual? Por supuesto que no, el catolicismo romano actual no contiene el mensaje, ni la estructura de la iglesia, ni las practicas del cristianismo apostólico reflejado en el Nuevo Testamento, ni en los Padres apostólicos.

4. Cuarta Objeción: El concilio de los apóstoles en Hechos 15 muestra que se necesita la autoridad de la iglesia.

En el año 49 d.C. los apóstoles y los ancianos de la iglesia en Jerusalén se reunieron para tratar un asunto de vital importancia. Los primeros creyentes fueron judíos que aceptaron a Jesús como el Mesías, los gentiles provenían de un origen étnico y religioso diferente, por lo que, su inclusión en la Iglesia cristiana emergente trajo confusión para algunos creyentes judíos. Si Dios había ordenado a Israel circuncidar a todos los varones como símbolo de ser pueblo de Dios bajo su pacto (Génesis 17:11-13), ¿qué debía hacerse con los gentiles incircuncisos que llegaban a ser pueblo de Dios a través de la salvación en Jesús? Después de todo, Jesús fue El Mesías de Israel prometido por los profetas de Israel. ¿Debian los gentiles salvos en Jesús estar sujetos al pacto de la Ley que Dios dio a Israel? En Hechos 10-11 observamos la lucha del apóstol Pedro y los primeros cristianos con este tema. Dios tuvo que dar una revelación a Pedro de comer si era necesario animales inmundos prohibidos por la Ley para Israel, a fin de guiarle para entrar a casa del gentil Cornelio para anunciarle el evangelio de Cristo. Lucas nos cuenta en Hechos 15 de esta controversia en la iglesia primitiva judía en relación a recibir a los nuevos cristianos gentiles. Hechos 15:1 dice que *"algunos que llegaron de Judea enseñaban a los hermanos: «Si no se circuncidan conforme al rito de Moisés, no pueden ser salvos»"*. Pablo y Bernabé tuvieron una gran disensión y debate con ellos, y los hermanos determinaron que Pablo, Bernabé, y algunos otros hermanos fueran a Jerusalén a los apóstoles y a los ancianos para tratar esta cuestión. En medio de la reunión el apóstol Pedro contó sobre como los gentiles oyeron la palabra del evangelio, y creyeron para ser salvos. Dios no hizo ninguna distinción entre los judíos y gentiles pues a ambos salvó por la fe en Jesús y les dio su Espíritu Santo. Pedro recomendó que no se les impusiera a los gentiles estar sujetos a todos los preceptos de la Ley que Dios estipuló para Israel. En el verso 11 dijo: *"Creemos que somos salvos por la gracia del Señor Jesús, de la misma manera que ellos también lo son"*. En Hechos 15:14-20, Jacobo, líder de la iglesia en Jerusalén, tomó la palabra y dijo: *"14 Simón ha relatado cómo*

Dios al principio tuvo a bien tomar de entre los gentiles un pueblo para Su nombre. 15 Y con esto concuerdan las palabras de los profetas, tal como está escrito: 16 'Después de esto volveré, y reedificaré el tabernáculo de David que ha caído. Y reedificaré sus ruinas, y lo levantaré de nuevo, 17 para que el resto de los hombres busque al Señor, y todos los gentiles que son llamados por Mi nombre', 18 dice el Señor, que hace saber todo esto desde tiempos antiguos. 19 Por tanto, yo opino que no debemos molestar a los que de entre los gentiles se convierten a Dios, 20 sino que les escribamos que se abstengan de cosas contaminadas por los ídolos, de fornicación, de lo estrangulado y de sangre".

Observamos en Hechos 15 que los apóstoles y los ancianos de la iglesia en Jerusalén hicieron un concilio o reunión, en la que guiados por las Escrituras y el Espíritu Santo, decidieron que los gentiles salvos en Cristo no estaban obligados a guardar la circuncisión para poder ser salvos. Los versos 22 al 29 narran que pareció bien a los apóstoles y a los ancianos, con toda la iglesia, escoger de entre ellos a dos hombres de buena reputación, a Judas y Silas para enviarlos a Antioquía con Pablo y Bernabé. Los apóstoles enviaron con ellos una carta a los creyentes gentiles para informarles sobre el común acuerdo al que llegaron. Los versos 28 y 29 dicen: *"28 Pareció bien al Espíritu Santo y a nosotros no imponerles mayor carga que estas cosas esenciales, 29 que se abstengan de lo que ha sido sacrificado a los ídolos, de sangre, de la carne de animales que han sido estrangulados y de fornicación. Si se guardan de tales cosas, harán bien."* Estas son las palabras finales de la resolución del concilio de los apóstoles y ancianos en Jerusalén.

El catolicismo romano piensa que el concilio de los apóstoles en Hechos 15, es muestra que no solo las Escrituras determinan sin errar las cuestiones doctrinales y eclesiásticas, sino que se necesita también la autoridad infalible de la iglesia. Nuestra respuesta como cristianos evangélicos es que aceptamos que las Escrituras muestran que Cristo estableció en la iglesia ancianos o lideres para cuidar de ella y darle dirección, ¡absolutamente! También creemos que hay momentos en que es necesario que los ancianos y lideres se reúnan para analizar, dialogar o discutir asuntos importantes para la iglesia; esto sucede regularmente en todas las denominaciones y ha sucedido al forjarse las principales confesiones de fe de las distintas denominaciones cristianas; La iglesia romana no es la única que tiene un magisterio. El protestantismo no dice que solo la Biblia tiene autoridad, los apóstoles tuvieron autoridad, y todas las iglesias tienen un liderazgo con autoridad en sus congregaciones. Dios da autoridad a los lideres de su iglesia siempre que estos estén sometidos a Cristo y a las Escrituras. El principio de Sola Escritura no dice que solo la

Biblia tiene autoridad para guiar a los creyentes, sino que es la única autoridad que no se equivoca, y ante la cual debemos evaluar todas nuestras doctrinas y prácticas dentro de la fe cristiana. Los lideres de la iglesia y sus concilios tienen autoridad siempre que estén sometidos a una autoridad superior que está por encima de la suya, la autoridad de las Escrituras; la única de la cual tenemos certeza que verdaderamente salió de la boca de Dios.

Es un grave error aplicar la autoridad de los apóstoles que vemos en Hechos 15 para validar al magisterio de la Iglesia Católica Romana actual. En Hechos 15, en el año 49 d.C., no existía aún el Nuevo Testamento, eran los Apóstoles mismos quienes guiaban a la Iglesia en su caminar en la fe. En Mateo 28:20, Efesios 2:20, y Hechos 2:42 se deja claro que la iglesia debe permanecer en las enseñanzas de los apóstoles, y ya hemos mostrado que no existe ningún otro testimonio fidedigno de las enseñanzas de los apóstoles fuera del Nuevo Testamento. Si tomamos en serio el mandato de permanecer en las enseñanzas de los apóstoles como lo vemos en Efesios 2:20 y Hechos 2:42, esto necesariamente nos llevará a sostener el principio de *"Sola Escritura"*. El Nuevo Testamento contiene las enseñanzas de Jesucristo y de los apóstoles bajo las cuales la iglesia debe permanecer.

Existen diferencias significativas entre lo que sucedió en Hechos 15 y el Magisterio Católico Romano, veamos algunas observaciones importantes:

a. Primera observación: El concilio de Jerusalén estuvo compuesto por los apóstoles de Jesucristo. Fue el único concilio en los primeros 300 años de cristianismo. No existe ninguna indicación en el Nuevo Testamento que los concilios estarían sucediendo como una forma de dar *"revelación infalible"* nueva a la iglesia. El Segundo concilio en la historia de la iglesia seria hasta el año 325 d.C. en Nicea, (una ciudad en lo que hoy es Turquía), 276 años después del año 49 d.C. Este concilio no sería convocado por algún obispo, mucho menos por un Papa (pues no existía el concepto del papado), sino por el emperador romano para que los cristianos se pusieran de acuerdo sobre la naturaleza de Jesucristo ante la prevalente herejía arriana. Los concilios actuales no están compuestos por apóstoles de Jesucristo, el concilio de Hechos 15 fue único.

b. Segunda observación: ¿Qué es lo que hicieron los apóstoles en Hechos 15? No determinaron un nuevo dogma de fe, ni incorporaron una nueva práctica en la iglesia. El apóstol Pedro contó la forma en que los gentiles oyeron la palabra del evangelio siendo salvos por la fe, era algo que el Espíritu Santo mismo había hecho de acuerdo a lo que Dios ya había anticipado en las Escrituras. Los presentes en el concilio observaron que la salvación había llegado a los gentiles por fe al creer en Jesús y no a través de la circuncisión. Fue evidente que no era necesario que los gentiles estuvieran sujetos al pacto de Dios con Israel para poder ser salvos en Cristo.

c. Tercera observación: El concilio fue guiado por la autoridad infalible de las Escrituras. ¿Se han dado cuenta los católicos romanos que un factor determinante en el concilio de Jerusalén fue la autoridad de las Escrituras? En Hechos 15:15-18 Jacobo citó al profeta Amos 9:11-12 al decir: *"Y con esto concuerdan las palabras de los profetas, 'tal como está escrito': 'Después de esto volveré, y reedificaré el tabernáculo de David que ha caído. Y reedificaré sus ruinas, Y lo levantaré de nuevo, Para que el resto de los hombres busque al Señor, Y todos los gentiles que son llamados por Mi nombre', dice el Señor, que hace saber todo esto desde tiempos antiguos"*. Observemos el énfasis en *"las palabras de los profetas"*, *"tal como está escrito"* y en lo que *"dice el Señor"*. Jacobo recordó lo que Dios había anticipado por el profeta Amos, que, a través del Mesías Jesús, descendiente de David, todos los hombres podrían buscar al Señor. La guía de las Escrituras fue determinante, ¿podría decirse lo mismo de algunos dogmas de fe que el magisterio de la iglesia romana ha establecido sin un sustento bíblico firme a través de los años?

c. Cuarta observación: Los apóstoles no incorporaron ninguna doctrina nueva, meramente clarificaron algo que puede deducirse implícitamente de las mismas enseñanzas de Jesús y de las Escrituras; que Dios quiere la salvación de los gentiles y que su salvación está disponible a través de la fe para todo aquel que cree (Romanos 1:16; Juan 3:16). Los gentiles no tienen necesidad, para poder ser salvos, de someterse a las obras de la Ley que fueron dadas en el antiguo pacto de Dios para Israel.

Los apóstoles en su resolución dependieron de la guía de Dios apoyándose en tres cosas:

- La guía del Espíritu Santo.
- Las enseñanzas de Jesús.
- La guía de las Escrituras que les sirvió como una guía infalible.

¿Puede decirse lo mismo de los concilios dentro del Catolicismo Romano?

Algunos apologistas Católico Romanos cuestionan a los cristianos protestantes o evangélicos que creen en las resoluciones de los primeros concilios de la historia cristiana. Los lideres de las iglesias se reunieron para hablar sobre la relación entre el Padre y El Hijo en el concilio de Nicea 325 d.C. y los primeros concilios cristológicos para buscar clarificar la relación entre la naturaleza divina y humana en Cristo. Algunos católicos romanos nos cuestionan diciendo: *"Si no crees en la autoridad infalible de la iglesia y de los concilios, ¿por qué crees en la doctrina de la trinidad?".* Los cristianos evangélicos respondemos que no desechamos todas las resoluciones de comprensión teológica de la iglesia en los concilios durante sus primeros siglos. El concilio de Nicea no declaró haber hablado infaliblemente por Dios. Fue un concilio convocado por el emperador, no por los obispos y mucho menos por el de Roma. La resolución de sus obispos es muy importante y valiosa, pero la doctrina de la trinidad no es una nueva revelación inspirada por Dios revelada a través de un concilio infalible, sino la conceptualización de lo que la Biblia misma revela. Creemos en la necesidad de leer las Escrituras junto a la iglesia y en ser enseñados por sus maestros, pero siempre reconociendo que las Escrituras son la única norma que es infalible.

Es importante considerar que históricamente algunos concilios ecuménicos *"infalibles"* pueden contradecir a previos concilios ecuménicos *"infalibles"*. Por ejemplo, los decretos del Cuarto Concilio Ecuménico de Calcedonia (451), fueron enmendados por el Quinto Concilio Ecuménico en Constantinopla (553). Un documento conocido como *Los Tres Capítulos* fue aceptado en el año 451 pero condenado en el año 553. Los concilios pueden contradecirse, no son revelaciones infalibles de Dios, las Escrituras son la única regla infalible. Algunas preguntas importantes que podemos hacer los cristianos a los católicos romanos sobre los concilios son las siguientes:

- Si los concilios tienen la autoridad del Espíritu Santo para guiar a la iglesia, ¿reconoce la iglesia Católica Romana los concilios de la iglesia ortodoxa o las confesiones de fe de la iglesia luterana? Obviamente no. ¿Por qué Dios habría de hablar solo por Roma y no por los concilios de lideres espirituales en otros lugares?
- ¿Reconoce la iglesia Católica Romana que el concilio de Nicea anula sus pretensiones de autoridad jurisdiccional papal universal en su canon sexto? *"Que prevalezcan las antiguas costumbres en Egipto, Libia y Pentápolis, de que el obispo de Alejandría tiene jurisdicción en todos ellos, ya que lo mismo es costumbre para el obispo de Roma. Asimismo, en Antioquía y en las demás provincias, conserven sus privilegios las Iglesias. Y debe entenderse universalmente que, si alguien es nombrado obispo sin el consentimiento del Metropolitano, el gran Sínodo ha declarado que tal hombre no debe ser obispo. Sin embargo, si dos o tres obispos, por amor natural a la contradicción, se oponen al sufragio común de los demás, por*

ser razonable y conforme al derecho eclesiástico, entonces prevalecerá la elección de la mayoría".[113] Un metropolitano era un obispo que tenía dirección sobre una ciudad y sus alrededores con muchas congregaciones. El canon 6 de Nicea explícitamente contradice la afirmación de que el Papa en Roma fuese el líder de la Iglesia con jurisdicción sobre todo el mundo. Si alguien cree en la autoridad suprema de los concilios, entonces no puede creer en el papado, si cree en el papado entonces no cree en la autoridad suprema de los concilios.

- El Canon XX del concilio de Nicea prohibió que los cristianos se arrodillen en la iglesia en el día del Señor y durante los días de la Pascua, pidiendo explícitamente que se ore a Dios de pie. ¿Obedecen los católicos romanos esta orden? Deberían hacerlo si los concilios eclesiásticos son el magisterio infalible de la iglesia siendo guiado por el Espíritu Santo.

- ¿Fue inspirado por Dios infaliblemente y guiado por el Espíritu Santo el IV concilio de Letrán de 1215 d.C.? Este es el concilio que reconoció por primera vez oficialmente la doctrina de la transustanciación en la Eucaristía. Muchos romanistas dirán *"si fue inspirado por Dios infaliblemente"*. Lo que algunos ignoran es que el concilio estableció la Inquisición para buscar y castigar la herejía y a quienes se oponían a la iglesia. Entonces, ¿Fue inspirada por Dios infaliblemente la *"Santa Inquisición"*? ¿Fue guiado este concilio por el Espíritu Santo para guiar a la iglesia a torturar y matar a miles de personas para hacer coercitiva la fe bajo pena de tortura, violencia y muerte?

- ¿Fue inspirado por el Espíritu Santo el Tercer Concilio de Toledo del 589 d.C. en sus restricciones contra los judíos? O ¿fue inspirado por Dios el XVII Concilio de Toledo del 694 d.C.? Este concilio puso en esclavitud a los judíos que todavía practicaban el judaísmo, confiscando sus propiedades, y les quitaron a sus hijos para que los criaran *"cristianos"* y los casaran con *"cristianos"*. Resoluciones de concilios históricos como estas son clara muestra que los concilios yerran, que no son infalibles, y que no necesariamente son guiados por el Espíritu Santo.

- ¿Fue inspirado por el Espíritu Santo e infalible el Concilio de Florencia (1431-1449)? En su sesión 6 se declaró: *"Las almas de quienes parten de esta vida en pecado mortal actual, o sólo en pecado original [bebes sin bautizar], descienden inmediatamente al infierno para*

---

113 https://www.christian-history.org/council-of-nicea-canons.html

ser castigados".[114] Obviamente la iglesia romana no sostiene esto hoy, pero es una muestra que hay contradicciones, y ni sus concilios ni sus papas son infalibles, solo la Palabra de Dios es infalible para guiar a la iglesia sin errores a través de los siglos.

En conclusión, ¿Por qué es errado citar el concilio de Jerusalén de Hechos 15 para sostener que los concilios de siglos posteriores son fuente infalible de revelación divina? Porque en Hechos 15 los participantes eran los mismos apóstoles que habían estado con Jesús, el Espíritu Santo les recordaría lo que Jesús mismo les enseñó. Ningún obispo de siglos posteriores puede equipararse ni tener semejante autoridad. El concepto de una infalibilidad posterior a los apóstoles es una idea de desarrollo tardío que fue desconocido por la iglesia primitiva. La iglesia debe ser edificada, formada y corregida por la revelación de Dios en su Palabra, que es el único testimonio apostólico por sí mismo que tenemos. El Magisterio Católico incorpora doctrinas y prácticas que no tienen fundamento bíblico, ni precedente histórico inmediato al inicio de la era post apostólica. La iglesia Católica Romana en sus resoluciones magisteriales tiende a citar a la Escritura sacada de contexto como pretexto, y se apoya en tradiciones tardías, al final de todo es el propio magisterio quien tiene la autoridad suprema, no las Escrituras, han cambiado la autoridad de las Escrituras por la suya propia, reemplazando el principio verdadero de *"La Sola Escritura"* por el falso principio de *"Solo Magisterio".*

5. Los protestantes teniendo "Sola Escritura", no se ponen de acuerdo, necesitan la autoridad de la iglesia para determinar lo que dicen las Escrituras.

Este es uno de los argumentos más fuertes de los apologistas romanos contra los cristianos protestantes o evangélicos en cuanto al principio de Sola Escritura. Pero la *"Sola Escritura"* nunca ha sostenido que al ser las Escrituras la única autoridad infalible, automáticamente todos van a estar de acuerdo en cómo interpretarla. Por supuesto que no todos interpretan la Biblia correctamente, por supuesto que no todos los intérpretes van a estar de acuerdo en todas las cosas, nunca ha sido así ni jamás lo será, ni aun dentro de la misma iglesia romana. El mismo apóstol Pedro dice en 2 Pedro 3:16 sobre las cartas del apóstol Pablo, que *"hay en ellas algunos puntos difíciles de entender que los ignorantes e inconstantes tergiversan como también con las otras Escrituras".* La Biblia es una biblioteca de libros inspirados por Dios escritos en un periodo de alrededor de 1,400 años, bajo circunstancias muy alejadas de nuestro tiempo.

---

114 https://www.ewtn.com/catholicism/library/ecumenical-council-of-florence-1438-1445-1461

En la Biblia hay cosas difíciles de entender y temas complejos que deben ser cuidadosamente analizados en múltiples pasajes. Existen en las Escrituras suficiente variedad de libros, de estilos literarios, de autores y audiencias de sus distintos libros, y de situaciones que motivaron a los autores inspirados por Dios a escribir, como para que existan suficientes oportunidades de malentendidos y excusas para anclar falsas doctrinas en algunas secciones del texto bíblico. *Es por eso que la falsa doctrina abunda, porque toma fuera de contexto ciertas secciones de alguno o varios textos bíblicos, haciendo creer a las personas que son convencidas por el error, que las enseñanzas erradas son doctrinas bíblicas.*

Ninguna persona ni magisterio es infalible en la interpretación de las Escrituras, esto es una realidad, pero esto no niega la necesidad del principio de la Sola Escritura. Continúa siendo cierto que la única regla infalible de fe es aquello que sabemos que Dios mismo reveló: las Escrituras. Es un hecho que todos interpretamos las Escrituras con prejuicios que traemos al texto, pero eso no significa que no podemos entender lo que un texto realmente dice. Es necesario que los maestros de la iglesia además de depender de la guía de Dios al interpretar la Biblia hagan uso de una buena hermenéutica, evalúen la tradición doctrinal recibida por la iglesia *"lo que ha sido creído por todos siempre en todas partes",* que utilicen la razón y la experiencia, y que tomen en cuenta la forma como un pasaje ha sido interpretado durante los dos mil años de historia de la iglesia, y también de acuerdo a los estudios de los eruditos bíblicos actuales.

Algunas preguntas importantes que debemos hacernos para reflexionar:

- ¿Existe alguna persona o alguna organización en el mundo que es infalible en interpretar las Escrituras? El católico romano dirá que ¡sí!, que su institución es infalible, pero la historia y los hechos muestran que ¡no lo es! Nadie es infalible. ¿Significa eso que es imposible saber lo que dice la Biblia porque nadie es infalible? ¡Por supuesto que no! Las Escrituras son muy claras en definir lo que es el evangelio y mostrar cómo puede el ser humano ser salvo, existen muchas doctrinas bíblicas que son muy claras.

- ¿Qué debemos hacer cuando el magisterio de una determinada organización reclama infalibilidad, y a la hora de citar textos bíblicos para anclar sus dogmas utilizan versículos bíblicos fuera de contexto? Cuando vamos a los textos utilizados observamos que no sostienen lo que ese magisterio está diciendo. ¿Deben sus seguidores cometer suicidio intelectual y espiritual creyendo el error? Lo triste es que el común denominador de católicos romanos no tiene el conocimiento bíblico ni la experiencia en el estudio de las Escrituras para poder discernirlo, pero para el que tiene conocimiento bíblico y teológico es fácil detectarlo. Las organizaciones que reclaman algo cercano a la infalibilidad tienden a ser sectas falsas como Los Testigos de Jehová, La Iglesia Mormona, la Luz del Mundo, y la Iglesia Católica Romana.

La mayoría de la gente es ignorante, católicos romanos, protestantes, o cristianos evangélicos, pero, en general, tiende a existir mayor ignorancia en el católico romano porque su devoción más que basarse en conocer a Dios a través de las Escrituras, tiende a depender en recibir los sacramentos que imparte su iglesia al vivir su fe. El promedio de cristianos evangélicos acostumbra a leer la Biblia regularmente, esto trae como consecuencia que el católico romano promedio no se da cuenta para discernir el error cuando su magisterio le miente. Por el otro lado es verdad que los cristianos y sus denominaciones e iglesias pueden diferir en puntos doctrinales diversos, veamos algunos ejemplos:

- Calvinismo vs Arminianismo: ¿Está la salvación de Cristo disponible para todos o está restringida a solo un grupo de personas escogidas?, ¿es la fe un don de Dios que Él otorga a sus escogidos al regenerarlos?, o ¿es la fe la respuesta y condición que Dios pide a la humanidad para darles Su salvación? ¿Murió Cristo por todos o solo para salvar los escogidos? ¿Perseveraran los escogidos hasta el fin para heredar la vida eterna?, o ¿es posible apostatar de la fe y perder la salvación?
- Escatología: ¿cuál es la forma correcta de entender el libro de Apocalipsis? ¿la escuela preterista, idealista, historicista o futurista? ¿Habrá un rapto secreto de la iglesia antes de la gran tribulación?, o ¿habrá solo una segunda venida de Cristo con una manifestación visible y poderosa donde arrebatará a su iglesia y traerá juicio sobre los enemigos de Dios? ¿Cómo debemos entender el milenio de Apocalipsis 20? ¿Cuál es la posición correcta entre las posiciones Amilenial, Premilenial histórica, Premilenial dispensacional o Posmilenial?
- Cesacionismo vs continuismo: ¿han cesado los dones milagrosos del Espíritu Santo (como lenguas, profecía y sanidades) o continúan hasta hoy?
- ¿Se deben bautizar bebes o no?
- ¿Puede haber mujeres pastoras o es un ministerio exclusivo para hombres?

Estos son solo algunos ejemplos en los cuales los cristianos no se ponen de acuerdo. Hemos dejado fuera otros asuntos que enseñan las sectas que se desvían de la ortodoxia y que no debemos considerar como grupos cristianos. Ante tantos puntos donde las denominaciones e iglesias difieren, algunos se convencen que tiene que haber un lugar donde se nos dé la interpretación correcta que debemos creer. Algunos se refugian en el catolicismo romano pensando que allí si existe una sola interpretación dada por su magisterio. El problema es que esta es una salida errada, imprudente, y que no ha sido bien pensada por aquellos que se dejan llevar por esta forma de pensar. El hecho de que existan entre distintas denominaciones interpretaciones bíblicas que difieren sobre distintos pasajes o doctrinas ¿en qué forma hace eso a la iglesia Católica Romana tener la interpretación correcta? La iglesia ortodoxa también tiene confesiones de fe y posturas doctrinales bien definidas, también la iglesia Luterana, Anglicana, Presbiteriana, Bautista y Metodista. El hecho que las denominaciones difieran no hace automáticamente correcta la interpretación de una de ellas. Además, es un hecho que la iglesia Católica Romana ha errado y continúa errando al sacar pasajes bíblicos fuera de contexto, y al abrazar dogmas y tradiciones novedosas que no son bíblicas ni apostólicas.

Los apologistas católicos romanos acusan al protestantismo de ser individualista al abrazar el principio de Sola Escritura, pero nosotros no creemos en *"Escritura Sola"*; Sola Escritura no es *"solo yo y mi Biblia"*. El protestante no es individualista en pensar que solo Él sabe o puede interpretar las Escrituras, el protestante con solidez bíblica y teológica, reconoce la rica historia de la iglesia, los padres de la iglesia y la experiencia y valor de los eruditos bíblicos actuales. No interpretamos la Biblia en un vacío, sino con honestidad e integridad. Los católicos romanos necesitan esa misma integridad y honestidad para reconocer que su magisterio ha justificado creencias que no son Bíblicas ni apostólicas, sino desarrollos tardíos que se desvían de la doctrina apostólica.

Así que el alboroto tan grande que hacen los apologistas católicos romanos contra el principio de Sola Escritura fracasa, porque ni su magisterio mismo es infalible, ni pueden probar que su tradición viene de Cristo, ni tampoco pueden probar que exista otra fuente de revelación infalible fuera de la Palabra de Dios. Recordemos que lo que hay atrás de sus argumentos es el intento de decir *"no solo la Biblia determina lo que debemos creer sino LA IGLESIA"*. La pregunta es ¿Cuál iglesia? El protestantismo no menosprecia la autoridad de la iglesia a través de la historia, sino la autoridad de una iglesia que enseña como doctrinas mandamientos de hombres. Las denominaciones de la reforma tampoco respaldamos que cada persona interprete las Escrituras de forma autónoma desconectados de la iglesia. El Dr. Mathison demuestra en su libro *The Shape of Sola Scritura* que muchas críticas de los apologistas católicos romanos están dirigidas a la posición que a veces es llamada soloísmo bíblico, más que al punto de vista de la reforma o del protestantismo tradicional. En el Seminario Bíblico en Línea, este autor, imparte la materia de Hermenéutica, hay allí 24 clases con más de 50 horas de entrenamiento para interpretar las Escrituras correctamente. En el curso explico que el entendimiento de un pasaje debe ser filtrado siempre por su contexto, lo que dice antes y después, así como el contexto del libro de la Biblia en el que se encuentra, debemos considerar el propósito, tema y mensaje de los libros de los cuales extraemos apoyo de versículos bíblicos para sustentar alguna doctrina. Los lectores bíblicos deben respetar siempre la gramática; el significado de las palabras, y considerar el contexto histórico o las circunstancias bajo las cuales se escribió el texto. Es importante también considerar el tipo de género literario del pasaje y del libro de la Biblia en el que se encuentra el texto. Una regla muy importante es que nunca debemos basar una doctrina en un pasaje aislado que no es lo suficientemente claro, siempre debemos interpretar un texto a la luz de la consistencia del mensaje bíblico en torno al tema. En temas complejos debe considerarse la forma en que la iglesia ha entendido ese texto, y las interpretaciones de expertos bíblicos a través de la historia. Por supuesto, nadie cada vez que lea un texto bíblico va a consultar extensivamente la historia y la erudición bíblica, lo importante es que cuando estemos frente a un pasaje confuso, o considerando creer en una doctrina o práctica que no es clara, tenemos el deber de indagar con honestidad, consultando la historia y los eruditos del texto bíblico; este es el único camino. Debemos consultar a los expertos y maestros de la iglesia a través de los siglos, pero considerando que nunca ha existido ni existirá ningún magisterio que sea infalible.

Las Escrituras no nos dicen a donde más podemos recurrir para escuchar la Palabra de Dios (diciéndonos lo que debemos creer y hacer) si no es a través de las Escrituras mismas y del mensaje dado por los profetas y los apóstoles. Jamás Dios dijo que la tradición es Palabra de Dios (ni que sale de la boca de Dios). Jamás se nos dice que existe un magisterio *"infalible"*. Los padres de la iglesia citaban las Escrituras como suprema fuente de autoridad; asumían que nada se comparaba a la autoridad de la Biblia. No existe un mecanismo de infalibilidad fuera de las Escrituras. Siempre debemos ser como los de Berea en Hechos 17:11: *"Estos eran más nobles que los de Tesalónica, pues recibieron la palabra con toda solicitud, escudriñando diariamente las Escrituras, para ver si estas cosas eran así".*

La necesidad del principio de la Sola Escritura permanece y es autoevidente en las Escrituras y en la historia de la iglesia. Las Sagradas Escrituras son la única regla infalible de fe para la iglesia. No existe una tradición infalible que venga de Cristo o de los apóstoles, ni un magisterio infalible que tenga la misma autoridad que la Biblia ¿Por qué aquello que no es lo que Dios ha dicho que es su palabra, debería ser puesto al mismo nivel de autoridad con aquello que Dios mismo dijo que es su palabra verdadera? No existe mejor lugar para conocer la verdad de Dios que la Biblia. No existe ninguna fuente fidedigna de las enseñanzas de Jesús y de los apóstoles fuera de los libros del Nuevo Testamento, y no existe ninguna autoridad infalible para guiar a la iglesia fuera de las Sagradas Escrituras.

Capítulo 03
EL PAPADO Y LA HISTORIA
DE LA IGLESIA

Por Edgar Treviño

El papado es la piedra angular de la Iglesia Católica Romana, aquel cargo que dirige a la iglesia de Roma. En este estudio quiero mostrar al lector aquellas citas que los apologistas católicos romanos más presentan para probar la legitimidad del papado. Cuando no se conoce la historia de la iglesia, es muy fácil dar por sentado que los argumentos de los apologistas del papa son verdaderos, no es así, como lo veremos en este estudio.

En el año 2020 publique el libro *"Estudios sobre sectas, religiones, y otras falsas enseñanzas. Una apologética evangélica"*, donde aborde en un capítulo el tema del papado. Cuando haga referencia a ese libro en este capítulo, me referiré a él con las siglas de ESRYFE. También parte de la información que presento en este capítulo es de mi próximo libro *"El Papado y Pedro"*, que es un estudio más amplio de este tema, remito también al lector a ese libro de próxima publicación. La información de ese libro aquí presentada es una excelente introducción sobre el tema.

El papado tiene una larga historia, no es algo nuevo, su historia es muy amplia, pero también es un cargo que ha evolucionado, desde aquella modesta iglesia de Roma de la que nos habla el libro de Romanos, una iglesia de creyentes sencillos, que se reunían en casas, no tenían *"papa"* ni el liderazgo que posteriormente llego a tener. Tampoco creían muchas de las doctrinas que la Iglesia de Roma le agrego después al cristianismo. Los apologistas católicos romanos justifican esto señalando que las doctrinas se desarrollan, apelando a la teoría de desarrollo de Newman, sin embargo, cuando hay un desarrollo legítimo, no se agregan conceptos a la doctrina de base que desfiguren y contradigan su esencia.

Es importante mencionar que el apóstol Pedro no fue formalmente el primer obispo de Roma, en sus inicios la iglesia de Roma era dirigida por un colegio de ancianos, cuando la iglesia después en general implementa el episcopado monárquico esto cambio, y como Pedro murió en Roma, posteriormente se comenzó a considerar que fue su primer obispo, pero estrictamente esto no fue así, aun con el episcopado monárquico después, esto no probaría un papado de jurisdicción universal, sino un papado con sus límites establecidos de jurisdicción. No solo al obispo de Roma se le decía *"papa"* también a otros obispos.

¿FUE PEDRO EL PRIMER PAPA?

El erudito e historiador católico romano, y profesor emérito de la Universidad de Cambridge, Eamon Duffy, al presentar la cronología de la lista de *"Papas"* y *"Anti-Papas"* en su libro *"Historia de los Papas"* hace estas observaciones:

> *"Siguiendo la convención de las listas más antiguas, el apóstol Pedro no se cuenta como papa".*[115]

El erudito e historiador católico romano John W. O' Malley S. J. llamado el "decano de los historiadores católicos estadounidenses" también está de acuerdo:

> *"Las primeras listas de papas no comienzan con Pedro sino con un hombre llamado Lino.... La lista más antigua no comienza con Pedro, sino con Lino, porque Pedro era un apóstol, que era un estatus mucho más alto que el de obispo".*[116]

El erudito e historiador católico romano Robert B. Eno está de acuerdo:

> *"Pedro no fue el primer obispo de Roma. El poco conocido Lino ostenta ese honor. Pedro fue más importante que eso".*[117]

Los apologistas católicos romanos responden que ellos no aceptan las opiniones de lo que diga un erudito católico romano, sino lo que enseña el magisterio de la iglesia. Sin embargo, el magisterio de la iglesia no ha excomulgado ni contradicho a los eruditos católicos romanos que enseñan que Pedro no fue el primer obispo y papa de la iglesia de Roma.

---

115   Eamon Duffy. Saints and Sinners. A History of The Popes pag. 433. Fourth Edition. Yale University Press

116   John O'Malley S. J. A History of the Popes: From Peter to the Present pags. 11 y 331. Rowman & Littlefield Publishers

117   Robert B. Eno. The Rise of the Papacy pag. 18. Wipf and Stock

Los apologistas católicos romanos citan las palabras de Ireneo sobre las listas de obispos de Roma donde dice:

"...y ahora, en el duodécimo lugar después de los apóstoles, ocupa el cargo episcopal Eleuterio. Según este orden y esta sucesión, la tradición de la iglesia que arranca de los apóstoles y la predicación de la verdad han llegado hasta nosotros".[118]

Ireneo es claro que la sucesión arranca *"desde de los apóstoles"*, un plural, no *"desde de Pedro"*, un singular. Si Ireneo incluye a los dos apóstoles (Pedro y Pablo) en esta sucesión, en donde Eleuterio ocupa el lugar doce después de los apóstoles, es porque los tiene como fundadores de la iglesia de Roma, no como obispos (Lino fue el primer obispo de Roma según Ireneo), y no puede tenerlos como obispos a Pedro y a Pablo, porque si se incluyera a Pedro, Eleuterio quedaría en el lugar número trece de la lista de obispos, y no en el lugar doce, y tampoco incluye a Pablo como obispo en la lista de obispos de Roma, porque Eleuterio ocuparía el lugar catorce y no el doce. Es claro que, si Ireneo hubiera incluido a Pedro como el primer obispo de Roma, Eleuterio ocuparía el lugar trece de la lista, y no es así. Como Roma agrega arbitrariamente a Pedro en su lista de obispos como el primero (dando como resultado que Eleuterio quede en el lugar trece), al comparar la lista de obispos de Roma con la de Ireneo, no le salen las cuentas a Roma.

Los eruditos Kenneth J. Collins y Jerry L. Walls concuerdan cuando hacen estas observaciones sobre Eleuterio y su lugar número doce en la lista de obispos:

"Se podría haber incluido fácilmente, por ejemplo, a Pedro en dicha lista, pero entonces el número sería un incómodo trece. En cualquier caso, muchas de las personas de la lista de Ireneo nunca se habrían entendido como líderes monárquicos, especialmente Pío en la época de Hermas".[119]

Sobre la lista de Ireneo, el erudito ortodoxo A. Edward Siecienski nos dice también que Lino fue el primer obispo de Roma y no Pedro:

"Señaló que, según Ireneo, Pedro y Pablo confiaron conjuntamente a Lino el episcopado, sin aplicar nunca el término "obispo" a los propios apóstoles. Ireneo evidentemente "veía una clara distinción entre apóstoles y obispos, aunque entendía a los obispos como los 'sucesores' a quienes los

---

118   Ireneo, 3. 3. 3 citado en Lo Mejor de Ireneo de Lyon pag. 296. Compilado por Alfonso Ropero. CLIE

119   Kenneth J. Collins and Jerry L. Walls. Roman But Not Catholic. What Remains at Stake 500 Years After the Reformation pag. 110. Baker Academic

apóstoles entregaban el oficio de enseñar. En cuanto a Lino, siguió siendo el "primer papa" de Roma en muchas listas tempranas, seguido a menudo por Anacleto y Clemente. Tertuliano afirmaba que Clemente siguió directamente a Pedro (Tertuliano, Prescripción contra los herejes 32; ANF 3.258), mientras que Rufino, en su traducción de los Pseudo-Clementinos, afirmaba que Lino y Anacleto ejercieron el cargo mientras Pedro aún vivía y luego Clemente asumió el cargo tras la muerte del apóstol. Las primeras referencias a Pedro como obispo de Roma llegan a finales del siglo III, y sólo después de que los obispos de esa ciudad comenzaran a afirmar ciertos poderes petrinos".[120]

Es verdad que posteriormente los obispos se limitan exclusivamente a ser *"sucesores de Pedro"*, sin incluir a Pablo. ¿Por qué sucedió esto?

F. F. Bruce hace estos comentarios:

"Clemente de Roma apela al ejemplo de Pedro y Pablo. Escribiendo a los cristianos de Roma una o dos décadas más tarde, Ignacio de Antioquia manifiesta que él no va a dejarles mandamientos como hicieran Pedro y Pablo: ellos eran apóstoles, mientras que él es un "criminal condenado". Dionisio de Corinto (170 d. C.), escribiendo al Papa Sotero, encuentra un vínculo especial entre las iglesias de Corinto y Roma en el hecho de que ambas fueron fundadas por Pedro y Pablo y disfrutaron de la enseñanza de los apóstoles. (Aunque Pablo no hubiera aceptado esta nominación como uno de los fundadores de la iglesia romana ¡la idea de que Pedro había colaborado con él en el establecimiento de la iglesia de Corinto le hubiera hecho dar un verdadero respingo en la tumba!) Gayo de Roma califica los "trofeos" de Pedro y Pablo en Roma como los monumentos materiales más ilustres del cristianismo romano. Mas o menos por el mismo tiempo, Ireneo de Lyon, haciendo un repaso de las iglesias fundadas por los apóstoles concede un lugar de honor a esta "grandísima, muy antigua y universalmente conocida iglesia fundada y organizada en Roma por los más gloriosos apóstoles Pedro y Pablo", y añade que fueron ellos quienes en esta iglesia encomendaron el episcopado a Lino. Sin embargo, en palabras de C. H. Turner, "al transcribir un catálogo resultaba más fácil el uso de un solo nombre que el de los dos, y tan pronto como cobro fuerza el habito de poner el nombre del apóstol fundador como el primero en la lista en lugar de insertarlo como un título en su

---

120 A. Edward Sciecienski. The Papacy and the Orthodox pag. 50. Oxford University Press

encabezamiento…el uso de un solo nombre se impuso por el principio de que solo podía haber un obispo a la vez".[121]

Y esto fue precisamente de la evolución del episcopado colegial al monárquico. También el erudito católico romano C. H. Turner citado por Bruce admite esta evolución en sus palabras, pero, esto es producto de la evolución posterior, originalmente Pedro no iba solo como *"fundador"* de la Iglesia en Roma, Pablo también estaba ahí, como Ireneo lo muestra, cuando el *"episcopado"* era colegial y no monárquico. Aunque la iglesia de Antioquia al igual que la iglesia de Roma, reclame a Pedro como *"primer obispo",* históricamente no es cierto, tan no es cierto que Ireneo y Eusebio lo niegan, y posteriormente eruditos católicos romanos, ortodoxos, y evangélicos también. No es solo una *"negación protestante".* Recordemos también que los obispos de Roma primero se llamaron a sí mismos *"Vicarios de Pedro"* posteriormente se llamaron *"Vicarios de Cristo"* como lo mostré en ESRYFE. El papado ha sido un sistema cambiante a lo largo de su historia, el negar este hecho, va en contra de la propia historia del papado, y lo único que queda es la *"fe",* fe en que el papado existió desde Mateo 16:18 y no es así, porque históricamente no se puede rastrear a ese pasaje bíblico, seria anacrónico, como eruditos católicos romanos admiten.

El erudito católico romano Eamon Duffy también está de acuerdo:

> *"Los papas trazan su comisión desde Cristo a través de Pedro, sin embargo, para Ireneo la autoridad de la Iglesia en Roma vino desde su fundación por dos apóstoles, no por uno, Pedro y Pablo, no Pedro solo. La tradición de que Pedro y Pablo habían sido ejecutados a manos de Nerón en Roma alrededor del año 64 d.C. fue universalmente aceptada en el siglo II, y a finales de ese siglo se mostraba a los peregrinos de Roma los "trofeos" de los Apóstoles, sus tumbas o cenotafios, Pedro en la colina del Vaticano, y Pablo en la Via Ostiensis, fuera de las murallas en el camino a la costa… Ni Pedro ni Pablo fundaron la Iglesia en Roma, ya que había cristianos en la ciudad antes de que cualquiera de los Apóstoles pusiera el pie allí. Tampoco podemos suponer, como hizo Ireneo, que los Apóstoles establecieron allí una sucesión, ya que no hubo ningún obispo en Roma durante casi un siglo después de la muerte de los Apóstoles. De hecho, dondequiera que nos dirijamos, los sólidos contornos de la sucesión petrina en Roma parecen difuminarse y disolverse… Sin embargo, aunque vivieron, predicaron y murieron en Roma, no "fundaron"*

---

121   F. F. Bruce. Pablo. Apóstol del Corazón Liberado pags. 526-527. CLIE

estrictamente la Iglesia allí… Para empezar, de hecho, no había ningún "papa", ningún obispo como tal, ya que la iglesia de Roma tardó en desarrollar el cargo de presbítero principal, u obispo… Clemente no pretendía escribir como obispo. Su carta fue enviada en nombre de toda la comunidad romana, nunca se identifica ni escribe en su propia persona, y no sabemos nada en absoluto sobre él. La propia carta no distingue entre presbíteros y obispos, de los que habla siempre en plural, lo que sugiere que, en Corinto, como en Roma, la Iglesia en esta época estaba organizada bajo un grupo de obispos o presbíteros, en lugar de un único obispo dirigente".[122]

El gran erudito ortodoxo de la patrística John Meyendorff concuerda cuando hace estas observaciones:

"La tradición más antigua asociaba el origen y el prestigio de la Iglesia romana con la predicación y el martirio de los dos apóstoles Pedro y Pablo, no exclusivamente con Pedro. Las peregrinaciones adlimina apostolorum (en plural) contribuyeron a ello, e indican que la autoridad de Roma no se derivaba de las palabras de Cristo a Pedro de forma exclusiva. Es la doctrina de Cipriano de Cartago, que había señalado a Pedro como modelo del ministerio episcopal, la que probablemente contribuyó a crear la noción de que el obispo de Roma deriva no sólo su episcopado, sino también la autoridad primordial, sólo de Pedro, exclusivamente. De hecho, sin embargo, la opinión de Cipriano sobre la "cátedra" de Pedro (cathedra Petri) era que no sólo pertenecía al obispo de Roma, sino a toda comunidad episcopal. Así, Cipriano no utilizó el argumento de la primacía romana, sino el de su propia autoridad como "sucesor de Pedro" en Cartago".[123]

Por otro lado, los padres de la iglesia le otorgan a Pedro un primado de honor en Mateo 16:18 (primero entre iguales) es por eso también que los padres hablaban principalmente de la sucesión de Pedro en la edificación de la iglesia, y no de Pablo, sin embargo, inicial e históricamente en las listas de obispos más antiguas, se consideraba a Pedro y a Pablo como fundadores de la iglesia de Roma, no a Pedro solo, la confesión de fe de Pedro y su primado de honor es una cosa, yendo de la mano con el establecimiento posterior del *"episcopado monárquico"* y la fundación de la iglesia de Roma por ambos

---

122 Duffy. Ibid. 2-10

123 John Meyendorff. Imperial Unity and Christian Divisions. The Church 450-680 A. D. The Church in History pags. 60-61. St Vladimirs Seminary

apóstoles Pedro y Pablo es otra. La tradición romana histórica más antigua, no era el episcopado monárquico y el nombre de Pedro solo en el encabezado, sino el episcopado colegial, ya que, para Ireneo, la iglesia fundada por dos apóstoles Pedro y Pablo, no por Pedro solo. Para Ireneo, Pedro no fue el primer obispo de Roma sino Lino.

El historiador católico romano Paul Johnson hace estas observaciones:

> *"La relación de Roma con los dos apóstoles más grandes nunca fue discutida y se aprovechó desde los tiempos más antiguos. Roma contaba con la genealogía más impresionante de todas las iglesias tempranas. Mas aun, podría decirse que tenía embarras de richesse, no un apóstol sino dos. Pero Pedro era el fundador más valioso, porque en cierto sentido podía considerárselo el apóstol principal, el colaborador más estrecho de Jesús y el beneficiario del famoso texto de la "piedra y las llaves" en Mateo".[124]*

Epifanio de Salamina en Panarion 27, 6 escribió:

> *"En Roma, los primeros apóstoles y obispos fueron Pedro y Pablo; luego Lino, después Cleto; después Clemente, el contemporáneo de Pedro y Pablo, a quien Pablo recuerda en su Epístola a los Romanos. No debería sorprender a nadie que otros recibieran el episcopado de los Apóstoles antes que él, que fue el contemporáneo de Pedro y Pablo; porque fue, en todo caso, el contemporáneo de los Apóstoles…La sucesión de los obispos en Roma es la siguiente: Pedro y Pablo, Lino y Cleto, Clemente, Evaristo, Alejandro, Sixto, Telesforo, Higinio, Pío, Aniceto, a quienes ya he mencionado anteriormente en mi enumeración de los obispos".[125]*

Epifanio incluye aquí en la sucesión de obispos tanto a Pedro como a Pablo, esta lista de Epifanio no es un apoyo para la doctrina del papado, porque vemos dos apóstoles como obispos (Pedro y Pablo) y no a Pedro solo. La lista de Epifanio también difiere de la lista oficial de papas de la Iglesia Católica Romana, que coloca a Pedro solo como *"papa"* y *"primer obispo"*, y no a Pablo junto con Pedro como *"papas"*. Es parecida en parte a la de Ireneo, que coloca a Pedro y a Pablo como fundadores, mas no como obispos. Pero, si observamos atentamente esta lista de Epifanio, a Pedro y Pablo los coloca juntos como primeros obispos (episcopado colegial) y cuando menciona los obispos después de ellos, los coloca en singular (episcopado monárquico) por

---

124   Paul Johnson. Historia del Cristianismo pag. 90. Penguin Random House Grupo Editorial
125   William A. Jurgens. The Faith of the Early Fathers. Volumen 2, pag. 72. The Liturgical Press

lo tanto, Lino sigue siendo el *"primer obispo"* de Roma, porque se dice es *"monárquico"*, y no colegial como Pedro y Pablo, y esto coincide más con los papas del catolicismo romano que son monárquicos (aunque Lino no fue un obispo monárquico estrictamente). Así que, Epifanio aparte de contradecir la lista oficial de papas del catolicismo romano, también reafirma que Lino fue el *"primer obispo monárquico"* en Roma, aunque históricamente aun con Lino, el episcopado era colegial y no monárquico. Lino fue un *"primus inter pares"*.

¿FUE CLEMENTE COLABORADOR DE PEDRO Y PABLO?

Sobre lo que dice Epifanio de que Clemente fue contemporáneo de Pedro y Pablo, y a quien Pablo lo recuerda en su Epístola a los Romanos, contrario a esa identificación, el erudito patrístico católico romano William A. Jurgens hace estas observaciones:

> *"Romanos es un error aquí. Clemente se menciona en la Epístola de Pablo a los Filipenses 4:3; sin embargo, no hay ninguna buena razón para identificar al Clemente de la Epístola de Pablo con San Clemente de Roma, y generalmente se asume que su identificación es muy improbable".[126]*

Aunque el erudito y patrologo católico romano Daniel Ruiz Bueno acepta esa tradición, también concuerda en que los eruditos modernos no están de acuerdo:

> *"Los modernos dan por poco segura esta identificación y aun abiertamente se oponen a ella (Duchesne la califica de "peu sure" (Histoire ancienne..., o.c., I, 220) y Lightfoot la niega (The Apostolic Fathers, o. c., 4, 52-58, y Philipians, 168). No deja ciertamente de ser significativo que San Ireneo, que tiene cuidado de advertirnos, en la lista episcopal de Roma, como San Pablo hace mención de Lino en su carta a Timoteo, nada nos diga de la colaboración de Clemente en los trabajos del Apóstol. Señal concluye un moderno critico de que nada se sabía de ello en Roma cuando paso por allí Ireneo (Casamassa, I Padri Apostolic, o. c., 36)".[127]*

Eruditos católicos romanos y protestantes, que incluyen al destacado erudito e historiador católico romano Louis Duchesne, quien fue el editor de la primera edición crítica, clásica, y completa del *"Liber Pontificalis"* (El Libro de los papas), así como sus volúmenes de historia de la iglesia, y el

---

126 William A. Jurgens. The Faith of the Early Fathers. Volume 1 pag. 76. The Liturgical Press

127 Daniel Ruiz Bueno. Padres Apostólicos y Apologistas Griegos (s. II) pag. 102. BAC

erudito anglicano patrístico Lightfoot, este último una autoridad principal en el idioma inglés de los *"Padres Apostólicos",* no admiten la identificación de Clemente de Roma con el Clemente de Filipenses 4:3. Para una primera refutación de Clemente y su supuesta identificación con Filipenses 4:3, así como también de Lino en otros pasajes véase ESRYFE.

El erudito de los Padres Apostólicos y la crítica textual en el idioma inglés, Michael W. Holmes, hace estas observaciones:

> *"Esta hipótesis no tiene más fundamento que el intento de Orígenes de identificarlo con el Clemente mencionado en Filipenses 4:3. En cada caso, la conexión propuesta se basa en nada más que la similitud del nombre".*[128]

El apologista católico romano Stephen K. Ray,[129] dice que Clemente fue el tercer obispo de Roma después de Pedro, y cita Filipenses 4:3, también cita al gran erudito patrístico protestante de Oxford J. N. D. Kelly en su *"Diccionario Oxford de Papas"* (pag. 7), quien identifica a Clemente de Roma con el Clemente del libro de Filipenses 4:3 basándose en la tradición de Orígenes, Eusebio, y Jerónimo.

Sin embargo, Ray no cita estas conclusiones de J. N. D. Kelly sobre Clemente:

> *"Su carta sugiere que el episcopado monárquico aún no había surgido allí, por lo que es imposible formarse una concepción precisa de su papel constitucional".*[130]

Lo que J. N. D. Kelly muestra sobre Clemente (que no cree que Clemente fue un obispo posterior monárquico), que es información muy importante, Ray lo omite en su libro, Ray solo da la cita de J. N. D. Kelly y su identificación de Clemente con Filipenses 4:3, que Kelly acepta, sin embargo, Kelly no cree que Clemente fue un obispo monárquico.

El destacado erudito del NT James D. G. Dunn hace estas observaciones:

> *"La identificación por parte de Eusebio del obispo Clemente con el Clemente alabado por Pablo en Fil. 4.3 (HE 3.15) se suele descartar".*[131]

---

128 Michael W. Holmes. The Apostolic Fathers. Greek Texts and English Translations. Third Edition pag. 35. Baker Academic

129 Stephen K. Ray. Upon This Rock: St. Peter and the Primacy of Rome in Scripture and the Early Church pag. 120. Ignatius Press

130 J. N. D. Kelly. The Oxford Dictionary of The Popes pag. 8. Oxford University Press

131 James D. G. Dunn. Neither Jew Nor Greek. A Contested Identity. Christianity in the Making. Volume 3 pag. 113. William B. Eerdmans Publishing Company

Justo L. González tampoco está de acuerdo con la identificación de Clemente de Roma con el Clemente de Filipenses 4:3:

"Clemente de Roma es un personaje que pertenece en parte a la historia y en parte a la leyenda, pues su fama hizo que muchos cristianos en siglos posteriores le adjudicaran hechos que el nunca realizo. Orígenes, Eusebio, Epifanio y Jerónimo dicen que Clemente acompaño a Pablo mientras fundaba la iglesia en Filipos…El origen de esta tradición está en Filipenses IV:3. Sin embargo, no hay razón alguna para identificar al Clemente que allí se menciona con el Clemente romano".[132]

Contrario otra vez también a lo que dice Stephen K. Ray, el erudito patrístico católico romano William A. Jurgens no cree que Clemente de Roma sea el Clemente mencionado en Filipenses 4:3:

"Es poco o nada probable la opinión de Orígenes (Comm. in Ioan 6, 36) y Eusebio (Hist. Eccl. 6, 3, 15), que identifican a Clemente de Roma con el Clemente que fue colaborador de San Pablo, y al que el Apóstol menciona en su Epístola a los Filipenses (4, 3)".[133]

El gran erudito evangélico y critico textual del NT Gordon D. Fee concuerda:

"Muy al principio (Orígenes, Eusebio) se identificó con Clemente de Roma, basándose en que 1 Clemente se escribió a Corinto; que luego se convirtió en la interpretación católico-romana estándar. Pero los datos de estos dos documentos (probablemente espaciados por un periodo de unos 35 años) hacen que esto sea extremadamente dudoso, por no mencionar que el nombre Clemente era muy común entre los ciudadanos romanos".[134]

Duchesne, Lightfoot, Michael W. Holmes, James D. G. Dunn, Justo L. González, William A. Jurgens y Gordon D. Fee, no apoyan a Stephen K. Ray en su identificación de Clemente de Roma con el Clemente de Filipenses 4:3. Y aunque Kelly puede apoyar a Ray en la identificación de Clemente de Roma con el Clemente de Filipenses 4:3, está claro que la perspectiva de Kelly de las funciones de Clemente como obispo de Roma difieren con las de Ray.

---

132 Justo L. González, Ph.D. Historia del Pensamiento Cristiano pag. 69. Colección Historia. CLIE

133 Jurgens. Vol. 1. Ibid. 6

134 Gordon D. Fee. Comentario de la Epístola a los Filipenses pag. 495. CLIE

Cuando Ray dice que Clemente fue *"el tercer obispo de Roma después de Pedro"*, Ray inconscientemente está siguiendo la lista primitiva de obispos de Roma (la cual deja fuera a Pedro como primer obispo de Roma, siendo Lino el primer obispo de Roma) y no la lista actual y oficial numerada de papas de Roma que comienza arbitrariamente con Pedro, donde Clemente es el cuarto papa y no el tercero.

Precisamente J. N. D Kelly en el *"Diccionario Oxford de Papas"* cuando comienza a hablar de Clemente, nos dice sobre él lo siguiente:

> *"En las listas de sucesión de los obispos de Roma del siglo II sigue a Anacleto, siendo por tanto el tercero en la línea inaugurada por los após-toles Pedro y Pablo; la convención posterior lo consideró cuarto papa en la línea que comienza con San Pedro".*[135]

"La convención posterior", Ray también omite estas palabras de J. N. D. Kelly cuando habla de Clemente. La convención posterior modifica las listas de obispos de Roma, incluyendo arbitrariamente a Pedro como primer obispo de Roma, lo cual es una alteración en las listas primitivas de obispos de Roma, y es por eso la diferencia entre las listas más antiguas de obispos de Roma, con la lista posterior episcopal y numerada de Roma hoy, como lo mostré en ESRYFE y como en este libro lo vuelvo a reafirmar también.

¿SE LE LLAMABA PAPA SOLAMENTE AL OBISPO DE ROMA?

La respuesta es No.

Justo L. González hace estas observaciones:

> *"El término "papa", que hoy se emplea en el Occidente para referirse exclusivamente al obispo de Roma, no siempre tuvo ese sentido. En época antigua, se le aplicaba a cualquier obispo distinguido, sin importar para nada si era o no obispo de Roma. Así, por ejemplo, hay documentos anti-guos que se refieren al "papa Cipriano" de Cartago, o al "papa Atanasio" de Alejandría".*[136]

El erudito Merrill F. Unger hace estas observaciones:

> *"El título "papa" viene del italiano que significa "padre". Al princi-pio se aplicaba a todos los obispos occidentales".*[137]

---

135 Kelly. Oxford Popes. Ibid. 7

136 Justo L. González. Historia del Cristianismo. Obra completa pag. 273. Unilit

137 Merrill F. Unger. Manual Bíblico de Unger pag. 928. Editorial Portavoz

Esto cambio con la restricción del término *"papa"* solo para el obispo de Roma por parte del autoritarismo de Gregorio VII. Si en el pasado a cualquier obispo distinguido se le llamaba *"papa"* es anacrónico que digan que *"Pedro fue el primer papa"*, porque ni los creyentes llamaban así a los apóstoles u obispos, y ni los apóstoles se atribuyeron ser llamados así. La supremacía que busco Gregorio VII fue el resultado de limitar el término *"papa"* solo para el obispo de Roma. Esto demuestra que *"el papado"* es muy posterior tanto a la iglesia apostólica como también de los padres de la iglesia. Sobre Gregorio VII véase ESRYFE pags. 499-500. Es por eso que, es anacrónica también la *"lista de papas"* de la Iglesia Católica Romana, en el sentido de que esos obispos de Roma compartían ese título con otros obispos que también eran llamados así. No eran los únicos, valga la redundancia.

¿JUAN CALVINO CREYÓ EN EL PRIMADO DE PEDRO?

Algunos católicos señalan que Calvino reconocía el *"primado"* de Pedro en su libro *"Institución de la Religión Cristiana"* libro 4 capitulo 6, párrafo 8 cuando Calvino escribió:

> *"Que entre los doce se haya elegido a uno para dirigirlos, no es de extrañar. Es una cosa que está de acuerdo con la naturaleza misma y con la razón humana, que, en cualquier sociedad, aunque todos sean iguales en poder, haya uno que sea el conductor y el guía, por quien los otros se dejen gobernar. No hay Senado, ni Cancillería, no hay Colegio, que no tenga su presidente; no hay compañía de soldados que no tenga un capitán. Por eso no hay inconveniente alguno en admitir que los apóstoles concedieron tal primado a san Pedro".[138]*

Calvino en su "Institución" también escribió sobre Pedro:

> *"Pero resulta que Pedro, que había recibido este encargo del Señor, exhorta el mismo a todos los presbíteros a que apacienten la Iglesia (1 P. 5:2). De ello se deduce fácilmente que al ordenar Jesucristo a san Pedro que apacentase sus ovejas, no le ha dado ningún poder especial sobre los otros; o que el mismo Pedro ha comunicado a los demás el derecho que él había recibido".[139]*

> *"Pedro, tanto en su nombre como en el de sus hermanos, había confesado que Cristo es el Hijo de Dios (Mt. 16:16). Sobre esta piedra Cristo*

---

138 Juan Calvino. Institución de la Religión Cristiana. Obra completa pag. 879. Nueva Creación. Buenos Aires-Gran Rapids

139 Calvino. Ibid. 875

edifica su Iglesia, por ser el único fundamento, como lo atestigua san Pablo (1 Cor. 3:11), fuera del cual ningún otro puede ponerse". [140]

Calvino aquí claramente enseño que la "piedra" sobre la que Jesús edifica su iglesia es "la confesión de fe de Pedro". Sobre Gal. 2:7-14 Calvino nos dice:

"Todas estas cosas muestran claramente que existía igualdad entre san Pedro y san Pablo; o por lo menos que san Pedro no tenía más autoridad sobre los otros apóstoles que la que ellos tenían sobre él. Y ciertamente esa es la intención de san Pablo; demostrar que no debe ser tenido por inferior en su apostolado ni a Pedro, ni a Juan, porque todos son iguales a él y compañeros suyos, y no sus señores". [141]

En el contexto de las palabras de Calvino que cite arriba de este párrafo (libro IV-capítulo VI párrafo 7) y otras citas anteriores, Calvino explico el lugar de Pedro en el Nuevo Testamento, y como Calvino cree que en Pedro y Pablo existía una igualdad (Pablo no fue uno de los 12 apóstoles originales) que es la cita que está comentando Calvino y concediéndole un *"primado"* a Pedro, sin embargo, cuando Calvino en el contexto de esta cita, comenta Gal. 2:7-14, dice que Pedro y Pablo eran iguales, y también en esa cita Calvino dice que todos los apóstoles son iguales. Cuando Calvino habla del *"primado"* de Pedro en la cita que estoy comentando, no se está refiriendo a un *"primado"* en el sentido católico romano que muchos católicos le adjudican a Pedro. Porque Calvino en esa misma cita que muestran los apologistas católicos, posteriormente continúa aclarando que quiso decir cuando hablo de un *"primado"* de Pedro, leamos lo que Calvino escribió:

"Pero lo que tiene lugar respecto a un número pequeño no puede hacerse extensivo a todo el mundo, al cual es imposible que un solo hombre gobierne". [142]

Con estas palabras, Calvino no apoya el primado de Pedro en un sentido posterior *"papal"*. Cuando Calvino escribió que a Pedro se le concedió un *"primado"* no es una cita que los apologistas católicos romanos deberían de citar como apoyo al papado, porque el entendimiento del primado de Pedro para Calvino no es el mismo entendimiento del primado de Pedro de muchos

---

140   Calvino. Ibid. 879

141   Calvino. Ibid. 879

142   Calvino. Ibid. 879

apologistas católicos romanos. Calvino también escribió en el párrafo siguiente, el 9: *"Cristo solo es el jefe de la Iglesia. Él no tiene vicario"*.[143]

En este párrafo Calvino continúa detallando que solo Cristo es la cabeza, y en el párrafo 10, escribe que Pablo no habla jamás de un vicario de Cristo.[144]

Calvino continúa negando que el primado de Pedro conduzca a que la Sede de Roma y su obispo debe de presidir para ser cabeza de todo el orbe, leamos a Calvino:

> *"Mas, aunque yo les conceda este punto, que jamás admitiría ninguna persona sensata: que san Pedro tuvo el primado de la Iglesia con la condición de que este primado permaneciese siempre en ella, y que fuese transmitiéndose por sucesión ininterrumpida, ¿de dónde se concluye que la Sede Romana ha sido tan privilegiada, que todo el que sea obispo de ella debe presidir y ser cabeza de todo el orbe? ¿Con que derecho o título asignan esta dignidad a un lugar determinado?, cuando a san Pedro se le dio sin especificar ni nombrar lugar alguno?"*.[145]

Es claro que Calvino no creía en el primado de Pedro en un sentido *"papal"*.

Sobre esto, el erudito protestante Leonardo De Chirico hace estas observaciones:

> *"El artículo XXIII trata de la primacía de la Sede de Roma y repasa las pruebas católicas de la misma. En respuesta, Calvino argumenta que mientras la Escritura habla a menudo de Cristo como cabeza de la Iglesia, nunca lo hace en lo que respecta al Papa (Ver Institutos de Calvino IV, 6-7)"*.[146]

¿ROMA ERA EL ÚNICO TRONO APOSTÓLICO?

El apologista católico romano José Miguel Arráiz escribió: *"Atanasio también llama a Roma "El trono apostólico"*.[147]

---

143 Calvino. Ibid. 880

144 Calvino. Ibid. 881

145 Calvino. Ibid. 881

146 Leonardo De Chirico. A Christian's Pocket Guide to Papacy. Its origin and role in the 21s century pag. 54. Christian Focus

147 José Miguel Arráiz. Compendio de Apologética Católica pag. 110. ApologeticaCatolica. org

La verdad es que Atanasio dijo un *"trono apostólico"* (Roma no era el único) leamos sus palabras:

> *"Así, desde el principio, no perdonaron ni siquiera a Liberio, obispo de Roma, sino que extendieron su furia incluso a esas partes; no respetaron su obispado, porque era un trono apostólico; no sentían reverencia por Roma".*[148]

Las palabras de Atanasio no llevan el articulo definido *"el trono apostólico"* hacia Roma, como Arráiz equivocadamente muestra, sino el articulo indefinido *"un trono apostólico"*. Si uno no verifica las citas de los padres, y solo se acepta las que presentan los apologistas católicos romanos, no nos podríamos dar cuenta de cómo les dan otro sentido a los escritos de los padres, uno que es para otorgarle una *"primacía de jurisdicción y supremacía"* a Roma, pero que es ajena a los escritos de los padres.

El ortodoxo Michael Whelton está de acuerdo y dice que Atanasio: *"No usa el artículo definido (el) en el texto".*[149]

Un *"trono apostólico"* no es lo mismo que: *"El trono apostólico"*. Roma no era la única sede apostólica, también Alejandría. Para Atanasio, Liberio era parte de los obispos de ciudades ilustres y jefes de grandes iglesias, pero no era el único.[150]

San Gregorio Nacianceno llama a Atanasio también *"la columna de la Iglesia".*[151]

Y también el sucesor del *"trono de Alejandría"*. Gregorio afirma que Atanasio es el verdadero sucesor del trono de Alejandría, no porque se haya apoderado de su trono mediante *"el derramamiento de sangre y la opresión"* (a diferencia de Jorge de Capadocia o Macedonio de Constantinopla), sino porque lo hizo de forma *"apostólica y espiritual"* (Orat. 21.8).[152]

Gregorio Nacianceno llama también *"trono"* a la sede de Alejandría. Queda claro que Alejandría también era un *"trono apostólico"*, y no solamente Roma.

---

148 Atanasio. Historia de los arrianos, parte V:35 New Advent https://www.newadvent.org/fathers/28155.htm

149 Michael Whelton. Popes and Patriarchs. An Orthodox Perspective on Roman Catholic Claims pags. 63-4. Conciliar Press

150 Véase Apología Contra Arrianos Parte II. 5:89. New Advent https://www.newadvent.org/fathers/28082.htm

151 Johannes Quasten. Patrología II. pag. 23. BAC

152 Jennifer Barry. Bishops in Flight. Exile and Displacement in Late Antiquity pag. 71. University of California Press

El notable erudito e historiador Jaroslav Pelikan concuerda cuando hace estas observaciones:

"Ya antes el código de Justiniano se refería a los cinco patriarcas "de todo el universo" y el Tercer Concilio de Constantinopla en 680-81 había enviado su definición dogmática "a los cinco tronos patriarcales" ... Focio aceptó una primacía de Roma, pero insistió en que Roma tenía que "armonizar y estar de acuerdo con las otras cuatro sedes del sumo sacerdocio"".[153]

Cinco tronos patriarcales, no solo un trono. Era una armonización entre la sede de Roma y las otras sedes, no solo las otras sedes tenían que concordar con Roma, la comunión y la armonía debía ser similar e intercambiable. La limitación errónea de *"trono apostólico"* solo para Roma, que Arráiz muestra de Atanasio en su libro, no tiene fundamento histórico.

¿LA DECISIÓN DEFINITIVA EN HECHOS 15 CORRESPONDE A PEDRO O SANTIAGO?

Los apologistas católicos romanos con tal de darle un *"primado de jurisdicción universal"* a Pedro en todos los pasajes bíblicos donde él es mencionado, dicen que la decisión definitiva en Hechos 15 fue por medio de Pedro y no de Santiago.

Philip Schaff dice que fue Santiago:

"Desde el Concilio de Jerusalén, en el que presidió, aparece como el hombre más prominente de las iglesias de Palestina...presidió como obispo local, y propuso el compromiso que fue adoptado".[154]

Santiago es el que realmente decide lo que se haría al respecto. Santiago dice: *"Por lo tanto, mi juicio es que no debemos dificultar a los gentiles que se vuelven de Dios"* (15:19). La palabra que se traduce aquí como *"juicio"* es el verbo krino y significa *"yo decido".* Pedro se limitó a exponer su opinión, junto con la de todos los demás, en un intento de ganar adeptos, ¡nada más! Fue Santiago quien tomó la decisión final.[155]

---

153 Jaroslav Pelikan. The Christian Tradition. A History of the Development of Doctrine. 2. The Spirit of Eastern Christendom (600-1700) pag. 165. University of Chicago Press

154 Philip Schaff. History of the Christian Church Vol I. pags. 125-307. Revised Edition. CCEL

155 Eric Svendsen. Evangelical Answers. A Critique of Current Roman Catholic Apologists, pag. 25. Reformation Press

El erudito del NT Ben Witherington III concuerda cuando hace estas observaciones:

> *"Al pasar al v. 22 es importante notar que este verso no trata de que la asamblea ratifique el decreto de Santiago. Santiago tenía la autoridad para emitir tal fallo o sentencia, como sugiere el verbo κρίνω en el v. 19... "Yo mismo juzgo/gobierno" (Esta forma de decirlo es equivalente a la conocida frase latina ego censeo utilizada por los gobernantes y jueces romanos) v. 22 describe lo que los apóstoles y los ancianos, con el consentimiento de toda la asamblea, decidieron hacer como resultado de la sentencia de Santiago".*[156]

Algunos apologistas católicos llegan a ver en las *"palabras"* de Santiago, *"Simón ha declarado"* (v. 14), un reconocimiento por parte de Santiago de que Pedro tiene poder *"declarativo"* como papa. Pero esto es simplemente falso. La palabra empleada aquí significa simplemente *"explicar"* y suele utilizarse (como aquí) para explicar acontecimientos.[157]

El Dr. F. F. Bruce trae esta frase de la siguiente manera: *"Simeon ha relatado"*.[158] El erudito William Barclay de manera similar traduce: *"Simón os ha referido"*.[159] El gramatólogo A. T. Robertson escribe: *"Aquí como hos en discurso indirecto algo semejante a su uso exegético o explicativo en 3 Juan 3. Primera vez (proton). Contado por Pedro en el versículo 7"*.[160]

El Dr. Darrell L. Bock afirma:

> *"La nota de Santiago sobre la narración de los acontecimientos por parte de Pedro utiliza un verbo (exegeomai, narrar) similar al sustantivo que utiliza Lucas en Lucas 1:1 (diégesis, narración)".*[161]

---

156 Ben Witherington III. The Acts of the Apostles. A Socio-Rhetorical Commentary pag. 467. William B. Eerdmans Publishing Company

157 Svendsen. Ibid. 196

158 F. F. Bruce. Hechos de los Apóstoles. Introducción, Comentarios y Notas pag. 343. Libros Desafío)

159 William Barclay. Comentario al Nuevo Testamento pag. 529. 17 tomos en 1. CLIE

160 A. T. Robertson. Comentario al Texto Griego del Nuevo Testamento pag. 323. Obra Completa. 6 tomos en 1. CLIE

161 Darrell L. Bock. Acts. Baker Exegetical Commentary on the New Testament pag. 502. Baker Academic

El Interlineal Académico del Nuevo Testamento Griego – Español del Dr. Francisco Lacueva nos dice: *"Simón ha contado"* RVR. *"Simón nos ha expuesto"* NVI.[162]

La Biblia Católica Latinoamericana: *"Simeón acaba de recordar"*.[163]

Los apologistas católicos romanos citan estas palabras de Agustín refiriéndose a las palabras de Pedro:

> *"… Santiago el apóstol y todos los demás presbíteros se pasaron a su sentencia".*[164]

Aquí Agustín no está diciendo que Pedro tuvo la palabra final en el Concilio de Jerusalén, está diciendo que Santiago y los presbíteros estuvieron de acuerdo con lo que Pedro declaro. Para que Pedro hubiera dado la última sentencia en el concilio de Jerusalén, tendría que haber presidido y hablado al final, y no antes de las palabras de Santiago quien presidia, es por eso que no cuadra que Pedro haya dicho *"la última palabra"* y dictado la sentencia final, lo que sí hizo Santiago.

También Agustín en su exposición de la carta a los Gálatas dice lo siguiente: *"Santiago era quien presidía la Iglesia de Jerusalén".*[165]

Juan Crisóstomo en su Homilía 33 sobre Hechos de los apóstoles está de acuerdo en que fue Santiago y no Pedro quien tiene la última palabra:

> *"Este (Santiago) era obispo, como dicen, y por eso habla el último…mientras que (Santiago) aquí, que desempeña el papel de maestro…Entonces toda la multitud guardó silencio, etc. Hechos 15:12. No había soberbia en la iglesia. Después que habla Pedro, Pablo, y nadie le hace callar: Santiago espera pacientemente, no se sobresalta (por la siguiente palabra). Grande el orden (de los procedimientos). Ninguna palabra dice Juan aquí, ninguna palabra de los otros Apóstoles, sino que callaron, porque Santiago estaba investido con la regla principal, y no lo consideró una dificultad. Tan limpia estaba su alma por amor a la gloria. Y después que hubieron callado, respondió Jacobo, etc. Hechos 15:13. (b) Pedro, de hecho, habló con más fuerza, pero Santiago aquí*

---

162   Dr. Francisco Lacueva. Interlineal Académico del Nuevo Testamento Griego - Español pag. 598. Edición. Actualizada y Ampliada por Dr. Juan Carlos Cevallos A. CLIE

163   La Biblia Latinoamericana pag. 282. Edición revisada 2005. Editorial Verbo Divino. San Pablo

164   Agustín. Carta 75.7

165   Agustín. Exposición de la Carta a los Gálatas 1-15

más suavemente: porque así le corresponde a alguien en alta autoridad, dejar lo que es desagradable para que otros lo digan, mientras que él mismo aparece en la parte más suave".[166]

El erudito de Cambridge del NT y la patrística J. B. Lightfoot también está de acuerdo con cuando escribió lo siguiente sobre el pasaje de Hechos 15:

"Posiciones relativas de Pedro y Santiago. Pedro es el líder más prominente en la iglesia en general. Santiago es la persona más destacada, oficialmente, en la iglesia de Jerusalén. Comp. Hechos 12:17; 21:18. Esta posición relativa está presente en Gálatas, comp. 1:18-19; 2:7 con Gál. 2:9-10. De ahí sus respectivas partes aquí. Pedro toma la iniciativa, sugiere la línea de aproximación. Santiago da forma a la resolución, actuando como una especie de presidente... Él es aquí el presidente del consejo. Habla con autoridad y su propuesta es aceptada".[167]

Incluso los eruditos e historiadores católicos romanos, Llorca, Ga. Villoslada y Laboa admiten que Santiago fue quien tuvo la última palabra, y que lo que dijo, es lo que los demás aprobaron:

"Sin embargo, deseando Santiago dar a los judío-cristianos alguna satisfacción, propone se prohíban a todos los conversos del gentilismo tres cosas especialmente abominables para los judíos: la participación en los banquetes sacrifícales paganos, el comer sangre o carne de animales ahogados y el pecado de fornicación... Por esto la asamblea entera, llámese concilio en sentido estricto, llámese de otro modo, sin excluir a Pablo y Bernabé, deseosa de llegar a la verdadera unión de todos en Cristo, aprobó de corazón una propuesta tan bien intencionada. Así pues, inmediatamente se enviaron cartas a las diversas comunidades cristianas comunicándoles aquel acuerdo. Así termino esta asamblea, que con razón es considerada por los historiadores como el primer concilio de la iglesia".[168]

---

166 Juan Crisóstomo. Homilía 33 sobre los Hechos de los Apóstoles. Hechos XV. 13, 15 https://www.newadvent.org/fathers/210133.htm

167 J. B. Lightfoot. The Acts of the Apostles. A Newly Discovered Commentary. The Lightfoot Legacy Set. Volume 1 pags. 194-195. Edited by Ben Witherington III and Todd D. Still. IVP Academic

168 Llorca – Ga. Villoslada – Laboa. Historia de la Iglesia Católica I. Edad Antigua. La Iglesia en el mundo grecorromano pag. 90. BAC. El erudito y profesor católico romano Lorenzo Turrado concuerda: "Terminando el discurso de Santiago, la cosa pareció ya suficientemente clara: a los cristianos procedentes del paganismo no debe imponérseles la obligación de la circuncisión y demás prescripciones de la Ley mosaica". (Lorenzo Turrado. Biblia comentada. Profesores de Salamanca. Texto de Nácar Colunga VI. Hechos de los Apóstoles y Epístolas paulinas. pag. 137. BAC)

Llorca, Ga. Villoslada y Laboa en su tomo 1 de la *"Historia de la Católica"* son claros en que es Santiago quien toma la decisión. Se necesitaría ser muy subjetivo para llegar a otra conclusión ajena a lo que el texto bíblico claramente dice.

Los eruditos católicos y luteranos Raymond E. Brown, Karl P. Donfried, John Reumann en el libro ecuménico "Pedro en el Nuevo Testamento" también están de acuerdo cuando hacen estas observaciones:

> *"En Hechos 15, donde, aunque Pedro habla primero (versículos 7-11), Santiago parece tener la última palabra y llevar la batuta (12-31) ... Santiago fue el primer líder de la iglesia local de Jerusalén (por fin para los cristianos hebreos) y siguió allí después... Santiago tomó el lugar de Pedro como líder local de Jerusalén o incluso antes. Ninguno de los dos tenía un papel de líder en la iglesia universal; porque, de hecho, no había un solo líder en la iglesia universal... Se otorga un papel decisivo a Santiago, que enuncia su "juicio" (15:19-20) de que, si bien los gentiles deben ser encontrados por cuatro reglamentos. Se da un papel decisivo a los apóstoles y a los ancianos que envían la carta imponiendo el juicio de Santiago a los gentiles de Antioquía, Siria y Cilicia (15:23). Pedro proporciona el testigo decisivo; Santiago proporciona el juicio decisivo; los apóstoles y los ancianos proporcionan la sentencia de la decisión".*[169]

El galardonado erudito y profesor de historia antigua Paul L. Maier en su libro: *"In The Fullness of Time. A Historian Looks at Christmas, Easter, and The Early Church"* (En la plenitud de los tiempos. Un historiador analiza la Navidad, la Pascua y la Iglesia primitiva) nos dice sobre Hechos 15 lo siguiente: *"Santiago dio muestras de su liderazgo al llevar al consejo a tomar una decisión".*[170]

El Dr. Walter Martin hace estas observaciones sobre Santiago y la iglesia de Jerusalén:

> *"Santiago, el hermano del Señor, (Gálatas 1:19 y Gálatas 2:1, 8, 9 y 11), era su líder principal, no Pedro como la Iglesia romana quisiera establecer".*[171]

169   Raymond E. Brown – Karl P. Donfried – John Reumann. Peter in the New Testament pags. 48-50. Wipf & Stock Publishers

170   Paul L. Maier. In The Fullness of Time. A Historian Looks at Christmas, Easter, and The Early Church pag. 266. Kregel Publications

171   Walter Martin. The Roman Catholic Church in History pag. 28. Livingston, Nueva Jersey. Christian Research Institute. Inc., 1960

El Compañero de Oxford a la Biblia editado por los eruditos Bruce M. Metzger y Michael D. Coogan concuerda cuando nos dice:

> *"En Hechos 15:13 se nombra a Santiago, y no a Pedro, como el líder preeminente que resumió las deliberaciones del concilio de Jerusalén (49 o 50 EC). Así, se le considera como la persona que presidió el compromiso que permitió que los cristianos judíos y gentiles permanecieran unidos sin obligar a los gentiles a convertirse en judíos ni violar la sensibilidad cultural judía (véase también Hechos 21.18-26)".*[172]

La evidencia bíblica e histórica es clara, fue Santiago y no Pedro, no solo quien presidio el concilio, también el que tuvo la última palabra, y dio la resolución final. Los apologistas católicos romanos tienen que hacer malabares para negar lo evidente.

PEDRO NO FUE OBISPO DE ROMA DURANTE 25 AÑOS

El Catálogo Liberiano (354 d.C.) informa que Pedro fue a Roma y pasó veinticinco años en la ciudad como obispo hasta su martirio. Pero esta afirmación se contradice con los hechos de la historia. Pedro era un apóstol y los apóstoles no funcionaban como obispos sobre las iglesias locales. Ordenaban presbíteros que se convertían en supervisores, y eran estos hombres los que, a su vez, eran responsables ante los apóstoles. Hablar de que alguien fuera obispo sobre la iglesia ya en el siglo I es anacrónico, pues el episcopado fue un desarrollo posterior. Además, cuando Pablo escribió su epístola a los romanos y sus diversas epístolas desde la cárcel de Roma no se menciona en absoluto a Pedro. Pablo también escribió a los romanos expresando el deseo de acudir a ellos para impartirles algún don espiritual, a fin de que pudieran establecerse. Difícilmente lo habría hecho si Pedro estuviera ya en Roma.[173]

El gran erudito patrístico y del cristianismo primitivo, Henry Chadwick, *"Profesor Regius de Divinidad"*, teólogo, historiador, y decano en las Universidades de Oxford y Cambridge, ha sido la primera persona que a lo largo de cuatro siglos ha dirigido simultáneamente dos Colleges (uno en Oxford y otro en Cambridge), hace estas observaciones:

> *"Sin duda, la presencia de Pedro en Roma en los años sesenta debe indicar una preocupación por el cristianismo gentil, pero no tenemos ninguna información sobre su actividad o sobre la duración de su estancia*

---

172 Bruce M. Metzger - Michael D. Coogan. The Oxford Companion to the Bible pag. 339. Oxford University Press

173 William Webster. The Church of Rome at the Bar of History pag. 45. Banner of Truth

allí. Que estuvo en Roma durante veinticinco años es una leyenda del siglo III".[174]

J. N. D. Kelly en el *"Diccionario Oxford de Papas"* concuerda:

"No se sabe nada de la duración de su residencia; la historia de que duró 25 años es una leyenda del siglo III".[175]

El Diccionario Oxford de la Iglesia Cristiana también está de acuerdo cuando nos dice:

"La tradición posterior (encontrada por primera vez en San Jeróni-mo) que le atribuye un episcopado (o apostolado) en Roma de 25 años antes de su martirio está menos respaldada".[176]

EL LIBRO DE PAPAS

El Liber Pontificalis es un conjunto de biografías de los Papas, empezando por San Pedro, escritas por primera vez por miembros de la administración papal en Roma en el siglo VI. La edición definitiva del Liber Pontificalis es L. Duchesne (ed), Le Liber pontificalis: texte, introduction et commentaire, 2 vols. (París, 1886-92, repr. 1955).[177]

En dos prefacios al principio del texto, el Liber pontificalis se atribuye improbablemente al papa Dámaso (366-84), de finales del siglo IV, que escribió a instancias del patrístico Jerónimo (c. 345-420). Las cartas están presentes en los manuscritos completos más antiguos, aunque el más antiguo de ellos, actualmente en Nápoles, es sólo de finales del siglo VII. Schelstrate 1692 I, pp. 369-75 fue aparentemente el primero en refutar la validez de la conexión damasiana y jerónima.[178]

Yo me inclino a afirmar que estas cartas espurias forman parte de la composición original del siglo VI, funcionando quizá como reclamo inspirador sobre los ilustres iniciadores de un proyecto posteriormente llevado a cabo por otros. Las cartas también pueden ser la forma en que los autores señalaron el

174 Henry Chadwick. The Early Church pag. 18. Revised Edition. The Penguin History of the Church 1. Penguin Books

175 J. N. D. Kelly and Michael Walsh. Oxford Dictionary of the Popes pag. 2. Edición 2nd. Oxford University Press

176 F. L. Cross and E. A. Livingstone. The Oxford Dictionary of The Christian Church pag. 1261. Third Edition. Oxford University Press

177 Rosamond McKitterick. Rome and the Invention of the Papacy. The Liber Pontficalis pag. 1. Cambridge University Press

178 McKitterick. Ibid. 9

patrocinio papal de la empresa. La atribución del texto por parte de los editores de principios de la Edad Moderna al bibliotecario papal Anastasio del siglo IX hace tiempo que se descartó, aparte de la autoría de Anastasio de las Vidas de los papas Nicolás I y Adriano II del siglo IX.[179]

Los escribas y compiladores posteriores de los volúmenes que contienen el Liber pontificalis lo yuxtapusieron a veces al De viris illustribus, y lo hicieron aparecer como complementario del texto de Jerónimo. Los dos textos tardíos atribuidos a Dámaso y Jerónimo que prologan el Liber pontificalis pueden haber contribuido a crear esa impresión. El autor o autores del Liber pontificalis parecen haber tenido acceso, no sólo a los registros papales y a los documentos relativos a los bienes eclesiásticos del vestiarium mencionados anteriormente, sino también a una serie de listas cronográficas y narraciones históricas existentes, como la Cronografía de 354, la Crónica de Eusebio-Jerónimo, la Historia eclesiástica de Eusebio-Rufino y otros materiales relativos a obispos individuales de Roma.[180]

La primera etapa de composición de las biografías papales puede fecharse poco después de 536, y contiene las Vidas de los cincuenta y nueve papas desde Pedro hasta Agapito (535-6). El editor del texto definitivo a finales del siglo XIX, Louis Duchesne, postuló una primera edición y una edición revisada con varios años de diferencia en el siglo VI.[181]

El Liber pontificalis repite aquí más o menos textualmente la descripción de Pedro de Jerónimo De viris illustribus. El texto fue escrito hacia el 392, emulando deliberadamente a Suetonius De viris illustribus y con el objetivo de demostrar el gran número de excelentes escritores cristianos que *"fundaron, construyeron y adornaron la iglesia"*. De los 135 scriptores eclesiásticos en el texto de Jerónimo, es significativo y apropiado, en relación con la asociación que el autor del Liber pontificalis creó con Jerónimo, que San Pedro sea el primero.[182]

Jerónimo incluyó los orígenes de Pedro y que su hermano era Andres, aunque Jerónimo había agregado otros elementos que el autor del Liber pontifcalis no asumió, como la historia sobre la crucifixión de Pedro al revés. Jerónimo también amplió la carrera de Pedro para incluir su predicación a

---

179   McKitterick. Ibid. 9

180   McKitterick. Ibid. 11

181   McKitterick. Ibid. 12

182   McKitterick. Ibid. 74

judíos en Poncio, Galicia, Capadocia, Asia y Bitinia, antes de llegar a Roma en el reinado de Claudio.[183]

El Liber pontificalis, sin embargo, continúa con la información de que Pedro primero ocupó la cátedra episcopal en Antioquía durante siete años antes de llegar a Roma. Aunque el Liber pontificalis afirma que Pedro fue a Roma cuando Nerón era César, inmediatamente se contradice cuando afirma que ocupó la cátedra episcopal durante veinticinco años, dos meses y tres días, y que fue obispo en tiempos de Tiberio, Gayo, (Calígula), Claudio y Nerón. A este respecto, el Liber pontificalis completa el tiempo transcurrido entre la fuga de Pedro de la prisión registrada en los Hechos de los Apóstoles y su muerte.[184]

El Liber pontificalis no sólo construyó la identidad histórica del Papa como obispo de Roma y cabeza de la iglesia universal, y así inventó el papado, sino que continuó la historia de Roma misma de una manera que aumentó y enriqueció definitiva y duraderamente la identidad de la ciudad.[185]

LAS PALABRAS DEL LEGADO PAPAL, FELIPE, EN EL III CONCILIO DE ÉFESO, ¿PRUEBAN EL PRIMADO DE ROMA JURISDICCIONAL UNIVERSAL?

El apologista católico romano José Miguel Arráiz cita el III concilio de Éfeso que dice:

> "A nadie es dudoso, antes bien, por todos los siglos fue conocido que el santo y muy bienaventurado Pedro, príncipe y cabeza de los Apóstoles, columna de la fe y fundamento de la Iglesia Católica, recibió las llaves del reino de manos de nuestro Señor Jesucristo, salvador y redentor de género humano, y a él le ha sido dada potestad de atar y desatar los pecados; y él, en sus sucesores, vive y juzga hasta el presente y siempre".[186]

---

183 McKitterick. Ibid. 74

184 McKitterick. Ibid. 74

185 McKitterick. Ibid. 228

186 Arráiz. Compendio. Ibid. 91. La autoridad católica romana de los concilios Norman P. Tanner hace estas observaciones: "En Éfeso los participantes procedían casi exclusivamente de las iglesias orientales y africanas; la occidental sólo estuvo representada por dos legados papales... La preponderancia de los participantes orientales en los siete primeros concilios no es sorprendente, ya que todos se celebraron en Constantinopla o cerca de ella, la capital oriental del imperio... La siguiente contribución más importante fue la de la Iglesia africana, centrada en la sede de Alejandría, tanto por el número de participantes como por la importancia de los debates. Su papel fue decisivo tanto en Nicea I como en Éfeso... Según el derecho canónico católico romano actual, sólo el Papa (el obispo de Roma) tiene derecho a convocar, presidir (en

Respuesta:

Los concilios consideraban a los papas como sujetos a la autoridad del propio Concilio, a menudo negándose a someterse a él. En los cánones aprobados por estos concilios, encontramos que veían a los obispos de Roma como poseedores de una primacía de honor dentro de la iglesia, pero en igualdad de condiciones con las otras grandes sedes en autoridad, ejerciendo su autoridad de jurisdicción dentro de los límites geográficos bien definidos.[187]

El emperador justifica la convocatoria del concilio por la necesidad de que los obispos den su parecer. Ordena que no se dé ningún paso más hasta que no se reúna el concilio. El juicio último será el que resulte de *"la sentencia común que será dada por todos"*.[188]

Celestino entrego una carta a sus legados. En la misma declara que la comisión de enseñar a todo el mundo fue dada por Cristo a todos los apóstoles y que ahora de estos pasa a los obispos.[189]

> *"Deberíais observar hermanos que hemos recibido una comisión general. El que dio el deber común a todos ellos quiere que todos lo lleven a cabo…Debemos tomar sobre nosotros los trabajos de aquellos a quienes sucedemos en el oficio" (Mansi. IV, 1284 y ss). Fleury, historiador católico romano, observa: "en este documento Celestino se coloca a si mismo al nivel de los demás obispos". (Fleury. Ecl. Hist., vol. XXV, e. 47)".*[190]

El sacerdote Felipe se cita como si fuera una decisión oficial en aquel concilio. Es como si apeláramos a las palabras de un testigo para hacer creer que

persona o mediante diputados) y aprobar los decretos de un concilio ecuménico (Codex Iuris Canonici, 1983, cánones 337-41 y 749). Pero esto debe considerarse como una norma que podría cambiarse o modificarse, ya que no se observó durante la primera mitad de la historia de la Iglesia". (Norman P. Tanner. The Councils of the Church. A Short History pags. 16, 19, 20. The Crossroad Publishing). Sobre el Concilio de Éfeso, New Advent nos dice: "El Papa se alegró de que todo Oriente se uniera para condenar la nueva herejía. Envió a dos obispos, Arcadio y Proyecto, para que lo representaran a él y a su concilio romano, y al sacerdote romano Felipe, como su representante personal. Felipe, por tanto, ocupa el primer lugar, aunque, al no ser obispo, no podía presidir. Probablemente era una cuestión de rutina que el patriarca de Alejandría fuera presidente". (New Advent. Council of Ephesus https://www.newadvent.org/cathen/05491a.htm)

187 William Webster. Hechos de la historia que refutan y contradicen las afirmaciones católicas romanas para el papado véase aquí: https://christiantruth.com/articles/articles-roman-catholicism/papacy-and-the-facts-of-history/

188 José Grau. Catolicismo romano. Orígenes y desarrollo. Tomo 1 pag. 163. Ediciones Evangélicas Europeas.

189 Grau. Ibid. 163

190 Grau. Ibid. 163

citamos la decisión de un juez. Las iglesias de Oriente siempre han reconocido el primado de Pedro, pero como el de un primero entre iguales. Además, la potestad de atar y desatar no se la discutía nadie a Roma, porque también ellos, los patriarcas, se la arrogaban. Y lo que no hubieran consentido se les arrebatara a ellos, tampoco lo iban a negar al patriarca de Occidente, como ellos llamaban al papa de Roma.[191]

Sobre la autoridad de los patriarcas orientales, el erudito ortodoxo John Meyendorff confirma lo siguiente:

> *"En el caso de Roma, sólo había costumbre y cierto prestigio moral, pero no definiciones conciliares sobre derechos, territorio o juridicidad. Roma misma nunca ejerció ni pretendió ejercer derechos "patriarcales" sobre todo Occidente. Dicha jurisdicción "patriarcal" de Roma existía de facto sobre las llamadas diócesis suburbicarias, que abarcaban un territorio relativamente amplio -diez provincias- que estaban dentro de la jurisdicción civil del prefecto de Roma. El poder del Papa sobre este territorio era, en todos los sentidos, comparable a la jurisdicción de los patriarcas orientales".[192]*

Las palabras de Felipe fueron dichas como un legado del obispo de Roma en el concilio, estas no son las palabras generales de todos los obispos reunidos en el III Concilio de Éfeso hacia Roma, sino individualmente de Felipe.

No hay nada en el texto del discurso de Felipe que tenga la más mínima relación con las nuevas doctrinas vaticanas, las cuales de hallarse en sus palabras no hubiesen sido toleradas por los prelados de Éfeso.[193]

Cesar Vidal hace estas observaciones:

> *"Pese a que las actas del concilio no fueron sometidas a Celestino, una muestra de la autonomía episcopal frente a Roma, el papa manifestó su satisfacción por el resultado final".[194]*

J. N. D. Kelly en el "Diccionario Oxford de Papas" está de acuerdo y hace estas observaciones sobre Celestino:

---

191   José Grau. Catolicismo romano. Orígenes y desarrollo. Tomo II pag. 790. Ediciones Evangélicas Europeas

192   Meyendorff. Imperial Unity. Ibid. 328

193   Grau, tomo 2. Ibid. 790

194   Cesar Vidal. Pontífices. De las persecuciones a Benedicto XVI pag. 53. Ediciones Península.

"Su convicción de que Roma podía recibir apelaciones de cualquier provincia le hizo chocar con la iglesia norteafricana".[195]

En cuanto a la presidencia, ningún papa ocupo la de los siete primeros concilios generales, los más ampliamente ecuménicos, por su posterior aceptación. Fueron otros obispos los que presidieron las importantes sesiones del concilio de Nicea del año 325, las del concilio de Éfeso del 431 y las del V ecuménico del 553. Los delegados del obispo de Roma presidieron solamente en el concilio de Calcedonia de 451 y en el Constantinopla del 680.[196]

Y, con todo, hay que aclarar que los delegados romanos acudieron a estos dos concilios más como representantes de la Cristiandad occidental (que incluía la sede romana) que como meros legados papales al uso moderno. Por su parte, los obispos romanos no pretendían tampoco en aquel entonces que la presidencia, ni la convocatoria, fuesen sus derechos exclusivos.[197]

El Manual de Eclesiología de Oxford también está de acuerdo cuando nos muestra lo siguiente:

> *"Los cinco patriarcados de Roma, Constantinopla, Alejandría, Antioquía y Jerusalén - pasaron a ser conocidos como la "Pentarquía". A Roma se le concedió una primacía de honor, que Constantinopla, como Nueva Roma, compartió, aunque, en segundo lugar... La palabra "primacía" apareció por primera vez en plural, atribuida a las "iglesias principales" de Roma, Antioquía y Alejandría...La reivindicación de Roma de la primacía de los primados se fundaba en la convicción de que Roma había permanecido libre de herejías, que Roma había sucedido a Jerusalén, y principalmente porque Roma era la sede de Pedro y Pablo y el lugar de su martirio. Con el paso del tiempo, el argumento de la sucesión de Pedro se hizo más importante. El obispo de Roma adquirió una responsabilidad universal, aunque ésta no incluía una responsabilidad administrativa universal. Ratzinger subraya que esta responsabilidad estaba ligada a los patriarcas, pero con respecto a esto las tres sedes eran iguales. En su opinión, fue un error que Roma mezclara la presidencia apostólica con la primacía del derecho eclesiástico. Para Oriente, el derecho eclesial podía ser derecho conciliar (es decir, promulgado por los concilios),*

---

195   Kelly and Walsh. Ibid. 38

196   Grau. Tomo 1. Ibid. 113.

197   Grau. Tomo 1. Ibid. 113.

mientras que para Occidente el derecho eclesial podía ser derecho conciliar o derecho papal.[198]

Así pues, la declaración la hizo un legado papal solitario, no el propio concilio. Ninguno de los siete concilios ecuménicos emitió jamás una declaración semejante. En Lux Veritatis, Pío XI, aunque admite que la declaración pertenece al legado Felipe, intenta sacar algún beneficio de que no se plantearan objeciones.[199]

La patrología tomo III de Johannes Quasten nos dice:

"Los orientales, a lo más, aceptaron solo tácitamente esta afirmación del primado romano; Cirilo, en particular, se preocupaba poco de la forma jurídica con que la iglesia romana perseguía sus intereses; por otra parte, no se debe olvidar que Celestino, al sostener la función peculiar de Roma, insistía, asimismo, en la colegialidad de todos los obispos".[200]

Aclaración: Fue *"tácitamente"* la aceptación del *"primado romano"* porque reconocían el *"primado de honor"* del obispo de Roma, y no el *"primado de jurisdicción universal"*.

El erudito ortodoxo Laurent A. Cleenewerck concuerda:

"Si entendemos la eclesiología oriental, no hay nada realmente objetable en las afirmaciones de Felipe: todo obispo es legítimamente "sucesor de Pedro y ocupa su lugar". Al mismo tiempo, el discurso de Felipe se acerca a decir que el obispo de Roma es de hecho el único que es "su sucesor y ocupa su lugar". Sabemos que esto es efectivamente lo que Roma tenía en mente: que la Iglesia católica es un cuerpo universal, y que San Pedro sólo tiene un sucesor: el obispo de Roma".[201]

Pero solo fue una ilusión, pues, incluso para la asamblea mayoritaria, una afirmación como esa no significó en absoluto adhesión al modelo papal.[202]

---

198   Paul Avis. The Oxford Handbook of Ecclesiology pags. 195, 455. Oxford University Press

199   Michael Whelton. Two Paths. Orthodoxy & Catholicism. Roman Catholic Claims of Papal Supremacy in the Light of Orthodox Christian Teaching pag. 45. Protecting Veil

200   Johannes Quasten. Patrología III. Obra dirigida por Angelo Di Berardino pag. 717. BAC

201   Laurent A. Cleenewerck. His Broken Body. Understanding and Healing the Schism between the Roman Catholic and Eastern Orthodox Churches. An Orthodox Perspective pag. 184. Euclid University Press

202   Silvia Acerbi y Ramon Teja. El Primado del Obispo de Roma. Orígenes Históricos y Consolidación. Siglos IV-VI pags. 44-45. Editorial Trotta

Los Padres del Concilio de Éfeso reconocen que el Papa Celestino ya había *"emitido juicio sobre la presente causa y asunto"*, pero eso no les impidió examinar en sí mismos. Si se hubiera entendido que, *"Las definiciones del Romano Pontífice son irreformables por sí mismas, y no por el consentimiento de la Iglesia"* como dice el Vaticano I, ¿por qué se molestaron siquiera? Pero lo hicieron, y encontrando que el juicio de Celestino coincidía con el suyo, los obispos reunidos exclamaron, Este es un juicio justo. ¡Por Celestino, el moderno Pablo! ¡A Celestino, el guardián de la fe! A Celestino, ¡unánime con el Sínodo! A Celestino, todo el Sínodo le da las gracias. ¡Un solo Celestino! ¡Un solo Cirilo! Una sola fe del Sínodo. Una sola fe del mundo…Obsérvese también que los Padres conciliares de Éfeso se alegran de que Celestino sea *"unánime con el Sínodo"*. ¿No deberían haberse alegrado más bien de que el Sínodo estuviera de acuerdo con Celestino? Deberían haberse alegrado de que estuvieran de acuerdo con el Papa si los concilios ecuménicos existieran para ratificar las decisiones del Romano Pontífice y no pudieran emitir ninguna declaración que no haya sido aprobada por él, que es cómo funcionan los concilios católicos romanos. Pero en la Iglesia anterior al Gran Cisma, nadie entendía que esa era la forma en que funcionaban los concilios ecuménicos. (Concilio de Éfeso, Segunda Sesión, 10 de julio de 431).[203]

La realidad histórica prueba que las disposiciones del Derecho Canónico romano están inspiradas en principios muy posteriores a los que prevalecían en los tiempos de los siete primeros concilios ecuménicos. Tanto la cristiandad oriental (la ortodoxa griega, como se denomina así misma), como la protestante, poseen no solo razones bíblicas para oponerse a los requisitos conciliares romanos, sino que además tienen a su favor el testimonio de la historia eclesiástica de los ocho primeros siglos de la vida del cristianismo.[204]

Philip Schaff también está de acuerdo en que Roma tenía una primacía de honor y no de jurisdicción universal:

> *"Finalmente, en cuanto a los cuatro grandes concilios ecuménicos, el primero de Nicea, el primero de Constantinopla, el de Éfeso y el de Calcedonia: ya hemos presentado su posición sobre esta cuestión en relación con su legislación sobre el sistema patriarcal. Hemos visto que conceden al obispo de Roma una precedencia de honor entre los cinco patriarcas oficialmente co-iguales, y por lo tanto le reconocen primus inter pares, pero,*

---

203   Robert Spencer. The Church & The Pope. The Case for Orthodoxy pags. 57-58. Uncut Mountain Press

204   Grau. Tomo 2. Ibid. 114.

por esa misma concesión, rechazan sus pretensiones de supremacía de juris-
dicción, y de autoridad monárquica sobre toda la iglesia. Todo el sistema
patriarcal, de hecho, no era monarquía, sino oligarquía. De ahí la protesta
de los delegados romanos y del papa León contra los decretos del concilio de
Calcedonia en el 451, que coincidió con el de Constantinopla en el 381.
Esta protesta fue insuficiente para anular el decreto, y en Oriente no causó
ninguna impresión duradera; pues las posteriores concesiones incidentales
de los patriarcas y emperadores griegos, como la del usurpador Focas en el
606, e incluso la del sexto concilio ecuménico de Constantinopla en el 680,
a la sede de Roma, no tienen un significado general, sino que son claramen-
te atribuibles a circunstancias y prejuicios especiales".205

¿EL ERUDITO PROTESTANTE, J. B. LIGHTFOOT DIJO QUE PEDRO FUE EL PRIMER OBISPO DE ROMA?

El apologista católico romano Stephen K. Ray para probar que Pedro fue obispo de Roma, cita el comentario del erudito anglicano J. B. Lightfoot sobre Pablo y la epístola de Filipenses:

> *"J. B. Lightfoot añade más apoyo: San Pedro, dando instrucciones a los ancianos, reclama un lugar entre ellos. El título de 'co-presbítero', que se aplica a sí mismo, recordaría sin duda a la memoria de sus lectores las ocasiones en que él mismo había presidido con los ancianos y guiado sus deliberaciones".206*

Lightfoot en la cita que muestra Ray, no está diciendo que Pedro fue obispo de Roma, reclamar por parte de Pedro *"un lugar entre ellos"*, como escribió Lightfoot, es distinto a que él creyera que Pedro fuera el primer obispo de Roma en un sentido posterior católico romano. El que Pedro presidiera con los ancianos, y guiara sus deliberaciones, tampoco lo hacía el *"primer obispo de Roma"* para la perspectiva sobre Pedro de Lightfoot, de hecho, la realidad es que Lightfoot no creía que Pedro fue *"obispo de Roma"*, y esto es lo que Ray no dice a sus lectores, no sé si sea intencional por parte de Ray, o por desconocimiento del pensamiento general de Lightfoot sobre este punto. El caso es que Ray, supone que Lightfoot cree que Pedro fue obispo de Roma por estas palabras, algo ajeno a la perspectiva de Lightfoot, y esta parte que voy a mostrar es

205   Philip Schaff. History of the Christian Church. Volume III. Nicene and Post-Nicene Christianity. A.D. 311-600 pag. 313. Grand Rapids, MI. Christian Classics Ethereal Library

206   J. B. Lightfoot, St. Paul Epistle to the Philipians (Lynn, Mass: Hendricksen Pub., 1982), 198 citado por Ray. Ibid. 59

muy importante, porque forma parte de la perspectiva de Lightfoot sobre el ministerio apostólico de Pedro, ¡oh sorpresa! J. B. Lightfoot también escribió:

> *"No encuentro que ningún escritor de los dos primeros siglos y más, hablen de S. Pedro como obispo de Roma. De hecho, su lenguaje es inconsistente con la asignación de esta posición a él".*[207]

Esta cita anterior que mostré de J. B. Lightfoot, nos aclara mucho de lo que quiso decir en la cita del libro de su comentario de Pablo y la epístola de Filipenses que cita Ray, y que se refiere a que Lightfoot escribió que Pedro presidio y guio a los ancianos, ocupando al mismo tiempo un lugar entre ellos, pero *"no sobre ellos"*, lo que hubiera significado que Pedro fuera su primer obispo. El punto que quiere probar Ray, no es consistente cuando se sabe en el contexto general, que Lightfoot no creía que Pedro fue *"obispo de Roma"*, pero, Ray muestra una cita de un comentario de Lightfoot sobre Pablo y la epístola de Filipenses, e infiere erróneamente que Lightfoot cree que por lo que escribió, para el Pedro fue obispo de Roma, cuando no es el sentido que Lightfoot le da, la cita que expuse anteriormente de Lightfoot nos muestra lo contrario a lo que supone equivocadamente Ray de la perspectiva de Lightfoot sobre Pedro.

Una y otra vez, la metodología en mostrar *"textos de prueba"* de eruditos protestantes, por parte de los apologistas católicos romanos, cuando las vemos en contexto, y las comparamos con el pensamiento general de determinado erudito protestante citado por ellos, las encontramos muy defectuosas a la hora del punto a probar. Si Ray quiere presentar un caso fuerte, necesita conocer a fondo la perspectiva de los eruditos protestantes sobre tal o cual punto, porque para el que conoce a estos eruditos, será muy fácil *"voltearle la tortilla"* a Ray.

Pero, vayamos al comentario de Lightfoot sobre Pablo y la epístola de los Filipenses, para que el lector vea como Ray omite información del contexto muy importante de ese comentario cuando cito la parte sobre Pedro:

J. B. Lightfoot:

> *"Pero, de hecho, las funciones del Apóstol y del obispo diferían ampliamente. El apóstol, como el profeta o el evangelista, no ocupaba ningún cargo local. Era esencialmente, como su nombre indica, un misionero, que iba de un lugar a otro, fundando y confirmando nuevas hermandades... No es, pues, en el apóstol donde debemos buscar el prototipo*

---

207 Clement, vol. ii, p. 501 citado en William Shaw Kerr. A Handbook on The Papacy pag. 74. Marshall, Morgan & Scott

del obispo. Hasta qué punto y en qué sentido el obispo puede ser llamado sucesor de los Apóstoles, será un tema apropiado para consideración; pero la sucesión al menos no consiste en una identidad de oficio".[208]

Lightfoot no consideraba a los apóstoles estrictamente "obispos" que ocuparan un cargo local permanente. Veamos algunas de sus declaraciones:

"Si al principio obispo se utilizaba como sinónimo de presbítero, más tarde pasó a designar al funcionario de mayor rango bajo el episcopado. "En otras palabras, el episcopado no se formó a partir del orden apostólico por localización, sino a partir del presbiteral por elevación: y el título, que originalmente era común a todos, acabó por ser apropiado al principal de ellos".[209]

"Sólo Santiago, el hermano del Señor, dentro del período abarcado por los escritos apostólicos, puede pretender ser considerado como obispo en el sentido posterior y más especial del término. En el lenguaje de San Pablo, tiene precedencia incluso sobre los primeros y más grandes predicadores del Evangelio, San Pedro y San Juan, en lo que concierne especialmente a los seguidores de la Iglesia judía. En la narración de San Lucas aparece como representante local de la hermandad en Jerusalén, presidiendo el congreso, cuya decisión propone y cuyo decreto decreta, recibiendo a los predicadores misioneros cuando vuelven a visitar la Iglesia madre, actuando generalmente como árbitro en las comunicaciones con las hermandades extranjeras. El lugar que se le asigna en las Clementinas espurias, donde se le representa como árbitro supremo sobre la Iglesia universal en materia de doctrina, debe considerarse una exageración. Esta clase de autoridad no se le confiere en ninguna parte de los escritos apostólicos: pero su posición social y eclesiástica, tal como aparece en San Lucas y San Pablo, explica cómo fue posible la exageración. Y esta posición es tanto más notable si, como parece haber sido el caso, no era uno de los Doce. Por otra parte, aunque especialmente prominente, aparece en los Hechos sino como miembro de un cuerpo. Cuando San Pedro, después de escapar de la prisión, está a punto de abandonar Jerusalén, desea que su liberación sea comunicada a "Santiago a los hermanos". Cuando de nuevo San Pablo en su última visita a la Ciudad Santa va a ver a Santiago, se nos dice que todos los presbíteros estaban presentes'. Si en algunos pasajes se nombra a Santiago por sí mismo, en otros se le omite y se

208   J. B. Lightfoot. Saint Paul's. Epistle to the Philippians. A revised text with introductions, notes, and dissertations. Fourt Edition pag. 196. London: Macmillan and Co. 1878

209   Lightfoot. Philippians. Ibid. 196

menciona sólo a los presbíteros". De ello se deduce que, aunque ocupaba una posición superior a los demás, Santiago seguía siendo considerado como miembro del presbiterio; que, de hecho, era la cabeza o presidencia del colegio. "Qué poder le confería esta presidencia, hasta qué punto se reconocía como un cargo oficial independiente y en qué medida se debía al ascendiente de sus dotes personales, son cuestiones que, a falta de información directa, sólo pueden responderse mediante conjeturas. Pero su estrecha relación con el Señor, su rara energía de carácter y su rígida santidad de vida, que le granjeó el respeto incluso de los judíos inconversos, influyeron en su cargo y tal vez lo elevaron a un nivel que no estaba definitivamente previsto en su origen...".[210]

El contexto de la cita de Lightfoot que presento Ray:

"Supervisión ocasional por los propios apóstoles. En primer lugar, tenemos a los propios apóstoles ejerciendo la superintendencia de las iglesias bajo su cuidado, a veces en persona y en el lugar, a veces a distancia por carta o por mensaje. El cuadro imaginario dibujado por San Pablo, cuando dirige el castigo del infractor de Corintios, representa vívidamente su posición a este respecto. Los miembros de la iglesia están reunidos, los ancianos, podemos suponer, sentados aparte en un estrado o tribuna, él mismo, como presidente, dirige sus deliberaciones, recoge sus votos, pronuncia sentencia sobre el hombre culpable. No sabemos cómo se suplió la ausencia del presidente apostólico en este caso. Pero se celebró un concilio, él dirigió el veredicto "en espíritu", aunque no en persona, y la mayoría condenó al delincuente. Del mismo modo, San Pedro, dando instrucciones a los ancianos, reclama un lugar entre ellos. El título de "co-presbítero", que se aplica a sí mismo, sin duda recordará a sus lectores las ocasiones en que él mismo presidió con los ancianos y guió sus deliberaciones".[211]

Lightfoot dice que los apóstoles supervisan ocasionalmente, en persona o por carta, y ocupan una posición de presidente en esas ocasiones, pero en el contexto de sus palabras ha dejado claro que no considera obispos a los apóstoles, y en la cita anterior que mostré de su libro sobre Clemente de Roma, al negar que Pedro fue obispo de Roma añade que es *"inconsistente con la asignación de esta posición a él".*

---

210   Lightfoot. Philippians. Ibid. 197-198

211   Lightfoot. Ibid. 198

En los nuevos comentarios recientemente descubiertos de J. B. Lightfoot, se reafirma que él no creía que Pedro fue obispo de Roma, en su comentario a 1 Pedro, Lightfoot hace estos comentarios:

> *"La forma más antigua de la tradición en Ireneo iii. 3-3 dice: "Los benditos apóstoles entonces habiendo fundado y edificado la iglesia, encomendaron el ministerio del episcopado a Lino" … Nótese que dice, "los Apóstoles" no San Pedro especialmente. La posterior atribución a San Pedro concuerda con la tendencia general de las leyendas posteriores a acumular (y centrar) todo en San Pedro, como "el príncipe de los Apóstoles"".[212]*

Ray ha dado una presentación a medias de lo que dice Lightfoot, para dar la impresión de que Lightfoot estaba de acuerdo en que Pedro fue obispo de Roma, al contrario, en el pensamiento de Lightfoot, Pedro no fue obispo de Roma, y si a esto añadimos los nuevos comentarios descubiertos de Lightfoot, esto se reafirma más.

¿QUIÉN FUNDO LA IGLESIA DE ROMA?

F. F. Bruce hace estas observaciones:

> *"La tradición de la Iglesia de Roma reivindica a los apóstoles Pedro y Pablo como sus fundadores (Véase Ireneo, Adversus Hareses iii. 3.1; Gayo de Roma citado por Eusebio, Hist. Eccl. Ii. 25, 7: Dionisio de Corinto citado por Eusebio, Hist. Eccl. Ii. 25, 8), pero la escasa evidencia que tenemos confirma el testimonio de Ambrosiaster en el sentido de que el cristianismo llego a Roma antes de que lo hiciera ninguno de los apóstoles".[213]*

El Dr. Craig S. Keener escribe:

> *"Muchos de los fundadores de la Iglesia en Roma fueron cristianos judíos (Hch. 2:10)".[214]*

---

212   J. B. Lightfoot. The Epistles of 2 Corinthians and 1 Peter. Newly Discovered Commentaries pags. 92, 93. The Lightfoot Legacy Set. Volume 3. Edited by Ben Witherington III and Todd D. Still. Assisted by Jeannete M. Hagen. IVP Academic

213   Bruce. Pablo. Ibid. 443 citado en ESRYFE pag. 532

214   Craig S. Keener. Comentario del Contexto Cultural de la Biblia. Nuevo Testamento pag. 411. Casa Bautista de Publicaciones citado en ESRYFE. Ibid. 532

¿LOS ERUDITOS PROTESTANTES APOYAN EL PAPADO EN MATEO 16:18?

El apologista católico romano Dave Armstrong escribió:

> *"Muchos destacados eruditos y exégetas protestantes han coincidido en que Pedro es la "roca" en Mateo 16:18; entre ellos se encuentran Alford, Broadus, Keil, Kittel, Cullmann, Albright, Robert McAfee, Brown y, más recientemente, los respetados comentaristas evangélicos R. T. France y D. A. Carson".[215]*

¿Y de qué le sirve a Armstrong que estos eruditos protestantes interpreten a Pedro con la *"roca"* de Mateo 16:18? De nada le sirve, porque ellos no creen el papado, de hecho, dicen que, aunque Pedro fuera la *"roca"* en Mateo 16:18, eso no es fundamento para el papado. Armstrong no está probando el papado en Mateo 16:18 por citar a eruditos protestantes. Al contrario, Dave Armstrong también comete el mismo error de otros apologistas católicos, al citar a eruditos protestantes a medias que dicen que en Mateo 16:18 Pedro es la *"roca"*. Armstrong no cita las conclusiones de los eruditos protestantes que cita, y que son muy importantes, porque sus conclusiones contradicen lo que Armstrong cree sobre Mateo 16:18 y el papado, y de la interpretación de que Pedro sea la *"roca"* según lo que dicen esos eruditos protestantes sobre Mateo 16:18. Esos eruditos protestantes no conectan Mateo 16:18 con la creencia del papado (Armstrong sí). Así que, lo que pretende probar Armstrong con eruditos protestantes, termina en el mismo lugar, esos eruditos protestantes no enseñan el papado, por más que interpreten a Pedro con la *"roca"* de Mateo 16:18. Es como querer avanzar 100 kilómetros con auto que trae poca gasolina, y solo podrá avanzar 50 kilómetros. Armstrong incurre en la *"falacia non sequitur"*, la conclusión no se deduce de la premisa.

Para ver como Kittel (quien dice que estrictamente que Cristo es la roca), Carson (no ve un apoyo papal en Mateo 16:18), Cullmann, Blomberg y otros en sus conclusiones no apoyan lo que dice Dave Armstrong, véase ESRYFE. Ibid. 448, 513, 514, 515, 516, 524, 525.

Cuando los apologistas católicos romanos citan listas de eruditos protestantes que dicen que Pedro es la "roca" eso no prueba su punto, porque esos eruditos protestantes no creen en la interpretación católica romana, el dar la apariencia de que estos protestantes apoyan la interpretación católica romana,

---

[215] Dave Armstrong. A Biblical Defense of Catholicism pag. 219. Sophia Institute Press

es, o no saber leer las citas, u omitir intencionalmente las citas completas de estos eruditos protestantes y su interpretación de Mateo 16:18.

Los eruditos protestantes Kenneth J. Collins y Jerry L. Walls hacen estas observaciones sobre Mateo 16:18:

> *"La sustancia de Mateo 16:18 ("Tú eres Pedro, y sobre esta piedra edificaré mi iglesia") nunca fue interpretada por la iglesia del primer siglo en términos de pretensiones de preeminencia por parte de un obispo monárquico inexistente de Roma".[216]*

Los historiadores Silvia Acerbi y Ramon Teja nos dicen lo siguiente:

> *"El fundamento escriturístico basado en el Tu eres Petrus de Mateo 16, aducido por los teólogos católicos, fue interpretado por los obispos romanos como dirigido solo a Pedro y por lo tanto a sus supuestos sucesores, cada uno de los cuales guardaría las llaves y sería el fundamento de la Iglesia universal. Por el contrario, los teólogos del Oriente cristiano defendieron siempre la autonomía de cada obispo, pues en la expresión de Jesús, Tu eres Petrus, estarían representados todos los obispos".[217]*

El apologista católico romano James Likoudis, el ex ortodoxo más activo durante décadas en cuanto a defender el papado, y hacer labor con sus libros para que los ortodoxos acepten el primado de jurisdicción universal del papado, y otras doctrinas de Roma, hace estos comentarios:

> *"... las llaves, que indican la autoridad suprema en el reino divino que fue confiada a un solo apóstol (Mt 16:19) ... Cierto, los otros apóstoles compartieron colectivamente el poder de 'atar y desatar' (ver Mt 18:15-18), pero como una participación en el poder de las llaves dadas individualmente a Pedro".[218]*

Aquí el texto bíblico no dice que las llaves sean una *"autoridad suprema confiadas solo para el apóstol Pedro"*, Jesús dijo: *"y te daré las llaves"*, no dijo: *"te daré autoridad suprema sobre los otros apóstoles"*, Likoudis reconoce que en Mateo 18:15-18 los otros apóstoles comparten *"colectivamente"* el poder de atar y desatar, posteriormente, Likoudis es contradictorio cuando dice que, aunque los apóstoles comparten colectivamente el poder de atar y desatar, es una

---

216 Collins y Walls. Ibid. 210

217 Acerbi y Teja. Ibid. 15

218 James Likoudis. The Divine Primacy of the Bishop of Rome & Modern Eastern Orthodoxy pag. 20. Emmaus Road Publishing

participación en el poder de las llaves dadas individualmente a Pedro, pero, si las llaves hubieran sido dadas solo a Pedro individualmente (como Likoudis dice en el contexto), los apóstoles no podrían compartirlas con él, porque fueron dadas *"solo a Pedro individualmente"*, es una contradicción en el juego de palabras que dice Likoudis aquí. Los apóstoles tienen las llaves no porque Pedro se las compartiera a ellos, sino porque Jesús también se las dio a ellos (Mateo 18:18). Las palabras de compartir las llaves (Mateo 18:18), también son de Jesús hacia el resto de los apóstoles, no de Pedro al resto de los apóstoles. Si los apóstoles solo comparten colectivamente las llaves que fueron dadas individualmente *"solo a Pedro"*, el ofrecimiento de las llaves debió de haber sido de Pedro a los apóstoles, que él las comparte con los demás, no de Jesús a los apóstoles, las llaves que Jesús dio a Pedro, también las dio a los otros apóstoles, por lo tanto, la falacia de petición de principio que enseña Likoudis aquí, no está de acuerdo con la cronología de quien dio las llaves y a quienes se las dio.

Agustín no está de acuerdo con Likoudis cuando escribió:

> *"¿Acaso recibió Pedro estas llaves y no las recibió Pablo? ¿Las recibió Pedro y no las recibió ni Juan, ni Santiago, ni los restantes apóstoles? ¿O no son estas las llaves presentes en la Iglesia en la que se perdonan a diario los pecados? Pero, dado que Pedro representaba a la Iglesia, lo que se le concedió a él solamente, se le concedió a la Iglesia. Por tanto, Pedro significaba a la Iglesia, Iglesia que es el Cuerpo de Cristo".[219]*

> *"En consecuencia, cuando escuchas al Señor que dice: Pedro, ¿me amas?, piensa en él como en un espejo y mírate. ¿Qué era Pedro sino una figura de la Iglesia? Así, pues, cuando el Señor interrogaba a Pedro, nos interrogaba a nosotros, interrogaba a la Iglesia. Para que advirtáis que Pedro era figura de la Iglesia, recordad el pasaje del evangelio: Tú eres Pedro, y sobre esta piedra edificaré mi Iglesia, y las puertas del infierno no la vencerán; te daré las llaves del reino de los cielos. Es un hombre solo quien las recibe. Qué son las llaves del reino de los cielos, lo indicó él mismo: Lo que atéis en la tierra quedará atado en el cielo también, y lo que desatéis en la tierra quedará desatado también en el cielo. Si esto se dijo a un único Pedro, sólo Pedro lo realizó; una vez muerto o ausentado él, ¿quién ata, quién desata? Me atrevo a decir que estas llaves las tenemos también nosotros. ¿Qué estoy diciendo? ¿Que también nosotros atamos y desatamos? También vosotros atáis y desatáis, pues quien es atado es separado de vuestra compañía, y cuando es separado de vuestra compañía,*

---

219 San Agustín Sermón 149:7, https://www.augustinus.it/spagnolo/discorsi/discorso_193_testo.htm

es atado por vosotros. Del mismo modo, cuando se reconcilia, es desatado por vosotros, puesto que también vosotros rogáis por él a Dios".[220]

"Pues, no sin causa, Pedro hace las veces de esta Iglesia católica entre todos los apóstoles. A esta Iglesia se le dieron las llaves del reino de los cielos cuando se las dieron a Pedro. Y cuando a él se le dijo, a todos se les dijo: ¿Me amas? Apacienta mis ovejas".[221]

"Efectivamente, si en Pedro no estuviera el sacramento de la Iglesia, no le diría el Señor: Te daré las llaves del reino de los cielos; cualquier cosa que desatares en la tierra, quedará desatada también en el cielo, y cualquier cosa que atares en la tierra, quedará atada también en el cielo. Si esto está dicho sólo a Pedro, la Iglesia no hace esto. Si, en cambio, también en la Iglesia sucede que lo que se ata en la tierra se ate en el cielo, y que lo que se desata en la tierra se desate en el cielo porque, cuando la Iglesia excomulga, el excomulgado es atado en el cielo y, cuando es reconciliado por la Iglesia, en el cielo es soltado el reconciliado; si, pues, esto sucede en la Iglesia, cuando Pedro recibió las llaves significó a la Iglesia. Si en la persona de Pedro están significados los buenos que hay en la Iglesia, en la persona de Judas están significados los malos que hay la Iglesia. A esos mismos está dicho: A mí, en cambio, no me tendréis siempre. En efecto, ¿qué quiere decir no siempre? Y ¿qué quiere decir siempre? Si eres bueno, si perteneces al cuerpo que Pedro significa, tienes a Cristo en el presente y en el futuro: en el presente, mediante la fe; en el presente, mediante la señal; en el presente, mediante el sacramento del bautismo; en el presente, mediante la comida y la bebida del altar. Tienes a Cristo en el presente; pero lo tendrás siempre porque, cuando de aquí salieres, llegarás al que dijo al bandido: Hoy estarás conmigo en el paraíso. Si, en cambio, te comportas mal, parecerá que tienes en el presente a Cristo porque entras en la iglesia, te signas con la señal de Cristo, estás bautizado con el bautismo de Cristo, te mezclas con los miembros de Cristo y te acercas al altar de Cristo; en el presente tienes a Cristo, pero, viviendo mal, no lo tendrás siempre".[222]

Agustín también está de acuerdo en que no solo Jesús dio las llaves a Pedro.

---

220 San Agustín. Sermón 229 N (= Guelf. 16) Traductor: Pío de Luis, OSA «Simón, ¿me amas? https://www.augustinus.it/spagnolo/discorsi/discorso_316_testo.htm

221 San Agustín. El Combate Cristiano. XXX-32 http://www.augustinus.it/spagnolo/agone_cristiano/agone_cristiano_libro.htm

222 San Agustín. Comentarios a San Juan. Tratado 50:12 https://www.augustinus.it/spagnolo/commento_vsg/index2.htm

Crisóstomo concuerda cuando dice:

"Porque el Hijo del Trueno, el amado de Cristo, la columna de las Iglesias en todo el mundo, que tiene las llaves del cielo".[223]

El erudito del NT Craig L. Blomberg sobre las *"llaves"* en Mateo 16:19 hace estas observaciones:

"Mateo 18:18 aplicará la idéntica autoridad concedida a Pedro en 16:19 a toda la comunidad de discípulos... La iglesia que él dirigió en su infancia nunca sucumbirá a los poderes de la muerte (puertas del Hades). Ese ministerio de apertura de puertas para ofrecer el perdón a todos los que se arrepientan se describe en el versículo 19 como la recepción de las llaves del reino. Así, Dios en el cielo y los cristianos en la tierra se ponen de acuerdo sobre quién o qué está atado o desatado".[224]

En el libro de apologética católica romana *"Jesús, Pedro y las Llaves. Un Manual Bíblico sobre el Papado"* por los apologistas católicos romanos Scott Butler, Norman Dahlgren y Rev. Mr. David Hess, nos dicen sobre la interpretación de Mateo 16:18 y un erudito protestante lo siguiente:

"Como William Hendricksen (Th. D. Princeton) el renombrado teólogo protestante reformado, profesor del Nuevo Testamento en Calvino Seminario y miembro de la iglesia cristiana reformada ha escrito: "El significado es, 'Tú eres Pedro, que es Roca, y sobre esta roca, es decir, sobre ti, Pedro, edificaré mi iglesia.' Nuestro Señor, hablando en arameo, probablemente dijo: 'Y yo les digo, tú eres Kefa,' y sobre esta kefa edificaré mi iglesia'. Jesús, entonces, promete a Pedro que va a construir su iglesia sobre él! Acepto esta opinión".[225]

Sin embargo, en la cita completa, el erudito reformado del NT William Hendriksen quien interpreta la Roca de Mateo 16:18 con Pedro (citado parcialmente por apologistas católicos romanos), también hace estas aclaraciones sobre Mateo 16:18:

"El pasaje no da apoyo alguno a la otorgación de una autoridad casi absoluta a un simple hombre o a sus sucesores... El sentido es: Tú eres

---

223   Juan Crisóstomo. Homilía 1:2 sobre el Evangelio de Juan (Prefacio) https://www.newadvent.org/fathers/240101.htm

224   Craig L. Blomberg. Jesús and The Gospels. An Introduction and Survey pag. 323. 2nd Edition. B&H Academic

225   Scott Butler, Norman Dahlgren y Rev. Mr. David Hess. Jesus, Peter & the Keys. A Scriptural Handbook on the Papacy pag. 14. Queenship Pub Co

Pedro, es decir, Roca, y sobre esta roca, esto es, sobre ti, Pedro, edificaré mi iglesia. Nuestro Señor, hablando arameo, probablemente dijo: "Y yo te digo, tú eres Kefa' y sobre esta kefa' edificaré mi iglesia". Entonces, Jesús le está prometiendo a Pedro que va a edificar su iglesia ¡sobre él! Este punto de vista yo lo acepto. Dicho esto, es necesario calificar esta interpretación en la forma siguiente. Jesús promete edificar su iglesia: a. No sobre Cefas como era por naturaleza, sino en él considerado como un producto de la gracia. Por naturaleza este hombre era, en un sentido, débil, muy inestable, como se ha indicado; véase sobre 14:29–31. Por gracia llegó a ser el testigo más valiente, entusiasta y efectivo de la verdad que el Padre le había revelado con respecto a Jesucristo, el Hijo del Dios vivo. Fue en ese sentido que Jesús usó a Pedro para edificar—reunir y fortalecer—su iglesia. b. No sobre Cefas considerado completamente solo, sino sobre Cefas como "primero entre iguales" (Mt. 10:2), esto es, sobre "Pedro tomando su posición con los once" (Hch. 2:14). La autoridad que se confía a Pedro en 16:19, en 18:18 se da a los Doce (véase también Jn. 20:23). En realidad, no se debe pasar por alto la congregación local en el ejercicio de esta autoridad (18:17). Cuando el Señor habló las palabras registradas aquí en 16:18, 19, no quería decir que Pedro ahora podía comenzar a "señorear" sobre los demás discípulos. Los demás no lo entendieron así (18:1, 20:20–24), y Jesús definitivamente rechazó tal interpretación (20:25–28; cf. Lc. 22:24–30). Si Pedro mismo hubiera concebido su autoridad o la de otros como la de un dictador, ¿cómo podría haber escrito un pasaje tan hermoso como 1 P. 5:3? c. No sobre Cefas como fundamento básico. En el sentido primario o básico de la expresión hay sólo un fundamento, y ese fundamento no es Pedro, sino Cristo mismo (1 Co.3:11). Pero en un sentido secundario es completamente legítimo hablar de los apóstoles, inclusive a Pedro, como fundamento de la iglesia, porque estos hombres estaban siempre señalando hacia Jesucristo como el único y suficiente Salvador. En Hch. 3:12 y 4:12 hay ejemplos notables de esto. En ese sentido secundario las Escrituras mismas se refieren a los apóstoles como el fundamento de la iglesia (Ef. 2:20; Ap. 21:14)".[226]

Si vemos el contexto y todo lo que sigue diciendo Hendriksen sobre Mateo 16:18 (y no solo una parte), es evidente que él no apoya la interpretación *"papal"* de Mateo 16:18 que aparentan mostrar los apologistas católicos romanos, aun y que no hace distinción entre *"petros"* y *"petra"* usando el arameo. No basta con

226 William Hendriksen. Comentario al Nuevo Testamento. El Evangelio Según San Mateo pags. 481-482. Libros Desafío

citar a un erudito protestante que diga que Pedro es *"la roca"*, sus conclusiones no apoyan una *"interpretación papal"* de Mateo 16:18, generalmente los apologistas católicos romanos citan parcialmente cuando eruditos protestantes escriben que Pedro es *"la roca"*, pero no citan las conclusiones de los eruditos protestantes. Yo en lo personal difiero con los eruditos protestantes que interpretan a Pedro como *"la roca"*, usando el arameo, y no el griego que hace la distinción entre *"petros"* y *"petra"*, sin embargo, aunque esos eruditos protestantes interpreten la *"roca"* con Pedro, no se sigue que ellos sustenten lo que los apologistas católicos romanos entienden por Mateo 16:18, una interpretación *"papal"*, de hecho, la niegan. Pero, este tipo de citas sin contexto y conclusión de eruditos protestantes, en ese manual bíblico sobre el papado, y en otros libros escritos de apologistas católicos romanos, es muy común. Se repite el citar incompleto a los eruditos protestantes en ese manual bíblico sobre el papado escrito por Butler, Dahlgren, y Hess. Esto debería poner en tela de juicio que ese manual sobre el papado es un trabajo exacto de citas de eruditos protestantes y su interpretación sobre Mateo 16:18. E incurren en la misma parcialidad también cuando tratan en su libro de patrología, historia y eruditos ortodoxos. Hendriksen incluso dice también que solo Cristo es el fundamento en un sentido primario, y que Pedro y los apóstoles lo son en un sentido secundario.

¿1 CLEMENTE ENSEÑA LA "PRIMACÍA DE JURISDICCIÓN UNIVERSAL" DE LA IGLESIA DE ROMA Y UN EPISCOPADO MONÁRQUICO?

1 Clemente es uno de los documentos históricos de los padres apostólicos favoritos de los apologistas católicos romanos, para probar tanto el episcopado monárquico, como la primacía de jurisdicción de Clemente y la iglesia de Roma. ¿Cómo se llega principalmente a esta conclusión? No es en base a lo que la propia carta de Clemente dice, sino más que todo es en base al *"prejuicio papal"* que se impone sobre la carta, y al anacronismo de trasladar la terminología y el oficio colegial de esta carta a los tiempos posteriores de los obispos monárquicos y "papas romanos". Aunque la tradición ha identificado a Clemente como el autor de la carta, Clemente no se identifica como el autor. Aun si aceptamos que Clemente la escribió, Clemente no se adjudica ningún tipo de oficio de primacía de jurisdicción universal sobre todas las iglesias. Su terminología colegial, excluye la posibilidad de que se trate de un *"obispo monárquico"* o un *"papa"* de tiempos posteriores. El principal escollo para ver en 1 Clemente un *"papado"*, es que no había en la iglesia de Roma en esa fecha un episcopado monárquico, además, la estructura del papado tal y como el día de hoy lo conocemos, no existía en esos días.

El tono de 1 Clemente al de otras cartas de la misma época, es evidente que la carta no pretendía imponer una posición teológica a la iglesia de Corinto, sino persuadir a los cristianos de allí para que la aceptaran... uno esperaría que 1 Clemente transmitiera un tono de autoridad que no tolerara la disidencia. Dado que 1 Clemente no muestra ese tono, Roma, aunque ejercía una amplia y creciente influencia durante la época patrística, no se había convertido todavía en el único lugar de autoridad.[227]

Del Dr. Bock presento los siguientes argumentos adicionales contra la tesis del control romano. En primer lugar, la idea de que cada ciudad nombrara un solo obispo probablemente no se originó en Roma, sino que lo más probable es que se iniciara en la Iglesia de Jerusalén (Hechos 15; Gal. 2:9). Además, Frederick Norris presenta un sólido argumento según el cual, si bien la argumentación de Ignacio sobre la importancia teológica y organizativa del obispo puede haber sido nueva, *"antes de su escrito, los cargos existían y se distinguían entre sí en Asia Menor, y probablemente en Siria Occidental"*.[228]

Esto es importante porque Bauer creía que la centralización del cargo episcopal en Roma era fundamental para el poder de Roma. Sin embargo, si esta práctica se originó fuera de Roma, es posible que el poder de Roma no diera origen a la ortodoxia, sino que simplemente reprodujera lo que Roma ya había heredado.[229]

En segundo lugar, Ignacio, que no era de Roma, hablaba de cismas teológicos entre grupos opuestos. Dado que Ignacio es considerado por la mayoría como parte de los ortodoxos, esto da a entender una competición entre herejía y ortodoxia. Esta competencia sugiere la presencia de una ortodoxia fuera del control romano, una ortodoxia que no se originó en Roma ni fue impuesta por ella.[230]

En tercer lugar, Asia Menor, un lugar alejado de la ciudad de Roma, es la probable procedencia de muchos de los materiales *"ortodoxos"* existentes, como el Evangelio de Juan, sus tres cartas, el Apocalipsis y varias de las cartas de Pablo. Sostener que Roma impuso posteriormente la ortodoxia en otras

227 Andreas Kostenberger - Michael J. Kruger. The Heresy of Orthodoxy. How Contemporary Culture's Fascination with Diversity Has Reshaped Our Understanding of Early Christianity pags. 50-51. Crossway

228 Kostenberger y Kruger. Ibid. 51

229 Kostenberger y Kruger. Ibid. 51

230 Kostenberger y Kruger. Ibid. 51

regiones geográficas no tiene suficientemente en cuenta la actividad ortodoxa ya atestiguada en lugares como Asia Menor.[231]

El erudito católico romano Robert B. Eno escribió:

> *"Estas pruebas (Clemente, Hermas, Ignacio) nos llevan a suponer que en el siglo I y principios del II no había ningún obispo de Roma en el sentido habitual que se da a ese título".*[232]

El erudito católico romano Xabier Pikaza concuerda cuando comenta lo siguiente:

> *"La carta de Clemente, secretario (no "Papa") de la iglesia de Roma... No es mucho lo que sabemos sobre la discordia, pero el delegado de Roma se siente con autoridad para intervenir en los asuntos de Corinto, por razones de fe común, de tradición apostólica (es heredera de Pedro y Pablo) y quizá por el influjo del entorno: Igual que la Roma política, interviene en asuntos de imperio, así Roma cristiana puede hacerlo en los asuntos de la iglesia... 1 Clemente no defiende un tipo concreto de autoridad, como podía ser un episcopado monárquico (que no se había implantado todavía en Roma, ni en Corinto)... defiende una estructura una estructura presbiteral (colegiada) y no monárquica de la comunidad, en contra de lo que se impondrá después en el conjunto de las iglesias (con el nombramiento de obispos)... El centro de la iglesia es aquí la jerarquía, el principio de la obediencia al mandato de Dios, y solo después (en un momento secundario) vienen otros que definen su identidad. Según eso, Jesús ha venido a crear la autoridad, pues la sumisión es lo primero, y la fraternidad, entendida en forma de comunión gratuita de todos los hombres, viene en un segundo momento. Esta fue una faceta importante de la vida cristiana, desarrollada de forma consecuente por la iglesia de Roma, hasta la actualidad, en una línea de "imperio". Pero muchos cristianos (incluso católicos) han pensado y siguen pensando que esta interpretación jurídica de la unidad y la obediencia resulta unilateral y perniciosa para el evangelio, pues Jesús no se ha revelado en el orden jurídico de Roma, sino en el amor gratuito, en la llamada de los excluidos del imperio, en la comunión generosa y gratuita de todos los hombres, como han puesto de relieve los sinópticos Pablo y Juan".*[233]

---

231 Kostenberger y Kruger. Ibid. 51

232 Eno. Ibid. 29

233 Xavier Pikaza. Curso de Teología Patrística. Historia y Doctrina de los Padres de la Iglesia pags. 42, 49, 51. CLIE

Se ha hecho toda una historia por parte de la apologética católica romana suponiendo que Clemente fue un papa en el sentido posterior, no fue así, las palabras de Clemente son demasiado modestas como para creer que el reclamara una primacía de jurisdicción universal sobre toda la iglesia, cuando no la tuvo (Clemente no reclama eso). Aun si Clemente tuviera una *"presidencia"*, esto sería solo de su congregación romana, no sobre todas las iglesias del cristianismo.

No todos los eruditos católicos romanos creen que en 1 Clemente ya estuviera establecido el episcopado monárquico y este tuviera una *"primacía de jurisdicción"*, muy importantes no creen eso, por cierto, esto no es solo una negación protestante. Generalmente los apologistas católicos romanos omiten a los eruditos católicos romanos que reconocen que no había episcopado monárquico en 1 Clemente. En ESRYFE (pags. 521, 532, 543) mostré citas de eruditos católicos romanos que niegan que en la carta de 1 Clemente existiera una *"primado"* de Clemente y la Iglesia de Roma, entiéndase *"primado de jurisdicción universal"*, aquí ofrezco informacional adicional.

Se dice por parte de los apologistas católicos romanos que 1 Clemente, aunque utiliza el plural en sus palabras, esto no significaría que en la iglesia de Roma existiera un episcopado colegial, porque los papas posteriores que tienen una posición de episcopado monárquico también pueden escribir en plural, citan también ejemplos del apóstol Pablo.

El apologista católico romano Stephen K. Ray escribió:

> *"También hay que tener en cuenta que Pablo utiliza con frecuencia el plural "nosotros" sin poner nunca en duda su autoridad individual (por ejemplo, 1 Cor. 1:23; 4:10; 2 Cor. 1:24; 8:1; Gál. 1:8)".*[234]

Este argumento tiene problemas, Pablo no fue obispo en el sentido monárquico posterior, sino un apóstol, tampoco Pablo fue obispo de Roma, por más que tuviera autoridad individual, esta no coincide con la autoridad que el papado demanda. Ignacio de Antioquia que es posterior a 1 Clemente, no menciona tampoco un episcopado monárquico en Roma, esta omisión de Ignacio reafirma que realmente no había episcopado monárquico en Roma en ese tiempo.

Philip Schaff concuerda con lo que acabo de señalar cuando hace estas observaciones:

---

234   Ray. Ibid. 125

"De la propia Epístola se desprende que en aquella época la congregación romana seguía siendo gobernada por un colegio de presbíteros (collegialisch, nicht monarchisch, como lo expresa Langen, l.c. p. 81) … La iglesia romana era, sin duda, más rica que ninguna otra, y el uso liberal de sus medios debió aumentar mucho su influencia. Más allá de esto, Ignacio no puede ser citado como testigo de las reivindicaciones papales. No dice ni una palabra de la primacía, ni siquiera menciona a Clemente ni a ningún otro obispo de Roma. Sólo se dirige a la Iglesia. Todavía tenía un vivo sentido de la diferencia entre un obispo y un apóstol. No os mando, escribe a los romanos, "como si yo fuera Pedro o Pablo; ellos eran apóstoles"".[235]

El autor de 1 Clemente no se identifica con un cargo monárquico, es anacrónico también trasladar el sentido colegial en las palabras de 1 Clemente al episcopado monárquico que vino después y se instituyo con el papado en Roma. La terminología en plural de Pablo en su liderazgo no tiene relación con 1 Clemente, no ayuda el ejemplo de Pablo que Ray plantea para probar un *"papado"* y *"supremacía"* en un episcopado que existía de manera colegial y no monárquico de 1 Clemente. La flexibilidad entre escribir en singular y también plural de un *"papa"* posterior, no se le puede adjudicar a Clemente que no fue un obispo monárquico y *"papa"* que vino después.

El libro *The Cambridge Companion to the Apostolic Fathers,* editado por los eruditos Michael F. Bird y Scott Harrower afirma:

"Y lo que es más importante, a diferencia de la opinión reflejada en los escritos de Ignacio de Antioquía (véase más adelante), no hay ninguna indicación en 1 Clemente de que un obispo singular dirigiera la comunidad que seguía a Cristo ni en Corinto ni en Roma...Es decir, en 1 Clemente un episkopos y un presbíteros son sinónimos (o intercambiables), con una estructura de liderazgo eclesiástico que consistía en un colegio de ancianos que servían juntos en el "oficio de obispo", en lugar de un obispo singular que dirigía a los ancianos y diáconos (como indican las cartas de Ignacio)".[236]

Algunos apologistas católicos romanos han dicho que Clemente de Roma tenía más autoridad que el apóstol Juan, por su *"primacía de jurisdicción*

---

235   Philip Schaff. History of the Christian Church. Ante-Nicene Christianity. A.D. 100-325. Grand Rapids, MI. Third edition, revised. Volume II pags. 99-100. Christian Classics Ethereal Library

236   Michael F. Bird and Scott Harrower. The Cambridge Companion to the Apostolic Fathers pag. 158. Cambridge University Press

universal", y que por eso Juan no escribió a Corinto. Este argumento no tiene ningún fundamento. Juan estaba exiliado en la isla de Patmos.

El patrologo católico romano Daniel Ruiz Bueno hace estos comentarios sobre Clemente, y también concuerda en que Juan estaba exiliado en Patmos:

> *"No se da, ciertamente, en San Clemente Romano aquel ímpetu arrollador de un San Pablo, ni la cálida intimidad de un San Ignacio de Antioquia, ni la atracción, suave y fuerte a la par, de un San Juan. Por los mismos días de la epístola corintia, el vidente de Patmos escribe las cartas a las siete iglesias que forman el preludio del Apocalipsis".*[237]

Hasta el mismo apologista católico romano Stephen K. Ray también está de acuerdo en este punto:

> *"Fue probablemente bajo el reinado del emperador Domiciano cuando el apóstol Juan fue exiliado a la isla de Patmos".*[238]

El historiador católico romano José Orlandis tampoco afirma si ya había un *"primado romano de jurisdicción universal"* de la Iglesia de Roma en 1 Clemente (aun y que en el contexto de sus palabras cito también la opinión de Battifol) posteriormente escribe lo siguiente:

> *"La carta no dice si la iglesia romana intervenía a petición de los presbíteros depuestos- lo que constituiría el primer caso conocido de un recurso a la Sede romana- o bien si esta Sede actuó por iniciativa, lo que probaría que tenía conciencia de su potestad para intervenir en asuntos de otra iglesia, cuando el bien público eclesial -la salvaguarda de la fe o de la disciplina- así lo demandara".*[239]

Si 1 Clemente no dice que Roma actuara a petición de los obispos depuestos (no fue un recurso de apelación a la iglesia de Roma) tampoco dice que la iglesia de Roma actuara porque tuviera un *("papado"* y un *"primado de jurisdicción")* sobre la iglesia de Corinto, sino más bien, las palabras muestran una preocupación y servicio fraterno de la iglesia de Roma a la de Corinto.

El erudito ortodoxo A. Edward Siecienski en su libro *"El Papado y los Ortodoxos"* publicado por la Universidad de Oxford también está de acuerdo:

---

237   Ruiz Bueno. Ibid. 158

238   Ray. Ibid. 125

239   José Orlandis. El Pontificado Romano en la Historia pag. 36. Ediciones Palabra. Madrid

"Hoy existe un acuerdo general que la estructura del ministerio en la iglesia de Roma en este momento se habría parecido a la de Corinto, con un grupo de presbíteros compartiendo el liderazgo... y ningún obispo a cargo".[240]

Justo L. González escribió:

"Pero lo más probable parece ser que durante el siglo primero no hubiera en Roma un episcopado monárquico – un solo obispo – sino más bien un episcopado colegiado. Cuando paso el tiempo, los escritores cristianos se acostumbraron a pensar en términos del episcopado monárquico, lo que fue simultaneo les pareció ser una cadena de sucesión cronológica como la que ellos conocían, y así se produjo la confusión que tanto ha intrigado a los historiadores. Aunque no hay razón para dudar de que fue Clemente quien la escribió, la Epístola a los Corintios se presenta como una carta de la Iglesia de Roma a la Iglesia en Corinto. No es el obispo el que se dirige a la iglesia hermana, sino que es una carta de Iglesia a Iglesia".[241]

EL PAPADO NO TUVO EL PRIMADO DE JURISDICCIÓN UNIVERSAL EN LOS CONCILIOS

Hubert Jedin hace las siguientes observaciones:

"Los ocho concilios ecuménicos que, convocados primero por los emperadores romanos y luego por los emperadores bizantinos, se celebraron en territorio del Imperio de Oriente, en Nicea, Constantinopla, Éfeso y Calcedonia, se distinguen tanto de todos los siguientes, convocados por los papas y celebrados en Occidente, que se cree uno autorizado a tratarlos como una unidad histórica, aunque en parte penetran ya en la alta edad media, y aunque los cuatro primeros de ellos, los «antiguos concilios» en sentido estricto, se destacan netamente por su significado de los siguientes... La cuestión que, a partir de la Reforma, tan vivamente se ha discutido en los últimos tiempos entre el teólogo dogmático Scheeben y el historiador de la Iglesia Funk, a saber, si los emperadores al convocar los antiguos concilios contaban de antemano con la aprobación o incluso con el encargo de los obispos de Roma, en realidad parece haber quedado resuelta negativamente; esto, sin embargo, deja del todo intacto el derecho fundamental de los papas. No menos cierto es que los papas, en cuanto patriarcas de Occidente y en virtud de un especialísimo primado de categoría, tenían su propia

---

240 Siecienski. Ibid. 143

241 Justo L. González. Historia del Pensamiento Cristiano pag. 70. CLIE

representación, que sus legados tuvieron siempre una posición de preferencia e incluso a veces la presidencia, y que su aprobación de las decisiones era indispensable para su validez ecuménica".[242]

Cuando Jedin dice que los papas tenían un primado de categoría, y una posición de preferencia y a veces la presidencia, y que su aprobación era indispensable para la validez ecuménica, se refiere en cuanto a Occidente.

El historiador católico romano José Orlandis escribe:

> *"La posición de las iglesias de Oriente frente al Papado presento de ordinario una nota de fluctuante ambigüedad, que las llevaba a tratar de compatibilizar el reconocimiento a Roma de un Primado en materia de fe con la **celosa defensa de su autonomía jurisdiccional y disciplinar".**[243]*

Aquí Orlandis está reconociendo que Oriente defendía su autonomía jurisdiccional y disciplinar, lo que significa que aceptaban el primado de honor de Roma, pero no de jurisdicción universal.

El erudito y obispo ortodoxo Timothy Ware (Kallistos) concuerda:

> *"La Iglesia Ortodoxa no acepta la doctrina de la autoridad Papal establecida en los decretos del Concilio Vaticano de 1870, y enseñada hoy en la Iglesia Católica Romana; pero al mismo tiempo la Ortodoxia no niega a la Santa y Apostólica Sede de Roma una primacía de honor, junto con el derecho (bajo ciertas condiciones) de escuchar apelaciones de todas partes de la Cristiandad. Nótese que hemos utilizado la palabra "primacía", no "supremacía". Los ortodoxos consideran al Papa como el obispo "que preside en el amor", por adaptar una frase de San Ignacio: El error de Roma -así lo creen los ortodoxos- ha sido convertir esta primacía o "presidencia del amor" en una supremacía de poder y jurisdicción externos...".[244]*

Los apologistas católicos romanos señalan las apelaciones de padres de la Iglesia a la iglesia de Roma en momentos de crisis, como si eso probara que los padres otorgaban a Roma una *"primacía de jurisdicción universal".* Nada más alejado de la verdad.

San Juan Crisóstomo se queja a los obispos de las tres grandes sedes de Occidente de la conducta del Patriarca de Alejandría por ser contraria a los

---

242 Hubert Jedin. Breve Historia de los Concilios pags. 17-18. Barcelona. Herder Editorial

243 Orlandis. Ibid. 59-60

244 Timothy Ware. The Orthodox Church. An Introduction to Eastern Christianity. New Edition pag. 26. Penguin Books

cánones, los cuales establecen que casos como el suyo deben ser decididos en las provincias de donde surgieron, a saber, los cánones v. y vi. de Nicea, y el canon ii. de Constantinopla... No hay el menor rastro de ninguna *"apelación"* al *"Romano Pontífice"* como al Supremo Juez de los Fieles a cuya jurisdicción los Sínodos de *"la Encina"* y Constantinopla estaban necesariamente sometidos *jure divino*, se pide a los tres obispos que declaren el procedimiento contra San Juan Crisóstomo nulo *ab initio*, y que utilicen su influencia para conseguir que se castigue a los transgresores según los cánones, y también ante el Tribunal por cuya acción San Juan Crisóstomo había sido injustamente condenado y desterrado, para que pudiera ser restaurado en su sede. Ahora bien, si San Juan Crisóstomo hubiera sostenido que Inocencio era como 'el legítimo sucesor de Pedro en el episcopado romano' el juez supremo de los fieles, 'a cuyo juicio en todas las causas relativas a la disciplina eclesiástica se puede recurrir', no habría escrito en tales términos a tres obispos, sino que se habría limitado a apelar sólo a Inocencio como aquel cuya autoridad era universalmente admitida en la Iglesia como suprema, y en consecuencia definitiva. También Inocencio, por su parte, en el ejercicio de su cargo así invocado, hubiera dictado después de un juicio la sentencia que hubiera sido definitiva, decretando, si lo creyera conveniente, la nulidad de las sentencias apeladas, y castigando a los autores o, por el contrario, decretando que se mantengan. Sin embargo, lejos de que Inocencio adopte esta línea, encontramos que él, en su carta a 'los presbíteros y diáconos, y todo el clero y el pueblo de la Iglesia de Constantinopla, que están bajo el obispo Juan', simplemente se refiere a el incumplimiento de los Cánones 'que fueron establecidos en Nicea, que solo la Iglesia Católica debe ejecutar y reconocer', y declara que 'la reunión de un Concilio es necesaria... porque solo esto puede acabar con las conmociones de tales huracanes.[245]

Henry Chadwick confirma lo siguiente:

> *"Las Iglesias orientales, conscientes de sus antiguas tradiciones, normalmente se alegraron de incluir la sede de Pedro entre aquellas con las que estaban en comunión, pero no pensaron que la jurisdicción universal fuera deseable o posible".*[246]

El erudito ortodoxo John Meyendorff concuerda:

> *"La división del Imperio en partes oriental y occidental tras la muerte de Constantino (337) contribuyó al prestigio del papa. Solo entre*

---

245   Edward Denny. Papalism. A Treatise on the Claims of the Papacy as set Forth in the Encyclical Satis Cognitum pags. 274-275. Christian Resources

246   Chadwick. Early Church. Ibid. 246

los principales líderes de la Iglesia, estaba fuera del alcance directo del poderoso emperador de Constantinopla, y los emperadores occidentales, mucho más débiles, no estaban realmente en condiciones de controlarle. En cualquier caso, en 476, el imperio de Occidente se derrumbó. Por lo tanto, es principalmente contra las intervenciones imperiales en los asuntos eclesiásticos que los obispos orientales buscaron y apreciaron el apoyo de los obispos romanos. Que los llamamientos al Papa se debían principalmente a estos factores políticos -y no necesariamente al prestigio romano como tal- lo demuestra el hecho de que las cartas solían dirigirse no sólo al Papa romano, sino a varios obispos de Occidente. Por ejemplo, en el año 382, los obispos orientales reunidos en Constantinopla escribieron una carta colectiva "a los honrados y venerados hermanos y cóncelebrantes Dámaso (de Roma), Ambrosio (de Milán), Britto, Valeriano, Acolio, Basilio y los demás santos obispos reunidos en la gran ciudad de Roma", llamándoles a la unidad con el concilio del 381 e instándoles a abandonar su apoyo a la pequeña iglesia "antigua nicena" de Paulino en Antioquía. Es evidente que los orientales no consideraban a Roma como el único y último criterio de comunión, pero apreciaban el apoyo eventual del papa romano y sus colegas para resolver la situación eclesiástica en Oriente. Del mismo modo, San Juan Crisóstomo, exiliado en el 404, apeló no sólo al papa Inocencio, sino también a Venerio de Milán y a Cromacio de Aquilea. En estas apelaciones, el nombre del obispo romano aparece siempre en primer lugar, pero este signo evidente de prioridad nunca excluye la autoridad de los demás".

El argumento presentado es que estos padres de la Iglesia apelan a Roma como árbitro final y supremo en las disputas eclesiásticas, demostrando así la actitud de la Iglesia primitiva hacia los obispos de Roma. Si bien es cierto que los padres orientales a lo largo de la historia de la Iglesia apelaron de vez en cuando a Roma en busca de ayuda, no lo hicieron exclusivamente como único tribunal de apelación. Además de su comunicación con Roma, a menudo apelaban a los obispos de otras sedes importantes.[247]

El erudito católico romano Pierre Batiffol también está de acuerdo en que Oriente no acepta el primado de jurisdicción universal de Roma:

"Creo que Oriente tenía una concepción muy pobre del primado romano. Oriente no vio en él lo que la propia Roma vio y lo que Occidente

247   William Webster. The Matthew 16 Controversy. Peter and the Rock pag. 207. Christian Resources

vio en Roma, es decir, una continuación del primado de San Pedro. El obispo de Roma era más que el sucesor de Pedro en su catedra, era Pedro perpetuado, invistiendo con Pedro la responsabilidad y el poder. Oriente nunca ha entendido esta perpetuidad. San Basilio la ignoró, al igual que San Gregorio Nacianceno y San Juan Crisóstomo. En los escritos de los grandes Padres orientales, la autoridad del Obispo de Roma es una autoridad de singular grandeza, pero en estos escritos no es considerada así por derecho divino".[248]

Los apologistas católicos romanos no presentan la historia completa y en contexto de las relaciones entre Roma y las iglesias orientales, generalmente o citan fuera de contexto la historia u omiten información. Hay apologistas católicos romanos que pese a lo que dicen la mayoría de los eruditos ortodoxos, y también muy importantes católicos romanos, presentan un revisionismo histórico que Oriente nunca creyó sobre Roma y el papado. Esto es muy común en libros de apologética católica romana, mas que en estudios académicos serios por eruditos de ambas iglesias.

Los primeros sínodos de que tenemos noticia no aparecen, sin embargo, como instrumentos de gobierno, y menos de poder eclesiástico a la manera jurídica romana.[249]

Concilios que fueron convocados con criterio ecuménico, como el de Sárdica de 343, nunca fueron tenidos después por tales, mientras que, por el contrario, concilios como el de Constantinopla de 381, reunidos a nivel local, encontraron ulterior aceptación universal.[250]

Es de notar que Roma no se destaca en absoluto de las demás Iglesias, ni su obispo de los demás prelados. La sede romana sigue los mismos tramites normales que las demás Iglesias. Nada hace suponer ninguna superioridad, ni primacía, ni privilegio que la pudieran colocar por encima de las demás, o la dispensara del procedimiento corriente y normal en aquel tiempo para solucionar los problemas de las Iglesias.[251]

Estos Concilios fueron responsables de aprobar una serie de cánones que trataban directamente con la cuestión de la jurisdicción dentro de la Iglesia y la autoridad de la Sede Romana. Estos se encontrarían en particular en ciertos

---

248 Webster. Matthew 16. Ibid. 155

249 Grau. Tomo I. Ibid. 50

250 Grau. Tomo I. Ibid. 51

251 Grau. Tomo I. Ibid. 51

cánones de Nicea (325 d. C.), Constantinopla (381) y Calcedonia (451). De estos Concilios se desprende claramente que a Roma se le dio una primacía de honor en la Iglesia porque estaba ubicada en la ciudad capital del imperio y había sido testigo del martirio de Pedro y Pablo. Pero los cánones de Constantinopla y el canon 28 de Calcedonia elevan a Constantinopla como nueva capital del imperio y le dan un lugar de primacía junto a Roma. Estos cánones especifican además que las sedes de los diferentes patriarcados debían tener igual autoridad dentro de límites bien definidos. Estos cánones dejan en claro que la Iglesia primitiva no consideraba que el obispo de Roma tuviera derecho a gobernar sobre toda la Iglesia.[252]

(1) Los Papas no participaron en la convocatoria de los Concilios. Todos los Grandes Concilios, a los que asistían obispos de diferentes países, fueron convocados por los Emperadores, y nunca fueron consultados previamente los Papas.[253]

(2) No siempre se les permitió presidir, personalmente o por delegado, los Grandes Concilios, aunque nadie les negó el primer rango en la Iglesia. En Nicea, en los dos Concilios de Éfeso en 431 y 449, y en el Quinto Gran Concilio en 553, otros presidieron; sólo en Calcedonia en 451 y en Constantinopla en 680 presidieron los legados papales. Y está claro que los Papas no reclamaron esto como su derecho exclusivo.[254]

(3) Ni las decisiones dogmáticas ni disciplinarias de estos Concilios requirieron confirmación Papal, porque su fuerza y autoridad dependían del consentimiento de la Iglesia, tal como se expresó en el Sínodo, y luego del hecho de que fuera generalmente recibido. La confirmación del Concilio de Nicea por el Papa Silvestre fue inventada posteriormente en Roma, porque los hechos no cuadraban con la teoría recién ideada.[255]

---

252 Webster. Matthew 16. Ibid. 162-163

253 Webster. Matthew 16. Ibid. 162

254 Webster. Matthew 16. Ibid. 162

255 Webster. Matthew 16. Ibid. 162

Capítulo 04
SOBRE EL CANON DE LA
SAGRADA ESCRITURA

Por Néstor Y. Díaz Soriano[256]

Tratar sobre canon bíblico implica introducirse en una temática con aristas enormes, que conllevan diversas áreas. Las mismas abarcan desde el campo de la crítica textual, hasta el análisis papirológico, la revisión interna de los libros y el desarrollo histórico de la estructura. Para que tengamos una idea, existe ya una disciplina responsabilizada en acercarse al tema canónico y proveer cierta metodología de trabajo para el erudito.

Tal *crítica del canon* resulta ser una brisa refrescante durante la refriega generada por el análisis de las fuentes, formas, redacción y tradición. El objeto de dicho estudio procura el interpretar la Biblia centrada en el texto como producto terminado, sin prestar tanta atención a los autores o eventos relacionados a su composición. Gracias a esto descubrimos que los *tradents*[257] ocultaron sus huellas para enfocar el texto, por encima del proceso. Al decir de Brevard Childs, *"representa un cambio completamente nuevo, que reemplaza todo el método histórico-crítico"*. (1) Por ende, según esta línea de trabajo, con el canon establecemos los límites externos de la Escritura inspirada y formamos un prisma para refractar los aspectos de la vida cristiana. En otras palabras, por "canon" entendemos la estructura en la cual se contienen los libros autorizados, así como la regla por la cual evaluamos nuestra vida de fe. Canon es tanto contenido como evaluador.

---

256 Catedrático, psicólogo, comunicador, habilitador docente, investigador histórico y escritor. Fundador del Programa Teológico Formadores de Líderes (FDL), creador de contenido en la plataforma virtual El Teólogo Responde en Youtube y editor principal de la Revista Contracultura.

257 Transmisores de la tradición oral en la escrita.

Claro está, la historia de la crítica canónica encontró un gran refuerzo en los trabajos de Childs cuando publicó dos obras ya clásicas en el estudio: *Teología en Crisis* (1970) y *Aplicación del Enfoque al Antiguo Testamento* (1979). Luego vendrá James A. Sanders, quien acuñará el concepto (1972) mientras Childs aplicaba su enfoque a la literatura profética (1978). John Isaak lo empleará en 1 Co. 14 y Gerald Wilson lo trasladará al Salterio mismo. Prontamente la exploración facilitó un acercamiento de líneas y tendencias enfocadas en aproximar las gafas al desarrollo histórico del proceso canónico; estableciéndose así líneas bien marcadas, entre quienes consideran el AT estaba cerrado antes del s. I d.C.[258]; los que se colocan en el intermedio[259], y quienes entienden la estructura fue cerrada después[260]. Sus exponentes reaccionan a otras formas de crítica bíblica, mostrando una postura auto-analítica y trayendo la Biblia de nuevo a la comunidad.[261] A su vez, los presupuestos de apoyo por los cuales se sostiene conllevan el considerar al texto literario como un artefacto dispuesto a ser manoseado, evitando todo intencionalismo, ya que de por sí, este último es falacia y, finalmente, atendiendo a que el significado textual esté en función con su lugar en la estructura.

Por supuesto que dicha metodología tiene sus críticos en ambos lados del espectro académico. Los liberales la acusan de alentar la teología conservadora (con su apoyo a la datación temprana de los escritos) y porque no nos regresa al canon sino a una forma en particular de entender el concepto. Los conservadores, por su parte, creen que la crítica canónica invalida la historia de la revelación, separa el hecho del significado y genera una innecesaria tensión entre texto y canon. Respecto a esto escribe muy amargamente John Barton: *"El enfoque canónico socava la preocupación por el texto terminado como un fin en sí mismo, y nos lleva, una vez más, cerca de la crítica histórica tradicional"*. (2)

El tema, pues, del canon es complejo, e intentar abordarlo implicaría de suyo aferrar el viento entre los dedos, o introducir el océano en un limitado vaso de cristal. Esto decimos debido a que la temática resulta ser amplia y el espacio brevísimo. No obstante, dicho contenido provoca la misma sensación que nos genera el mar cuando, recostados en la playa, observamos el

---

258 Beckwith, Meade, Leiman, Kruger.

259 Gallagher.

260 Sundberg, Lee Martin McDonald, TM Law y posiblemente, Trebolle o Zaldívar.

261 Por supuesto, la crítica del canon no solo está delimitada a la Biblia, sino que puede ser aplicada a todo lo que conlleve una idea canónica. Ya sean textos religiosos como las obras de TS Elliot y hasta las tramas de Toriyama en el amplio mundo de Dragon Ball Z.

atardecer: un sentido de misterio y atracción. Concebimos, que se pisa tierra sacra y amerita quitarnos el calzado.

Por supuesto que ante la magnitud del tema, se necesita delimitarlo para no incurrir en el error de quien mucho abarca, pero aprieta poco. En este sentido, la sede para la discusión debe ser de carácter ora histórico, ora filológico, ora codicológico; lo cual resulta relevante ya que, como muy bien indica Neil R. Lightfoot, *"el estudio del canon es una cuestión de historia"* (*Comprendamos como se formó la Biblia*, 179) (3). Por supuesto que dicha delimitación conlleva dos ejes transversales, a saber: 1) la dicotomía entre cánones (griego, hebreo) y 2) los apócrifos del tipo deuterocanónico. Con la primera nos preguntamos cuál canon reconocían Cristo y los discípulos en la primera mitad del s. I d.C. y con la segunda, si este canon era más extenso al considerado por los judíos, de manera que incluyese los apócrifos, llamados muy posteriormente *"deuterocanónicos"*, por Sixto *Seniensis* (1556).

Considerado esto, podemos trazar la estructura de nuestra presentación en cinco niveles: 1) aclararemos lo que por "canon" debemos entender, de acuerdo a la actualización de las investigaciones tocante al desarrollo histórico del mismo; 2) descubriremos si el canon judío del AT ya estaba cerrado antes de la Era cristiana, lo cual excluye la participación de la Iglesia romana en determinarlo; 3) que no había un conflicto entre la *Hebraica veritas* y la *Septuaginta auctoritatem*, puesto que el concepto LXX no apela a un canon determinado sino a un proceso de traducción[262]; 4) la validación de los deuterocanónicos y 5) la formación del canon neotestamentario. Demos, pues, comienzo.

I. ACTUALIZACIÓN DEL CONCEPTO CANON.

Generalmente, cuando se habla del "canon", la mayoría de quienes abordan la temática parten de una definición clásica, que busca en la terminología griega κανών (kanon) y su homóloga hebrea הנק (qaneh), la definición del concepto. Entendiéndose ambas por "regla de medición", el canon es visto como un *instrumentum* para indicar qué libros son inspirados y cuáles no. Basados en esta definición, es como entendemos la manera en la cual Atanasio concebía el término cuando lo utilizó por primera vez, posiblemente, en *De los Decretos*, 18 (367 d.C.). La idea de que Orígenes mantenía esa misma concepción no pasa de ser un anacronismo de Rufino, tal y como ha comprobado F. F. Bruce (*El Canon de la Escritura*, 17) (4). Sin embargo, dicha definición de canon es posterior, propia de la época post-nicena y pareciera que no es

---

262 Considerando la tesis de que la LXX incluiría recensiones con un canon corto, en base al testimonio de Filón.

homogénea entre los Padres; de modo que para ser mucho más específicos, descubrimos que la definición de canon, es muy amplia, identificándose cuatro niveles evidentes: funcional, dogmático, estructural y el cuarto, devocional. Cada uno será explicado a continuación:

a. **Nivel Funcional**: Este pareciera, de acuerdo con Barry A. Jones (*Canon del Antiguo Testamento*, Diccionario Bíblico Eerdmans, 296-299), (5) la primera noción para comprender el sentido más amplio de lo que por canon entendemos. De acuerdo con dicha fuente, se define al canon como el "*funcionamiento normativo de determinados textos dentro de grupos sociales, sin consideración del contenido fijo o estatus exclusivo de los textos en uso*". Si esto es correcto, entonces se colige que la idea de canon existe mucho antes de fijarse una lista determinada de libros. Con ciertas diferencias, ese es el mismo sentido sostenido por Julio Trebolle cuando entiende al canon como "*un fenómeno histórico de carácter social, determinado y condicionado siempre por circunstancias de muy diversos tipos*" (*La Biblia Judía y la Biblia Cristiana*, 164). (6) Para Trebolle, la idea de canon es dinámica puesto que se desarrolla a medida que se va constituyendo la estructura definitiva (íbid., 165).

Por tal razón, R. T. Beckwith entiende la canonización del AT como un proceso en tres etapas, motivo por la cual su estructura es tripartita. La razón de que el Tanaj se divida en Ley, Profetas y Escritos, se debe a que refleja ese proceso histórico, en el cual cada sección se fue cerrando antes de aparecer la siguiente (*El Canon del Antiguo Testamento*, en El Origen de la Biblia, 53-66). (7) El mismo Bruce reconoce que a esta tesis "*no le falta razón*" (*El Canon de la Escritura*, 36). La evidencia justamente apunta hacia esa concepción, puesto que la comprensión de Israel respecto a sus tradiciones como revelación inspirada, refleja el valor religioso explícito de las tradiciones preservadas. Y esto es fácilmente comprobable.

En el AT hay referencias de libros antiguos (vg. Batallas de YHWH, Nm. 21.14; Jaser, Jos. 10.13; 2 S. 1.18) que no fueron preservados, aunque fueron citados por el autor inspirado. Esto sugiere dos cosas: 1) que de la mera intertextualidad no se deduce naturalmente la canonicidad, tal y como acotase Gleason Archer (*Reseña Crítica de una Introducción al Antiguo Testamento*, 81) (8) puesto que aquellos, pese a ser citados, no se incluyeron en el Tanaj; y 2) que solo una fracción de la literatura israelita era estimada lo suficientemente valiosa para recibir reproducción continua.

Al respecto, afirma Jones: "*Si un texto sobrevive lo suficiente debido a la (…) continua supervivencia de la comunidad interpretadora, entonces alcanza significado agregado no solo por su contenido, pero también por su carácter eterno"* (*Canon del Antiguo Testamento*, Diccionario Bíblico Eerdmans, 299). (5) Es vital, por supuesto, que ya se descubran, entonces, las marcas inherentes de la inspiración en estos documentos, para que puedan ser preservados con tan religioso interés.

b. **Nivel Dogmático**. En este punto, el canon es asumido como *"regula fidei"* y, partiendo de que ya se tiene un corpus identificado como Escritura Sagrada, se sirve como material interpretativo para evaluar los credos, la conducta y los fenómenos históricos recientes. Por supuesto que dicha idea, reciclada en el concepto reformado de Sola Scriptura,[263] no surge en el período medieval, sino que puede ser rastreada hasta la época neotestamentaria. Es innegable que cuando los escritores del NT interpretaban las Escrituras como regla de fe y moral para proveer a los primeros cristianos de un marco doctrinal comprobado desde la tradición de los escritos sagrados israelitas, lo hacían siguiendo esta clave. Pero eso puede ser llevado muchísimo más lejos.

Entendiendo como válida la posición asumida por Beckwith, al cerrarse cada sección del canon en su respectivo momento, descubrimos a los autores inspirados posteriores utilizar los escritos funcionalmente inspirados anteriores como regla o *"canon"* para juzgar su historia contemporánea. Bástese leer a los profetas del AT y descubrir cómo se valían de la Torah para evaluar si un monarca se guiaba o no bajo los preceptos mosaicos. Esa es la razón de por qué los libros históricos (de Josué a Reyes) eran considerados proféticos por los israelitas, y terminaron insertados en la sección de los *Neviim*.

De la misma forma, encontramos que los compiladores de las *Divrei Hayamim* (conocidas también como Paralipómenos o Crónicas), últimos rollos agregados al Tanaj, se valen de la literatura profética para evaluar la historia pasada (2 Cron. 35.26), indicar cómo debían conmemorarse las fiestas (2 Cron. 30. 5, 18) y estimular las reformas religiosas (2 Crón. 17.9; 34. 8-33).[264] Todo esto sugiere que a medida que se iba cerrando una sección del AT, esta se convertía en *regula fidei* para evaluar tanto la conducta de un individuo como si lo creído por éste correspondía con el registro revelado. Al igual que lo anterior, resulta imprescindible que los documentos conserven esas marcas inherentes a la inspiración, para que los antiguos los considerasen una regla de verdad.

---

263 Así como en Tomás de Aquino en *Del Evangelio de Juan*, lección 6 sobre Juan 21 (*sola Scriptura est regula fidei*).

264 Esto se descubre con mayor profusión tras el Exilio (Esd. 3. 2,4; Neh. 8. 9, 14-17; Dn. 9. 2, 11, 13).

---

c. **Nivel Estructural**: Aquí encontramos la definición que casi todos manejan respecto al canon (incluso los *otakus* cuando hablan de que algo en Dragon Ball es o no canon). Es la lista de libros que reconocemos como canónica y por la cual podemos contrastar lo que no corresponde a Escritura inspirada. Dicha idea tras el concepto no es originaria de Atanasio[265], pero adquiere a partir suyo dicho sentido especial.

Claro, esto no indica que con Atanasio es que se comienza a pensar en la estructura de un canon para el AT. Jamás. Quien afirma eso se pasa por el arco del triunfo todas las evidencias contundentes respecto a la presencia de un canon cerrado para el s. I a.C. El punto detrás, pues, tiene que ver con el reconocimiento tácito de todo un proceso que había culminado hacia siglos, y por tanto, al decir que Atanasio confiere al concepto canon de un sentido estructural, se dice que simplemente informa de cuáles son los documentos sagrados que los creyentes asumían de las Escrituras hebreas, al atender a lo que Neil R. Lightfoot denomina *"las marcas inherentes de la inspiración"* (*Comprendamos como se formó la Biblia*, 180), (3) las cuales proveen los criterios de canonicidad.

Esto resulta importante, puesto que muchos apologistas católicos tienden a confundirse creyendo que la canonicidad confiere al texto de su carácter autoritativo. Es al revés. Hay quien ha comparado el proceso de canonización del texto sagrado al proceso de la canonización hagiográfica. Para éstos, de la misma forma como la canonización de un santo depende de su conducta previa, asimismo la canonización del texto depende de las marcas inherentes del texto mismo. Esto puede ser considerado cierto en parte, pero en el caso del canon veterotestamentario, es imposible hacer la comparación, puesto que ya éste había sido fijado mucho antes de que la Iglesia fuera establecida. Lo único plausible es afirmar que la Iglesia solo reconoce un canon que ya había recibido de los judíos, mucho antes del s. I de nuestra era. Dichos libros, indica Beckwith, eran *"los mismos libros de la Biblia hebrea de hoy"* (*El Canon del Antiguo Testamento*, en El Origen de la Biblia, 66), los que corresponden al canon "corto" y, continua Beckwith, *"los primeros cristianos compartieron con sus contemporáneos judíos un conocimiento completo de la identidad de los libros canónicos"* (íbid., 66). En base a ello, se asume que canon, en este sentido, ya no solo es la función del texto en relación con la comunidad que lo venera, o la regla de fe, sino también la lista recibida por los creyentes del primer siglo.

---

265 Si prestamos atención a las listas anteriores ya existentes en Melitón y la lista bilingüe conocida como MS 54, folio 76ª.

Precisamente, ese es el sentido del término dado por Jerónimo en su epístola a los obispos Chromatius y Heliodorus, donde conecta esta idea con el sentido de *regula fidei* para considerar canónicos aquellos que la Iglesia siempre tuvo por tales, la estructura sagrada (y que tanto Sixto *Seniensis* (Bibliothec, Lib. 1) como Stapleton (Princip. Fid. Doctrin. Lib. IX, c. 6) denominaron *proto-canónicos*. (9) Esto, de acuerdo al testimonio de Cayetano en el final de su comentario sobre la *Historia del Antiguo Testamento* (Com. Est. 481b) implica que hay un canon de la fe con el cual se confirman las cuestiones doctrinales. Y este canon de la fe debe ser distinguido del último nivel en lo que al concepto "*canon*" se refiere.

d. **Nivel Devocional**: Este es el último sentido del concepto canon, y tiene que ver con la manera como la lectura del documento sirve para la edificación del pueblo, porque contiene sabios consejos morales, pero no constituye una regla de fe. Es lo que denominan, un canon de lectura eclesiástica como bien explica Jerónimo en su Praefatio in Libros Salomonis (NPNF2, 6:492), (10) pero que no debe confundirse con el canon de la fe. De hecho, para Jerónimo, estos libros "*deuterocanónicos*" son verdaderamente apócrifos puesto que no se hallan en el canon hebreo y siempre debe ser preferido éste, tal y como indica en el Prologus Galeatus. Esa es la opinión de Cayetano y el sentido en el cual Agustín, Inocencio y el Concilio de Cartago entienden el término.

Solo ello puede explicar el consejo de Agustín, al restarles autoridad y exhortar al estudiante de teología a establecer una cierta diferencia entre los diversos libros, a distinguirlos en clases, y a preferir unos a otros (Doct, Christ. Lib. II, c. 8). (11) Tal diferenciación entre un canon de fe y otro de lectura eclesiástica que no es un canon de autoridad para ser recibido por todos, explica las incoherencias que algunos entienden comete el Hiponense. ¿Por qué los considera canónicos en Cartago, y luego, en una discusión con los donatistas, le niega carácter canónico a 2 Mac. tal y como nos lo recuerda Brooke Foss Westcott (*El Canon de la Sagrada Escritura*, 176-177)? (12) De hecho, Agustín parece coincidir con Jerónimo en de Civ. Dei, Lib. XVII, c. 20; XVIII, c.44 (13) cuando concede que se debe confiar menos en lo que no se encuentra en el canon de los judíos. Dichas incongruencias solo son posibles de entender si asumimos la explicación de William Withaker, "*Agustín toma este nombre (*canónico) *en un sentido más amplio que Jerónimo*" (*A Disputation on Holy Scripture*, I). (9) Pero en un sentido donde ya no hay carga de autoridad, y por tanto, pueden ser descartados por no encontrarse en aquello que Jerónimo denominó *inviolata editione veteri* (antigua versión virgen), el canon hebreo librado de los textos devocionales que los judíos nunca reconocieron (Prol Paralip. En *Obras Completas*, II, 475). (10) Y es debido a ello que algunos Padres, siguiendo a Orígenes llegaron a restar a estos documentos de un valor canónico, y solo los entendían como textos eclesiales.[266]

Por tanto, toda esta digresión inicial nos enseña que, al hablar de canon, no podemos tener una idea rígida del concepto. La terminología tenía un sentido muy amplio e involucraba el reconocimiento progresivo por parte de las comunidades que recibieron estos libros; la posibilidad de un canon cerrado automáticamente, a medida que avanzaba la revelación; y mientras se establecía entre los hebreos, éstos lo iban usando como regla de fe, punto asumido después por las comunidades cristianas, quienes recibieron este mismo canon, y después irían confeccionando listas por las cuales diferenciar el canon de la fe de lo denominado como *canon de lectura eclesial*. A este último no se le consideraba de autoridad para ser reconocido por todos, ya que se prefería el canon hebreo, la *Hebraica veritas*, al decir de Jerónimo, Agustín, y más adelante, Cayetano.

En pocas palabras, canon no sólo es una mera lista de libros, sino la estructura reconocida en medio de un proceso histórico que, para el AT, se había cerrado antes de la Era Cristiana. Es, por así decirlo, la regla (kaneh) interna reflejada en las marcas inherentes que confieren autoridad al documento. Por supuesto, para comprobar si es verdad que hubo tal cosa como un canon ya estructurado en el s. I a.C., debemos pasar al segundo punto.

II. PRESENCIA DEL CANON VETEROTESTAMENTARIO EN EL PRIMER SIGLO DE LA ERA CRISTIANA.

Podemos iniciar este acápite preguntándonos si tenían Jesús y sus discípulos una conciencia de canon. Y luego, inquirir si esta conciencia se debía a una estructura ya establecida, y no en pleno proceso de formación como todavía creen, de manera desactualizada, algunos autores como Justo L. González (*La Biblia en la Iglesia Antigua*, 20) (14) y Raúl Zaldívar, quien llega incluso a cometer el desliz de afirmar Jerónimo fue quien fijó el canon veterotestamentario (*Las Fuentes que dieron origen al Nuevo Testamento*, 149); (15) una terrible afirmación gratuita ignorante de lo indicado por Carbajosa tocante a que el traductor dálmata no llegó a compilar la Vulgata, mucho menos a fijar un canon (*Hebraica veritas versus Septuaginta autorictatem*, 114). (16)

Es por ello que, si se desea tener una respuesta evidente, debemos limitar nuestra búsqueda, a los autores del s. I d.C. y los anteriores a la Era Cristiana,

---

266 Opinión repetida en el canon 59 de Laodicea y compartida por Hugo de San Víctor, en la Edad Media.

en particular aquellos que vivieron entre los ss. II y I a.C. Las razones son muy obvias; cualquier documento posterior a este período temprano[267] debe ser visto con suspicacia debido a que no cumplen con el criterio de evidencia interna mencionado por Sanders y bien usado por Dante Urbina (¿Cuál es la religión verdadera?, 64), en particular la cuestión 1, cercanía espacio-temporal del autor respecto a los hechos que narra[268].

Aclarado esto, procedamos primero a las fuentes judías de finales del s. I d.C. Aquí entra Josefo. En su Contra Apión 1.38-41 identificó la estructura canónica tripartita (Ley, Profetas, Escritos o "himnos") (17) y proveyó una enumeración de los libros en cada una de las secciones, 22 en total[269]. Ya Bruce ha dejado constancia de cuáles son los libros que Josefo incluiría (*El Canon de la Escritura*, 33) (4) teniendo en cuenta que a Ester la considera registro inspirado en Ant. XI, 6. Todos los libros del canon josefino coinciden con la *Hebraica veritas* (asumida por los reformados). Lo llamativo de todo esto es que Josefo afirma conocía ese canon tripartito antes de la guerra judía (iniciada en el 66 d.C.). Esto retrasa más el testimonio del historiador judío y lo coloca rozando la primera mitad del s. I. Como indica Stephen G. Dempster, he aquí el "*el elefante en la habitación*" para quienes debaten sobre canon del AT (*The Old Testament Canon, Josephus, and Cognitive Environment*, en D.A. Carson, The Enduring Authority of the Christian Scripture, cap. 11). (18) Una estructura parecida la encontramos en 4 Esd. 14.45-48, variando al número a 24, pero coincidiendo con los libros dados por Josefo, solo que desligaban a Rut de Jueces y a Lamentaciones de Jeremías. De hecho, la lista de 24 se repite en una baraitha citada en Baba Bathra 14b-15a, pero como éste resulta ser un testimonio del s. II d.C., no abundaremos en ella. Tampoco lo haremos en los rabinos de Jamnia, puesto que, aparte de la inexistencia del Concilio, éstos no discutieron si deberían insertar libros en el canon, sino más bien si algunos de los que ya estaban debían seguir ahí.[270]

---

267 Como por ejemplo las listas canónicas de los Padres como Melitón, Orígenes, Atanasio, Epifanio, Teodoro, Anfiloquio.

268 Entendiéndose "hechos" aquí como el reconocimiento de una lista de libros sagrados.

269 Cantidad repetida en los fragmentos de *Jubileos* hallados en Qumrán y fechados, de acuerdo con Beckwith en el s. I a.C.

270 Más aun, el tecnicismo "*manchar las manos*", implica que ya tenían una conciencia definida de canon, así como un método de análisis inductivo para confirmar si el libro cuestionado manchaba las manos (es decir, era canónico) a la luz de contrastarlo con los que no estaban bajo cuestión. Es decir, afirmar la canonicidad de la Escritura en base a la misma Escritura (TB Shabbat 13b; Hegigah 13ª; Menahot 45ª; F. F. Bruce, *Canon*, 35).

La estructura tripartita es observada también en Filón de Alejandría, quien vivió en la primera mitad del s. I, muriendo aprox. en el 50 d.C. En *De la Vida Contemplativa*, 25 escribe cómo debe otorgársele una veneración especial a "*las leyes (Torah), los oráculos inspirados de los profetas (Neviim) y los himnos y otros libros (Ketuvim)*". Dicho testimonio es inmensamente relevante ya que, siendo el personaje más influyente de la comunidad judía alejandrina, el que no mencionase a los deuterocanónicos como dignos de tal reverencia, habla mucho de si realmente había en el indebidamente denominado *canon alejandrino*, presencia de éstos últimos. Otra vez, hay comunión entre Filón y la *Hebraica veritas* más que con la *Septuaginta auctoritatem*.

Por supuesto, Filón no es el único testimonio. Retrocediendo hasta el período anterior a la Era Cristiana descubrimos, entre los mss. de Qumrán la *Carta Haláquica* (4QMMT), fechada su original para la segunda mitad del s. II a.C. por Florentino García Martínez (*Literatura Judía Intertestamentaria*, 25). En la misma también descubrimos la estructura tripartita cuando anuncia: "(…) *os hemos escrito que debéis comprender el libro de Moisés y las palabras de los profetas y de David y las crónicas de cada generación*". (19) Nótese como en 4QMMT se mencionan las crónicas, las cuales apuntan hacia los *Divrei Hayamim* (o libros de Crónicas) que fueron los últimos rollos en ser insertados a la sección de los Escritos y constituyen el fin del Tanaj o canon hebreo. Si Josefo es un elefante, la Carta Haláquica resulta ser un enorme brontosaurio, que ha obligado a reconsiderar cómo entender la historia del AT.

Por supuesto, con esto se basta para tener evidencia externa que confirme una estructura canónica antes del s. I d.C., pero los testimonios continúan. ¿Habrá algún autor más antiguo que pueda confirmar nuestro punto? Por supuesto, tenemos al nieto de Sirac, quien en su prólogo al libro de Eclesiástico, fechado de acuerdo al mismo autor en el 132 a.C. (año 38 de Ptolomeo III Evergetes) reconocía que su abuelo (190 a.C.) era un estudiante de "*la ley, los profetas y los otros libros de nuestros padres*". De dicha fuente colegimos dos cosas: 1) la estructura tripartita es repetida más de una vez por el escritor del prólogo e introduce un esquema del cual su abuelo, quien vivió a finales del s. III a.C. ya reconocía como "Escritura"; y 2) que a partir de esta colección sagrada (entendida como canon a nivel serial), el estudiante se permitía realizar una reescritura con el fin de llevar a la práctica lo que aprendió del texto sagrado[271]. Esto concuerda muy bien con lo indicado por Trebolle al asumir

---

271 "*En primer lugar se dedicó de lleno a la lectura de la ley y los profetas, y de los demás libros recibidos de nuestros antepasados, y alcanzó un conocimiento muy grande de ellos; y luego él mismo se sintió movido a escribir un libro sobre la instrucción y la sabiduría, para que, practicando sus*

que los libros escritos después de cerrarse el canon eran solo *"reescrituras, comentarios exegéticos y reelaboraciones de materiales bíblicos"* (*La Biblia Judía y la Biblia Cristiana*, 192). (6) Y si hacemos caso a Dempster y echamos un vistazo a Eclo. 39.1-2, descubrimos de nuevo la formula tripartita: *"La Ley del Altísimo, las profecías y la sabiduría de los ancianos"* (*The Old Testament Canon, Josephus, and Cognitive Environment*, en D.A. Carson, The Enduring Authority of the Christian Scripture, cap. 11, 366) (18)

Así que, tenemos un testimonio bien evidente de los últimos tres siglos anteriores a Cristo para reconocer una estructura canónica tripartita, que había generado comentarios y reelaboraciones; que servía como regla de fe para estimular una suerte de ortopraxia, y sobre todo, que ya se expresaba en una fórmula sintetizada en dos modalidades: *"La Ley, los Profetas y los Escritos"* (predominando David, es decir, los Salmos), y en una versión reducida, *"la Ley y los Profetas"*, tal y como ya la descubrimos en 2 Mac. 15.9, un documento cuya fecha más tardía es el 63 a.C. [272]

Por supuesto, que dicha estructura también podemos confirmarla en el registro neotestamentario. Otra vez, regresando a nuestra pregunta inicial: ¿Tenían Jesús y sus discípulos una conciencia de canon? ¿Conocían la estructura tripartita? La respuesta debe centrarse en si aparece la fórmula canónica que la presupone. Entiéndase de ser así, que habida fórmula, aparecerá la estructura; y si hay estructura, tenemos canon del AT, a la luz de los testimonios anteriores. Y para nuestra sorpresa, la descubrimos tanto en su variante bimodal *"La Ley y los Profetas"* (Mt. 7.12; 22.40; Lc.16.16), como en la forma tripartita (*"Ley, profetas y salmos"*, Lc. 24.44). De hecho, el texto de Lucas tiene su contraparte justamente en 4QMMT, que recordemos, es doscientos años anterior. La descubrimos de forma directa en la parábola del Rico y Lázaro (Lc. 16.29) e indirectamente al ver Jn. 10.34. Pablo también presenta la fórmula en Rom. 3.21 y en 3.10-19 reconoce a los Ketuvim como parte de la estructura iniciada con la Torah.

---

enseñanzas, las personas deseosas de aprender puedan hacer mayores progresos viviendo de acuerdo con la ley", Prol. Eclo.

272   Por supuesto, que en 2.1-15 encontramos la fórmula tripartita, como muy bien nos ilustra Dempster (*The Old Testament Canon, Josephus, and Cognitive Environment*, en D.A. Carson, The Enduring Authority of the Christian Scripture, cap. 11, 368-369). Ley (v.2), los oráculos de los Profetas y los salmos de David (v.13) y las cartas de los reyes sobre las ofrendas, (18) que Beckwith entiende se refiere a las cartas de los emperadores persas insertadas en Esdras 6.13-12; 7.12-26 (*El Canon del Antiguo Testamento*, en El Origen de la Biblia, 61), (23) aunque sea más adecuado, a la luz de 4QMMT pueda ser entendido como una referencia de las Crónicas.

Esto resulta interesante porque responde a la pregunta de si realmente la tercera sección no se consideraba canónica para su época, por el hecho de que había sólo una fórmula bimodal con la cual se daría la impresión de negar el valor sagrado de los Ketuvim. La respuesta, en base al análisis interno es que, para ellos, la estructura canónica podía ser abarcada por la sección inicial, de modo que el término "*Ley*" podría abarcar a los Profetas y los Escritos. Algo así como el hecho de que incluyamos en el concepto Biblia a los dos testamentos, sin tener que siempre estar especificándolos. Es por eso que tanto Jesús, en Jn. 10.34 como Pablo (en Rom. 3.10-19) citan Salmos, uno de los Escritos, y los catalogan con el rótulo de "*Ley*". En este sentido, el hecho de no implica que, porque al tener a Lc. 24.44, sabemos ya Jesús tenía una idea de canon tripartito, como hemos indicado antes.[273] Claro está que alguien

---

273   Por si fuera poco, los Evangelios nos proveen información tocante al orden estructural del canon hebreo asumido por Cristo. Cuando analizamos Mt. 23.35 (y su paralelo en Lc. 11.50), descubrimos otra fórmula, colocada en boca de Jesús: "*desde la sangre de Abel hasta la de Zacarías*". Esta frase apela al contenido de la estructura tripartita que Cristo reconocía en Lc. 24.44 y podría muy bien entenderse como "*desde Génesis hasta 2 Crónicas*", tal y cual han destacado autores reputados como Edersheim (Comentario Bíblico-Histórico, 523 n.28, 524 n.29, 1156 n.27), (50) Bruce (El Canon de la Escritura, 30-31), Beckwith (The Old Testament Canon of the New Testament Church, 115) y de forma superficial, McDowell (Evidencia que demanda un Veredicto, 41). (51) Esto debe ser entendido así, puesto que Abel es el primer mártir en Gen. 4.8 y Zacarías el último en 2 Cron. 24.20-22, siendo éste el libro con el cual cierra la *Hebraica veritas*. Las objeciones a esta conclusión no soportan el peso de la evidencia. Por ejemplo, se afirma que dicho Zacarías no es el mártir de los días de Joas, puesto que se dice que aquel era hijo de Joiada mientras éste lo fue de Berequías. Visto esto, el candidato al cual Cristo se refiere sería el profeta post-exílico, cuyo padre tenía el mismo nombre. Lamentablemente, no existen muchas referencias en la tradición hebrea que supongan éste haya sido asesinado de tal manera, salvo un tárgum de Lm. 2.20 mencionado por Sheldon H. Blank (The Death of Zechariah in Rabbinic Literature, Hebrew Union College vol.12/13, 327-346). (52) La misma Enciclopedia Católica reconoce: "*No es nada probable que fuera el profeta Zacarías al que se refirió Cristo como habiendo sido asesinado por los judíos en el Templo; ese Zacarías era hijo de Yehoyadá* (2 Crón. 24,20). *Además, los judíos del tiempo de Zorobabel obedecieron al profeta Zacarías* (Zac. 6,7); *ni hay en los libros de Esdras y Nehemías huella alguna de crimen tan atroz perpetrado en el atrio del Templo*" ("Zacarías", Enciclopedia Católica, vol. 15). (53) Ante la ausencia de un relato de martirio, y reconociendo que los judíos tras el Exilio fueron obedientes a la voz profética de sus días, debemos apelar al único candidato que, de acuerdo al registro inspirado en 2 Cron. 24.20-22, fue asesinado "*junto al altar*", el hijo de Joiada, mientras que la expresión hijo de Berequías podría resolverse, o como un segundo nombre, cual era costumbre entre los judíos (1 Sam. 9.1 cf. 1 Cron. 8.33), y más teniendo en cuenta que Joiada y Berequías tienen el mismo significado (alabanza o bendición a YHWH); que Joiada podría ser su abuelo (dada su avanzada edad, v.15), siendo Berequías el hijo del sumo sacerdote (Samuel Vila en Zacarías, Nuevo Diccionario Bíblico); (54) o como una variante textual agregada, siendo Lc. 11.50 la lectura original. Es importante saber que la identidad de este Zacarías con el hijo, ¿o nieto? de Joiada la suponían Jerónimo (Com. Mat. FOC, 117) y tímidamente Crisóstomo (Hom. Mat. 74.2; PG 56.681). (55) La otra objeción, la que implica se apela a una cita con fines cronológicos, es mucho peor, puesto asumiría Jesús se equivocó, ya que dos siglos después del martirio de Zacarías, el rey Joacim martirizó al profeta Urías (Jer. 26.20-23); en términos de tradición sería Jeremías y en base a los deuterocanónicos, los mártires durante la persecución de Antíoco. Debido a esta problemática, es natural afirmar con Bruce, que

podría objetar afirmando la estructura no implica canon cerrado sino uno en formación. Algunos podrían seguir en esto a Timothy Michael Law (*Cuando Dios habló en griego*, 33) (20) sin percatarse que ya Trebolle le contradice con bases mucho más sólidas (*La Biblia Judía y la Biblia Cristiana*, 177). (6) Esto por supuesto no se sostiene a la luz de una serie de datos importantes. Por ejemplo, apelar a la pluralidad textual que hubo en la época no implica una negación de la estructura cerrada, como no lo hacen las distintas versiones bíblicas que poseemos hoy a nuestra idea de canon cerrado. Tampoco sirve apelar a la múltiple divergencia que había entre los partidos judíos del s. I d.C. en cuanto a diferencias de aceptación de dicha estructura (samaritanos, saduceos, fariseos, esenios) como no lo hacen el hecho de que hoy tengamos discusión entre los distintos grupos cristianos tocante a cuál es el canon correcto.

Además, la evidencia actual apunta a la posibilidad de que grupos como los samaritanos y los saduceos tenían una apertura mayor a reconocer canónicas las demás secciones. Trebolle así lo entiende al apelar a las *Crónicas Samaritanas* (íbid., 169) (6) y Beckwith, cuyos argumentos son más sólidos que los de Bruce, lo hace al afirmar que los saduceos reconocían el mismo canon de los fariseos (*The Old Testament Canon of the New Testament Church*, 86-91), (7) seguido por Dempster al dar razón de un consenso general, o por lo menos un acuerdo general, conforme al testimonio de Josefo (*The Old Testament Canon, Josephus, and Cognitive Environment*, en D.A. Carson, The Enduring Authority of the Christian Scripture, cap. 11, nota 82). (18) Y finalmente, la excusa de usar el cuestionamiento de ciertos libros en Jamnia a finales del s. I d.C. no reconoce la naturaleza de la discusión; es decir, no era

---

Zacarías es el último mártir desde una perspectiva canónica, no cronológica. Y esto resulta revelador, ya que nos indica no solo Jesús valida la estructura canónica replicada muy bien por la Hebraica veritas, sino que no reconoce como canónicos los registros de martirios descritos en la literatura macabea. Ahora bien, si se rechaza esta posibilidad apelando a Gallagher (The Blood from Abel to Zechariah in the History of Interpretation, New Testament Studies, vol. 60, pp. 121-138), (58) se debe indicar, considerando al tárgum de Lam. 2.20, que si se trata del profeta Zacarías, entonces Cristo no estaría señalando el último libro del canon hebreo, sino al tiempo final en el cual concluiría la exacta sucesión profética. Esto se infiere por la locución ἕως (hasta), un adverbio griego temporal que indica un espacio de tiempo definido. En otras palabras, Jesús sabía cuánto duraba el período del desarrollo del canon veterotestamentario. Por eso toma a Abel como primer mártir y a Zacarías como el último profeta y mártir. Con ello ha mostrado los límites, el *terminus ad quo* y el *terminus ad quem* de un tiempo que coincide con la formación final del canon hebreo, dejando fuera a todo libro que se halla escrito tras la muerte de Zacarías, y coincidiendo con los días de Artajerjes, tal y como lo concebía Josefo en *Contra Apión*. Por ende, sea que aceptemos una u otra opción (y no hay otras, salvo se intente desnaturalizar el pasaje), siempre llegaremos a lo mismo.

una cuestión de agregar los libros que ya estaban en el canon sino de reconocer si merecían estar allí.[274]

Basado en esto último, ¿podríamos responder la pregunta de cuál era el canon aceptado por Cristo? Por supuesto. Como hemos indicado, de todos los posibles cánones existentes, sólo conocemos la teoría canónica de los fariseos. La misma encuentra su expresión en la baraitha de Baba Bathra 14b-15a (s. II d.C.), y por la naturaleza del texto, procede de una tradición externa rastreada hasta el s. I. La conclusión de una línea entre los académicos es que dicho canon estaba fijado para el s. II a.C. El soporte de la evidencia es muy contundente, por lo cual ya Cristo y sus apóstoles tendrían un canon a su disposición del que tenemos noticia. Si habría otros, no conocemos su teoría canónica. ¿Tendrían los distintos grupos judíos un canon en particular? Es posible, pero la evidencia (suministrada por Ross) apunta a cierta *"estandarización textual"*, (21) por lo que tampoco se podría dar por sentado una pluralidad exagerada.[275]

Siguiendo entonces a Trebolle: *"en el s. II a.C. los judíos reconocían en general un canon formado por la Tora y los Profetas junto con "otros libros", los Escritos"* (*ibid*, 177), (6) coincidiendo en ello con Beckwith. Claro, esto no es una mera afirmación gratuita, sino el consenso de los eruditos consultados, a la luz de las fuentes tempranas. La evidencia la encontramos primero en el mismo Tanaj. Al respecto, Beckwith recuerda: la triple estructura de la

---

274   No hay acuerdo entre los eruditos para sostener esa hipótesis, ya que no poseemos la teoría canónica de ninguno de los grupos, salvo el de los fariseos. Podríamos sospechar de Qumrán, por los libros que conservaron, pero no estamos del todo seguros ya que aparecen documentos que copiaban, si bien expresaban no poseían valor sagrado. Tampoco podríamos hacerlo con los saduceos y respecto a los samaritanos, se descubre hoy en día que valoran otros libros del *Tanaj* aparte del Pentateuco. Quizás hubiese habido pluralidad de cánones como sucede hoy en día, pero se sabe poseían un texto estandarizado que respondía al Templo; es decir un documento oficial, con su posible estructura, muy cercana a la mostrada en Baba Bathra 14b-15a. De lo que sí podemos estar seguros es que, siguiendo a Gallagher, no existía un *"canon alejandrino"* con los libros deuterocanónicos reconocidos por la ICAR ya que dicha idea es anacrónica y por ende, servirse de ella para validar cierto canon, es indeseable.

275   A partir de estos datos, preguntamos: de todos los cánones disponibles, ¿a cuál se afiliaría Cristo? ¿Adoptaría el canon esenio, saduceo, o fariseo? La respuesta es muy clara y nos la brinda el Maestro en Mt. 23.1-2 cuando reconoce solo a los fariseos como sentados en la cátedra de Moisés, y que aunque no podíamos imitarlos en sus acciones, si debíamos *"hacer lo que dicen"*; es decir, aceptar sus enseñanzas. Piénselo por un momento. De todos los grupos, los fariseos validaban la resurrección, una doctrina fundamental para el Cristianismo. ¿Debíamos aceptar lo que decían ellos, o seguir al saduceo en su negacionismo? Por tanto, si debíamos aceptar su magisterio, ¿no incluiría eso también su teoría canónica (Baba Bathra, 14b-15a)? El mismo Pablo fue fariseo, y no es descabellado pensar que tras su conversión, siguió valiéndose de la misma teoría canónica que aprendió en sus años de formación. Por tanto, el canon aceptado por Cristo era el fariseo, y ese canon no incluía deuterocanónicos.

Hebraica veritas apunta a un proceso histórico de canonización que se fue cerrando progresivamente. Podemos demostrarlo debido a la existencia de una segunda fórmula que sirve como una especie de llave maestra para cerrar cada sección. Dicha fórmula es del tipo "*no añadirás a las palabras, ni le quitarás*". Se halla en Dt. 4.2; 12.32 (Josefo la menciona en Contra Apión 1.42), indicando que dicha sección se había cerrado para la época mosaica, o por lo menos, para el período de la edición final del documento, la cual no pasa del s. V a.C. (aunque la evidencia dada por R. N. Whybry apunte al profeta Samuel en 1 Sam. 10.25). (22) Este cierre explica por qué la Torah se convirtió en regla de fe para evaluar las vidas de los reyes o condenar el pecado de la nación anunciando el juicio ya descrito en la Ley de Moisés. Resulta interesante como en la *Carta de Aristeas*, 311, allá por el s. II a.C. reconoce el uso de dicha fórmula era "*usanza entre ellos*"; de modo que una expresión como ésta para el cierre del canon resultaba ser muy común, y en este caso, vinculado estrechamente al Pentateuco.

Respecto a la sección de los Profetas y Escritos, en la tradición recogida por Jasón de Cirene (2 Mac. 2.13), parece que el responsable de girar la llave de cierre sería Nehemías quien, tras superar la crisis del Exilio, "*reunió la colección de los libros que contenían las crónicas de los reyes, los escritos de los profetas, los salmos de David y las cartas de los reyes sobre las ofrendas*". De este pasaje colegimos que la sección de los Profetas fue cerrada por Nehemías, o por lo menos en sus días, iniciándose la estructuración final de la tercera sección.

La tradición (Baba bathra, 15a) por su parte, agrega un dato curioso al identificar a Esdras como el posible compilador y editor final del canon veterotestamentario; quien terminó de compilar el Salterio y la literatura sapiencial (como parecen evidenciar Sal. 72.20; Prov. 25.1), siendo el Salmo 1 y el 119 obra suya. Justamente dicho himno es una alabanza del canon inspirado, la Escritura, y en uno de sus versículos apunta hacia lo completo del mismo: "*La SUMA de tu Palabra es verdad*" (Sal. 119.160). Dicha expresión poética no sería comprensible, a menos que ya en época de Esdras (como reconoce Josefo), se tenía cerrado el canon veterotestamentario, siendo dicho escriba el responsable de hacerlo.[276]

No obstante, la evidencia definitiva, ya no para el canon cerrado, sino para su organización en el formato de la *Hebraica veritas* "*desde Génesis hasta*

---

276 Otra opinión, al respecto, no podría explicar el énfasis que vemos en el versículo, apelando a la suma de una estructura completada. De ahí que ya para el s. II a.C. aparezca la fórmula tripartita en el prólogo del Eclesiástico.

2 Crónicas" (o mejor aún, *"desde Abel hasta Zacarías"*) es 2 Mac. 2.14. Aquí se reconoce que tras una nueva crisis, la de las persecuciones de Antíoco IV Epífanes, Judas Macabeo reunió *"todos los libros dispersos por causa de la guerra que nos han hecho, y ahora esos libros están en nuestras manos"*. Es una posición respetada la que asume, con Beckwith, sería Judas quien estableció tanto la división firme en Profetas y Escritos como el orden y número tradicionales que los componían, los 22 recordados por Josefo en Contra Apión, 1.38-41 (*El Canon del Antiguo Testamento*, en El Origen de la Biblia, 63). (23)[277]

En resumen, atendiendo a la evidencia de una estructura replicada en la fórmula tripartita, cuyas raíces se internan hasta más allá del s. II a.C. como resultado de la obra de compilación desarrollada por Esdras y Nehemías, tras la crisis del Cautiverio babilónico, el canon se cerró definitivamente, teniendo en cuenta ya se había estado cerrando progresivamente, tal y como entendemos el uso de la fórmula *"ni agregues, ni quites"* y al Sal. 119.160. El orden fue provisto por Judas Macabeo, (luego de una segunda crisis) y el mismo replica el canon hebreo, que reconoce el mismo Jesús (Mt. 23.35; Lc. 11.50; 24.44) excluyendo, por razones obvias, los deuterocanónicos más recientes. Con esto no debe quedar duda tocante a que ya había un canon cerrado en la época de Cristo.[278] Y ¿por qué se hacía necesario cerrarlo? Porque ya no había una pro-phētōn akribē diadochēn, (*"sucesión indiscutible de profetas"*, Contra Apión 1.41).[279] Tal idea no es un invento de Josefo y se convierte en una piedra en el zapato de quienes intentan validar la tesis de que los Ketuvim o Escritos se mantenían abiertos hasta bien entrado el s. II d.C.

La afirmación de que se había terminado la exacta sucesión de profetas en tiempos de Esdras la descubrimos en la tradición posterior sobre la Bath Qol o *"Voz hija"* (Jer. Sot. ix. 14; Yoma 9b; Sot. 33a, 48b; Sanh. 11a). Dicha Bath Qol se consideraba un eco, pero no la voz divina (Toseph. Sanh. xi. 1). Hasta los deuterocanónicos dan constancia de ello (1 Mc. 4.46; 9.27) y por igual lo

---

277   Esto lo explica Trebolle con total certeza en *La Biblia Judía y la Biblia Cristiana*, 181-182. Por supuesto, que tal conclusión deja en aprietos a los libros "deuterocanónicos" posteriores a esta época, como lo son los dos libros de Macabeos, Sabiduría, Eclesiástico (132 d.C.) y posiblemente las adiciones de Daniel.

278   Lo del canon fijado para el s. II a. C. no solamente lo sostiene Trebolle, sino Gallagher (*The End of the Bible*, Tyndale Bulletin 65.2, 181-199), (59) Leiman (*The Canonization of Hebrew Scripture: the Talmudic and Midrashic Evidence*) (60) y John Barton (*Canons of the Old Testament*, 200-220). (61)

279   Esto, por cierto, hace decir a Josefo que: *"Desde Artajerjes hasta nuestro propio tiempo, se ha escrito la historia completa, pero no se ha considerado digna de igual crédito que los registros anteriores* dia to mē genesthai tēn tōn prophētōn akribē diadochēn", otra vez *"a causa de no haber una sucesión indiscutible de profetas"*. (17)

hacen incluso, dos comentaristas católicos como son A. Robert y A. Feuillet al aseverar que los deuterocanónicos se compusieron en la época cuando *"había ya pasado la era de la espontaneidad"* (Int. Bib. Herder, 1970); (24) es decir, la era de la inspiración. La afirmación de 1 Mac. 9.27: *"desde que desaparecieron los profetas"* retrasa la afirmación de Josefo hasta mediados del s. II a.C. y así el texto de Contra Apión 1.41 se convierte en un *Sitz im Leben*, como indica Dempster (*The Old Testament Canon, Josephus, and Cognitive Environment*, en D.A. Carson, The Enduring Authority of the Christian Scripture, cap. 11, 382), (18) que si se ignora, solo nos quita el contexto temprano, y nos hace depender de testimonios tardíos, posteriores al s. I d.C.

¿Resulta, pues, confiable la teoría del silencio? Por supuesto, ya que no sólo ha sido replicada por Josefo, sino también por Teófilo de Antioquía cuando se refieren a la prophētōn akribē diadochēn, (*"sucesión indiscutible de profetas"*, Contra Apión 1.41). De manera que, al acabar la sucesión profética, el registro canónico redactado por éstos, se concluye. Tal idea, aplicada al NT, aparece replicada en el Canon de Muratori al decir: *"neque inter prophetas completo número, neque inter apostolos in fine temporum potest"* (ni entre los profetas, ya que su número está completo, ni entre los apóstoles del final de los tiempos). (25) Por tanto, es confiable, ya que así lo creían los cristianos primitivos, si bien el término debe ser corregido y apostar por: *"Fin de la exacta sucesión de profetas"*. Con esto se apela al criterio temporal, y éste parece ser confirmado por la misteriosa expresión *"de la sangre de Abel hasta la de Zacarías"* (Mt. 23.35; Lc. 11.50).

En pocas palabras, la razón de por qué se cerró el canon fue el silencio de la voz profética, tal y como atestigua el autor de 2 Mac. 2.13 al mencionar a Judas Macabeo, quien consciente de dicho cese del don profético (1 Mac. 9.27), compiló todo el texto canónico que ya había establecido Nehemías, produciendo una colección final con una lista de los libros, estructurada en tres secciones, justamente, nuestra *Hebraica veritas*. Sin embargo, ¿es ese canon hebreo el mismo asumido por los reformados, o incluye, como lo hacía el *"canon alejandrino"*, los apócrifos del tipo deuterocanónico anteriores a la era de los Macabeos? Esto nos conduce a nuestro tercer punto.

III. HEBRAICA VERITAS VS. SEPTUAGINTA AUCTORITATEM.

Tras presentar el reconocimiento de un canon limitado que reciclaba la estructura triple de la *Hebraica veritas* para la época de Cristo, debemos entrar al debate de los cánones hebreo y alejandrino. ¿Se limitaron los cristianos a utilizar solo uno, o se valieron de ambos? ¿Era la LXX la Biblia de los cristianos, o no pasa esto de ser una afirmación gratuita? ¿Había un canon largo en la LXX, o tan solo resulta ser un mito? ¿Debemos aceptarla como una traducción inspirada (*Septuaginta auctoritatem*)? Estas preguntas están ubicadas en el mismo centro de la problemática deuterocanónica, puesto que, al considerar que los creyentes primitivos usaban el "*canon alejandrino*", se asume que debían reconocer uno mucho más amplio que los 22 libros del canon hebreo.

Y esto porque es en el canon alejandrino donde hallamos la literatura deuterocanónica. Si la LXX era el texto de Cristo y sus discípulos, con su canon ampliado, todos debemos aceptar ese canon, sin chistar. Por supuesto, se necesita comprobar si realmente esta conclusión es correcta y supera las pruebas de la evaluación histórica. Lo primero a descubrir es que la idea de un canon alejandrino resulta ser una hipótesis tardía (un mito que desgraciadamente sostiene Justo L. González), (26) postulada por JS Semler en 1771, como vemos en Albert Sundberg (*The Old Testament of the Early Church*, par. 34), (27) y corroborado por la misma Enciclopedia Católica (New Catholic Encyclopedia, vol. II, Bible, III (Canon, Biblical, p. 29; Bible, III (Canon), p. 389). (28)

Es por ello que, de acuerdo con Bruce (*El Canon de la Escritura*, 44), (4) no se puede hablar de cánones en conflicto porque no hay evidencia de que uno haya sido más amplio que otro. Esto no solo se debe a la ausencia sospechosa de menciones entre autores relevantes de la comunidad alejandrina, como Filón, sino debido a que tal y cual reconoce Reid, los deutero nunca serán citados en el NT precedidos de una fórmula tipo "*Escrito está*", como si se hace con la canónica.[280] Y esto se confirma con la ausencia de los deuterocanónicos en los leccionarios griegos usados para la devoción en los primeros siglos, así como de los comentarios y homilías, tal y como evidenciaron Hengel (*The Septuagint as Christian Scripture*, 66-69); (29) Rahlfs (Die alttestamentlichen Lektionen der griechischen Kirche, 226-230) (30) y Neyra-Casamiquela (Sociedad, cultura y religión en la plena Edad Media (siglos IX al XIII), 203-242). (31)

Lo segundo es entender el concepto *Septuaginta* no es de un corpus homogéneo e identificable, sino elástico. Más que una lista de libros, implica un proceso de traducción, que solo abarcó al Pentateuco, como indica Gallagher (*Translation of the Seventy*, 45-96). (32) Y una traducción que no se vio libre

---

280 Algo parecido a lo indicado por Oskar Skarsaune cuando demostró que ese patrón se repetía en la literatura patrística de los primeros siglos (*The Question of Old Testament Canon and Text in the Early Greek Church*, en *Hebrew Bible/Old Testament: the History of its Interpretation*, vol. 1, From the Beginnings to the Middle Ages (Until 1300), 443-50). (62)

de cometer ciertos excesos, tendiendo a realizar cambios radicales al texto original del cual se derivó la Vorlage (texto base de la LXX), como sería el cambiar los ajuares de las mujeres aristocráticas de Jerusalén en Is. 3.18-23 con los vestidos de las mujeres ricas en Alejandría, o el cambiar el nombre de Tiro por Cartago en Is. 23.1 con el fin de interpretar la historia, alejándose de su sentido original para favorecer la interpretación particular del traductor (Natalio Fernández Marcos, *El Texto Griego de Isaías*, Salmanticensis 62, 7-24). (33) De modo que, la LXX no era un libro que se hallase en dos tapas sino implicaba un esfuerzo de traducción.

Lo tercero sería responder a la pregunta de si ¿era inspirada esta traducción? Algunos Padres como Agustín lo creían por dos razones que ya no se pueden sostener: 1) él creía que los 70/2 tradujeron todo el AT, pero esto no resultó ser más que una lectura distorsionada de Aristeas, donde se informa que sólo se tradujo el Pentateuco, dato corroborado por dos contemporáneos de Pablo, Filón (de Vit. Mos. 2.25-44) y Josefo (Ant. 12.11-118), así como por Jerónimo en Com. Ez. 5.12; y 2) no se puede reconstruir el texto griego usado en el NT al citar el Antiguo. En ocasiones los autores neotestamentarios se apartan de la LXX y se acercan al texto proto-masorético. Cuando sus citas no coinciden con este último, no podemos decir a ciencia cierta si se acercan a la Septuaginta, porque, al no poder reconstruirse el texto griego, como indica Emmanuel Tov (*The Septuagint between Judaism and Christianity*, en The Septuagint and Christian Origins, 21), (34) debemos confiar que la inspiración no se halla en los 70/2 traductores sino en los apóstoles, tal y como lo deja atestiguado Jerónimo en Prol Pent. BAC, 463-65.[281]

Ahora, si bien Agustín creía en la posibilidad de asumir esto (*De Civ. Dei.* 18.44), ya hoy no puede sostenerse debido a dos razones: en primer lugar, LXX solo aplicaba al Pentateuco, como indicase Filón en *De Vita Mos.* 2.25-44 y Josefo en *Ant.* 12.11-18; en segunda instancia, ya lo indicamos previamente, no se puede reconstruir el texto griego. De hecho, confiar en la inspiración de las traducciones, generaría dificultades a la hora de comprender el por qué hay variantes textuales en los manuscritos. Más aún, el mismísimo Agustín (c0ntradictoriamente) reconoce que tales errores podrían presentarse al decir: "*Y si en estos escritos me quedo perplejo por algo que me parece contrario a la verdad, no dudo en suponer que o el manuscrito está defectuoso, o el traductor no ha captado*

---

281   Tal idea también la comparte con el prologuista del Eclesiástico: "*Porque las cosas dichas en hebreo pierden mucho de su fuerza al ser traducidas a otra lengua. Y esto es cierto no sólo en este caso: también en la ley y los profetas, y en los otros libros, no es pequeña la diferencia que se nota cuando se leen en el original*" (Prol. Eclo).

el sentido de lo dicho, o yo mismo no he entendido" (*Carta a Jerónimo* 82.1.3). El cuestionamiento al valor de la LXX como autoridad, ya es incluso puesto en duda, con cierta reticencia, por Carbajosa. (35) Entonces, en las comunidades primitivas predominaba el principio de Jerónimo, denominado *Hebraica veritas* (corroborado por Cayetano cuando escribe: "Nam ad Hieronymi limam reducenda funt tam verba", "*deben reducirse a la corrección de Jerónimo*") y que refiere a replicar siempre el canon hebreo, expresado en la baraitha de Baba Bathra 14b-15a, como la lista "*autorizada*".

Lo cuarto implica saber si la LXX era la Biblia de los primeros cristianos. La respuesta es muy clara. Entendiendo que la Septuaginta no es un corpus en dos tapas, un concepto más que un códice, cuyo texto es imposible de reconstruir, se nos hace imposible afirmar cual era el texto usado por Cristo y los discípulos (Moisés Silva, *Old Testament in Paul, en Dictionary of Paul and his Letters*, p. 633). (36) Esto debido a que si hubo un texto uniforme de base para la Vorlage que sirvió también al texto proto-masorético (para el canon hebreo) salió de circulación en días de Jesús, dejando con ello una pluralidad textual que dejaría la sensación de cierto caos, aunque no hubiese tal cosa (Peter J. Gentry, *Chaos Theory and the Text of the Old Testament*, 55-81). (37) De ahí que sea un pecado imperdonable al hablar de LXX el generalizar diciendo que aquella era la Biblia de los apóstoles.[282]

Estos últimos preferían en ocasiones a otras traducciones, o producirlas *ad hoc* como sería el caso del Apocalipsis (Justo L. González, *La Biblia en la Iglesia Antigua*, 19). (14) Al decir de Peter Williams, no tenían una copia del corpus alejandrino en su mesa de noche. No había una colección que se llamase LXX. Jesús mismo, cuando leyó del rollo de Isaías en la sinagoga de Nazareth (Lc. 4.17-20), no estaba leyendo un rollo griego, sino el texto en hebreo. El primero en extender el concepto más allá del Pentateuco fue Justino y no tenemos idea de que pensara en los deutero puesto que no tenemos citas formales de aquellos en sus escritos. Pablo, por ejemplo, es inconstante con sus citas en Isaías, ora acercándose, ora alejándose de lo que sería la traducción griega. Así que, en su caso, al igual que el de otros autores del NT como Hebreos, los eruditos de hoy no encuentran la manera de explicar tanta inconsistencia en el uso de las citas veterotestamentarias. Y esto en cuanto al

---

282 Parafraseando a Gallagher: si hubiéramos tenido la oportunidad de preguntarle a Pablo, cuando usaba Isaías (uno de los libros del AT que más citó en sus epístolas): "Oye Pablo, eso que estas citando del profeta, "es de la traducción de los 72 ancianos?", podemos estar seguros que Pablo nos diría: "Por supuesto que no", pues los dos judíos contemporáneos suyos que sí nos dejaron su opinión sobre este este punto en particular, fueron muy claros en afirmar que los 72 intérpretes solo tradujeron el Pentateuco.

texto, porque a nivel canónico es irresponsable afirmarlo, ya que no hay evidencias de un canon griego; solo del hebreo, como indica Gentry (*The Text of the Old Testament*, p. 20). (37) Por tanto, no se puede hablar que los autores del NT citaban la LXX, pues dicha frase es imprecisa y equívoca.

De hecho, podemos confirmar esto al revisar el estado actual de la investigación. Antes entendían los eruditos que la Vorlage era más confiable que el proto-masorético, pero a la luz de los nuevos hallazgos, solo es posible para algunos libros del AT (porciones del Pentateuco, Samuel, Jeremías) apelar ese nivel de autentificación. Agreguemos a esto que no tiene mayor representación en Qumrán. Cuando miramos los datos arrojados por Tov (*Textual Criticism of the Hebrew Bible*, 3ª ed., 107) (38) vemos que frente a un 48% de los textos qumránicos de la Torah parecidos al texto proto-masorético, solo un 2% refleja la LXX, y mientras un 44% de las demás Escrituras hebreas (léase "*Profetas y Escritos*") replican al texto proto-masorético, o se le acercan, solo un 7% lo hace con la LXX. Esto resulta esclarecedor para entender a Sundberg cuando afirma que "*no existió nunca un verdadero canon alejandrino de lengua griega que pudiera ser considerado como un canon paralelo al palestino de lengua hebrea*" (*The Making of the New Testament Canon*, en The Interpreter's One-Volume Commentary on the Bible, 284). (39) Si no hubo canon alejandrino en el s. I d.C., entonces este conflicto que muchos apologistas católicos pretenden presentar para indicar los judíos rechazaron el canon griego ampliado debido a su uso cristiano, no deja de ser un mito.

Lo quinto, las traducciones griegas (que ya no una estructura canónica ajena a la *Hebraica veritas*), usadas por los cristianos ¿incluían documentos no reconocidos en el canon hebreo? No podríamos saberlo porque las únicas colecciones tangibles, las pandectas de los siglos IV y V d.C. (códices unciales) no concuerdan en su contenido por lo que al AT se refiere, aunque todos contienen unos u otros de los deutero- incluyendo algunos rechazados por la ICAR.[283] Tampoco podemos hablar de canon corto o largo apelando a las recensiones del texto griego, puesto que no sabemos qué tanto abarcaban, ni cual era, otra vez, su teoría canónica. De lo que sí podemos estar seguros es cómo algunos Padres griegos del s. IV (Epifanio, Cirilo de Jerusalén, Diálogo con Timoteo y Aquila) que aceptaban el texto al cual hoy llamamos

---

283 Una tabla comparativa la encontramos en Gallagher (*Translation of the Seventy, History, Reception and Contemporary Use of the Septuagint*, 56-57). (32) El mismo autor nos indica que no sabemos cuál era la teoría canónica de los compiladores de dichos códices, ni si veían a estos documentos como canon de fe o canon de lectura eclesial (el cual, por definición, se descalifica como documento inspirado).

LXX, tenían una lista canónica idéntica con el canon judío (Gallagher, *The Old Testament "Apocrypha" in Jerome's Canonical Theory*, 213-223, n. 23; (40) Ralph Hennings, Der Briefwechsel zwichen Augustinus und Hieronymus und lhr Streit um den Kanon des Alten Testaments un die Auslegung von Gal. 2,11-14, 131-200). (41)

Por supuesto, alguien podría intentar negar todos estos datos y mantener testarudamente la idea de que la LXX era un libro en dos tapas con una lista determinada reconocida. A esta persona deberíamos preguntarle, ¿Cómo se decide qué libros entran en esas tapas? La respuesta es muy sencilla: tomando en cuenta las pandectas o códices unciales (Sinaítico-Alef, Vaticano-B, Alejandrino-A), y qué libros contenían. Pero como ya vimos, éstas no concuerdan. Por tanto, nos quedamos sin saber exactamente cuál era el "canon" de la Septuaginta, o si estos deuterocanónicos serían un apéndice más que un texto canónico. Sin embargo, la evidencia de que no había tal cosa como un canon griego en competencia con la *Hebraica veritas*, se hace más sólida a medida que comprendemos mejor nuestras fuentes posteriores. Por ejemplo, cuando escuchamos a Justino hablar de LXX, ¿cómo podemos saber que en su mente aquella era un proceso de traducción y no un corpus? No hay manera de saberlo ya que no nos dejó Justino información al respecto, pero sí lo hizo Cirilo de Jerusalén, y para él, la traducción griega, es decir la LXX, consistía de 22 libros (Cat. 4.33). Sorprendentemente coincidentes con la *Hebraica veritas*, y concordando con el testimonio de Josefo. Este punto resulta importante, porque, más allá del contenido, importa el hecho de comprender no había un canon que compitiese con el hebreo, y por tanto, resulta insulsa la presunción del apologista romano cuando afirma que Trento se decidió por el canon largo porque esa era la Biblia usada por Cristo y sus discípulos; que yerra Raúl Zaldívar cuando habla de la Septuaginta como el canon usado por Pablo. (15) Defender la inserción apócrifa en base a este argumento trasnochado, ya no tiene sustento.

Aclarando esto, debemos decir una última cosa. Al no haber más que un solo canon en los primeros siglos del Cristianismo, con una estructura reconocida desde hacía ya 200 años antes del nacimiento de Jesús, y que la LXX no era un libro en dos tapas sino un proceso traductor, por lo cual no hubo un canon alternativo y mucho más amplio que el hebreo, debemos apuntar al patrón visto entre los cristianos de los primeros siglos posteriores al s. I. Por el testimonio de Eusebio (Hist. Ecl. 4.26.12-14) (42) sabemos que Melitón viajó a Palestina y elaboró una lista en base a interrogar a los judíos. Se ha sugerido esto sucedió debido a que había debate en las iglesias griegas respecto al canon hebreo y por tanto, se dirigieron a la fuente original para confirmarlo. La verdad es que Melitón solo estaba respondiendo al interés de un hermano que deseaba conocer con exactitud el número de los libros, y lo que hizo fue obviamente, ir al Oriente llegando "*hasta el lugar en que se proclamó y se realizó*".[284]

Por supuesto, si vemos la incongruencia de las listas canónicas provistas entre los ss. II-IV d.C., podríamos sentirnos tentados a explicarlas apelando a un canon indeterminado, por lo menos por parte de las comunidades eclesiales. Sin embargo, esto resulta no del todo ser cierto, debido a listas cristianas que coinciden perfectamente con el canon, reconocido completo ya por los judíos, de acuerdo al testimonio temprano de Josefo (*Contra Apion*, 1.8, 41). (17) Un ejemplo de ello es el MS 54, folio 76a, contemporáneo de Melitón, como bien detalla Bruce (*El Canon de la Escritura*, 71). (4) Las razones de por qué habrían estas variaciones de listas ha sido bien explicada por Beckwith al indicar: "*Los primeros cristianos compartieron con sus contemporáneos judíos un conocimiento completo de la identidad de los libros canónicos. Sin embargo, la Biblia no se encontraba entre dos tapas: era una lista memorizada de rollos. La brecha con la tradición oral judía (una brecha muy necesaria en algunos asuntos), la separación entre judíos y cristianos y la ignorancia general de las lenguas semíticas en la iglesia fuera de Palestina y Siria llevaron a dudas crecientes en cuanto al canon entre los cristianos, lo cual fue acentuado por la aparición de nuevas listas de los libros bíblicos, arreglados sobre otros principios, y la introducción de nuevos leccionarios. Tales dudas sobre el canon solo podían ser resueltas en la Reforma, regresando a las enseñanzas del Nuevo Testamento y al trasfondo judío sobre cuya base es que se debe entender*" (*El Canon del Antiguo Testamento*, en El Origen de la Biblia, 66). (23) Este sería siempre, el mejor camino. Es el sendero transitado por la mayoría de los reformados, recientemente los ortodoxos griegos, y esperemos, lo hagan pronto nuestros amigos romanos.

---

284   Las listas canónicas posteriores son de cristianos que tenían un AT en griego, pero lo limitaban a un canon corto, no idéntico al nuestro pero corto, a fin de cuentas, por tratar de reflejar en muchos casos conscientemente el canon judío de aquel entonces (Gallagher, *The Old Testament "Apocrypha" in Jerome's Canonical Theory*, 220). (40) Justamente, debido a este patrón es que Jerónimo terminará decantándose siempre por el canon hebreo, aplicando el principio de Hebraica veritas, tal y cual ha dejado aclarado Carbajosa (*Hebraica veritas versus Septuaginta auctoritatem*, 43-45, corroborado, como ya mencionamos antes, por Cayetano cuando escribe: "Nam ad Hieronymi limam reducenda funt tam verba", "*deben reducirse a la corrección de Jerónimo*") (16) y también lo asumirá el mismo Agustín cuando, en Civ. Dei, XVIII, 44 afirma: "*tengo como más acertado lo que se lee en el hebreo*". (63) De hecho, para el Hiponense, si bien la LXX es inspirada, también lo es el canon hebreo, y por tanto, estas acusaciones de católicos y protestantes diciendo que uno le quitó libros a la Biblia y el otro se los agregó, resultaría inútil e irrelevante. Por supuesto, que no se confunda esto con una relativización del canon mismo.

IV. EL PROBLEMA DEUTEROCANONICO.

Visto lo anterior, surge una pregunta: ¿Son inspirados los apócrifos del tipo deuterocanónico? La respuesta es un rotundo NO y esto debido a tres puntos importantes, que sirven como razones válidas.

En primer lugar, dichos apócrifos habían sido excluidos por los mismos judíos muchísimo antes de Jamnia. De hecho, era tan extendido el rechazo que cuando se dieron las discusiones rabínicas, solo se consideró a Eclesiástico, determinándose allí que "*no manchaba las manos*" (es decir, no era canónico). Los demás, por cierto, ni siquiera valió la pena mencionarlos. La razón de dicha exclusión se debía a que todos habían sido producidos en la época del silencio divino. Así lo indica Josefo en Contra Apión, y como lo indicamos antes, también la tradición rabínica sobre la Bath Qol o "Voz hija", la cual apareció cuando la voz de la profecía (en términos de posición) cesó en tiempos de Esdras (Jer. Sot. ix. 14; Yoma 9b; Sot. 33a, 48b; Sanh. 11a).[285]

De ahí que no hayan sido mencionados ni por Filón, los autores del NT ni Josefo en su recuento del canon[286]. La aparición de fragmentos en Qumrán que contienen a Tobías tampoco es un argumento de peso para su canonización por dos razones: a) los esenios también conservaron el Génesis apócrifo (Jubileos) y a 1 Enoc; y esto no sugiere que sean canónicos; b) los escribas de dicha comunidad redactaron todo un documento conocido como la *Obra Sadoquita* donde se ataca la autoridad de *Jubileos*, dando a entender que podían conservar un documento no inspirado, y a su vez seguir negando su inspiración. (4) Por tanto, los judíos estaban claros en excluirlos mucho antes del s. I.

En segundo lugar, los Padres nunca tuvieron una postura unánime respecto a ellos, como alguien ha intentado postular. Se podría afirmar que algunos Padres apostólicos[287] los mencionen (o que aparezcan algunas escenas en el arte paleocristiano) pero eso no es argumento suficiente para su canonización, puesto que autores inspirados como Judas llegaron a valerse de citas

---

285   Esta Bath Qol se consideraba un eco, pero no la voz divina (Toseph. Sanh. xi. 1). Hasta los deuterocanónicos dan constancia de ello (1 Mc. 4.46; Eclesiástico, prol) y acorde con lo indicado antes, por igual lo hacen incluso, dos comentaristas católicos como son A. Robert y A. Feuillet. Por ende, no son de naturaleza inspirada sino reflexiva. Ojo con esto.

286   salvo la mención de la historia macabea en *Ant.* entendiendo que Josefo no solo construye la historia apelando a los libros macabeos como primera fuente, sino que también se vale de otros recursos no canónicos para rellenar los huecos de aquella historia, como es el caso de 3 y 4 Macabeos, libros no canónicos, y las obras de Nicolás el Damasceno.

287   Ignacio, Policarpo, Clemente Romano y la Didaje.

apócrifas como As. De Moisés (v.9) o 1 Enoc 1.9 (vv.14-15) y ello no implica que sean inspirados. De la misma manera, Tertuliano cita a Judit y a 1 Mac. pero también lo hace con 4 Esd. 7.28, 12.32; 1 Enoc 8.1 y sobre todo, con los Oráculos Sibilinos 2.196-213; 3.108-111. Puesto que estas tres últimas fuentes no son consideradas canónicas por el catolicismo romano, mencionar a Tertuliano está de más.

Algo parecido se podría decir sobre la presencia de algunas escenas apócrifas en las catacumbas; eso no prueba su canonización porque si colocamos ese razonamiento defectuoso a la inversa, deberíamos asumir que no son canónicas las escenas de libros veterotestamentarios ya reconocidos pero que no aparecen allí. Simple. Tocante a las citas en Padres tempranos como Clemente de Roma, Ignacio, Policarpo o la Didajé, debe acotarse que son apenas una gota ante el vasto océano de citas del AT que hacen. Esto ha llevado a muchos patrólogos a suponer que, para ellos, estos libros no eran inspirados, sino que gozaban de valor devocional, como cualquier texto de temática religiosa hoy en día. La carencia de representación en los textos patrísticos de primera generación, resta peso a su valor canónico.

Peor aún, si mantenemos esa postura (como inútilmente y de forma deshonesta conservan los autores del portal *Conoce tu fe católica* en su apartado sobre Deuterocanónicos), tendríamos que negar coherencia en el magisterio patrístico; esto debido a que nunca hubo unanimidad al respecto. Por ejemplo, las listas de Melitón y la bilingüe (rescatada por Epifanio) no los incluyen. Se afirma que Justino los menciona en su *Diálogo con Trifón*, 73, afirmando que los judíos quitaron esos libros porque testificaban a favor de Cristo en el AT. No obstante, quien asume dicha premisa, ignora que no hubo canon largo de los LXX hasta después del s. IV[288] y que Justino cuestiona que los judíos quitaron las menciones cristológicas en los libros que ambos reconocían (como citas en el Pentateuco y los Salmos, en especial, Sal. 96.10 (LXX 95.10); no Tobías, ni Judit, ni Sabiduría o Eclesiástico).

Lo mismo se puede decir de Orígenes. El no sólo provee una lista oficial del canon veterotestamentario (recogido por Eusebio en Hist. Ec. 6.25. 1,2) (42) que excluye a los deuterocanónicos (colocando aparte a los Macabeos), sino que provee afirmaciones de este tipo: "*así como las veintidós letras parecen constituir una introducción a la sabiduría y las enseñanzas divinas que están escritas para hombres y mujeres con estos caracteres, los veintidós libros inspirados*

---

288   Por testimonio de los eruditos en el canon griego, la idea de un "canon alejandrino" es de 1935.

por Dios forman el ABC de la sabiduría de Dios y una introducción al cono-cimiento de todo lo que es" (Filocalia, 3). Por supuesto que Orígenes no los rechaza como textos de utilidad devocional para su método alegórico, pero en carta a Sexto Julio Africano, se cuestiona la validez de las adiciones griegas a Daniel (en particular, la *Historia de Susana*, la cual para nada estuvo relacio-nada con el texto original).

Atanasio sigue la misma metodología de Orígenes al colocarlos aparte del canon veterotestamentario y entender que *"fueron señalados por los pa-dres"* como lectura edificante, pero no inspirada. Para el obispo alejandrino, una cosa eran los libros canónicos y otros los de uso eclesial (opinión com-partida por Hugo de San Víctor, en la Edad Media). Para que quede claro: los mal llamados deuterocanónicos no eran canónicos, pero sí eclesiales (una postura repetida en el canon 59 de Laodicea y que casi todas las iglesias re-formadas históricas han mantenido, como evidencia la simple observación). Cirilo de Jerusalén, Gregorio Nacianzeno, Anfiloquio de Iconio y Teodoro de Mopsuestia también mantuvieron una postura de rechazo a los deuterocanó-nicos como textos inspirados y hasta se dudaba de su valor eclesial.

Jerónimo, traductor de la Vulgata (la edición consagrada en Trento como texto oficial, anatematizando a todas las demás) tenía una opinión muy cla-ra hacia los deuterocanónicos. No los consideraba canónicos, pero podían leerse para edificación del pueblo *"aunque no para establecer la autoridad de los dogmas eclesiásticos"* (Prólogo a los tres libros de Salomón, norma usada por Lutero posteriormente). Más aun, los tilda de apócrifos, pasándose por el caño las disquisiciones de los apologistas actuales (*Prologus galeatus* a la Vulgata) y en su prólogo a Daniel, arremete contra las adiciones de la LXX tardía (o ampliada). Si bien Agustín es más propenso a incluirlos, como ya hemos dejado indicado, el obispo de Hipona consideraba el canon que los ex-cluía era tan inspirado y válido como el que los incluía (Civ. Dei. 18.44). (13)

Todo lo mencionado es importante, porque si los deuterocanónicos no tenían valor canónico sino eclesial, entonces quedaba a libre criterio de las confesiones eclesiales el incluirlos o no. De modo que, si una determinada liturgia decidía prescindir de los tales, su experiencia eclesial no se invalidaba (respondiendo a la objeción de que algunas denominaciones reformadas deja-ron de imprimir biblias con los deuterocanónicos a partir del. s. XIX). Y esto, siguiendo la línea trazada tanto por Orígenes, como por Jerónimo y Agustín. Dicho lineamiento fue seguido por los reformadores a pies juntillas quienes incluían los deuterocanónicos en sus traducciones, pero siempre como apéndice del AT.

Alguien podría cuestionar todo esto apelando a los concilios, en particular el de Roma en el 382 d.C. A esto se le refuta de tres maneras:

a) El concilio de Roma no fue de naturaleza ecuménica sino local. Esto lo explicaremos en el último acápite.

b) Los concilios de Hipona y Cartago (de los cuales sí se tiene fehaciente comprobación histórica), tampoco fueron concilios vinculantes, debido a que se mantuvo siempre esa posición ambivalente, lo cual supone su carácter de no vinculación; en el Concilio Quinisexto (692 d.C.) también se los incluyó, pero debemos recordar este concilio no ha sido reconocido por el catolicismo romano. Para colmo de males, parecen asumir investigadores católicos como Tim Staples, que fue en el Concilio de Florencia (1442) cuando realmente se ofreció una lista oficial que habilitase el canon veterotestamentario, lo cual desmonta la tesis del 382 d.C. y coloca a nuestros hermanos católicos en un grave aprieto: no hubo seguridad de canon hasta el s. XV, una fecha bastante tardía considerando que ya los judíos tenían establecido su canon desde hacía siglos. Todavía más; si esto es así, ¿sobre qué textos autoritativos escribieron los Padres?

c) Es en Trento, como reconoce la Enciclopedia católica, cuando se proporcionó *"el primer pronunciamiento infalible y efectivo que se promulgó del canon dirigido a la Iglesia universal"*. (43) Y aún a pesar de ello, hubo en el concilio reacciones adversas de cardenales que no estuvieron de acuerdo con la inserción de los deuterocanónicos, incluyendo a figuras tan relevantes de la Contrarreforma como Seripando y Cayetano (el opositor de Lutero en Augsburgo). Por ende, seguir afirmando la tesis trasnochada de que fue en el 382 cuando la Iglesia católica creó el AT, implica ignorar su propia historia y la posición asumida de forma oficial por sus documentos. La verdad histórica es totalmente distinta: los concilios no crearon un canon, ni tampoco lo compilaron o reunieron, solo lo ratificaron; y esto tan tardíamente como en el 1546, después de que aparecieran las primeras biblias reformadas.

Finalmente, como tercer punto, debemos destacar las inconsistencias de muchos deuterocanónicos. Este tópico, de por sí, amerita un artículo aparte, pero se podrían mencionar dos renglones de problemas generados por el contenido de dichos libros:

a) El primero tiene que ver con las incongruencias históricas. El libro de Judit es un ejemplo clave. Contiene un enorme anacronismo al mencionar a Nabucodonosor como rey de Asiria, cuando éste en verdad lo fue de Babilonia, en una época cuando no existía ya tal imperio; Baruc 1.1-2 contradice a Jer. 43.4-7 colocando a Baruc en Babilonia y no en Egipto como afirma la Escritura, o Tob. 1.15 que afirma Senaquerib era hijo de Salmanasar cuando en verdad lo fue de Sargón. Pese a los ingentes esfuerzos de Vigoroux en proveerle un marco historiográfico, la posición oficial es la que ve a Judit como un relato ficticio (prefacio a Judit en Biblia Latinoamericana). De hecho, en términos arqueológicos, estos textos no quedan bien parados. A eso se agrega el problema exegético, algo ya especificado por Orígenes. La historia de Susana proyecta tal problema puesto que hay en ella un juego de palabras en griego que sería impensable en el hebreo, lo cual sugiere la historia es una ficción posterior agregada al libro del Daniel original en un período tan lejano a la época de inspiración.

b) El segundo implica las contradicciones inmediatas con el texto neotestamentario, como es el caso de Tob. 12.12 en contraste con Col. 2.18 y Ap. 22.8-9 respecto a la adoración de los ángeles; o Sab. 8.17-21 que enseña la doctrina de las almas preexistentes, una postura mormona que tanto católicos romanos como evangélicos rechazamos enfáticamente porque no comulga con la integridad textual de nuestro cuerpo doctrinal. Así mismo se incluyen Sab. 7.25 con su doctrina de la emanación, tan parecida a la cosmogonía gnóstica, y muchas más con las cuales violentan la perícoresis textual. No nos detendremos en este punto porque debemos avanzar, prestando atención a dos puntos importantes.

Primero, el término "*deuterocanónico*", desconocido para los Padres (puesto que se acuñaría tan tarde como 1556) conlleva un terrible desatino, puesto que supone la existencia de un segundo canon del AT, lo cual implicaría afirmar existe un doble canon, y con ello dos revelaciones bíblicas distintas. Terrible circunstancia. Lo segundo es que estos libros carecen de las marcas que definen la inspiración[289]. Y es por tal razón que la Iglesia primitiva, si los leía, no lo hacía buscando algún tipo de autoridad en ellos, o de la manera como nosotros entendemos el concepto de "*canon*".

---

289 Estos criterios, como sucedió en Jamnia, no se validan arbitrariamente, sino que se descubren a partir del mismo texto. El criterio de autoridad lo provee 2 P. 1.20-21; el de confirmación en Heb. 2.3-4; el de coherencia en Sal. 119.160 y Jn. 17.17; el de coordinación en Gal. 1.8 y el de impacto en Heb. 4.12. Para nuestra sorpresa, los criterios usados por la Iglesia para reconocer el AT los tomó del NT, y eso en un tiempo tan temprano como los días en que Pedro redactó su segunda epístola (2 P. 3.15). En ese canon de segunda, no descubrimos tales marcas.

De hecho, tenemos evidencia oficial, por un concilio de que no podían leerse de tal manera. El canon 59 de Laodicea los considera solamente de lectura eclesial y no como un canon de fe. Por tanto, realmente los veían como una lectura devocional, sostenida muchas veces por el valor simbólico dado en algunas comunidades. Pero esta lectura no les inyectaba autoridad canónica puesto que no se les reconocía en las listas principales. El mismo Atanasio los separa en su *Carta Pascual*, afirmando con ello la idea de un *canon devocional*. Y tal idea, por cierto, es la usada por Sixto *Seniensis*, cuando se acuña el concepto "*deutero*-canónico". De manera que la misma titulación aplicada hoy a los apócrifos, es evidencia de que los creyentes primitivos no leían estos textos de forma canónica. ¿Por qué pues deberíamos hacerlo nosotros?

V. EL CANON DEL NUEVO TESTAMENTO.

En este acápite final podríamos insertar una interrogante: ¿Hay reconocimiento del canon neotestamentario antes de los concilios del s. IV? La objeción común es afirmar lo contrario y decir el canon del Nuevo Testamento fue determinado por la ICAR en el Concilio de Roma (382) siguiendo la orden del papa Dámaso I. Ahora bien, ¿esto es verdad o no? Para responder certeramente, prestemos atención a las evidencias, cuatro en particular.

En primer lugar, todos los libros del NT proceden del s. I. Y de acuerdo, a la actualización en los estudios de crítica textual, las fechas están siendo revisadas para asignar un *terminus ad quo*[290] en la primera mitad del s. I, antes del 70 d.C. (incluso para el evangelio de Juan y el Apocalipsis, de acuerdo a Geldenhuys). De hecho, se piensa que Mateo ahora es el primer evangelio en haber sido escrito (debido a la revisión del P64, o papiro Thiede) (44) siendo su datación del 37 d.C.; lo cual supone un marco temporal para la redacción de los evangelios (y Hechos) entre el 37 al 67 d.C. El corpus paulino también pertenece a ese lapso (50 al 65 d.C.) y las pastorales por igual.[291] La excepción serían las epístolas joaninas, pero las mismas estaban redactadas antes de finalizar el s. I. Esto de por sí es relevante, debido a que, si ya estaban presentes los documentos (y la Iglesia los consideraba sagrados), entonces se tenía la estructura del canon neotestamentario para el primer siglo, incluso mucho antes de que se acuñasen conceptos como "canon". Ya que dicha apreciación

---

290 Punto de inicio.

291 Hebreos es anterior al 70 d.C. porque no sabe nada sobre la destrucción del Templo; Santiago, anterior al 62 d.C., la fecha de su martirio; las de Pedro son anteriores al 67, y la de Judas se colige procede antes del 60 ya que presupone vivo a Santiago (v.1).

es propia no solo de críticos evangélicos, sino también romanos, en este punto podemos estar de acuerdo.[292]

En segunda instancia, tocante a su autoridad, hay un reconocimiento consciente de canon dentro de las propias Escrituras neotestamentarias. Es el NT quien asume como canónico los libros adheridos a su estructura. Por ejemplo, Pablo coloca el evangelio de Lucas (cuya fecha de redacción es anterior al 60 d.C. a la luz de las nuevas investigaciones) a la altura de Moisés, rotulando ambos pasajes con el término *"Escritura"* en 1 Tim. 5.18 (cf. las citas de Dt. 25.4 y Lc. 10.7). Este no es el único ejemplo, lo vemos también en Pedro cuando eleva todo el corpus paulino (ya existente para la fecha de su redacción) al mismo nivel de las Escrituras del AT (cf. 2 P. 3.15). De modo que un escritor inspirado considera, antes del 67 d.C., que todo el 48% del NT es canónico. Agréguese a esto que, siendo las epístolas de carácter circular (Col. 4.16; 1 Ts. 5.27) éstas eran reconocidas como sagradas no sólo por la congregación remitente, sino por todas las demás comunidades. En este sentido, la autoridad de la Escritura, se determinó por la propia Escritura. De hecho, un análisis interno parece colegir que a estos escritos se les otorgaba un valor más elevado que a las mismas Escrituras veterotestamentarias. Y si esto es así, de acuerdo a lo indicado por F. F. Bruce, (4) Moule, (45) Goodspeed (46) y los mismos Padres, ya se tenía un corpus neotestamentario reconocido como sagrado, antes de la ratificación conciliar.[293]

Por lo cual, como he dicho en otro lugar, *"apelando a estos últimos datos, podríamos argüir que la expresión "*Toda Escritura*" se refiere al texto sagrado, tanto el canon veterotestamentario, ya cerrado en la época de Pablo, como al neotestamentario, en proceso casi completo de formación. Si a esto le adjudicamos la expresión "*Toda*" (gr. πᾶσα), la cual se traduce como "cada", teniendo en cuenta el sentido extensivo de la palabra al tener el artículo definido, implica que*

---

292   ¿Y qué con documentos no canónicos a los cuales se les consideró *"inspirados"* como I Clemente y *El Pastor*? La respuesta nos la brinda el canon Muratoriano, el cual preserva, como hemos indicado en páginas anteriores, un criterio temporal cuando dice: *"neque inter prophetas completo numero, neque inter apostolos in fine temporum potest"* (ni entre los profetas, ya que su número está completo, ni entre los apóstoles del final de los tiempos).

293   Agreguemos que, de acuerdo a lo suministrado por Plummer (56) y después Orchard, (57) cuando se revisan las cartas a los tesalonicenses, se descubre que Pablo tenía en mente al discurso escatológico de Cristo registrado por Mateo (y no el de Marcos o Lucas) contrastando simplemente 1 Ts. 2.14-16 con Mt. 23.31-39; 24.2b; 1 Ts. 4.16-17 con Mt. 24.30-31; 1 Ts. 5.4-7 con Mt. 24.42-56 y 2 Ts. 2.9, 10 con Mt. 24.24 (la lista es mucho más abundante). De forma que ya Pablo conocía el Evangelio de Mateo (cuya datación temprana ha sido confirmada, no sin cierta reticencia, en el análisis forense del p64) (44) y lo considera lo suficientemente sagrado como para hilvanar toda su escatología en el mismo.

cada elemento relacionado con el todo (es decir el conjunto total de la Escritura), es inspirada por Dios. Por supuesto que dicha exégesis es propia de la intentio auctoris *puesto que ya Pablo ha dado pistas para que comprendamos el pasaje de dicha forma cuando indicó a Timoteo: "Retén la forma de las sanas palabras que de mí oíste, en la fe y amor que es en Cristo Jesús" (1 Tim. 1.13). Es decir, que hasta la forma de las palabras dadas debe ser retenida fielmente para que así pueda obedecer el consejo de 2.15"*. (47)

En tercer lugar, resulta sorprendente que, al leer a los Padres apostólicos de primera generación, éstos usan el mismo método de Pablo y Pedro al citar las Escrituras del Nuevo Testamento a la par de las hebreas. Lo hace Clemente Romano en 1 Clemente 13.1; 46.7; Ignacio en *A los de Filadelfia,* 8.2; la homilía conocida como 2 Clemente 2.1-4; 3.2-5; 14.2; Bernabé 4.14; y Policarpo en *A los Filipenses,* 12.1. Todos estos autores ya tenían conciencia del canon neotestamentario, hasta el punto de que se podría reconstruir este último completo solo a partir de las citas que aquellos legaron.[294] Y no solo tenían conciencia de la estructura completa, sino de su autoridad, a la par de las hebreas.

Finalmente, la ESTRUCTURA está presente desde antes de las ratificaciones, y como la estructura es sinónimo de canon, entonces ya teníamos canon neotestamentario antes del s. IV. La evidencia de ello se descubre no solo por las citas de los Padres, sino por las listas canónicas que ya encontramos antes del s. III d.C. Por ejemplo, el número de los Evangelios ya estaba determinado para el 170 d.C. cuando Taciano hizo su *Diatesarón* (cuatro voces), una armonía de los cuatro evangelios. Y antes que él, tanto Papías como Justino tenían una conciencia de dicha colección para inicios del s. II. El corpus paulino ya era reconocido por el primer Clemente y hay indicios de una conservación del mismo para la época de Pedro (cf. 2 P. 3.15). Las epístolas pastorales (incluido Hebreos), ya estaban reconocidas para la época en que apareció el *Fragmento Muratoriano* (un verdadero canon del s. II) y el Apocalipsis ya no se discutía para esa época. Sólo se ponía en duda el apócrifo Apocalipsis de Pedro, pero el mismo fragmento reconoce que no había

---

294   En los escritos de Justino Mártir hay 300 citas directas o indirectas del Nuevo Testamento; en Ireneo, 1.800; en Clemente de Alejandría, 2.400; en Tertuliano, más de 7.000; en Orígenes, casi 18.000. Por supuesto, hay que dejar aclarado que esta afirmación tiene sus limitaciones puesto que, al decir de Flores, *"la mayoría de las citas son cortas, nunca se citan ciertos pasajes importantes del Nuevo Testamento, y no se sabe si determinado escritor se citó de memoria o se copió. También debería señalarse que los manuscritos en donde están las obras de los padres han tenido su propia historia de transmisión, y quizá no siempre representan con fidelidad lo que se escribió originalmente"*. (70) Sin embargo, pese a esto, con esta proporción textual, reconstruimos el NT casi en su totalidad, si bien ese texto tenga enormes variaciones.

unanimidad respecto a este último; lo cual causaba cierta sospecha. De modo que, con ciertas diferencias, la estructura general del NT era reconocida como sagrada antes de finalizar el s. II.

Por supuesto que a esto se le puede objetar afirmando tres cosas: a) que la Iglesia no tenía canon, sino que se vio en la necesidad de compilarlo tras aparecer listas heréticas como las de Marción y Valentino; b) que justamente debido a las diferencias entre los cánones oficiales que incluían libros apócrifos, se ameritaba de la autoridad eclesial para definir de forma definitiva qué es canónico y qué no lo es; y c) que fue Dámaso I en el Concilio de Roma quien compiló el Nuevo Testamento. A esto se le responde diciendo:

1) La Iglesia no compiló el canon debido a Marción, sino que Marción violentó y mutiló un canon ya reconocido (tal y como lo evidencia Theodore Zahn). (48)

2) Las diferencias de algunos fragmentos no anulan el hecho de que ya se tenía una conciencia de canon y una estructura creada. Además, antes de que fuese ratificado el canon neotestamentario se tenían listas canónicas que no presentaban presencia de apócrifos. La lista de Cheltenham, por ejemplo, es anterior a los concilios locales de Hipona y Cartago (el de Roma no tiene validación histórica) y dos siglos más antigua que el *decretum gelasianum*, y en ella se tiene el mismo canon de 27 libros actual. (4) Por ende, las ratificaciones posteriores, solo son eso, ratificaciones; no creaciones.

3) Afirmar en el Concilio de Roma se definió el NT resulta ser una patética presunción. Y presunción construida sobre suelo legendario y con poca rigurosidad histórica. Esto lo decimos debido a lo siguiente: El concilio de Roma no fue de naturaleza ecuménica sino local. Por tanto, sus decisiones no afectaban a toda la experiencia eclesial, como lo indica la misma Enciclopedia Católica. La evidencia de ello es que, los padres posteriores no se pusieron de acuerdo respecto a los deuterocanónicos. Si hubiesen sido decretos generales, ¿por qué no todos se sintieron obligados a asumirlos? ¿Por qué hasta el obispo romano Gregorio Magno los ignoró cuando negó que 2 Mac. era un libro canónico (Library of the Fathers of the Holy Catholic Church, 2:424)? ¿Por qué, al decir de Reid, *"a través de toda la Edad Media hallamos evidencia de vacilación acerca del carácter de los deuterocanónicos"*? (43) ¿Por qué Jerónimo, quien participó supuestamente del Concilio, terminó relegándolos? ¿A qué se debe que Juan de Damasco afirmase *"no fueron contados ni depositados en el arca"* o canon? ¿Por qué Beda, Alcuino, Nicéforo de Constantinopla, Rabano Mauro, Agobardo de Lyon, Pedro Mauricio, Hugo y Ricardo de San Víctor,

Pedro Comestor, Juan Belet, Juan de Salisbury, el anónimo autor de la Glossa Ordinaria, Juan de Columna, Nicolás de Lira, William Occam, Alfonso Tostado y el Cardenal Francisco Jiménez de Cisneros (editor de la famosa *Políglota Complutense*) les negaban carácter canónico? La respuesta es obvia; no era un CONCILIO VINCULANTE.

Peor aún, parece que dicho concilio es de dudosa convocación; no hay pruebas documentales de que haya sucedido; sus cánones no han sido conservados y el famoso decreto gelasiano (donde se supone aparece la lista canónica que allí se validó) se ha comprobado es una falsificación del s. VI. Hasta la Enciclopedia católica cuestionaba, allá para 1908, la posibilidad histórica de ese concilio. (43) La evidencia, aparte de la carencia de testimonios, así como la dependencia en un documento falsificado, vuelve a ser el nulo impacto que generó entre sus contemporáneos, y los padres posteriores. De forma que, como nunca hubo consenso en cuanto a los mismos pese al concilio, nos quedamos con dos opciones: o el concilio no era vinculante, o en el peor de los casos, nunca ocurrió. [295]

---

295 Por supuesto, para proveer una respuesta concreta, primero debemos hacer una explicación inicial, a modo introductorio. Es, por así decirlo, una nota de aviso. Lo primero es que, viendo la manera como se sirven del sínodo romano los apologistas católicos, se descubre que dicho argumento solo funciona para discutir, no sobre canon veterotestamentario, sino del Nuevo. Pero si validamos el concilio para servir como acicate en la resolución del problema DT, entonces la cosa se complica porque, tras éste, nunca hubo consenso en cuanto al canon del AT hasta Trento. Lo cual sugiere tal sínodo no fue de carácter vinculante. Lo segundo que debemos precisar es tocante a la naturaleza del mismo. ¿Es un concilio, o es un sínodo? Pareciera que no se pusieran de acuerdo. El carácter no vinculante demuestra no podía tener naturaleza conciliar. Agreguemos a esto el hecho de que tampoco en las fechas parecen coincidir. Casi todos entienden fue en el 382 pero la Enciclopedia Católica sostiene fue en el 374. (43) Tales discrepancias resultan muy sospechosas. Entendido esto, procedamos pues a revisar si hubo o no tal cosa como un sínodo romano. Al respecto, destacamos solo tres puntos básicos. Lo primero es que toda reunión ora sinodal, ora conciliar, deja tras sí un rastro documental. No sucede esto con este susodicho sínodo. Los cánones atribuidos no aparecen y la única evidencia plausible solo se halla en un decreto posterior atribuido a Gelasio I o al papa Hormisdas. Es el DECRETO GELASIANO. Dicho documento pretende poseer un canon, en el cap. II, elaborado por Dámaso y fijado en el Sínodo de Roma. ¿Podría ser ésta la única pista documental del sínodo romano? No obstante, lo más decepcionante es que las bases sobre las cuales descansa esa pista resultan ser débiles. Y esto debido a que la erudición contemporánea hoy rechaza las pretensiones de dicho documento ya que, tal y como señalase Berthold Altaner, resulta ser "*apócrifo*". Cuando leemos a Altaner, el especifica que la sección apócrifa es la titulada: *Decretum Gelasianum de libris recipendis et non recipiendis*. Justamente, es una lista canónica y de acuerdo con Altaner (Patrología, 492) "*se trata de un trabajo privado, redactado por un clérigo al principio del s. VI, probablemente en la Galia meridional, en el cual pese a todo se reflejan opiniones y circunstancias del mundo romano*". (64) Entonces, la sección del Decreto que apunta ser una cita del canon establecido en Roma, la única pista documental del susodicho sínodo, resulta ser un apócrifo del s. VI, más de 200 años después del evento y escrito, no en Roma, sino en el sur de Francia. Eso nos lleva a lo segundo. Tal espuriedad hace imposible validarlo históricamente porque las pruebas están en su contra, y esto lo han

Pero, pese a que no hay forma de sostener el concilio romano, aun así, tendríamos una serie de problemas al no contemplar a la iglesia como agente externo para definir el canon. Por ende, interrogan, si se hallase un libro apostólico *"perdido"* ¿debería integrarse al NT? La pregunta es hipotética, y por tanto no calza en el desarrollo de una argumentación sólida, so pena de hacer que un presupuesto subjetivo se convierta en causa de justificación. No hay probabilidad en descubrirse un libro apostólico perdido, teniendo en cuenta que ni siquiera tenemos los autógrafos (salvo, posiblemente P64) de los que sí sobrevivieron. Ahora bien, si remotamente ocurriese, primero debería ser sometido al análisis (no sea que pretenda ser un escrito apostólico, sin serlo, como los pseudoepígrafos o los evangelios gnósticos) y luego al cotejo con los libros del presunto autor, sea Pablo, Pedro, Juan o Moisés. No obstante, aun así, no formarían parte del canon debido a que, para ser canónico, no basta con cumplir ciertos criterios sino con todos, y uno de ellos, justamente, es la preservación. La Providencia divina no es solo un mero artículo de fe, sino que abarca el mismo desarrollo del canon.

Por esa razón creemos que Dios preserva su Palabra y, pese a lo imperfecto en los procesos de transmisión, la inspiración en los textos escritos fue también garantía de supervivencia. El ejemplo más notable es el hecho de que las fuentes utilizadas por los escritores inspirados (Libro de las Batallas de

---

entendido académicos como E. von Dobschutz, (66) Mansi, (65) y hasta Justo L. González. (67) El mismo FF Bruce lo replica y se halla como nota fehaciente al pie de página del Decreto Gelasiano en el *Enquiridión Bíblico* (pp. 28-29). Por supuesto, ésta no es la única inconsistencia del documento. También encontramos un anacronismo. El mismo es una cita de no poca longitud en el primer capítulo atribuido a Dámaso. Allí se replica una cita textual del *Comentario a Juan* 9.7 hecho por Agustín; un tratado escrito en el 416 casi cuarenta años después del supuesto sínodo. De ahí que Burkitt mismo reconociese dicho capitulo *"no tiene valor histórico"*. (68) A menos se crea Dámaso viajó en el tiempo al futuro y se trajo el Tratado de Agustín. Así que repasemos. El decreto Gelasiano es un documento de cinco títulos y los últimos dos son espurios. Por ende, sólo nos quedan tres. No obstante, el anacronismo del título 1 demuestra éste también tiene problemas. Y como ya reconocen los eruditos, incluyendo a Bruce el título 2, que trata sobre el canon de Dámaso I, también resulta ser una falsificación del s. VI, hecha en la Galia meridional, no en Roma. Por tanto, restando los dos primeros y los dos últimos, solamente nos queda el tercer título que, al ser una especie de apéndice al anterior, corre con el mismo destino. Ahora, hay una tercera cuestión que debemos explorar. El título segundo del Decreto, justo el que se atribuye a Dámaso, no fue conocido hasta el s. VII, tal y como reconoce la misma *Enciclopedia del Cristianismo Antiguo*, donde se afirma que la atribución a Dámaso es *"históricamente imposible"*. (69) Más aún, es bueno recordar que dicha época se caracterizó por la producción de documentos falsos, conocidos como las *Falsas Decretales*, muchas de ellas intentando conectar tanto a Dámaso como a Gelasio I con los tales. Por tanto, podemos ver acá un patrón por el cual, objetivamente, descubrimos no es tan descabellado asumir que dicho Decreto (y los títulos conectados al obispo romano), no eran más que un ejemplar en ese océano de falsificaciones surgido de aquellos días. Por ende, la conclusión es más que obvia tocante a este concilio espurio.

YHWH, Libro de Yaser…) no sobrevivieron pese a ser citados en el registro canónico. Esto nos muestra que no eran en sí mismas inspiradas, puesto que una marca de la inspiración es la supervivencia. Siguiendo dicha idea, hay un caso interesante en la Escritura. 2 Crón. 26.22 habla de una biografía del rey Uzías escrita por el profeta Isaías, hoy perdida. Sabemos el profeta era un autor inspirado, pero ese documento, pese a ser escrito por él, no lo fue. ¿La evidencia? No llegó hasta nosotros; y si apareciese, sólo tendría un valor histórico de confirmación para el registro inspirado, sin considerársele canónico. Porque, otra vez lo repito, para que un documento sea parte del canon, debe contener todas las marcas. La biografía escrita por Isaías contenía algunas, pero no todas. Creo que eso resuelve cualquier duda.

Unas palabras de conclusión muy necesarias. La Iglesia no define al canon, ni tampoco lo determina; ella solo reconoce los criterios internos por los cuales un escrito es sagrado. ¿Juega un papel relevante? Sí, nadie lo niega. Pero la Iglesia no determinó lo sagrado del documento, sino reconoció que lo era partiendo del texto por el texto mismo. Es decir, porque no contradecía lo dicho por el Apóstol en los otros libros reconocidos, además de que poseía una unidad interna con ellos. Por ende, la Iglesia reconoce su canonicidad no apelando a la autoridad eclesial, sino a la Escritura por la Escritura. De modo que, para la configuración, el papel de la Iglesia como criterio es pasivo. Donde sí encuentra un rol activo es en la preservación. La Palabra es la verdad (Jn. 17.17) y como la tradición escrita es Palabra de Dios, la Iglesia como *"columna y baluarte"* (1 Tim. 3.15) debe levantar y proteger la Sagrada Escritura. Así lo hizo durante las persecuciones, y a través de su labor manuscrita. Siguiendo el consejo del apóstol, no solo preservaban con celo y amor los escritos recibidos, sino que también los compartían con otras comunidades cristianas (Col. 4.16; 1 Ts. 5.27). De ahí que surgiesen copistas entre los miembros para replicar las epístolas y los evangelios con el fin de poder extenderlos a las demás iglesias. La enorme cantidad de trozos y fragmentos recuperados es una evidencia contundente. La mayoría proceden de los siglos II y III aunque se sabe de casos retrotraídos al s. I. En esta labor de preservación, la Iglesia desempeñó un papel activo. Y al compartirse cada escrito, se fijó una suerte de unidad canónica, por lo cual, pronto aparecerían listas en el s. II corroborando tal conciencia.

En definitiva, el *criterio eclesial*, como se denomina, juega un rol pasivo en la configuración del canon, pero activo en su preservación y defensa. Y ¡qué maravilloso que sea de este modo!, porque, de lo contrario, si creyésemos no se tenía un canon cerrado hasta los concilios del s. IV y XVI, entonces concluiríamos forzosamente que algo tan importante como el canon bíblico, no lo recibimos de los apóstoles. *Absit nos rem tam blasphemam cogitare.* Dios nos libre de pensar una cosa tan blasfema.

BIBLIOGRAFIA

1. **Childs, Brevard.** *Introduction to the Old Testament as Scripture.* Philadelphia, PA : Philadelphia: Fortress Press, 1979.

2. **Barton, John.** *Reading the Old Testament: Method in Biblical Study.* Londres : Darton, Longman and Todd, 1984.

3. **R., Lightfoot Neil.** *Comprendamos como se formo la Biblia.* El Paso : Mundo Hiispano, 2018.

4. **Bruce, F. F.** *El Canon de la Escritura.* 2014 : Andamio, Barcelona.

5. **Jones, Barry A.** Canon del Antiguo Testamento. *Diccionario Bíblico Eerdmans.* Miami Gardens : s.n., 2016.

6. **Trebolle Barrera, Julio.** *La Biblia Judia y la Biblia Cristiana.* Madrid : Trotta, 2013.

7. **Beckwith, R.T.** El Canon del Antiguo Testamento. [book auth.] Phillip W. Cmfort. *El Origen de la Biblia.* s.l. : Tyndale House Publishers, 2008.

8. **Archer, Gleason L.** *Reseña Crítica de una Introducción al Antiguo Testamento.* Grand Rapids : Portavoz, 1974.

9. **Withaker, William.** *A Disputation on Holy Scripture, Against the Papists, Especially Bellarmine and Stapleton .* s.l. : Forgotten Books, 2012.

10. **Estridon, Jeronimo de.** *Obras Completas.* Madrid : Biblioteca Autores Cristianos (BAC), 2004.

11. **Hipona, Agustin de.** *Obras Completas.* Madrid : Biblioteca de Autores Cristianos (BAC), 1994.

12. **Foss Westcott, Brooke.** *El Canon de la Sagrada Escritura.* Barcelona : Clie, 1987.

13. **Hipona, Agustin de.** *Obras Escogidas: La Ciudad de Dios.* [trans.] Alfonso Ropero. Madrid : Clie, 2017.

14. **Gonzalez, Justo L.** *La Biblia en la Iglesia Antigua.* El Paso : Mundo Hispano, 2021.

15. **Zaldivar, Raul.** *Las Fuentes que dieron Origen al Nuevo Testamento.* Barcelona : Clie, 2020.

16. **Carbajosa, Ignacio.** *Hebraica veritas versus Septuaginta auctoritatem.* Pamplona : Verbo Divino, 2021.

17. **Josefo, Flavio.** *Contra Apion.* Madrid : Editorial Aguilar, 1966.

18. **Dempster, Stephen G.** The Old Testament Canon, Josephus, and Cognitive Environment. [book auth.] Donald A. Carson. *The Enduring Authority of the Christian Scripture.* Grand Rapids, Michigan : Eerdmans, 2016.

19. **Florentino García Martínez, Aranda Perez, Gonzalo y Perez Fernandez, Miguel.** *Literatura Judía Intertestamentaria.* Pamplona : Verbo Divino, 2017.

20. **Law, Timothy Michael.** *Cuando Dios habló en griego: la Septuaginta y la formacion de la Biblia Cristiana.* Salamanca : Sigueme, 2014.

21. **Lanier, Greg y Ross, William.** *La Septuaginta: Que Es y Por Que es Importante.* Salem, Oregon : Kerigma, 2022.

22. **Whybry, R. N.** *El Pentateuco: Estudio metodológico.* Bilbao, Vizcaya : Desclée De Brouwer S.A., 1995.

23. **Beckwith, Roger T.** El Canon del Antiguo Testamento. [book auth.] Phillip W. y Serrano, Rafael A. Comfort. *El Origen de la Biblia.* Carol Stream, IL : Tyndale, 2008.

24. **Robert, A. y Feuillet, A.** *Introduccion a la Biblia.* Barcelona : Herder, 1967.

25. **Filippi, Alfio y Lora, Erminio.** *Enquiridion Biblico: Documentos de la Iglesia sobre la Sagrada Escritura.* [trans.] Carlos y Sanchez Navarro, Luis Granados. Madrid : Biblioteca de Autores Cristianos (BAC), 2004.

26. **Gonzalez, Justo L.** *La Biblia en la Iglesia Antigua.* El Paso, TX : Mundo Hispano, 2021.

27. *The Old Testament of the Early Church (A Study in Canon).* **Sundberg, Albert C.** 4, Cambridge : Cambridge University Press , 1958, The Harvard Theological Review, Vol. 51, pp. 205-226.

28. **Thomas Carson, Joann Cerrito.** Canon. [book auth.] Joann Cerrito Thomas Carson. *New Catholic Encyclopedia.* Washington : Thomson, 2003.

29. **Hengel, Martin.** *The Septuagint as Christian Scripture: Its Prehistory and the Problem of Its Canon.* Grand Rapids, MI : Baker Academic, 2004.

30. **Rahlfs, Alfred.** *Die alttestamentlichen lektionen der griechischen kirche.* Michigan : University of Michigan Library , 1915.

31. **Vanina Neyra, Andrea y Casamiquela Gerhold, Victoria.** *Sociedad, cultura y religión en la plena Edad Media (siglos IX al XIII).* Buenos Aires : Instituto Multidisciplinario de Historia y Ciencias Humanas (CONICET), 2019.

32. **Gallagher, Edmon L.** *Translation of the Seventy: History, Reception, and Contemporary Use of the Septuagint.* Abilene, TX : Abilene Christian University Press, 2021.

33. **Fernández Marcos, Natalio.** *El Texto Griego de Isaías.* Salamanca : Universidad Pontificia de Salamanca, 2015.

34. **Tov, Emmanuel.** The Septuagint between Judaism and Christianity. [book auth.] T. S. y Lichtenberger, Hermann Caulley. *The Septuagint and Christian Origins.* Tubingen : s.n., 2011.

35. **Carbajosa, Ignacio.** *Hebraica veritas versus Septuaginta auctoritatem: ¿Existe un texto canónico del Antiguo Testamento?* Navarra: Verbo Divino, 2021.

36. **Silva, Moisés.** Old Testament in Paul. [book auth.] Gerald F. Hawthorne, Ralph P. Martin and Daniel G. Reid. *Dictionary of Paul and His Letters (IVP).* Downers Grove, IL : InterVarsity Press, 1993.

37. *Chaos Theory and the Text.* **Gentry, PeterJ.** 3, Louisville, KY : Southern Equip, 2020, The Southern Baptist Journal of Theology (SBJT), Vol. 24.

38. **Tov, Emmanuel.** *Textual Criticism of the Hebrew Bible: Third Edition, Revised and Expanded.* Minneapolis, Minnesota : Fortress Press, 2011.

39. **Sundberg, Albert C.** The Making of the New Testament Canon. [book auth.] George A. Buttrick and Charles M. Laymon. *The Interpreter's One-Volume Commentary on the Bible.* Nashville, Tennessee : Abingdon Press, 1971.

40. *The Old Testament "Apocrypha" in Jerome's Canonical Theory.* **Gallagher, Edmon L.** 2, Baltimore, Maryland : Johns Hopkins University Press, 2012, Journal of Early Christian Studies, Vol. 20.

41. **Hennings, Ralph.** Der Briefwechsel zwischen Augustinus und Hieronymus und ihr Streit um den Kanon des Alten Testaments und

die Auslegung von Gal. 2, 11-14. [book auth.] J. Den Boeft, et al., et al. *Supplements to Vigiliae Christianae (vol. XXI).* Leiden : E. J. Brill, 1994.

42. **Cesarea, Eusebio de.** *Historia eclesiástica.* [trans.] Argimiro Velasco Delgado. Madrid : Biblioteca Autores Cristianos (BAC), 2010.

43. **Reid, George.** Canon of the Old Testament. *The Catholic Encyclopedia.* New York : Robert Appleton Company, 1908.

44. **Thiede, Carsten Peter and D'Ancona, Matthew.** *Testimonio de Jesus: El Descubrimiento de un Nuevo Manuscrito da una Sorprendente Version sobre el Origen de los Evangelios.* Barcelona : Planeta, 1997.

45. **Moule, Charles.** *El Nacimiento Del Nuevo Testamento.* Pamplona, Navarra : Verbo Divino, 1973.

46. **Goodspeed, Edgar J.** *The Formation Of The New Testament.* Whitefish, MT : Literary Licensing, LLC, 2011.

47. **Diaz, Nestor.** *El Teologo Responde.* Santiago : Enriquillo, 2023.

48. **Zahn, Theodore.** *Geschichte des neutestamentlichen Kanons.* Leipzig : Erlangen, 1888.

49. **Urbina, Dante A.** *¿Cuál es la religión verdadera?: Demostracion Racional de en Cual Dios se ha Revelado.* Charleston : CreateSpace, 2018.

50. **Edersheim, Alfred.** *Comentario Bíblico-Histórico.* Barcelona : Clie, 2009.

51. **McDowell, Josh.** *Evidencia que demanda un Veredicto.* El Paso : Mundo Hispano, 2018.

52. *The Death of Zechariah in Rabbinic Literature.* **Blanck, Sheldon H.** 13, Nueva York : Hebrew Union College, Vol. 12.

53. **Drum, Walter.** Zacarias. *The Catholic Encyclopedia.* Nueva York : Robert Appleton Company, 1912.

54. **Vila, Samuel.** Zacarias. *Nuevo Diccionario Biblico.* Barcelona : Clie, 2019.

55. **Crisostomo, Juan.** *Obras Completas.* Pamplona : Biblioteca de Autores Cristianos (BAC), 2007.

56. **Plummer, Alfred.** *A Commentary On St. Paul's Second Epistle To The Thessalonians.* Hungerford : Legare Street Press, 2023 (Rev. 1 ed. 1918).

57. *Thessalonians and the Synotpic Gospels.* **Orchard, J.B.** 1, s.l. : Peeters Publishers, 1938, Biblica, Vol. 19, pp. 19-42.

58. *The Blood from Abel to Zechariah in the History of Interpretation.* **Gallagher, Edmon L.** 1, Cambridge : Cambridge University Press, Enero 2014, New Testament Studies, Vol. 60, pp. 121-138.

59. *The End of the Bible: the Position of Chronicles in the Canon.* **Gallagher, Edmon L.** 2, Carol Stream, IL : Tyndale, 2014, Tyndale Bulletin , Vol. 65.

60. **Leiman, Sid Z.** *The Canonization of Hebrew Scripture: the Talmudic and Midrashic Evidence.* Connecticut : Connecticut Academy of Arts, 1991.

61. **Barton, John.** *The Old Testament: Canon, Literature and Theology: Collected Essays of John Barton.* Nueva York, NY : Routledge, 2007.

62. **Skarsaune, Oskar.** The Question of Old Testament Canon and Text in the Early Greek Church. [book auth.] Magne Saebo. *Hebrew Bible, Old Testament : the history of its interpretation.* Gottingen : Vandenhoeck y Ruprescht, 2015.

63. **Hipona, Agustin de.** *La Ciudad de Dios; Vida de San Agustín.* Madrid : Biblioteca de Autores Cristianos (BAC), 2009.

64. **Altaner, Berthold.** *Patrologia.* [trans.] Eusebio Cuevas and Ursicino Dominguez-del Val. Madrid : Espasa-Calpe, 1956.

65. **Mansi, Gian Domenico.** *Sacrorum Conciliorum nova et amplissima collectio.* Paris : Biblioteca Pública de Lyon, 1765.

66. **Dobschutz, Ernst von.** *Das Decretum Gelasianum De Libris Recipiendis Et Non Recipiendis.* Charleston, South Carolina : Nabu Press, 2011.

67. **González, Justo L.** *Diccionario ilustrado de intérpretes de la fe: Veinte siglos de pensamiento cristiano.* Barcelona : Clie, 2008.

68. *The Deecretum Gelasianum.* **Burkitt, F. C.** 55, 1913, Journal of Theological Studies, Vol. 14.

69. **Di Berardino, Angelo, et al., et al.** *Encyclopedia of Ancient Christianity.* Westmont, Illinois : Inter-Varsity Press (IVP), 2014.

70. **Flores, Daniel Alejandro.** El Texto Biblico: Nuevo Testamento. *Blog de Daniel Alejandro Flores.* [Online] Blogger. [Cited: Marzo 3, 2024.] https://el-textobiblicont.blogspot.com/2006/12/804-citas-de-los-padres-de-la-iglesia.html?m=0.

Capítulo 05
LA MENTIRA DE LA
TRANSUBSTANCIACIÓN

Por Benjamín Ibáñez

Antes de empezar a escribir este capítulo, hice un ejercicio práctico. Le pregunté a diez católicos (bautizados, confirmados y asistentes asiduos a las misas), si me podían explicar lo que es la transubstanciación. Solo quería ver si lo que ellos entendían era correcto. Grande fue mi sorpresa cuando me respondieron: *"¿La qué...?"* Jamás habían escuchado dicha palabra. La siguiente pregunta fue si ellos, en el momento que participan de la eucaristía, piensan que es un símbolo o creen que literalmente están comiendo el cuerpo de Cristo. Me respondieron que es un símbolo. Lógicamente las personas a las que consulte no eran apologistas ni teólogos, eran personas que solo se consideran católicas y asistían periódicamente al culto religioso.

Teniendo en cuenta este desconocimiento de muchas personas, me veré en el deber de explicar a qué se refiere la creencia católica sobre la transubstanciación para luego poder desarrollar las falencias en dicha doctrina.

El dogma de la Transubstanciación fue decretado por el Papa Inocencio III, en el año 1215 A. D. Es probable que muchos de los que lean estas líneas sepan exactamente de lo que estamos hablando, pero hay una realidad, la gran mayoría de personas no tienen la menor idea. Así que vamos a explicar de forma sencilla para poder continuar desarrollando el tema que nos compete.

Esta doctrina fundamental para el catolicismo plantea que en el mismo momento que el sacerdote bendice el pan (la hostia) y el vino, se transforman verdaderamente en el cuerpo y la sangre del Señor. Y no, no nos referimos a una transformación simbólica, sino real y plena. Los elementos no son una representación, sino que son la carne y sangre mismas del Señor Jesucristo.

Si usted escucha algo parecido por primera vez, se estará preguntando, *"¿cómo puede ser la carne misma, si tiene la hostia consagrada tiene sabor a una hostia? No sabe a carne y mucho menos a carne humana"*. Esta pregunta responderé y explicare para luego demostrar que dicha doctrina no se sostiene filosóficamente y mucho menos bíblicamente.

UNA BREVE EXPLICACIÓN DEL CONCEPTO DE TRANSUBSTANCIACIÓN

Para poder explicar este fenómeno que a ciencia cierta es realmente inexplicable mediante la razón, la iglesia católica tuvo que recurrir a las categorías de Aristóteles de substancia y accidente. Vamos a tratar de explicar esto de la forma más sencilla posible, definiendo y ejemplificando los conceptos claves: sustancia y accidente.

Sustancia: Es lo que es un ser, es su esencia.

Accidente: Es lo que se extiende de la sustancia, es su manera de ser

La argumentación romana incurre en un error filosófico

Quizás terminaste de leer esto y sigues sin comprender, pero tranquilo, para esto vamos a buscar algunos ejemplos prácticos. Tomemos un objeto conocido por todos, el martillo. La sustancia de esta herramienta es lo que hace que el martillo sea martillo, es decir su esencia, lo que hace que podamos decir: esto es un martillo, independientemente del color, el tamaño, etc. Un martillo es un martillo. Los accidentes, en cambio es todo aquello del elemento que puede cambiar sin modificar la sustancia. Por ejemplo: el color, el tamaño, el material que está hecho, etc. No importa si es verde, de madera, de acero, grande o chico. Lo que hace que el martillo sea martillo es su sustancia. Los accidentes no influyen de manera directa ni hacen que el martillo deje de ser martillo. Es importante tener en claro que un cambio accidental no necesariamente implica un cambio o modificación de la sustancia, pero un cambio de sustancia, implica siempre un cambio de accidente. Es decir, que algo no puede algo cambiar sustancialmente sin cambiar los accidentes. Para explicarlo de una forma gráfica diremos que, si yo quiero que un martillo deje de ser martillo (esto sería un cambio sustancial) debo destruirlo o en su defecto fundir de nuevo el hierro y convertirlo, por ejemplo, en una llave cruz para la rueda del auto. En ese caso hubo un cambio sustancial, pero antes se manifestaron cambios en los accidentes.

El problema está en hacer creer a alguien que el martillo puede seguir exactamente igual, sin ninguna modificación (es decir que sus accidentes continúan intactos, no se vuelve a fundir el hierro, todo sigue exactamente igual) y decir que cambio la sustancia. Con esta lógica puedo manifestar: *"Tengo un martillo en mis manos, es el mismo que tenía hace dos minutos, pero digo, esto ya no es un martillo, es una pizza, puedo martillar, tiene el mismo aspecto que un martillo, no puedo comerlo, pero es una pizza".* Esto sería una locura para cualquier persona con sentido común, y es exactamente lo que la ICAR hace con la doctrina de la transubstanciación. Es lo mismo que hace el católico romano con los elementos. Podrían decir, esto sabe a pan, huele a pan, tiene forma de pan, pero es carne humana y esto otro sabe a vino, huele a vino, tiene color de vino, pero es sangre humana. No existen estos tipos de ejemplos en las categorías aristotélicas. Esto para Aristóteles sería una locura. Algo no puede mantener exactamente sus accidentes y cambiar en sustancia.

La argumentación romana incurre en un error teológico

¿Por qué motivo hablamos de un error teológico si estamos ante un tema filosófico? Por el simple hecho de que el concepto de transubstanciación es, como ya dijimos, tomado de la filosofía para tratar de amoldar un pensamiento teológico de la ICAR.

Cristo es sacrificado todo el tiempo, nuevamente, una y otra vez, en cada región, en cada país, en cada lugar del mundo, en cualquier parte donde se oficie una misa católica romana, se realiza un sacrificio que se considera una continuación de su sacrificio en la cruz.

Se enseña que en la misa se ofrece a Jesucristo a diario en los altares como sacrificio propiciatorio a Dios por los vivos y los muertos. Así como leen, el sacrificio de Cristo para el católico no fue realizado de una vez y para siempre como lo manifiestan las Escrituras en el libro de Hebreos, sino que, en cada misa realizada, el Cordero perfecto, que realizó un sacrificio perfecto y agradable a Dios Padre y que en la cruz dijo: *"Consumado es"*, se vuelve a inmolar, vuelve a ofrecerse en sacrificio una y otra vez, aunque ellos lo niegan. Esto, como veremos a continuación es una total contradicción a la clara enseñanza bíblica, que nos instruye que el sacrificio de nuestro redentor fue perfecto y de una vez y para siempre:

Hebreos 10:12

"Pero Cristo, habiendo ofrecido una vez para siempre un solo sacrificio por los pecados, se ha sentado a la diestra de Dios".

Como es costumbre para el catolicismo romano, cuando tienen un conflicto con las Sagradas Escrituras y su doctrina, lo resuelven con una palabra complicada, que la mayoría de feligreses no la entenderán fácilmente. Los apologistas católicos tratan de solucionar sus conflictos teológicos de esta manera, pero el simple mortal que asiste a una misa no comprende tales elucubraciones.

Para poder solucionar este problema, al ser cuestionados por sacrificar una y otra vez a Cristo, usan el término *"incruento"*. Ellos dicen: *"es un sacrificio incruento"* (esto es, un sacrificio sin sangre), pensando que de esta manera queda solucionado su conflicto teológico, y no, no solucionan nada, ya que existe una clara contradicción en los términos, un oxímoron. Sacrificio (desde la perspectiva bíblica) e incruento son dos términos que se refutan así mismos. En el sacrificio bíblico, debe existir derramamiento de sangre.

El segundo punto que deberían resolver tiene que ver con lo que claramente nos advierte el libro de Hebreos y que citamos más arriba: *"Un solo sacrificio"*, repetimos, un solo sacrificio; el hecho de presentar un *"sacrificio"* en cada misa y que este sea incruento, no deja de ser un *"sacrificio"* más, aparte del que ya hizo nuestro Señor en la cruz del calvario. Es decir que ya no estamos ante la presencia de un solo sacrificio, sino ante decenas, centenas, miles y millones de sacrificios en todo el mundo.

Sacrifico también implica muerte, las Sagradas Escrituras son más que claras cuando nos dicen que Cristo murió una sola vez:

Romanos 6:9-10

"9 Sabiendo que Cristo, habiendo resucitado de los muertos, ya no muere; la muerte no se enseñorea más de él. 10 Porque en cuanto murió, al pecado murió una vez por todas; mas en cuanto vive, para Dios vive".

¿Indignos comiendo a Cristo?

Aquí los católicos tienen otro conflicto que deberían responder y les sería imposible sin realizar malabares terminológicos y exegéticos.

¿Qué sucede con las personas que comen de la carne real de nuestro Señor Jesucristo después de haber cometido un pecado mortal y sin un arrepentimiento genuino? Podría en estos momentos usar ejemplos, para avisar al lector, pero prefiero no hacerlo.

¿La Iglesia está siendo cómplice de entregar el cuerpo real de nuestro Señor así a una persona indigna? Seguramente me dirán que es requisito la confesión antes de participar en la Eucaristía, pero, ¿Si esa persona no se arrepintió realmente, no confesó puntualmente el pecado o ni siquiera pasó por el confesionario? ¿Si no tiene la mínima conciencia de lo que está haciendo?, estaríamos entregando la carne de Jesús a todo el mundo sin darle el real valor que tiene.

El romanista tratará de argumentar diciendo que por la boca puede entrar tanto Cristo como el diablo, citando el libro del apóstol Juan:

Juan 13:26-27

"26 Respondió Jesús: A quien yo diere el pan mojado, aquel es. Y mojando el pan, lo dio a Judas Iscariote hijo de Simón. 27 Y después del bocado, Satanás entró en él. Entonces Jesús le dijo: Lo que vas a hacer, hazlo más pronto".

Vemos como este argumento no conviene al defensor de la doctrina papista, ya que, lo que entró en Judas no es la carne de Satanás, sino vemos que Judas, ante la negativa de responder a la exhortación de Cristo, abre su corazón al control de Satanás, el enemigo no entró en forma física en el apóstol que traicionó, sino que lo hizo espiritualmente, de otra forma el apóstol que entregó Cristo no hubiera quedado a merced del control de Satanás, sabemos que las influencias del mal que controlan, inducen o poseen a las personas no son físicas, sino espirituales:

Efesios 6:12

"Porque no tenemos lucha contra sangre y carne, sino contra principados, contra potestades, contra los gobernadores de las tinieblas de este siglo, contra huestes espirituales de maldad en las regiones celestes".

Si este hecho no hubiera sido espiritual, la influencia satánica Judas no podría haberse dado de esa forma.

Recordemos que lo que tiene que defender el religioso romano es la presencia real física, no la presencia real espiritual. No es lo mismo una presencia real espiritual, que la transubstanciación.

¿Sacerdotes indignos pueden convertir el pan en carne y el vino en sangre?

La Eucaristía es el fundamento principal del culto católico. Ahí está Cristo *"presente"*, en ese pan se encuentra el Mesías. No solo es la base de dicha liturgia, sino que es el fundamental para la salvación. Ellos explican de forma literal el siguiente pasaje bíblico:

Juan 6:51,53-55

"51 Yo soy el pan vivo que descendió del cielo; si alguno comiere de este pan, vivirá para siempre; y el pan que yo daré es mi carne, la cual yo daré por la vida del mundo. 53 Jesús les dijo: De cierto, de cierto os digo: Si no coméis la carne del Hijo del Hombre, y bebéis su sangre, no tenéis vida en vosotros. 54 El que come mi carne y bebe mi sangre, tiene vida eterna; y yo le resucitaré en el día postrero. 55 porque mi carne es verdadera comida, y mi sangre es verdadera bebida".

Los católicos creen que en el mismo instante que el cura o sacerdote consagra la hostia, esta se convierte en la carne real de Jesús. Recién hemos hablado de las personas que asisten al culto religioso y que de forma indigna participan en la Eucaristía, ahora pensemos en los sacerdotes que de manera indigna bendicen dicho pan. No hace falta que mencionemos a que nos estamos refiriendo, basta con ver las noticias y observar todos esos ministros católicos que cometen actos abominables y luego consagran el pan y el vino. Suponiendo que este acto fuera real, entonces, estos sacerdotes, independientemente de su conducta, ¿tienen la capacidad de transformar el pan en vino? Si la respuesta es no, ¿qué pasaría con las personas que en esas congregaciones comulgan? Esta pregunta me parece necesario hacerla, ya que ellos mismos dicen que el que no toma la Eucaristía en la Iglesia Católica no es salvo. Repito, que sucede con estas personas, que genuinamente comulgan, pero el responsable de consagrarla es un impío.

Si la respuesta es que un sacerdote, independientemente de vivir una vida de continuo pecado y cometer actos abominables, puede convertir el pan en la carne de Cristo y el vino en la sangre, entonces aquí hay algo que no tiene lógica.

Explicación de algunos pasajes que los católicos usan para su argumentación:

Juan 6:53

"Si no coméis la carne del Hijo del Hombre, y bebéis su sangre, no tenéis vida en vosotros".

Este pasaje es interpretado de forma literal por la mayoría de católicos. Ellos creen que por realizar el acto de comer la hostia están salvando su alma. Esto es una clara contradicción a la palabra de Dios, que nos enseña que para tener vida eterna hay que creer que Jesús, el Hijo de Dios, fue crucificado (dio su carne y su sangre), tener fe genuina y real en la muerte y resurrección de Cristo y arrepentirse de los pecados, nacer de nuevo y entrar la vida a Cristo.

¿De qué sirve comer el pan y tomar el vino sin un arrepentimiento? ¿De que servirá que el *"sacerdote"* consagre el pan y el católico lo coma, si continuare viviendo en pecado, sin arrepentimiento?

El católico romano suele argumentar que no se puede partir un versículo en dos, mitad literal, mitad simbólico, que hacer este tipo de interpretación sería una eiségesis y no una exégesis. Pero vamos a demostrar que esto no es así con algunos ejemplos:

Romanos 12:20

"Así que, si tu enemigo tuviere hambre, dale de comer; si tuviere sed, dale de beber; pues haciendo esto, ascuas de fuego amontonarás sobre su cabeza".

A continuación, fragmentaremos el versículo para poder demostrar que una afirmación en donde se comunica de manera literal, no implica que todo el pasaje debe interpretarse de igual forma.

Vea la primera parte de este versículo y note que es literal: *"Así que, si tu enemigo tuviere hambre, dale de comer; si tuviere sed, dale de beber".* ¿Puede verlo? Si nuestro enemigo tiene hambre debemos darle de comer, si tiene sed debemos darle de beber. Ahora veamos la segunda parte de este versículo: *"pues haciendo esto, ascuas de fuego amontonarás sobre su cabeza".* Evidentemente este fragmento es simbólico. En otra versión se traduce como *"carbones encendidos, esto es lo que amontonaras sobre la cabeza de tu enemigo haciendo el bien".* Existe más de una interpretación para este versículo, pero todas son simbólicas.

Volviendo al capítulo 6:53 de Juan, que nos habla de tener vida. Sabemos que cuando se habla en las Escrituras, dentro de este contexto de tener vida, se refiere a la vida en Cristo, a la vida eterna. Cuando el apóstol Pablo fue consultado por el carcelero sobre qué debía hacer para tener vida eterna Pablo respondió que debe creer:

Hechos 16:30-32

"30 Y sacándolos, les dijo: Señores, ¿qué debo hacer para ser salvo? 31 Ellos dijeron: Cree en el Señor Jesucristo, y serás salvo, tú y tu casa. 32 Y le hablaron la palabra del Señor a él y a todos los que estaban en su casa".

Pablo y ningún otro escrito bíblico en ningún momento vinculan la salvación con comer una hostia consagrada por en *"sacerdote".* Y así podemos citar muchos pasajes relacionados con la vida eterna y ninguno menciona el comer la hostia como requisito para alcanzarla.

Lo que entra por la boca no puede salvar el alma de nadie

Es llamativo observar las Escrituras y leer que el mismo Señor Jesucristo dice que lo que entra pueda contaminar:

Marcos 7:15

"Nada hay fuera del hombre que entre en él, que le pueda contaminar; pero lo que sale de él, eso es lo que contamina al hombre".

Si bien podemos leer en el libro de Marcos que habla en sentido negativo, el mensaje teológico es que no existe nada místico en los alimentos, nada de lo que ingresa por la boca nos contamina. Nada nos puede hacer bien o mal espiritualmente por el solo hecho de comer.

El católico romano entiende que la Eucaristía por sí misma tiene algo de vinculación con la salvación del alma. Piensan que si uno no comulga en la Iglesia de Roma y no interpreta que la hostia es el cuerpo literal de Cristo no puede ser salvo.

Ellos no ven simbolismo en Juan 6:53 en donde leemos: *"Si no coméis la carne del Hijo del Hombre, y bebéis su sangre, no tenéis vida en vosotros".*

Al interpretar literalmente este fragmento, llegan a la conclusión que la eucaristía es fundamental para la salvación, pero esto representa un gran problema para el católico romano. En primer lugar, vamos a demostrar que Jesús no hablaba en un sentido literal, pero antes debemos hacernos algunas preguntas:

¿Qué sucede con las personas que no beben su sangre según la interpretación romanista?

En la misa el sacerdote no comparte con el laico la copa de vino, que según ellos es la sangre. Si es como interpretan, todos estarían perdidos. De todas maneras, como ya sabemos, estos religiosos tienen respuesta a todo, y siguen añadiendo palabras (que la mayor parte del pueblo católico ni siquiera las escuchó pronunciar alguna vez en su vida) para justificar sus transgresiones.

En esta oportunidad usaran el rebuscado termino de concomitancia, del que no vamos a adentrarnos con profundidad, pero básicamente se refiere a que la sangre de Cristo está incluida en la hostia ya que, la sangre es inseparable del cuerpo. Este argumento no tiene ningún fundamento bíblico ni histórico en los primeros siglos. Vemos que un pasaje que toman con un nivel de literalidad extremo. Dejan pasar el fragmento del versículo que habla de compartir el vino. Jesús no les dijo que bastaba con comer el pan, Cristo partió el pan y luego compartió la copa de vino, Pablo cuando instituye la Santa Cena también hace lo mismo:

1 Corintios 11:23-25

"23 Porque yo recibí del Señor lo que también os he enseñado: Que el Señor Jesús, la noche que fue entregado, tomó pan; 24 y habiendo dado gracias, lo partió, y dijo: Tomad, comed; esto es mi cuerpo que por vosotros es partido; haced esto en memoria de mí. 25 Asimismo tomó también la copa, después de haber cenado, diciendo: Esta copa es el nuevo pacto en mi sangre; haced esto todas las veces que la bebiereis, en memoria de mí"

No vemos la concomitancia católica en ninguna parte, el apóstol es más que claro cuando dice: *"Esta copa es el nuevo pacto en mi sangre; haced esto todas las veces que la bebiereis, en memoria de mí"*.

El católico al ser literalita con respecto a la Eucaristía, debe pensar si no están todos los laicos perdidos, sin salvación por incumplir este mandato claro del mismo Señor Jesús y rectificado por Pablo.

Análisis del contexto de Juan 6

Es llamativo que el libro de la Biblia que usa el católico romano para defender el dogma de la transustanciación es el Evangelio del apóstol Juan, pero curiosamente Juan, en todo su libro no hace referencia alguna a la Santa Cena. No habla del partimiento del pan ni del vino. Si hubiera querido escribir algo tan importante y vinculante con la salvación del alma, ¿No debería haber hecho alguna mención?

Lo que debemos tener en cuenta es cómo sería la forma correcta de interpretar el pasaje que usa el magisterio romano para hacer este dogma. Debemos también analizar el contexto inmediato del mismo Juan 6. Si retrocedemos unos renglones hasta el versículo 35 tenemos un panorama más amplio y podemos interpretar mejor el texto al ver la manera en que Jesús está hablando con sus discípulos.

Comida y bebida espiritual
Juan 6:35

"Y Jesús les dijo: YO SOY el pan de vida; el que a mí viene, nunca tendrá hambre; y el que en mí cree, no tendrá sed jamás".

Una pregunta hermenéutica básica antes de analizar el texto es comprender a quien va dirigido. ¿A quién le estaba diciendo Cristo que era el pan de vida? Estaba hablando a personas incrédulas, que lo buscaban solo por saciar su hambre mediante el pan físico. La Cena del Señor no puede ser compartida con incrédulos, por eso la interpretación eucarística del pasaje citado es incorrecta y tendenciosa.

Para poder despejar cualquier tipo de dudas con respecto al pan interpretado desde un punto de vista físico y material, el mismo Jesús nos dice:

Juan 6:26-27

"26 Jesús respondió con firmeza: —Les aseguro que ustedes me buscan no porque han visto señales, sino porque comieron pan hasta llenarse. 27 Trabajen, pero no por la comida que es perecedera, sino por la que permanece para vida eterna, la cual les dará el Hijo del hombre. Dios el Padre ha puesto sobre él su sello de aprobación".

Aquí vemos que Cristo hace referencia al pan de vida que es él mismo, por lo tanto, comer de ese pan se refiere claramente al hecho de ir a él, de conocerlo, de seguirlo, de tener fe, de una vida entregada; beber implica creer. El hambre y la sed saciados se refiere a una saciedad espiritual que todo ser humano, independientemente de la religión que sea siempre la busca. Siempre estamos en busca de paz espiritual, de seguridad, de la llenura de espíritu de la que habla Cristo. Aquí nos dice que esa saciedad, esa hambre, esa sed de espíritu, que solo la llena él y que si nos acercamos creyendo, nunca más deberemos buscar, ya que nunca más tendremos hambre ni sed.

Es claro a lo que se refiere Cristo en ese pasaje. ¿Por qué motivo en el versículo 35 Jesús es el pan de vida en sentido espiritual y unos versículos más adelante hablaría en sentido literal? No tendría ningún sentido, y como veremos más adelante en ningún momento en el que Cristo hace referencia a sí mismo como algo (la luz, la puerta, el camino, etc.) lo hace de forma literal.

El lenguaje de Cristo era duro.

Los romanistas arguyen que las palabras duras de Jesús es una clara alusión a una supuesta literalidad. Pero pongamos atención especial al pasaje que los romanistas citan para dar defensa a esta doctrina:

Juan 6:60-61

"60 Al oírlas, muchos de sus discípulos dijeron: Dura es esta palabra; ¿quién la puede oír? 61 Sabiendo Jesús en sí mismo que sus discípulos murmuraban de esto, les dijo: ¿Esto os ofende?"

Ciertamente los discípulos dijeron eso, pero las palabras duras no tienen que ser necesariamente literales. El Señor Jesús dijo que los fariseos eran serpientes y sepulcros blanqueados; pero es evidente que estaba usando una figura. Eran palabras durísimas, pero no quería decir que Cristo pensaba que ellos eran literalmente serpientes o sepulcros pintados de blanco.

Eran duras y ofensivas para a los oyentes, pero es más que claro que sus discípulos no entendieron lo que decía Jesús. Es por eso que más adelante (versículo 60) Jesús debe aclarar lo que estaba diciendo y tomarse un tiempo para corregir su equivocación, diciendo que sus palabras habían de entenderse de forma espiritual:

"El espíritu es el que da vida; la carne nada aprovecha: las palabras que yo os he dicho espíritu y vida son".

Con esto queda más que claro que Jesús cuando habla del él mismo como pan de vida no lo hace en un sentido físico.

Jesús no está instituyendo la Santa Cena

Como lo mencionamos anteriormente, debemos tener en cuenta que en Juan 6 Jesús no está instituyendo la Cena, sino que se encuentra en un contexto de predicación y exhortación a incrédulos que solo lo seguían para saciar su hambre.

Es común en Jesús hablar sobre él mismo de forma no literal

En reiteradas oportunidades Jesús habla sobre él mismo en un sentido no literal. Podemos ver que en contadas ocasiones las palabras de Jesús tenían una connotación más profunda que un sentido meramente físico (porque la carne nada aprovecha). Podemos ver algunos claros ejemplos en los que Jesús se refiere a sí mismo como el YO SOY con un predicado, y en ninguna ocasión ese predicado lo uso en forma literal.

Yo soy *el pan de vida.*
Yo soy *la luz del mundo.*
Yo soy *la puerta.*
Yo soy *el buen pastor.*
Yo soy *el camino, la verdad y la vida.*
Yo soy *la vid verdadera*

Es lógico entender que Jesús no es una puerta, ni tampoco una planta de uvas, ni un camino, ni una lampara, ni tampoco un trozo de pan (como entiende el católico romano). En este caso se podría interpretar *"Lo que el pan es para el cuerpo, lo soy yo para el alma."* Por si quedaba alguna duda, como vimos anteriormente, nuestro Señor tuvo que explicar que sus palabras hacían referencia a lo espiritual.

Análisis del texto que sí tiene que ver directamente con la última cena Mateo 26:26-28

"26 Y mientras comían, tomó Jesús el pan, y bendijo, y lo partió, y dio a sus discípulos, y dijo: Tomad, comed; esto es mi cuerpo. 27 Y tomando la copa, y habiendo dado gracias, les dio, diciendo: Bebed de ella todos; 28 porque esto es mi sangre del nuevo pacto, que por muchos es derramada para remisión de los pecados".

Lo que vamos a explicar a continuación parece ser algo evidente, pero es necesario hacerlo. Cuando Jesús estaba con sus discípulos en la Cena, no habló en tiempo futuro, lo hizo en presente: *"esto es mi cuerpo".* Esto representa un problema difícil de responder para el religioso romano porque Jesús estaba con ellos, todavía no había muerto, por lo tanto, no podría estar su carne en el pan ni su sangre en el vino. Fácilmente se puede concluir que la primera cena se realizó en forma simbólica y no literal.

Los católicos pueden argumentar que Jesús estaba hablando de manera profética, es decir que ese pan luego sería su carne y ese vino seria su carne. Esto no es correcto ya que habló en presente: *"esto es mi cuerpo, esto es mi sangre".* Además, estaba instituyendo una ordenanza, no estaba profetizando.

Sobre la liturgia católica romana

Se enseña que no puede caer ni una miga del pan consagrado al piso, es por eso que solo el sacerdote tiene el honor y el privilegio de tocar la hostia. Esta creencia y práctica no es bíblica. Vemos en las Escrituras que Jesús solo partió el pan y lo repartió, al igual que el vino. Solo lo bendijo, no realizó ningún ritual místico, tampoco dio ninguna instrucción sobre el cuidado extremo que debemos tener con los símbolos o el peligro que representa que alguna miga caiga al piso. Si esto fuera tan importante Cristo lo hubiera mencionado sin ninguna duda.

Esta doctrina es moralmente aberrante

Dar por cierto que en cada misa se vuelve a sacrificar una y otra vez a Cristo es una invitación al continuo martirio de Cristo, a matarlo constantemente contradiciendo como ya dijimos, lo que enseña la palabra de Dios. El sacrifico de nuestro Señor fue uno, fue perfecto y no hace falta otro.

Juan 19:30

"Cuando Jesús hubo tomado el vinagre, dijo: Consumado es. Y habiendo inclinado la cabeza, entregó el espíritu".

Estas palabras, aunque mal entendidas no suenan a victoria, ya que Jesús estaba muriendo en un lugar de tortura y martirio, sabemos que es un momento de victoria. En ese momento estaba diciendo que la obra perfecta estaba completada, que el cordero sin mancha había sido sacrificado. Antes de entregar su Espíritu Cristo exclamó: *"Consumado es"*. No hay nada que agregar, el trabajo está hecho, la obra está terminada, la misión cumplida.

Es contraescritura pensar en volver a sacrificar al cordero que ya murió, bajar a Cristo que está sentado a la diestra del Padre, en la gloria eterna y decirle, tienes que volver a ser sacrificado.

Sin mencionar que es repartido a personas que los sacerdotes ni conocen. Estarían repartiendo el cuerpo real de nuestro salvador sin ningún reparo a muchos que van hasta borrachos a participar de la Eucaristía. Esto es una blasfemia y una aberración.

El apóstol Pablo entendió las palabras de Cristo de manera simbólica

La Santa Cena se instituye de manera formal en 1 Corintios 11:26-28. El Apóstol habla tres veces de *"comer el pan"* y *"beber de la copa"*. Vemos que jamás hace referencia a comer carne ni a beber sangre. Hubiera sido una excelente oportunidad para poder explicar o dejar en claro la doctrina de la transustanciación o al menos mencionar la sangre y la carne. No es complicado entender que Pablo no entendía la Cena del Señor de una forma literal. Veamos lo que dice Pablo en contexto:

Número 1:

"26 Porque todas las veces que comiereis este pan, y bebiereis esta copa, la muerte del Señor anunciáis hasta que venga".

Número 2

"27 De manera que, cualquiera que comiere este pan o bebiere esta copa del Señor indignamente, será culpado del cuerpo y de la sangre del Señor".

Número 3

"28 Por tanto, pruébese cada uno a sí mismo, y coma así de aquel pan, y beba de aquella copa" (1 Corintios 11:26-28).

El católico puede argumentar que el apóstol en el capítulo 27 menciona el cuerpo y la sangre del Señor. Pero en el capítulo 28 vuelve a llamarlo pan. ¿Acaso no se había transformado ya en el cuerpo y la sangre de Cristo? Claro que no. Pablo habla en sentido no literal. Ahora no por eso debemos tomar a la ligera la Santa Cena. Hay algo que está claro en el pasaje y es que debemos ser conscientes de lo que estamos haciendo.

¿Discernir el cuerpo y la sangre es solo creer que es carne real y sangre real? No. Tomar la Cena con discernimiento es ser conscientes del sacrificio de nuestro Señor. Arrepentirnos de nuestros pecados. Saber que somos culpables de su muerte, que nosotros deberíamos haber pagado ese mal. Eso es discernir el cuerpo y la sangre. De nada sirve que crea que estoy comiendo carne y bebiendo sangre si antes no hay un arrepentimiento genuino. Ciertamente puedo creer que la hostia es la carne real de Cristo y participar de la cena indignamente, pero también puedo creer que es un símbolo y hacerlo de consciencia y de forma digna.

Cristo hablo en forma simbólica
Mateo 26:27-29

"27 Y tomando la copa, y habiendo dado gracias, les dio, diciendo: Bebed de ella todos; 28 porque esto es mi sangre del nuevo pacto, que por muchos es derramada para remisión de los pecados. 29 Y os digo que desde ahora no beberé más de este fruto de la vid, hasta aquel día en que lo beba nuevo con vosotros en el reino de mi Padre".

Aquí vemos que Jesús luego de decir *"esto es mi sangre"*, se vuelve a referir al símbolo como fruto de la vid. Si se hubiera dado la transubstanciación, no tendría sentido que luego de haberse convertido en la sangre se le haya vuelto a llamar fruto de la vid.

La doctrina es una contradicción en sí misma

Un verdadero creyente entiende que para que una persona tenga vida eterna debe arrepentirse de sus pecados, debe entregar su vida a Jesús, debo hacer de él el centro de su vida, nacer de nuevo y lógicamente esto sería imposible si no se cree de todo corazón; pero el catolicismo romano, al interpretar de forma literal Juan 6:54 debe concluir que por el solo hecho de que alguien participe de la eucaristía tendrá salvacion. Si interpretamos lo que dijo Jesús de forma literal no deberíamos poner condiciones. Leamos el pasaje:

Juan 6:54-55

"54 El que come mi carne y bebe mi sangre, tiene vida eterna; y yo le resucitaré en el día postrero. 55 Porque mi carne es verdadera comida, y mi sangre es verdadera bebida".

Jesús dice: *"El que come mi carne y bebe mi sangre, tiene vida eterna".* Si interpreto el pasaje de forma literal, tengo que pensar que el único requisito o condición que pide Jesús es que coman su carne y beban su sangre. El primer problema que vemos a continuación es que la misma Iglesia Católica Romana no cree eso. Sabe que el vino y la hostia pueden ser consumidos de forma indigna. Según este dogma, todo comulgante, por pecador e indigno que sea come la carne real de Cristo.

Pensar que todo el que comulga es digno, sería contradecir al Apóstol Pablo, quien denuncia que en la cena del Señor participaban personas que lo hacían de forma indigna. Ahora, los católicos afirman que no todos comen la hostia dignamente.

La pregunta es la siguiente. ¿Esas personas son salvas? ¿Alcanzan la vida eterna o no? ¿Es suficiente con comer la hostia? Ellos van a responder que en ese caso no. Entonces, aquí tenemos un problema ¿es Jesús mentiroso?, Cristo no puso otra condición, solo comer su carne y beber su sangre. Si lo leemos de forma literal (como lo hace la ICAR) la respuesta debería ser que sí. La única forma de poder salir de este embrollo es pensar que Cristo hablaba de forma simbólica, y que el hecho de comer su carne y beber su sangre tiene un significado espiritual y más profundo. Como el hecho de un arrepentimiento genuino, una conciencia del sacrificio, etc. Pero aceptar esto sería darle la razón al evangélico que lo interpreta de forma simbólica.

El otro problema que se plantea aquí es, como ya lo vimos anteriormente, que estaríamos permitiendo a impíos comer la carne de Cristo, del hijo del Dios viviente, seríamos cómplices de entregar su cuerpo a personas que lo deshonrarían. Si aceptamos que existe una mínima posibilidad que alguien coma el pan en estas condiciones, nosotros seriamos parte y culpables de entregárselo.

Esto no termina aquí. Si tomamos las palabras de Cristo de forma literal: ¿qué sucede con los que no beben su sangre? No alcanzarían la vida eterna. En este caso ningún católico sería salvo a excepción el sacerdote, que es el único que toma la sangre y de esta forma cumple con los dos requisitos que puso Jesús para ser salvos.

Algunas preguntas que el católico romano debe responder

¿Se pierde un niño recién nacido por no comulgar?

¿Se pierden los mártires o los misioneros que están en países arriesgando sus vidas y no pueden comulgar?

¿Se perdió el ladrón de la cruz por no comulgar?

Muchos de los que no pueden recibir el sacramento de la eucaristía se salvan y muchos de los que lo reciben se pierden. Entonces, ¿en qué quedamos?, las palabras son literales o no? ¿O Jesús hacía referencia a algo mucho más profundo que comer una hostia?

La Santa cena es una conmemoración

Cuando nosotros decimos que es una conmemoración, inmediatamente el romanista prende sus alarmas y levanta su guardia, pensando que el evangélico le baja el precio a la cena. Si leemos lo que dice Cristo: *"haced esto en memoria me mí"*; vemos que es un memorial, una conmemoración y nuevamente, al dar el vino: *"Haced esto en memoria de mí"*; de los propios labios de Jesús tenemos argumentos más que suficientes para creer que es una conmemoración. Eso es lo que tenemos que hacer, jamás olvidarnos de su sacrificio, recordarlo siempre y por sobre todo en ese momento que compartimos con nuestros hermanos la cena, recordar su perfecto sacrificio en la cruz del calvario, pedir perdón por nuestros pecados, entender que somos responsables de su muerte en la cruz, que lo hizo por nosotros. De nada sirve comer y beber si no estamos tomando conciencia de lo que representa. Este tipo de interpretación es bíblica y razonable a la luz del contexto. No necesitamos elucubraciones ni difíciles terminologías filosóficas para hacer encajar un pensamiento irracional como lo hace el papista romano.

Otro punto impórtate, que no tenemos que pasar por alto, es que en ese contexto y época era normal usar o dar al recuerdo que usamos como memoria) o como representación de una cosa (en este caso sería el pan y el vino, el mismo nombre de la cosa que se quiere representar. Para poder entender mejor esto vamos a la Palabra de Dios. En las Escrituras existen innumerables ejemplos de esto. A continuación, citaremos algunos:

Ezequiel 37:11

"Me dijo luego: Hijo de hombre, todos estos huesos son la casa de Israel".

Daniel 8:21

"El macho cabrío es el rey de Grecia, y el cuerno grande que tenía entre sus ojos es el rey primero".

1 Corintios 10:4

"Y todos bebieron la misma bebida espiritual; porque bebían de la roca espiritual que los seguía, y la roca era Cristo".

¿Cristo era una roca física o espiritual?

Debemos tener en cuenta el contexto

Para poder interpretar un texto, uno de los elementos básicos de la hermenéutica es entender el contexto. Ahora vamos a analizar qué estaba sucediendo y cuál era el contexto en el que Jesús dice: *"Haced esto en memoria de mí"*. Estaban celebrando la Pascua judía. En la pascua se conmemoraba el hecho de Dios pasando por alto las casas de los judíos. Cuando Moisés instituyó la fiesta de la Pascua, mandó por orden de Dios a los israelitas que maten un cordero y con su sangre rociasen el marco de las puertas de sus casas. Luego debían comer su carne. Ahora veamos, la Pascua era el paso por alto de Dios sobre la casa de los judíos sin herir a sus primogénitos. De hecho, Pascua significa paso o salto, es decir, que estamos hablando del paso por alto de Dios. Eso es la Pascua para los judíos. Es más que obvio que el cordero por sí mismo no era la Pascua, sin embargo, leemos en Éxodo lo siguiente:

Éxodo 12:11

"Y lo comeréis así: ceñidos vuestros lomos, vuestro calzado en vuestros pies, y vuestro bordón en vuestra mano; y lo comeréis apresuradamente; es la pascua de Jehová".

"Esto es la pascua de Jehová". Ellos entendían que el cordero representaba la pascua. De igual manera, los discípulos entendían que Jesús hablaba en forma figurada, que aquello era una conmemoración.

Problema cristológico: Jesús era plenamente hombre

En una oportunidad escuché un apologista católico apostólico romano decir que para Dios no hay nada imposible, que si pudo resucitar a Jesús entre los muertos podía hacer que una hostia se convirtiera en carne y el vino en sangre. Pero hay algo que también es cierto, Dios no puede hacer nada que contradiga su palabra, contradecir las Sagradas Escrituras es ir en contra de él mismo. Todo el Nuevo Testamento nos muestra a Jesús cómo plenamente hombre.

Cristo era Dios, pero sus atributos, en su encarnación, estaban limitados de forma voluntaria, como podemos leer en la carta del apóstol Pablo a los filipenses:

Filipenses 2:7

"Sin embargo, se anonadó a sí mismo, tomando forma de siervo, hecho semejante a los hombres" (R.V1909).

La palabra anonadamiento, hace referencia a un vaciamiento, una reducción a la nada de los atributos divinos. Lo hizo de forma voluntaria, se autolimitó. En otras versiones (R.V 1960) se traduce como: *"se despojó".*

Entendido esto podemos estar seguros que Cristo no estuvo presente tanto en los elementos de forma corporal como al lado de sus discípulos instituyendo la Cena. Eso iría en contra del Jesús que nos presentan las Escrituras y si entendemos que las mismas nos muestran a un Jesús como plenamente hombre la doctrina de la transustanciación no sería posible. El mimo magisterio católico entiende las limitaciones de la encarnación de Jesús y lo explica en su numeral 476.

> *476. "Como el Verbo se hizo carne asumiendo una verdadera humanidad, el cuerpo de Cristo era limitado (cf. Concilio de Letrán, año 649: DS, 504)".*

En resumidas cuentas, Cristo, en su condición de hombre y vaciado de sus atributos de forma voluntaria, no podía estar presente al mismo tiempo tanto en los elementos (vino y pan) como al lado de sus discípulos.

El problema está si tratara de hacer creer a alguien que el martillo puede seguir exactamente igual (es decir que no hubo ninguna modificación accidental), sus accidentes continúan intactos, no cambió la forma, la función, todo sigue igual. No se volvió a fundir el hierro para darle otra forma, no se lo destruyó, todo sigue exactamente como al principio, sin ninguna modificación. Sería irracional asegurar a mi interlocutor que esto que tengo en mis manos, no es más un martillo, ahora es una llave cruz. Sería una locura para cualquier persona con sentido común. Esto exactamente es lo que hace la ICAR con la doctrina de la transubstanciación. Es lo mismo que hace el católico romano con los elementos. Dicen: *"esto sabe a pan, huele a pan, tiene forma de pan, pero es carne humana y esto otro sabe a vino, huele a vino, tiene color de vino, pero es sangre humana".* No existen este tipo de ejemplos en las categorías aristotélicas. Esto para Aristóteles sería una locura. No puede algo mantener exactamente sus accidentes y cambiar en sustancia.

Lo que entra por la boca es echado en la letrina

Cristo nos enseñó lo siguiente: *"todo lo que entra en la boca, va al vientre, y es echado en la letrina"* (Mateo 15:17). El católico puede argumentar que luego de ser masticado deje de estar presente. Pero esto no tiene ningún tipo de fundamento ya que va en contra del pasaje citado donde el evangelista dice: *"todo lo que entra por la boca, va al vientre y es echado en la letrina"*. Repetimos, todo, absolutamente todo. Si esta doctrina fuera tan trascendental para salvar nuestra alma entonces debería hacerse la salvedad, pero no Mateo no lo hace cuando toma las palabras de nuestro Señor Jesús.

La transubstanciación es una excusa para la idolatría

El catolicismo, aunque lo niegue, es idolatra. El argumento más usado para poder contrarrestar lo que ellos consideran una acusación falsa protestante es que están justificados a realizar cualquier tipo de acción frente a una estatua, símbolo, reliquia o cualquier objeto. Ellos pueden inclinarse, orar, llorar desconsoladamente, postrarse, hacer largas filas hasta poder llegar y palpar con sus manos ese objeto, pueden además hacer promesas, pelearse con otra persona a los empujones para llegar primero, sentirse que son bendecidos si logran tocarlo, aunque sea rozar o acariciar esa representación de algo que se encuentra en los cielos. Cuando uno les muestra todo esto, ellos afirman que no es idolatría porque están conscientes que ese objeto, esa estatua o esa reliquia no es Dios. De todas formas, vemos claramente que le dan implícitamente atributos divinos. Por ejemplo, a María se le otorga implícitamente el atributo de la omnipresencia, ya que es capaz de escuchar todas las oraciones hechas en cualquier parte del mundo y responderlas. Sabemos que la omnipresencia es un atributo intransferible de Dios y ellos están poniendo a la Virgen o los santos canonizados en ese lugar.

Ahora veamos lo que sucede con la hostia, la misma debe ser adorada, al igual que el vino, y a ese pedazo de oblea que supuestamente es Jesús mismo en carne y sangre. Los católicos realizan toda una reverencia idolátrica hacia esos objetos ya que eso, según su concepción jamás podría ser idolatría, porque es Dios mismo presente. Para el católico tristemente en el momento de la eucaristía Dios es un pedazo de pan o un poco de vino.

A tal punto llega su idolatría que piensan que Jesús está guardado en una caja denominada sagrario. Se enseña que es el lugar más importante de todo el templo, porque allí dentro se encuentra Cristo y que al pasar por el frente hay que realizar una genuflexión (esto es doblar la rodilla hasta el suelo en señal de adoración). Esto es una clara promoción a la idolatría de objetos.

No existe un consenso patrístico

Cuando hablamos del Consensus Patrum, la ICAR afirma que para poder dogmatizar o hacer doctrina se requiere el consenso patrístico. Es decir que los Padres de la iglesia deben estar (por lo menos en su gran mayoría) de acuerdo con las doctrinas de la Iglesia. Esto se aplica en el contexto de los Concilios ecuménicos. Se utiliza este concepto para definir la enseñanza de los Padres sobre alguna cuestión que tenga que ver con la teología que define la Iglesia. No se puede dogmatizar sin un consenso patrístico.

La cuestión aquí es que podemos ver que no hay consenso con respecto al tema. Además, cabe aclarar que los que creían en la presencia real (de hecho, existen denominaciones protestantes que así lo creen también), no lo piensan en los términos que la Iglesia lo plantea. Muchos de ellos dejan claro que creen en una presencia real pero espiritual. Otros lo ven como meros símbolos.

Un católico puede citar algún Padre que mencione la presencia real (como lo puede hacer un protestante), pero le será difícil encontrar definiciones explicitas de la transubstanciación y muchos menos de forma unánime y consensuada.

Algunos puntos de vista

Si un católico muestra evidencias de algunos Padres de la Iglesia que creen en la presencia real (tengamos en cuenta que son solo algunos, no todos, ya no hay un consenso patrístico), tendrá que demostrar cuál de ellos interpreta la presencia real como lo hacen ellos.

Veamos algunas interpretaciones de la reforma:

Martín Lutero: rechazó la noción romana de transubstanciación. Pensó en la eucaristía como consubstanciación, es decir que la sangre y carne de Cristo estaba presente de forma real, en, con y debajo de los elementos.

Juan Calvino: Enseñaba que, si bien Cristo no estaba presente de forma material y física, estaba presente de forma espiritual en los símbolos. Es decir, creía en una presencia real, pero espiritual.

Ulrico Zwinglio: Se distancia aún más de la noción romana, al interpretar a la Cena del Señor como simbólica. No piensa en los elementos como reales ni material, ni espiritualmente. Enseñaba que la intención de Cristo era conmemorativa: *"Haced esto en memoria de mí"* (1 Corintios 11:24-25).

Hay que aclarar que, aunque Juan Calvino pensaba en una presencia real espiritual, su percepción no dejaba fuera la noción de Swinglio. Cuando Calvino se reunió con Heinrich Bullinger (sucesor de Swinglio) ambos se pusieron de acuerdo en sus puntos de vista sobre la Santa Cena y las percepciones de ambos sobre los elementos no se excluían mutuamente, es decir que podían compatibilizar sin ningún problema.

El protestante puede diferir en el modo de interpretar los símbolos, ya sea como presencia espiritual o no. Dichas discrepancias no son dogmáticas ya que para el reformado la manera de interpretar los elementos no son vinculantes a la salvación. Es claro que alguien puede creer que el pan es el cuerpo de Cristo real, y no tomar la cena dignamente. La dignidad en el momento de tomar la Cena no tiene que ver con la percepción del elemento, sino con la conciencia del sacrificio de Cristo en la cruz, con el arrepentimiento, con el nuevo nacimiento, con la búsqueda de la santidad. Para el protestante lo importante es Cristo, no el elemento en sí mismo, sino la cruz. Debemos mirar la cruz de Jesús en el momento de la comunión, no el elemento como algo místico o mágico. Si el pan y el vino no nos llevan a la cruz de nada sirve que pensemos que realmente Cristo se encuentra en los símbolos.

Conclusiones

Después de haber realizado un análisis sobre el tema de la transubstanciación, podemos ver que no se sostiene filosóficamente y ni siquiera por un consenso de los Padres de la Iglesia. Vemos que tampoco se sustenta escrituralmente, sino que, contradice uno de los aspectos doctrinales más relevantes, como la naturaleza física de Cristo, ya que Jesús tenía un cuerpo humano, era plenamente humano y no podía estar presente al mismo tiempo en diferentes lugares. Vimos que peligrosamente este dogma católico puede llevar (y de hecho lleva) a las personas a adorar un objeto al que ellos consideran Dios. Punto importante también es lo relacionado con la salvación del alma y este sacramento. Por último, este dogma no se sostiene en un análisis hermenéutico serio y responsable.

El hecho de no creer en la transubstanciación no convierte a la Cena del Señor en algo de poco o menos valor, ya que debe ser tomada con seriedad, con compromiso y con un espíritu arrepentido. El hecho de que no creamos en este dogma romano no le quita a la Cena del Señor su importancia, ya que no podemos tomarla de una forma liviana. De hecho, según las Escrituras hacerlo indignamente puede tener graves consecuencias.

Como la Pascua judía está ligada a la liberación del pueblo escogido por Dios de Israel, la Santa Cena se encuentra vinculada con la liberación del pecado del pueblo de Dios escogido.

Sabemos que un cristiano genuino debe arrepentirse a diario por los pecados cometidos y buscar santidad. En el momento de la Santa Cena debe examinarse con mayor ímpetu su corazón, pedir perdón con un corazón humillado ante la presencia de Dios. No hacerlo de esta manera sería correr un alto riesgo de quedar expuestos al castigo de Dios.

Cristo siempre está con su pueblo, la presencia espiritual de Cristo con cada creyente no se limita a un momento en particular, está en todo momento, siempre.

Mateo 28:20

"Enseñándoles a obedecer todo lo que les he mandado a ustedes. Y les aseguro que estaré con ustedes siempre, hasta el fin del mundo".

El creyente durante la participación de los elementos debe procurar conmemorar el sacrificio que hizo Jesús, entendiendo que fue en sustitución por sus pecados, que lo hizo por él, pensando que la muerte no venció a nuestro Redentor, sino que Él resucito y se levantó con poder venciendo para siempre al enemigo. Debe además arrepentirse genuinamente y disponerse a caminar según su voluntad. Ningún tipo de percepción o interpretación sobre la Santa Cena será válido sin un corazón arrepentido y dispuesto a cambiar.

Capítulo 06
¿ES MARÍA EL ARCA DEL PACTO?

Por Cristian Villamizar

Es concerniente realizar un análisis a las declaraciones mariológicas de la iglesia católico romana al afirmar que maría la madre de nuestro Señor Jesucristo es imagen del arca del pacto. Roma durante muchos años y de manera progresiva ha venido dando y otorgando a la *"virgen María"* ciertos títulos y exaltaciones honorificas que para el catolicismo romano no es más sino la veneración a la madre de nuestro Señor pero que en realidad ha sido el lazo para muchos o diría la red en la que han caído la gran mayoría al desviar su mirada de Cristo y elevar a María al punto de una Diosa. Es deber destacar que hacer una comparación de María con el arca del pacto es no solamente arriesgado, sino que raya lo herético. Y en este capítulo se estará demostrando por qué y trataré con mucho empeño de mostrar de manera objetiva una explicación correcta a estas declaraciones de Roma. Así usted estimado lector podrá al final de este escrito evaluar si el arca era un símbolo de la presencia de Dios con el pueblo de Israel o era un tipo de María.

Para iniciar debemos conocer la terminología:

¿QUÉ ES UNA TIPOLOGÍA?

Debe haber algún parecido real y sorprendente entre el tipo y su proto-tipo. La palabra *"tipo"* aparece 16 veces en el Nuevo Testamento griego con diferentes significados (Jn. 20:25; Hch. 7:43,44; 23,25; Rom. 5:14; 6:17; 1 Co. 10:6-11; Filipenses 3:17; 1 Tes. 1:7; 2 Tes. 3:9; 1 Ti. 4:12; Tito 2:7; Hebreos 8:5; 1 Pedro 5:3).

La palabra española *"tipo"* proviene del vocablo latino typus, que a su vez proviene del vocablo griego tupov. El diccionario define sus dos prime-ros significados de la siguiente manera: (1) modelo (2) Símbolo representa-tivo de cosas particulares. En el Nuevo Testamento las que corresponden a los tipos del Antiguo Testamento se llaman arquetipos, aunque esta palabra griega también se traduce como *"imagen"* en la versión española de la Biblia (Hebreos 9:24; 1 Pedro 3:21).

Un ejemplo sorprendente de tipología es el sistema de sacrificios del Antiguo Testamento, que involucraba sacerdotes, un templo y animales para el sacrificio. Todo esto apunta a Cristo, nuestro Sumo Sacerdote, nuestro verdadero templo, el Cordero de Dios.

¿CUÁLES SON LAS RAZONES CATÓLICAS ROMANAS PARA APOYAR EL ARCA COMO UN TIPO DE MARÍA?

La conclusión católico romana de que María es el arca se basa en algunas supuestas similitudes entre ella y el arca, algo que no se puede demostrar.

Las *"similitudes"* que los apologistas católicos presentan son las siguientes:

1. La nube de gloria de la *"shekinah"* cubrió el arca de la alianza cuando estuvo terminada y lo mismo paso con María.

2. David saltaba de alegría frente al arca de la alianza como Juan el bautista salto de alegría en el vientre de Isabel (Lucas 1:39) cuando esta se acercó a María.

3. Las tablas de la Ley, el maná y la vara de Aarón se encontraban en el arca de la alianza, y en la vida de María, estaba Jesús, quien es la ley, el Pan de vida y el sacerdote, ya que la vara de Aaron representa su sacerdocio.

4. También se presenta una supuesta vinculación de Apocalipsis 11:19 con Apocalipsis 12 en donde supuestamente se habla de María cuando se habla de una señal de una mujer.

¿QUÉ DICE LA BIBLIA SOBRE EL ARCA DEL PACTO?

Al examinar las enseñanzas de la Biblia sobre el arca, queda claro que los argumentos en apoyo de la posición católico romana se basan sólo en paralelos accidentales.

La primera *"similitud"* que se presenta es la nube de gloria que *"cubrió"* el Arca de la Alianza y el Espíritu Santo que cubrió a María, que se asocia con la concepción milagrosa de Jesús.

A esto diré que en Números 10:34 una nube de gloria cubrió a los israelitas. Este lenguaje también se usa para describir la presencia protectora de Dios (Salmo 91:4). Más adelante en Lucas, una nube de la gloria de Dios cubrió a los discípulos en una visión (Lucas 9:34). El uso es demasiado variado para mostrar una conexión única entre el Arca y María.

La segunda *"similitud"* es que David danzo alegremente en presencia del Arca de la Alianza (2 Samuel 6:14), y Juan el Bautista saltó en el seno de Isabel en presencia de María (Lucas 1:14).

Si se lee Lucas 1:14 no hay nada que indique que Juan bautista danzo en el vientre de su madre.

La tercera *"similitud"* se refiere a los objetos del Arca de la Alianza: las tablas en las que estaba escrita la ley (la palabra de Dios), el maná y la vara de Aarón. Ciertamente nuestro Señor Jesús estaba en el vientre de María, era el Verbo encarnado, el pan de vida y un verdadero sacerdote, pero nada de esto tiene sentido, porque todo en el tabernáculo y el templo, incluyendo los muebles, los sacerdotes y los sacrificios, apuntan a Cristo.

Y en último lugar, la supuesta *"vinculación de Apocalipsis 11:19 con Apocalipsis 12"* en donde supuestamente se habla de María cuando se habla de una señal de una mujer, no es correcta.

Si bien este es un punto menor, también es muy cuestionable si la mujer descrita en Apocalipsis 12 debería identificarse claramente como María.

Juan usa muchas imágenes y asociaciones del Antiguo Testamento para pintar este cuadro apocalíptico. El lenguaje del sol y la luna se refiere al sueño de José en Génesis 37:9, que de alguna manera conecta a esta mujer con Israel.

El lenguaje de Apocalipsis 12 sobre los dolores de parto de la mujer que da a luz a un hijo hace eco del lenguaje de Isaías 66:7-9, que describe el sufrimiento de Sión cuando nació su hijo.

Es bien sabido que a menudo se hace referencia a Israel como la esposa de Dios en las Escrituras del Antiguo Testamento (por ejemplo, Jeremías 31:32; Isaías 54:5).

En el Nuevo Testamento, Pablo dice que la Jerusalén celestial es nuestra madre (Gálatas 4:26).

La imagen de la madre asociada con Israel, Sión y Jerusalén es importante para nuestra comprensión de Apocalipsis 12.

Más importante aún, Apocalipsis 12 se remonta a la promesa hecha a Eva en Génesis 3:15.

Dios le prometió que tendría un hijo que podría aplastar la cabeza de la serpiente.

Apocalipsis 12 describe el nacimiento de un hijo, seguido inmediatamente por una visión de un gran dragón rojo (serpiente). De hecho, en Apocalipsis 12:7-17 leemos acerca de la derrota del gran dragón escarlata, específicamente llamado la *"serpiente antigua"*. Apocalipsis 12 es principalmente una descripción reveladora del cumplimiento de Génesis 3:15.

El Hijo que vence a la serpiente es el Hijo de Dios.

Por supuesto, el hijo que derrotó a la serpiente fue Jesús, pero las imágenes utilizadas para describir a la mujer que dio a luz a este hijo se refieren a Eva y su descendencia.

Capítulo 07
REFUTANDO EL DOGMA DE LA VIRGINIDAD PERPETUA DE LA BIENAVENTURADA MARÍA

Por Joaquín Palomares Cárdenas

¿QUÉ TAN IMPORTANTE ES CONOCER EL TRASFONDO DE ESTE DOGMA DE FE DE LA IGLESIA CATÓLICA?

El hecho de que María haya o no tenido más hijos no afecta en lo absoluto el curso de la iglesia Cristiana desde sus inicios, para el Cristianismo protestante suele ser algo irrelevante, mas no así para el católico, ya que esto forma una parte muy importante en su credo, sobre todo por el simple hecho de que éste fue un dogma de fe, que fue promulgado por el papa Pio IX, el 8 de diciembre de 1854, entonces, ¿Cuál sería la consecuencia de desmentir dicho dogma, o que la iglesia católica se retractara del mismo?.

Primero que nada, debemos saber que, para la iglesia católica, cuando un dogma de fe es declarado por el papa en turno, esto, para el Magisterio católico, pasa a ser una *"verdad"* revelada por Dios, con carácter de irrevocable, entonces, al ser declarado dogma estando en modo *"infalible"* significa que si se llegaran a retractar, el dogma de la infalibilidad papal también caería, posterior a ello la credibilidad de la iglesia Católica, y así como piezas de dominó causaría una catástrofe dentro de la iglesia Católica, es por eso que los católicos la defienden de manera férrea.

Tal vez éste es uno de los dogmas mayormente discutidos entre Cristianos Protestantes y Católicos, y no es para menos, pues al ser la figura de María la madre de Jesús un gran referente para ellos, es uno de los dogmas Marianos más defendidos, pero que sin duda tiene muchos cabos sueltos, muchas inconsistencias, a tal grado que ni los mejores apologistas Católicos han podido resolver, por más que leamos argumentos de defensa en sus sitios web o en foros de discusión, pero esto no es solo una aseveración a la ligera, pues afortunadamente y gracias a la valiosa herramienta del internet que tenemos a nuestro alcance, tanto yo, como muchos otros de mis hermanos que se dedican mediana o totalmente a la labor apologética protestante hemos podido recopilar e intercambiar información valiosa, datos valiosos con los cuales hemos podido refutar cada uno de esos diferentes argumentos que presentan los amigos católicos, que hasta la fecha no han refinado, al menos en los casi 17 años que llevo conociendo más a profundidad la fe católica, siempre he leído lo mismo, en pocas palabras se han estancado, y es para mí un honor presentar nuestros argumentos y refutaciones a la postura romana.

MATEO 1:25 Y EL USO DEL TÉRMINO O EXPRESIÓN "HASTA QUE"

Dicen los defensores de este dogma de fe lo siguiente:

> *"Muchos concluyen que José y María tuvieron relaciones matrimoniales después del nacimiento de Jesús. Para afirmar esto se apoyan en el texto de Mateo 1, 25, donde encontramos esta referencia a José y María que algunas versiones de la Biblia traducen generalmente así: Y no la conoció hasta que dio a luz un hijo, al cual le puso por nombre Jesús".*
>
> *Sin embargo, concluir que este pasaje implica que José y María tuvieron relaciones después del nacimiento de Jesús es una seria malinterpretación del término "hasta que" en la manera en que es usado en las Escrituras. En la Biblia, la palabra "hasta" es usada a menudo en una manera específica que implica solamente el cumplimiento de ciertas condiciones. No indica nada acerca de lo que ocurre después de que esas condiciones sean cumplidas."[296]*

Antes que nada, debemos de tomar en cuenta que el uso de la palabra *"hasta"* depende totalmente del contexto, para poder determinar el significado real de la misma, si la palabra *"hasta"* indica un cambio de situación o condición". El evangelista Mateo utiliza las palabras textuales *"y no la conoció hasta que dio a luz…"* para indicar que efectivamente, posterior al alumbramiento, y los días de reposo post parto según las costumbres judías, José tomó a María como su mujer y tuvieron más hijos que se mencionaran posteriormente.

296   Hasta Que María Dio a Luz, Carlos Caso Rosendi   https://es.catholic.net/op/articulos/29298/cat/12/hasta-que-maria-dio-a-luz.html#modal

Si la intención de Mateo hubiera sido resaltar que José nunca tuvo relaciones con su mujer, hubiera utilizado palabras más claras y específicas como lo vemos en 1 Reyes 1:4, cuando los siervos de David buscaron una virgen Sunamita de nombre Abisag para que abrigara al Rey David, quien ya era un anciano, las palabras muestran de forma clara que El Rey David NUNCA la conoció.

"Y la joven era hermosa; y ella abrigaba al rey, y le servía; pero el rey nunca la conoció" (1 de Reyes 1:4).

Si el autor del libro de 1 de Reyes tuvo la fuerte intención de resaltar el hecho de que el Rey David no conoció a la virgen Sunamita, siendo que éste hecho no iba a afectar en lo más mínimo el credo del pueblo de Dios, con mayor razón si la virginidad perpetua de María iba a formar una parte fundamental en la confesión de fe del pueblo Cristiano, el evangelista Mateo debió ser más explícito y contundente para resaltar el supuesto e hipotético hecho de que la Bienaventurada María efectivamente NUNCA conoció a su esposo José, pero como podemos ver, solo es una forzada interpretación de Mateo 1:25 por parte de los apologistas católicos.

Uno de los muchos recursos que ellos utilizan para dar una apariencia de credibilidad, es recurrir al idioma original en que se escribió el libro sobre el cual se está tratando el tópico, lo cual no está mal si se hiciera de forma correcta, sin embargo, en ocasiones, solo toman citas de forma selectiva.

El apologista Católico José Miguel Arráiz, en respuesta a un artículo protestante sobre el dogma de la virginidad perpetua de María escribe:

*"La palabra "ἕως" (hasta) es una **preposición** y **adverbio de continuación** cuyo significado no cambia por más que se una con una **conjunción**. La palabra **ου** es allí una **conjunción** porque permite enlazar la primera y la segunda frase.*

*Para ilustrar mejor el punto hay que comenzar por entender que una **conjunción** es la parte de la oración que sirve para unir dos o más elementos. La **conjunción** permite enlazar oraciones y establecer una relación entre ellas.*

*En el caso de Mateo 1,25 permite enlazar el hecho de que José no tuvo relaciones sexuales con María y el hecho del nacimiento de Jesús. La palabra **"hasta"** se utiliza aquí para conectar ambos hechos y asegurar que el primer suceso no ocurrió **hasta** que se consumó el segundo, **sin** especificar nada después.*

*Que se haya usado esa conjunción en particular (**ου**) luego de ἕως tampoco cambia en nada el significado mismo de la palabra "hasta", porque ni "hasta" ni "hasta que" implican necesariamente un cambio posterior de estado"*[297]

Posterior a esto, Jose Miguel Arráiz da el mismo ejemplo de Mical, el cual textualmente dice: *"No tuvo hijos hasta el día de su muerte"*, junto con la cita de Hebreos 1:13 en donde leemos: *"Y ¿a qué ángel dijo alguna vez: Siéntate a mi diestra, hasta que ponga a tus enemigos por escabel de tus pies?".* Tanto él como otros defensores de dicho dogma, casi siempre recurren a este par de ejemplos, ya hasta me los sé de memoria.

En primer lugar, es una mentira decir que la expresión *"hasta que"* nunca significa un cambio de situación, y las primeras veces en las cuales yo di ejemplos de la vida cotidiana en los cuales sí existe un cambio de situación ponía ejemplos comunes como *"no crucé la avenida hasta que se puso el verde"* o *"no le abrió la puerta hasta que el sujeto se identificó".* Sin embargo, la misma Escritura está llena de ejemplos. El que más he utilizado es el siguiente:

"Y le pusieron delante qué comer; mas él dijo: No comeré hasta que haya dicho mi mensaje. Y él le dijo: Habla" (Genesis 24:33).

El contexto de la cita relata la situación en la cual el siervo de Abraham, bajo el juramento de conseguir esposa para Isaac, expresó de forma clara a Labán que no tomaría alimento alguno, no sin antes decir su mensaje, después de haberlo dicho, ¿Será que no volvió a probar alimento alguno en toda su vida? Evidentemente no, lo podemos ver en el capítulo 55 del mismo pasaje. Si, ya sé que estoy recapitulando algo que para alguien con sentido común es una obviedad, sin embargo, es necesario hacerlo para demostrar que la aseveración *"hasta que no significa un cambio de situación"* es erróneo.

Y así como este pasaje, podemos encontrar otros ejemplos en los cuales la situación efectivamente cambia posterior al uso de la expresión *"hasta que".* Veamos algunos:

"Mas en cualquier ciudad o aldea donde entréis, informaos quién en ella sea digno, y posad allí hasta que salgáis" (Mateo 10.11).

---

297   Para estudiar el dogma de la Virginidad Perpetua de María a profundidad – objeciones adicionales, José Miguel Arráiz, https://apologeticacatolica.org/maria/Para-estudiar-el-dogma-de-la-Virginidad-Perpetua-de-Maria-a-profundidad-2/

"Cuando descendieron del monte, Jesús les mandó, diciendo: No digáis a nadie la visión, hasta que el Hijo del Hombre resucite de los muertos" (Mateo 17:9).

"De cierto os digo, que no pasará esta generación hasta que todo esto acontezca" (Lucas 21:32).

En segundo lugar, Cesar Vidal dio una buena réplica, respecto a la expresión "hasta que" en griego y él pone los siguientes ejemplos:

Mateo 2:13

καὶ ἴσθι ἐκεῖ ἕως ἂν εἴπω σοι·

y huye a Egipto, y quédate allí hasta que yo te diga,

μέλλει γὰρ Ἡρῴδης ζητεῖν τὸ παιδίον τοῦ ἀπολέσαι αὐτό.

Porque acontecerá que Herodes buscará al niño para matarlo.

Mateo 2:15

καὶ ἦν ἐκεῖ ἕως τῆς τελευτῆς Ἡρῴδου,

y estuvo allí hasta la muerte de Herodes

Mateo 5:26

ἀμὴν λέγω σοι, οὐ μὴ ἐξέλθῃς ἐκεῖθεν ἕως ἂν

Verdaderamente digo te, no en absoluto saldrás de allí hasta que

ἀποδῷς τὸν ἔσχατον κοδράντην.

pagues el último cuadrante.

Mateo 10:11

εἰς ἣν δ᾽ ἂν πόλιν ἢ κώμην εἰσέλθητε, ἐξετάσατε

En la que acaso ciudad o pueblo entréis, preguntad (si)

τίς ἐν αὐτῇ ἄξιός ἐστι, κἀκεῖ μείνατε ἕως ἂν ἐξέλθητε.

alguien en ella digno es, y allí permaneced hasta que salgáis,

Mateo 11:13

πάντες γὰρ οἱ προφῆται καὶ ὁ νόμος ἕως Ἰωάννου προεφήτευσαν·

todos Porque los profetas y la ley hasta Juan profetizaron.

Mateo 17:9

Καὶ καταβαινόντων αὐτῶν ἀπὸ τοῦ ὄρους ἐνετείλατο

Y descendiendo ellos de el monte ordenó

αὐτοῖς ὁ Ἰησοῦς λέγων· μηδενὶ εἴπητε τὸ ὅραμα

les Jesús diciendo: a nadie digais la visión

ἕως οὗ ὁ Υἱὸς τοῦ ἀνθρώπου ἐκ νεκρῶν ἀναστῇ.

hasta que el Hijo del hombre de muertos se levante.

Mateo 18:21

Τότε προσελθὼν αὐτῷ ὁ Πέτρος εἶπε· Κύριε, ποσάκις ἁμαρτήσει

Entonces acercándose a él Pedro dijo: Señor, ¿cuántas veces pecará

εἰς ἐμὲ ὁ ἀδελφός μου καὶ ἀφήσω αὐτῷ; ἕως ἑπτάκις;
contra mi el hermano de mi y perdonaré a él? ¿Hasta siete veces?

Mateo 18:30

ὁ δὲ οὐκ ἤθελεν, ἀλλὰ ἀπελθὼν ἔβαλεν αὐτὸν
El sin embargo no quería, sino que saliendo arrojó lo
εἰς φυλακὴν ἕως οὗ ἀποδῷ τὸ ὀφειλόμενον.
en prisión hasta que devuelva lo debido.

Mateo 18:34

καὶ ὀργισθεὶς ὁ κύριος αὐτοῦ παρέδωκεν αὐτὸν
Y encolerizándose el señor de él entregó lo
τοῖς βασανισταῖς ἕως οὗ ἀποδῷ
a los torturadores hasta que devolviera
πᾶν τὸ ὀφειλόμενον αὐτῷ.
todo lo debido a él.[298]

Cualquier persona con el sentido común, y con una buena lectura objetiva libre de conclusiones tendenciosas se dará cuenta de lo siguiente:

José y su Mujer no se quedaron en Egipto por siempre, solo porque Mateo usó en ese relato la expresión *"hasta que"* ni el deudor permaneció en la cárcel por siempre a pesar de haber pagado su deuda solo porque Jesús dijo *"hasta que"*, y lo mismo con sus discípulos después de ver la trasfiguración, no se guardaron ese secreto, hubo un cambio de situación, y éstos y más ejemplos sacados tan solo del evangelio de Mateo, entonces ¿por qué pensar que el pasaje de Mateo 1:25 sería diferente?

Entonces, tomando en cuenta que *"hasta que"*, al ser una locución conjuntiva, es decir, un conjunto de palabras que cumplen la función de una conjunción, cuyo fin es la de enlazar términos o partes de una oración, depende del contexto. Y en el caso de Mateo 1:25, en contexto con los demás argumentos acumulativos que se presentaran en contra del dogma de la virginidad perpetua de María, podemos ver que, si implica un cambio de situación, en la cual, el evangelista quería resaltar el hecho de que José no tuvo relaciones sexuales con su mujer durante todo el periodo de gestación y alumbramiento del Señor Jesús.

Por último, coloco una cita que me proporcionó mi hermano en Cristo, Edgar Treviño del teólogo Michael J Wilkins, que nos aclara desde la parte histórica la costumbre de no conocer a una mujer durante el embarazo. Dice así:

---

298 Los Errores de la Apologética Católica Romana [Edgar Treviño] La virginidad perpetua de María por Cesar Vidal, Facebook recuperado el 23 de noviembre del 2011. https://www.facebook.com/legacy/notes/280021285373530/

> *"La abstinencia sexual durante el embarazo era una práctica ampliamente observada en el judaísmo del siglo I. Tal abstinencia mantenía la purificación ritual de José y María durante el embarazo y aseguraba el nacimiento virginal de Jesús. Pero esto no indica que la abstinencia continuara tras el nacimiento de Jesús. El sentido lógico de la expresión "**hasta que**" es que, tras el nacimiento de Jesús, María y José tuvieron una vida sexual normal, de la que nacieron otros hijos (ver 12:46;13:55).*
>
> *Mientras que Lucas se centra en la obediencia de María y su sumisión al anuncio angélico de estos extraordinarios acontecimientos (p. ej., Lc 1:38). Mateo subraya el igualmente sobresaliente carácter de José. Cuando descubre que su esposa está embarazada, José sabe que él no es el padre. Tras el anuncio del ángel, José responde con inmediata obediencia y lo seguirá haciendo a lo largo de todo el relato de la infancia"*[299]

El Dr. Wilkins en un comentario breve refuta cualquier otra forzada interpretación de la expresión *"hasta que"*, enfatizando el uso natural de la misma en armonía con el contexto de Mateo 1:25.

LOS HERMANOS DE JESÚS, SUS SUPUESTOS PRIMOS

En el sitio de Catholic.net, en un tema referente a los hermanos de Jesús leemos lo siguiente:

> *"Es verdad que en los evangelios se habla de «los hermanos y hermanas de Jesús»". Pero eso no quiere decir que sean hermanos de sangre de Jesús, o hijos e hijas de la Virgen María.*
>
> *Jesús, en su tiempo, hablaba el idioma arameo (que es como un dialecto del hebreo) y en las lenguas arameas y hebreas se usaba la misma palabra para expresar los distintos grados de parentesco cercano, como «primo», hermano», «tío», «sobrino», «primo segundo» ... Y para indicar estos grados de parentesco, simplemente, usaban la palabra «hermano o hermana.»*
>
> *Por ejemplo: Abraham llama «hermano» a su sobrino Lot (Gén. 13, 8 y Gén 14, 14-16) Labán dice «hermano» a su sobrino Jacob (Gén. 29, 15). Es decir, en la Biblia no se usan las palabras «tío» o «sobrino», sino que a los que descienden de un mismo abuelo se les llama hermanos"*[300]

---

299   Michael J. Wilkins. Mateo, Comentarios con aplicación, p. 81. Vida.

300   Los hermanos de Jesús, P. Paulo Dierckx - P. Miguel Jordá Fuente: Apostolado del Libro. https://es.catholic.net/op/articulos/7994/los-hermanos-de-jess.html#modal

Este argumento es sin duda uno de los que se usan con más frecuencia, recuerdo aun cuando mi madre me contaba por ahí de los años 90s, cuando le tocaba evangelismo, y salía a colación el tema sobre el dogma de la virginidad perpetua de María, era el primer argumento católico que salía a relucir, y es que lamentablemente en muchos grupos de evangelismo, los hermanos no están lo suficientemente preparados para dar una respuesta a una aseveración de este tipo.

Volviendo a lo antes citado, hay varios errores que quiero señalar en el argumento tomado de Catholic.net.

Antes de responder a los errores a los que incurre dicho artículo, hay que aclarar que el relato de los hermanos de Jesús, se encuentra mayormente en los evangelios, los cuales sabemos que se redactaron en el idioma griego, y la palabra *"hermanos"* se traduce del griego "adelphos", para esto los distintos significados de *"adelphos"*:

1. Hermanos de sangre.
2. Hermanos en la fe.
3. Paisanos.

1. Decir que Jesús hablaba arameo, y descartar los demás idiomas, es una aseveración un tanto atrevida, sin embargo, tomando en cuenta que los evangelios se escribieron en griego, es en éste mismo idioma en el cual los evangelistas describieron el parentesco de los hermanos de Jesús y en griego si existe la diferencia clara entre hermano y parientes, para muestra un ejemplo:

"Dijo también al que le había convidado: Cuando hagas comida o cena, no llames a tus amigos, ni a tus hermanos, ni a tus parientes, ni a vecinos ricos; no sea que ellos a su vez te vuelvan a convidar, y seas recompensado" (Lucas 14:12).

En la biblia interlineal encontramos la cita de la siguiente manera:

Ἔλεγεν δὲ καὶ τῷ κεκληκότι αὐτόν· Ὅταν ποιῇς ἄριστον ἢ δεῖπνον, μὴ φώνει τοὺς φίλους σου μηδὲ τοὺς ἀδελφούς σου μηδὲ τοὺς συγγενεῖς σου μηδὲ γείτονας πλουσίους, μήποτε καὶ αὐτοὶ ἀντικαλέσωσίν σε καὶ γένηται ἀνταπόδομά σοι.

Elegen de kai tō keklēkoti auton Hotan poiēs ariston ē deipnon mē phōnei tous philous sou mēde tous adelphous sou mēde tous syngeneis sou mēde geitonas plousious mē pote kai autoi antikalesōsin se kai genētai antapodoma soi[301]

---

301   Biblia Paralela, https://bibliaparalela.com/luke/14-12.html

Como podemos ver, la diferencia está claramente remarcada entre hermanos (adelphos) y parientes (Sugenys). El evangelista Lucas, quien tenía como lengua materna fue el idioma griego, sabía esto, y no tuvo problema alguno en emplear la palabra *"adelphos"* para describir a los hermanos de Jesús, como lo podemos ver en Lucas 8:19-21, ni siquiera usó la palabra *"anepsios"*, la cual se traduce como *"primo"* como lo podemos ver en Colosenses 4:10 cuando Pablo describe el parentesco de Marcos con Bernabé.

El ejemplo que los apologistas católicos usan con mayor frecuencia es el parentesco de Abraham con Lot, cuando Abraham lo llama hermano a pesar de ser su sobrino, sin embargo esto no representa mayor problema para quienes nos oponemos al dogma de la virginidad perpetua de María, ya que ese ejemplo es tomado de un relato que ORIGINALMENTE SE ESCRIBIÓ EN HEBREO, y aún si en la versión septuaginta del Antiguo Testamento lo encontramos como *"adelphos"* es precisamente porque es una TRADUCCION del hebreo, si el libro de Génesis se hubiese escrito en los tiempos de Jesús, mediante un autor cuya lengua natal hubiese sido el griego, el autor evidentemente iba describir de forma específica el parentesco de Abraham con Lot, esto tomando en cuenta si el relato se centraba principalmente en describir el parentesco.

El Dr. Fernando Saraví, escribió en un Artículo en un foro de iglesia.net lo siguiente:

> *"Según Lucas 1:36, el ángel Gabriel llama a Isabel la «parienta» (sungenis) de la Bienaventurada María (Lucas 1:36), no su «hermana» (adelfé)"*[302]

Como podemos ver, esto es una clara evidencia de que en ningún momento los autores de los evangelios usaron "adelphos" para describir a los hermanos del Señor teniendo en mente que eran sus primos o parientes, porque esto en realidad solo existe en la mente de los defensores del dogma de la virginidad perpetua de María, quienes han hecho el intento por "demostrar" que efectivamente si existen casos en los cuales, el uso de adelphos (en cuestiones familiares) si aplica para describir a los parientes o primos. Hace algunos años, cuando en un grupo de Facebook donde se llevaban a cabo diálogos por escrito, me tocó la oportunidad de entablar un dialogo con el apologista

302 Los Errores de la Apologética Católica Romana [Joaquín Palomares Cárdenas] Los Hermanos de Jesús, por Fernando Saraví, Facebook recuperado el 28 de Enero del 2013. https://www.facebook.com/legacy/notes/495257637183226/

católico Jose Miguel Arráiz y en uno de varios puntos de discusión, él daba la siguiente aseveración:

> *"Joaquin, en mi artículo explico los cuatro contextos donde la palabra hermano se utiliza en la Biblia. En uno de ellos coloco un ejemplo bíblico donde se utiliza con personas que no son hijos de la misma madre (Herodes y Filipo). El problema es que, si no se entiende que el griego de la Biblia está influenciado por el arameo, y que muchos dichos de Jesús, sobre todo los del evangelio de Mateo, fueron dichos en arameo, no se entiende por qué no se usa simplemente "parientes" cuando eso era lo que significaba."[303]*

A esto tengo un par de cosas que comentar, el señor Arráiz menciona cuatro contextos en los que se utiliza la palabra hermano, de los cuales en tres estoy de acuerdo con él, cuando se trata de hermanos de sangre, hermanos espirituales y paisanos, en donde no estoy totalmente de acuerdo es en el uso de la palabra *"hermanos"* para describir a parientes cercanos, ya que esto solo lo vemos en la versión original en hebreo, es decir en el Antiguo Testamento, mas no en el original griego, precisamente el idioma en el cual los evangelistas describen el parentesco de los hermanos de Jesús respecto a él, y del Nuevo Testamento. El señor Arráiz, da un solo ejemplo que paradójicamente, lejos de reforzar el dogma de la virginidad perpetua de María, resulta contraproducente para ellos, y para demostrarlo me gustaría desglosar dicho argumento. Jose Miguel Arráiz cita un ejemplo del uso de adelphos para describir a dos personas que no son hijos de la misma madre, pero sí hijos del mismo padre, en este caso Herodes el Grande, por lo cual en el sentido estricto venían a ser medios hermanos.

Cuando hice un análisis de este argumento, me di cuenta que José Miguel Arráiz, de forma ingenua había dado un ejemplo del uso de adelphos, más parecido al de los hermanos de Jesús, pues si nos ponemos a analizar, los hermanos de Jesús que la Biblia describe en Mateo 13:55, en realidad son sus medios hermanos, al ser hijos de la misma madre, pero no hijos del mismo Padre, ya que los demás son hijos de José, menos el Señor Jesús, y en esto, tanto católicos como evangélicos estamos de acuerdo.

---

303 Debates entre Católicos y Cristianos [Joaquín Palomares Cárdenas] Discusión sobre los hermanos de Jesús, Facebook recuperado el 28 de enero del 2013. https://www.facebook.com/groups/413353118698521/posts/593139497386548/

¿QUIÉNES SON JOSÉ, JACOBO, SIMÓN Y JUDAS QUE MATEO 13:55 MENCIONA?

"¿No es este el hijo del carpintero? ¿No se llama su madre María, y sus hermanos, Jacobo, José, Simón y Judas?" (Mateo 13:55).

Los nombres de los hermanos de Jesús, sin duda son nombres que fueron muy comunes en la región en el primer siglo, y esto lo han aprovechado los apologistas católicos para afirmar que los nombres mencionados en Mateo 13:55 son algunos de los discípulos del Señor Jesús, y no sus hermanos naturales. Según ellos, estos discípulos serian sus primos.

En grupos y páginas católicas, circula un mapa conceptual donde se ilustran los nombres de los hermanos del Señor y sus respectivos padres (según su tendencioso análisis) y está elaborado de esta manera:

Jose y María			
Juan y Santiago	**José**	**Simón**	**Judas**
Santiago y su hermano Juan, hijos de Zebedeo. Mt 27:56 Mc 3:17	María mujer de Cleofas, madre de Santiago y de José, tío de Jesús. Mt 27:56, Jn 19:25	Simón el cananeo, no es hijo de María. Marcos 3:18	Judas siervo de Jesucristo, hermano de Santiago. Judas 1:1

Para ser honesto, estos malabarismos a veces resultan un poco enredosos, y no por el hecho de que sea un argumento irrefutable, sino porque es necesario, al momento de estar leyendo y reteniendo en la memoria cada nombre para poder identificarlo junto a los demás, y así poder constatar si en realidad se tratan de los mismos hermanos de Jesús, y el error está en que, como lo mencioné anteriormente, son nombres que fueron muy comunes en la región, y en los cuadros comparativos en los cuales ponen los nombres de los hermanos de Jesús para *"mostrar"* a sus padres que para ellos no son José y María, colocan en su lugar los nombres de los padres de los apóstoles, como si en la región hubieran existido solamente dos Jacobos, dos Juan, dos Judas y dos José. Los apologistas católicos pareciera que de forma ingenua o deliberada ignoran que había muchos homónimos en la región, y relacionar los nombres como lo hacen en el recuadro es una afirmación gratuita y sin fundamento. Además, para que este mapa conceptual tome sentido, tuvieron que incluir el nombre del discípulo amado Juan, cuando el nombre de Juan no está incluido dentro de los nombres de los hermanos de Jesús e hijos de María enlistados en Mateo 13:55.

Un ejemplo de homonimia es el de Simón, ya que tenemos al mismo apóstol Simón de sobrenombre Pedro, Simón el cananista, Simón el leproso (en Betania), Simón de Cirene, el que ayudó a cargar la cruz donde sería crucificado el Señor, Simón el padre de Judas Iscariote, Simón el mago, Simón el curtidor (en Jope), Simón llamado Niger en Cirene.

Así mismo, Judas, Jacobo y José tienen homonimias, y el hecho de que sean mencionados en el mismo grupo en Mateo 13:55 no es casualidad, implemente se está describiendo una estructura familiar primaria.

Por otra parte, omiten que esos hermanos de Jesús, en ocasiones se mencionan a la par del grupo de los 12 discípulos del Señor, y eso en automático echa por tierra la aseveración de que esos nombres que se mencionan en Mateo 13:55 sean parte de los apóstoles, pero vamos por partes un ejemplo.

Cito de la página de Apologética católica que administra José Miguel Arráiz, en la cual se dice lo siguiente:

> *"Si comenzamos estudiando las menciones que de Santiago se hacen en las Escrituras (llamado Jacobo en algunas traducciones), veremos que es muy probable que este Santiago llamado "hermano del Señor" fuese uno de los Apóstoles. Lo deja entendido así San Pablo en la carta a los Gálatas:*
> *"Y no vi a ningún otro Apóstol, y sí a Santiago, el hermano del Señor."*
> *Otra evidencia de que era uno de los Apóstoles, es que se le considera una de las columnas de la Iglesia juntamente con Pedro y Juan, cosa que hubiese sido difícil de no haber sido uno de los Apóstoles"*[304]

Jacobo o Santiago porque era un nombre derivado de Sant Iacob, (San Jacobo), también era llamado *"el hermano del Señor"* y mencionado en Gálatas 1:19, para analizar este argumento de Jose Miguel Arráiz, me tomé la tarea de consultar algunas versiones católicas.

Biblia de Jerusalén: *"Y no vi a ningún otro Apóstol, y sí a Santiago, el hermano del Señor."*

Libro del pueblo de Dios: *"No vi a ningún otro Apóstol, sino solamente a Santiago, el hermano del Señor"*

---

304   Para estudiar el dogma de la Virginidad Perpetua de María a profundidad, José Miguel Arráiz. https://apologeticacatolica.org/maria/Para-estudiar-el-dogma-de-la-Virginidad-Perpetua-de-Maria-a-profundidad/

Nacar Colunga: *"A ningún otro de los apóstoles vi, si no fue a Santiago, el hermano del Señor".*

Al momento de negar que Santiago haya sido hermano de sangre del Señor, he visto que se apoyan más en la versión de la Biblia de Jerusalén, sin embargo, me gustaría analizar el pasaje desde el original griego:

ἕτερον δὲ τῶν ἀποστόλων οὐκ εἶδον, εἰ μὴ Ἰάκωβον τὸν ἀδελφὸν τοῦ κυρίου.[305]

1487. εἰ ei; partícula prim. de condición; si, si acaso, que, etc.: — quizá. Como en 1489, 1490, 1499, 1508, 1509, 1512, 1513, 1536, 1537. Véase también 1437.

3361. μὴ mé; partícula prim. de negación calificada (en tanto que 3756 expresa una negación absoluta); (adv.) no, (conj.) no sea que; también (como interr. implicando una respuesta neg. [en tanto que 3756 espera una respuesta afirmativa]) sea que, si acaso. A menudo usada en compuestos en substancialmente las mismas relaciones. Véase también 3362, 3363, 3364, 3372, 3373, 3375, 3378.[306]

Las dos palabras que puse en negritas, y cuyo significado he sacado del diccionario Strong, le dan un sentido clave a la cita, *"no vi a ninguno de los apóstoles SI NO a Santiago",* Cuando el apóstol Pablo dice *"no vi a ninguno de los apóstoles",* lo escribe después de mencionar a Pedro apóstol, es por eso que escribe *"no vi a ningún otro"* (aparte de Pedro), pero si vio al hermano del Señor, tomando en cuenta que *"hermano del Señor"* es un título que hace la diferencia entre sus hermanos y sus discípulos.

Déjeme hacer algunas observaciones:

1. Si ese Santiago, hermano del Señor, hubiese sido uno de los apóstoles, y tomando en cuenta que en el pasaje de Mateo 12:46 Jesús hace una clara distinción entre sus hermanos que se encontraban afuera (Grupo 1) y sus discípulos que se encontraban adentro (Grupo 2), ¿En qué grupo estaba ese Santiago hermano del Señor?

2. En el evangelio de Juan Capítulo 7 Versículo 5, Juan resalta el hecho de que sus hermanos no creían en el Señor, y esto lo desglosaremos más adelante, sólo quería rescatar una palabra clave del mismo pasaje:

---

305   Biblia Paralela. https://bibliaparalela.com/texts/galatians/1-19.htm

306   Nueva Concordancia Strong, James Strong, https://ia903403.us.archive.org/28/items/ diccionario-strong-de-palabras-aty-nt/Diccionario_Strong_de_Palabras_ATyNT.pdf

"Sal de aquí, y vete a Judea, para que también tus discípulos vean las obras que haces" (Juan 7:5).

¿Se dan cuenta que sus hermanos están hablando en tercera persona sobre sus discípulos? ¿Cómo pues sugiere Jose Miguel Arráiz que eran parte de los apóstoles?

El Dr. Fernando Saraví en el tema que desarrolló sobre los hermanos de Jesús expone los pasajes en los cuales se mencionan a los hermanos de Jesús y a los apóstoles en grupos distintos

"Después de esto descendieron a Capernaúm él [Jesús], su madre, sus hermanos y sus discípulos; y se quedaron allí no muchos días" (Juan 2:12).

"Cuando llegaron, subieron al aposento alto, donde se alojaban Pedro y Jacobo, Juan, Andrés, Felipe, Tomás, Bartolomé, Mateo, Jacobo de Alfeo, Simón el Zelote y Judas de Jacobo. Todos estos perseveraban unánimes en oración y ruego, con las mujeres, y con María la madre de Jesús, y con los hermanos de él" (Hechos 1:13-14).

"¿No tenemos derecho a llevar con nosotros una hermana por esposa, como hacen también los otros apóstoles, los hermanos del Señor, y Cefas?" (1 Corintios 9:5).

Dentro de la apologética católica no existe una postura definida sobre quienes son en realidad los hermanos de Jesús, dan alternativas, pero es más su empeño en negar que sean hijos de María que no se ponen de acuerdo en definir si son primos, hermanos en la fe, o paisanos.

Entonces, una vez que hemos mostrado, tanto el hecho de que eran grupos distintos sus hermanos de los apóstoles, y que sus hermanos eran incrédulos antes de la crucifixión, la idea de que hayan sido apóstoles queda por lógica descartada.

¿ERAN LOS HERMANOS DE JESÚS EN REALIDAD PARIENTES O PRIMOS?

La Biblia de forma clara los describe como adelphos, y tomando en cuenta el diferente uso de la palabra *"adelphos"* podemos ir descartando los diferentes significados para poder deducir cual es el correcto.

1. El uso de adelphos para describir a los parientes o primos quedó descartado desde que vimos que los evangelistas pudieron utilizar palabras alternativas como sugenys o anepsios, sin embargo, yo me pregunto, en el hipotético

caso que así fuera, ¿no se les hace extraño, y hasta ilógico que los evangelistas, cada vez que mencionan a los hermanos de Jesús y a su madre, los describan siempre en el mismo grupo? ¿Por qué los supuestos primos no debían estar con sus respectivos padres? ¿por qué siempre acompañados de su *"tía"* María?

2. El uso de adelphos para describir a los paisanos también queda descartado, pues en Mateo 13:56 en adelante el evangelio narra que Jesús fue a su tierra a darles enseñanza en la sinagoga, a los que prácticamente venían a ser sus paisanos, pero lo curioso aquí es que sus propios paisanos se refieren a Jacobo, Juan, Simón y Judas como sus *"hermanos"* siendo que ellos (los que preguntan) también vendrían a ser hermanos en ese sentido, es ilógico, y al parecer ni siquiera los apologistas católicos consideran esta opción viable, solo la mencioné para ir descartando posibilidades

3. El uso de adelphos para llamarlos hermanos en la fe, queda descartado, la razón es que ni siquiera ellos creían en él, al menos antes de la crucifixión (aclaro esto porque lo veremos posteriormente con Santiago el hermano del Señor), y esto lo podemos constatar en el pasaje de Juan 7:1-5 donde se narra la incredulidad de sus hermanos, otro pasaje donde podemos constatar la falta de compromiso de sus hermanos de sangre es en Mateo 12:46 al 50, donde narra la escritura que su madre y sus hermanos iban a buscarle mientras el Maestro enseñaba a los discípulos. La Escritura narra de forma ilustrativa como el Señor extendiendo su mano a sus discípulos se refiere a ellos como sus hermanos (en términos espirituales) haciendo de esta manera la distinción entre ellos y sus hermanos de sangre.

4. Por último, la opción más viable y lógica es que eran sus hermanos de sangre, el peso de las evidencias es innegable.

¿JESÚS NO TUVO HERMANOS POR QUE NO SE MENCIONAN EN LAS GENEALOGÍAS?

Según la lógica de los apologistas católicos, en Lucas 3:23-38 en donde se relata la genealogía de Jesús, no se mencionan sus hermanos, y en conclusión no tuvo hermanos.

Este es un argumento muy pobre, ya que tenemos que contemplar ciertos factores:

1. La genealogía tenía como fin mostrar el linaje de Jesús hasta David, un relato plenamente cristocéntrico, y como tal no tenía la obligación de mencionarlos.

2. En el dado caso de que la genealogía tuviera la obligación de mostrarlos ¿Por qué durante la Genealogía no se mencionaron más hijos del Rey David? ¿Por qué no se mencionaron más hijos de Salomón? ¿Acaso en la genealogía de Lucas 3:23-38 en todas las generaciones los padres tenían solo un hijo? La única excepción fue Jeconías y sus hermanos, pero si se omitieron los hijos de dos grandes personajes como David y Salomón, es porque los hermanos de estos en esta genealogía eran de poca relevancia como lo fueron los hermanos de Jesús, de los cuales tenemos mucha evidencia en los evangelios como para concluir que Jose y María solo tuvieron a Jesús como único hijo.

SI JESÚS TENÍA HERMANOS DE SANGRE, ¿POR QUÉ DEJÓ A SU MADRE A CARGO DE JUAN Y NO A CARGO DE UNO DE SUS HERMANOS?

Esta objeción parecería ser algo razonable, utilizando la lógica humana, y no desde la perspectiva del Señor, quien aparte de hacer un acto noble con su madre, nos deja una gran lección.

Primero que nada, hay que tomar en cuenta que, para el Señor, el vínculo espiritual siempre ha tenido mayor prioridad, incluso por encima del vínculo sanguíneo, y como sus hermanos no creían en él, como lo podemos ver en la cita de Juan 7:5, y también lo podemos ver en Mateo 12:46-50, donde mostró de manera contundente cual vínculo tiene mayor importancia. Así podemos asegurar que para el Señor tuvo mayor peso la fidelidad del discípulo amado, al cual le dio su entera confianza para dejarle a su cuidado a su Madre, y como dice la escritura, *"desde ese momento el discípulo la recibió en su casa"*.

Otra objeción muy común es que, según la ley judía, al estar una madre en el desamparo, es decir, cuando enviudaba, tenían que cuidar de ella los hijos, sin embargo, sabemos que para el Señor no hay ley que lo sobre pase, sobre todo cuando el propósito de no cumplir dicha ley es por una buena causa, un claro ejemplo lo vemos cuando consintió que sus discípulos recogieran espigas en el día de reposo, y como era de esperarse, los fariseos reclamaron al Señor que lo que hacían sus discípulos era contra la ley, el Señor, recordándoles cuando David comió los panes de la proposición, lo cual le era ilícito, justificó a sus discípulos, recalcando la importancia de la misericordia por encima de los sacrificios, si en algo hemos de coincidir con los católicos es que Jesús amó a su madre, tanto que decidió dejarla en muy buena compañía con su discípulo amado.

¿PONER EL NOMBRE DE LOS PADRES A LOS HIJOS ERA COSTUMBRE JUDÍA?

Los amigos católicos a propósito preguntan *"Si Jesús tenía hermanos, ¿Cómo se llamaban?"*, y ésta pregunta no es formulada por que desconozcan los nombres, si no preparando la respuesta y en base a la misma dar su objeción respecto al nombre de uno de los hermanos de Jesús llamado José la cual consiste en lo siguiente: *"Poner el nombre de los padres no era costumbre judía, por lo tanto, María no pudo tener un hijo con el mismo nombre de su Padre".*

No negaré que la primera vez que recibí ésta objeción, realmente creí que esto era así, sin embargo, con tiempo y análisis de la palabra, encontré que esto no era así, recordemos que en la escritura, más específicamente en Lucas 1:59 cuando llevaron a circuncidar a Juan Bautista le llamaban con el nombre de su Padre Zacarías, después que Elisabeth corrigió el nombre, ellos preguntaron los motivos de ese nombre, si no había nadie en su parentela con ese nombre, al ver la insistencia de los presentes, podemos constatar que la intención de nombrar al niño como su padre no fue un descuido, sino una intención deliberada, y esto desmiente la aseveración católica, pues ni siquiera hubiesen contemplado la idea de llamarle como su Padre.

EN LA NARRACIÓN EN LA CUAL JESÚS SE PERDIÓ EN EL TEMPLO, ¿DÓNDE ESTABAN SUS HERMANOS?

Si nos ponemos en el plan estricto de que los evangelios tenían que narrar cada coma y tilde de cada suceso en específico y cada detalle que sucedió alrededor de la vida de Jesús, quizá deberíamos de tener cada evangelio del mismo grosor que la Biblia, y nos faltarían hojas, pero no era el propósito de los evangelistas el narrar lo que sucedía con los familiares de Jesús a cada momento, sin embargo en base a la información implícita podemos sacar una conclusión, si tomamos en cuenta los siguientes hechos:

– El relato describe a una compañía o grupo de personas, sobre todo familiares, si bien no menciona a los hermanos de Jesús de forma explícita, tampoco descarta su ausencia. Y aun si la ausencia fuera evidente, el relato narra cuando Jesús fue a Jerusalén a los 12 años, no antes, ¿Por qué sus hermanos tenían que estar camino a Jerusalén antes de esa edad? La desventaja para los apologistas católicos en este relato, es que el mismo puede estar sujeto a diversas posibilidades, de cómo ocurrieron los hechos, mientras ellos solamente están enganchados a una sola interpretación, a una sola posibilidad, esto solo para reforzar su hipótesis de que Jesús era hijo único.

– Pero suponiendo, SIN CONCEDER, que los evangelistas omitieron en el relato a los hermanos de Jesús, entonces tendríamos el mismo problema antes mencionado en el hipotético caso de que fueran hijos de un matrimonio anterior de José, ya que en la huida a Egipto no se mencionan ni por error.

SEGÚN LA COSTUMBRE JUDÍA LOS HERMANOS MENORES NO PODÍAN "REGAÑAR" A LOS HERMANOS MAYORES

Esta hipótesis se deriva del hecho en el que sus hermanos de Jesús lo *"regañan"*, lo reprenden e incluso aconsejan, como lo podemos ver en Juan 7:5 cosa que según la cultura judía no estaba permitido hacer, es por esto que los apologistas católicos sugieren que sus hermanos eran mayores que él, pero como vimos anteriormente, esta posibilidad quedó descartada, pues no hay mención alguna de ellos, tanto en la huida a Egipto como en el regreso. Por otra parte, el hecho de que exista una costumbre o ley no garantiza que todos los habitantes de la región la cumplirán al pie de la letra siempre, sobre todo cuando se trataba de objetar sobre el ministerio del Señor por parte de sus consanguíneos que aún eran incrédulos en ese tiempo.

SI JOSÉ Y MARÍA TUVIERON MÁS HERMANOS, ¿DÓNDE ESTABAN CUANDO REGRESARON DE EGIPTO?

A esto, José Miguel Arráiz argumenta que para cuando murió Herodes el Grande y regresaron de Egipto, tampoco se menciona a un solo hermano de Jesús, habían pasado 4 años de que José Tomó a María como su mujer, y para este tiempo ya debieron haber decidido tener otro de los cuatro hermanos (aunque él los entrecomilla). El intervalo de tiempo en el que se calcula el nacimiento del Señor es entre el año 7 al año 4 a.C., tomando en cuenta que la muerte de Herodes ocurrió en el año 4 a.C., para sacar esta conclusión, José Miguel Arráiz convenientemente tomó el año más lejano como referencia para que su argumento tenga mayor peso, cuando la posibilidad de que el intervalo de tiempo pudo haber sido menor aun si se toma desde el 5 a.C. como referencia.

LA BIBLIA DICE SOLAMENTE HERMANOS DE JESÚS, MAS NO DICE "HIJOS DE MARÍA"

Lo he dicho anteriormente y estoy seguro que más de uno estará de acuerdo conmigo en que los evangelistas escribieron cada episodio que pudieron relatar, con el propósito de exaltar su vida y obra, aunque a veces menciona a sus familiares, no son el centro de los evangelios, en pocas palabras, los evangelios son cristocéntricos, es por eso que los evangelistas describen el parentesco de los familiares de Jesús desde la perspectiva de él, y no de María.

Otra objeción sobre el orden de la mención de los hermanos de Jesús respecto a la Bienaventurada María, es el hecho de que, en cada momento que se menciona el parentesco de ella con Jesús, se refieren a él como *"el hijo de María"* y no como *"uno de los hijos de María"*. Este argumento, aparte de débil y forzado, incurre en el mismo error que señalamos en el párrafo anterior, ya que supone que los evangelistas tenían la obligación de remarcar en cada referencia sobre María el hipotético *"hecho"* de que tenía un solo hijo, lo cual no es más que un solo deseo que proviene del corazón de los defensores del dogma de la Virginidad perpetua de María.

Pues bien, volviendo al punto, si ésta supuesta regla que ellos quieren aplicar, fuera genuina, entonces tendríamos que aplicar la misma regla en cada momento en el que se menciona a uno de los hijos de algunos personajes de la Biblia como *"el hijo de"*, por ejemplo, en Mateo 10:2 se dice de Santiago, quien no es el único hijo de Zebedeo, *"Santiago, el hijo de Zebedeo, y Juan su hermano"* (Mateo 10:2, Marcos 3:17). Si quisiéramos utilizar su misma regla asumiendo que los evangelistas tenían la obligación de mencionar a los familiares de María desde la perspectiva de ella, en el supuesto caso de que fueran primos de Jesús, tampoco encontramos la expresión *"sobrinos de María"*, sin embargo, eso no es problema para quienes sabemos las razones por las cuales mencionan los evangelistas a los familiares de Jesús y María en ese orden.

¿QUÉ HAY DE MALO EN EL HECHO DE QUE MARÍA NO HAYA SIDO VIRGEN?

Para nosotros que no somos católicos, no hay nada de malo que la Bienaventurada María haya dejado de ser virgen, al contrario, es una virtud el hecho de haya consumado su matrimonio y haya sido bendecida con más hijos, lo cual era bien visto en la cultura Judía, y eso no significa que el hecho de guardar castidad para el Señor sea algo malo, pues el mismo apóstol Pablo elogia ésta condición voluntaria, sin embargo dentro del matrimonio es incluso un mandamiento no negarse el uno al otro (1 de Corintios 7:3-5), de la misma forma la escritura dice:

"Honroso sea en todos, el matrimonio, y el lecho sin mancilla; pero a los fornicarios y a los adúlteros los juzgará Dios" (Hebreos 13:4).

No cabe duda que la sexualidad en el matrimonio es una bendición para cualquier pareja que decide juntarse con la aprobación divina, Y el matrimonio entre José Y María no iba a ser la excepción, con la confirmación del Ángel que le habló a José para que no temiera en recibir a María su mujer por el hecho de la concepción divina de la cual iba a ser engendrado el Señor Jesús.

¿POR QUÉ MOTIVO ES TAN IMPORTANTE DEFENDER EL DOGMA DE LA VIRGINIDAD PERPETUA DE MARÍA PARA LOS CATÓLICOS?

Es importante recalcar, que el hecho de no estar de acuerdo con esta enseñanza no es por el simple hecho de que sea una enseñanza católica y por eso nos guste llevar la contraria, al menos para mí las razones van más allá.

Primero que nada, cada virtud que le han adjudicado a la bienaventurada María, ya sea la inmaculada concepción o la asunción, han hecho que el pueblo católico le rinda excesiva pleitesía, y aunque ellos nieguen que la hayan convertido en un ídolo (disfrazado bajo el subterfugio de veneración o hiperdulía), su devoción desmedida ha sido un lastre para la práctica de la sana doctrina.

En el caso del dogma de la virginidad perpetua, al formar parte importante de la teología católica, es una aseveración que no pueden rechazar, al menos de manera pública, pues de lo contrario dejarían de ser católicos, ya sea por convicción propia o por excomulgación.

¿QUÉ ENSEÑÓ JUAN, RESPECTO A LA VIRGINIDAD PERPETUA DE MARÍA? ¿ENSEÑARON ALGO LOS DEMÁS APÓSTOLES?

Después de que el Señor encomendó a su discípulo amado el cuidado de la Bienaventurada María, dice el evangelio que desde esa hora el discípulo la recibió en su casa.

Para la iglesia católica, la mariología es una parte primordial dentro de la devoción cristiana, pero yo me pregunto, si para los apóstoles, dicha devoción hubiese sido fundamental, ¿por qué dentro de su legado estas enseñanzas brillan por su ausencia?

La razón por la cual he recapitulado la encomienda del Señor Jesús a su discípulo amado es porque posterior a esa encomienda, el discípulo amado hubiese sido un testigo presencial de primera fila de los supuestos milagros y virtudes (desde la perspectiva católica) de María, y hay que recalcar una cosa, en una de las cartas universales, para ser más específicos, en 1 de Juan 1:3 dice textualmente éstas palabras *lo que hemos visto y oído, eso os anunciamos*, sin embargo ni en el evangelio ni en ninguna de sus 3 cartas menciona algo relacionado al dogma de la virginidad perpetua de María, ni de ninguno de los otros dogmas, y no solo él, sino que ninguno de los demás apóstoles y colaboradores que también fueron hagiógrafos de las Escrituras del Nuevo Testamento siquiera de manera implícita enseñaron algo al respecto. Todas las supuestas reseñas bíblicas de las cuales los apologistas católicos se han valido solo han sido interpretaciones rebuscadas, no por nada han querido monopolizar la interpretación de las escrituras bajo la eiségesis de 2 de Pedro 1:20, pues no es conveniente para ellos que alguien muestre una interpretación distinta de la escritura respecto a la figura de la Bienaventurada María sobre los dogmas que le han adjudicado.

¿ERAN LOS HERMANOS DE JESÚS HIJOS DE JOSÉ DE UN MATRIMONIO ANTERIOR?

El Dr. Fernando Saraví escribe lo siguiente:

> *"Ante este argumento recordaremos primero que la Iglesia Ortodoxa tradicionalmente considera que San José era viudo y traía hijos de su matrimonio anterior, que por tanto serían "hermanos de Jesús", pero no hijos de María. Este argumento apareció por primera vez en el siglo II en el evangelio apócrifo llamado "Protoevangelio de Santiago", o sea, cuando todavía vivía gente que había conocido a María, así que parece un argumento sólido, y de hecho fue muy popular hasta principios del siglo V."[307]*

Debo aclarar que, aparte del hecho de que la ausencia de estos hermanos, tanto en la huida a Egipto, después que Herodes mandara matar a todos los niños menores de dos años como al regreso de ahí era evidente, no es la única razón por la cual esta hipótesis no es viable, pues el relato proviene de un evangelio espurio.

A esto quiero anticipar a una réplica que hay respecto al hecho de tratar de legitimar una enseñanza en un libro espurio, los apologistas católicos alegan que el relato de la lucha entre el arcángel Miguel y el diablo por el cuerpo de Moisés proviene del libro de Enoc, el cual no forma parte del canon bíblico, sin embargo debemos de tomar en cuenta que ninguna doctrina fundamental se deriva de las palabras de Judas, ni tampoco incurre en alguna inconsistencia, como sí ocurre en el protoevangelio de Santiago.

---

307 Los Errores de la Apologética Católica Romana [Joaquín Palomares Cárdenas] Los Hermanos de Jesús, por Fernando Saraví, Facebook recuperado el 28 de Enero del 2013.

Por otra parte, esta hipótesis chocaría con otra objeción que ellos mismos han dado, en pocas palabras los apologistas católicos están contradiciéndose, pues ¿no que poner el nombre de los padres a los hijos no era una costumbre judía? Si el José mencionado en mateo 13:55 era hijo de un matrimonio anterior de José el esposo de la bienaventurada María, entonces tenemos ahí otra inconsistencia.

¿LOS JUDÍOS NO CREERÍAN EN LA INVESTIDURA MESIÁNICA DE JESÚS SI MARÍA TENÍA MÁS HIJOS?

El apologista Jose Miguel Arráiz escribe en su sitio web lo siguiente:

> *"Una de las señales que identificarían a Jesús como el Mesías, es que su madre sería una virgen que daría a luz: "Pues bien, el Señor mismo va a daros una señal: He aquí que una doncella está encinta y va a dar a luz un hijo, y le pondrá por nombre Emmanuel."*
>
> *"Si María hubiera tenido varios hijos, es decir hubiera perdido su virginidad, ¿qué garantía tenían los judíos años después para creer que Jesucristo era el Mesías hijo de la virgen? Ya que podían suponer que la historia de que había concebido por el Espíritu Santo era falsa. Por eso la señal. Si María tuvo un sólo hijo la señal permanecería de que ella era la virgen profetizada por Isaías. Y si continuó intacta, sin tener relaciones con José, los judíos no podrían negar que Jesús fue concebido por el Espíritu Santo, a menos que Jesús no fuera su hijo."[308]*

Creo que es obvio que tanto católicos como protestantes estamos de acuerdo en que la profecía de que una virgen concebirá y dará a luz al Mesías se cumplió en la Bienaventurada María, sin embargo, la profecía en ningún momento indica que esa virginidad sería perpetua, textualmente dice la profecía *"He aquí que la virgen concebirá, y dará a luz un hijo"*.

Por otra parte, para un apologista instruido como lo es José Miguel Arráiz, me cae de extraño que suponga que los judíos años después no iban a creer que Jesús era el Mesías por el hecho de que María tuvo más hijos, pues eso no niega la concepción virginal.

Lo que sí es cierto es que los judíos no creían que Jesús fuera el Mesías, a pesar de que habían hechos más contundentes, como las señales y prodigios que Jesús realizó durante su ministerio, sus irrefutables enseñanzas, es más,

---

[308] Para estudiar el dogma de la Virginidad Perpetua de María a profundidad, José Miguel Arráiz, https://apologeticacatolica.org/maria/Para-estudiar-el-dogma-de-la-Virginidad-Perpetua-de-Maria-a-profundidad/

recuerdo en una ocasión haber leído un artículo que menciona 50 profecías mesiánicas cumplidas en Jesús, y con todo y esas señales, vimos que muchos decidieron no creer, aún después de su resurrección y ascensión hasta nuestros días, entonces si por señales mucho más grandes no creyeron, el hecho de que no hubiera tenido hijos no hubiera cambiado en lo más mínimo la percepción de los renuentes judíos (los que no creyeron) sobre la Figura de Jesús de Nazaret.

Pero reflexionando bien este argumento, (mi percepción personal) es que pareciera estar elaborado principalmente para defender el dogma de la virginidad perpetua de María, más que por el hecho de defender la deidad de Cristo, pues como hemos visto, esta deidad intrínseca de Cristo no depende de los atributos que los apologistas católicos le han adjudicado a la bienaventurada María.

MARÍA ¿EL ARCA DE LA NUEVA ALIANZA?

Cuando YHWH mandó construir el arca de la alianza, dio instrucciones precisas para su construcción, desde ornamentos de oro, maderas finas, los querubines, etc., no cabe duda que Dios quería que las tablas de la ley estuvieran en un lugar sagrado, y posteriormente el pentateuco según Deuteronomio 31:24-26 pero el celo de Dios respecto a lo sagrado del arca fue tal, que ni siquiera la podían tocar, ya que si esto sucedía YHWH los heriría de Muerte, como sucedió con Uza (2 Samuel 6:7).

Quise comenzar con este preámbulo debido a que los apologistas católicos se han esmerado en atribuir méritos que ningún apóstol enseñó sobre María, y uno de esos méritos es ilustrarla como la *"nueva arca de la alianza"* y para esto se han tomado la tarea de elaborar algunas comparaciones o paralelismos entre María y el arca del pacto, sin embargo, las situaciones en muchas de esas comparaciones son distintas, mostraré uno, por ejemplo:

"Aquel día David tuvo miedo de Yavé, y dijo: «¿Cómo voy a llevar a mi casa el Arca de Yavé?»" (2 Samuel 6:9).

"¿Cómo he merecido yo que venga a mí la madre de mi Señor?" (Lucas 1:43).

Sabemos que la reacción de Elizabeth, la parienta de María fue Natural como cuando alguien vuelve a ver a una persona después quizá de mucho tiempo, las expresiones "¿qué milagro que te dejas ver? O ¿A qué se debe el honor de tu visita? y Elizabeth en sus palabras, sin duda tenía el conocimiento que en María se iba a cumplir la profecía de la venida del Mesías. En cambio, la reacción de David, fue producto del Temor después de lo que sucedió con Uza, pues, aunque se conmovió por la muerte de él, tuvo temor de lo que le sucedió, y por eso hizo llevar el arca a casa de Obed Edom Geteo, como podemos ver, quien hizo este paralelismo solo tomó palabras similares sin contemplar el contexto en ambas situaciones.

Ciertamente el arca de la alianza fue tan sagrada que, como vimos, solamente los hijos de Coat podían cargarla, ya que ellos estaban consagrados y santificados para ésta labor, sin embargo en las ocasiones en que la bienaventurada María es mencionada en los evangelios y brevemente en los Hechos de los Apóstoles, sin problema interactuaba con la gente, pero con esto no estoy diciendo (como nos acusan los católicos) que era una mujer cualquiera, creo que hay un balance, y es común que los apologistas católicos toman de donde sea cualquier circunstancia efímera darle atributos que nunca tuvo.

No debemos de olvidar que lo sagrado se encontraba en su vientre, en Lucas vemos como ese niño fue creciendo en estatura y conocimiento, y en muchas ocasiones con pecadores, publicanos, leprosos y rameras, que lejos de morir, tuvieron una nueva vida después de ser sanados y perdonados por el Señor, con esto, la idea de que María sea la prefiguración del arca del antiguo pacto cae por tierra.

LAS PALABRAS "NO CONOZCO VARÓN" ¿SIGNIFICA UN VOTO DE VIRGINIDAD Y CASTIDAD?

Dicen los apologistas católicos lo siguiente:

> *"el contexto en el que plantea la pregunta «¿cómo será eso?» y la afirmación siguiente «no conozco varón» ponen de relieve tanto la virginidad actual de María como su propósito de permanecer virgen. La expresión que usa, con la forma verbal en presente, deja traslucir la permanencia y la continuidad de su estado"*[309]

En la revista Teológica *"Kairos"* No.34 cuyo autor de nombre Robert Simons hay un artículo que se titula *"La pregunta de María"* (Lucas 1:34) el cual consta de 7 páginas, y en donde da una respuesta amplia y completa, pero en resumen, Simons nos enseña como el hecho de que las palabras en presente *"no conozco varón"* para nada sugieren un voto de virginidad aun sabiendo que iba a contraer nupcias con su prometido José, el mismo evangelista relata la afrenta que sufría Elizabeth al no poder tener descendencia, y

---

309   El propósito de virginidad Juan Pablo II, https://www.vatican.va/content/john-paul-ii/es/audiences/1996/documents/hf_jp-ii_aud_19960724.html

como lo he comentado en otra pregunta, en la cultura Judía, para las mujeres casadas, era una bendición el hecho de tener hijos, Simons recapitula el caso de Ana, el caso de Sara, y el ya mencionado caso de Elizabeth, y la importancia para ellas de quitar esa afrenta.

Simons textualmente dice:

> "Sabemos que Lucas es un redactor y autor muy cuidadoso. Comparando algunos pasajes en Marcos con sus paralelos en Lucas, podemos ver cómo Lucas quita expresiones innecesarias o inconvenientes. Vale la pena preguntar entonces ¿por qué Lucas dejó 1:34 en su narración? La respuesta yace en el paralelismo entre los anuncios de los nacimientos de Juan y de Jesús y las razones por las que Lucas redactó los dos pasajes en forma paralela".[310]

LA POSTURA DE LOS REFORMADORES RESPECTO AL DOGMA DE LA VIRGINIDAD PERPETUA DE MARÍA

Cuando comenzaba a incursionar en los foros de debate, y se llegaban a tocar los debates sobre los dogmas marianos, rara vez faltaban los comentarios en donde mis antagonistas sacaban a colación la postura de los reformadores respecto a la Bienaventurada María.

Al principio, no negaré que éstas aseveraciones me tomaron por sorpresa, ya que yo tenía la idea de que los reformadores, y en especial el más mencionado, Lutero, se había desentendido de todas las enseñanzas católicas que no tienen fundamento apostólico, y hasta hoy, sin duda hay muchos hermanos que seguramente tienen una perspectiva similar a la que yo tuve en aquellos tiempos, sin embargo esto no tiene por qué alarmarnos, no tiene por qué tambalear nuestra fe, no caigamos en el juego que siempre nos han planteado, y daré algunos comentarios al respecto.

Primero debemos de tomar en cuenta que a nosotros como Cristianos de sana doctrina nos rige la palabra de Dios en primer lugar, y con esto no estoy minimizando a los Reformadores, sin duda su intervención fue fundamental para lograr esa libertad religiosa de la cual muchos Cristianos (que incluso estuvieron dentro de la iglesia de Roma) no gozaban, pero por más que los amigos católicos se la pasen repitiendo que nuestro fundamento es Lutero, nosotros no debemos olvidar cual es nuestro fundamento, y es que ellos han

---

310   La pregunta de María (Lucas 1:34), Roberto Simons, PhD, https://www.unisbc.edu.co/wp-content/uploads/2020/04/art01.pdf

repetido tantas veces esto que ya lo han convertido en una *"verdad"*, ya su chip en automático asimila esta perspectiva que ya ni siquiera lo razonan.

No olvidemos que los Reformadores formaban parte de las filas católicas, y junto con ello, las devociones Marianas seguían formando parte de sus convicciones, sin embargo, tales devociones no eran tan fervientes como uno pudiera imaginarse, sobre todo porque algunas de las citas que se han encargado de difundir en los foros, redes y cualquier sitio de internet en donde se habla sobre temas de apologética, resulta que están alteradas, o tienen anacronismos, es decir, que no corresponden al tiempo que ellos argumentan que fueron emitidas, por ejemplo:

En el sitio web de James White *"Alpha Omega Ministries"* White describe el ambiente religioso en el cual Lutero tuvo su formación como clérigo, y es evidente que por la influencia que tuvo, haya escrito cosas buenas sobre María, pero para nuestra sorpresa, no era un tipo de *"Mariología Romana moderna"* (palabras de White) incluso describe a *"dos Luteros"*, uno devoto de la virgen María y a un Lutero Maduro que repudia los excesos a los que se podía llegar con las devociones excesivas, y reflexionando sobre el Mérito que le quitaba a Cristo los elogios de San Bernardo, ilustrando por una parte a Cristo como un ser despiadado lleno de ira contra los fariseos, mientras que María tomaba una actitud amable y gentil, lo cual no es más que una cosmovisión subjetiva, y Lutero lo sabía.

James White escribe lo siguiente:

> *"Lutero sabía que las oraciones y la fe en los santos violaban el Primer Mandamiento. En su opinión, el papel de la fe o la confianza en el Primer Mandamiento determina si uno adora al Dios verdadero o a un ídolo".*[311]

Es evidente que cuando los católicos quieren echarnos en cara las devociones de Lutero, toman citas dichas por él antes de que decidiera disentir contra muchas prácticas que se llevaban a cabo dentro de la iglesia Católica Romana.

James White también muestra como una cita sacada de contexto, con la que pretenden ilustrar al Reformador como un *"devoto de María"* en realidad está sugiriendo todo lo contrario a la devoción Mariana.

---

311   ¿Martín Lutero creía en la devoción a María?, James White, https://www.aomin.org/aoblog/roman-catholicism/martin-luther-believed-in-devotion-to-mary/

La cita proviene del último sermón de Lutero en Wittenberg y dice así: *"La veneración de María está inscrita en lo más profundo del corazón humano"*.[312]

Mientras los apologistas católicos pretenden ver ese fragmento como una devoción Mariana, en realidad el texto refleja lo nocivo que puede ser el exceso de dicha devoción, y si lo trasladamos a nuestros días, cuando vemos a los apologistas católicos sacar hasta del más mínimo detalle cualquier pretexto para subir en un pedestal a la Bienaventurada María, y es aquí donde el sermón de Lutero cobra sentido.

Ahora, ¿Qué hay respecto a la postura de Lutero respecto al dogma de la virginidad perpetua de María?, James White lo confirma, efectivamente si creía en ésta enseñanza, y no menciona nada más al respecto, es necesario saber esto para que tengamos en cuenta que el hecho de que un reformador haya creído en éste dogma no nos obliga a nosotros a creerlo, y la razón es ésta, cuando nos dicen *"Lutero veneraba a la virgen María"* están incurriendo en una falacia de autoridad, la cual consiste en pretender que debemos aceptar cualquier aseveración de Lutero creer y tenerlo como una verdad absoluta solo por el hecho de que una autoridad, en este caso eclesiástica lo cree. Sin embargo, también caen en una incongruencia, ya que ellos mismos no aceptan las aseveraciones de Lutero, ¿Con qué calidad moral nos exigen creer de forma selectiva lo que Lutero creía?

James Swan, en su página "Beggars All: Reformation And Apologetics" transcribe una cita que es presentada en algunas páginas de apologética católica, y la cita dice lo siguiente:

> *"Cuanto más aumenta entre los hombres el honor y el amor de Cristo, tanto debe crecer la estima y el honor dados a María" [Ulrich Zwingli, Zwingli Opera, Corpus Reformatorum, Volumen 1, 427-428.]*[313]

Como era de esperarse, la cita está mutilada y mal traducida, Swan deduce que proviene de Thomas O'Meara,[314] quien después de citar esas palabras de Zwinglio aseguró que éste negó cualquier mérito o trabajo especial a María y se opuso firmemente a cualquier invocación a ella.

---

312 ¿Martín Lutero creía en la devoción a María?, James White, https://www.aomin.org/aoblog/roman-catholicism/martin-luther-believed-in-devotion-to-mary/

313 Zwinglio: "The more the honor and love of Christ increases among men, so much the esteem and honor given to Mary should grow", James Swan, https://beggarsallreformation.blogspot.com/

314 Mary in Protestant and Catholic Theology (Nueva York: Sheed and Ward, 1966), p. 144.

Cabe aclarar que Zwinglio igual creía en el dogma de la virginidad perpetua de María, sin embargo, igual que Lutero, negaron toda devoción desmedida hacia la bienaventurada María.

EL DOGMA DE LA VIRGINIDAD PERPETUA DE MARÍA ¿ES ACEPTADO POR TODOS LOS TEÓLOGOS CATÓLICOS?

Así como los apologistas católicos nos quieren echar en cara la postura de algunos reformadores respecto a dicho dogma, sin duda existen también Teólogos católicos que niegan este dogma, pero yo con esto no pretendo incurrir en la falacia ad verecundiam (de autoridad) como ellos lo quieren hacer con los reformadores, simplemente los pongo como muestra de lo difícil que es defender este dogma, sobre todo cuando les es impuesto so pena de excomunión y ser considerados anatemas.

Edgar Treviño, a quien mencioné anteriormente, me ha proporcionado una cita de un importante Teólogo llamado John P. Meier, quien discrepa con el dogma de la virginidad perpetua, y cita las siguientes palabras:

> *"Mateo quiere hacer inequívoca la concepción virginal de Jesús, porque añade que José no tuvo unión sexual con María (lit. <<no la conoció>>, un eufemismo del AT) hasta que dio a luz a Jesús (v.25). La cláusula <<hasta>> naturalmente significa que María y José disfrutaron relaciones conyugales normales después del nacimiento de Jesús (cf. Más adelante en 12:46;13:55). Al contrario de McHugh (p. 204), el término imperfecto eginosken (<<no la conoció>>) no insinúa un celibato continuado después del nacimiento de Jesús, sino que resalta la fidelidad del celibato hasta el nacimiento de Jesús".[315]*

Estas palabras para mí no solo tienen valor por el hecho de que lo diga un teólogo católico, si no por su exacta descripción del por qué Mateo resaltó el versículo 25 del capítulo 1 que la profecía de que el Mesías nacería de una virgen se cumplió en María.

Otro que expresó su discrepancia con el dogma de la virginidad perpetua de María (entre otros dogmas) fue el sacerdote Tissa Balasuriya, quien incurrió en una excomunión en automático, y aunque dicen los teólogos católicos que se arrepintió de su *"herejía"* eso no quita el hecho de que se haya planteado la idea de que aun los *"infalibles"* dogmas pueden cuestionarse.

---

315   D. A. Carson. Mateo. Comentario Bíblico del Expositor, p. 90. Editorial Vida.

Del libro *"El catolicismo Romano, un camino hacia el infierno"* del hno. Danny Totocayo he extraído algunas citas de Teólogos católicos que mediante un honesto análisis del tema dijeron lo siguiente:

Uta Ranke Heinemann (Teóloga alemana):

> *"Si leemos sin prejuicios el Nuevo Testamento, nos encontraremos incluso con que María tuvo varios hijos e hijas. Pero aceptar sencillamente eso tal como se dice en la Escritura significaría que María llevó una vida ajena al celibato, incluso contraria a él. De ahí que fuera preciso reformar la imagen de María que presenta el Nuevo Testamento, precisamente como madre con hijos. Así, se le negaron los hijos, salvo uno: Jesús. Se le quitaron a ella y se les declaró inicialmente hijos tenidos por José en un supuesto matrimonio anterior. Luego, sin embargo, se purificó su entorno de cuanto oliera a matrimonio: también su marido debió ser soltero, también él debía ser virgen. En consecuencia, los hijos e hijas de María tampoco podían seguir siendo hijos de José, pues eso podría haber salpicado negativamente el status virginal de María. De ahí que se terminara por convertir a los hermanos y hermanas de Jesús en sus primos y primas"*.[316]

Dicho sea de paso, vale la pena mencionar que poner en duda el dogma de la virginidad perpetua de María provocó la excomulgación de Uta.

José Antonio Pagola Elorza dice lo siguiente:

> *"El término adelphos utilizado por el evangelista significa normalmente «hermano» en sentido estricto, no primo o pariente. Desde un punto de vista puramente filológico e histórico, la postura más común de los expertos es que se trata de verdaderos hermanos y hermanas de Jesús. Meier, tal vez el investigador católico de mayor prestigio en estos momentos, después de un estudio exhaustivo concluye que "la opinión más probable es que los hermanos y hermanas de Jesús lo fueran realmente"*.[317]

PARA CONCLUIR

Una verdad indiscutible tanto para evangélicos como para católicos es que el papel de la Bienaventurada María en los evangelios, aparte de haber fungido como un valioso instrumento para que en ella se cumpliera la profecía de la concepción virginal del Mesías, y ser digna de reconocer, y dentro

---

316   Citado en "El catolicismo Romano un camino hacia el infierno", pág. 231.

317   Citado en "El catolicismo Romano un camino hacia el infierno", pág. 231.

del dialogo (ya sea como resultado del evangelismo o producto de una charla casual con familiares o amigos) al tocarse el tema de los dogmas Marianos, nunca hay que olvidar que la devoción de los católicos suele ser tan fuerte y apegada, que a la menor provocación o cualquier forma despectiva dirigida a ella pueden provocar que el dialogo termine, y así la posibilidad de poder persuadirlos a que se cuestionen un poco sus convicciones, por ello estos temas se deben tratar de forma muy cuidadosa, esto sin comprometer la verdad.

Por eso me he tomado a la tarea de enlistar punto por punto cada objeción (al menos las que conozco hasta ahora) sobre el tema de la virginidad perpetua de María, y también mi consejo es tomar la actitud de Pablo al momento de presentarles el evangelio a los atenienses, a pesar de que por dentro su espíritu se enardecía al ver al pueblo ateniense entregarse a la idolatría, conservó la calma y no despotricó con innecesarios exabruptos contra los ídolos de Atenas, al contrario, de forma sabia acaparó la atención de los filósofos, aprovechando su curiosidad por conocer cosas nuevas, fue la oportunidad que tomó para presentarles al Dios vivo.

Así mismo, podemos balancear esas emociones, con la ayuda de Dios y tener las armas suficientes para el dialogo, sin olvidar que no es la meta ganar el debate, si no presentar una buena defensa del evangelio, ¿y de qué forma?

"Derribando argumentos y toda altivez que se levanta contra el conocimiento de Dios, y llevando cautivo todo pensamiento a la obediencia a Cristo" (2 Corintios 10:5).

Capítulo 08
¿ES MARÍA, LA ESPOSA DEL ESPÍRITU SANTO?

Por Danny Totocayo

No existe nada más ridículo que una persona diga que María es esposa del Espíritu Santo. En Lucas 1:35 no se dice que María es esposa del Espíritu Santo como afirman muchos católicos. Lo que se dice por medio del ángel Gabriel a María es: *"El Espíritu Santo vendrá sobre ti, y el poder del altísimo te cubrirá con su sombra; por lo cual también el Santo ser que nacerá, será llamado Hijo de Dios"*.

La Iglesia en general y en forma figurada es llamada la esposa del Cordero, pero no la esposa literal de nuestro Señor Jesús. Increíblemente los católicos creen que María es la esposa del Espíritu Santo. Los católicos en su fanatismo e idolatría no pueden ver que esto es una blasfemia. Este pecado es tan grave como decir que Dios tiene un marido o que Dios tiene como hermano al diablo.

La necedad e idolatría católica han llevado a los católicos a aceptar las tonterías más grandes que existen en este mundo, y lo triste es que están orgullosos de hacer conocer sus vulgaridades, blasfemias y locuras. La afirmación: María es esposa del Espíritu Santo es una de las más necias que uno puede escuchar de los labios de estos sectarios profanos, pero ellos creen que al decir esta blasfemia con sus risas burlonas y nerviosas están honrando a Dios y a María.

Los católicos están haciendo el ridículo y están amontonando ira y agravando su culpa al decir algo tan necio como que María es esposa del Espíritu Santo.

¿Qué infierno podrá condenar esta blasfemia? ¿Qué ángel podrá medir este pecado?

La Sagrada Escritura nunca llama a María esposa del Espíritu Santo, ni explícitamente ni implícitamente.

¿PUEDE SER EL ESPÍRITU SANTO ESPOSO DE MARÍA SOLO PORQUE VENDRIA SOBRE ELLA?

1. El texto bíblico no dice por ningún lugar que El Espíritu Santo se casó con María, además María ya estaba desposada con José. Está claro que El Espíritu Santo no tuvo relaciones sexuales con María. A parecer los católicos no se dan cuenta, pero algunas mujeres se hacen inseminación artificial por un varón, y de esto nadie concluye que la mujer inseminada tiene por esposo a la persona que le hizo la inseminación.

¿Qué de aquellas mujeres que se hacen ellas mismas inseminación con una jeringa? ¿Son ellas sus mismas esposas? ¿Y la jeringa? ¿Su amante o su esposo?

2. Suponer que el Espíritu Santo tuvo a María como esposa es suponer que ella fue adultera. De hecho, también es suponer que José se divorció de María para que esta pueda ser esposa del Espíritu Santo.

3. La Biblia nunca enseña que El Espíritu Santo tenga esposa. Quienes enseñan que El Espíritu Santo tiene a María por esposa, deben ser llevados al manicomio. Esta vulgar enseñanza no es sana; sino muy blasfema y satánica. Y quienes la defienden deberían de ser señalados como dementes.

4. Afirmar que El Espíritu Santo tiene a María por esposa es blasfemia contra el Espíritu Santo. Quienes enseñan esta vulgar doctrina están blasfemando a Dios y no saben lo que hacen, lo peor es que se están poniendo la soga al cuello. Esto es triste; pero es lo que creen los católicos.

He oído hablar a algunos católicos llegar más lejos todavía, ya que se atrevieron a pecar contra Dios y decir que María es la esposa de nuestro Dios Trino.

¿Qué creen estos señores? ¿Creen que pecan y no pasa nada? No tengo la menor duda de que a estos les está reservada las más densas tinieblas en el castigo eterno. ¡Dios los libere de sus locuras!

Capítulo 09
¿FUE MARÍA CORREDENTORA?

Por Danny Totocayo

MARÍA NO ES CORREDENTORA POR APOYAR O COOPERAR CON CRISTO

1. *No sabemos si María haya apoyado a Cristo en su misión salvífica; pero si hubiera sido un instrumento, esto no la hace corredentora.* Que hayan existido instrumentos para que Cristo haya dado su vida en la cruz para salvación, no los hace corredentores. Si María fuera corredentora, también lo serían los ancianos del pueblo, los principales sacerdotes, los escribas, los fariseos, Judas, Pilato y los soldados romanos ya que, si no fuera por ellos, Jesús no hubiese muerto en la cruz.

¿Coopero María de manera excepcional para la redención de la humanidad? ¿Dónde está esa evidencia?

Un artículo en defensa de la doctrina de que María es corredentora afirma:

> *"El término "corredentora" es adecuadamente traducido como "la mujer con el redentor", o más literalmente como "la que re-adquirió con (el redentor)". El prefijo "co" viene del término del latín "cum", que significa "con" y no "igual a". Corredentora por tanto, como se aplica a María, se refiere a su cooperación excepcional con y supeditada a su divino hijo Jesucristo, en la redención de la familia humana, como está manifestado en la Escritura Cristiana" (María Corredentora: Respuesta a 7 Objeciones Comunes".* [318]

---

318 http://www.mercaba.org/FICHAS/MAR%C3%8DA/corredentora_respuestas_objeciones.htm).

En este artículo solo se afirma lo que no se puede probar. No se presenta ni un solo versículo bíblico para fundamentar que María es corredentora y espera que se los tome en serio.

¿Por qué no se dice que María Magdalena también que fuera corredentora? ¿Qué de los ángeles? ¿Porque no se dice de ellos también que son corredentores? ¿Acaso no pudieron librar a Jesús de morir? Pudieron hacerlo, pero no lo hicieron. Así que se puede decir que ellos también son corredentores.

2. Que María haya sido la madre de Jesús, no hace a María corredentora. *Si* María es corredentora, entonces, la mama de George Washington es colibertadora de Estados Unidos. ¿No creen?

3. María no derramo una sola gota de sangre por la humanidad. María no nos salvó de nada, ella no murió en la cruz, ella fue instrumento para traer al Salvador, pero ella no es ni salvadora, ni corredentora, ni nada.

UNA REFUTACIÓN A LOS ARGUMENTOS A FAVOR DE LA CORREDENCIÓN DE MARÍA

Veamos algunos de los argumentos de los apologistas católicos y mi respuesta a cada una de ellas:

1. María no es igual a Jesús; pero coopero en la redención de la humanidad al acoger a en su seno al verbo de Dios, dándole cuidado, intercediendo en las bodas de Caná y marcando el camino hacia Cristo. Esto la hace corredentora.

Respuesta:

Seguramente María no es igual a Jesús. La diferencia es infinita como reconocen los católicos.

Que haya decidido obedecer a Dios para acoger al Salvador en su seno, no la hace corredentora.

Que los cristianos proclamemos el evangelio de Cristo para la salvación de muchas almas, no nos hace corredentores. María tampoco es corredentora por acoger a Jesús en su seno.

¿Por qué los católicos hablan tanto de la supuesta corredención de María y no dicen también que Pablo, Juan, Bernabé, Mateo, Jonathan Edwards, Charles Finney, John Wesley, Smith Wigglesworth, Evan Roberts y otros hombres de Dios son corredentores, por su obra de predicación para la salvación de las almas?

Detrás de esta palabra *"corredentora"* hay una idolatría que ellos niegan practicar; pero está presente de manera sagaz.

¿Cuál fue el cuidado que le dio María a Jesús? Ella lo descuido y hasta reprocho a Jesús, el inocente con estas palabras: *"¿Por qué nos has tratado así?"*

Interceder en las bodas de Cana, no hacen de María corredentora.

2. En la Anunciación (Lucas 1:26-38) se proclama la gran tarea de la salvación. A María se le pide dar su libre y total consentimiento para concebir este hijo, por lo tanto, ella es corredentora.

Respuesta:

En Lucas 1:26-38 no se dice que alguien pidiera el consentimiento de María para que Naciera el Salvador. Simplemente se dice lo que sucederá, y ella acepta lo que Dios determino.

Leamos lo que dicen estos textos:

> *"26 Al sexto mes, el ángel Gabriel fue enviado por Dios a una ciudad de Galilea llamada Nazaret, 27 a una virgen comprometida para casarse con un hombre que se llamaba José, de los descendientes de David; y el nombre de la virgen era María. 28 Y entrando el ángel, le dijo: "¡Salve, muy favorecida! El Señor está (sea) contigo; bendita eres tú entre las mujeres." 29 Ella se turbó mucho por estas palabras, y se preguntaba qué clase de saludo sería éste. 30 Y el ángel le dijo: "No temas, María, porque has hallado gracia delante de Dios. 31 Concebirás en tu seno y darás a luz un Hijo, y Le pondrás por nombre Jesús (el Señor salva). 32 Este será grande y será llamado Hijo del Altísimo, y el Señor Dios Le dará el trono de Su padre David; 33 y reinará sobre la casa de Jacob para siempre, y Su reino no tendrá fin." 34 Entonces María dijo al ángel: "¿Cómo será esto, puesto que soy virgen?" 35 El ángel le respondió: "El Espíritu Santo vendrá sobre ti, y el poder del Altísimo te cubrirá con su sombra; por eso el Niño que nacerá será llamado Hijo de Dios. 36 Tu parienta Elisabet en su vejez también ha concebido un hijo; y éste es el sexto mes para ella, la que llamaban estéril. 37 Porque ninguna cosa será imposible para Dios." 38 Entonces María dijo: "Aquí tienes a la sierva del Señor; hágase conmigo conforme a tu palabra." Y el ángel se fue de su presencia".*

Si María es corredentora, entonces Elisabet, la madre de Juan el bautista, es la copreparadora del camino al Señor. ¿Y porque no decir también que si María es corredentora, también la madre de David es coautora de sus salmos?

3. María es la Corredentora porque estuvo entregada al servicio del Redentor en esclavitud de amor.

Respuesta:

No tenemos evidencia bíblica de que María estuvo al servicio de Cristo. En todo caso otras personas sirvieron a Jesús notablemente y la Biblia lo muestra claramente, por ejemplo, los apóstoles. ¿Por qué no llaman a Pablo, *"el corredentor"*? ¿Acaso no sirvió al Señor Jesús?

4. "María es eminentemente corredentora junto a la Cruz de su Hijo, en comunión con Él por la salvación del mundo. Es plenamente Corredentora en la resurrección del Hijo, desbordando alegría en la plenitud del Magníficat"[319]

Respuesta:

¿Comunión con Cristo junto a la cruz? No hay una pizca de evidencia de comunión entre María y Jesús cuando Él estaba en la cruz. Solo Jesús le dijo algunas palabras; pero ella estaba muda. No hablaba nada. Quizá su silencio reflejaba que estaba arrepentida de su pecado cuando descuido a Jesús, cuando este tenía 12 años. Quizá se acordaba de como acuso a Jesús de tratarla mal, cuando en realidad, Él era inocente. No sabemos; pero la Biblia no dice que ella tenía comunión con Cristo.

Juan Pablo II en su homilía en Guayaquil, Ecuador en Enero de 1985, declaró que María fue *"espiritualmente crucificada con su Hijo crucificado"*. Pero esta suposición de este papa no ha podido ser demostrada.

Se puede decir que los ángeles también estaban siendo crucificados espiritualmente con Jesús, otro puede decir que María Magdalena también fue espiritualmente crucificada junto a Jesús. ¿Son corredentores?

Toda persona siente dolor por lo que le hacen a su amigo, y más aún si es su familiar. María parece haber observado lo que hicieron con Jesús; pero no vemos una sola lágrima de María en la biblia cuando Jesús moría por los pecados de la humanidad. María, hermana de Lázaro parece tener un corazón más sensible que el de María.

5. "María es Corredentora el día de Pentecostés cuando el Espíritu Santo viene sobre Ella y los Apóstoles. Lo sigue siendo en el Cielo, asunta en cuerpo y alma, intercediendo por todos nosotros"[320]

319 Fr. Carlos Lledó López O.P. http://www.cofradiarosario.net/virgen_maria_8.htm
320 Fr. Carlos Lledó López O.P. http://www.cofradiarosario.net/virgen_maria_8.htm

Respuesta:

¿Hay evidencia de que ella es corredentora el día de pentecostés cuando El Espíritu Santo viene sobre ella? No, no hay una sola evidencia bíblica que demuestre que María sea corredentora por recibir El Espíritu Santo. Si recibir el Espíritu Santo hace de María corredentora, entonces con esa misma lógica se puede decir que los apóstoles son corredentores.

6. "Existe además la colaboración sacramental, como una forma de presencia corredentora. En el Bautismo, María es la Madre portadora de la Vida. En la Confirmación, es la Madre que nos hace partícipes de su fortaleza al pie de la Cruz. En la Penitencia, es la Madre que acoge y abraza al hijo arrepentido. En la Eucaristía, es la Madre que nos ofrece el alimento y la bebida, el Cuerpo y la Sangre de Cristo. En el Matrimonio, es la Madre virgen y esposa modelo que ofrece el calor de Cristo al nuevo hogar. En el Sacerdocio, es la Madre especial de los sacerdotes y la Maestra que les enseña cómo configurarse con su Hijo, Sumo y Eterno Sacerdote. En la Unción de los enfermos, es portadora del perdón, del consuelo, de la salud espiritual y corporal y nos sostiene entre sus brazos"[321]

Respuesta:

La Biblia no dice que en el bautismo María es la portadora de la vida. Cuando el cristiano es confirmado, la Biblia no señala que ella nos hace partícipes de su fortaleza. En la penitencia católica tampoco María abraza a nadie, ella está en el cielo descansando de sus obras. En la eucaristía María no ofrece el pan y el fruto de la vid. Al menos según la Biblia no se muestra que ella ofrezca alimento alguno. En el matrimonio tampoco es esposa virgen, ya que ella tuvo varios hijos. En el sacerdocio católico tampoco María puede ser madre, ni maestra. Ella ya descansa de su trabajo en el cielo. En la unción de los enfermos, María no es, según la Biblia, portadora del perdón, ni de consuelo, menos de salud espiritual y corporal.

7. María es corredentora porque no se cansa de buscarnos. Ella nos conduce a Jesús para que nos convirtamos.

Respuesta:

Es El Espíritu Santo quien convence al hombre de sus pecados para que se arrepienta y ponga su fe en Cristo. La Biblia no dice en ningún lado que María nos busque.

---

321 Fr. Carlos Lledó López O.P. http://www.cofradiarosario.net/virgen_maria_8.htm

COMENTARIOS FINALES SOBRE ESTE TEMA

1. Que María haya tenido el privilegio de ser la madre de Cristo no significa que sea corredentora.

El redentor es Cristo. *"Y dará a luz un hijo, y llamarás su nombre Jesús, porque él salvará a su pueblo de sus pecados"* (Mateo 1:21).

2. El Papa Pío IV, en el Concilio de Trento, sesión 25, De la invocación, veneración y reliquias de los Santos, y sobre las sagradas imágenes, reconoce ex cathedra que Jesús es el único redentor.

El Papa Pío IV, en el Concilio de Trento, sesión 25 dijo:

> *"… los santos que reinan juntamente con Cristo ofrecen sus oraciones a Dios en favor de los hombres; que es bueno y provechoso invocarlos con nuestras súplicas y recurrir a sus oraciones, ayuda y auxilio para impetrar beneficios de Dios por medio de su Hijo JESUCRISTO SEÑOR NUESTRO, QUE ES NUESTRO ÚNICO REDENTOR Y SALVADOR… Igualmente, que deben tenerse y conservarse, señaladamente en los templos, las imágenes de Cristo, de la Virgen Madre de Dios y de los otros santos y tributárseles el debido honor y veneración… Ahora bien, si alguno enseñare o sintiere de modo contrario a estos decretos, sea anatema".[322]*

Si Jesús es el único redentor, no hay corredentores.

3. Otro Papa, Eugenio IV, en el Concilio de Florencia, Cantate Domino, 1441, reconoce ex cathedra que Jesús es el único redentor.

Este papa dijo:

> *"La sacrosanta Iglesia Romana firmemente cree, profesa y enseña que nadie concebido de hombre y de mujer fue jamás librado del dominio del diablo sino por merecimiento del que es mediador entre Dios y los hombres, Jesucristo Señor nuestro; quien, concebido sin pecado, nacido y muerto AL BORRAR NUESTROS PECADOS, ÉL SOLO POR SU MUERTE DERRIBÓ AL ENEMIGO DEL GÉNERO HUMANO y abrió la entrada del reino celeste, que el primer hombre por su propio pecado con toda su sucesión había perdido…"[323]*

4. Así como Adán con su pecado hundió al mundo en la muerte (Romanos 5:12), Cristo solo su sacrificio redimió al mundo sin María.

---

322   Denzinger 984
323   Denzinger 711

Capítulo 10
¿FUE MARÍA, UNA MUJER SIN PECADO ALGUNO?

Por Danny Totocayo

Toda la Iglesia sabe que María fue una mujer santa, pero llegar a pensar que nunca pecó me parece un error grave. En el catolicismo se dice que María nunca pecó, aun cuando la Biblia esta decididamente contra esta doctrina.

NO HAY CONSENSO UNANIME ENTRE LOS "PADRES APOSTÓLICOS" SOBRE EL CARÁCTER DE MARÍA

"San Vicente" declara que lo verdaderamente y propio católico es poner cuidado *"lo que ha sido creído en todas partes, siempre y por todos"*, de donde se infiere que según la doctrina de la impecabilidad de María no es verdaderamente católica porque no todos los *"padres apostólicos"* creyeron que María fue impecable.

El erudito católico, Ludwig Ott admitió que:

> *"los padres griegos individuales (Orígenes, San Basilio, San Juan Crisóstomo, San Cirilo de Alejandría) enseñaron que María padecía faltas personales veniales, como ambición y vanidad, dudas sobre el mensaje del Ángel y falta de fe bajo la Cruz".*[324]

A continuación, voy a presentar evidencia irrefutable que demuestra que varios de los *"padres apostólicos"* no creyeron en la impecabilidad de María:

Ireneo (140 - 202). El historiador de la iglesia, Philip Schaff dijo que Ireneo:

---

324 Ludwig Ott, Fundamentals of Catholic Dogma, Tan Books and Publishers, 1960, p. 203

"todavía estaba muy alejado de la noción de la falta de pecado de María, y declara expresamente la respuesta de Cristo en Juan II. 4, para ser un reproche de su prematura prisa".[325]

Tertuliano (160-220) dijo que:

"(…) el único hombre sin pecado es Cristo".[326]

"Tampoco se ha demostrado que su madre se haya adherido a él, aunque a menudo se menciona que Marta y otras María están en su compañía. En esta coyuntura, su incredulidad por fin se revela abiertamente".[327]

"Estaba justamente indignado, que las personas tan cercanas a Él permanecían fuera, mientras que extraños estaban dentro de Sus palabras, especialmente cuando querían alejarlo de la solemne obra que Él tenía en la mano. No negó tanto que los rechazó. Y por lo tanto, cuando a la pregunta anterior, ¿Quién es mi madre y quiénes son mis hermanos? Agregó la respuesta Ninguno, pero aquellos que escuchan mis palabras y las hacen, transfirió los nombres de la relación de sangre a otros, a quienes juzgó que estaban más estrechamente relacionados con Él por su fe".[328]

Clemente de Alejandría (150 – 213) escribió:

"Porque solo este Verbo de quien hablamos no tiene pecado. Porque pecar es natural y común a todos".[329]

Orígenes (185 – 253) dijo:

"Es imposible que un hombre no tenga pecado. Y esto lo decimos, exceptuado, por supuesto, al hombre que se entiende por Cristo Jesús, que no peco".[330]

"María pertenece al número de los que profetizaron a Cristo que se escandalizarían en Él, como los apóstoles, ella también fue turbada por la catástrofe de la cruz; y era necesario que ella hubiera pecado en alguna medida, para que ella también pudiera ser redimidos por Cristo".[331]

"La espada de la incredulidad atravesó el alma de María".[332]

325　Philip Schaff, Historia de la Iglesia Cristiana, volumen 3, [Hendrickson, 2011], p. 415

326　Tertuliano, "De Anima", XI

327　Tertuliano, Sobre la carne de Cristo, Cap. 7

328　Tertuliano, Contra Marcion, Libro 4, Cap. 19

329　The instructor 3:12

330　Contra Celso 3:62

331　Origenes de Alejandría, Homilía 17, sobre Lucas

332　Orígenes, In Luc. Hom. XVII

Basilio de Cesarea (330 – 379) hizo el siguiente comentario sobre la espada de Lucas 2: 35-36:

> *"Incluso a ti misma [María], a quien se le ha enseñado desde lo alto las cosas concernientes al Señor, será alcanzada por alguna duda. Esta es la espada".[333]*

Gambero admite que Basilio:

> *"se considera justificado al afirmar que la santidad de la Virgen no estaba totalmente sin sombra. Se refiere a la duda que ella sufrió en el momento de la Pasión de su Hijo, que Simeón había predicho, usando la metáfora de la espada".[334]*

Cirilo de Alejandría (376 a 444) enseñó que María pecó de manera severa, cuando dijo:

> *"Porque, sin duda, una línea de pensamiento como esta pasó por su mente: 'Lo concebí que se burla de la Cruz. Él dijo, de hecho, que Él era el verdadero Hijo de Dios Todopoderoso, pero puede ser que fue engañado; Él pudo haber errado cuando dijo: Yo soy la Vida. ¿Cómo sucedió Su crucifixión? y ¿cómo se enredó en las trampas de sus asesinos? ¿Cómo fue que no prevaleció sobre la conspiración de Sus perseguidores contra Él? ¿Y por qué no bajó de la cruz, aunque le ordenó a Lázaro que volviera a la vida, y sorprendió a Judea con asombro por sus milagros? La mujer, como es probable que no entienda exactamente el misterio, se desvió hacia un tren semejante. Pensamiento".[335]*

Cirilo de Jerusalén (313 - 386) declaró:

> *"Este es el Espíritu Santo, que vino sobre la Santísima Virgen María; porque ya que El que fue concebido fue Cristo el Unigénito, el poder de la Altísima la eclipsó, y el Espíritu Santo vino sobre ella, y la santificó, para que ella pudiera recibirlo".[336]*

> *"(…) sólo uno está libre de pecado, Jesús, que nos limpió de nuestros pecados".[337]*

---

333 Basilio de Cesarea, Carta, 260, 9

334 Luigi Gambero, María y los Padres de la Iglesia: La Santísima Virgen María en el Pensamiento Patrístico, Ignatius Press, 1999, pág. 148

335 Cirilo de Alejandría, Comentario sobre Juan, Libro 12

336 Cirilo de Jerusalén, Lecturas catequéticas, Conferencia, 17, 6

337 Clases de Catequesis, Lección 2, Sección 10

Gregorio Nacianceno (329 – 390) afirmó que poco antes del nacimiento de Cristo, María había sido:

"purificada por el Espíritu tanto en el alma como en el cuerpo".[338]

Juan Crisóstomo (349 – 407) dijo que Cristo: *"se preocupó de honrar a su madre"*, pero *"mucho más se preocupó por la salvación del alma de ella"*.[339]

"En las bodas de Caná, María fue problemática y ambiciosa"[340]

En su homilía 21 escribió:

> *"Al tercer día tuvo lugar una boda en Cana de Galilea y fue invitado Jesús a la boda. Y la Madre de Jesús y los hermanos de éste, estaban ahí… Y como se acabara el vino, la Madre de Jesús le dijo: No tienen vino…*
>
> *Tal es el motivo porque le habló así en esta ocasión y le dijo: ¡Mujer! ¿Qué nos va a mí ni a ti? También puede traerse otra razón no menos necesaria. ¿Cuál es? Para que no fuera sospechoso su milagro, pues eran los necesitados quienes debían haberle rogado y no su Madre. ¿Por qué? Porque lo que se alcanza por ruegos de parientes, aunque se trate de grandes labores, generalmente no suele agradar tanto a los que se hallan presentes. En cambio, cuando son los mismos necesitados quienes suplican, el milagro que se verifique queda sin sospecha alguna, las alabanzas quedan limpias de otras intenciones, la utilidad subsiguiente es grande.*
>
> *Un médico excelente, habiendo entrado en una casa en donde hay muchos enfermos, ve que ninguno de los enfermos ni de los presentes le ruega alguna cosa, sino solamente la madre suya, se hará sospechoso y aun molesto a los enfermos; y ni éstos, ni los que se hallan presentes esperarán de él cosas grandes. Por tal motivo Cristo increpó a su Madre diciéndole: ¡Mujer!, ¿qué nos va a ti ni a Mi?, enseñándola a que en adelante, no pidiera tales cosas. Cuidaba El del honor de su Madre, pero mucho más de la salud espiritual y de los beneficios que a muchos tenía que hacer, pues por ellos había encarnado. De modo que sus palabras no eran las de quien habla con arrogancia a su Madre, sino las propias de la economía redentora; para que ella quedara enseñada y se proveyera que los milagros se verificaran de un modo digno"*.[341]

---

338 Gregory Nacianceno, Sermón 38,13

339 Juan Crisóstomo, Homilía sobre Juan 2:4

340 Juan Crisóstomo, Homilía sobre Mt 12,48

341 http://www.clerus.org/bibliaclerusonline/pt/fkf.htm

Ambrosio de Milán (340 – 397) declaro:

> *"De todos los hombres nacidos de mujer, el Santísimo Señor Jesús fue el único que no experimentó el contacto terrenal por la novedad de su nacimiento inmaculado".*[342]

Anselmo (1033 - 1109) no es un padre apostólico, pero dijo:

> *"Porque así como la naturaleza humana, estando incluida en la persona de nuestros primeros sacerdotes, estaba en ellos totalmente derrotada por el pecado (con la única excepción del hombre, a quien Dios, pudiendo crear una virgen, también pudo salvar del pecado de Adán), así también, si toda ella no hubiera pecado, la naturaleza humana habría sido completamente conquistada".*[343]

> *"En sus escritos (Pablo) declara que todos los hijos de Adán, excepto Cristo, son pecadores e hijos de ira".*[344]

Bernardo de Claravaux (1090 – 1153), abad y doctor de la Iglesia católica, fue un reformador, no un padre apostólico, pero dijo:

> *"A excepción de Cristo, todos los descendientes de Adán deben decir: Yo fui concebido en el mal, y en el pecado concebí a mi madre".*[345]

Tomás de Aquino (1225 – 1274) dijo:

> *"Respondimos que la santificación de la Santísima Virgen no se puede entender antes de recibir la vida… si la Santísima Virgen María hubiera sido santificada de alguna manera antes de recibir la vida, nunca habría caído en la mancha del pecado original; y, por tanto, no habría necesidad de la redención y salvación, que es por Cristo, como está dicho, …porque él salvará a su pueblo de sus pecados (Mat. 1:21). Pero es inconveniente que Cristo no sea el salvador de todos los hombres, como se dice (I Tim. 4,10). De ahí se sigue que, si la santificación de la Santísima Virgen nunca hubiera estado contaminada con el pecado original, esto socavaría la dignidad de Cristo., que no necesitaba ser salvado, como salvador universal, porque la mayor pureza sería la de la Santísima Virgen".*[346]

---

342 Ambrosio de Milán, "Sobre el pecado".

343 Cur Deus Homo, libro I, cap. XVIII

344 Anselmo, "Sobre la concepción virginal y el pecado original", XXII

345 Bernardo de Claravaux, Epístola 174, versículos 7,8

346 Tomás de Aquino, Summa Theologica, art. II, parte III, pregunta XXVII

LOS PAPAS MAS HONESTOS RECONOCIERON QUE MARÍA PECÓ

El papa León I el Magno o el Grande (390-461) afirmo:

"Cuando por la condición del nacimiento, hay una causa de perecer para todos. Y así, entre los hijos de los hombres, solo el Señor Jesús nació inocente, ya que él solo fue concebido sin la contaminación de la concupiscencia carnal".[347]

"Como nuestro Señor no encontró a nadie exento de pecado, así vino al rescate de todos".[348]

"Sólo el Señor Jesucristo, entre los hijos de los hombres, nació sin mancha, porque sólo Él fue concebido sin la asociación y concupiscencia de la carne".[349]

El papa Gelasio I (410 – 496) dice que:

"Nada de lo que estos primeros sacerdotes producían de su simiente estaba exento del contagio de este mal, que contraían por prevaricación".[350]

El Papa Gregorio Magno (540-604), afirmo:

"Él sólo [Cristo] nació santo, para poder vencer la condición de naturaleza corrupta, no siendo concebido a la manera de los hombres".[351]

El papa Inocencio III (1161 – 1216) creyó en la inmaculada concepción de María porque dijo:

"De Juan, el ángel no habla de la concepción sino del nacimiento. Pero de Jesús predice por igual el nacimiento y la concepción. Porque para el padre Zacarías se predice: 'Tu esposa te dará un hijo, y llamarás su nombre Juan', pero a María, la madre, se predice: 'He aquí, concebirás en tu vientre y darás a luz un hijo. y llamarás su nombre Jesús. Porque Juan fue concebido en falta, pero Cristo solo fue concebido sin falta. Pero cada uno nació en gracia, y por lo tanto se celebra la Natividad de cada uno, pero se celebra la Concepción de Cristo Solo".

---

347   sermón sobre la Natividad, Sermón 25, Capítulo 5

348   León I, Obispo de Roma, +461, Sermon 24, "In Nativitati Domini"

349   Papa León I, Sermón 25

350   Gelasio I, obispo de Roma, Epistola Ad Episcopos Per Lucaniam Brities Et Siciliam Constitutos

351   Papa Gregorio I, Homilía "En Nativitati"

El papa Inocencio V (1225 – 1276) negó la inmaculada concepción de María, cuando dijo:

> *El segundo grado no era adecuado para la Virgen, porque o ella no habría contraído el pecado original y por eso no habría sido necesaria la santificación universal y redención de Cristo, o si ella lo contrajo, la gracia y la culpa no podrían haber ocurrido en ella De una sola vez".*

El papa Juan XXII también (1249 - 1334) negó también la inmaculada de María cuando declaro:

> *"Ella (la Virgen María) primero pasa por un estado de pecado original, en segundo lugar, por un estado de infancia al honor materna, tercero de la miseria a la gloria".*

El papa Clemente VI (1291 – 1352) declaro sin rodeos:

> *"No estoy dispuesto a jugar, digo brevemente que una cosa está clara: la Virgen se contrajo el pecado original".*

Sin embargo, aun si hubiera un consenso unánime a favor de la inmaculada concepción de María entre los llamados *"padres apostólicos"*, esto no podría determinar la verdad. Quien lo hace es la Palabra de Dios. La verdad no se decide por unanimidad, mayoría de votos u opiniones que contradicen lo que la Biblia enseña. A veces la minoría tiene la razón. Y si María misma reconoce sus pecados, no importa si la mayoría la contradice. Si Marcos dice que María peco, le creeremos a él, antes que a los apologistas católicos. Si El Señor Jesús, El Espíritu Santo y El Padre dicen que María peco, ¿para qué queremos a la mayoría?

Aunque la ICAR, los ortodoxos y todos los demonios sin excepción puedan decir que María no peco, eso no nos importa. La Biblia ya nos ha dicho que María peco.

¿Y que si un ángel del cielo dijera que María no peco? Tampoco importaría. Lo que nos importa es lo que dice la palabra inspirada por El Espíritu Santo.

¿HAY MUJERES DE DIOS MUCHO MÁS CONSAGRADAS QUE MARÍA?

Han existido muchos varones y mujeres más consagrados que María, como Enoc, Abraham, Moisés, Jeremías, Daniel, Pablo, Charles Finney, John Wesley, D. L. Moody, David Brainerd, David Wilkerson, Leonard Ravenhill, Duncan Campbell, George Müller, el hermano Yun, y muchos otros, pero aquí solo hablare de mujeres que vivieron en mayor dedicación a Dios que María, la madre del Señor Jesús. No voy a hacer mención de todas las mujeres, pero las que señalare, bastaran para dejar claro lo que digo. Aquí algunas de estas mujeres de Dios:

1. Sara. No fue una mujer perfecta, pero es madre de naciones. *"15 Dijo también Dios a Abraham: A Sarai tu mujer no la llamarás Sarai, más Sara será su nombre. 16 Y la bendeciré, y también te daré de ella hijo; sí, la bendeciré, y vendrá a ser madre de naciones; reyes de pueblos vendrán de ella"* (Genesis 17:15-16).

Sin duda hizo mucho más que María, ya que fue una mujer obediente, que dio ejemplo de sumisión a su esposo (1 Pedro 3:5-7), por lo que es la madre de las cristianas. *"… Sara obedecía a Abraham, llamándole señor; de la cual vosotras habéis venido a ser hijas, si hacéis el bien, sin temer ninguna amenaza"* (1 Pedro 3:6). El apóstol Pedro no menciona a María como madre de las cristianas porque no era tan consagrada como Sara.

2. María, hermana de Moisés. No era perfecta, y hasta parece que tuvo celos por su hermano Moisés, pero con todo, fue una profetisa de Dios. Cuando Israel cruzó el mar Rojo, María tomó un pandero en su mano y dirigió a las mujeres de Israel en el canto y la danza, diciendo: *"Cantad a Jehová, porque en extremo se ha engrandecido; Ha echado en el mar al caballo y al jinete"* (Éxodo 15:21). María, la madre del Señor Jesús, no hizo nada de esto.

Según parece, María fue tan apreciada por Moisés, que Josefo declaro que Moisés, *"lloró por María por espacio de 30 días"*. Ella había acompañado a Moisés en todo el camino desde Egipto hasta que ella durmió. Dios envió a María como una de las líderes para Israel. *"Yo te hice subir de la tierra de Egipto, y de la casa de servidumbre te redimí; y envié delante de ti a Moisés, a Aarón y a María"* (Miqueas 6:4). Dios no hizo esto con María, la madre del Señor Jesús. Ella nunca tuvo un liderazgo en la Iglesia de Cristo, ya que no daba la talla.

3. Ester. Esta reina, esposa de Asuero, era hermosa físicamente (Ester 2:7), pero más importante aún, fue hermosa de corazón. Fue defensora de su pueblo, leal, sumisa, valiente y fiel. Pudo desviar el intento de hombres malvados que estaban determinados a destruir a su pueblo. De ella dice la Sagrada Escritura: *"ganaba Ester el favor de todos los que la veían"* (Ester 2:15), pero a María solo la amaron algunos en su época. Es luego de su muerte cuando se la idolatro.

De Ester dice la Sagrada Escritura: *"porque Ester hacía lo que decía Mardoqueo"* (Ester 2:20), pero María, cuando era carnal, hasta trato al Señor Jesús de loco, le acuso de su propia tristeza y era una mala madre, que ni siquiera pudo encaminar a sus hijos en la fe, de tal manera que ellos no creían en Cristo (Juan 7:5), aun cuando siempre andaba con ellos.

Ester era dependiente de Dios: *"Ve y reúne a todos los judíos que se hallan en Susa, y ayunad por mí, y no comáis ni bebáis en tres días, noche y día; yo también con mis doncellas ayunaré igualmente…"* (Ester 4:16), pero María era blasfema (Marcos 3:21,31), aunque seguramente se arrepintió.

Ester era valiente: *"Aconteció que al tercer día se vistió Ester su vestido real, y entró en el patio interior de la casa del rey…"* (Ester 5:1). Nadie podía entrar en la presencia del rey sin haber sido llamado, pero Ester en una situación difícil, puso su propia vida en riesgo en favor de su pueblo, pero María nunca hizo nada que demandara valentía. Para lo único que se envalentono fue para pecar y acusar al Señor Jesús de tratarla mal.

Ester era mujer de ayuno, pero María parece que no. ¿Cuándo vemos a María ayunando? Nunca, pero quizá ayuno. Y con esto no niego que María haya sido santa, pero no sin pecado, ni mejor que Ester ni mejor que otras mujeres.

4. Rut. Esta mujer moabita es llamada en la Biblia, *"virtuosa"*. Fue una mujer de amor, compromiso, no dejo a su suegra, era fiel compañera: *"16 Respondió Rut: No me ruegues que te deje, y me aparte de ti; porque a dondequiera que tú fueres, iré yo, y dondequiera que vivieres, viviré. Tu pueblo será mi pueblo, y tu Dios mi Dios.17 Donde tú murieres, moriré yo, y allí seré sepultada; así me haga Jehová, y aun me añada, que sólo la muerte hará separación entre nosotras dos"* (Rut 1:16-17).

Rut era humilde y trabajadora: *"Y Rut la moabita dijo a Noemí: Te ruego que me dejes ir al campo, y recogeré espigas en pos de aquel a cuyos ojos hallare gracia. Y ella le respondió: Ve, hija mía"* (Rut 2:2).

Rut era una mujer que hallo gracia: *"Entonces ella dijo: Señor mío, he hallado gracia ante tus ojos, porque me has consolado y en verdad has hablado con bondad a tu sierva, aunque yo no soy como una de tus siervas"* (Rut 2:13).

Era una mujer decidida (Rut 1:18), sabia comportarse con educación ya que comió de lo que se le dio (Rut 2:14), fue responsable con su suegra alimentándola (Rut 2:18), no la dejo sola (Rut 2:23), era una mujer de bondad

(Rut 3:10), era una mujer paciente (Rut 3:18), era una mujer obediente: *"Y ella respondió: Haré todo lo que tú me mandes. Descendió, pues, a la era, e hizo todo lo que su suegra le había mandado"* (Rut 3:5-6).

Rut era una mujer virtuosa y asi era conocida por todo el pueblo en donde vivía. *"Ahora hija mía, no temas. Haré por ti todo lo que me pidas, pues todo mi pueblo en la ciudad sabe que eres una mujer virtuosa"* (Rut 3:11). ¿Pero María? Al parecer era floja y no sabía cómo trabajar, razón por la que parece que fue necesario que Jesús la entregara a Juan para que este la cuidase.

5. La viuda que dio todo lo que tenía. Esta mujer aun siendo viuda dio todo lo que tenía para vivir (Marcos 12:41-44). Esto no se dice de María. Son pocas las personas que hacen este sacrificio por causa de la obra de Dios, pero esta mujer es una de ellas. María, la madre del Señor Jesús hizo poco. Ni siquiera acompaño a Cristo en su ministerio. Lo que sabemos es que ella trato de loco al Señor Jesús (Marcos 3:21,31).

6. Elizabeth Elliott (1926-2015). Es reconocida internacionalmente por su labor misionera – junto a Raquel Saint, entre la tribu de los huaoraníes del Ecuador. Aun cuando su esposo Jim, fue martirizado junto a otros cuatro misioneros en su intento de evangelizar esta tribu no alcanzada, ella decidió por la fortaleza del Espíritu de Dios, trabajar por la salvación de esta tribu. Esta tribu termino conociendo a Cristo al ver el amor y perdón de esta mujer. Escribió muchos libros, y es una de las conferencistas cristianas más influyentes en los últimos 50 años.

¿Podría hacer algo así María? Ni en sus sueños.

7. Pandita Ramabai (1858-1922). Nació en la India, fue reformadora social, erudita, y traductora de la Biblia. Hizo más que María porque estaba dedicada al servicio de Dios. María solo dio a luz al Señor Jesús y por ahí algo más. Incluso parece que era una vaga casi toda su vida. Había mujeres que apoyaban al Señor Jesús y a sus apóstoles para su sostenimiento, pero María no hacía esto. ¿Por qué no?

Pandita Ramabai se unió a la Alianza cristiana y misionera y oraba por un avivamiento después de enterarse lo que Dios hizo en Gales bajo el ministerio de Evan Roberts. Durante los últimos 15 años se dedicó a la ardua tarea de traducir al marathi, la lengua más hablada de la india. Fue llamada la madre del movimiento pentecostal en la India, murió en 1922, después de haber terminado la traducción de la Biblia marath.

8. Marilyn Hickey (1931-). Ha emitido un programa de televisión en donde predicaba el evangelio, desde 1973, y desde 1996, lo ha presentado junto con su hija Sarah Bowling (nacida el 1 de febrero de 1968). En 2012 llevo a cabo una reunión de oración y sanidad durante tres días en Karachi-Pakistan, al que asistieron cuatrocientos mil personas. El 12 de noviembre de 2016, con su séptimo viaje a Pakistán, se propuso llegar a un millón de personas en una sola reunión en Karachi para predicar el evangelio. Su trabajo es mayor que el de María, no hay duda.

9. Corrie Ten Boom. Irina Chaves Jiménez escribió sobre ella:

> *"Fue una escritora y activista neerlandesa cristiana, célebre por brindar refugio a los perseguidos por el régimen nazi durante el holocausto. Después de la Guerra, la institución judía Yad Vashem la nombró "Justa entre las Naciones". Durante la Segunda Guerra Mundial, el hogar "Ten Boom" se convirtió en un refugio, un lugar donde esconder a los fugitivos y a los perseguidos por los nazis. Al proteger a estas personas, ellos arriesgaron sus vidas. Durante el 1943 y el 1944, había normalmente entre 6 a 7 personas refugiados viviendo en su casa: 4 judíos y 2 o 3 miembros de la resistencia holandesa. Corrie se convirtió en una líder en su ciudad para buscar familias valientes que ayudaran a otros refugiados. La mayor parte del tiempo, ella se dedicó a ayudar a estas personas. A través de estas actividades, la familia Ten Boom y sus amigos salvaron la vida de un estimado de 800 judíos.*
>
> *El 28 de febrero de 1944, la familia fue traicionada y la Gestapo (la policía secreta nazi) allanaron su casa. Casper, Corrie y Betsie fueron arrestados y llevados a la cárcel. Casper (84 años) murió después de sólo 10 días en la prisión de Scheveningen. Cuando a Casper se le preguntó si él sabía que podía morir por ayudar a los judíos, él respondió: "Sería un honor dar mi vida por el antiguo pueblo de Dios".*
>
> *Corrie y Betsie pasaron 10 meses en tres prisiones diferentes, el último fue el tristemente campo de concentración de Ravensbruck ubicada cerca de Berlín, Alemania. La vida en el campo era casi insoportable, pero Corrie y Betsie pasaron su tiempo de compartir el amor de Jesús con sus compañeros de prisión. Muchas mujeres se convirtieron al cristianismo en ese terrible lugar debido a Corrie y el testimonio de Betsie a ellos. Betsie (59) murió en Ravensbruck, pero Corrie sobrevivió.*
>
> *Cuando Corrie fue liberada y llegó a su hogar, se dio cuenta de que su vida era un regalo de Dios. Ella comprendió que necesitaba compartir lo que ella y Betsie habían aprendido en Ravensbruck. A los 53 años de*

edad, Corrie empezó un ministerio mundial que la llevó a más de 60 países. Por 30 años, declaró el amor de Dios y llevó el mensaje de que Jesús es vencedor. Durante estos años también se dedicó a escribir muchos libros. Su predicación se centró en el Evangelio Cristiano, poniendo un énfasis especial en el perdón. Corrie murió a los 91 años el 15 de abril de 1983".[352]

10. Amy Carmichael (1867- 1951).

"Amy sirvió a su amado Salvador en Irlanda hasta sus 27 años. Luego fue a Japón durante 4 años, sirviendo como misionera y aprendiendo en la escuela de Cristo. A sus 31 años fue a la India, donde empezó la obra más conocida de su vida. En 1938 Amy se convenció de que Dios le había dado la promesa de que moriría en sus sueños. Y así murió el 18 de enero de 1951.

Su trabajo misionero comenzó en 1896 y tuvo una labor ininterrumpida de 55 años hasta su muerte. Jamás tomó vacaciones; sino que dedicó su vida a la Comunidad Dohnavur, un centro de entrenamiento y sanidad para muchos. Fue en 1900 cuando Amy se mudó a Dohnavur; Allí supo del tráfico de niños, por quienes lucharía incansablemente.

Amy sufriría una caída que la dejaría en cama los últimos 20 años, pero aprovechó el tiempo para escribir poemas y 14 libros que dieron la vuelta al mundo. Fundó orfanatos para niños y niñas que crecieron amando a Jesús".[353]

UNA RESPUESTA A LOS ARGUMENTOS QUE SE HAN OFRECIDO PARA LA DEFENSA DE LA IMPECABILIDAD DE MARÍA

Primer argumento: María en Lucas 1:28 es llamada *"llena de gracia"*, por el ángel Gabriel, por lo tanto, no hubo pecado en ella.

Respuesta:

Aunque los apologistas católicos creen que la mejor traducción de la palabra griega, *"Kejaritomene"* es *"llena de gracia"*, no nos ofrecen razones para aceptarla. Yo creo que *"llena de gracia"* es una mala traducción porque el contexto no lo permite, como no permite traducirse la misma palabra griega en Eclesiástico 18:17 por *"lleno de gracia"*, sino como *"dadivoso"* o *"generoso"* como reconocen los mismos apologistas católicos.

---

352   Irina Chaves Jiménez, Biografías misioneras, Corrie Ten Boom.

353   Irina Chaves Jiménez, Biografías misioneras, Amy Carmichael.

La mejor traducción en Lucas 1:28 de *"Kejaritomene"* es *"Favorecida"*, porque el contexto así lo demanda.

La mejor traducción para *"Kejaritomene"* es *"Favorecida"* o *"Agraciada"*. Así se ven obligadas a traducir la mayoría de traducciones. Sin embargo, aunque la mayoría no siempre tiene la razón en cuanto a traducción se refiere, lo cierto es que está justificado que se traduzca por *"favorecida"*.

La Septuaginta vierte este pasaje de la siguiente manera: *"Y, entrando a ella dijo: Alégrate, agraciada: el Señor, contigo, bendita tú en mujeres"* (Lucas 1:28: La Septuaginta).

La Septuaginta traduce muy bien, *"Kejaritomene"* por *"agraciada"* ya que el contexto mismo no permite que sea traducido por *"llena de gracia"*. Esta versión no añade el término, *"muy"* como lo hacen otras traducciones. Esta versión también traduce mejor el termino griego *"Kaire"* por *"alégrate"* ya que la idea no es comunicarle gran respeto como si fuera una emperatriz, sino alegría. Juan Pablo II dijo en una audiencia: *"En el relato de la Anunciación, la primera palabra del saludo del ángel –Alégrate– constituye una invitación a la alegría..."*[354] Benedicto XVI nos dice igualmente, *"Kaire"* significa, *"alégrate"*.[355]

Los católicos intentan justificar la traducción, *"llena de gracia"* diciendo que:

> *"...El evangelista Lucas usa el texto griego κεχαριτομένη el cual es una extensión de tres palabras: χαριτοω (charitoo), μένη (mene) y κε (ke). χαριτοω (charitoo) significa "gracia", κε (ke) es un prefijo de χαριτοω que significa que la palabra está en tiempo perfecto. Este indica un estado presente producto de una acción completada en el pasado. μένη (mene) hace esto un participio pasivo. "Pasivo" significa que la acción es realizada en el sujeto (en nuestro caso la Virgen María) por otra persona (en nuestro caso Dios). Resumiendo, la palabra κεχαριτομένη de María es un participio pasivo de χαριτοω (charitoo): Es Dios el autor de su estado de gracia: llenada, colmada de gracia. Esto quiere decir el ángel no está diciendo que María está llena de gracia (en ese momento) sino que se está refiriendo a ella como la "llena de gracia". Ahora, este estado siendo producto de una acción pasada (por ser un participio pasivo perfecto) viene indicando una perfección de la gracia que es intensiva y extensa. El estado de María es un estado de una acción pasada de Dios hacia ella donde la ha colmado de gracia, quedando identificada de este modo".*

---

354   Vatican.va, Juan Pablo II, Audiencia Gral. 8/08/1996

355   Vatican va, Benedicto XVI, Homilía 18/12/2005

El problema con lo que se dice aquí es que pasa por alto el contexto. El contexto no permite traducir como sugieren los apologistas católicos. Veamos porque:

Primero. El ángel Gabriel le dice a María que ella había *"hallado gracia delante de Dios"*. Y si ella hallo gracia delante de Dios es porque antes no la tenía. De hecho, de Noé y David hallaron gracia delante de Dios (Génesis 6:8; Hechos 7:46) y estos pecaron.

Debe notarse también que el ángel no le dice a María, *"llena de gracia"*, sino que ella había *"hallado gracia delante de Dios"*.

Segundo. El ángel saluda a María, diciéndole, *"salve, favorecida, bendita tu entre las mujeres"*.

El Ángel llama a María *"favorecida"* por causa del favor que se le hará, el de ser la madre de Jesús. Decirle *"llena de gracia"* no tiene sentido aquí, sería una malísima traducción que el contexto no lo permite.

María era favorecida y bendita porque daría a luz a Jesús, El Hijo del Altísimo, no por otra razón. Así como Jael fue *"bendita...entre las mujeres"* (Jueces 5:24), María también lo fue, con la diferencia, claro, de que María dio a luz a Jesús y Jael no, por esta razón María fue más favorecida que Jael; pero los que obedecen a Dios son más dichosos, y María, como vera no está entre esos que obedecen a Dios como se espera.

Tercero. Otro problema con el que se encuentran los apologistas católi-cos es que la traducción, *"llena de gracia"* es una mala traducción porque en Lucas 1:28 no se usa la palabra *"llena"* o *"plena"*. Esta es una añadidura al texto bíblico. En griego se usa *"pleroma"* o *"pleres"* para hablar de *"llena"* o *"plena"*, y estas palabras griegas no se encuentran en Lucas 1:28 en referencia a María. Ella simplemente no es llena de gracia según el texto bíblico. *"Pleroma"* o *"pleres"* según el erudito en griego, W. E. Vine, *"denota plenitud, aquello de lo que algo está lleno"*. Y esta palabra como dije no se encuentra en Lucas 1:28.

¿Y si "llena de gracia" fuera una buena traducción?

Aun si *"Kejaritomene"* indicara, *"un estado presente producto de una acción completada en el pasado"*, nada indica que esto sucedió en la concepción. Solo un nonasegundo antes de que el Ángel saludara a María era algo pasado por lo que el argumento no sirve de nada.

El prefijo, *"ke"* de *"jarito"* indica que la palabra está en tiempo perfecto, pero esto no significa que María fue *"llena de gracia"* desde su concepción.

En Juan 1:15 se dice que Juan el bautizador *"clamo"* (kekragen) a las multitudes y como puede verse se usa el prefijo *"ke"*, el cual indica que el verbo *"kragen"* está en tiempo perfecto y este no supone que Juan el bautizador *"clamo"* a las multitudes desde que fue concebido. Por lo tanto, si María hubiese sido "llena de gracia" nada indica que ella lo fue desde su concepción.

Todavía encontramos más problemas con lo que afirman los católicos ya que en Eclesiástico 18:17 se usa *"kejaritomeno"*, y esta palabra tiene exactamente la misma forma verbal que *"Kejaritomene"*. Es decir, esta palabra también es un *"PARTICIPIO PASIVO PERFECTO"* y nadie supone que un *"kejaritomeno"* (generoso) lo sea desde su concepción. Y menos que fuera preservado del pecado original y preservado de la posibilidad de pecar. Por lo tanto, pensar que María fue preservada del pecado original y de la posibilidad de pecar es falso.

Si *"llena de gracia"* es una buena traducción, lo cual no acepto, igualmente no sirve de nada para justificar lo que dicen los apologistas católicos de María ya que de cualquier persona *"generosa"* también tendría que decirse que es, *"preservada inmune de toda tacañería por ser en el primer instante de su concepción"*, lo cual ningún católico acepta.

¿Y si María hubiese sido "llena de gracia" desde su concepción?

Aun en este supuesto caso, lo cual no acepto, ya que esto tendría que decirse basándose en una mala traducción, no ayudaría en nada a los apologistas católicos, ya que existen muchos pasajes bíblicos que demuestran que María peco, por lo que, aun esta traducción, no nos hablaría de una impecabilidad.

Como se puede ver, aun aceptando las malas traducciones que presentan los apologistas católicos no les sirven de nada.

Traducciones católicas traducen Kejaritomene como favorecida, no como "llena de gracia".

Veamos como traducen versiones católico-romanas con su respectivo imprimatur:

> *La Biblia del Peregrino (Biblia católica): "Entró el ángel a donde estaba ella y le dijo: Alégrate, favorecida, el Señor está contigo" (Lucas*

1:28. L. Alonso Schökel, traductor de la Biblia del Peregrino, profesor en el Pontifical Biblical Institute, Roma).

Biblia Latinoamericana Edición XLI – Ediciones Paulinas, Verbo Divino (católico-romana): "Entró el ángel a su casa y le dijo: 'alégrate tú, la Amada y Favorecida; el Señor está contigo" (Lucas 1:28).

La Biblia Católica Latinoamericana en su comentario sobre Lucas 1:28, reconoce que, *"El texto griego dice: la amada, la favorecida…La traducción habitual "llena de gracia" no es exacta en el sentido estricto"* (Biblia Latinoamericana).

Algunos *"padres apostólicos"* anteriores a Jerónimo tradujeron *"Kejaritomene"* como *"altamente favorecida"*, no como *"llena de gracia"*.

Pedro de Alejandría, que fallece en el 311 d.C (anterior a la Vulgata), cita Lucas 1:28 como *"altamente favorecida".*[356]

También Gregorio Tramaturgo que nació en Turquía (213 al 270 d.C.), y también anterior a Jerónimo (y la Vulgata 382 d.C – más de 100 años anterior) cita a Lucas 1:28 como *"altamente favorecida"*[357]

Juan de Damasco (Damasceno) (675 – 749 d.C.) también la traduce como *"altamente favorecida".*[358]

El mismo Jerónimo sabía que *"Kejaritomene"* usado en Lucas 1:28 no puede traducirse como *"llena de gracia"* como lo hizo en su Vulgata Latina, por lo que en otro de sus escritos se vio obligado a traducir como *"altamente favorecida"*[359]

"Kejaritomene" es usado en forma común en los escritos de Clemente de Alejandría

Clemente de Alejandría uso el termino griego *"kejaritomene"*[360] y no con el significado de *"llena de gracia"*; sino para hacer referencia al fiel cristiano con espíritu agraciado.

Clemente también usa en otro de sus escritos el término *"Kejaritomene"*[361] y no lo hace con el significado de *"llena de gracia"*.

---

356 Fragmentos de Escritos de Pedro V. De un Sermón
357 Primera Homilía
358 Libro II cap. II., cita Lucas 1:28
359 Carta XXII a Eustoquio
360 Stromata I, 1,14
361 El pedagogo, Libro III, 83:4

La evidencia contra la traducción que presentan los católicos es abundante, que el erudito católico romano, Raymond E. Brown se ve obligado a escribir: *"Es más convincente traducir kecharitomene referido a ella en cuanto a favorecida o agraciada por Dios".*[362]

Segundo Argumento: *"Si María tendría en su vientre al que quita el pecado del mundo, ella tenía que estar libre de todo pecado porque el Cordero de Dios no se encarnaría en un vientre pecador".*

Respuesta:

Este argumento ya ha sido refutado mil veces y sigue repitiéndose entre los católicos, sin ofrecer respuesta a la refutación que se le ha dado. Si dieran una defensa de este argumento sería bueno que lo hicieran conocer, pero los apologistas no saben cómo defender su argumento.

¿Cuál es la refutación que se ha presentado de parte de los cristianos?

Aquí va de nuevo nuestra refutación. Si María tenía que estar libre de pecado para tener en su vientre al Cordero Santo, entonces también la madre de María tenía que ser libre de pecado, para tener a María en su vientre. Ahora bien, si la madre de María peco, entonces ¿cómo pudo tener en su vientre a María? Si el católico dice, *"María fue protegida de su madre"*, los cristianos le decimos también, *"Jesús fue protegido de su madre María"*.

Es triste ver que se recurra a este argumento entre los católicos, pero cuando se recurre a este argumento, lo que hacen es contradecirse, ya que, para ellos, Jesús puede estar en medio de los pecaminosos dientes, saliva y hasta bolo alimenticio, en la Cena del Señor.

Si Dios puede habitar en el corazón de un cristiano muy consagrado, siendo que este no es perfecto y todavía peca, ¿porque no el cuerpo de Jesús en el vientre de María?

Tercer argumento: De María se dice en Cantares 4:7, que no peco porque fue sin mancha.

Respuesta:

Los apologistas católicos no se dan cuenta que en dicho pasaje se está hablando de la esposa de Salomón. De hecho, se dice dos versículos antes que esta mujer tiene *"dos pechos como gemelos de gacela"*, y más adelante en el verso 16 esta mujer le dice a su esposo, *"venga mi amado a su huerto, y coma de su*

---

362   Raymond E. Brown, El Nacimiento del Mesías Pág. 337 Ediciones Cristiandad

dulce fruta", lo cual supone que ella era su esposa no virgen. Y María no puede haber perdido su virginidad según el catolicismo, por lo que este pasaje no le ayuda para demostrar la impecabilidad de María. Si María es esta mujer de Cantares, entonces el sexo no es pecado y María no fue virgen.

Si María fuese la mujer que se menciona en Cantares 4:7, no demostraría que ella no peco ya que, de Job, de Pablo y otros se dice que fueron *"perfectos"*, y sobre la frase *"sin mancha"* (Efesios 5:27) Pablo la usa en referencia a la Iglesia.

¿Porque esta mujer de Cantares no podría ser la madre de María, su abuela o bisabuela? ¿Porque no Israel o la Iglesia?

Cuarto argumento: En Hebreos 7:26 se enseña que María no peco, porque Jesús estuvo apartado de los pecadores.

Respuesta:

Los apologistas católicos citan Hebreos 7:26 para demostrar que María no peco; pero el texto no dice eso, ni explícitamente ni implícitamente. Este pasaje literalmente dice: *"Porque tal sumo sacerdote nos convenía: santo, inocente, sin mancha, apartado de los pecadores, y hecho más sublime que los cielos"* (Hebreos 7:26. Reina Valera 1960).

¿Qué quería decir el hagiógrafo de Hebreos? Qué Jesús ¿no se juntaba con pecadores? No, porque sabemos que lo hacía. ¿Significa que Jesús no estuvo en el vientre de una madre pecaminosa? No, porque María peco y mucho.

Este pasaje enseña que Jesús estaba apartado de los pecadores en un sentido moral, no físicamente. La Biblia Latinoamericana traduce este pasaje de la siguiente manera: *"Así había de ser nuestro Sumo Sacerdote: santo, sin ningún defecto ni pecado, apartado del mundo de los pecadores y elevado por encima de los cielos".*

Esta traducción nos muestra más claramente que Jesús estaba apartado *"del mundo de los pecadores"* en un sentido moral, no del cuerpo pecaminoso de María.

La Traducción Torres Amat también comunica la misma idea cuando traduce: *"A la verdad tal como éste nos convenía que fuese nuestro sumo sacerdote, santo, inocente, inmaculado, segregado de los pecadores, o de todo pecado, y sublimado sobre los cielos".*

Cuando leemos en la Biblia que Dios aborrece a los pecadores se hace referencia a lo que ellos practican, el pecado. De manera similar cuando la Biblia dice que Jesús estuvo apartado de los pecadores se hace referencia a lo que ellos practican, el pecado.

Quinto argumento: La iglesia católica dice que María fue concebida sin pecado, y se basa en un texto que no apoya por ningún lado la posición católica. Veamos que dice ese texto: *"Y pondré enemistad entre ti y la mujer, y entre tu simiente y la simiente suya; ésta te herirá en la cabeza, y tú le herirás en el calcañar"* (Génesis 3:15).

Respuesta:

En este pasaje como pueden notar no se dice ni explicita ni implícitamente que María nacería sin pecado. Aun si suponemos que la mujer mencionada en ese pasaje es María, no supone que ella fuera predestinada para ser santa e inmaculada de tal manera que nunca pecara.

Nuestro Dios ha elegido a todo su pueblo para ser santo e inmaculado (Efesios 1:4) y a ser enemigos del pecado. Pero esto no significa que por ello nunca fallaremos. Nosotros los cristianos tenemos una lucha espiritual contra los demonios y el mismo diablo. Somos sus enemigos; pero nada de esto nos hace impecables. María seguramente tuvo su lucha contra el pecado y el diablo; pero nada sugiere que ella fuera impecable.

La Biblia nos dice que los cristianos hemos vencido al diablo por la sangre del cordero y esto no supone que hayamos sido sin pecado.

Un católico dijo una vez que María venció al diablo en el mismo sentido que Jesús los hizo, es decir, venció el pecado a la perfección. Pero no hay nada que sugiera eso en la Biblia.

También se puede decir que los pecadores han pecado en el mismo sentido sucio y pecaminoso que satanás lo ha hecho, pero no hay nada que sugiera eso, ya que satanás peca mucho más que sus seguidores.

Génesis 3:15 no habla explícitamente ni implícitamente de María. El contexto inmediato nos habla de Eva. En este pasaje tampoco se dice que María fuera la vencedora. Juan Pablo II en la audiencia general del 24 de enero de 1.996 expresó lo siguiente sobre este pasaje: *"Los exegetas concuerdan en reconocer que el texto del Génesis, según el original hebreo, no atribuye directamente a la mujer la acción contra la serpiente, sino a su linaje. De todos modos, el texto da gran relieve al papel que ella desempeñará en la lucha contra el tentador: su linaje será el vencedor de la serpiente".*

LOS PECADOS DE MARÍA

A continuación, presentare evidencia bíblica que demuestra que María peco y mis respuestas a las objeciones que han presentado algunos católicos.

1. La Biblia dice que María llama a Dios su Salvador, y lo hace porque ella peco. Lucas escribe: *"Y ahora, concebirás en tu vientre, y darás a luz un hijo, y llamarás su nombre JESÚS. Entonces María dijo: Engrandece mi alma al Señor; y mi espíritu se regocija en Dios mi Salvador"* (Lucas1:31,46-47).

María reconoce que Dios es su salvador, porque ella necesitaba salvación de sus pecados. El pasaje paralelo de Lucas nos aclara que la salvación de la que se habla es de los pecados, ya que en Mateo se dice: *"Y dará a luz un hijo, y llamarás su nombre JESÚS, porque él salvará a su pueblo de sus pecados"* (Mateo1:21). Como se puede ver, la salvación de María es en este mismo sentido, no de otra forma. Así vemos que María está incluida entre los que necesitan salvación de los pecados. No se hace distinción entre todos los pecadores que necesitan salvación y María. El texto no dice que María fue salvada del pecado original.

Un católico podría decir que, *"María pudo ser salvada en la concepción para no pecar"*, lo cual es solo una afirmación sin base bíblica. Que sea posible, no significa que sea un hecho. ¿Cómo se puede probar que Dios preservo a María de que pecara en base a Lucas1:31,46-47? No se puede.

2. Pablo nos dice: "Por cuanto todos pecaron y están destituidos de la gloria de Dios" (Romanos 3:23). La Biblia dice que entre los hombres que no pecaron el único sin pecado es Jesús y lo Biblia lo aclara; pero de María nunca se dice esto. Romanos 3:23 incluye a María como pecadora; pero no a Jesús ni a los bebes.

3. María vivió bajo la ley y no se puede justificar por la ley, ya que nadie puede guardarla, por lo tanto, fue pecadora. Pablo dice: *"Por lo tanto, nadie será justificado en presencia de Dios por hacer las obras que exige la ley; más bien; mediante la ley cobramos conciencia del pecado"* (Romanos 3:20).

Si María no hubiere pecado, Pablo hubiera hecho una aclaración en este pasaje o en otro, pero no lo hace.

Todos son pecadores, judíos o gentiles. Pablo dice: *"¿A qué conclusión llegamos? ¿Acaso los judíos somos mejores? ¡De ninguna manera! Ya hemos demostrado que tanto los judíos como los gentiles están bajo el pecado"* (Romanos 3:9). De este pasaje también se concluye que María estuvo bajo pecado.

¿Qué dicen los católicos como respuesta?

Que María fue llena de gracia y por lo tanto ella no pecó. Sin embargo, no hay nada en el texto bíblico que nos diga que María fue llena de gracia.

4. El apóstol Juan quien aparentemente vivió con María (Juan 19:26-27) dijo que todos pecaron, y no exceptúa a María. No estoy seguro si en Juan 19:26-27 Juan recibe a María, la madre del Señor Jesús, pero si realmente lo hizo, entonces Juan dice en su primera carta que ella pecó implícitamente, ya que declaró:

> *"Si decimos que no tenemos pecado, nos engañamos a nosotros mismos, y la verdad no está en nosotros. Si confesamos nuestros pecados, él es fiel y justo para perdonar nuestros pecados, y limpiarnos de toda maldad. Si decimos que no hemos pecado, le hacemos a él mentiroso, y su palabra no está en nosotros" (1 Juan 1:8-10).*

Si María hubiera dicho que nunca pecó, Juan dice que eso es hacer a Dios *"mentiroso"*.

Los católicos que citan 1 Juan 3:9 para demostrar que María no pecó no se dan cuenta de que este pasaje no habla de María; sino de todos los que han nacido de Dios. Además, si María nunca peco, ella nunca debió de haber nacido de nuevo. También debe decirse que, si este pasaje bíblico habla de impecabilidad, entonces todos los que han nacido de nuevo ya no pecan nunca más, lo cual ningún cristiano serio acepta, ya que todos pecamos todavía, y así lo dice el mismo Juan cuando escribe: *"Si decimos que no hemos pecado, le hacemos a él mentiroso, y su palabra no está en nosotros"*.

A la pregunta, ¿Por qué entonces 1 Juan 3:9 dice que, *"Todo aquel que es nacido de Dios, no practica el pecado"*?

Porque al permanecer, *"la simiente de Dios"* en un nacido de Dios, este ya no *"no puede pecar"* habitualmente, como estilo de vida. Todo católico reconoce que Pedro pecó al ser hipócrita; pero Pedro, nació de Dios.

Aclarado todo esto, creo que el pasaje que cite para demostrar que María pecó, se aplica a María perfectamente.

5. María lejos de ser santa, fue una mujer que se equivocó y hasta reprocho a Jesús. Ella dijo al Señor Jesús: *"¿por qué nos has tratado de esta manera? Mira, tu padre y yo te hemos estado buscando llenos de angustia"* (Lucas 2:48). ¿Acaso el Señor Jesús (quien nunca peco), causo angustia a María y José, porque Jesús fuera culpable?

Ellos estaban angustiados porque no sabían lo que El Señor hacía. Ellos no tenían comunión con Jesús como se debía por eso no comprendían a Jesús. Jesús les respondió y los callo: *"Entonces Él les dijo: ¿Por qué me buscabais? ¿Acaso no sabíais que me era necesario estar en la casa de mi Padre?"* (Lucas 2:49). Lo peor de todo es que María y José no entendían lo que Jesús les decía, ya que eran tardos de entendimiento.

Jesús nunca trato mal a sus padres, aunque esa fue la acusación de José y María. Aquí no estoy tratando de decir que María es pecadora porque se sintió triste, sino porque acuso a Jesús de su tristeza.

Para el Papa Francisco es probable que Jesús haya pedido disculpas a sus padres, en lugar de decir que los culpables fueron sus padres que no entendían lo que Jesús debía hacer en la casa de su Padre celestial. Este Papa dijo sin la menor vergüenza:

> *"Al final de aquella peregrinación, Jesús volvió a Nazaret y vivía sujeto a sus padres (cf. Lc 2,51). Esta imagen tiene también una buena enseñanza para nuestras familias. En efecto, la peregrinación no termina cuando se ha llegado a la meta del santuario, sino cuando se regresa a casa y se reanuda la vida de cada día, poniendo en práctica los frutos espirituales de la experiencia vivida. Sabemos lo que hizo Jesús aquella vez. En lugar de volver a casa con los suyos, se había quedado en el Templo de Jerusalén, causando una gran pena a María y José, que no lo encontraban. Por su «aventura», probablemente también Jesús tuvo que pedir disculpas a sus padres. El Evangelio no lo dice, pero creo que lo podemos suponer".[363]*

6. María, tenía yugo desigual con sus hijos incrédulos (Juan 7:5). Y eso la hacía pecadora. El apóstol Pablo dice: *"14 No os unáis en yugo desigual con los incrédulos; porque ¿qué compañerismo tiene la justicia con la injusticia?*

---

363   Homilía del santo padre Francisco. Basílica Vaticana, Domingo 27 de diciembre de 2015, Fiesta de la Sagrada Familia de Jesús, María y José. http://w2.vatican.va/.../ papa-francesco_20151227_omelia-santa…

¿Y qué comunión la luz con las tinieblas? 15 ¿Y qué concordia Cristo con Belial? ¿O qué parte el creyente con el incrédulo?" (2 Corintios 6:14-15).

Si María hubiera caminado con sus hijos incrédulos para enseñarles la Palabra de Dios estaría muy bien; pero no vemos que María hiciera eso, habría que imaginárselo. A María la vemos en el bando de los incrédulos buscando a Jesús, en lugar de oírlo o hacer la obra junto a los apóstoles. Jesús andaba con pecadores; pero les predicaba el evangelio. Él no tenía comunión con ellos; pero María tenía el mismo sentir que sus hijos. Solo deseaban buscar a Jesús, no para oírlo, sino para hablar (Mateo 12:46) y quizá para acusarlo como lo hizo cuando Jesús era menor de edad, aunque esto no lo podemos asegurar, tampoco negar. El Señor Jesús no atendió a sus familiares (incluida su madre) porque ellos solo querían hablar en lugar de oírlo. A un oyente que dijo: *"He aquí tu madre y tus hermanos están afuera, y te quieren hablar"*, Jesús le respondió:

> *"48 ¿Quién es mi madre, y quiénes son mis hermanos? 49 Y extendiendo su mano hacia sus discípulos, dijo: He aquí mi madre y mis hermanos. 50 Porque todo aquel que hace la voluntad de mi Padre que está en los cielos, ése es mi hermano, y hermana, y madre" (Mateo 12:48-50).*

Esta respuesta mostraba que estaba en desacuerdo total con la actitud de sus hermanos y de María misma. Hasta Jesús, prefirió llamar a quienes hacen su voluntad, *"Mi madre y mis hermanos"*, ya que María no estaba haciendo la voluntad de Dios, sino no hubiera dicho: *"extendiendo su mano hacia sus discípulos, ... He aquí mi madre y mis hermanos"*, pero lo hizo. ¿Por qué no extendió su mano hacia su madre y hermanos y María?

Si sus hermanos tenían un mal comportamiento hacia Cristo por ser incrédulos, entonces María tenía también un mal comportamiento. Ellos no lo estaban buscando con la actitud que tiene un familiar que comprende la misión del Salvador. Porque si no El Señor no hubiera dado una respuesta tan fuerte. Negar que Jesús estuviera mostrando a María como alguien que no hace la voluntad de Dios es negar que los hermanos de Jesús no eran incrédulos. Esto se deduce de las palabras de Jesús y su forma de actuar.

Los apologistas católicos dicen que María dijo: *"He aquí la sierva del Señor; hágase conmigo conforme a tu palabra. Y el ángel se fue de su presencia"* (Lucas 1:38). Y tienen razón, pero este pasaje no dice que María nunca pecaría. Solo dice lo que ella quiso que se haga con ella conforme a la palabra en un momento de su vida, pero como todos pueden ver, este tipo de expresiones las podemos decir cualquiera de los cristianos. Quizá el mismo Dave Armstrong o Bob Sungenis dijeron alguna vez, *"Dios mío, que se haga conmigo conforme a tu palabra"*; pero no significa que ellos no hayan pecado después de decir algo así. Nuestro deseo como cristianos es que se haga con nosotros conforme a la palabra de Dios; pero todavía pecamos, así que el hecho de que María haya dicho que se haga en su vida conforme a la palabra de Dios no supone que ella nunca haya pecado.

7. María y sus hijos dijeron que Jesús, "Está fuera de sí" (Marcos 3:21). Eso era una blasfemia ¿Como sabemos que María y sus otros hijos dijeron que Jesús estaba loco? Por el contexto. En el mismo capítulo 3 de Marcos en el verso 31 leemos: *"En eso llegaron la madre y los hermanos de Jesús. Se quedaron afuera y enviaron a alguien a llamarlo"* (Marcos3:31).

Los católicos presentan dos interpretaciones absurdas de un comentario católico que no les ayuda para nada. Veamos lo que dice este comentario:

> *"Algunos especialistas interpretan la expresión «pues ellos decían» en el sentido impersonal de «pues la gente decía», convirtiendo, de este modo, a los parientes en meros receptores de la opinión que la gente tenía de Jesús. Otros autores interpretan el término exesté como un comentario sobre el comportamiento de la muchedumbre, en el sentido de que era la gente quien estaba fuera de sí (cf. MNT 51-59)".* [364]

La primera interpretación es malísima en extremo ya que la frase: *"pues ellos decían"*, jamás se puede interpretar en el sentido de, *"pues la gente decía"*, ya que el contexto inmediato nos muestra que quienes decían estas palabras eran *"los suyos"*. Por lo tanto, estos *"familiares"* de Jesús, son los que vinieron a Él, *"para prenderle; porque decían: Está fuera de sí"*. Nótese que entre estos familiares estaba María.

La segunda interpretación es tan mala como la primera. Llega a decir que es a la *"muchedumbre"* a quien se le dice que está fuera de sí; pero como vemos el texto no dice nada de eso. El texto nos dice que *"los suyos"*, sus familiares (María con sus hijos) son los que dijeron de Jesús esta blasfemia, no de la muchedumbre. Veamos lo que dice el pasaje: *"Cuando lo oyeron los suyos, vinieron para prenderle; porque decían: Está fuera de sí"*. Como pueden darse cuenta, es de Jesús que se está diciendo que está loco, no de la muchedumbre.

¿Es cierto que los términos *"οἱ παρ' αὐτοῦ"* no significan necesariamente parientes o deudos?

---

364 Nuevo Comentario Bíblico San Jerónimo. Nuevo Testamento

Cierto, ¿quién lo niega? Nadie. Lo que se está diciendo es que este término no se refiere a los familiares de Jesús, porque así lo indica el contexto. Afirmar que aquí se hace referencia a *"las gentes"* en forma general es arbitrario.

Los apologistas católicos citan al erudito en griego, A. T. Robertson para tratar de encubrir el pecado de María. Pero Robertson no apoya la tesis de los apologistas católicos, solo dice que ella no cometió el mismo pecado de la gente que decía que Jesús estuviera bajo el poder de Beelzebub. Estas son las palabras de Robertson:

> *"Es un espectáculo penoso pensar en la madre y los hermanos diciendo: Está fuera de sí (exestë). Segundo aoristo de indicativo, voz activa, intransitivo. La misma acusación fue lanzada contra Pablo (Hch. 26:24; 2 Co. 5:13). También nosotros empleamos en castellano esta misma expresión, «estar fuera de sí». Lo cierto es que María no creía que Jesús estuviera bajo el poder de Beelzebub, como ya habían dicho los rabinos. Los escribas de Jerusalén están intentando desacreditar el poder y prestigio de Jesús (3:22). Véanse Mateo 9:32–34; 10:25 y 12:24 para Beelzebub y Beelzebul. María probablemente pensaba que Jesús estaba excesivamente fatigado y quería llevarlo a casa, lejos de la excitación y tensión, para que pudiera descansar y alimentarse. Véase mi obra The Mother of Jesus: Her Problems and Her Glory. Los hermanos no creían aún las pretensiones y afirmaciones de Jesús (Jn. 7:5). Herodes Antipas considerará posteriormente a Jesús como Juan el Bautista redivivo, MIENTRAS QUE LOS ESCRIBAS LO TRATAN COMO BAJO POSESIÓN DEMONÍA, E INCLUSO SU FAMILIA Y AMIGOS TEMEN QUE SU MENTE ESTÉ EN DESORDEN DEBIDO A UNA TENSIÓN EXCESIVA. Fue éste un momento crucial para Jesús. Su familia o amigos habían acudido para llevarlo a casa, para hacerse cargo de Él (kratësai), por la fuerza si era necesario".*[365]

Como puede ver, según Robertson la familia y amigos de Jesús, *"TEMEN QUE SU MENTE ESTÉ EN DESORDEN"*, por eso dice, *"habían acudido para llevarlo a casa, para hacerse cargo de Él"*.

8. Si María no hubiera pecado nunca, sería una mujer virtuosa en todo sentido y por lo tanto se la alabaría mucho en la Biblia como se la alaba en el catolicismo con los muchos títulos y nombres que se le ha dado. Pero vemos que a María no se la elogia en la Biblia como se la debería, si ella

---

365 Comentario al texto griego del Nuevo Testamento – A.T. Robertson. pp. 76-77

nunca pecó. Los elogios y alabanzas a María casi no existen en la Biblia. A lo mucho se le dice, *"favorecida"*, *"bendita"* y por ahí algo más. Estas palabras no son suficientes, si ella nunca hubo pecado; pero si ella peco es entendible que la Biblia no le brinde tantos elogios como le da el catolicismo.

Si María nunca peco, entonces a María se le debió decir de manera explícita o implícita que ella era, *"hija de consolación"* o que ella *"tuvo una gran fe"* como se dice de la mujer Cananea (Mateo 15:22-28). Pero de María no se dice nada de esto. De ella se dice que manifestó duda cuando dijo: *"Entonces María dijo al ángel: ¿Cómo será esto? pues no conozco varón"* (Lucas 1:34). Esto muestra su pecado ya que la duda es pecaminosa. Debió decirse que se encontró en María gran fe, una fe no superada por nadie en Israel; pero esto no es lo que se dice de ella, sino de un centurión romano.

Si María nunca peco debió dársele elogios y alabanza como la persona más mansa de la tierra en su época; pero esta alabanza no se la da a ella, sino solo a Moisés. Si María nunca peco, se la debería de honrar y alabar diciendo que ella era temerosa en gran manera como se dijo de Abdías, el mayordomo de Acab, *"Temeroso en gran manera"*, pero estas palabras de elogio no se dicen de María.

9. Si María nunca pecó, debió decirse que se la imite. Pero Pablo nunca dijo: *"sed imitadores de María"*, pero si se atrevió a decir: *"sed imitadores de mi como yo de Cristo"*. Al no poner a María como una imitación, la pone en el lugar de las que pecan bastante, ya que Pablo siendo un hombre con errores se pone como ejemplo a imitar.

Si entre los seres humanos María nunca peco, ella debería ser la primera, (después de Cristo), en ponerse como ejemplo a ser imitada y Pablo no perdería la oportunidad en mencionarla para darle alguna alabanza. Pero Pablo no lo hace.

10. Los seres humanos mienten en general (Números 23:19). María es un ser humano, por lo tanto, ella mintió. Suponer que María no mintió es pasar por alto que ella era como cualquier otro ser humano. Como una mujer incrédula, acusadora, y hasta necia, no podemos verla como si nunca mintió, a menos que la Biblia lo aclarara.

11. Si quiere leer sobre los hombres y mujeres de fe, puede ir al libro de Hebreos en el capítulo 11, allí, en ese capítulo, no encontrara a María como una mujer de fe. Si ella fuera una mujer de gran fe, ella encabezaría la lista de los hombres de fe, pero no aparece. Quizá por su incredulidad.

12. Si María no hubiera pecado, las mujeres cristianas deberían ser llamadas Hijas de María; pero no, son llamadas hijas de Sara (1 Pedro 3:6). ¿Por qué Pedro pone aquí a Sara como madre de las cristianas? Por su conducta. Por su vida moral y espiritual. ¿Por qué no pone a María como madre de las cristianas? Porque María no califica para eso, sino ella sería mencionada por Pedro la madre de las cristianas.

13. Si María nunca pecó, María junto a Jesús, deberían de haber recibido el sacerdocio, pero la Biblia dice que Jesús recibió el sacerdocio, no María. *"Porque no tenemos un sumo sacerdote que no pueda compadecerse de nuestras debilidades, sino uno que fue tentado en todo según nuestra semejanza, pero sin pecado"* (Hebreos 4:15).

14. Si María nunca peco, ella pudo haber abierto y desatado los sellos del Apocalipsis (Apocalipsis 5:1-3), pero no lo hizo porque no era digna. ¡Respondan a esto señores católicos!

15. María fue un fracaso como madre, ya que sus hijos al no ser creyentes por lo menos antes de la ascensión de Cristo, mostro falta de devoción a sus hijos. Jesús al hacer su misión no tenía que encargarse de sus hermanos, sino su madre. La Biblia nos dice que para que una persona pueda ser obispo tiene que saber gobernar bien su casa, pero vemos que María, aunque no tuviere un cargo así por no ser para ella, no pudo cumplir el requisito que si se les pide a los obispos para con sus hijos.

16. María no fue una buena discípula de Cristo. Ella no dejo a sus hijos, el cual es uno de los requisitos para ser discípulo de Jesús. Ella siempre estaba con sus hijos incrédulos. Esto es evidencia de que María era una pecadora.

17. José no creyó que María era una mujer que no podía pecar porque pensó que María le había traicionado cometiendo infidelidad. Si María nunca hubiera pecado y nunca pecaría, José lo hubiera sabido ya que él se había desposado con María y la conocía muy bien a ella; pero él pensó que ella la había traicionado. Y la razón es simple, él sabía que ella era como cualquier otro ser humano pecaminoso.

18. Si María no peco, Jesús no hubiera muerto por ella. Pero la Biblia nos dice que Jesús nuestro Señor, murió por ella. 2 Corintios 5:15 dice: "Y (Jesús) por todos murió, para que los que viven, ya no vivan para sí, sino para aquel que murió y resucitó por ellos".

19. Si María no peco, debió haber oído a Dios mucho más que lo Moisés oyó. Recuérdese que moisés oyó a Dios y hablo con El de una manera extraordinaria porque este era fiel y más manso que todos en su época (Números 12:3-8). Pero la Biblia nunca dice que María hablaba con Dios como lo hacía con Moisés y la razón es que María no tenía la fidelidad de Moisés. ¿Por qué María no oyó como Moisés? ¿Por qué no se le dieron grandes revelaciones como a Moisés? La respuesta es obvia, la fidelidad de María no se compara con la de Moisés. Moisés fue un hombre mucho más consagrado que María, aun cuando este había pecado.

20. Si María no peco, ella debería haber recibido grandes revelaciones de Dios y en abundancia como lo vemos en otras personas que se consagraron mucho a Dios, pero vemos que no. Pocas veces Dios se revelo a María, bíblicamente hablando.

21. Si María no peco y era un vaso limpio en su totalidad, debió ser usada por Dios con muchos milagros; pero vemos que María no es usada por Dios para hacer milagros. Algunos católicos creen que ella puede hacer milagros ahora, pero si antes no los hizo, menos lo va a hacer ahora que descansa.

22. En Lucas 2:24 se dice que María ofreció sacrificio por sus pecados. Si alguien duda de lo que afirmo, solo debe leer Levítico 12:2-8 para ver más claramente que es lo que hizo María. Leamos lo que dicen estos textos:

> *"2 Di a los israelitas lo siguiente: Cuando una mujer quede embarazada y dé a luz un varón, será impura durante siete días, como cuando tiene su período natural. 3 El niño será circuncidado a los ocho días de nacido. 4 La madre, sin embargo, continuará purificándose de su sangre treinta y tres días más. No podrá tocar ninguna cosa consagrada ni entrar en el santuario, mientras no se cumpla el término de su purificación. 5 Pero si da a luz una niña, será impura durante dos semanas, como en el caso de su período natural, y seguirá purificándose de su sangre sesenta y seis días más. 6 Cuando se cumpla el término de la purificación, ya sea de niño o de niña, la madre deberá llevar a la entrada de la tienda del encuentro un cordero de un año para ofrecerlo en holocausto, y un pichón de paloma o una tórtola como sacrificio por el pecado. Se los entregará al sacerdote, 7 y el sacerdote los ofrecerá ante el Señor para pedir el perdón de ella; así ella quedará purificada de su flujo de sangre. Éstas son las instrucciones en cuanto a los nacimientos de niños o de niñas. 8 Y si la madre no tiene lo suficiente para un cordero, podrá tomar dos tórtolas*

o dos pichones de paloma, uno para ofrecerlo en holocausto y otro como
sacrificio por el pecado; entonces el sacerdote pedirá el perdón de ella, y
ella quedará purificada".

Como podemos ver en estos pasajes, se debía ofrecer, *"dos tórtolas o dos*
pichones de paloma, uno para ofrecerlo en holocausto y otro como sacrificio por el
pecado". En Lucas 2:24 se dice que fueron para ofrecer justamente esto conforme a lo que se dice en la ley del Señor.

23. Jesús corrige a María en las Bodas de Cana por meterse en lo que
no era asunto suyo. Juan escribe:

> *"Al tercer día se celebró una boda en Caná de Galilea, y estaba allí*
> *la madre de Jesús; 2 y también Jesús fue invitado a la boda, con Sus dis-*
> *cípulos. 3 Cuando se acabó el vino, la madre de Jesús Le dijo: No tienen*
> *vino. 4 Y Jesús le dijo: Mujer, ¿qué nos interesa esto a ti y a Mí? Todavía*
> *no ha llegado Mi hora. 5 Su madre dijo a los que servían: Hagan todo*
> *lo que Él les diga" (Juan 2:1-5. Nueva Biblia Latinoamericana de Hoy).*

El erudito católico romano Raymond E. Brown comenta sobre estos pasajes:

> *"La mayor parte de los comentaristas, incluidos algunos católicos*
> *como Gaechter, Braun, Van den Bussche, Boismard y Charlier, no ven*
> *en las palabras de María expectativa alguna de un milagro. Van den*
> *Bussche I, 38:39 (y lo mismo Zahn y Boismard), piensa que María ni si-*
> *quiera pide a Jesús que haga algo, sino que se limita a informarle de una*
> *situación desesperada… ¿Quién te mete a ti en esto? Literalmente ¿que a*
> *ti y a mí?, que es un semitismo…En el hebreo del AT, esta expresión posee*
> *un doble matiz: (a) cuando alguien causa un daño injusto a otro, el ofen-*
> *dido puede decir: "¿Que a ti y a mí?" … (b) Cuando se pide a alguien*
> *que intervenga en un asunto que no cree de su incumbencia, también*
> *puede responder al solicitante: "¿Que a ti y a mí?", es decir, "Esto es asun-*
> *to tuyo", ¿porque habría de mezclarme yo? (2 Re.3:13, Os.14:8). Hay,*
> *por consiguiente, en cualquiera de estos casos una idea de repulsa frente a*
> *una complicación inoportuna, así como una divergencia en los puntos de*
> *vista de las dos personas implicadas; sin embargo (a) supone hostilidad,*
> *mientras que en (b) se expresa únicamente el deseo de desentenderse…Es*
> *interesante, sin embargo, advertir que algunos Padres griegos interpretan*
> *Juan 2:4 en el sentido de (a), y lo entienden como un desaire a María.*
> *Sobre la exegesis patrística, cf. Reuss y Bresolin; un estudio exhaustivo*
> *de la frase en Michaud, 247-53… Todavía no ha llegado mi hora…el*

término "oupo" aparece dos veces en Juan, y en todos los demás casos tiene sentido negativo. La comparación con la construcción muy parecida de, 7:30 y 8:20 solo serviría para convencernos de que la frase aquí tiene sentido negativo, en consonancia con la negación implícita en "¿Quién te mete a ti en esto"? … Ha de rechazarse sobre todo la sugerencia de que Jesús adelanto la hora de hacer milagros, a petición de María, ya que, en el pensamiento joanico, la hora no depende de la voluntad de Jesús, sino de la decisión del Padre (12:27; también Mc.14:35)".[366]

El Señor Jesús no peco cuando dijo a María que no le interesaba la falta de vino en las bodas de Cana. ¿Por qué no? Quizá porque para Él era un asunto sin importancia. Entonces ¿Por qué convirtió el agua en vino? No sabemos todo lo que sucedía en esa boda, pero debió existir una razón que llevo a Jesús a hacer el milagro. Quizá María dijo que Jesús podía convertir agua en vino y para no ofenderlos hizo este milagro.

366   Raymond E. Brown, El Evangelio según Juan, Volumen 1, págs. 319-320 Ediciones Cristiandad

Capítulo 11
MARÍA NO ES MADRE
ESPIRITUAL DE LA IGLESIA

Por Danny Totocayo

La ICAR cree que Juan 19:26 enseña que María es Madre espiritual de la iglesia. Pero este pasaje no enseña que María fuese Madre espiritual de la Iglesia.

Los católicos citan Juan 19:26 para demostrar que María es madre de la Iglesia, malinterpretando dicho texto, con el único fin de darle a María un lugar que no le pertenece. Ella es llamada como *"Madre de los fieles", "Madre nuestra", "Madre de la iglesia"* por los católicos; pero la Biblia nunca dice esto de manera explícita o implícita.

Que el Señor Jesús haya dicho aparentemente a María: *"Mujer, he ahí a tu Hijo....He ahí a tu Madre"* (Juan 19:26) no significa que María es madre de la Iglesia de Cristo.

El Señor Jesús dice aparentemente a María que Juan, el apóstol es su hijo y a Juan le dice de la misma manera que María es su madre; pero metafóricamente hablando ya que ella era la que necesitaba de cuidado, no Juan.

¿En qué sentido María podría ser la madre de Juan?

Solo en el sentido de que necesita la protección de sus hijos. Por eso se dice que Juan la recibió en su casa, porque al parecer María no tenía casa ni quien la sustente para sus necesidades. Al parecer era una vaga y mujer de poca fe. Sin embargo, parece que aquí se está hablando a Salome, no a María, ya que la madre de Juan es Salome.

El erudito del NT Leon Morris cree que la madre de Juan era María, pero explica el pasaje de Juan 19:26 de la siguiente manera:

"Quizá es algo extraño que Jesús encomiende a su madre al discípulo amado, en vez de encomendarla a sus hermanos. Pero ellos no creían en El (7:5) y María sí. Sin embargo, parece ser que la crucifixión y la resurrección les impacto y les hizo cambiar, ya que poco después de la ascensión los encontramos relacionados con los apóstoles y María (Hch. 1:14). La exegesis católico romana a veces ha interpretado estas palabras como si Jesús estuviera nombrando a María como madre de Juan y, también de la Iglesia. Pero esto es hacer que el texto diga mucho más de lo que realmente está diciendo. Está claro que la preocupación de Jesús es que María no quede desprotegida, ahora que el ya no va a estar, en ningún momento dice nada que apunte a su nombramiento a un puesto de supremacía por encima de todo el resto de seguidores de Jesús".[367]

¡Porque esta mujer no parece ser María, la madre de Jesús?

Porque según la traducción de la Biblia textual, esta mujer no es necesariamente María. Veamos como la traduce: *"26 Viendo entonces Jesús a la madre y al discípulo a quien amaba, de pie a su lado, dice a la madre: ¡Mujer, he ahí tu hijo! 27 Después dice al discípulo: ¡He ahí tu madre! Y desde aquella hora, el discípulo la recibió en su propia casa"* (Juan 19:26,27).

1. Que Juan haya podido tener a María por madre al protegerla no la hace a María, madre de la Iglesia.

Debe notarse que es Juan quien cuida a la que Jesús llama madre de él. Si esta mujer es María, nada indica que ella cuidara de Juan.

Veamos lo que Juan escribe: *"26 Cuando vio Jesús a su madre, y al discípulo a quien él amaba, que estaba presente, dijo a su madre: Mujer, he ahí tu hijo 27 Después dijo al discípulo: He ahí tu madre. Y desde aquella hora el discípulo la recibió en su casa"* (Juan 19:26-27).

Como puede ver esta mujer no cuida a Juan; sino Juan a esta mujer, porque él la recibió en su casa.

2. Si María, la madre del Señor Jesús fuese madre espiritual de Juan, nada indica que lo sea de toda la Iglesia, ya que concluir de esta manera es caer en la falacia de la generalización apresurada.

3. Lo que la Biblia dice es que las mujeres cristianas son hijas de Sara (1 Pedro 3:6).

---

367 León Morris, El Evangelio Según Juan, Volumen 2, pág. 443, CLIE. Colección Teológica Contemporánea

Y esto es lo que los líderes católicos deben enseñar, no lo que hay en sus corazones vacíos e idolátricos.

4. La Biblia hasta nos dice que, "la Jerusalén de arriba, … es madre de todos nosotros" (Gálatas 4:26).

Pero nunca se dice que María es nuestra madre, explícitamente o implícitamente.

¿Qué dirían los apóstoles si oyeran todo lo que enseñan los líderes católicos hoy en día? Se horrorizarían y los reprenderían duramente, porque estarían hablando de cosas que ellos nunca enseñaron. Este evangelio anunciado por los católicos es falso, abominable e indigno.

5. Los católicos sin María son huérfanos

La acusación que hacen los católicos de que los cristianos somos huérfanos por no tener a María como Madre es ridícula, ya que El Señor Jesús dijo: *"No os dejaré huérfanos; vendré a vosotros"* (Juan 14:18).

Los católicos sin María son huérfanos, pero los cristianos sin María tenemos al Espíritu Santo quien nos consuela en nuestras tribulaciones.

Tenemos a Dios como nuestro Padre protector, a Jesús como nuestro amigo, nuestro hermano mayor e intercesor y al Espíritu Santo como nuestro consolador y animador. No estamos solos, no somos huérfanos.

Capítulo 12
LA LEYENDA DE LA ASUNCIÓN DE MARÍA

Por Danny Totocayo

La palabra asunción es tomada de la palabra latina que significa *"llevado arriba"*. No tenemos evidencia alguna de que María haya sido llevada al cielo como afirma la Iglesia católica. La Biblia nos dice que Jesús, Enoc y Elías fueron llevados al cielo, pero de María no nos dice nada de esto. Con todo, el catolicismo afirma que María fue asunta al cielo. El apologista católico Karl Keating dijo:

> *"Aun así, los fundamentalistas preguntan, ¿dónde está la prueba de la Escritura? En sentido estricto, no hay ninguno (…). El mero hecho de que la Iglesia enseña la doctrina de la asunción como algo definitivamente cierto es una garantía de que es verdad"*[368]

Keating cree lo que Roma enseña aun cuando en sentido estricto no hay prueba en la Escritura Bíblica sobre la asunción de María.

LA ASUNCIÓN DE MARÍA ES UNA LEYENDA

1. La leyenda de la Asunción de María es una creencia tardía, no es una creencia del primer o segundo siglo.

Esta leyenda ni siquiera se creyo por la mayoría de los cristianos.

Epifanio en la sección 79 de su libro Panarion, escrito entre los años 374-377, hace una declaración en dónde afirma la asunción de María. Veamos lo que dice sobre María: *"ella es como Elías, que era virgen desde el vientre de su madre, así permaneció siempre, y fue alzada, pero no ha visto la muerte"*.

---

368   Karl Keating, el catolicismo y el fundamentalismo. Ignatius Press, 1988, pág. 275

Una carta que escribió Dionisio el Egipcio, al Obispo de Creta, llamado Tito, del año 363 d.C parece hablar de la asunción de María. En este se dice:

"Debes saber, ¡oh noble Tito!, según tus sentimientos fraternales, que al tiempo en que María debía pasar de este mundo al otro, es a saber a la Jerusalén Celestial, para no volver jamás, conforme a los deseos y vivas aspiraciones del hombre interior, y entrar en las tiendas de la Jerusalén superior, entonces, según el aviso recibido de las alturas de la gran luz, en conformidad con la santa voluntad del orden divino, las turbas de los santos Apóstoles se juntaron en un abrir y cerrar de ojos, de todos los puntos en que tenían la misión de predicar el Evangelio. Súbitamente se encontraron reunidos alrededor del cuerpo todo glorioso y virginal. Allí figuraron como doce rayos luminosos del Colegio Apostólico. Y mientras los fieles permanecían alrededor, Ella se despidió de todos, la augusta (Virgen) que, arrastrada por el ardor de sus deseos, elevó a la vez que sus plegarias, sus manos todas santas y puras hacia Dios, dirigiendo sus miradas, acompañadas de vehementes suspiros y aspiraciones a la luz, hacia Aquél que nació de su seno, Nuestro Señor, su Hijo. Ella entregó su alma toda santa, semejante a las esencias de buen olor y la encomendó en las manos del Señor. Así es como, adornada de gracias, fue elevada a la región de los Ángeles, y enviada a la vida inmutable del mundo sobrenatural.

Al punto, en medio de gemidos mezclados de llantos y lágrimas, en medio de la alegría inefable y llena de esperanza que se apoderó de los Apóstoles y de todos los fieles presentes, se dispuso piadosamente, tal y como convenía hacerlo con la difunta, el cuerpo que en vida fue elevado sobre toda ley de la naturaleza, el cuerpo que recibió a Dios, el cuerpo espiritualizado, y se le adornó con flores en medio de cantos instructivos y de discursos brillantes y piadosos, como las circunstancias lo exigían. Los Apóstoles inflamados enteramente en amor de Dios, y en cierto modo, arrebatados en éxtasis, lo cargaron cuidadosamente sobre sus brazos, como a la Madre de la Luz, según la orden de las alturas del Salvador de todos. Lo depositaron en el lugar destinado para la sepultura, en el lugar llamado Getsemaní.

Durante tres días seguidos, ellos oyeron sobre aquel lugar los aires armoniosos de la salmodia, ejecutada por voces angélicas, que extasiaban a los que las escuchaban; después nada más.

Eso supuesto para confirmación de lo que había sucedido, ocurrió que faltaba uno de los santos Apóstoles al tiempo de su reunión. Este llegó más tarde y obligó a los Apóstoles que le enseñasen de una manera palpable y al descubierto el precioso tesoro, es decir, el mismo cuerpo que encerró al Señor. Ellos se vieron, por consiguiente, obligados a satisfacer el ardiente deseo de su hermano. Pero cuando abrieron el sepulcro que había contenido el cuerpo sagrado, lo encontraron vacío y sin los restos mortales. Aunque tristes y desconsolados, pudieron comprender que, después de terminados los cantos celestiales, había sido arrebatado el santo cuerpo por las potestades etéreas, después de estar preparado sobrenaturalmente para la mansión celestial de la luz y de la gloria oculto a este mundo visible y carnal, en Jesucristo Nuestro Señor, a quien sea gloria y honor por los siglos de los siglos. Amén".

Para el teólogo católico Ludwig Ott, el origen de la doctrina de la asunción de María se halla, "expresada primeramente en los relatos apócrifos sobre el Transito de la Virgen, que datan de los siglos V y VI".

Ludwig Ott añade:

"El primer escritor eclesiástico que habla de la asunción corporal de María, siguiendo a un relato apócrifo del Transitus B.M.V, es Gregorio de Tours (594)".[369]

Los eruditos católico romanos Henri Bourgeois, Bernard Sesboue y Paul Tihon escriben en su libro *"Historia de los Dogmas: Los Signos de la Salvación"* Volumen 3, lo siguiente:

"Esta afirmación doctrinal no puede apoyarse en ningún documento que refiera un acontecimiento, aunque las representaciones de algunos apócrifos hayan podido ayudar a su formalización. Este dogma exige la fe en un hecho que no tiene, ni pretende tener, ningún testimonio histórico. La Asunción no es un "hecho histórico" en el sentido de la historia moderna. Mientras que la resurrección de Cristo tiene un aspecto exterior, a través de la afirmación de sus testigos, la Asunción no tiene ninguno. Es un misterio de fe..."

Como puede ver esta doctrina de la asunción de María se encuentra en libros apócrifos paganos y no son confiables.

2. El papa Gelasio condena como hereje el libro de Transito que hablaba de la asunción de María[370].

---

369 Ludwig Ott, Manual de Teología Dogmática, pág. 328 Herder Editorial

370 Teófilo Gay, Diccionario de Controversia, pág. 415, CLIE.

3. El Papa Hormidas, para disgusto de los católicos, condena también este libro en el siglo VI371.

4. María murió; pero no hay evidencia bíblica de que haya resucitado y haya sido llevada al cielo.

Ludwig Ott afirma:

> *"Aunque nos faltan noticias históricas fidedignas sobre el lugar (Éfeso, Jerusalén), el tiempo y las circunstancias de la muerte de María, con todo, la casi universalidad de padres y teólogos suponen la realidad efectiva de su muerte, que además está testificada expresamente por la liturgia. El 325 Dios redentor Sacramentarium Gregorianum, que el papa Adriano i envió a Carlomagno (784/91), contiene la oración: «Veneranda nobis, Domine, huius est diei festivítas, in qua sancta Dei Genitríx mortem subiit temporalem, nec tamen mortis nexibus deprimí potuit, quae Filium tuum Dominum nostrum de se genuit incarnatum». La Oratio super oblata del mismo Sacramentario es como sigue: «Subveniat, Domine, plebi tuae Dei Genitricis oratio, quam etsi pro conditione carnis migrasse cognoscimus, in caelesti gloria apud te pro nobis intercederé sentiamus». ORÍGENES (In loan. 2,12; fragm. 31), SAN EFRÉN (Hymnus 15, 2), SEVERIANO DE GABALA (De mundi creatione or. 6,10), SAN JERÓNIMO (Adv. Ruf. 11 5), SAN AGUSTÍN (In loan, tr. 8, 9) mencionan incidentalmente la realidad efectiva de la muerte de la Virgen".[372]*

El Concilio Ecuménico del año 415 dice que María murió en Éfeso. Pero parece que María murió en Jerusalén. De cualquier manera, este concilio reconoce que María murió. Pero ¿resucito y fue llevada al cielo?

REFUTACIÓN A ALGUNOS ARGUMENTOS CATÓLICOS A FAVOR DE LA ASUNCIÓN DE MARÍA

1. Algunos católicos citan 1 Corintios 15:21-23 en favor de la asunción de María. Veamos que dicen estos textos: "21 Porque por cuanto la muerte entró por un hombre, también por un hombre la resurrección de los muertos. 22 Porque así como en Adán todos mueren, también en Cristo todos serán vivificados. 23 Pero cada uno en su debido

---

371   Migne. Vol. 62. Col. 537-542. Webster

372   Ludwig Ott, Manual de Teología Dogmática, pág. 325-326. Herder Editorial

orden: Cristo, las primicias; luego los que son de Cristo, en su venida" (1 Corintios 15:21-23).

Respuesta:

¿Ve en estos textos que María fue llevada al cielo? Yo no veo que siquiera ella haya sido llevada arriba un metro. El pasaje habla de todos los que son de Cristo, serán resucitados en la venida de Cristo. Esto todavía no ha sucedido.

2. Otro pasaje que los católicos citan en favor de la asunción de María es Mateo 27:52-53. Este pasaje dice: "Y se abrieron los sepulcros, y muchos cuerpos de santos que habían dormido, se levantaron; y saliendo de los sepulcros, después de la resurrección de él, vinieron a la santa ciudad, y aparecieron a muchos" (Mateo 27:52-53).

Respuesta:

Como puede ver este pasaje no dice que María fue llevada al cielo. Solo dice que muchos cuerpos de santos resucitaron, no que después de ser resucitados ellos y María fueron llevados al cielo. Además, este pasaje habla de muchos santos, no de una sola mujer santa. Y esto sucedió inmediatamente después de la resurrección de Cristo. María estaba todavía viva, no había muerto, por lo que no resucito ni fue llevada al cielo según estos textos.

3. El tercer pasaje tampoco habla de la asunción de María. Veamos que dice: "1 Apareció en el cielo una gran señal: una mujer vestida del sol, con la luna debajo de sus pies, y sobre su cabeza una corona de doce estrellas. 2 Y estando encinta, clamaba con dolores de parto, en la angustia del alumbramiento" (Apocalipsis 12:1-2).

Respuesta:

De esta mujer no se dice que fuera María ni explícitamente ni implícitamente. Sin embargo, aun si esta mujer fuera María, en ningún lugar se dice que ella es asunta al cielo. Muy bien podría hablar de su descenso.

Si se hablara de una asunción de María, también tendría que decirse que el dragón fue asunto al cielo, ya que en el verso 3 del mismo capítulo 12 se dice que hubo una señal en el cielo: un dragón escarlata de 7 cabezas y 10 cuernos.

Israel es llamada *"mujer"* en la Biblia. En Isaías leemos: *"mujer encinta que, al acercarse el momento de dar a luz, se retuerce y grita en sus dolores de parto"* (Isaías 26:17). *"Duélete y gime, hija de Sion, como mujer que está de parto; porque ahora saldrás de la ciudad y morarás en el campo, y llegarás hasta Babilonia; allí serás librada, allí te redimirá Jehová de la mano de tus enemigos"* (Miqueas 4:10).

No nos debe sorprender que Apocalipsis, un libro lleno de símbolos, haga referencia a Israel cuando dice: *"Apareció en el cielo una gran señal: una mujer vestida del sol"*.

Nótese que se dice que esta mujer está vestida de sol. ¡Esto es lenguaje figurado!

Hipólito interpreto este pasaje de manera figurada cuando dijo:

> *"Por la mujer entonces, vestida del sol, que quería decir más manifiestamente la Iglesia".*[373]

Victorino (250-303) interpreto también de manera figurada cuando comentó:

> *"La mujer vestida del sol, y que tiene la luna debajo de sus pies, y con una corona de doce estrellas sobre su cabeza, y dolores, es la antigua Iglesia de los padres, y los profetas, y de los santos, y apóstoles".*[374]

El monje católico Beato de Liébana del siglo VIII escribe sobre el apocalipsis:

> *"Y una gran señal apareció en el cielo (Ap 13), esto es, en la Iglesia Dios se hizo hombre: UNA MUJER vestida del sol, con la luna bajo sus pies, y una corona de doce estrellas. ES LA ANTIGUA IGLESIA de los Patriarcas, Profetas y Apóstoles, que llevó consigo el gemido y la angustia de su deseo, hasta que vio que Cristo, prometido según la carne, asumió el cuerpo de su mismo pueblo. A su vez, la que está vestida de sol es la esperanza de la resurrección. Por su parte, la luna son los peligros de los santos, quienes padecen en las tinieblas de este siglo, lo que nunca puede faltar, pues así como la luna decrece, así también crece. Del mismo modo, los santos lucen en medio de las tinieblas, como la luna. La corona de doce estrellas significa el coro de los Patriarcas, de los cuales iba Cristo a asumir la carne. Y en Cristo las doce tribus de Israel, que es la Iglesia. Y la mujer está encinta, y grita con los dolores del parto y con el tormento de dar a luz. AL HABLAR DE ESTA MUJER NOS REFERIMOS A LA IGLESIA, que lleva a Cristo en su vientre. Porque la Iglesia pare con gran gemido y desea imitar a Cristo".*[375]

Primasio igualmente interpreta Apocalipsis 12 en forma figurada. Primasio declara:

---

373 Hipólito, El Cristo y el Anticristo, 61

374 Victorino, Comentario al Apocalipsis, Desde el Capítulo XII, 1

375 Beato de Liébana, Comentarios al Apocalipsis de San Juan, Traducción de A. del Campo Hernández y J. González Echegaray, B.A.C.

"El período de tres años y seis meses significa que el tiempo hasta el fin del mundo en el que los aumentos de la iglesia y huye de la adoración de ídolos y todos los errores de la serpiente".[376]

Metodulo De Olimpo afirma que esta mujer es:

"la iglesia cuyos hijos acuden a ella con la mayor rapidez después de la resurrección".[377]

El Papa Gregorio El Grande afirmo que esta mujer era:

"La Santa Iglesia, porque está protegida con el esplendor de la luz celestial" y añade que es esta mujer, la Iglesia, como el la interpreta, *"está revestida, por así decirlo, con el sol; sino porque se desprecia todo lo temporal, que tiene la luna debajo de sus pies"*[378]

En este capítulo se habla de dos señales en el cielo, no solo una. La segunda señal es simbólica en referencia a satanás. Veamos lo que dice el pasaje:

"También apareció otra señal en el cielo: he aquí un gran dragón escarlata, que tenía siete cabezas y diez cuernos, y en sus cabezas siete diademas" (Apocalipsis 12:3).

Este verso nos da luz para comprender si esta mujer es una literal o se usa como símbolo. Si satanás se le llama "gran dragón" en forma simbólica, ¿Por qué los apologistas católicos quieren que esta mujer deba entenderse de manera literal?

Si por causa de una señal en el cielo se dice que hay una asunción, ¿Por qué no hablar de la asunción del dragón?

Muchos de los *"padres apostólicos"* no creyeron que María tuvo dolores de parto. Por ejemplo, San Ambrosio, San Agustín, San Gregorio de Nyssa, Santo Tomás de Aquino. Si María tuvo un parto virginal, como dice el catolicismo, entonces no tuvo dolor en el parto y esta mujer de Apocalipsis 12, no es María.

Decir que en Apocalipsis 12 hace referencia a María es pura acomodación. Un estudio católico lo reconoce:

---

376   Primisius, Comentario en el Apocalipsis, 12.14, CCL 92: 187-88

377   Fiesta de la Ten Virgen, Discurso 8:5

378   Moral, libro 34, cap. 25

"Después de todo lo dicho, parece claro que en el capítulo 12 del Apocalipsis no hay un sentido referido expresamente a la Virgen María. Pero esto no obsta para que, a pesar de ello, y por encima de todo, se pueda hacer, como frecuentemente se ha hecho, una interpretación mariana del pasaje, pero, a mi parecer, siempre que se haga en una línea de acomodación y no en el sentido bíblico propiamente dicho. Si, en el cap. 12 de Ap., hay alguna referencia a María, debe considerarse que ello solo será de una manera secundaria.... En la actualidad, se está insistiendo en esa referencia, algo que no se puede probar de un modo total y convincente".[379]

De esta mujer no se dice que fuera María ni explícitamente ni implícitamente. Pero si hace referencia implícitamente a Israel. Los 11 hermanos de José, los cuales son los nombres de las tribus de Israel son llamados estrellas y el padre de José es llamado sol y su madre luna, lo que nos lleva a concluir que esta mujer de Apocalipsis es Israel. Veamos lo que dicen estos pasajes:

"9 Después José tuvo otro sueño, y se lo contó a sus hermanos. Les dijo: —Tuve otro sueño, en el que veía que el sol, la luna y once estrellas me hacían reverencias. 10 Cuando se lo contó a su padre y a sus hermanos, su padre lo reprendió: — ¿Qué quieres decirnos con este sueño que has tenido? —le preguntó—. ¿Acaso tu madre, tus hermanos y yo vendremos a hacerte reverencias? 11 Sus hermanos le tenían envidia, pero su padre meditaba en todo esto" (Génesis 37:9-11).

Es Jesús quien fue llevado al cielo. *"Pero su hijo fue arrebatado y llevado hasta Dios, que está en su trono"*, no María.

La católica Elizabeth Johnson reconoce:

"La Escritura no tiene ninguna evidencia clara para esta creencia, aunque la mujer vestida de sol (Ap 12) se interpreta como un indicador significativo".[380]

La Biblia de Jerusalén (versión católica) al presentar el libro de Apocalipsis dice:

"La Mujer, ... simboliza la comunidad del Antiguo Testamento" y al presentar el Capítulo 12 dice: *"Visión de la Mujer y el Dragón: Se*

379   Camilo Valverde Mudarra, La Virgen en el Apocalipsis. http://www.mariologia.org/sagradas/mariaenlassagradasescrituras10F.htm

380   Elizabeth Johnson, "Asunción de la Virgen María", ed. Richard P. McBrien, The Harper Collins. Enciclopedia del catolicismo. 1995, pág. 104

entabla la lucha final. La Mujer (el pueblo de Dios) da a luz al Mesías, arrebatado definitivamente hasta Dios (en la Resurrección)... [381]

El teólogo dominico católico romano Dominique Cerbelaud escribió sobre Apocalipsis 12:

"La mujer perseguida por el dragón, y que trae al mundo un hijo varón, parece designar a la comunidad de Israel perseguida por el poder pagano y que trae al Mesías al mundo. En la interpretación cristiana se entenderá que esta figura evoca, ante todo, a la Iglesia. Sin embargo, no debe excluirse que la hostilidad entre la mujer y el dragón aluda a la enemistad entre la mujer y la serpiente que evoca Gn. 3:15. Sin duda esta es la razón por la que ambos pasajes han sido conjuntamente objeto de una relectura "mariologica". Por lo que se al capítulo 12 del Apocalipsis, esta interpretación tiene partidarios todavía hoy, si bien un tanto incómodos por la mención de los dolores de parto (v. 2) y de los otros hijos de la mujer (v. 17)". [382]

Pedro Drovin, un escatalógo católico, dice:

"A lo largo de los siglos se ha querido varias veces identificarla con María, que da a luz a Jesús en Belén. Creemos que no podemos aceptar esta interpretación, dado que el evangelio nunca habla de un parto doloroso" [383]

El mariólogo José Cristo Rey García Paredes nos los dice y también admite lo siguiente:

"La interpretación mariológica de Ap. 12 no es muy antigua en la Iglesia cristiana. Fue Ecumenio, en el siglo VI el que la identifico. Los demás autores la identifican con la Iglesia. Dado que los Padres tenían en alta estima a María, uno no sabe cómo explicar esto". [384]

El erudito católico, Richard McBrien, reconoce que la *"mujer"* en Apocalipsis *"no es María".* [385]

---

381 Página 1891 en la edición conmemorativa del CELAM

382 Dominique Cerbelaud, Maria: Un itinerario dogmático, pág. 46 Editorial San Sebastian, 2005

383 Kittim Silva, Apocalipsis la revelación de Jesucristo. Pág. 161 CLIE

384 García Paredes., Ibid. 167. Kittim Silva, Apocalipsis la revelación de Jesucristo. Pág. 161 CLIE

385 Richard P. McBrien, el catolicismo: New Edition, HarperOne, 1994, pág. 1.080.

Los eruditos católico romanos Henri Bourgeois, Bernard Sesboue y Paul Tihon en su libro *"Historia de los Dogmas: Los Signos de la Salvación"* Volumen 3, reconocen sobre la asunción de María lo siguiente:

"Esta afirmación doctrinal no puede apoyarse en ningún documento que refiera un acontecimiento, aunque las representaciones de algunos apócrifos hayan podido ayudar a su formalización. Este dogma exige la fe en un hecho que no tiene, ni pretende tener, ningún testimonio histórico. La Asunción no es un "hecho histórico" en el sentido de la historia moderna. Mientras que la resurrección de Cristo tiene un aspecto exterior, a través de la afirmación de sus testigos, la Asunción no tiene ninguno. Es un misterio de fe..."[386]

El apologista católico romano Mark J. Bonocore admite que:

"en cuanto a la Asunción, la evidencia más fuerte de la Asunción de María es, por extraño que parezca, una completa falta de pruebas".[387]

He oído a algunos católicos preguntar, *"¿si Enoc y Elías fueron llevados al cielo, ¿Porque Dios no pudo llevar a María en cuerpo y alma al cielo?"*

Dios pudo llevar a María al cielo en cuerpo alma; pero la Biblia no nos dice que ella fue llevada al cielo.

Jerónimo dijo que Elías, Moisés y Enoc fueron llevados al cielo; pero no nos dice nada sobre María.

"Por otra parte, no sólo es Elías, sino también a Moisés y Enoc que usted cree a ser inmortal y se han tomado al cielo con sus cuerpos".[388]

San Agustín, Clemente de Roma, Tertuliano e Ireneo también nos dicen que Moisés, Elías y Enoc fueron llevados al cielo; pero no nos dicen nada sobre María.

---

386   Historia de los Dogmas: Los Signos de la Salvación. Volumen 3, 461

387   Mark J. Bonocore, http://www.biblicalcatholic.com/apologetics/a28.htm

388   Citado en Agustín, Respuesta a Fausto, el maniqueísta 26:1

Capítulo 13
LA INTERCESIÓN DE LOS SANTOS

Por Danny Totocayo

El Catecismo de la Iglesia Católica nos dice (956):

> *"Por el hecho que los del cielo están más íntimamente unidos con Cristo, consolidan más firmemente a toda la Iglesia en la santidad… no dejan de interceder por nosotros ante el Padre. Presentan por medio del único Mediador entre Dios y los hombres, Cristo Jesús, los méritos que adquirieron en la tierra… Su solicitud fraterna ayuda, pues, mucho a nuestra debilidad".*

Esta afirmación no tiene sustento bíblico, ni la tienen las afirmaciones de algunos judíos que aceptan la intercesión de los santos que partieron con el Señor. El rabino Tzvi Freeman, director del equipo de *"Pregunte al rabino"* de la página **Chabad.org** reconoce que, *"rezarle a los fallecidos es blasfemo y PROHIBIDO POR LA TORA"*, y afirma que, *"El judaísmo a veces abarca este tipo de contradicciones".*[389]

Algunos católicos honestos reconocen que antes de Cristo no se practicó la invocación a los santos. Por ejemplo, el Cardenal Belarmino admite que antes de la venida de Cristo no se practicó la invocación de los santos:

> *"Debe notarse, que no habiendo entrado en el cielo los santos que murieron antes de la venida de Cristo, ni habiendo visto a Dios, ni teniendo conocimiento de las oraciones de los que a ellos se dirigían, no fue uso en el Antiguo Testamento decir: S. Abraham, ora por mí".*[390]

---

389 https://es.chabad.org/.../Es-correcto-pedir-a-un-tzadik...

390 Belarmino. De sanct Beat. lib. I. c. 19, sect. 2, p. 412, tomo II. Praga, 1751 y tomo II, p. 833. Ingolstadii, 1601

EN EL CIELO LOS SANTOS NO INTERCEDEN

La posibilidad de que los cristianos en el cielo puedan enterarse de lo que sucede en la tierra por cualquiera sea el medio y la forma, no implica que ellos intercedan. Sin embargo, la Biblia nos muestra que los santos en el cielo no pueden interceder por personas que no conocen ni se acuerdan.

El católico cree que:

> *"Los santos no necesitan ser omniscientes, omnipresentes y omnipotentes para atender nuestras oraciones. Pues ellos viven (actualmente, apenas con sus almas, una vez que la resurrección de los cuerpos solamente se dará cuando venga el fin del mundo, excepción hecha de Nuestro Señor y Nuestra Señora) en la presencia de Dios altísimo, y en Él ven todas las cosas que Dios quiere que ellos vean. Para ello, sus almas fueron dotadas, por el poder de Dios, de una potencia superior, llamada visión beatífica, que las almas humanas aquí en la tierra no disfrutan. Y, en la luz de la visión beatífica, toman conocimiento de todas las oraciones que los hombres hacen en la tierra, pidiendo su intercesión junto a Dios".*[391]

Los católicos tienen que demostrar que las almas en el cielo no solo toman conocimiento de las oraciones de los santos que están en la tierra, sino también tienen que probar que interceden, pero no pueden probar ninguna de estas afirmaciones.

No hay evidencia bíblica alguna de que las almas en el cielo hayan sido dotadas por el poder de Dios para conocer las oraciones de los santos que están en la tierra. Dios tiene gran poder para hacer muchas cosas, pero decir que las almas que están en el cielo han sido dotadas para conocer las oraciones de los santos que están en la tierra es pura suposición.

El católico José Miguel Arráiz dice:

> *"Es cierto que solo Dios es Omnipresente (puede estar en todos lados) pero es cierto también que aquellos que están unidos a Cristo, "cara a cara" con Dios como dice Pablo, por medio de Él podemos enterarnos de todo lo que acontece" ("Para estudiar el dogma de la comunión de los santos en la Biblia".*[392]

---

391   http://www.fatima.org.pe/articulo-349-pregunta-los-santos-son-omniscientes-omnipresentes-y-omnipotentes

392   http://www.apologeticacatolica.org/Santos/SantosN01.htm

Este apologista católico no parece darse cuenta, que aun, si un santo en el cielo puede enterarse de algún modo de las oraciones que se hacen en la tierra, esto no demuestra que interceda, pero como veremos los santos no se acuerdan ni nos conocen y por lo tanto no pueden interceder por nadie.

¿Cómo podrían enterarse?

Estar unidos cara a cara con Dios no implica que una persona se entere de lo que acontece en la tierra menos que sea por revelación. Además, Dios tendría que decirles que oraciones se están haciendo en la tierra a sus santos, y eso no sucederá, ya que en Apocalipsis 6 se dice que Dios ordena a sus santos que descansen. Es decir, ya no hay obra de predicación, oración ni nada, solo descanso.

A continuación, presentare bastante evidencia que demuestra que los santos que han partido a la presencia del Señor, no interceden.

1. Los santos en el cielo no interceden, Abraham nos ignora y su nieto, Jacob (Israel) no nos reconoce.

> *"Pero tú eres nuestro padre, si bien Abraham nos ignora, e Israel no nos conoce; tú, oh Jehová, eres nuestro padre; nuestro Redentor perpetuo es tu nombre" (Isaías 63:16. RV60).*
>
> *"Porque tú eres nuestro Padre, que Abraham no nos conoce, ni Israel nos recuerda. Tú, Yahveh, eres nuestro Padre, tu nombre es «El que nos rescata» desde siempre" (Isaías 63:16. Biblia Jerusalén).*
>
> *"Pues tú eres nuestro Padre. Abraham ya no sabe de nosotros e Israel tampoco se acordará. Mas tú, Yavé, eres nuestro Padre, nuestro Redentor; éste ha sido siempre tu nombre" (Isaías 63:16. Biblia Latinoamericana).*

Jerónimo declaro:

> *"En esta vida podemos ayudarnos los unos a los otros, pero llegados a la presencia de Dios, ni un Job, un Daniel, o un Noé, puede orar por los otros".*[393]

2. En el libro de Ezequiel se muestra que Dios busca intercesores en la tierra, no en el cielo porque allí no se intercede. El pasaje dice:

> *"Y busqué entre ellos hombre que hiciese vallado y que se pusiese en la brecha delante de mí, a favor de la tierra, para que yo no la destruyese; y no lo hallé. Por tanto, derramé sobre ellos mi ira; con el fuego de mi*

---

393   Im. Ezcq. 14

ira los consumí; torné el camino de ellos sobre su cabeza, dijo el Señor DIOS" (Ezequiel 22:30-31).

En el cielo no había intercesores, sino Dios no habría necesitado de intercesores en la tierra. La evidencia de que no hay intercesores en el cielo es que Dios derramo su ira contra Israel.

3. En el cielo tenemos solo a Dios para ayudarnos. En el Salmo 73:25-28 leemos:

"25 ¿A quién tengo en el cielo? ¡Sólo a ti! Estando contigo nada quiero en la tierra. 26 Todo mi ser se consume, pero Dios es mi herencia eterna y el que sostiene mi corazón. 27 Los que se alejen de ti, morirán; destruirás al que no te sea fiel. 28 Pero yo me acercaré a Dios, pues para mí eso es lo mejor. Tú, Señor y Dios, eres mi refugio, y he de proclamar todo lo que has hecho" (Salmo 73:25-28. DHH).

Si los santos en el cielo interceden, sería ayuda para nosotros; pero en el cielo solo tenemos a Dios como ayuda como lo dice el texto citado.

4. María y los santos no pueden interceder porque los que mueren no saben de las cosas de la vida que se hace en la tierra. Aunque las almas de los muertos están conscientes en el cielo, no saben de las cosas que se hacen en la tierra. Salomón escribió:

"Porque los que viven saben que han de morir; pero los muertos nada saben, ni tienen más paga; porque su memoria es puesta en olvido. También su amor y su odio y su envidia fenecieron ya; y nunca más tendrán parte en todo lo que se hace debajo del sol" (Eclesiastés 9:5-6).

Este texto nos dice que los muertos nada saben, por lo menos no lo que se hace debajo del sol. A lo mucho, podrán saber lo que recuerdan de lo que hacían debajo del sol cuando estaban vivos, pero después más nada saben, de donde se deduce que no saben sobre las peticiones de intercesión que hacen algunos inconversos que están vivos en la tierra.

5. María y los santos no podrían oír los millones de oraciones pidiendo que ella ore por ellos. Solo Dios puede hacerlo. No hay evidencia alguna que muestre que Dios o los ángeles digan a María todas las peticiones que se le hacen en la tierra para que ella ore por los católicos. Héctor Lugo en un foro de debates dice:

> *"El argumento de que Dios le lleva la oración a los santos o hace posible esa comunicación es ridícula. Si Dios es el primero en conocer tu oración ¿para qué entregársela a un muerto para que este a su vez se la entregue a Dios?"*

6. La Biblia enseña que los santos vivos en cuerpo son los que interceden, no los santos que están en el cielo. Pablo Santomauro, ante la pregunta ¿Es bíblico orar a otros (que ya pasaron a mejor vida - o peor) para que intercedan por nosotros? responde:

> *"En primer lugar decimos que las mismas aserciones en cuanto a la carencia los atributos omnis, hace imposible que las oraciones lleguen a estos individuos. En segundo lugar, tenemos el ejemplo bíblico. Si vamos a la Biblia, ¿encontramos a la gente del Antiguo Testamento orando a Abraham, Isaac, Jacob, o pidiéndoles que intercedan frente a Dios? No. ¿Algún salmo fue dirigido a Moisés, o escrito rogándole a Moisés que interviniera frente a Dios? No. ¿Oraban los judíos a los profetas o los sacerdotes, o les pedían que intercedieran a Dios por ellos? No. ¿Cantaban los coros del templo cantos de adoración a hombres, mujeres, o ángeles? No. Lo mismo podemos decir del Nuevo Testamento".[394]*

Cerca de 650 oraciones se mencionan en toda la Biblia, tanto en el A.T. y N. T. y en ninguna de estas se pide la intercesión de los santos.

Además ¿Por qué deberíamos ir a María para que ore por nosotros cuando Cristo puede interceder por nosotros? ¿Por qué no ir directamente a Dios como Abraham lo hizo? ¿Acaso los católicos temen acercarse con confianza ante el trono de Dios?

No hay mejor intercesor que Cristo. Acérquese con confianza ante Dios en el nombre de Jesús.

7. Las almas en el cielo descansan de sus obras (oración, intercesión, predicación, etc.). La Biblia nos dice:

> *"9 Cuando abrió el quinto sello, vi bajo el altar las almas de los que habían sido muertos por causa de la palabra de Dios y por el testimonio que tenían. 10 Y clamaban a gran voz, diciendo: ¿Hasta cuándo, Señor, santo y verdadero, no juzgas y vengas nuestra sangre en los que moran en la tierra? 11 Y se les dieron vestiduras blancas, y se les dijo que descansasen todavía un poco de tiempo, hasta que se completara el número de*

---

394 ¿Oración directa a los santos?

sus consiervos y sus hermanos, que también habían de ser muertos como ellos" (Apocalipsis 6:9-11).

A los santos en el cielo no se les pide interceder en ninguna parte de la Biblia. Lo que si podemos ver que los santos en el cielo hacen es adorar (Apocalipsis 5:8-14).

8. La Biblia no nos enseña que María en el cielo es nuestra abogada, auxiliadora o mediadora. Jesús es nuestro abogado. La Biblia lo dice: *"...si alguno hubiere pecado, abogado tenemos para con el Padre, a Jesucristo el justo"* (1 Juan 2:1).

Puesto que nuestro Señor Jesús es bueno, amoroso y tierno millones de veces más que María y cualquier santo, El Padre no necesita a nadie en el cielo que pueda ser mejor ayudador que nuestro Señor Jesús ya que nuestro Salvador sabe lo que es ser tentado y afligido. Él se compadece de nuestro dolor y de nuestras debilidades.

En el cielo solo hay un mediador, en la tierra muchos. María seguramente pudo haber intercedido en la tierra, pero tampoco tenemos evidencia de ello, aunque es casi seguro que lo hizo. Pero, ¿lo hace en el cielo? No, no hay nada en la Biblia que así lo enseñe.

9. Pablo dijo a los cristianos de Filipos que por causa de ellos quería estar vivo para ser de beneficio en la Obra, lo cual supone que de muerto no (Filipenses 1:22-24). Esto nos muestra claramente que en el cielo ya no podría enseñar, predicar, ni interceder en beneficio de ellos.

Nuestro Señor Jesús puede oír las oraciones de los santos que están en la tierra porque es Dios, pero los santos en el cielo no, porque no son Dioses. Y la Biblia no dice que nuestro Dios comunique o haga saber de alguna manera a Pablo, María y a otros santos que están junto a Él, cuáles son las oraciones que se hacen aquí en la tierra.

10. He oído a varios católicos que dicen que no se ora ni a María ni a los santos, sino que se les pide su intercesión. En realidad, yo veo solo contradicción en lo que ellos afirman, porque el catecismo dice:

> *"...Y en la oración mariana, como el santo rosario, "síntesis de todo el evangelio" (cf. Pablo VI, MC 42). Dios te salve, María, llena de gracia, el Señor es contigo, Bendita tu eres entre las mujeres y bendito el fruto*

de tu vientre, Jesús. Santa María Madre de Dios, ruega por nosotros, pecadores, ahora y en la hora de nuestra muerte"[395]

La forma correcta de orar es ir directamente a Dios el Padre en el nombre de Jesús. Jesús enseño que debemos ir en oración al Padre.

"Pero tú, cuando te pongas a orar, entra en tu cuarto, cierra la puerta y ora a tu Padre, que está en lo secreto. Así tu Padre, que ve lo que se hace en secreto, te recompensará" (Mateo 6:6).

"23 En aquel día ya no me preguntarán nada. Ciertamente les aseguro que mi Padre les dará todo lo que le pidan en mi nombre. 24 Hasta ahora no han pedido nada en mi nombre. Pidan y recibirán, para que su alegría sea completa. 25 Les he dicho todo esto por medio de comparaciones, pero viene la hora en que ya no les hablaré así, sino que les hablaré claramente acerca de mi Padre.26 En aquel día pedirán en mi nombre. Y no digo que voy a rogar por ustedes al Padre, 27 ya que el Padre mismo los ama porque me han amado y han creído que yo he venido de parte de Dios" (Juan 16:23-27).

Jesús, nuestro Señor enseño que la oración es dirigida al Padre, no a ángel ni santo alguno.

"Padre nuestro que estás en el cielo, santificado sea tu nombre" (Mateo 6:9).

Los discípulos de Jesús nunca oraron a un santo o a María, sino solo a Dios.

"Pero mientras mantenían a Pedro en la cárcel, la iglesia oraba constante y fervientemente a Dios por él" (Hechos 12:5).

"Y oraron así: «Señor, tú que conoces el corazón de todos, muéstranos a cuál de estos dos has elegido" (Hechos 1:24).

"23 Al quedar libres, Pedro y Juan volvieron a los suyos y les relataron todo lo que les habían dicho los jefes de los sacerdotes y los ancianos. 24 Cuando lo oyeron, alzaron unánimes la voz en oración a Dios: Soberano Señor, creador del cielo y de la tierra, del mar y de todo lo que hay en ellos" (Hechos 4:23).

Ninguna oración es hecha a María, Pedro, Juan, u otro santo. Toda oración va dirigida a Dios.

En el Antiguo Testamento, los hombres y mujeres de Dios, oraban a Dios, no a Moisés ni a ningún santo (1 Crónicas 4:10, 1 Samuel 1:11,19-20,

---

395   Catecismo, 2676, 2677

Isaías 38:1-5, 1 Reyes 3:5-10, 2 Crónicas 1:11-12, 1 Reyes 17:17-22, 2 Reyes 18:36-38, 2 Reyes 6:16-17, 2 Crónicas 20:5-12,14-15,17, Daniel 2:23, Salmo 9:19-20, Jonás 2:1-10).

RESPUESTA A LOS ARGUMENTOS A FAVOR DE LA INTERCESIÓN DE LOS SANTOS

Argumento 1. En el cielo se puede interceder ya que existe la capacidad de oír. El mismo Jesús prometió que haríamos las obras que Jesús hizo y aún mayores (Juan 14:12).

Respuesta:

1. Lo que sucede es que los apologistas católicos están tomando fuera de contexto las afirmaciones que hizo nuestro Señor Jesús. Las obras a las que hacía referencia el Señor Jesús eran las de resucitar muertos, sanar enfermos, liberar endemoniados, etc. no las de poder oír las oraciones para interceder.

2. La promesa fue para los que estaban vivos en cuerpo, y estos jamás podrían enterarse de todas las peticiones de intercesión que podrían solicitarse, ya que aun con la promesa, esto no se da. ¿Porque esta promesa, el católico solo la aplica para los santos que están en el cielo? ¿Porque no para los santos que están en esta vida? ¿Acaso no se dio para el tiempo cuando uno todavía está vivo en cuerpo?

3. Un comentario católico presenta la siguiente explicación de Juan 14:12:

> *"La primera promesa que les hace es que no sólo harán "las obras que Yo hago" sino que aún "las hará mayores". Y la razón es porque El "va al Padre". El "encadenamiento" semita" condiciona el desarrollo por la palabra "obras" a las que Cristo acaba de remitir en el versículo anterior, como garantía de su verdad. Ya el anuncio que Cristo hace a los suyos es de optimismo: su "ausencia" no los dejará en el fracaso, porque harán aún "obras mayores" que las que El hizo. ¿QUÉ OBRAS SON ÉSTAS? Aunque el "encadenamiento semita" del v.11 habla de "obras" que SON MILAGROS, sin embargo, la relación verbal no exige un idéntico encadenamiento conceptual. Cristo dice en otro pasaje: "Las obras que el Padre me dio a hacer, esas obran dan testimonio en favor mío de que el Padre me ha enviado" (Jn 5:36). ES TODA SU OBRA MESIÁNICA: SU ACTIVIDAD, SU ENSEÑANZA DE LAS CUALES LOS MILAGROS SON SIGNOS. En esta misma línea mesiánica están estas obras que les promete hacer. Son la "obra mayor" de la expansión mesiánica, que Cristo tenía circunscrita a Palestina y que ellos llevarán "hasta los*

confines de la tierra" (Act. 1:8). Harán las obras que El hizo — ENSE-ÑAR EL "MENSAJE" Y CONFIRMARLO CON MILAGROS —, y las harán "mayores", por la extensión de ese mensaje y milagros por todo el mundo. Es la interpretación que ya daba San Agustín: "Con la predicación de los discípulos creyeron no unos pocos, como eran ellos, sino pueblos enteros. Y éstas son, sin duda, obras mayores". Y esta obra que van a hacer se debe a que "El va al Padre". Es El quien, por ellos, va a realizar y confirmar su obra de expansión mesiánica".[396]

Argumento 2. En Efesios 6:18 se enseña que María y los santos en el cielo interceden. Así también lo entendió Lutero cuando dijo:

> *"Porque cuando puedo hablar con la virgen desde el fondo de mi corazón y decir: Oh María, noble y tierna virgen, has dado a luz un hijo; esto quiero más que ropas, sí, más que cuerpo y vida".[397]*

Respuesta:

1. En Efesios 6:18 no se dice que el apóstol Pablo llame a los Santos que están en el cielo a interceder. El contexto inmediato hace referencia a los santos vivos físicamente. La orden de hacer estas oraciones es para aquellos que tenían que tener toda la armadura de Dios para luchar contra las huestes espirituales de maldad. Es decir, para los que están vivos físicamente.

2. Que la Biblia diga que los santos deban interceder, no supone que los santos del cielo tengan que hacerlo, ya que, si así fuera, nosotros también, por ser el pueblo santo de Dios, tendríamos que interceder por los santos que están en el cielo. Tendríamos que hacerlo por María, José, el ladrón que se arrepintió y hasta por los ángeles y aun por el mismo Espíritu de Dios, el cual es llamado Santo en la Biblia, lo cual resulta absurdo. ¿Acaso, tu, intercedes por María, por el apóstol Juan, el arcángel Miguel y aun por el mismo Espíritu de Dios?

3. El término *"todos"* en Efesios no puede extrapolarse hasta los santos del cielo, ya que si así fuera habría que decir también que la frase: *"toda la nación"* en Malaquías 3:8-10 tendría que aplicarse a los bebes y decirse que ellos fueron ladrones por no haber diezmado y ofrendado, lo cual resulta absurdo. El contexto de Malaquías 3 hace referencia a adultos. De la misma manera el

---

396   Biblia comentada Versión de Nácar-Colunga, Manuel de Tuya, Tomo V

397   Sermones I, ed. Y tr. John W. Doberstein; Sermón en la tarde del día de Navidad, 25 de diciembre de 1530; en Luther's Works, vol. 51

contexto de Efesios 6:18 hace referencia a personas vivas físicamente. Decir que se aplica a los santos que están en el cielo es hacer eiségesis.

4. En cuanto a la declaración de Lutero, al parecer en sus comienzos creyo que María intercedió por los santos, pero esta cita parece ser falsa. De cualquier manera, Lutero era sacerdote católico y no podemos esperar que el haya entendido bien la Biblia inmediatamente después de que salió del catolicismo. Conforme Lutero iba estudiando la Biblia pudo darse cuenta que la intercesión de los santos que partieron a la presencia del Señor es una doctrina falsa. En un sermón dijo:

> *"Asi el diablo dispuso que se invocara a [...] María y a los santos, y los hizo nuestros intercesores [...]".*[398]

Argumento 3. Dorcas pudo oír la oración de Pedro por lo tanto intercede. Respuesta:

1. Decir que, Dorcas pudo oír desde el cielo la orden del apóstol Pedro: *"levántate"*, no implica que ella le oyó desde el cielo. Déjeme ilustrarle. Una vez un niño de unos 10 años más o menos estaba oyendo el mensaje de la Palabra de Dios por medio de un predicador, el cual decía que Jesús llevo nuestras enfermedades. El niño lleno de gozo, en medio de la predicación le dijo a su pierna, *"¿oíste?, eso es para ti, tómalo, y enderézate"*. La pierna del niño fue sanada. Ese lenguaje es figurado, se trata de un modismo. La pierna del niño no tenía un alma aparte para darle una orden, pero igual el niño le hablo como si pudiera oír y fue sanado.

2. Cuando Pedro le dijo, *"levántate"* al cuerpo de Dorcas, no se lo dijo al alma de ella, pero al creer que Dios podría hacer un milagro tuvo que decirle, *"levántate"*. Yo mismo no hallo otra forma de expresarme cuando, por ejemplo, un jugador de futbol de la selección de mi país debe patear la pelota al arco, y digo más o menos, "patea ya", y claro el jugador no me escucha, y lo sé, pero es solo una forma de expresión.

Cuando el Señor Jesús reprendió al viento y dijo al mar, *"¡calla, enmudece!"* (Marcos 5:38-39) no supone que estos escucharon la orden de Jesús. El Señor también le hablo a una higuera y la maldijo, pero nada de esto supone que esta planta le oyó. De la misma manera cuando Pedro se dirigió al cuerpo de Dorcas y le dijo que se levantara, este resucitaría, pero de esto no se deduce que el cuerpo le haya escuchado a Pedro, menos el alma de Dorcas.

---

398 Martín Lutero, sermón para Domingo de Invocavit, 18 de Febrero de 1537; SEMONES DE MARTÍN LUTERO- Predicador de Wittenberg

Argumento 4. En Apocalipsis 5:8-14 se enseña que los santos en el cielo cantan e interceden.

Respuesta:

1. En Apocalipsis 5:8-14 no se dice que los 24 ancianos intercedan o que presenten las oraciones de los santos. El apóstol Juan escribe:

> *"Y cuando hubo tomado el libro, los cuatro seres vivientes y los veinticuatro ancianos se postraron delante del Cordero; todos tenían arpas, y copas de oro llenas de incienso, que son las oraciones de los santos; 9 y cantaban un nuevo cántico, diciendo: Digno eres de tomar el libro y de abrir sus sellos; porque tú fuiste inmolado, y con tu sangre nos has redimido para Dios, de todo linaje y lengua y pueblo y nación; 10 y nos has hecho para nuestro Dios reyes y sacerdotes, y reinaremos sobre la tierra. 11 Y miré, y oí la voz de muchos ángeles alrededor del trono, y de los seres vivientes, y de los ancianos; y su número era millones de millones, 12 que decían a gran voz: El Cordero que fue inmolado es digno de tomar el poder, las riquezas, la sabiduría, la fortaleza, la honra, la gloria y la alabanza. 13 Y a todo lo creado que está en el cielo, y sobre la tierra, y debajo de la tierra, y en el mar, y a todas las cosas que en ellos hay, oí decir: Al que está sentado en el trono, y al Cordero, sea la alabanza, la honra, la gloria y el poder, por los siglos de los siglos. 14 Los cuatro seres vivientes decían: Amén; y los veinticuatro ancianos se postraron sobre sus rostros y adoraron al que vive por los siglos de los siglos".*

2. Lo que se dice es que las copas llenas de incienso son las oraciones de los santos, nada más. Sin embargo, aun si los Santos en el cielo presentaran las oraciones de los santos, no se deduce de ello que intercedan. Le ilustrare para que comprenda mejor lo que quiero decir. En una ocasión un amigo me entrego unas cartas para que le entregue a un caballero, y yo así lo hice. Cuando vi al caballero a quien debía entregar las cartas, le dije, *"me dejaron todo esto para que se los entregara a usted"*, y se las di. No intercedí, simplemente se las entregué. De la misma manera, si los santos en el cielo presentan las oraciones de los santos que están en la tierra, esto no significa que intercedan, solo significaría que presentan las oraciones. Por supuesto la Biblia ni siquiera dice que los santos presentan las oraciones a Dios.

3. En el verso 9 se dice que lo que hacían los 24 ancianos es cantar, no interceder. Hasta se menciona que canción estaban cantando, no que oración estaban haciendo.

Ver una intercesión en Apocalipsis 5:8-14 es ver lo que uno quiere ver. Eso es hacer eiségesis. El católico encuentra fácil creer lo que quiere creer a causa de su prejuicio dogmático.

4. Si los santos en el cielo interceden, no se dice en la Biblia que nosotros pidamos sus intercesiones. Además, las almas están descansando de su trabajo de orar (Apocalipsis 6:9-11).

5. Debemos pedir que nuestros hermanos vivos aquí en la tierra oren por nosotros. De esto hay evidencia bíblica. Pero no hay evidencia bíblica que nos muestre que en vida Moisés, Pablo, Pedro, Juan, María, Bernabé y otros cristianos hayan estado pidiendo la intercesión de los santos que están en el cielo.

6. La Biblia no dice que Dios avisa a los santos del cielo lo que piden los santos de la tierra. Juan quien tuvo la visión, solo pudo oír la voz de Dios, los ángeles, los seres vivientes y de los 24 ancianos que estaban en el cielo, no la voz de los santos que están en la tierra. *"11 Y miré, y oí la voz de muchos ángeles alrededor del trono, y de los seres vivientes, y de los ancianos"* (Apocalipsis 5:11).

Argumento 5. En 1 Pedro 3:19-20 se enseña que lo muertos oyen lo que se les dice.
Respuesta:
1. En estos textos no se dice que los santos que están en el cielo escuchan las peticiones que se hacen en la tierra. Lo único que este pasaje demostraría es que los rebeldes pudieron oír a Jesús, pero solo porque Él fue en ESPIRITU al Hades. Solo oyeron a Jesús cuando este murió en cuerpo y cuando su ESPIRITU fue al Hades. Esta es una buena evidencia bíblica que demuestra que las almas de los seres muertos solo oyen cuando alguien les habla en su faceta inmaterial. Nadie dice aquí, que los santos no pudieran oír, ni mucho menos que están dormidos, solo se está diciendo que, aunque pueden oír, solo pueden hacerlo a quienes están presentes en su espíritu. También es posible que Jesús haya predicado en otro tiempo por medio de Noe, no necesariamente en el Hades.

2. Cuando El rico fue al Hades, pidió a Abraham que le dijera a Lázaro para que lo enviara y mojara la punta de su dedo en agua y refresque su lengua, Lázaro no le oyó, ya que, si le pudiera oír, El rico no tendría que haberle pedido a Abraham que envíe a Lázaro. Recuérdese que Lázaro estaba en el seno de Abraham, así que fácilmente pudo oírlo, pero no, Lázaro no le oyó nada. Esto demuestra que, en el seno de Abraham, en el Seol o Hades, no

todos pueden oír lo que se dice allí, excepto Abraham y quizá algunos santos más, pero no todos.

Argumento 6. El apóstol Pablo intercedió por Onesiforo, un hombre ya muerto (2 Timoteo 1:18).
Respuesta:

1. Suponiendo que Pablo hubiera intercedido por un muerto, lo cual no acepto, ya que el texto no dice que Onesiforo había muerto, el catolicismo no puede usar este pasaje para enseñar la intercesión de los santos que están en el cielo por los que están vivos físicamente, ya que Pablo no había muerto, sino, supuestamente Onesiforo.

2. Lo que el apóstol Pablo dijo, fue: *"Concédale el Señor hallar misericordia del Señor en aquel día, pues tú bien sabes cuántos servicios prestó en Éfeso".* Aquí no se está intercediendo por Onesiforo, aun si Onesiforo murió. En una ocasión le dije a mi familia, *"Dios le conceda a mi papa, (quien partió a la presencia del Señor Jesús), que alcance misericordia en el día que este delante de Dios",* pero esto no es una intercesión por mi papa, tampoco es una intercesión el que Pablo le diga a Timoteo, que es su deseo que El Señor le conceda a Onesiforo que alcance misericordia en aquel día en el que estará frente a Dios. Una cosa es un deseo y otra una intercesión. No debe confundirse esto.

Argumento 7. Dios es Dios de vivos, no de muertos.
Respuesta:

Que se diga que Dios es Dios de vivos, no implica que los santos en el cielo intercedan. Esto sería cometer la falacia NON SEQUITUR. En la misma tierra, los santos vivos físicamente, por descanso o trabajo, no siempre interceden, con mayor razón los santos en el cielo, no interceden, ya que Dios les dijo a algunos santos que estaban en el cielo que descansen. (Vea Apocalipsis 6:9-11). El contexto inmediato muestra que de lo que debían descansar es de la oración, y puesto que la intercesión es oración, la intercesión en el cielo no se da.

Argumento 8. Abraham, Isaac y Jacob interceden por lo santos.
Respuesta:

1. En Éxodo 32:13 no se dice que Abraham, Isaac y Jacob intercedan después de muertos por los santos que están vivos. La Biblia nos dice muy claramente que Abraham no nos conoce, Ni Israel nos recuerda. Escrito esta:

"Porque tú eres nuestro Padre, que Abraham no nos conoce, ni Israel nos recuerda. Tú, Yahveh, eres nuestro Padre, tu nombre es «El que nos rescata» desde siempre" (Isaías 63:16. Biblia Jerusalén).

2. Jerónimo declaro con acierto:

"En esta vida podemos ayudarnos los unos a los otros, pero llegados a la presencia de Dios, ni un Job, un Daniel, o un Noé, puede orar por los otros"[399]

3 Abraham no puede interceder por nadie ya que no nos conoce ni nos recuerda. Esto está demasiado claro. Abraham solo conoció y escucho al alma del rico epulón cuando este estaba en su espíritu, pero no hay evidencia bíblica de que Abraham oiga a los que están vivos en la tierra ya que, si los oyera, los conociera, pero no, él no nos conoce como dice Isaías 63:16.

Argumento 9. En Jeremías 15:1 se dice que Moisés y Samuel intercedían después de muertos.
Respuesta:

1. En este pasaje no se dice que Moisés y Samuel intercedan, lo que se enseña es justamente que ellos no interceden ya que el texto dice, *"aunque Moisés y Samuel vinieran en persona a rogar…"*. ¿Por qué Moisés y Samuel no interceden? Aun si Moisés y Samuel fueran a rogar a Dios, no lo hacen, y esto demuestra que los santos no interceden en donde hayan estado en el Antiguo Testamento. Si en el cielo o en algun compartimento en el Hades como creen algunos.

En el pasaje que se cita de Jeremías se está diciendo implícitamente que Moisés y Samuel no interceden, aun si pudieran hacerlo, pero como vimos los muertos no interceden ya que está escrito que Abraham no nos conoce ni Israel nos recuerda como dice la Biblia, y de ello se deduce que Moisés y Samuel tampoco nos conocen, y por lo tanto, no interceden por nadie.

Aquí se está hablando de un caso supuesto. Así como el supuesto de que, *"aunque la tierra sea removida, y aunque se traspasen los montes al corazón de los mares"* (Salmo 46:2), o como el supuesto de que *"Aunque el hombre viva dos veces mil años, pero no disfruta de cosas buenas, ¿no van todos al mismo lugar?"* (Eclesiastés 6:6. LBLA).

2. Además, Dios buscaba intercesores en la tierra, porque ni en el cielo, ni en el Seol había intercesores. Si hubiera habido intercesores, Dios no hubiera

---

399 Im. Ezcq. 14

derramado su ira sobre el pueblo pecador. Pero derramo su ira contra el pueblo rebelde. En el libro de Ezequiel Dios mismo dice: *"Y busqué entre ellos hombre que hiciese vallado y que se pusiese en la brecha delante de mí, a favor de la tierra, para que yo no la destruyese; y no lo hallé. Por tanto, derramé sobre ellos mi ira; con el fuego de mi ira los consumí; torné el camino de ellos sobre su cabeza, dijo el Señor DIOS"* (Ezequiel 22:30-31). En el cielo no había intercesores, sino Dios no habría necesitado de intercesores en la tierra. La evidencia de que no hay intercesores en el cielo es que Dios derramo su ira contra Israel.

Argumento 10. Jesús hablaba con Elías y Moisés (Mateo 17:2-3), personas que murieron.
Respuesta:

1. En Mateo 17:2-3 se ve claramente que Elías y Moisés oyeron a Jesús, pero el contexto nos muestra que esto solamente sucedió porque El Señor se transfiguró, algo que no sucede ni sucederá nunca con ningún católico en esta vida.

Moisés y Elías hablaron con el Señor Jesús porque estaban cara a cara, pero nada indica que ellos pudieron oír desde el Seno de Abraham o del paraíso alguna oración del Señor Jesús o de alguna otra persona cuando estos estaban en su cuerpo.

2. Antes de la transfiguración y después de la transfiguración no se los ve hablando.

3. El Señor Jesús ni siquiera en la transfiguración pidió las intercesiones de Elías y Moisés hasta donde sabemos por el relato bíblico.

4. El Señor Jesús y los santos en la tierra nunca piden intercesiones de los santos del cielo según las Sagradas Escrituras.

Argumento 11. En Mateo 27:46-49 se puede ver que la creencia de los judíos era que Elías podía oír las oraciones de los que estaban vivos en la tierra.
Respuesta:

1. En este pasaje no se dice ni explícitamente ni implícitamente, que Elías intercedía por nuestro Señor Jesús. Era la gente la que decía que Jesús llamaba a Elías, pero porque oían mal. Yo mismo, si hubiera estado al lado de Jesús y no lo hubiera escuchado bien, hubiera creído que hubiera llamado a Elías, pero no significa que hubiera creído que Elías lo hubiera oído. Conozco a una amiga que, en la tumba de su esposo, ella le habla, pero esto no significa que yo crea que su esposo, ya fallecido le oiga. De la misma manera el hecho

de que algunos oyeran mal a Jesús y dijeran que estaba llamando a Elías, no significa que ellos creyeran que Elías podía librar a Jesús.

2. Cuando Jesús clamaba, algunos dijeron en forma irónica que iban a ver si Elías vendría para ayudar a Jesús, pero la ironía no demuestra que se pensara que Elías iría a ayudar a Jesús. Además, los santos no nos conocen ni nos recuerdan como lo probé con la Biblia. Lo que se creía entre los judíos, no por todos por supuesto, era que Elías no había fallecido, y que por lo tanto podía ayudar. Craig S. Keener afirma:

> *"Debido a que SE PENSABA que Elías nunca había muerto, AL-GUNOS RABINOS consideraban que había sido enviado a cumplir misiones como los ángeles, a menudo para librar de problemas a rabinos piadosos"*[400]

Argumento 12. El arcángel Rafael intercedió.
Respuesta:

1. El arcángel Rafael no intercedió según Tobías 12:11-15. El arcángel Rafael dijo:

> *"Les voy a decir toda la verdad, sin ocultarles nada. Ya les manifesté que es bueno mantener oculto el secreto del rey y que también es bueno publicar las obras gloriosas de Dios. Sepan entonces que, cuando tú y Sara rezaban, yo presentaba tus oraciones al Señor" (Tobías 12:11-15).*

Una cosa es que un ángel presente las oraciones ante el Señor y otra que interceda. Pero, aun así, si un ángel intercediera, no demuestra que las santas almas que están en el cielo intercedan. Y si en el cielo las almas intercedan, no implica que nosotros debamos pedirles que intercedan por nosotros.

2. No debemos olvidarnos que las almas en el cielo no nos oyen a menos que estemos en espíritu.

3. Debe notarse también que Rafael jamás es mencionado en la literatura bíblica, sino solo en los apócrifos.

4. Si todos tenemos un ángel como afirman los católicos, de esto no se sigue que los ángeles intercedan. Además, si tenemos un ángel para que interceda por nosotros, lo cual no acepto, pero si esto fuese cierto, seria evidencia de que no tenemos que pedir a María, Juan, Pablo y otros santos, ya que se nos dio un ángel para que interceda por nosotros. Recurrir a María, y a otros

---

400 Comentario del Contexto Cultural de la Biblia. Nuevo Testamento de Craig S. Keener, pág. 124

santos seria como decir, Dios me dio poco, solo un ángel, él no es suficiente. Y así culparíamos a Dios. Pero como dije, los ángeles no interceden, y si lo hicieran no implica que debamos pedirles sus intercesiones.

Argumento 13. En el cielo los santos son descritos como una "nube de testigos".

Respuesta:

1. Que en el cielo los santos sean una nube de testigos, no implica que oigan nuestras oraciones, menos que intercedan. Suponer que los santos que están en el cielo, intercedan, por el hecho de que son testigos, es caer en la FALACIA NON SEQUITUR. Sin embargo, aun si pueden vernos ¿Hay evidencia de que aparte de vernos oyen las oraciones de los santos que están en la tierra? No, no la hay.

2. George H. Guthrie hace el siguiente comentario de Hebreos 12:1:

> *"El escritor de Hebreos empieza el capítulo 12 con la familiar metáfora de la carrera, presentando un enérgico reto a los cristianos para que perseveren en un compromiso "maratónico" con Cristo. El autor elabora una transición lógica entre los capítulos 11 y 12 con la partícula "por tanto" (toigaroun) y con una referencia a la "multitud tan grande de testigos", LOS EJEMPLOS DE FE RECIÉN EXPUESTOS. Con 12:1 vuelve a dirigir el foco sobre su propia comunidad de fe, usando la primera persona del plural para desafiar a esta congregación a que se reconozca como parte de la gran multitud llamada a vivir por la fe. La base para esta exhortación ha quedado bien establecida con la lista de ejemplos del capítulo 11. Los autores de la literatura clásica usaban la imagen de una "nube" para describir a un grupo de muchas personas, y nuestro escritor utiliza en el griego esta metáfora con un énfasis añadido, cuando señala a la multitud de personas mencionadas en el capítulo 11 como, literalmente, "una nube tan grande". ¿Pero en qué sentido son los héroes de la fe "una gran nube de testigos" para la comunidad cristiana? Algunos, a la luz de la imagen de la carrera, han entendido esta confesión con el significado de que millares y millares de fieles de Dios de todos los tiempos están ahora sentados en las "tribunas" de la eternidad, observando cómo los cristianos tratan de vivir para Cristo en el mundo. La palabra "testigo" (martys) puede llevar ciertamente el significado de "espectador", como en 1 Timoteo 6:12, y "rodeados" (perikeimenon) nos recuerda el antiguo anfiteatro con sus gradas. Sin embargo, lo que el autor pretende con esta imagen es algo más que invocar a los fieles de todos los tiempos*

como espectadores pasivos. Más bien SON TESTIGOS EN EL SENTI-
DO QUE DAN TESTIMONIO A LA COMUNIDAD CRISTIANA
DE LA FIDELIDAD DE DIOS Y DE LA EFECTIVIDAD DE LA
FE. Dios ha dado testimonio de ellos ("aprobados" en 11:2 es un término
relacionado con el verbo martyreo), y estos, como héroes ejemplares, dan
testimonio de él a las futuras generaciones. De este modo, la gran nube de
seguidores fieles a Cristo a través de la historia ofrece a la comunidad mo-
tivación en medio de su lucha actual para permanecer en su compromiso.
Tal como F. F. Bruce señala, no es tanto que ellos nos miren a nosotros
como que nosotros los miremos a ellos, para cobrar ánimo". [401]

Argumento 14. En 2 Macabeos 12:41-45 se hacen intercesiones
Respuesta:

1. En 2 Macabeos 12:41-45 se ve que quienes hacen estas intercesiones son impíos que creían que a los idolatras que habían muerto les estaba *"reservada una magnífica recompensa"* cuando los Biblia enseña que los idolatras irán al fuego eterno. Esto demuestra que este libro es apócrifo por enseñar algo falso… No olvide también considerar que aquí quienes interceden no están muertos físicamente. Lo que decimos los cristianos es que los vivos aquí en la tierra pueden interceder, pero los santos que murieron físicamente, y están en el cielo en alma, no. Además, según el canon de Jesús, 2 Macabeos no forma parte.

Argumento 15. Jeremías desde el cielo, intercede por su pueblo.
Respuesta:

1. Se dice que el profeta Jeremías intercedía en el cielo. Pero nótese que esto aparece de nuevo en un libro de literatura apócrifa, no literatura bíblica. El autor de 2 de Macabeos termina su libro diciendo: *"Si la narración ha sido buena y bien dispuesta, esto es lo que he deseado; mas si ha sido mediocre o imperfecta, es que no podía hacer mejor..."* (Macabeos 15:38). Ningún escritor inspirado por Dios podría decir algo así, lo que muestra que este libro es falso, apócrifo y no canónico. Así que todo lo que diga sobre la intercesión de los santos debe de rechazarse.

2. Aun suponiendo que 2 de Macabeos fuera inspirado, no se supone que Jeremías y Onías después de muertos intercedían. No hay pasaje que diga que ellos gozaran de un privilegio que Dios les dio para poder saber que pasa en la tierra. Además, según el catolicismo, los santos del Antiguo Testamento no estaban en el cielo.

---

401   George H. Guthrie, Comentario Bíblico con aplicación NVI, Hebreos

El Catecismo católico dice:

> *"632 Las frecuentes afirmaciones del Nuevo Testamento según las cuales Jesús "resucitó de entre los muertos" (Hch 3, 15; Rm 8, 11; 1 Co 15, 20) presuponen que, antes de la resurrección, permaneció en la morada de los muertos (cf. Hb 13, 20). Es el primer sentido que dio la predicación apostólica al descenso de Jesús a los infiernos; Jesús conoció la muerte como todos los hombres y se reunió con ellos en la morada de los muertos. Pero ha descendido como Salvador proclamando la buena nueva a los espíritus que estaban allí detenidos (cf. 1 P 3,18-19).*
>
> *633 La Escritura llama infiernos, sheol, o hades (cf. Flp 2, 10; Hch 2, 24; Ap 1, 18; Ef 4, 9) a la morada de los muertos donde bajó Cristo después de muerto, porque los que se encontraban allí estaban privados de la visión de Dios (cf. Sal 6, 6; 88, 11-13). Tal era, en efecto, a la espera del Redentor, el estado de todos los muertos, malos o justos (cf. Sal 89, 49; 1 S 28, 19; Ez 32, 17-32), lo que no quiere decir que su suerte sea idéntica como lo enseña Jesús en la parábola del pobre Lázaro recibido en el «seno de Abraham» (cf. Lc 16, 22-26). «Son precisamente estas almas santas, que esperaban a su Libertador en el seno de Abraham, a las que Jesucristo liberó cuando descendió a los infiernos» (Catecismo Romano, 1, 6, 3). Jesús no bajó a los infiernos para liberar a los condenados (cf. Concilio de Roma, año 745: DS, 587) ni para destruir el infierno de la condenación (cf. Benedicto XII, Libelo Cum dudum: DS, 1011; Clemente VI, c. Super quibusdam: ibíd., 1077) sino para liberar a los justos que le habían precedido (cf. Concilio de Toledo IV, año 625: DS, 485; cf. también Mt 27, 52-53)"*[402]

3. En 2 de Macabeos leemos sobre una visión, no sobre un hecho que sucede en el cielo realmente. Estos pasajes dicen:

> *"Había visto a Onías, antiguo jefe de los sacerdotes, hombre atento, bueno, humilde en sus modales, distinguido en sus palabras y que desde niño se había destacado por su conducta irreprochable. Este, con las manos levantadas, estaba orando por toda la comunidad judía. Luego se le había aparecido, orando en igual forma, un anciano canoso y digno que se distinguía por su buena presencia y su majestuosidad. Entonces el sumo sacerdote Onías había dicho a Judas: Este es el que ama a sus hermanos, el que ruega sin cesar por el pueblo judío y por la Ciudad Santa. Es Jeremías, el profeta de Dios" (2 Macabeos 15:12-14).*

---

[402] Catecismo de la iglesia católica. http://www.vatican.va/archive/catechism_sp/p122a5p1_sp.html

En el verso 11 se dice que esta era una visión que había tenido Judas Macabeo en sueño para que su gente tenga aliento.

"11 Así armó a todos más con el ardor de su elocuencia que con la seguridad de los escudos y las lanzas. Les contó además una visión digna de crédito que había tenido en sueños, la cual alegró a todos" (DHH).

No era una oración que Onías, y el profeta Jeremías estaban haciendo en el momento en el que Judas Macabeo tuvo esta visión. Sino que en la visión se muestra a Judas Macabeo ¡como Onías y Jeremías oraban antiguamente!, así él debía de invocar a Dios para derrotar a sus adversarios.

4. Que se diga que Jeremías *"ruega sin cesar por el pueblo judío"* en tiempo presente, no indica que siempre eso se daba en el presente. Por ejemplo, Pablo dice que es carnal y hace lo que aborrece en tiempo presente: *"14...yo soy carnal, vendido al pecado. 15 Porque lo que hago, no lo entiendo; pues no hago lo que quiero, sino lo que aborrezco, eso hago"* (Romanos 7:14-15). Pero en realidad él está hablando de algo que el hacía en el pasado, cuando estaba bajo la ley Mosaica. Pablo solo unos versículos más adelante aclara que él no anda en tiempo presente *"conforme a la carne, sino conforme al Espíritu"* (Romanos 8:4).

5. En esta visión se muestra que Jeremías le da una espada de oro a Judas Macabeo para que destruya a sus enemigos. Seguramente que esta espada de oro también es simbólica. Era Judas el que tenía que luchar primeramente en oración para que Dios peleara por ellos. Seguramente Judas Macabeo y su gente debían de luchar, pero se debía pedir a Dios para que les diera victoria. Al parecer esta espada significaba en su contexto inmediato la oración para tener victoria.

En el mismo libro de 2 de Macabeos 15 se dice que cuando el invoco a Dios y lucho, tuvo victoria:

"22 Invocó al Señor de este modo: Tú, Señor, en tiempos de Ezequías, rey de Judá, enviaste un ángel y aniquilaste a ciento ochenta y cinco mil hombres del campamento de Senaquerib; 23 ahora también, Señor de los cielos, envía a tu ángel bueno delante de nosotros, para que siembre el miedo y el terror. 24 Hiere con el poder de tu brazo a estos paganos que te injurian, y que atacan a tu pueblo santo. Así terminó. 25 Los soldados de Nicanor marcharon al son de trompetas y cantos de guerra; 26 los de Judas se lanzaron al combate con súplicas y oraciones, 27 y luchando con sus manos e invocando a Dios en sus corazones, dejaron tendidos a no menos de treinta y cinco mil enemigos, y quedaron muy contentos por esta intervención de Dios. 28 Terminado el combate, al retirarse llenos de

alegría, descubrieron a Nicanor, con su armadura, muerto en la batalla" (2 Macabeos 15:22-28).

No se dice que judas Macabeo y su gente tuviera victoria por la oración de Jeremías o de Onías, sino porque Judas Macabeo y su gente oro y lucho. Así como Onías y Jeremías oraban, Judas Macabeo debían orar para tener victoria.

Argumento 16. Los ángeles en Apocalipsis 8:1-5 presentan intercesiones.
Respuesta:

1. En Apocalipsis 8:1-5 no se dice que los ángeles intercedan, ni siquiera que presenten oraciones a Dios. Veamos lo que dicen estos textos:

> *"1 Cuando abrió el séptimo sello, se hizo silencio en el cielo como por media hora. 2 Y vi a los siete ángeles que estaban en pie ante Dios; y se les dieron siete trompetas. 3 Otro ángel vino entonces y se paró ante el altar, con un incensario de oro; y se le dio mucho incienso para añadirlo a las oraciones de todos los santos, sobre el altar de oro que estaba delante del trono. 4 Y de la mano del ángel subió a la presencia de Dios el humo del incienso con las oraciones de los santos. 5 Y el ángel tomó el incensario, y lo llenó del fuego del altar, y lo arrojó a la tierra; y hubo truenos, y voces, y relámpagos, y un terremoto" (Apocalipsis 8:1-5).*

2. Aun, si aceptamos que ellos oran o interceden de esto no se deduce que haya que pedir sus intercesiones.

3. Una cosa es presentar las oraciones y otra cosa es orar o interceder. Veamos el contexto para ver si son los ángeles quienes presentan estas oraciones.

4. En estos textos no se dice que los ángeles intercedan, pero si ellos hicieran oraciones, esto no significa que María, Pedro, Juan el ladrón que fue al cielo, y los demás santos que están en la presencia de Dios estén haciendo intercesiones. Una cosa es un ángel y otra muy diferente, un santo, además los santos en el cielo, cantan a Dios, no interceden, ya que ellos no nos conocen ni se acuerdan de nosotros. Además, descansan, es decir no hacen oraciones.

Argumento 17. Elías, ya muerto, sigue haciendo milagros (Eclesiástico 48:13-16).
Respuesta:

1. El contexto no habla de Elías, sino de Eliseo. Estos pasajes dicen:

> *"13 Cuando Elías desapareció de la vista en el torbellino, Eliseo fue lleno de su espíritu; duplicó sus prodigios, y todas las palabras de su boca eran un milagro. En sus días no tembló ante los príncipes, ni mortal*

alguno le subyugó.14 Nada fue para él imposible, y en el sepulcro su cadáver profetizó. 15 Vivo, hizo prodigios, y aun muerto realizó maravillas. 16 Con todo eso, no se arrepintió el pueblo ni se apartó de sus pecados, hasta que fue arrojado de su tierra y dispersado entre las naciones"

Un comentario católico reconoce que de quien se habla aquí es de Eliseo, no de Elías cuando afirma: *"Y aun después de su muerte realizó obras maravillosas: habiendo sido arrojado un muerto al sepulcro de Eliseo, al contacto con sus huesos vuelve a la vida"*[403]

2. Sin embargo debe aclararse que la Biblia no dice que Eliseo decidió hacer un milagro, ni pedirlo a Dios. Lo que se dice en el texto bíblico es que:

"cuando estaban sepultando a un hombre, (…) arrojaron al hombre en la tumba de Eliseo. Y cuando el hombre cayó y tocó los huesos de Eliseo, revivió, y se puso en pie" (2 Reyes 13,21).

¿Por qué al tocar los huesos de Eliseo un hombre revivió?

No lo sé, pero tenemos que tener claro que no podemos suponer que Eliseo oro para que un hombre recibiera el milagro de resucitar ya que el texto no dice nada de eso. Quizá ocurrió a causa de la Unción que se encontraba en los huesos de Eliseo. No lo sé, pero déjeme contarle algo. Hace años una vez fui a orar con unos hermanos por una joven que estaba mal de salud, pero ella no fue sanada cuando oramos. Al despedirnos de la joven, un muchacho de 15 años, sin orar por ella, toco su mano y esta fue sanada. Algo así parece haber ocurrido en el milagro de resurrección del hombre muerto que toco los huesos de Eliseo. Todos saben que en el texto bíblico que relata este hecho, no se menciona que Eliseo haya dicho una sola palabra de intercesión.

Argumento 18. El rico epulón intercede por sus hermanos (Lc 16,27). Respuesta:

1. Lo hace; pero su intercesión es hecha a Abraham, quien no le concede nada de lo que pide. Todas las peticiones de este rico pecador fueron negadas. Una de las enseñanzas que Jesús nos quiere dar con la historia del rico y Lázaro, es: *"Las oraciones hechas a un santo que ha muerto no serán jamás contestadas".*

2. También este rico pudo haber hecho su oración a Dios, ¿porque no lo hizo? ¿Por qué rogo a Abraham? Quizá porque el pecador supone que los hombres son más misericordiosos que Dios mismo y creen que Dios no puede responderles. Pero la Biblia nos dice: *"Acérquémonos, pues, confiadamente al*

---

403 http://www.mercaba.org/Biblia/Comentada/sapienciales_eclesiastico.htm

trono de la gracia, para alcanzar misericordia y hallar gracia para el oportuno so-corro" (Hebreos 4:16), *"en quien tenemos libertad y acceso a Dios con confianza por medio de la fe en Él"* (Efesios 3:12).

3. Nótese que quien hace esta intercesión es un rico pecador, no un hijo de Dios. Un hijo de Dios sabe que las oraciones se han hecho a Dios, no a los santos que partieron a la eternidad.

4. Lázaro no sabía de las oraciones de otras personas según nos muestra Lucas 16. Si alguna buena oración hacia este rico, Abraham tenía que decír-sela a Lázaro para que se enterara.

5. Lázaro tampoco podía hacer nada para ayudarle al rico.

6. ¿Dónde estaban los otros santos? ¿Acaso no oran por las personas? Si es así, pudieron haber intercedido a Dios, por los cinco hermanos vivos de este rico, para que El Espíritu Santo los convenciera de pecado, de justicia y juicio para que estos sean salvos. Pero nada de nada. Moisés (La ley) y los profetas serian suficiente revelación a esos 5 hermanos para que clamen a Dios y no necesitaban de las oraciones de los santos que están en el cielo.

Argumento 19. Los ángeles aparecen ante Dios como intercesores por los hombres, llevando ante Él sus necesidades, intercediendo a su favor (Job 33:23-24).

Respuesta:

1. Estos pasajes dicen: *"Pero si hay cerca de él un ángel, uno entre mil que hable en su favor y dé testimonio de su rectitud, 24 que le tenga compasión y diga a Dios: Líbralo de la muerte, pues he encontrado su rescate".*

Estos textos no dicen que hay ángeles, ni siquiera que hay un ángel, sino *"si hay cerca de él un ángel, uno entre mil que hable en su favor".* Se habla de la suposición de que si hubiera un ángel que hablara a favor de alguien pidiendo compasión para que lo libre, *"Entonces su carne sería más tierna que la del niño, Volvería a los días de su juventud"* (Job 33:25). Pero no dice que habría ángel alguno que hiciera esta petición.

2. ¿Quién es este posible ángel? La Biblia Textual nos aclara con su tra-ducción de estos versos de quien se podría tratar: *"23. Si tuviera cerca de él algún elocuente mediador muy escogido, Que anuncie al hombre su deber, 24. Y se apiade de él, y diga: ¡Líbralo de bajar al sepulcro, Porque he hallado su rescate!".*

Esta versión no usa la palabra ángel que es una traducción de *"malak",* sino *"algún elocuente mediador muy escogido".*

Pero aun si el texto hebreo usara *"malak"* que significa *"ángel"*, debe notarse que a seres humanos también se les dice *"malak"*. Aquí algunos pasajes:

"Yo envío a Mi mensajero (ángel), y él preparará el camino delante de Mí. Y vendrá de repente a Su templo el Señor a quien ustedes buscan; el mensajero del pacto en quien ustedes se complacen, ya viene; dice el SEÑOR de los ejércitos" (Malaquías 3:1. La Nueva Biblia de los Hispanos).

"La explicación del misterio de las siete estrellas que has visto en mi mano derecha y de los siete candeleros de oro es ésta: las siete estrellas son los Ángeles de las siete Iglesias, y los siete candeleros son las siete Iglesias" (Apocalipsis 1:20. La Biblia de Jerusalén).

Puesto que los católicos dicen que aquí en Job 33 se está hablando de un ángel celestial, ellos son los que tienen la carga de la prueba.

3. El contexto nos muestra que es la oración de un hombre quien hace esta intercesión, ya que de este ángel se dice que *"anuncie al hombre su deber"*. Esto es algo que los seres humanos debemos hacer. Los ángeles celestiales pueden hacer esto también; pero serian solo excepciones.

Jamás vemos a los ángeles intercediendo por la salvación de la muerte de los santos de Dios. Es la oración de fe del ser humano que le hará recibir un milagro de Dios.

Argumento 20. Los ángeles oran por los hombres (Zacarías 1:12-13) porque se enteran de lo que hacemos en vista de que somos espectáculo para los ángeles (1 Corintios 4:9).
Respuesta:
1. No son los ángeles que oran por los hombres en estos pasajes. Es el Ángel de Jehová (Jesús, nuestro Señor). La Biblia Latinoamericana vierte así estos pasajes:

> *"12. El ángel de Yavé hizo, por su parte, esta pregunta: Yavé de los Ejércitos, ¿hasta cuándo estarás sin compadecerte de Jerusalén y de las ciudades de Judá, a las que has castigado durante setenta años? 13. Yavé dio, entonces, al ángel que conversaba conmigo una respuesta muy esperanzadora"* (Zacarías 1:12-13).

2. Aun si los ángeles hicieran estas oraciones a favor de los seres humanos, no significa que los santos en el cielo lo hacen.

3. Si los santos y ángeles que están en el cielo hicieran intercesiones no significa que nosotros debamos pedir estas intercesiones.

3. No he visto evidencia bíblica que muestre que los ángeles hacen oraciones a favor de los hombres, excepto el Ángel de Jehová (Jesús).

4. Si los ángeles hacen intercesiones, entonces sus oraciones deben ser todas contestadas, ya que no son pecaminosas. ¿Para qué más oraciones a favor de los hombres si los ángeles santos son tantos como las estrellas y todos ellos interceden por nosotros? o ¿será que los ángeles no interceden como creemos los cristianos evangélicos?

5. Pablo en 1 Corintios 4:9 no está diciendo que los ángeles en el cielo se enteran de las oraciones que se hacen en la tierra. Si de algo se enteran los ángeles es porque ellos están presentes en la tierra ya que han sido enviados a ministrar a los santos de Dios. Debe notarse que los ángeles recorren la tierra (Zacarías 1:8-13).

Argumento 21. La Biblia no prohíbe pedir la intercesión de los santos y de la Virgen.
Respuesta:

1. Seguro que no, como no prohíbe que bautices a tu gato, ni prohíbe el consumo de carne humana y como no prohíbe que se participe de la Cena del Señor con coca cola; pero no haremos todo esto solo por falta de prohibición explicita en la Biblia.

2. Si alguien quiere pedir a un santo en el cielo que le ruegue a Dios para que reciba algo, que lo haga si quiere; pero que no diga que su petición está justificada. Quien afirma que se debe pedir la intercesión de los santos que están en el cielo para recibir algo de Dios es el que tiene la carga de la prueba.

Argumento 22. Los santos en el cielo se gozan, por la salvación de un alma. "6 y al llegar a casa, reúne a sus amigos y vecinos, diciéndoles: Gozaos conmigo, porque he encontrado mi oveja que se había perdido. 7 Os digo que así habrá más gozo en el cielo por un pecador que se arrepiente, que por noventa y nueve justos que no necesitan de arrepentimiento. 10 Así os digo que hay gozo delante de los ángeles de Dios por un pecador que se arrepiente" (Lucas 15:6-7,10).
Respuesta:

1. El gozo que existe es delante de los ángeles, y no se hace referencia a los santos. Los católicos deben demostrar que el gozo es estos, pero no pueden. ¿Quién está delante de los ángeles? Dios, por lo tanto, quien se goza es Dios.

2. Aquí no se dice que los santos que están en el cielo se enteren de la salvación que haya tenido lugar por un alma que se haya arrepentido, pero aun si se hubieran enterado y se hubieren gozado esto no significa que los santos intercedan en el cielo. Yo me puedo alegrar delante de mi familia en una cena porque me he enterado que un predicador católico ha encontrado a Cristo, pero esto no supone que mi familia sepa la razón de mi gozo. Además, si los ángeles y no solo ellos, sino también los santos, se enteraran en el cielo de la conversión de algunas almas, lo cual no está probado, pero si esto fuera cierto, de esto no se deduce que se enteran de las peticiones de intercesión que se hacen en la tierra.

Argumento 23. Saúl se comunicó con Samuel, por lo tanto, los santos muertos pueden oír las peticiones de los que están vivos en la tierra.
Respuesta:

1. La verdad es que no hay evidencia bíblica que nos demuestre que Saúl se comunicó con el profeta Samuel.

2. Muchos de los llamados *"padres apostólicos"* interpretaron que esta aparición de este supuesto espíritu de Samuel fue demoníaca. Por ejemplo: Hipólito de Roma,[404] Basilio el Grande,[405] Gregorio de Nisa,[406] Jerónimo,[407] Efrén el Sirio,[408] y Tertuliano[409]. Pocos fueron los que pensaron que era Samuel mismo. Por ejemplo: Juan Crisóstomo,[410] Orígenes,[411] Justino Mártir,[412] y Ambrosio de Milán.[413]

3. También se ha dicho que el libro Eclesiástico demuestra que Samuel hablo con Saúl porque este libro dice: *"Después de su muerte Samuel profetizaba y manifestó al rey su fin, y levantó su voz desde la tierra en profecía"* (Eclesiástico 46:20). Pero este libro es apócrifo y no debería de sorprendernos lo que dice. Este mismo libro dice que, *"Ayudar al malo no trae ningún bien, y ni siquiera es hacer una buena acción"* (Eclesiástico 12:3), lo cual es absurdo ya

404 Fragmentos, Reyes.

405 Comentario sobre Isaías 8,19 / 22.

406 Sobre la Hechicera K1. T. 83.

407 Comentario sobre Mateo 6,31.

408 Comentario sobre Samuel, 28.

409 En el alma, 57,8.

410 Homilía VI en Mateo.

411 Homilía en 1 Reinos 28.

412 Diálogo con Trypho, 105.

413 Comentario sobre Lucas 1,33.

que muchas personas malas han venido a los caminos del Señor por lo bueno que se les ha hecho.

Agustín de Hipona, consideraba que quien se apareció a Saúl fue un demonio y no el profeta Samuel, pero luego de leer este libro apócrifo de Eclesiástico, termino engañándose y creyendo que el profeta Samuel se apareció al rey Saúl.

Agustín escribió:

> *"Esto es lo que yo escribí entonces sobre la pitonisa y sobre Samuel. Pero qué razón tenía yo cuando dije que nosotros debíamos considerar en este hecho sucedido la imagen simulada de Samuel como presentada por medio del ministerio maligno de la pitonisa para no prejuzgar otras investigaciones más cuidadosas, me lo ha hecho ver una investigación mía posterior, cuando encontré en el libro del Eclesiástico, donde son alabados los patriarcas por su orden, que el mismo Samuel fue alabado de tal modo que se dice que profetizó hasta después de muerto (Si 46,23). Y si este libro es rechazado por parte de los hebreos, porque no está en el canon de ellos, ¿qué diremos de Moisés, del cual ciertamente se lee en el Deuteronomio que murió (Dt 34,5), y en el Evangelio que se apareció a los vivos en compañía de Elías que no murió? (Mt 17,3)".*

Agustín reconoce que Eclesiástico es un libro rechazado por los judíos ya que no pertenece al canon de ellos. Sin embargo, aun así, lo acepto.

4. El historiador Flavio Josefo creyó que Samuel se le apareció al rey Saúl; pero este nunca ofreció razones para aceptar su opinión. Josefo escribió:

> *"Saúl le pidió [A la Pitonisa] que llamara al alma de Samuel. Sin saber quién era Samuel, la mujer lo evocó del otro mundo.*
> *Cuando llegó, la mujer vio que era venerable, de formas divinas y quedó perturbada. Atónita ante su vista, preguntó:*
> *- ¿No eres tú el rey Saúl?*
> *Porque Samuel le había informado quién era. Saúl le respondió afirmativamente y le preguntó a qué se debía su perturbación. La mujer le dijo que había visto ascender una persona que por su forma era como un Dios. Saúl le pidió que le dijera cómo era, cómo vestía y de qué edad parecía ser.*
> *- Era un anciano -respondió ella-, un personaje glorioso, vestido con un manto sacerdotal.*

> *El rey comprendió que se trataba de Samuel, y postrándose de cara al suelo lo saludó y lo veneró. El alma de Samuel le preguntó por qué lo había molestado haciéndolo venir".*[414]

Como pueden ver, Josefo aquí no presenta evidencias de que el alma de Samuel haya hablado con el rey Saúl. El solo lo afirma, nada más.

5. Otros citan la LXX (traducción del A.T. al griego) para demostrar que Samuel hablo con el rey Saúl; pero pasan por alto que esta es una traducción del texto hebreo, no el original, y lo peor es una traducción con muchos errores. 1 Crónicas 10:13-14 la traduce de la siguiente manera: *"13 Y murió Saúl en sus prevaricaciones que prevaricó contra Dios, según la palabra del Señor; por esto: porque no observó; porque consultó Saúl a la pitonisa para indagar (**y le respondió Samuel el profeta**), 14. y no preguntó al Señor: y matóle y trasladó el reino a David, hijo de Isaí".*

Como puede ver, hay una añadidura que esta entre paréntesis, y dice: *"y le respondió Samuel el profeta".* Sin embargo, ni siquiera esta versión dice que es literal el que Samuel le respondiera a Saúl. De hecho, la Biblia nos dice que Dios incito a David para que censara al pueblo de Israel, y esto no lo hizo El literalmente. Tampoco se puede entender literalmente que Samuel fue el que le respondió al rey Saúl.

La LXX o también llamada Septuaginta (traducción del A.T. al griego) es una mala traducción. Todas las traducciones que se han hecho del hebreo, no añaden la frase, *"y le respondió Samuel el profeta".*

La Biblia textual traduce estos pasajes de la siguiente manera:

> *"13. Así murió Saúl por su rebelión con que prevaricó contra YHVH, contra la palabra de YHVH, la cual no guardó, y aun consultó a una que evoca espíritu de muertos, 14. y no consultó a YHVH. Por esa causa le quitó la vida y traspasó el reino a David ben Isaí" (Biblia textual).*

La Biblia Católica de Jerusalén la traduce de la misma manera:

> *"13 Saúl murió a causa de la infidelidad que había cometido contra Yahveh, porque no guardó la palabra de Yahveh y también por haber interrogado y consultado a una nigromante, 14 en vez de consultar a Yahveh, por lo que le hizo morir, y transfirió el reino a David, hijo de Jesé" (Biblia de Jerusalén).*

---

414   Flavio Josefo, Antigüedades Judías, libro VI, cap. 14:2.

La Biblia de las Américas igual:

"13 Así murió Saúl por la transgresión que cometió contra el Señor por no haber guardado la palabra del Señor, y también porque consultó y pidió consejo a una médium, 14 y no consultó al Señor. Por tanto, Él le quitó la vida y transfirió el reino a David, hijo de Isaí" (LBLA).

Y la misma, Dios Habla Hoy, vierte este pasaje de la siguiente manera:

"13 Así fue como murió Saúl a causa de su maldad, pues pecó al no obedecer las órdenes del Señor y al consultar a una adivina 14 en vez de consultarlo a él. Por eso el Señor le quitó la vida, y le dio el reino a David, hijo de Jesé" (DHH).

No voy a citar más traducciones porque estas son suficientes para dejar claro que la Septuaginta es una traducción con añadiduras.

¿Porque creo que Samuel no hablo con el rey Saúl?

A continuación, presentare algunas razones que llevan a rechazar la idea de que Samuel se le apareció al rey Saúl:

1. La Biblia condena el espiritismo (Éxodo 22:18; Levítico 20:6, 27; Deuteronomio 18:9-12; Isaías 8:19) por lo que Samuel no pudo ser consultado por nadie.

2. Los muertos no pueden regresar. *"Pero ahora que ha muerto, ¿para qué he de ayunar? ¿Acaso podré hacerle volver de nuevo? Yo voy a él, pero él no volverá a mí"* (2 Samuel 12:23).

3. La profecía que ese espíritu le dio a Samuel no era nada nueva.

"17 Jehová te ha hecho como dijo por medio de mí; pues Jehová ha quitado el reino de tu mano, y lo ha dado a tu compañero, David. 18 Como tú no obedeciste a la voz de Jehová, ni cumpliste el ardor de su ira contra Amalec, por eso Jehová te ha hecho esto hoy. 19 Y Jehová entregará a Israel también contigo en manos de los filisteos; y mañana estaréis conmigo, tú y tus hijos; y Jehová entregará también al ejército de Israel en mano de los filisteos" (1 Samuel 28:17-19).

Este espíritu además le dice a Saúl que estaría con él, el día siguiente, pero no hay nada que indique que Saúl murió al día siguiente.

4. Si los pecadores van al hades o Seol, como lo enseño el Señor Jesús, ¿Cómo el rey Saúl podría estar con Samuel después de la muerte? ¿Acaso

Samuel era pecador para estar en el hades o Seol? Según la revelación de Cristo, los santos el Antiguo Testamento iban al seno de Abraham, y Saúl no pudo estar allí después de muerto porque este era un pecador. Además, El Señor Jesús enseñó que existe "una gran sima está" entre El seno de Abraham y el hades, *de manera que los que quisieran pasar de aquí a vosotros, no pueden, ni de allá pasar acá"* (Lucas 16:26).

5. Si Dios no le contesto a Saúl por sueños, Urim o profetas (1 Samuel 28:6), ¿Cómo le respondería por medio de una práctica espiritista que Dios mismo condeno? ¿Acaso Dios violaría su propia palabra?

6. Luis. M. Ortiz observa perceptiblemente:

> *"Saúl quería a Samuel, y la pitonisa tenía que decir que era Samuel. No podía decir que era Tutankamón, ni Goliat, ni Josué. Tenía que ser Samuel, pues Samuel era el solicitado; y si no aparecía Samuel, desaparecía a la bruja. Así que vino el "Samuel" de la bruja.*
>
> *La mujer le dijo a Saúl: "¿Por qué me has engañado? pues tú eres Saúl" (1 Samuel 28:13). ¿Quién engañaba a quién? Saúl era muy fácil de identificar, era el hombre más alto en todo Israel, sobrepasaba de los hombros para arriba al más alto en todo el pueblo, así que era un semi-gigante. Probablemente la pitonisa lo había reconocido desde que llegó, pues desde entonces ella comenzó a hablar de lo que Saúl había hecho con los adivinos. Cuando el visitante le garantizó que nada le sucedería, ella sabía que el único que podía dar tales garantías era precisamente Saúl. ¡Pero la pitonisa tenía que preparar bien la trama!*
>
> *Si la bruja misma hubiera creído que la "aparición" era el verdadero y auténtico Samuel, en vez de tener miedo a Saúl, que después de todo se había envilecido delante de ella, hubiese tenido miedo del auténtico Samuel, pues el verdadero Samuel se había apartado de su amigo y protegido Saúl por desobediente, había cortado en pedazos al rey Agag, el trofeo de guerra de Saúl, y ¿qué no hubiera hecho el auténtico Samuel con una bruja abominable y con un rey villano? La bruja sabía lo que hubiera hecho el verdadero y auténtico Samuel".*[415]

7. Saúl creyó que ese espíritu era Samuel por la descripción que hizo la adivina de Endor. Saúl le pregunto, *"¿Cuál es su forma? Y ella respondió: Un hombre anciano viene, cubierto de un manto. Saúl entonces entendió que era Samuel, y humillando el rostro a tierra, hizo gran reverencia"* (1 Samuel 28:14).

---

415   Saúl y la pitonisa. PARTE II.

Como dijera el Ps. Luis E. Llanes:

"La Biblia solo narra, desde la perspectiva de la descripción de la pitonisa, lo que ella percibió con sus sentidos y lo que ella creyó que veía. Solo son formas del lenguaje narrativo. En la actualidad, cuando uno narra acontecimientos de este tipo tendemos a decir: "Y fulano (ya muerto) se le apareció y le dijo tal y tal cosa...". Pero sabemos que el fulano ya muerto no fue literalmente el que se le apareció".[416]

Aunque es cierto que a este espíritu se le llama Samuel, debe notarse que también se le llama Jehová al que incito a David a censar el pueblo de Israel.

8. La evidencia bíblica nos enseña que cuando alguien está alejado de Dios como lo estuvo Saúl, recurre a agentes del diablo para comunicarse con Dios; pero Dios no puede ser invocado por el pecador por medio de agentes del diablo.

9. Si la comunicación entre Saul y Samuel fue real, entonces los católicos deberían de ir siempre a las brujas como lo hizo Saúl para tener comunicación con un santo que ha fallecido.

---

416   ¿Fue Samuel el que se le apareció Saúl después de muerto? Ps. Luis E. Llanes.

Capítulo 14
EL CATOLICISMO Y LA IDOLATRIA

Por Danny Totocayo

ACLARACIONES INTRODUCTORIAS

En este estudio demostrare que el catolicismo es un sistema religioso idolátrico; pero antes de ellos quiero hacer doce aclaraciones que nos ayudaran a comprender este tema y porque creemos que el catolicismo es idolatra.

1. El uso de imágenes de personas con fines religiosos no está aprobado por Dios. Los cristianos nunca hemos dicho que Dios prohíbe tener imágenes. Lo que hemos dicho es que es un pecado el tener imágenes con fines religiosos. Jamás hemos dicho que los católicos son idolatras por tener fotos de sus familiares, muñecos o dibujos de los santos como los de Noé y el arca, Jonás y el gran pez o de Jesús, nuestro Señor como el Buen Pastor, ya que estos dibujos no se hacen para rendirles algún tipo de culto. Lo que siempre hemos dicho es que las imágenes o estatuas de María y de cualquier otro santo hecho con fines religiosos es algo condenado por Dios en Éxodo 20.

Ya Agustín de Hipona decía:

> "6. Suponed que yo cantase acompañándome con la cítara. ¿Qué más podría cantaros? Ved que llevo el arpa de diez cuerdas. Lo acabáis de cantar antes de yo comenzar a hablar, pues vosotros fuisteis mi coro. 5. ¿No cantasteis hace poco: ¡Oh Dios!, te cantaré un cántico nuevo; te salmodiaré con el arpa de diez cuerdas? Ahora pulso sus diez cuerdas. ¿Por qué es amarga la voz del arpa de Dios? Te salmodiaré con el arpa de diez cuerdas. Os canto algo que vosotros tenéis que hacer. En efecto, el decálogo de la ley contiene diez mandamientos. Esos diez mandamientos están distribuidos de forma que tres se refieren a Dios y siete a los hombres.

Los tres que se refieren a Dios ya los mencioné: Único es nuestro Dios, no debemos fabricar ninguna imagen de él".[417]

Si los católicos quieren refutarnos, deben de tener claro que es lo que creemos los cristianos. Y lo que creemos es que no debemos tener imágenes de María o de los santos con fines religiosos. Podemos respetar a los santos; pero no hacernos imágenes o estatuas de ellos para darles culto. El levantar un altar o un templo a una estatua para postrarse, prenderle velas, besarle, hacerle procesiones y hacerle oraciones y rezos es idolatría ya que es una forma de culto extremo, lo cual nunca se ha dado por los fieles cristianos en la Biblia.

Cuando leemos la Biblia, podemos notar que los fieles cristianos honraron a los santos que partieron a la eternidad con Dios; pero nunca se hicieron imágenes de ellos. Los recordaron, los imitaron, los apreciaron, reconocieron su autoridad, su fe, su consagración y todas sus virtudes; pero no se hicieron imágenes de ellos para postrarse y hacerles oraciones, besarles y prenderles velas, hacerles procesiones y hablar de ellos más de lo que se debe, ya que esta honra es desmedida y por lo tanto idolátrica.

Cuando los católicos afirman que tienen imágenes con el fin de recordarlos es una media verdad, ya que ellos los tienen también para darles culto, y así lo reconocen la mayoría.

Ahora bien, si queremos imitar la fe y vida de los santos, debemos leer la Biblia para enterarnos de lo que hicieron por gracia de Dios. ¡No ver imágenes para postrarse! A lo mucho, tener imágenes con fines didácticos.

¿Presentan una mejor veneración los católicos que Pablo, Pedro, Juan, Santiago, Bernabé, los cuales nunca se hicieron una imagen o estatua de los santos? De ninguna manera.

Dios nos llama a venerar y honrar a quienes se lo merecen; pero no a rendirles la clase de culto que ofrecen los católicos a las imágenes de los santos.

2. Nunca hemos dicho que todas las imágenes de los católicos son ídolos. Lo que decimos es que aquellas imágenes que fueron hechas con fines religiosos, son sus ídolos. Nunca hemos confundido la diferencia que existe entre una imagen y un ídolo. Cuando decimos que las imágenes de los católicos son sus ídolos es porque esas imágenes se han hecho con fines religiosos.

---

417   Sermón 9, Los diez mandamientos de Dios (Ex 20,2-17) y la cítara de diez cuerdas. Traductor: Pío de Luis, OSA, ttps://www.augustinus.it/spagnolo/discorsi/discorso_010_testo. htm

Cuando Dios prohíbe la postración ante las imágenes con fines religiosos, lo hace porque Él es celoso. Y si, no solamente los ídolos paganos; sino también los seres humanos, el dinero o el vientre son los *"nuevos ídolos"*, ¿Porque Dios no estaría igualmente celoso si vamos tras estos?

Ciertamente algunos siervos de Dios se postraron a seres humanos sin adorarles porque no toda postración es adoración e idolatría; pero ninguno de ellos rindió la clase de culto que ofrecen hoy los católicos a María y a los santos.

3. ¿Es malo tener imágenes de la Cruz? Honestamente yo no sé, si sea pecado el tenerlas; pero si en un templo o en una casa es causa de tentación para cometer el pecado de idolatría, deberíamos de sacarla fuera y quemarla.

Ahora bien, si se tienen imágenes de la cruz y nadie las adora, igualmente, yo no sé si esto sea correcto, y puesto que tengo dudas, prefiero no tenerlas en mi casa. Yo aprendí de la Biblia que hay que evitar hacer aquello de lo cual se tiene dudas como se enseña en Romanos 14:21-23.

Sé que muchos pastores han puesto imágenes de la cruz como símbolo de la obra expiatoria de Cristo en sus templos y no se postran ante ellas, por lo que hay una gran diferencia entre el uso de la cruz que hacen los cristianos con la que hacen los católicos; pero como dije, no lo aconsejo, porque puede ser peligroso. Quizá alguien quiera postrarse ante ella.

Debe notarse que la cruz que tienen los hermanos en la fe, en sus templos, no es la cruz torcida del papa Juan Pablo II, la que también usaban los satanistas del siglo sexto. Según el católico Piers Compton la cruz torcida que se ha usado por Juan Pablo II es:

> *"un símbolo siniestro (…) en la cual se mostraba una figura repulsiva y distorsionada de Cristo, que los practicantes de la magia negra y brujos de la edad media habían usado para representar el termino bíblico "marca de la bestia". Así, no solo Paulo 6, sino sus sucesores, llevaron ese objeto y lo sostuvieron para que fuera reverenciado por las multitudes, que no tenían la menor idea de que representaba el anticristo".*[418]

En el caso de diseño de logotipos usando imágenes de cruces, no sé cómo podría ser algo malo en este caso. No veo que ningún cristiano ponga cruces en sus diseños de LOGOTIPOS y se postre para pedir algo.

---

418   La Cruz Partida: Mano oculta en el Vaticano, Channel Islands, Neville Spearman. 1981, pág. 72

4. ¿Porque los evangélicos tienen estatuas o imágenes de Lutero? La verdad es que no las tenemos. Se han hecho unas pocas estatuas de Lutero o de Billy Graham para luego ponerlas en las calles; pero nadie las tiene en sus casas o templos, tampoco nadie les rinde algún culto. Además, la gran mayoría de cristianos no estamos de acuerdo con que se levanten estatuas de Graham o Lutero para luego ponerlas en las calles. De hecho, el 99.9999999 por ciento de cristianos, rehúsa tener imágenes y estatuas de predicadores evangélicos en las calles.

Así como es probable que un cristiano fornique, aunque se lo haya prohibido, también es probable que algún evangélico o católico se postre ante la imagen de un evangélico; pero esto no se enseña en ninguna Iglesia evangélica.

Ahora bien, si se trata de tenerlas en libros o revistas no veo que sea malo, porque en los libros solo se las presenta con fines didácticos. Igualmente creo que pueden ponerse imágenes de Jesús, María o hasta de Hitler en libros o revistas cristianas. Pero si se las tuviera en templos, casas o en las calles para venerarlos, los rechazamos tajantemente, aun si nadie les prende velas o nadie se postra ante ellas.

5. Los cristianos no decimos que todos los católicos son idolatras; solo la mayoría con muy pocas excepciones. Conozco a muchos católicos idolatras; pero he encontrado algunos pocos que me han sorprendido ya que me han dicho que ellos no se postran ante las imágenes de los santos y no les dan ningún tipo de culto; pero estos son casos excepcionales.

6. Cuando decimos que los católicos adoran a sus estatuas e imágenes cuando les vemos postrados, no estamos diciendo que por su postración estan adorando. Es lo que tienen en el corazón cuando se postran ante las imágenes lo que los hacen idolatras. Cuando se postran ante las imágenes o estatuas de María, los católicos creen que ella es la esposa del Espíritu Santo, el trono de sabiduría, la reina del cielo, etc.

A Dios podemos adorarle de pie o esta echado en cama, no solo postrados. Esta aclaración es necesaria por cuanto algunos católicos creen que los cristianos pensamos que solo se adora a Dios cuando nos inclinamos ante El, lo cual es falso.

Incluso, la postración misma ante una persona no es necesariamente un acto de adoración, pero es una forma de honrar extremo que Dios permitió en el Antiguo Testamento, mas no lo ordeno.

7. Cuando decimos que los católicos son idolatras de María, no estamos diciendo que ellos creen que a María le están atribuyendo las cualidades de la deidad como la eternidad, la omnipotencia, la omnisciencia y la omnipresencia. Lo que decimos es que un católico cae en idolatría cuando manifiesta amor y admiración excesivos por María y por los santos, no porque le atribuyan las cualidades de la Deidad. La idolatría es la *"práctica religiosa en la que se rinde culto a un ídolo o dios falso"* en donde se manifiesta un *"amor y admiración excesivos por una persona o cosa"*. Y esto es algo que vemos que hace la mayoría de católicos. Más adelante presentare evidencia que demuestra que el catolicismo romano comete el pecado de idolatría en sus canticos, decretos, letanías, postraciones, pensamientos y oraciones.

8. ¿Qué significa adoración? En mi labor de evangelista he podido notar que numerosos católicos adoran a María y ellos así lo reconocen; pero me he encontrado con algunos pocos católicos que están negándolo, aun cuando la evidencia esta decididamente contra ellos.

Significados del término adoración

Primer significado: *"Dar culto supremo a Dios. Es amarlo por sobre todo, en servicio, obediencia y humillación, reconociendo que Él es Dios y por lo mismo es digno de suprema alabanza"*.

Cuando una persona adora a Dios no tiene que hacerlo frente a una imagen de Él, ya que se puede adorar a Dios en Espíritu y en verdad. La adoración a Dios no supone tener imágenes.

La idolatría se comete cuando se da culto a imágenes con fines religiosos, pero también se da sin ellas. Muchos son idolatras del dinero, de la comida, de los artistas, de los amigos y del trabajo, aunque no se hagan imágenes de todas estas cosas, ni se les atribuya la eternidad, la omnisciencia, omnipotencia o la omnipresencia.

Segundo significado:

Lo que ahora diré es solo un posible significado:

> *"Es la veneración y respeto que se manifiesta a en gestos exteriores tales como el ofrecimiento de ofrendas de tortas (Jeremías 7:18) o el ofrecimiento de incienso y libaciones (Jeremías 44:17)"*.

Esta clase de culto, aunque no sea considerado por algunos una adoración fue algo que Dios condeno. Este pecado de culto se ofrecía a los falsos dioses antiguamente, aun cuando no se les atribuía a todos ellos las cualidades de la deidad como la Omnisciencia, Omnipotencia, Omnipresencia y eternidad. Y sin embargo era un acto idolátrico.

Si para los apologistas católicos, este culto, que consiste en ofrecer tortas, incienso o libaciones[419] a los ídolos no es una forma de adoración, igualmente, fue algo que Dios condeno. Y, si los católicos le rindieran esta misma clase de culto a María, aun si no la están adorando, igualmente seria condenable. Por supuesto los católicos dan culto a María con muchos otros gestos externos que son condenables. Ellos, no solo tienen las imágenes o estatuas de María; sino que también se postran, les prenden velas, les besan, les hacen procesiones y les hacen rezos. Todo esto junto demuestra que los católicos adoran a María. Pero como dije, si los católicos con su culto a María no la adoraran, igualmente es un culto idolátrico ya que es una forma de culto extremo, lo cual nunca se ha dado por los fieles cristianos en la Biblia.

Además, los católicos cuando se acercan a una estatua de María, creen que se están acercando ante la representación de aquella que según ellos es *"salud de los enfermos, es consoladora de los afligidos, es el ser más poderoso después de la santísima Trinidad, es esposa del Espíritu Santo, reina de los ángeles, esperanza de la iglesia y de la humanidad, y aquella que puede conseguir la paz en el mundo"*, lo cual, obviamente es falso.

Adorar a Dios no solo es darle culto de *"latría"* como afirman muchos católicos. En la Biblia se usa también la palabra griega, *"proskuneo"* y esta significa: adorar, como lo admiten también los teólogos católicos.

Según El Diccionario Enciclopédico Ilustrado Webster el término adoración significa:

> *1. Amor reverente y devoción concedida a una deidad, ídolo u objeto sagrado.*
> *2. Es un conjunto de ceremonias, oraciones, u otras formas religiosas por las que este amor es expresado.*
> *3. Ardiente devoción; adoración.*

En este estudio veremos que el catolicismo romano adora a María y lo promueve, aunque muchos de ellos intentan negarlo, sin convencer a nadie, por supuesto, ya que las evidencias hablan más fuerte que las negaciones.

---

419 Ritual que consistía en derramar líquido sobre el suelo, fuego o víctima, después de aprobado.

9. ¿Es malo venerar? Depende del significado que le demos a esta palabra. Si entendemos el término *"venerar"* como *"honrar a una persona apropiadamente"* no es malo; pero si esta honra es exagerada es mala e idolátrica. No se puede honrar más allá de lo debido a nadie, ni menos tampoco. Debe tenerse también en cuenta que venerar no significa solamente, honrar, sino también adorar. Por esta razón tenemos que tener cuidado cuando la usamos.

Veamos el significado que le dan varios diccionarios a la palabra venerar:

> *"Considerar con gran respeto, ... del latín venerat-venerari 'adorar, reverenciar'"*.[420]
> *"Adorar, reverenciar..., mirar con sentimiento de profundo respeto; considerar como venerable; reverenciar"*.[421]
> *"Adorar a Dios, a los Santos y a las cosas sagradas"*.[422]

Se ha demostrado muchas veces que los católicos adoran a María, y es por eso que de nada les sirve decir que ellos solo veneran a María, ya que ellos la veneran con el sentido de adoración.

En un himno idolátrico que muchos católicos cantan, se admite que se adora a María.

Veamos lo que dice este himno.

> *Virgen Santa, Madre mía.*
> *Luz hermosa, claro día.*
> *Que la tierra aragonesa*
> *Te dignaste visitar,*
> ***ESTE PUEBLO QUE TE ADORA,***
> *(…)*[423]

Algunos católicos han afirmado, que en esta canción a María solo se la adora como se la adora a la novia y no se debe tomar la frase: *"Este Pueblo que te adora"* en forma literal. Sin embargo, lo que se le da a María por parte del fiel católico es diferente de lo que se le da a la novia. Por lo tanto, esta excusa no sirve de nada, excepto para decir que quienes la presentan son vergonzosamente deshonestos.

---

420   Diccionario Conciso de Oxford. Pearsall, 2002, p. 1590.

421   Diccionario Webster. 1964, p. 1616.

422   Diccionario Cofrade del catolicismo.

423   http://www.devocionario.com/maria/pilar_1.html

Algunos católicos pueden decir que no adoran a María, y que solo la veneran; pero ellos saben muy bien que eso no es cierto. Sin embargo, si algunos católicos no adoran a María, deben de saber que la idolatría no solo significa *"adorar cualquier cosa que no sea Dios"*; sino también, *"el amor y admiración excesivos que se sienten por una persona o por una cosa"*. Y esto último es algo que también practican los católicos con María.

10. ¿Cómo debe ser la veneración apropiada? Venerar no es una mala práctica si se entiende como *"honrar"*. El fariseo Gamaliel, era venerado por el pueblo en Israel (Hechos 5:34) de manera apropiada. Nadie se hizo una imagen de el con el fin de postrarse, prenderle velas, besarle, rezarle y hacerle procesiones.

Cuando veneramos a nuestros padres de manera apropiada, lo hacemos reconociendo lo que han hecho por nosotros, respetándolos y obedeciéndoles (Hebreos 12:9). No postrándonos, ni dándoles una honra que va más allá de lo debido.

Venerar a María, según el católico José Miguel Arráiz, significa: *"Respetar en sumo grado a una persona por su santidad, dignidad o grandes virtudes o a una cosa"*.

Justamente este tipo de veneración es algo que María no puede recibir porque María peco muchas veces y de maneras muy graves.

Lamentablemente, en el catolicismo se llama a María, *"la esposa del Espíritu Santo"*, y hasta la *"Señora"*. Al parecer los católicos no se dan cuenta de que, *"Nadie puede servir a dos señores; porque aborrecerá a uno y amará al otro"* (Mateo 6:24. Biblia de Jerusalén).

Cuando a María se le dan estos títulos es porque en el fondo se la venera más allá de lo debido, y esto no es otra cosa que una práctica idolátrica.

Venerar en sumo grado significa: *"honrarlos en extremo"* y esta honra es *"muy alta"*, que María ni los santos se merecen. Esta veneración es desmesurada, desmedida, excesiva, ya que traspasa los límites normales.

María debe ser reconocida por ser el vaso que Dios uso para traer al Salvador; pero no debemos decir de ella más de lo que se debe. La Biblia nos dice que ella peco muchas veces y de formas muy graves. Por tal motivo, la veneración que los católicos le brindan, no es apropiada. De hecho, la veneración que ellos le dan a María es idolátrica.

Nuestra honra solo consiste en reconocer que María fue una mujer piadosa, usada por Dios para traer al Salvador. Por eso todos los evangélicos decimos que María fue bienaventurada; pero no solo ella; sino también todos los cristianos;

pero nada de esto implica que debamos hacer estatuas para acudir a ella en postración, prendiéndole velas, rezándole y alabándole más de lo debido.

A los servidores de Dios en la Iglesia se les debe honrar con un salario (1 Timoteo 5:17-18), reconociendo su trabajo en la obra de Dios y teniéndolos en mucha estima y amor (1 Tesalonicenses 5:12-13); pero reconocer el trabajo de los hombres de Dios y amarlos mucho, no supone que les debamos dar el culto que le dan los católicos a los santos.

Los apóstoles supieron lo que significa honrar a los santos, y cuando lo hicieron, no honraron menos que los católicos; sino apropiadamente, y jamás levantaron un altar o un templo a una estatua de algún santo ya fallecido con el fin de postrarse, prenderle velas, besarle, hacerle procesiones y hacerle oraciones y rezos, ya que todo esto es una forma de culto extremo e idolátrico.

Un cristiano que solo lee la Biblia y la cree no dará culto a María ni a los santos. Cuando a los discípulos de Tomas, (los cuales estaban apartados de los *"cristianos"* de occidente e ignorantes de los concilios y sínodos de las iglesias europeas) les presentaron en el siglo XVI, la imagen de una María exaltada, la rechazaron diciendo: *"¡Somos cristianos, no idólatras!"*[424]

Lamentablemente los católicos no tomaran en cuenta este hecho.

Los cristianos honramos; pero no idolatramos a los hombres, ni nos postramos ante ellos. Es entendible que a veces los hermanos en la fe puedan pasar adelante en un culto para que el Pastor ore por ellos o para pedir perdón a Dios, y que al hacerlo puedan accidentalmente postrarse delante de él, de una silla, de un instrumento musical o del pulpito; pero nada de esto significa que se estén postrando con el fin de ofrecerles alguna veneración. Esta postración es accidental.

11. ¿Cuál es la forma incorrecta de venerar?

(1) Postrándonos ante una persona, imagen de María o de los santos o de cualquier cosa. En 2 Reyes 17:36 leemos que solamente ante Dios debemos de postrarnos. *"Sino que solamente a Yahveh, que os hizo subir de la tierra de Egipto con gran fuerza y tenso brazo, a él reverenciaréis, ante él os postraréis y a él ofreceréis sacrificios"* (2 Reyes 17:36. Biblia Jerusalén).

Debe aclarase que adorar no significa *"postrarse"* o *"inclinarse"*. El hecho de que una persona al inclinarse puede adorar a Dios o a un ídolo no significa

---

424 Gibbon, Edward, Esq. 1854. Historia de la decadencia y caída del Imperio Romano. Londres: Henry G. Bohn. Vol. 5, Capítulo XLIX, p. 359

que la inclinación o la postración ante algo o alguien signifique necesariamente que se la está adorando. La Biblia muestra la diferencia que existe entre adorar y postrarse. Veamos algunos textos:

"El hombre entonces se inclinó y adoró a Jehová" (Génesis 24:26).

"… Entonces Josué, postrándose sobre su rostro en tierra, le adoró..." (Josué 5:14).

"Venid, adoremos y postrémonos; arrodillémonos delante de Jehová nuestro Hacedor" (Salmo 95:6. Véase también Isaías 49:23 y 1 Corintios 14:25).

Ya aclarado que adorar no es lo mismo que postrarse o inclinarse, debe señalarse una vez más, que Dios, no solo no quiere que se adore lo que no es Dios; sino tampoco que se postre o incline ante nada o nadie; sino solamente ante El. Como se dice en 2 Reyes 17:36.

¿Por qué está mal postrarse ante una imagen de María o el de un santo?

Porque el postrarse ante una persona, es un acto de reverencia, y no cualquier reverencia; sino una reverencia extrema, que no es apropiada para los seres humanos, por eso la Biblia nos dice que solo ante Dios debemos de postrarnos.

Podemos honrar, reverenciar o venerar de las maneras apropiadas, a nuestros padres, a los que predican el evangelio o a cualquier persona que se lo merezca; pero el postrarse no es una forma apropiada de honrar. Es cierto que en el Antiguo Testamento se permitió esta honra, como se permitió la poligamia y la esclavitud; pero nunca se la ordenó en ninguna ley, ni antigua ni nueva.

Muchos católicos dicen que la palabra hebrea shachach que se usa en 2 Reyes 17:36 también se usa en otros pasajes para hacer referencia a lo que hicieron hombres ante otros hombres (2 Samuel 9:8) y no solamente ante Dios, y es cierto; pero la orden estaba muy clara, solo ante Dios se deben de postrar. Lo que Dios permite no es orden de Dios, es solo una permisión divina… Los católicos nunca han presentado un ejemplo de alguien ya cristiano que se postre ante un ser humano en el Nuevo Testamento como siendo aprobado por Dios.

Ahora bien, ¿es la postración ante alguien un acto de adoración? No necesariamente; pero es un acto de reverencia extrema que no se debe poner en práctica.

¿Es un acto idolátrico? No; pero cuando un católico lo hace teniendo en mente que María es *"Trono de sabiduría, auxilio de los cristianos, Fuente de santidad, esposa del Espíritu Santo"*, etc. está cometiendo el pecado de idolatría.

(2) Alabando a una persona más de lo que se debe. Hay cierto elogio y alabanza que damos a los seres humanos; pero son elogios justificados. Podemos decir a los hermanos muy generosos, *"os alabo por su generosidad"*; pero no podemos postramos ante ellos, ni atribuirles cosas que no se merecen.

Si dijese, *"El apóstol Pablo es el rey de los cristianos y de los ángeles, Trono de sabiduría, auxilio de los cristianos, Fuente de santidad, el santísimo, el gran apóstol y evangelista que hizo mucho más que todos los demás apóstoles"*, ¿no sería esta alabanza una acción idolátrica? Claro que sí. De la misma manera, cuando el pueblo católico alaba a María dándole títulos que nunca recibió por parte de los escritores bíblicos, está cometiendo el pecado de idolatría.

12. ¿Qué es la idolatría para un católico? Según la ICAR:

"La idolatría no se refiere sólo a los cultos falsos del paganismo. Es una tentación constante de la fe. Consiste en divinizar lo que no es Dios. Hay idolatría desde el momento en que el hombre honra y reverencia a una criatura en lugar de Dios. Trátese de dioses o de demonios (por ejemplo, el satanismo), de poder, de placer, de la raza, de los antepasados, del Estado, del dinero, etc. 'No podéis servir a Dios y al dinero', dice Jesús (Mt 6, 24). La idolatría rechaza el único Señorío de Dios; es, por tanto, incompatible con la comunión divina (cf Gál 5,20; Ef 5,5)".[425]

María es un antepasado y los católicos la idolatran porque la veneran más allá de lo debido. En algunos casos se la exalta tanto y se la hace la señora de los corazones católicos.

Si el dinero, los antepasados, la comida, el placer y otras cosas vienen a ser ídolos en algunas personas, y no porque se hagan estatuas de estas cosas o porque se les atribuya algún atributo divino; sino porque están en primer lugar en sus corazones, ¿Por qué María no podría ser un ídolo en el catolicismo?

Podemos amarnos los unos a los otros; pero no podemos amar a nadie igual o más que a Dios. Si amamos igual o más a María que a nuestro Señor Jesús, estamos cometiendo el pecado de idolatría.

El católico Daniel Gagnon reconoce que:

"Un ídolo es cualquier cosa que reemplaza el lugar de Dios. Solamente Dios puede ocupar el primer lugar en nuestro corazón. Colosenses 3,5 dice que avaricia es idolatría, "Ninguno puede servir a dos señores... no podéis servir a Dios y a las riquezas". (Mateo 6,24) Si no está Dios en el primer

---

425 Catecismo de la iglesia católica.

lugar sino el dinero, la camioneta, el amigo, el artista, el trabajo, etc., estos son, entonces IDOLOS. ES IDOLATRIA SI ESTAS COSAS OCUPAN EL LUGAR DE DIOS. SOLO EL PUEDE SER ADORADO".[426]

El apóstol Pablo nos dice que, la codicia es idolatría (Colosenses 3:5. La Biblia de Jerusalén). Y creo que lo dice porque es un apetito ansioso, vehemente y excesivo de querer tener más. A los Filipenses les dice que la glotonería también es idolatría ya que quienes son glotones tienen por dios al *"vientre"* (Filipenses 3:19). Y a la iglesia de Roma les dice que los glotones sirven *"a sus propios vientres"* (Romanos 16:18) ya que sus vientres son sus señores y dioses, no porque alguien les rinda culto pensando que la comida sea divina; sino porque sus afectos y apetitos por la comida son extremos como es extrema la veneración que se da a María.

Si el dinero, el vientre, un artista, el amigo o el trabajo es un *"dios"* o *"ídolo"*, entonces María también lo es, ya que muchas veces ella está ocupando el primer lugar en el corazón de los católicos. A María se la ama y se le da una honra más allá de lo debido. ¡Esto es idolatría! No pueden negarlo y ser honestos a la vez.

A María se la llama, *"Señora"*, *"Esposa del Espíritu Santo"*, *"Reina de los Ángeles"*, *"Trono de sabiduría"*, *"Estrella de la mañana"*, *"Salud de los enfermos"*, *"Consoladora de los afligidos"*, *"Auxilio de los cristianos"*, etc.

¿Quién puede negarse que esto sea idolatría? No se puede por nadie, excepto por los católicos.

Los católicos tienen que entender que la idolatría no es solamente la *"práctica religiosa en la que se rinde culto a un ídolo o dios falso"*; sino también el *"amor y admiración excesivos que se sienten por una persona o por una cosa"*.

Los católicos cometen idolatría cuando manifiestan amor y admiración excesivos por María, aun si no la adoran.

¿Cómo sabemos que en el catolicismo se manifiesta ese amor excesivo por María y por los santos?

Amar a alguien y sentir admiración no es algo malo; pero si esto es excesivo es un acto idolátrico. Cuando un católico, no solo se postra ante una estatua, sino también le besa, le prende velas, le reza el rosario, le hace procesiones y fiestas patronales, la está idolatrando, aun si no la está adorando. Recuerde que uno puede cometer idolatría con "dioses falsos" como el vientre, el dinero, los cantantes, etc.

---

426 La Verdad les hará Libres

sin darles adoración, sin ofrecerles sacrificios y sin pensar que estos tengan atributos divinos como la Eternidad, Omnipotencia, Omnipresencia y Omnisciencia.

Toda adoración a un ídolo es idolatría; pero no toda idolatría es adoración. La idolatría, sin ser adoración es un *"amor y admiración excesivos que se sienten por una persona o por una cosa"*. Y esta práctica está condenada en la Biblia.

Sabemos que por nuestro gran amor a los hermanos podemos donar sangre, sacarnos, como decían los gálatas, hasta los ojos para dárselos a Pablo; pero no postrarnos ni atribuirle a nadie lo que no tiene.

Dar solamente un beso a una foto pequeña de una persona no sería necesariamente un acto idolátrico; pero cuando a la imagen de la persona de María se le da un beso y se suman todas estas muestras de amor y admiración como el postrarse, el besarla, prenderle velas, hacerle procesiones, hacerle fiestas patronales y rezarle el Rosario, es evidente que se está mostrando un amor excesivo, lo cual es idolatría. Además, los católicos que han leído el rosario saben que, en él, se le dan más títulos en alabanza a María que los que se le dan a Dios y esos títulos están en sus mentes cuando le rinden culto. Por esto decimos que en el catolicismo se practica la idolatría, aun si no se la adora; pero como veremos más adelante a María si se la adora.

Cuando un católico solo besa a la imagen o estatua de María, aun si esta es pequeña, no manifiesta la misma clase de amor que manifiesta por un familiar suyo cuando besa su foto. En el catolicismo, los fieles creen que María nunca peco, lo cual es falso, así que el fiel católico, sin querer le está atribuyendo a María algo que no le pertenece, y esto ya es un grave error.

¿Creen los católicos que no sabemos lo que piensan cuando se postran o besan una estatua o imagen de María? Ellos creen que se acercan ante la imagen de María pensando que ella es la representación de la Reina del Universo, la Reina de los Ángeles, la Reina de los Patriarcas, la Reina de los Profetas, la Reina de los apóstoles, la santísima, la esposa del Espíritu Santo, la Fuente de santidad, etc.

Y para empeorar las cosas y hacer de los católicos los idolatras de los idolatras, creen que María, *"hizo expiación por los pecados del hombre"*, creen que, por medio de ella, *"se obtienen todas las esperanzas, todas las gracias y todas las salvaciones"*, y que, *"nadie va a Cristo excepto por su madre"*.

¿No es esto idolatría?

Lo es, y de la peor. Los católicos son idolatras, no tienen excusa. Deben arrepentirse y volverse a Cristo, que en El, hay perdón y vida eterna.

¿PORQUE RECHAZAMOS LOS CRISTIANOS EL USO DE IMÁGENES RELIGIOSAS EN EL CULTO?

1. El uso de imágenes con fines religiosos no está ordenado en la Biblia. De hecho, en un contexto religioso, está prohibido. Hacerse imágenes o estatuas de Dios o de seres humanos con fines religiosos están prohibidas en la Biblia (Éxodo 20:4). Y no solo se trata de dioses falsos de la época de Moisés, sino de cualquier cosa que podría ser idolatrada. Si Éxodo 20:4 solo trata de ídolos de la época de Moisés, entonces surge la pregunta, ¿Podrías postrarte ante una imagen de un billete, y no ser idolatra?

Los católicos saben muy bien que Éxodo 20:4 tiene un significado más amplio que el que ellos le dan, y por lo tanto, tiene mucha aplicación como para limitarlo a los dioses falsos de la época de Moisés. Ya el catecismo católico admite: *"La idolatría no se refiere sólo a los cultos falsos del paganismo"*.[427]

La idolatría se da de muchas maneras y conforme pase el tiempo se pueden crear nuevos ídolos, así que no se puede limitar la aplicación de esta prohibición de no hacerse imágenes con fines religiosos.

¿Quién puede decir que hoy en día no se han creado nuevos dioses falsos? ¿Acaso no saben los católicos que en el hinduismo existen 330 millones de dioses, muchos de los cuales antes no existían?

En Éxodo 20:4 se prohíbe hacerse imágenes de los falsos dioses; de los ángeles, de los seres humanos y de Dios mismo. Lamentablemente en los templos católicos hay imágenes de María, de los santos, del diablo y hasta de los demonios, y no me refiero a las gárgolas, las cuales tampoco deben de tenerse en ningún templo.

Ahora bien, si Dios en otros lugares ordena el hacer estatuas, ¿no entra Dios en contradicción? No necesariamente.

Si la prohibición hace referencia a no hacerse imágenes con fines religiosos, entonces no hay contradicción, ya que las estatuas que Dios ordeno hacer, no tenían como fin el que se les rindiera culto.

En Éxodo 20:4 se prohíbe el hacerse imágenes, el postrarse y el honrarlas, ya que esto es una forma de culto que desagrada a Dios. Y lamentablemente esta misma forma de culto se ofrece a María.

Debe notarse que los falsos dioses de quienes muchos se hacían imágenes, no eran considerados eternos, ni siquiera Todopoderosos, aunque se les

---

427   Catecismo de la Iglesia Católica 2113.

atribuían ciertos poderes. Por ejemplo, de Baal se creía que tenía un comienzo, ya que era considerado hijo de Él, un dios falso. Además, nunca se le considero ser el Creador. Muchos otros dioses falsos fueron adorados por muchas personas; pero esta no consistía en atribuirle las cualidades de la deidad como la Omnipotencia, Omnipresencia, Omnisciencia y eternidad.

Ahora bien, si estos falsos dioses eran adorados sin atribuírseles las cualidades de la deidad, entonces María también es adorada por los católicos, aun cuando a ella no le atribuyan las cualidades de la deidad.

Si solo por ofrecer ofrendas de tortas (Jeremías 7:18) o por ofrecer incienso y hacer libaciones (Jeremías 44:17) se cometía idolatría, entonces con el culto que le brindan los católicos a María, con mayor razón se está cometiendo este pecado, ya que a ella no solo se le ofrece incienso; sino que también se le hace una imagen con el fin de postrarse, honrarla, prenderle velas, besarle, hacerle procesiones y hacerle oraciones, pensando que ella es *"fuente de santidad", "santísima", "trono de sabiduría", "esposa del Espíritu Santo", "reina de los ángeles"*, etc.

Alguno puede decir que los 10 mandamientos fueron abolidos, y por lo tanto, los cristianos pueden desobedecer el segundo mandamiento, lo cual solo es una contradicción de lo que dice el catecismo católico, el cual ordena obedecer los 10 mandamientos.

En el numeral 2053 se dice:

"… La Ley no es abolida (cf Mt 5, 17), sino que el hombre es invitado a encontrarla en la persona de su Maestro, que es quien le da la plenitud perfecta…".

Más adelante se dice, en el numeral 2068:

"El Concilio de Trento enseña que los diez mandamientos obligan a los cristianos y que el hombre justificado está también obligado a observarlos (cf DS 1569-1670)".

Y para sepultar a aquellos católicos que no aceptan que se deba guardar el segundo mandamiento el Catecismo católico declara:

"2072 Los diez mandamientos, por expresar los deberes fundamentales del hombre hacia Dios y hacia su prójimo, revelan en su contenido primordial obligaciones graves. Son básicamente inmutables y su obligación vale siempre y en todas partes. Nadie podría dispensar de ellos. Los diez mandamientos están grabados por Dios en el corazón del ser humano".

2. Representar a Dios por medio de imágenes es corromper su Gloria.
Moisés dijo: *"12 y habló Jehová con vosotros de en medio del fuego; oísteis la voz de sus palabras, mas a excepción de oír la voz, ninguna figura visteis. 15 Guardad, pues, mucho vuestras almas; pues ninguna figura visteis el día que Jehová habló con vosotros de en medio del fuego; 16 para que no os corrompáis y hagáis para vosotros escultura, imagen de figura alguna, efigie de varón o hembra, 17 figura de animal alguno que está en la tierra, figura de ave alguna alada que vuele por el aire"* (Deuteronomio 4:12,15-17).

El apóstol Pablo dice en el mismo sentido: *"Siendo, pues, linaje de Dios, no debemos pensar que la Divinidad sea semejante a oro, o plata, o piedra, escultura de arte y de imaginación de hombres"* (Hechos 17:29).

A la Iglesia de Roma le dice: *"20 Porque las cosas invisibles de él, su eterno poder y deidad, se hacen claramente visibles desde la creación del mundo, siendo entendidas por medio de las cosas hechas, de modo que no tienen excusa. 21 Pues habiendo conocido a Dios, no le glorificaron como a Dios, ni le dieron gracias, sino que se envanecieron en sus razonamientos, y su necio corazón fue entenebrecido. 22 Profesando ser sabios, se hicieron necios, 23 y cambiaron la gloria del Dios incorruptible en semejanza de imagen de hombre corruptible, de aves, de cuadrúpedos y de reptiles"* (Romanos 1:20-23).

Dios mismo dijo: *"¿A qué, pues me haréis semejante o me comparareis?"* (Isaías 40:18).

En ninguno de estos textos se está diciendo que Dios rechaza solo las imágenes de los dioses falsos; sino de las imágenes de El mismo. Sin embargo, si se tratara solo de imágenes de dioses falsos que representaban al Creador, igualmente sigue siendo condenable que se hiciera imágenes de Dios, ya que esto supondría que Dios tiene una imagen física como para hacerse una de ella. Los que creen que pueden hacerse imágenes de Jesús tienen que entender que la imagen de Jesús físico es la imagen de un ser humano, no de Dios, así que esto nos les sirve de argumento.

No se olvide que en el catolicismo una imagen puede ser adorada. El Canon III del Concilio IV de Constantinopla (869-870) aprueba la adoración a la imagen de Cristo. Este canon declara: *"Si alguno, pues, no ADORA LA IMAGEN de Cristo Salvador, no vea su forma en su segundo advenimiento"*.[428]

3. El usar imágenes de Dios es no comprender que a Dios se le debe adorar y amar de todo corazón en Espíritu y en verdad (Juan 4:23-24). A

---

428 Denzinger, 337.

Dios hay que adorarle en Espíritu y en verdad porque Él es Espíritu. Él está en todo lugar, es Omnisciente y Todopoderoso.

Si para adorar a Dios no se necesita un lugar geográfico, porque es Espíritu y está en todo lugar, entonces por la misma razón no se necesita una imagen física para adorarle, por lo que resulta absurdo el tener estatuas o imágenes de Dios.

Nuestro Señor Jesucristo dijo: *"los adoradores verdaderos adorarán al Padre en espíritu y en verdad"* (Juan 4:23. Biblia de Jerusalén).

4. El hacer uso de imágenes de Dios para acercarse a Él en alabanza y oración es una práctica necia. Si Dios está en todo lugar, como dice la Biblia, entonces tener imágenes de Dios para acercarse a Él en alabanza y oración es absurdo. Si tengo a mi lado a mi esposa y le digo a su foto, *"¡te amo mi reina! Quiero pedirte que me hagas un ceviche para comer"*. ¿No estaría actuando como un necio? Seguramente. Por lo tanto, cuando un católico se hace una imagen del Dios Omnipresente con el fin de alabarle y pedirle algo, está actuando como un necio.

5. Los cristianos de los primeros siglos rechazaron el uso de imágenes de Dios. A mi poco me importa lo que hayan dicho los llamados *"padres apostólicos"*; pero conviene aclarar que no todos ellos estaban de acuerdo con las doctrinas católicas de hoy; y no eran herejes por ello.

Es notable que en los primeros 100 años de la Iglesia Cristiana no se vea a los cristianos teniendo imágenes de Dios con fines cúlticos. Ni siquiera en el Segundo siglo, (cuando la apostasía estaba entrando en la Iglesia).

Cuando Constantina, hermana de Constantino encargó una representación de Jesús con fines religiosos en el año 326 d. C., Eusebio de Nicomedia indignado respondió:

> *"¿Qué y qué tipo de semejanza de Cristo es esta? Tales imágenes están prohibidas por el segundo mandamiento".* [429]

Javier Gonzaga escribió:

> *"Cuando los soldados de Diocleciano [emperador que lanzó la última gran persecución contra los cristianos] irrumpieron en una iglesia en Nicomedia [en] el año 297 mostraron su ignorancia total del cristianismo al sorprenderse de no encontrar ninguna representación de lo que los*

---

429 Hodgkin, Thomas. 1967. Italia y sus invasores. Vol. VI, Book VII. Nueva York: Russell & Russell. p. 431

cristianos adoraban allí. Esto era precisamente lo que diferenciaba a una iglesia cristiana de un templo pagano".[430]

Lactancio (240-320) asevero que donde hay una imagen no hay religión. Estas son sus palabras:

"Es indubitable que en donde quiera que hay una imagen no hay religión. Porque si la religión consiste de cosas divinas, y no hay nada divino más que en las cosas celestiales, se sigue que las imágenes se hallan fuera de la esfera de la religión, porque no puede haber nada de celestial en lo que se hace de la tierra... no hay religión en las imágenes, sino una simple imitación de religión".[431]

Melitón de Sardes declara:

"y ellos son condenados por los juicios de la verdad, por cuanto se aplican el nombre de Aquel que no se puede cambiar a aquellos objetos que están sujetos a cambios, y se encogen, no de llamar a esas cosas dioses que se han hecho por las manos del hombre, y se atreven para hacer una imagen de Dios quien no han visto".[432]

Clemente de Alejandría (150-215) afirma: *"Las obras de arte no pueden ser sagradas".[433]* Y añade: *"Porque [Dios] que prohíbe la realización de la imagen de talla, nunca se habría hecho una imagen a la semejanza de las cosas sagradas. No hay, en modo alguno, ninguna cosa compuesta y criatura dotada de sensibilidad, del tipo que hay en el cielo".[434]*

Asterio de Amasia en un sermón sobre la parábola del hombre rico y Lázaro escribio:

"No pintes pinturas de Cristo".[435]

Aun a fines del siglo VI el papa Gregorio Magno acepto que los católicos adoraban las imágenes cuando censuro al obispo de Marsella, Sereno, por haber destruido las imágenes de las iglesias de su diócesis:

---

430 Concilios. Grand Rapids: International Publications, 1965; 1: 237

431 Instituciones Divinas 2:19

432 Fragmentos de Melitón de Sardes, párrafo 6

433 Stromata 7:5

434 Stromata 5:6.

435 Combefis, "Auctar. nov.", I, "Hom. iv en Div. et Laz".

"Hemos sabido, hermano, que habiendo observado a algunas personas adorando imágenes, habéis destruido y arrojado esas imágenes de las iglesias. Os alabamos por haberos mostrado celoso ya que nada hecho de manos debe ser adorado, pero somos de la opinión que no debíais haber roto estas imágenes. La razón por la que se usan las representaciones en las iglesias es la de que aquellos que son iletrados puedan leer en las paredes lo que no pueden leer en los libros. Por tanto, hermano, debíais haberlas conservado, prohibiendo al mismo tiempo al pueblo que las adorase"[436]

Este Papa tuvo el valor de reconocer que en el catolicismo si adoraron imágenes.

En el Concilio de Elvira (306), se estableció en su canon 36:

"Ordenamos que no haya pinturas en la Iglesia, de modo que aquello que es objeto de nuestra adoración no será pintado en las paredes".

¡Esto no saben muchos católicos!

Los católicos ponen excusas y dicen que esta orden no demuestra que sea ilícito el uso de imágenes. Lo cual resulta absurdo. Algunos dicen que la orden se dio para que los paganos no se burlasen; pero las burlas siempre existirán. Dios nos dijo que debemos de llevar nuestra cruz, por lo que este Concilio no prohibió las pinturas a causa de las burlas. Otros católicos dicen que ese Concilio solo prohibió el uso de imágenes porque incitaría a la idolatría de algunos; pero no porque fuera mala. Sin embargo, si hoy en día las imágenes incitan a la idolatría, ¿Por qué no se prohíbe igualmente el hacer imágenes, si la gente todavía es tentada a cometer este pecado?

Los apologistas católicos citan a Juan Damasceno para demostrar que este aprobó el uso de imágenes de Dios en el culto a causa de que El Señor Jesús se hizo ver en carne. Estas son las palabras de Juan Damasceno:

"En otro tiempo, Dios, que no tenía cuerpo ni figura no podía de ningún modo ser representado con una imagen. Pero ahora que se ha hecho ver en la carne y que ha vivido con los hombres, puedo hacer una imagen de lo que he visto de Dios. [...] Nosotros, sin embargo, revelado su rostro, contemplamos la gloria del Señor".[437]

Sin embargo, el mismo escribe que esta creencia es una tradición no escrita:

---

436 Epístola 7,2:3

437 Juan Damasceno, De sacris imaginibus oratio 1,16

"Porque como hemos dicho, el honor que se le da en la medida de compañeros de servicio es una prueba de buena voluntad hacia nuestra común Señora, y el honor dedicado a la imagen pasa por encima al prototipo. Pero esto NO ES TRADICION ESCRITA al igual que es también el culto hacia el Oriente y el culto de la Cruz, y muchas otras cosas similares".[438]

Debe notarse que El Padre y El Espíritu Santo no han sido vistos como lo fue El Señor Jesús, por lo tanto, si los católicos citan a Juan Damasceno para defender el uso de imágenes de Cristo, deberían de ser consecuentes y no hacerse imágenes, del Padre y del Espíritu Santo; pero en los templos católicos podemos encontrar imágenes de ellos.

No quiero que piense mal, yo no creo que podemos hacernos imágenes religiosas del Señor Jesús sin caer en pecado. El apóstol Pablo dijo claramente que Dios no *"es honrado"* por aquello que es hecho *"por manos de hombres"* (Hechos 17:25). Por lo tanto, no es honrado cuando se hace imágenes de Jesús.

Además, tener imágenes de Jesús, con el fin de postrarnos ante ellas es pecado ya que está escrito: *"(…) solamente a Yahveh, (…) os postraréis"* (2 Reyes 17:36. Biblia Jerusalén) y puesto que las imágenes de Jesús, (ya sean de oro, plata, madera o barro) no son Dios, no podemos hacerlas para postrarnos ante ellas.

"Solamente a Yahveh" (2 Reyes 17:36), el cual es Espíritu, debemos de postrarnos, no a ninguna imagen de Él. Es cierto que algunos creyentes se postraron ante nuestro Señor Jesús; pero lo hicieron cuando su Espíritu (Dios) estaba en El, no a una imagen o cadáver de Cristo, por lo tanto, el hacerse una imagen de Cristo, con el fin de postrarse, no tiene justificación.

Además, nunca vemos en la Biblia, en el Nuevo Testamento, que la Iglesia de Cristo haya tenido por costumbre el hacerse imágenes de Cristo.

Erasmo, sacerdote católico escribió:

"Hasta el tiempo de San Jerónimo (400) los de probada religión no consentían imágenes, ni pintadas ni esculpidas en la iglesia; ni aún la pintura de Cristo".[439]

Enrique Cornelio Agrippa, teólogo de grandes y variados conocimientos, que murió en 1535, dice:

---

438 Juan Damasceno. Declaraciones de fe. Libro IV, capitulo 16
439 Erasm. Symbol. Catech. tom. V, p. 1187., Edit L. Bat. 1703

"Las costumbres corrompidas y falsa religión de los gentiles han infestado nuestra religión también, e introducido en la Iglesia imágenes y pinturas, con muchas ceremonias de pompa externa, ninguna de las cuales se encontró entre los primeros y verdaderos cristianos".[440]

Jedin Hubert escribe:

"El siglo III permite por vez primera al cristianismo, robusto ya en número y en conciencia de sí mismo, una actuación en el terreno del arte inspirada por el espíritu cristiano, para la que brindaban condiciones especiales los largos períodos de paz de este tiempo. Sin embargo, a la creación artística cristiana se opuso por de pronto una corriente, de fuerza considerable dentro de la misma Iglesia, que repudiaba de forma absoluta toda actuación en el terreno del arte. En ello influía primeramente la prohibición de Éxodo 20,4, a la que apela Orígenes cuando dice que los cristianos aborrecen los templos, altares e imágenes. El espiritualismo puro del Dios de los cristianos constituye también para Minucio Félix una dificultad que se opone a su culto en un templo. Cuando Tertuliano rechaza radicalmente toda actuación del cristiano en este campo, tiene ante los ojos la estrecha unión del arte antiguo con el culto pagano; sólo el diablo habría traído al mundo a escultores y pintores. Todavía a comienzos del siglo iv el concilio de Elvira dispone para las diócesis de España: «Ha parecido que no debe haber pinturas en las iglesias, con el fin de que no se pinte en las paredes lo que se venera y adora»[441]

Juan Plazaola Artola por su parte declara:

"Es inevitable admitir la tesis del antiiconismo oficial en los tres primeros siglos del cristianismo. Es decir, que, aunque se admitiera la realidad de los orígenes tempranos de la iconografía (puesto que algunas figuras de significación cristiana aparecen ya en pinturas y relieves del primer tercio del siglo III), habría que dar por excluida la creación de imágenes, en cuanto iconos (y mucho más su culto y veneración), hasta bien entrado el siglo IV. Las más antiguas figuras que hallamos en las paredes de las catacumbas y en los relieves de los sarcófagos no son anteriores al siglo III y casi en su totalidad son figuras simbólicas o alegóricas"[442]

Jesús Álvarez Gómez añade:

---

440 Cornel. Agrippa, De incert. et vanit. Scient., cap. LVII, pág. 105, tom. II, Lugd

441 Jedin, Hubert. Manual de Historia de la Iglesia. Herder

442 Juan Plazaola Artola. Historia del arte cristiano. BAC

"El arte paleocristiano tuvo que abrirse un camino en medio de grandes dificultades, de manera que hasta el siglo III no aparecieron expresiones artísticas propiamente dichas, ni en la arquitectura, ni en la pintura ni en la escultura, porque los cristianos todavía permanecían deudores de su inculturación inicial en el judaísmo que repudiaba cualquier actuación en el terreno del arte por la prohibición bíblica de realizar cualquier imagen de Dios (Éx 20,4); este influjo se advierte en los principales escritores cristianos del momento, tanto de Oriente como de Occidente. En Oriente, Orígenes afirma que los cristianos aborrecen los templos, los altares y las imágenes; y de hecho los cristianos no tenían templos, ni altares, ni imágenes de ninguna clase; y en Occidente, los escritores africanos Minucio Félix y Tertuliano también se declaran contrarios a cualquier representación artística cristiana".[443]

La adoración, manufactura y posesión de imágenes fue denunciada por parte de Atenágoras en su *"Legación a favor de los cristianos"* por Teófilo en su *"Carta a Autólico"* por Minucio Félix en su *"Octavio"* por Arnobio en su *"Contra los Gentiles"* por Tertuliano en su *"Sobre la Idolatría"* y por Cipriano en *"La vanidad de los ídolos".*

6. El uso de imágenes religiosas en el Antiguo Testamento eran solo figuras de una Ley para muchachitos, mas ya estando en la adultez, esto se acabó. Pablo dijo que la Ley Mosaica era un conductor de muchachos, no de adultos. Pablo escribe: *"De manera que la ley ha venido a ser nuestro ayo para conducirnos a Cristo, a fin de que seamos justificados por la fe"* (Gálatas 3:24).

Ayo no es una buena traducción, porque la palabra griega que se usa en este texto es *"paidagosos"* y esta palabra significa: *"el que conduce a un muchacho".*

M. MacGroman escribe:

"El término representa una combinación de dos palabras griegas: "país", que significa "muchacho", y "agogos", que significa "conductor". Así, paidagogos significa literalmente "el que conduce a un muchacho". Designaba al hombre, generalmente un esclavo de la casa, al cual el padre, en la sociedad grecorromana, confiaba la crianza de su hijo. Acompañaba al muchacho dondequiera que éste iba, ocupándose de sus necesidades, y era su guía y su protección. Ejercía constante supervisión sobre él desde la niñez hasta la madurez, y tenía autoridad para administrar disciplina según fuera necesario. Llevaba el muchacho al maestro

---

443 Álvarez Gómez, Jesús. Historia de la Iglesia. BAC

(didaskalos), pero él mismo no era el maestro. A. W. F. Blunt indicaba que el paidagogos generalmente era representado en jarrones y objetos semejantes con una vara en la mano. En una situación escolar, esto garantizaba que el muchacho tuviera la mente puesta en el aprendizaje. La tarea del paidagogos era asegurarse de que el muchacho pasara los años entre la niñez y la adultez de tal manera que estuviera listo para ocupar su lugar en la sociedad como persona madura y responsable".[444]

Así como a los muchachitos hay que enseñarles con figuritas, con manzanitas y peritas, así también a Israel se le enseño con figuras en el Templo, mas todo esto solo es tipo o figura del cielo. En el Nuevo Testamento las reuniones, aunque al principio se realizó en el Templo y en las sinagogas, después lo hicieron en las casas. Y no vemos en la Biblia, que los apóstoles o algún cristiano las usara. Eso sucedió con la apostasía.

7. La incredulidad invita hacer imágenes de Dios, por lo tanto, debe rechazarse. Calvino, a pesar de que cometió muchos errores, dijo con acierto:

"Ésta es la fuente de la idolatría, a saber: que los hombres no creen en absoluto que Dios está cerca de ellos si no sienten su presencia físicamente, y ello se ve claramente por el ejemplo del pueblo de Israel: "Haznos dioses que vayan delante de nosotros; porque a este Moisés... no sabemos qué le haya acontecido" (Éx. 32:1). Bien sabían que era Dios Aquel cuya presencia habían experimentado con tantos milagros; pero no creían que estuviese cerca de ellos, si no veían alguna figura corporal del mismo que les sirviera de testimonio de que Dios los guiaba. En resumen, querían conocer que Dios era su guía y conductor, por la imagen que iba delante de ellos".[445]

Los católicos no han podido refutar lo que dijo Calvino sobre este punto.

Si hubiera evidencia bíblica de que los apóstoles hubieran usado imágenes para venerarlas y darles culto, los católicos hubieran presentado esa evidencia; pero no la presentan porque no la hay, y por eso no pueden justificar sus prácticas. Lo único que les queda es recurrir a la literatura no inspirada por Dios, la cual es imprecisa. Algunos otros recurren a la arqueología; pero estas imágenes no fueron hechas para darles culto. Yo también tengo imágenes de Jesús, de los apóstoles; pero no tengo imágenes con el fin de darles culto de ninguna clase.

---

444 J. W. MacGorman, "The Law as Paidagogos: A Study of Pauline Analogy", in Huber L. Drumwright y Curtis Vaughan, eds., "New Testament Studies", p. 106

445 Institución de la religión cristiana. Libro primero, Cap. XI

Lo único que demuestran las imágenes hechas por los cristianos de algunas épocas pasadas, es que les gustaba la pintura, el arte y la decoración como nos gusta también a nosotros los evangélicos; pero como dije, estas imágenes no fueran hechas con fines religiosos.

8. Venerar a un ser humano, no implica honrar o respetar a una persona en forma exagerada usando imágenes. Pero si esta honra es exagerada, es idolátrica. Hay cierto elogio y alabanza que damos a los seres humanos; pero son elogios justificados. Podemos decir a los hermanos muy generosos, *"os alabo por su generosidad"*, pero no podemos tener imágenes de estos para postramos ante ellos, ni atribuirles cosas que no se merecen.

Los apóstoles eran hombres de Dios y fueron servidos en amor por los hermanos en la fe en el primer siglo; pero no vemos que estos hayan hecho imágenes de ellos para venerarlas, ni mucho menos para pedirles su intercesión después de fallecidos.

Los católicos no saben; pero cometemos pecado cuando queremos venerar postrándonos ante una persona o ante una estatua. En 2 Reyes 17:36 leemos que solamente ante Dios debemos de postrarnos. *"Sino que solamente a Yahveh, que os hizo subir de la tierra de Egipto con gran fuerza y tenso brazo, a él reverenciaréis, ante él os postraréis y a él ofreceréis sacrificios"* (2 Reyes 17:36. Biblia Jerusalén).

Dios tolero en el Antiguo Testamento la postración a algunos siervos de Dios, como también tolero la poligamia. Sin embargo, que Dios haya permitido estas prácticas no significa que las haya aprobado, por lo tanto, no hay excusa para defender la postración ante seres humanos o ante imágenes.

La postración ante un pastor, un pulpito, un micrófono o una mesa, a veces se hace en forma accidental cuando uno sale adelante en un culto para orar; pero allí no hay idolatría, ni siquiera respeto en menor grado. Esto es muy diferente de lo practicado en el catolicismo, en donde se aprueba la postración, (no la accidental, sino la que tiene un propósito), y esto está condenado en la Biblia. En el Antiguo Testamento Dios dijo que solo ante El debían de postrarse, y este es un mandamiento moral por lo que en el Nuevo Testamento no puede permitirse desobedecerlo y ser sin culpa.

En el catolicismo existen tres clases de culto.

1. *El culto De latría o de adoración, que es debido sólo a Dios.*
2. *El culto De dulía o de veneración, que es debido a los ángeles y a los santos.*
3. *El culto de hiperdulía o de veneración suprema, que se le da a María.*

Creo que, en cuanto al culto de latría, tanto evangélicos como católicos pensamos lo mismo; pero en cuanto al culto de dulia no pensamos igual. El teólogo evangélico Javier Silva nos dice que el culto de dulia: *"puede tener connotación de LATRÍA (en algunos casos)"*, y para fundamentarlo cita Gálatas 4:8 en donde se dice: *"Ciertamente, en otro tiempo, no conociendo a Dios, servíais a los que por naturaleza no son dioses"*, de donde se deduce que este servicio hace referencia al acto de la idolatría. Silva nos dice que el verbo *"servíais"* en griego *"edouleusate"* de la raíz griega *"douleuo"* significa en latín dulia.

Los cristianos podemos servirnos los unos a los otros en amor; pero *"no en un contexto de culto religioso"* como afirma Javier Silva. Por ejemplo, en Gálatas 5:13 se dice: *"… servíos (dulia) por amor los unos a los otros"*. Silva observa perceptiblemente que el servicio de dulia, el cual se da entre hermanos, *"no significa servicio de culto poniendo velas, elevándoles oraciones, etc, … sino sirviendo con amor"* como se ve en el libro de los Hechos. Y para concluir este punto nos dice: *"se puede usar DULIA como adoración solo en honor a Dios; y se puede usar DULIA cuando es solo servicio con obras al prójimo; pero no con culto religioso"*.

En cuanto al culto de hiperdulia, el cual se le da a María en el catolicismo no tiene justificación bíblica. Es penoso; pero a María se le dice: *"la imagen y comienzo de la Iglesia que llegará a su plenitud en el siglo futuro"*.[446]

9. Los "padres de la iglesia" condenaron el uso de imágenes de los santos por causa de su temor de Dios, aun cuando estaban equivocados en otros asuntos. Siempre diré que lo que digan los *"padres apostólicos"* no me importa ya que estos se equivocaban mucho; pero los citare por dos razones:

(1) Los apologistas católicos tienen que saber que los cristianos de los primeros siglos no tenían un consenso unánime en cuanto al uso de imágenes, por lo que el Concilio de Nicea se equivocó al aprobarlas. Y (2) A pesar de los pecados y malas interpretaciones de estos, tenían cierto temor de Dios, razón por lo que rechazaron el uso de imágenes de santos.

Eusebio de Cesarea habla de una estatua de Cristo existente en Paneas que tuvo ocasión de ver:

> *"En el caso se alza sobre una piedra elevada, por las puertas de su casa, una imagen de bronce de una mujer arrodillada, con las manos extendidas, como si estuviera rezando. Frente a esto esta otra imagen vertical de un hombre, hecho del mismo material, vestido decentemente en una doble*

---

446   CIC – Párrafo 972 – LG [Lumen Gentium] 68

capa, y extendiendo su mano hacia la mujer. A sus pies, junto a la estatua en sí, es una cierta extraña planta, que sube hasta el borde de la capa de bronce, y es un remedio para todo tipo de enfermedades. Dicen que esta estatua es una imagen de Jesús. Se ha mantenido hasta nuestros días, para que también nosotros lo veamos cuando estemos en la ciudad". [447]

Y comenta:

"Y no es extraño que HAGAN ESTO AQUELLOS PAGANOS/ GENTILES de otro tiempo que recibieron algún ·beneficio de nuestro Salvador, cuando hemos indagado que se conservaban pintadas en cuadros las imágenes de sus apóstoles Pablo y Pedro, e incluso del mismo Cristo, cosa natural, pues los antiguos tenían por costumbre honrarlos de este modo, sin miramiento, como a salvadores, según el uso pagano vigente entre ellos". [448]

Tertuliano (160-220) aunque no necesariamente sea llamado un "padre apostólico", declaro:

"Pues como podría él [Pedro en el Monte de la Transfiguración] haber conocido a Moisés y Elías, excepto estando en el Espíritu. La gente no podría tener sus imágenes, estatuas o retratos; porque la ley lo prohíbe". [449]
"La idolatría, de hecho, es una especie de homenaje a los difuntos, tanto uno como el otro es un servicio a los muertos. Además, los demonios residen en las imágenes de los muertos (...) este tipo de pantalla tiene los honores a los muertos en honor a la vida - es decir, a cuestores [supervisores financieros] y magistrados a las oficinas sacerdotales de diferentes tipos. Sin embargo, como idolatría todavía se aferra a nombre de la dignidad, todo lo que se hace en nombre de su costumbre". [450]

Tertuliano está condenada la práctica de su época. La cual es muy similar a la que hacen los católicos con sus santos.

Epifanio (315-403) escribió para el desconcierto de muchos católicos:

"Hallé allí una cortina colgada en las puertas de la citada iglesia, teñida y bordada. Tenía una imagen de Cristo o de uno de los santos; no recuerdo precisamente de quién era la imagen. Viendo esto, y

---

447 Historia Eclesiástica VII, 18
448 Historia Eclesiástica VII, 18:4
449 Contra Marcion 04:22
450 N. 12 Entretenimiento

oponiéndome a que la imagen de un hombre fuese colgada en la iglesia de Cristo, contrariamente a la enseñanza de las Escrituras, la desgarré...[451]

¿POR QUÉ CREO QUE EL CATOLICISMO ENSEÑA LA IDOLATRÍA?

Por causa de las evidencias:

Primera evidencia: En un himno católico, que nunca ha sido denunciado por Rigo Ardón, el cura Luis Toro, Jose Miguel Arráiz, Dante Urbina y otros romanistas se dice:

> *Virgen Santa, Madre mía. (…),*
> **ESTE PUEBLO QUE TE ADORA**
> *(…)*[452]

Los apologistas católicos dicen que se adora a María como se adora a la novia o a una madre, pero la verdad es que ellos hacen mas que eso. Mas adelante podrá notar que esta adoración es muy superior a la que se le da a la novia o a la madre.

Segunda evidencia: Cuando los católicos se postran antes las imágenes de o estatuas de María no les basta la postración; lo cual aún podría entenderse si se trata solo de una forma de mostrar respeto, lo cual veo exagerado, pero los católicos se acercan en oración pensando que María es *"la esposa del Espíritu Santo"* un título que no es para ella, ya que es una falacia non sequitur decir que por el hecho de que El Espíritu Santo vino sobre ella y el poder del Altísimo la cubriría con su sombra, entonces ella se convierte en su esposa.

Si los apologistas católicos se acercaran a una vaca e hicieran una sombra sobre ella y asimismo una inseminación artificial, ¿los convertiría en esposos de la vaca? No, ¿o sí?

A María se la llama, *"el trono de sabiduría", "la reina de los ángeles", "fuente de santidad"*, etc. ¿Cómo los católicos podrán justificar estos títulos? Simplemente los pasará por alto, entregándome de esta manera el debate. **Se los aseguro sin ser profeta.**

Aun a María se la llama con el nombre de *"Señora"*. Pregunto, ¿Es María su señora? Respondan por favor, porque está escrito: *"Nadie puede servir a dos señores"* (Mateo 6:24).

---

451   Citada por Jerónimo, Epist. 51:9.

452   http://www.devocionario.com/maria/pilar_1.html

María fue favorecida, se la llamo *"Kejaritomene"*; pero nada indica que por esto debía dársele culto, aun si esta palabra significara *"llena de gracia"*.

Origenes, quien dijo que Kejaritomene *"Nunca (…) fue dirigida a un hombre: Salve, llena de gracia"* se vio obligado a reconocer que, *"José y maría aún no tenían una fe perfecta"*.[453]

¿Por qué María no es digna de recibir una alabanza extrema con los numerosos títulos que se le dan?

Por dos razones:

Primera razón: María que fue pecadora como lo dice la Biblia:

María dijo al Señor Jesús: *"¿por qué nos has tratado de esta manera? Mira, tu padre y yo te hemos estado buscando llenos de angustia"* (Lucas 2:48). ¿Acaso el Señor Jesús (quien nunca peco), causo angustia a María y José, porque Jesús fuera culpable?

María y sus hijos dijeron que Jesús, *"Está fuera de sí"* (Marcos 3:21).

María fue un fracaso como madre, ya que sus hijos al no ser creyentes por lo menos antes de la ascensión de Cristo, mostro falta de devoción a sus hijos.

En Lucas 2:24 se dice que María ofreció sacrificio por sus pecados. Levítico 12:6 dice: *"Cuando se cumpla el término de la purificación, ya sea de niño o de niña, la madre deberá llevar a la entrada de la tienda del encuentro un cordero de un año para ofrecerlo en holocausto, y un pichón de paloma o una tórtola como sacrificio por el pecado. Se los entregará al sacerdote"*.

Si fuese cierto que María intercede en el cielo, lo cual no acepto, no podría dársele culto de hiperdulía porque la Biblia no la llama *"suprema intercesora"*. Lo cierto es que ella no hace oraciones, ya que la orden es descansar en el cielo (Apo. 6:9-11).

Segunda razón: María no es digna de recibir más alabanzas que Enoc, Abraham, Moisés, Jeremías, Daniel, Pablo y muchos otros porque no los supero en nada a ellos. Aun, hay otras mujeres que superaron a María.

Veamos algunas mujeres más santas que María:

Sara. No fue una mujer perfecta, pero es madre de naciones (Genesis 17:15-16). Sin duda hizo mucho más que María, ya que fue una mujer

---

453   Origen Homilies on Luke Fragments on Luke, Joseph T. Lienhard, Homily 20:4

obediente, que dio ejemplo de sumisión a su esposo (1 Pedro 3:5-7), por lo que es llamada madre de las cristianas (1 Pedro 3:6), algo que no se dice de María. ¿Por qué no?

Rut. Esta mujer fue virtuosa. No dejo a su suegra, era fiel compañera (Rut 1:16-17), era humilde, trabajadora (Rut 2:2), responsable con su suegra alimentándola (Rut 2:18). ¿Pero María? Era santa, pero no tanto. Al parecer era floja y no sabía cómo trabajar, razón por la que parece que fue necesario que Jesús la entregara a Juan para que este la cuidase. Es posible que fuera una mujer derrochadora de la plata y oro que tuvo que haber administrado desde que Jesús nació.

Elizabeth Elliott (1926-2015). Junto a Raquel Saint, entro a la tribu de los huaoraníes del Ecuador, aun cuando su esposo Jim, fue martirizado junto a otros cuatro misioneros por esta tribu. Finalmente, esta tribu termino conociendo a Cristo al ver el amor y perdón de esta mujer. Escribió muchos libros, y ha sido una de las conferencistas cristianas más influyentes en los últimos 50 años. ¿Podría hacer algo asi María? Ni en sus sueños.

Marilyn Hickey (1931-). Ha ido a predicar el evangelio a países musulmanes como en 13 ocasiones en donde ha hecho campañas evangelísticas ganando a millones de musulmanes. El 12 de noviembre de 2016, con su séptimo viaje a Pakistán, se propuso llegar a un millón de personas en una sola reunión en Karachi para predicar el evangelio. ¿Podría haber hecho esto nuestra hermana María, la madre de Jesús? Ni en sus sueños.

Podría hablar de Amy Carmichael, de la hna. Etter, de Joni Eareckson Tada y de muchas otras mujeres de Dios, pero basta con las ya mencionadas.

Tercera evidencia: El catolicismo tiene imágenes, no solo del Señor Jesús, quien se encarnó, sino también del Padre y del Espíritu Santo, quienes no se encarnaron, y asi desobedecen lo escrito en Deuteronomio 4:15-16: *"15 Guardad, pues, mucho vuestras almas; pues ninguna figura visteis el día que Jehová habló con vosotros de en medio del fuego; 16 para que no os corrompáis y hagáis para vosotros escultura, imagen de figura alguna, efigie de varón o hembra"* (Deuteronomio 4:15-16).

¿Cómo explican esto los apologistas católicos?

¿Hay una orden de hacerse imágenes o estatuas del Padre, del Espíritu Santo y aun del Señor Jesucristo crucificado para predicar el evangelio? No la hay.

Cuarta evidencia: En uno de los cánones del IV Concilio de Constantinopla (869-870) se ordena la adoración de las imágenes de María, de Jesús y la de sus apóstoles. Este canon dice:

> *"Can. 8. … Si alguno, pues, no adora la imagen de Cristo Salvador, no vea su forma cuando venga…, sino sea ajeno a su comunión y claridad. Igualmente, la imagen de la Inmaculada Madre suya, engendradora de Dios, María…"*[454]

Si se hubiera querido diferenciar entre adoración y veneración hubieran usado *"entrepo"* (Hebreos 12:9) y significa reverenciar; pero usaron *"proskyneo"*, palabra que significa adoración. Es cierto que *"proskyneo"* también significa respetar u honrar; pero si se quería diferenciar el culto dado a nuestro Señor Jesús del que se le brinda a María y a los santos no se hubiera usado la misma palabra.

En cuanto a la imagen de Jesús, esta no puede ser adorada, ya que no es Dios, pero el cardenal Roberto Belarmino, doctor de la iglesia católica dijo:

> *"El mismo honor se debe a la imagen que al ejemplar: por ello la imagen de Cristo debe ser adorada con el culto de Latría".*[455]

Tomás de Aquino afirma que:

> *"Como Cristo mismo es adorado con honor divino, se sigue que su imagen debe ser adorada con honor divino".*[456]

Quinta evidencia: El Papa Pío XII dijo alto y claro que María:

> *"… era digna de recibir el honor, la gloria, el imperio, —porque más llena de gracia, más santa, más hermosa, MÁS ENDIOSADA (endeusada), incomparablemente más, que los más grandes Santos y los más sublimes Ángeles".*[457]

Sexta evidencia: Cuando se reza el rosario se exalta a María con más títulos que a Dios. Si Dios es más grande que María como lo acepta el catolicismo, ¿Por qué apenas se dice de Dios lo siguiente?:

---

454 https://mercaba.org/CONCILIOS/C_08.htm

455 Cap. 20, Ed. Prag. 1721.

456 Suma teológica parte III ques. 25.

457 https://www.vatican.va/.../hf_p-xii_spe_19460513_fatima.html

"Señor, ten piedad. Cristo, ten piedad. Señor, ten piedad. Cristo, óyenos. Cristo, escúchanos. Dios Padre celestial, ten misericordia de nosotros. Dios Hijo, Redentor del mundo, Dios Espíritu Santo, Santísima Trinidad, un solo Dios".

Y luego de esto se habla tanto de María con tantos títulos:

"Santa María, ruega por nosotros: Santa Madre de Dios, Santa Virgen de las vírgenes, Madre de Cristo, Madre de la Iglesia, Madre de la divina gracia, Madre purísima, Madre castísima, Madre siempre virgen, Madre inmaculada, Madre amable, Madre admirable, Madre del buen consejo, Madre del Creador, Madre del Salvador, Madre de misericordia, Virgen prudentísima, Virgen digna de veneración, Virgen digna de alabanza, Virgen poderosa, Virgen clemente, Virgen fiel, Espejo de justicia, Trono de sabiduría, Causa de nuestra alegría, Vaso espiritual, Vaso de honor, Vaso insigne de devoción, Rosa mística, Torre de David, Torre de marfil, Casa de oro, Arca de la Alianza, Puerta del Cielo, Estrella de la mañana, Salud de los enfermos, Refugio de los pecadores, Consuelo de los afligidos, Auxilio de los cristianos, Reina de los ángeles, Reina de los patriarcas, Reina de los profetas, Reina de los apóstoles, Reina de los mártires, Reina de los confesores, Reina de las vírgenes, Reina de todos los santos, Reina concebida sin pecado original, Reina asunta al cielo, Reina del Santísimo Rosario, Reina de la familia, Reina de la paz".

Séptima evidencia: Los cristianos seremos Dioses según el catecismo católico-romano, lo cual implica que aparte de Dios Triuno, los cristianos debemos ser dignos de adoración.

¿Podrían los ángeles adorarnos a nosotros los cristianos en un futuro por ser Dioses? Si esto es asi, ¿no es este un acto idolátrico?

El catecismo católico en el numeral 460 presenta una cita de Atanasio en donde lo aprueba. Veamos lo que dice:

"460... Porque el Hijo de Dios se hizo hombre para hacernos Dios".[458]

Octava evidencia: El apologista católico, Dante Urbina, quien ha perdido toda credibilidad intelectualmente, es tristemente un educador de apologética católica. Este señor, enseño idolatría cuando dijo:

---

458   S. Atanasio, Inc., 54,3.

"El pasaje más conocido de la Biblia es Juan 3:16, donde leemos: tanto amó Dios al mundo que entregó a su único Hijo para que todo aquel que crea en Él no se pierda más tenga vida eterna. Pues bien, también ciertamente podemos decir: tanto amó María al mundo que entregó a su único Hijo para que todo aquel que crea en Él no se pierda más tenga vida eterna. En tanto María, como esclava del Señor, porque así ella misma se confiesa, se une al plan de Dios y está allí, al pie de la cruz, cumpliendo ese plan. Mil veces María habría preferido ser crucificada ella misma, a ver crucificado a su Hijo. Grande pues es el amor de María al entregarnos a Jesús".

¿Por qué los apologistas romanos no denunciaron este pecado? Señores católicos, *"lo que uno sabe que está mal y no lo denuncia, lo aprueba"*, ya que el que no recoge con Cristo, desparrama.

Las palabras de Urbina son extremadamente idolátricas, y mientras no pida perdón públicamente por su pecado, nadie debería dialogar ni debatir con él, porque su locura es extrema y no hay palabras para describir lo que ha hecho. Solo nos queda orar por él.

El apologista Felix Gonzales en su sitio web www.cristianismoparaateos.com presentó algunas razones del porque Urbina cometió el pecado de idolatría, de lo cual este señor no se ha arrepentido. Veamos tres razones que he escogido de su artículo, *¿La "Virgen" Entregó a Su Hijo Por Amor Al Mundo?:*

1. El problema de Dante no es solo la semántica sino su falsa analogía de comparar la acción de Dios a la de María pues solo se podría decir que por amor a Dios ella no se opuso…

2. La idea de que María hubiese preferido mil veces ser crucificada en lugar de Cristo no tiene fundamento bíblico ni Patrística y tampoco convence a nadie que lee su Biblia. De hecho, la crucifixión fue un acto tan violento que hasta el mismo Jesús dijo "Padre mío, si es posible, pase de mí esta copa; pero no sea como yo quiero, sino como tú" (Mateo 26:39, Marcos 14:36 y Lucas 22:42). ¿Y ahora Dante nos quiere hacer creer que María no hubiese tenido problema alguno en aceptar ser crucificada? Eso sería elevarla por encima del mismo Dios, por lo mismo es idolátrico.

3. El "amor al mundo" de Juan 3:16 denota omnipresencia y omnisciencia los cuales son atributos que solo se le puede atribuir a Dios. ¿Acaso alguien puede amar al mundo sin conocer a todas las personas?[459]

459 https://www.cristianismoparaateos.com/index.php/2023/05/31/la-virgen-entrego-a-su-hijo-por-amor-al-mundo/

Novena evidencia: La hostia adorada. En el catolicismo se adora un pan aun cuando saben que un pan no puede ser Cristo ni en cuerpo ni en alma ni en divinidad.

Creer que un pan es Cristo y por lo mismo puede adorársele es pasar por alto que al comerse se estaría cometiendo el pecado de tortura y asesinato de nuestro Señor Jesucristo con los dientes.

Creer que un pan es Cristo y por lo mismo puede adorársele es suponer que los apóstoles y El Espíritu Santo contradijeron al Señor Jesús en el Concilio de Jerusalén cuando se dijo que se abstengan de la sangre (Hechos 15:28-29).

Creer que un pan es Cristo y por lo mismo puede adorársele es no entender que la sangre no se puede consumir ya que la vida de la carne está en la sangre y porque es para expiación (Levítico 17:10-12).

Creer que un pan es Cristo y por lo mismo puede adorársele es pasar por alto la encarnación. Cristo con su cuerpo no puede estar en todo lugar, ya que el cuerpo de Él no es Omnipresente, y asi lo reconoce el catecismo católico. Veamos el numeral 476 en donde se dice: *"Como el Verbo se hizo carne (…) El cuerpo de Cristo era limitado".*

Creer que un pan es Cristo y por lo mismo puede adorársele es pasar por alto que este pan los ratones y murciélagos se lo pueden comer.

Decima evidencia: El Concilio de Elvira (306) prohibió que imágenes de Dios sean pintadas porque había idolatría en dar culto a estas pinturas. En su canon 36 se dice:

> *"Ordenamos que no haya pinturas en la Iglesia, de modo que aquello que es objeto de nuestra adoración no será pintado en las paredes".*

En Constantinopla, Llamada la NUEVA ROMA, el emperador León I convocó a un concilio en 730 que prohibió el uso de las imágenes porque la gente las adoraba.

En el 787 el concilio de Nicea aprobó el uso de las imágenes. Tan solo para ser desestimado 7 años después por el concilio de Francfurt que las prohibía. Luego en el 815 Constantinopla anuló el II concilio de Nicea y las volvió a prohibir. Y la condena se justificó en el 825 en el concilio de Paris nuevamente en el que se expuso que era un grave error dejar que el pueblo se avocara a las imágenes.

En el Siglo XV, anterior a la reforma, el Concilio de Rouen en su séptimo canon, condenó la práctica de dirigir oraciones a las imágenes bajo títulos peculiares, como *"Nuestra Señora del Remedio"*, *"Nuestra Señora de la Piedad"*, *"de la Consolación"*, y otras semejantes, alegando que tales prácticas tendían a la superstición, como si hubiera más virtud en una imagen que en otras.[460]

Por todo lo expuesto, no debe quedar duda alguna que el catolicismo promueve la idolatría, y esto, para perdición de las almas.

Onceava evidencia: La iglesia católica idolatra a María cuando ella es el objeto de predicación y adoración. Mathew Slick ha presentado evidencia que demuestra que el catolicismo idolatra a María, evidencia que parece haberse quitado, quizá para no pasar vergüenza. Según Slick en la obra, *"Colección del Vaticano, Volumen 1, Concilio Vaticano II, Los documentos Conciliares y Post Conciliares"* se lee:

> *"65. Pero mientras que para la mayoría de la iglesia la Santísima Virgen ya ha alcanzado esa perfección en la cual ella existe sin mancha o arruga (compárese Efesios 5:27), el fiel todavía lucha por conquistar el pecado e incrementar en santidad. Y así, torna sus ojos a María, modelo de virtudes, quien brilla hacia adelante a toda la comunidad elegida. Meditando devotamente en ella y contemplándola a la luz de la Palabra hecha hombre, la Iglesia, reverentemente penetra más profundamente en el gran misterio de la Encarnación y viene a ser más y más como la esposa de ella. María, en una forma, habiendo entrado profundamente en la historia de la salvación, reúne en su persona las doctrinas más importantes de la Fe: y cuando ella es el objeto de predicación y adoración, ella, prontamente mueve al fiel para que venga a su hijo, a su sacrificio y al amor del Padre".[461]*

Doceava evidencia: Alfonso María de Ligorio invita a la idolatría de nuestra amada hermana María. Millones de católicos que leen el libro, *"Las Glorias de María"* de Alfonso María de Ligorio se han visto movidos a cometer idolatría. En este libro se dice:

> *"Oh grande, oh excelsa y gloriosísima Señora! Postrados a los pies de vuestro trono os adoramos".[462]*

---

460 Labb. et Coss. conc. tom. XIII. Concil. Rothomag. Can. VII. col. 1307. París 1671.

461 Colección del Vaticano, Volumen 1, Concilio Vaticano II, Los documentos Conciliares y Post Conciliares. Editor General Austin Flannery, O.P. Edición nueva y revisada de 1992; Compañía de publicación Costello [Costello Publishing Company], Northport, Nueva York. 1992, páginas 420-421.

462 Las Glorias de María. Tercera edición, pág. 329

Es entendible que un católico o un cristiano evangélico use frases como: *"te adoro mi vida"* o *"evangelio adorado"* en forma figurada; pero la afirmación que hace Ligorio en su contexto no permite que sea tomada de esta manera, ya que él hizo esta afirmación en un contexto de alabanza idolátrica. Nótese que en el mismo libro se dice a María lo que la Biblia le atribuye a nuestro Señor Jesús:

> *"La Trinidad entera, Oh María, te dio un nombre… sobre todo nombre, que en tu nombre se doble toda rodilla de los que están en los cielos, y de los de la tierra…"*[463]

En otro lugar dice el idolatra Alfonso maría de Ligorio:

> *"cuan justo es que la Madre participe del poder del Hijo, y que siendo Éste omnipotente, comunique a su Madre la omnipotencia. El Hijo es omnipotente por naturaleza; la Madre es omnipotente por gracia, de suerte que obtiene con sus oraciones cuanto desea,…"*[464]

Alfonso María de Ligorio creyó que seriamos tontos para creernos su cuento, y para excusarse de que no es idolatra, afirma:

> *"Se llama pues omnipotente María en el modo que puede entenderse de una criatura, la cual no es capaz de un atributo divino. Y es omnipotente porque con sus ruegos alcanza cuanto quiere".*[465]

Este idolatra y enemigo de la verdad, sabe que no debe llamarse Omnipotente a María; pero para justificarlo afirma que se la puede llamar de esta manera por causa de los supuestos ruegos marianos, los cuales, según él, alcanzan cuanto quiere.

Si María no tiene el atributo de la Omnipotencia, ella no puede ser llamada Omnipotente. Entonces, ¿porque lo hace este idolatra? Porque no halla la manera de ver que los católicos exalten a María y la idolatren. La idea que intenta comunicar es: *"Llamen a María Omnipotente por sus ruegos alcanzados, aunque ella no lo sea realmente".*

¿Qué persona no se da cuenta que a María no se la puede llamar Omnipotente? Solo los necios justificarían las declaraciones de este idolatra. Casi todo el mundo sabe que María no intercede por nadie, porque las

---

463 Las Glorias de María.

464 Las glorias de maría. Tomo I, pág. 167

465 Las glorias de maría. Tomo I, pág. 168

muchas peticiones que se hacen a María para que no haya más violaciones por parte de los curas a los niños, monaguillos y monjas, esto nunca ha cambiado absolutamente nada.

Otras declaraciones que hizo este profano son las siguientes:

"¡Feliz el que con amor y confianza abraza estas dos anclas de salvación: Jesús y María! No perecerá para siempre" (pág. 31).

"María, para salvar nuestras almas, sacrificó amorosamente la vida de su Hijo" (pág. 47).

"Si María es por nosotros, ¿quién contra nosotros?" (pág. 90).

"Muchas cosas se le piden a Dios, y no se obtienen. Le preguntas a María y lo consigues" (pág. 118).

"En ti, Señora, he puesto toda mi esperanza y de ti espero mi salvación" (pág. 147).

Los católicos necesitan saber algo sobre María:

María, la madre de nuestro Señor Jesús, nuestra amada hermana, fue santa, pero no impecable; fue bienaventurada, pero no la mejor cristiana. Que María haya dicho que las generaciones la llamaran bienaventurada no significa que cada vez que hablemos de ella le añadamos un, *"bienaventurada"*.

María, por ser escogida para dar a luz a nuestro Señor Jesús, tuvo que haber sido una mujer consagrada, pero nada indica que, por ser elegida para ser la madre de nuestro Señor Jesús, fue la mejor mujer del mundo. Y si fue elegida por ser la más santa, nada indica que María siguió en santidad y consagración a Dios durante toda su vida. Lo que vemos en María es una mujer de Dios, pero con errores y fallas, de tal manera que hasta trato al Señor Jesús como loco (Marcos 3:21,31).

María, nuestra hermana en la fe, es amada por los cristianos, pero no idolatrada. Solo los católicos la idolatran. Ellos la tratan como diosa, aun cuando no la llaman diosa.

María, nuestra hermana en la fe, no es la mejor cristiana, ni mucho menos, mejor que los ángeles.

María no es mayor que los ángeles. Si nuestro Señor Jesús siendo más santo que María, fue menor que los ángeles por causa de la encarnación, ¿Por qué María seria la reina de los ángeles?

A María se la trata de la misma manera que a la diosa Ishtar, solo que no se la llama diosa para ocultar la idolatría. Un autor pagano ora a Ishtar de la siguiente manera:

> *"Señora majestuosa, cuyos mandatos son poderosos... ¡Oh mi señora, enséñame qué hacer, asígname un lugar de descanso! ¡Perdona mi pecado, levanta mi rostro! (...) ¡Mi diosa, que es la maestra de la súplica, que te presente mi oración!".*[466]

Como puede ver, esta oración es similar a las oraciones que hacen los católicos a María, por lo tanto, son idolatras.

Treceava evidencia: El catolicismo enseña la idolatría cuando le atribuye a María, lo que solo Dios puede hacer. María, según la ICAR, hizo expiación por los pecados de los hombres:

> *"En el poder de la gracia de la redención merecida por Cristo, María por su entrada espiritual en el sacrificio de su hijo divino para los hombres, hizo expiación por los pecados del hombre y (de congruon) merecía la aplicación de la gracia redentora de Cristo. De esta forma, ella coopera en la redención subjetiva de la humanidad".*[467]

Según, la ICAR, nuestra esperanza debe descansar en María:

> *"Toda nuestra esperanza debe descansar en la Santísima Virgen –en todo lo justo e inmaculado de quien ha aplastado la cabeza venenosa de la serpiente más cruel y traído salvación al mundo".*[468]

Según, la ICAR a María podemos confiarle todos nuestros cuidados:

> *"María es madre de Dios y madre nuestra; podemos confiarle todos nuestros cuidados y nuestras peticiones: ora por nosotros como oró por sí misma: Hágase en mí según tu palabra. (Lc 1, 38). Confiándonos a su oración, nos abandonamos con ella en la voluntad de Dios: Hágase tu voluntad".*[469]

Según, la ICAR María puede Liberar las almas de la muerte:

---

[466] https://sourcebooks.fordham.edu/ancient/1600babylonianprayers.asp

[467] Fundamentos del Dogma Católico, página 213, citado en "Los hechos del Catolicismo Romano" ["The facts on Roman Catholicism"], por John Ankerberg y John Weldon, Harvest House Publishers, Eugene, Oregón, 1993, página 51

[468] Papa Pío XII, Ineffabilis Deus

[469] CIC. 2677.

"Alcanzaste [María] la fuente de la Vida porque concebiste al Dios viviente, y con tu intercesión salvas de la muerte nuestras almas".[470]

Alfonso de Ligorio decía en su libro Las glorias de María, que según, Anselmo:

"si alguien es ignorado y condenado por María, necesariamente se pierde".[471]

Pero, ¿Cómo María podría condenar las almas? ¿Acaso no es nuestro Señor Jesús quien juzgara? Solo aquí en la tierra se nos ha concedido juzgar algunas cosas con justo juicio; pero después de esta vida nadie tiene esa autoridad.

Según, la ICAR, la salvación es a través de María. Veamos lo que dicen las encíclicas papales:

"Dios le ha entregado el tesoro de todas las cosas buenas, para que todos sepan que a través de ella se obtienen todas las esperanzas, todas las gracias y todas las salvaciones. Porque esta es su voluntad, que obtengamos todo a través de María".[472]

"Oh, Santísima Virgen, nadie abunda en el conocimiento de Dios excepto a través de ti; ninguno, oh Madre de Dios, obtiene la salvación, excepto a través de ti, nadie recibe un don del trono de la misericordia, sino a través de ti".[473]

"Con igual verdad, se puede decir que el gran tesoro de todas las gracias que nos ha dado el Señor, la gracia y la verdad vinieron por Jesucristo: nada viene a nosotros, excepto a través de la mediación de María, porque tal es la voluntad de Dios. Por lo tanto, como ningún hombre va al Padre sino por el Hijo, así nadie va a Cristo excepto por su madre".[474]

Catorceava evidencia: El catolicismo incita a la Idolatría cuando presenta a María como más misericordiosa que nuestro Señor Jesús. Según Ligorio:

"Cristo, como Juez, le corresponde castigar, y a la Virgen como madre, siempre le corresponde compadecerse. Quiere decir que encontramos antes la salvación recurriendo a la Madre que al Hijo, no porque sea

---

470   CIC. 966.

471   Cap. VIII, pág. 221

472   Pío IX: Encíclica, Ubi primum, 2 de febrero de 1849

473   León XIII: Encíclica, Adiutricem populi, 5 de septiembre de 1895

474   León XIII, Encíclica, Octobri mense, 22 de septiembre de 1891

María más poderosa que el Hijo para salvarnos, pues bien sabemos que Jesús es nuestro exclusivo redentor, quien con sus méritos nos ha obtenido y el únicamente obtiene la salvación, sino porque recurriendo a Jesús y considerándolo también como nuestro Juez, a quien corresponde castigar a los ingratos, nos puede faltar (sin culpa de él) la confianza necesaria para ser oídos; pero acudiendo a María, que no tiene otra misión más que la de compadecerse como madre de misericordia y de defendernos como nuestra abogada, pareciera que nuestra confianza fuera más segura y más grande".[475]

Aun cuando El Señor Jesús juzgara al mundo, Él está a la derecha del Padre para abogar por nosotros. ¡Jesús es más bueno y compasivo que María!

Quinceava evidencia: Mariolatría en los Heraldos del evangelio. El apologista católico Guido Rojas ha reconocido que los llamados *"Heraldos del evangelio"* incitan a la idolatría. En un folleto, que ellos reparten, dice lo siguiente en su logo: *"Reina salvadme, virgen de Fátima".* Y esto es una herejía porque María no salva.

En el folleto viene una medalla y allí se dice que están esperando el reino de María. Y para empeorar las cosas, la cita de 1 de Corintios 2:9, la cual dice que cosas que ojo no vio ni oído oyó son las que Dios ha preparado para los que le aman ha sido cambiada y dice que lo que, *"ni ojo vio ni oído oyó ni vino a la mente del hombre"* es lo que *"María ha preparado"* para los que lo aman.

Como puede verse, el catolicismo es un sistema religioso idolátrico. Las evidencias que he presentado lo demuestran.

UNA REFUTACIÓN A LOS ARGUMENTOS CATÓLICOS PRESENTADOS A FAVOR DEL USO DE IMÁGENES

Ahora vamos a refutar los argumentos de los católicos:

Primer argumento: Dios ordeno hacer imágenes de querubines sobre el arca de la alianza con fines de veneración. Se cita Éxodo 26:1, el cual dice: "Harás el tabernáculo de diez cortinas... y lo harás con querubines de obra primorosa" (Éxodo 26:1).
Respuesta:

1. Este argumento es malísimo. Dios no mandó que los querubines se hicieran como objetos de veneración y postración. Los querubines debían permanecer en el arca del pacto. Además, la veneración de los Querubines

---

475   Las Glorias de María. Capítulo IV, Punto 4

fue inaccesible. Según Geisler *"la posición de los querubines en el lugar santísimo adonde solo el sumo sacerdote podía ir una vez al año en el día de la expiación (Lev. 16) los hizo inaccesibles para lo posibilidad de (…) veneración por el pueblo"*[476]

2. Lo que se encontraba en el tabernáculo, incluidos los Querubines eran figuras y sombras de las cosas celestiales. Y los cristianos ya no estamos bajo las sombras; sino bajo la realidad. Los mandamientos de Dios de hacer Querubines fueron dados en el Antiguo Testamento solo para el pueblo de Israel. Los cristianos estamos bajo el Nuevo Pacto, no bajo aquello que se abolió (Hebreos 10).

3. Los verdaderos siervos de Dios no enseñan el ofrecimiento de veneración a imágenes de santos, ya que esto Dios *"nunca les mandó"* (Levítico 10:1-2).

4. En el Nuevo Pacto tenemos una Ley y mandamientos que cumplir, y allí no se nos ha ordenado por ninguno de los apóstoles el hacernos imágenes de Cristo, de María o de algún otro santo.

Segundo argumento: Dios ordeno hacer imágenes de animales (leones, bueyes y ángeles) en el templo de Salomón (1 Reyes 7:29).
Respuesta:
1. No hay evidencia bíblica que demuestre que Salomón venero a los leones, bueyes o ángeles.

2. Estas imágenes no eran de santos, sino solo de animales y ángeles.

3. Todo esto era en el Antiguo Pacto. En el Antiguo Pacto, el tabernáculo y su contenido eran figuras y sombras de las cosas celestiales (Hebreos 9:23; 10:1). Ahora estamos en un Nuevo Pacto. El Antiguo Pacto fue abolido. *"Al decir: Nuevo pacto, ha dado por viejo al primero; y lo que se da por viejo y se envejece, está próximo a desaparecer"* (Hebreos 8:13), y por lo tanto ya no estamos para hacer lo que se ordenó en el Antiguo Pacto.

Tercer argumento: Dios mandó hacer a Moisés una imagen de una serpiente de bronce (Números 21:6-9), por lo tanto, el tener imágenes de María y de los santos no es malo.
Respuesta:
Aquí tengo que presentar varias respuestas:

---

476 Norman Geisler. ¿Deben los cristianos venerar imágenes tal y como enseña la iglesia católica?

1. Dios solo ordeno que se hiciera la imagen de una serpiente de bronce, no de hombres como Abraham, Enoc u otro santo. Nunca más se dio la orden de hacer imágenes como esta, con excepción de las que estaban en el templo.

2. Si se hizo esta serpiente de bronce fue por orden de Dios, no por iniciativa humana. Si los israelitas hubieron hecho imágenes de los santos como Abraham o Enoc, hubieran pecado ya que Dios no les dio esa orden. Y eso sería una añadidura a la Escritura dada en sus días.

3. Nadie se postro ante ella, ni la venero. Sin embargo, los fieles católicos se postran ante las imágenes de María y de los santos y así cometen el pecado de idolatría, desobedeciendo la orden que dice claramente que solo ante Dios debemos de postrarnos (2 Reyes 17:36).

4. Esta imagen no tuvo como fin el postrarse y el pedir la intercesión de algún santo.

5. Debe notarse que Dios sabía que el pueblo de Israel iba a quemar incienso a esta serpiente de bronce y aun así ordeno que se hiciese. ¿Porque entonces lo ordeno Dios? Lo ordeno porque los Israelitas al mirar esta serpiente iban a ser sanados de las mordeduras de las serpientes ardientes que Dios mismo había enviado para morder al pueblo rebelde. Pero esta orden no solo tenía como fin evitar la muerte. Dios también quería enseñarnos que las imágenes son una tentación que lleva a la idolatría. ¿Sería culpable de este pecado Dios? No, ya que esa imagen inmediatamente después de cumplir con su propósito debía de ser destruida y no idolatrada.

6. La serpiente que Dios ordeno que hiciera Moisés, fue para que al mirarla, sean sanados aquellos que habian sido mordidos por serpientes venenosas que Dios mismo había mandado para que los mordieran por haber hablado mal contra El y contra su Siervo Moisés. No tuvo otro fin.

7. Aunque algunos necesitaban ver la imagen de la serpiente de bronce, nada indica que esta sería la única forma de recibir el milagro. Si hubieran tenido fe y hubieran estado totalmente arrepentidos, Dios los hubiera sanado; pero por causa de su infantilismo Dios ordeno que se hiciera esta imagen. Hoy en día muchos quieren seguir con su infantilismo y esperan tener imágenes de santos para recibir milagros.

Cuarto argumento: Los siervos de Dios se postraron ante imágenes de Querubines (Josué 7:6). Martin Zavala en un artículo afirma: "se postraron delante del Arca y allí estaban las dos imágenes de querubines"477

Respuesta:

La referencia bíblica de Josué 7:6, la cual menciona Martin Zavala dice lo siguiente: *"Entonces Josué rasgó sus vestidos, y cayó sobre su rostro en tierra ante el arca de YHVH hasta la tarde, …"* (Biblia Textual).

Aquí quiero hacer algunas observaciones:

1. Muchas traducciones de la Biblia traducen mal cuando afirman que Josué *"se postro rostro en tierra"* delante del Arca de Dios. Por ejemplo, la Biblia de Jerusalén vierte Josué 7:6 de la siguiente manera: *"Josué desgarró sus vestidos, se postró rostro en tierra delante del arca de Yahveh hasta la tarde, junto con los ancianos de Israel, y todos esparcieron polvo sobre sus cabezas"* (Josué 7:6. Biblia de Jerusalén).

¡Esta es una mala traducción!

En el pasaje de Josué 7:6 no puede traducirse por *"se postro rostro en tierra"*, sino como lo vierte la Biblia Textual: *"Entonces Josué rasgó sus vestidos, y cayó sobre su rostro en tierra ante el Arca de YHVH hasta la tarde, él y los ancianos de Israel, y se echaron polvo sobre sus cabezas"* (Josué 7:6 Biblia Textual. 1999).

Lo que sucedió es que Josué *"cayó sobre su rostro en tierra"* postrado. Él no se postro. La palabra hebrea que se usa en Josué 7:6 es *"naphal"* y significa según Strong: *"caerán"*, *"cayeron"*, *"caerá"*, *"a caer"*, *"mentira"*; pero no, *"postrarse"*.

¿Por qué está mal postrarse ante una imagen de María o el de un santo?

Porque el postrarse ante una persona, es una reverencia extrema, que no es apropiada para los seres humanos, por eso la Biblia nos dice que solo ante Dios debemos de postrarnos. Podemos honrar, reverenciar o venerar de las maneras apropiadas, a nuestros padres, a los que predican el evangelio o a cualquier persona que se lo merezca; pero el postrarse no es una forma apropiada de honrar. En el Antiguo Testamento se permitió esta honra; pero nunca se la ordenó.

2. El arca del Pacto o los Querubines no son seres humanos, por lo tanto, de este pasaje no se deduce que hay que postrarnos ante hombres santos,

477 Imágenes e Ídolos. Martin Zavala. http://www.defiendetufe.org/idolos.htm

menos ante sus imágenes. Ya se ha presentado evidencia bíblica que demuestra que solo ante Dios debemos postrarnos, no ante las imágenes de los Querubines, las cuales se encontraban en el Arca del Pacto.

3. Afirmar que Josué se postro ante los Querubines no es algo que el texto diga. El texto dice que Josué *"cayó sobre su rostro en tierra ante el Arca de YHVH"*. Sin embargo, si Josué se hubiera postrado ante el Arca de Dios, no significa que Él estaba pensando postrarse ante los Querubines. Esto puede ser visto como algo accidental, su fin sería adorar a Dios, ya que el Arca del Pacto representaba la presencia de Dios.

¿Se imaginan si yo dijera que Tomas se postro ante las bacterias del apéndice del cuerpo de nuestro Señor o ante los microbios que pudieran estar en sus sandalias, solo porque este se postro ante nuestro Salvador? ¡Sería ridículo!

4. Moisés Pinedo escribe: *"Es esencial considerar el contexto de Josué 7:6. Aunque algunos católicos argumentan que Josué y los ancianos de Israel se postraron para honrar y venerar a las imágenes de los querubines que estuvieron en el arca, el contexto revela hechos completamente diferentes. "El versículo seis nos informa que Josué "rompió sus vestidos", y él y los ancianos del pueblo "echaron polvo sobre sus cabezas". Romper los vestidos y echar polvo en la cabeza eran señal de gran dolor, vergüenza o penitencia (cf. Génesis 37:29,34; 2 Samuel 3:31; 13:30-31; Job 1:20; Lamentaciones 2:10, et.al.). Estas acciones no eran señal de adoración. En realidad, Josué y los ancianos de Israel no tuvieron la más mínima intención de dar honor o adoración al arca del pacto o a los querubines sobre el arca"*[478]

5. En el Antiguo Pacto, Dios *"moraba"* de una manera especial en el tabernáculo; pero bajo el Nuevo Testamento, Dios ya *"no habita en templos hechos por manos humanas"* (Hechos 17:24). Ya no estamos bajo el Antiguo Pacto y no hay razón alguna para postrarnos ante un Arca o lugar Santísimo. Además, como se dice en Hechos 17:24, Dios ya *"no habita en templos hechos por manos humanas"*.

Quinto argumento: Jesús no condenó la imagen del Cesar (Marcos 12:16). Respuesta:

En Marcos 12:16 leemos: *"Se lo trajeron, y Él les dijo: ¿De quién es esta imagen y la inscripción? Y ellos le dijeron: Del César"*.

---

478   Moisés Pinedo. La Biblia y las Imágenes del Catolicismo. Parte II

Aquí no vemos a Jesús condenando la imagen del Cesar y por eso pienso que no es malo tener imágenes de personas en las monedas, billetes, libros, periódicos, revistas, etc. Sin embargo, de esto no se deduce que se puede tener imágenes de Dios o de los santos con fines religiosos.

Sexto argumento: Los santos hombres se postraban ante hombres honorables, por lo tanto, no era malo hacerlo.
Respuesta:

1. En el Nuevo Pacto, no se ordena, ni se ve a ningún cristiano postrándose ante otro, ni ante imágenes de santos o de María. Solo el carcelero de Filipos se postro ante Pablo; pero este no era cristiano, ya que él dijo a Pablo: *"¿qué es menester que yo haga para ser salvo?"*.

El erudito en griego A. T. Robertson nos dice que este carcelero adoro a Pablo. Robertson escribe:

> *"Se postró (prosepesen). Segundo aoristo de indicativo, voz activa, de prospiptö, un antiguo verbo. Un acto de adoración como Cornelio ante Pedro (10:25), donde se emplea prosekunësen".*[479]

Sin embargo, si este carcelero no hubiera adorado a Pablo, igualmente no hay nada que justifique su postración. Es entendible que se haya postrado ante Pablo como un inconverso que era; pero no hay nada en la Biblia que indique que estaba haciendo lo correcto. Muy seguramente Pablo le corrigió sobre esta y muchas otras prácticas malas que este tenía, ya que Pablo nunca rehuyó dar todo el consejo de Dios. Él dijo muy claramente: *"no he rehuido anunciaros todo el consejo de Dios"* (Hechos 20:27), y uno de esos consejos que el daría es el de no postrarse ante nadie, excepto ante Dios.

2. ¿Por qué en el Antiguo Testamento algunos hombres se arrodillaban ante otros hombres? Porque era una forma de honra; pero prohibida.

3. Aun si fuera cierto que no está mal postrarse ante una persona, debe notarse que las postraciones de Salomón, Abdías, Davis y otros hombres de Dios hacia otras personas, está muy claro que solo fueron hechas para mostrar un respeto que no llega a la clase de veneración que se ha practicado en el catolicismo. A lo mucho les tomo cinco segundos para postrarse y levantarse como simple señal de respeto. No estaban dándoles una veneración idolátrica como sucede en el catolicismo. No estaban postrados buen rato ni estaban

---

479 Comentario al texto griego del Nuevo Testamento. Clie, 2003, pág. 326

diciendo, *"oh rey de los profetas y de los santos, fuente de santidad, fuente de santidad y esposa del Espíritu Santo"* ya que todo esto es idolátrico.

Séptimo argumento: En el primer siglo los cristianos se postraban ante una Cruz en el pueblo de Herculano (Italia) y ante muchas otras imágenes de Jesús.

Respuesta:

1. En esta imagen hay una cruz cristiana; pero en el mismo lugar hay una pintura de una divinidad con forma de serpiente.

El teólogo y profesor de Historia Antonio Varone responde a este argumento de la siguiente manera:

> *"Aparte de las dudas sobre la identificación de este símbolo que se supone que es una cruz cristiana, existe el descubrimiento en la misma panadería de la pintura de una divinidad con forma de serpiente, y algunos hallazgos sumamente obscenos que son también difíciles de conciliar con la supuesta espiritualidad cristiana del dueño de la panadería. Es sabido que, desde los albores de la civilización, aun antes de convertirse en símbolo de redención, el emblema cruciforme se utilizaba con un claro significado mágico y ritual. En tiempos antiguos se creía que la cruz tenía el poder de proteger de influencias malignas o destruirlas, y servía principalmente de amuleto".*[480]

Este argumento católico no demuestra que el hombre que tenía esta cruz, era cristiano. De hecho, este hombre tenía, *"la pintura de una divinidad con forma de serpiente"*, lo cual demuestra que no era cristiano y por lo tanto su práctica no debe imitarse.

2. Al parecer para el II siglo d. C. se adoro la cruz, ya que, en una inscripción blasfema hallada en Roma, en el Palatino, se representa a Cristo con cabeza de burro, clavado en la cruz, y un hombre ante Él; la inscripción dice, en tono de burla: *"Alexameno adora a su Dios".* Pero debe notarse que solo hace mención de una persona adorando, no de todos los cristianos.

Además, la representación es hecha por alguien que puede haberla hecho, interpretándola, según su parecer sobre la creencia de Alexameno. Sin embargo, si no fuera este el caso, igualmente esto no sirve de argumento ya que, si este hombre adoraba a la imagen de Jesús crucificado, nada justifica que esto se haga.

---

480   Antonio Varone, presencias Judaicas y cristianas en Pompeya; 1979, pág. 221

Para el mismo siglo II d. C. en la epístola de Bernabé se menciona la cruz como símbolo cristiano, no como algo que se tenga que hacer para adorarse. Veamos lo que dice:

> *"Dice, en efecto, la Escritura: Y circuncidó Abraham de su casa a trescientos dieciocho hombres. Ahora bien, ¿cuál es el conocimiento que le fué dado? Atended que pone primero los dieciocho y, hecha una pausa, los trescientos. El dieciocho se compone de la I, que vale diez, y la H, que representa ocho. Ahí tienes el nombre de IHSOUS. Mas como la cruz había de tener la gracia en la figura de la T, dice también los trescientos. Consiguientemente, en las dos primeras letras significa a Jesús, y en otra, la cruz".*[481]

De acuerdo con Tertuliano para el III siglo d. C. (alrededor del año 240), los cristianos eran conocidos como los *"adoradores de la cruz"*.[482] Tertuliano también afirma que, *"La gente oraba con los brazos extendidos para representar una cruz".*[483] Pero debe notarse que esto ocurre 200 años después de Cristo, no en la época en la que vivieron los apóstoles.

Según los Cánones de Hipólito se ordena: *"Señala tu frente con la señal de la cruz para derrotar a satán y glorificar en tu Fe"*[484]

Aquí no se enseña que se debe adorar la cruz como reconocen los católicos.

3. Las reliquias antiguas para veneración son falsas o sospechosas. Según The New Catholic Encyclopedia:

> *"muchas de las reliquias más antiguas, debidamente exhibidas para la veneración en los santuarios de la cristiandad o incluso en Roma, deben ahora declararse ciertamente falsas o sospechosas".*

Y añade:

> *"En el arte simbólico de los primeros siglos del cristianismo no se encuentra la representación de la muerte redentora de Jesús en el Gólgota. Los cristianos primitivos —bajo la influencia del Antiguo Testamento, que prohibía las imágenes esculpidas— no estaban dispuestos*

---

481 Epístola de Bernabé IX.8

482 Apol., XV.

483 Origen, "Hom. in Exod.", iii, 3, Tertuliano, "de Orat.", 14

484 c. XXIX; cf. Tertuliano, "Adv. Marc.", III, 22

a representar gráficamente ni siquiera el instrumento de la Pasión del Señor".[485]

¿Cuáles son las otras imágenes que según el catolicismo prueban su uso para rendirles culto?

1. Grafito de Alexámenos (Siglos I al III)

Esta imagen de yeso en una pared de Roma data entre los siglos I y III. En esta imagen esta la inscripción: *"Alexámenos adora a Dios".* ¿Fue este escrito una burla? Al parecer sí; pero es que hacerse imágenes con fines religiosos es algo risible ya que nadie en su sano juicio se hará una imagen para postrarse ante ellas. Si el profeta Elías se burlaba de los falsos dioses, ¿Por qué no de una imagen religiosa como esta?

Sin embargo, no parece ser un escrito en forma de burla ya que dice: *"Alexámenos adora a Dios",* no *"Alexámenos adora a su Dios".*

Quizá el que dejo la inscripción tenía al burro crucificado como su Dios, y no solo Alexámenos.

2. El Buen Pastor (Siglo III)

La imagen del *"Buen Pastor"* encontrada en las catacumbas de San Calixto en Roma no es necesariamente una imagen hecha para rendirse culto. Es posible que haya sido hecha con fines didácticos. Es decir, con el fin de enseñar lo que hace un Pastor. Ahora bien, en esta imagen ni siquiera hay un escrito breve que diga que se haga referencia a Jesús. Han existido muchos pastores en Israel. Quizá se refiera a David, quien también fue un buen pastor de ovejas. He oído a alguien decir que esta es la imagen de Dionisio y parece serlo, porque se parecen mucho. Quizá sea Mitra, no lo se. Pensemos por un momento que es realmente la imagen de Cristo, según la imaginación del autor, ¿fue hecho con fines religiosos? Los católicos deben de probar que esta imagen fue hecha para adorarse; pero como se puede ver, esta clase de imagen no es la que se hace para dar culto.

3. La adoración de los Magos (Siglo III)

Esta es una imagen de una pieza de un sarcófago que se encuentra en los museos Vaticanos. Se muestra la escena de los magos ante Cristo. Data del siglo III. Aquí no se ve necesariamente una adoración. Y si se tratase de una imagen en la que se adora a Jesús, no veo un problema ya que la imagen

---

485   1967, tomo IV, pág. 486

misma no es para postrarse; sino para mostrar lo que hicieron los magos. Así que se hizo simplemente con fines didácticos.

4. La curación del paralítico (Siglo III)

Esta pintura está en la pared del baptisterio de una iglesia antigua (abandonada por mucho tiempo) en Siria. Esta imagen tampoco se hizo para que se le rindiera algún tipo de culto. Fue hecha con fines didácticos.

5. Cristo entre Pedro y Pablo (Siglo IV)

Esta imagen aparece en el cementerio de una villa imperial que pertenecía a Constantino y data del siglo IV. Y tampoco queda claro si esta imagen fue hecha para dársele culto.

6. Pantokrator (Siglo VI)

Esta imagen se encuentra en el Monasterio de Santa Catalina en el Monte Sinaí, y parece que fue hecha para rendirse culto; pero no hay seguridad para afirmarlo. Sin embargo, debemos de tener cuidado de tener este tipo de imagen.

7. La sabana santa (Siglo ¿?)

Yo no creo que en esta sabana se encuentre el rostro del Señor Jesús por varias razones:

(1) En la comunidad científica no hay consenso unánime para aceptar que esta imagen sea realmente de Jesús. Sin embargo, si hubiere consenso unánime, tampoco sería convincente porque el consenso científico muchas veces es temporal.

(2) Si realmente esta imagen es de Jesús, nada indica que Dios tuvo en mente que debía existir para adorarse, ya que sería una imagen del cuerpo físico. En el mejor de los casos serviría para enseñar que los milagros existen y que hay alguien que se sacrificó por nuestros pecados, y esta persona es Jesús, no María. Pero como dije, no hay consenso unánime y no creo que en esta sabana este impregnada la imagen del cuerpo de Cristo.

(3) El rostro de Jesús no tenía cabello largo ya que eso es deshonroso para un hombre según 1 Corintios 11. Jesús no era nazareo ya que él bebía vino y los nazareos no lo hacían; pero se hacían crecer el cabello largo.

(4) El rostro de Jesús fue desfigurado demasiado; pero este rostro de la "sábana santa" no está muy desfigurado. Veamos lo que nos dice la Biblia:

"Como se asombraron de ti muchos, de tal manera fue desfigurado de los hombres su parecer, y su hermosura más que la de los hijos de los hombres" (Isaías 51:14).

Octavo argumento: Los primeros cristianos hicieron imágenes, las cuales se conservan en las catacumbas.

Respuesta:

Estas imágenes no eran hechas con fines religiosos.

Fernando Saraví responde de la siguiente manera a este argumento:

> "Sus representaciones, mayormente pictóricas, incluían episodios de la Biblia, símbolos como el pez (griego YCHTHYS, acrónimo de Iesous Christos, Theou Hyious, Soter = Jesucristo, Hijo de Dios, Salvador), y del Buen Pastor. Sin embargo, no existe evidencia de que existiese ningún tipo de culto hacia tales imágenes recordatorias".[486]

Adrian Fortescue escribe para La Enciclopedia Católica:

> "Diferente de la admisión de imágenes es la cuestión del modo en que eran tratadas. ¿Qué signo de reverencia daban los primeros cristianos a las imágenes de sus catacumbas, si es que daban alguno? Para el primer período no tenemos información. Hay tan pocas referencias en absoluto a las imágenes en la literatura cristiana más primitiva que difícilmente hubiésemos sospechado su ubicua presencia si no estuviesen realmente allí en las catacumbas como el argumento más convincente. Pero estas pinturas de las catacumbas no nos dicen cómo eran tratadas. Podemos dar por sentado, por una parte, que los primeros cristianos entendían perfectamente que las pinturas no tenían parte alguna en la adoración debida sólo a Dios. Su monoteísmo, su insistencia en el hecho de que servían solamente al todopoderoso e invisible Dios, su horror ante la idolatría de sus vecinos, la tortura y muerte que sufrían los mártires antes de derramar una pizca de incienso ante la estatua del numen del emperador son suficientes para convencernos de que no estaban disponiendo filas de ídolos propios. Por otra parte, el lugar de honor que le dan a sus símbolos y pinturas, el cuidado con el que decoran, indica que trataban a las representaciones de sus creencias más sagradas con el menos una decente reverencia. Es a partir de esta reverencia que toda la tradición de venerar las imágenes sagradas se desarrolló gradual y naturalmente".[487]

---

486 Breve historia del culto a las imágenes
487 Images, Veneration of, En The Catholic Encyclopedia, Volume VII, 1910

Noveno argumento: Saúl (1 Samuel 15:12), Absalón (2 Samuel 18:18) y todos los israelitas (Lucas 11:47-48; Mateo 23:29) se hicieron monumentos de sí mismos en el Antiguo Testamento. Aun para Dios mismo habrá una estatua (Isaías 19:19).

Respuesta:

1. Si Saúl hizo una estatua de sí mismo es entendible ya que él estaba lejos de Dios.

Sin embargo, la Biblia dice según el contexto más bien hace referencia a un trofeo que se hizo ya que Saúl había derrotado a los amalecitas. Nada indica por el contexto que se trate un monumento. El texto hebreo usa la palabra *"yad"* que significa *"trofeo"*, *"mano"* y *"poder"*.

La Reina – Valera de 1909 vierte 1 Samuel 15:12 de la siguiente manera: *"Madrugó luego Samuel para ir q encontrar q Saúl por la mañana; y fue dado aviso q Samuel, diciendo: Saúl ha venido al Carmel, y he aquí él se ha levantado un trofeo, y después volviendo, ha pasado y descendido á Gilgal"* (Reina Valera 1909).

Si aceptamos que una buena traducción de *"yad"* es *"monumento"*, igualmente esto no significa que este monumento sea necesariamente una estatua o imagen de Saúl. Y si fuese una estatua de Saúl, no hay nada en el texto bíblico que diga que Samuel no reprendió a Saúl por hacerse ese supuesto monumento de él. Sin embargo, nada indica que dicho monumento haga referencia a una estatua de Saul.

Hasta donde se sabe, un monumento era un altar de piedras: *"5 Y les dijo Josué: Pasad delante del arca de Jehová vuestro Dios a la mitad del Jordán, y cada uno de vosotros tome una piedra sobre su hombro, conforme al número de las tribus de los hijos de Israel, 6 para que esto sea señal entre vosotros; y cuando vuestros hijos preguntaren a sus padres mañana, diciendo: ¿Qué significan estas piedras? 7 les responderéis: Que las aguas del Jordán fueron divididas delante del arca del pacto de Jehová; cuando ella pasó el Jordán, las aguas del Jordán se dividieron; y estas piedras servirán de monumento conmemorativo a los hijos de Israel para siempre. 8 Y los hijos de Israel lo hicieron así como Josué les mandó: tomaron doce piedras de en medio del Jordán, como Jehová lo había dicho a Josué, conforme al número de las tribus de los hijos de Israel, y las pasaron al lugar donde acamparon, y las levantaron allí. 9 Josué también levantó doce piedras en medio del Jordán, en el lugar donde estuvieron los pies de los sacerdotes que llevaban el arca del pacto; y han estado allí hasta hoy"* (Josué 4:5-9).

2. Sobre Absalón solo podemos decir que al ser un hijo rebelde de David pudo haber hecho lo que quiso y es de esperar que haga lo malo. El deseaba matar a su propio padre, no era un hijo de Dios. ¿Qué sorpresa hay en que el haya hecho un monumento para sí?

3. Sobre la afirmación que Jesús hizo en Lucas 11:47-48 no hace referencia a estatuas de Dios o de santos; sino a sepulcros. El Señor Jesús hablo sobre los sepulcros. Veamos lo que dijo: *"¡Ay de vosotros, que edificáis los sepulcros de los profetas a quienes mataron vuestros padres! De modo que sois testigos y consentidores de los hechos de vuestros padres; porque a la verdad ellos los mataron, y vosotros edificáis sus sepulcros"* (Lucas 11:47-48).

El erudito en griego William E. Vine nos dice que el termino monumento, del griego *"mnémeion"* y *"denota en primer lugar un memorial (relacionado con mnaomai, recordar), luego, un monumento (significado de la palabra traducida «sepulcros» en Luk11:47), cualquier cosa hecha para preservar la memoria de cosas y personas. Por lo general denota una tumba, y se traduce «sepulcro» en todos los pasajes en que aparece en la RVR, excepto en Mat. 23:29: Fuera de los Evangelios solo se halla en Act13:29: Entre los hebreos se trataba por lo general de una cueva, cerrada por una puerta o piedra, frecuentemente decorada. Cf. Mat 23:29"*.

4. En cuanto a Dios, la Biblia no dice que El ordenara que se hiciera una estatua de Él, ya que esto sería corromper su gloria.

En Isaías 19:19 se dice: *"Aquel día habrá un altar al SEÑOR en medio de la tierra de Egipto, y un pilar al SEÑOR cerca de su frontera"* (LBLA).

La palabra hebrea que se usa en Isaías 19:19 es *"mizbeach"* y tiene los siguientes significados: *"altar"*, *"altares"*, *"que"* y *"sobre"*, no monumento, mucho menos *"estatua"*.

Como se puede ver los argumentos presentados por los defensores del uso de imágenes y estatuas con fines religiosos no ayudan en nada al fiel católico, excepto para llevarlos al engaño y a la perdición.

Décimo argumento: "Jesús es la imagen de Dios" por lo tanto, se puede tener imágenes de Dios.
Respuesta:
1. Según la Biblia, Jesús es la Imagen de Dios Padre; pero no la imagen física del Padre porque Él no tiene imagen física, Él es Espíritu. Suponer que Jesús es la imagen física de Dios Padre es suponer que la Divinidad es

semejanza de hombre y que tanto el Padre como El Hijo son una especie de gemelos físicamente.

2. Los católicos no saben; pero Jesús es la Imagen de Dios Padre en el sentido de tener sus mismos atributos y cualidades. Cristo es la Imagen de Dios Padre porque El existe en forma de Dios y es igual a Dios (Filipenses 2:6). Ver a Cristo es ver al padre (Juan 14:9).

La palabra imagen en Colosenses 1:15 viene del griego *"eikon"* y tiene los siguientes significados: (1) Semejanza, como la imagen en una moneda o el reflejo en un espejo. Y este no puede ser el significado en este texto porque El Padre no es una persona física. (2) Manifestación, en el sentido de que Dios es enteramente revelado en Jesús. Este último es el significado correcto en este texto, ya que Dios se revela por medio de Jesús, mostrando sus atributos y cualidades divinas.

Capítulo 15
EL PURGATORIO

Por Edgar Treviño

El purgatorio es una de las doctrinas más controvertidas, y también antibíblicas del catolicismo romano, desde una perspectiva evangélica, es una falsa esperanza, un camino no bíblico de salvación, millones de católicos creen en el purgatorio. Se citan textos bíblicos como apoyo para probar esta doctrina, pero, el problema para intentar probar el fundamento de esta doctrina al citar la Escritura, es que esos textos bíblicos que se aducen, no enseñan la doctrina del purgatorio. Roma hace eiségesis de la Escritura para probar su *"lugar de purificación".* La *"eiségesis"* superficial y distorsionada católica romana impuesta sobre la Biblia como supuesto apoyo para la doctrina del purgatorio, no ayudan a la credibilidad de esta doctrina, sino que terminan por echarla abajo. Suena en parte piadoso, y aparentemente también bien intencionado, el orar por nuestros seres queridos que han fallecido, para que alcancen la misericordia de Dios y sean salvos, y también por aquellos conocidos que estimábamos, pero, la Escritura nos enseña que después de la muerte, viene el juicio, y no el purgatorio (Hebreos 9:27). No existe un solo texto de la Escritura en donde Dios enseñe que las oraciones después de la muerte cambien el destino de una persona condenada para salvación. Las citas de los padres de la iglesia que se dice que creían en el purgatorio, no tienen una uniformidad de creencia.

¿Lutero se mantuvo creyendo en la doctrina del purgatorio hasta su muerte?

En su libro: *"El Caso del Catolicismo. Respuestas a las objeciones protestantes clásicas y contemporáneas"*, el apologista católico romano Trent Horn escribió:

> *"Al principio de la Reforma protestante, el debate sobre el purgatorio no se refería a su existencia, sino a la autoridad de la Iglesia para*

imponer castigos. Por ejemplo, en sus Noventa y Cinco Tesis, Martín Lutero escribió: "El Papa hace muy bien cuando concede la remisión a las almas del purgatorio, no por el poder de las llaves, que no tiene, sino intercediendo por ellas". Cuatro años más tarde, Lutero dijo: "Nunca he negado la existencia del purgatorio. Sigo sosteniendo que existe, como he escrito y admitido muchas veces, aunque no he encontrado manera de probarlo incontrovertiblemente a partir de las Escrituras o la razón (Luther Works, 32:95). Pero a medida que avanzaba la Reforma, la gran mayoría de los protestantes llegó a rechazar esta doctrina".[488]

Horn posteriormente cita el repudio de Calvino contra la doctrina del purgatorio, sin embargo, deja a sus lectores con la impresión de que Lutero no repudio el purgatorio. Es conocido que Trent Horn cita fuera de contexto a los eruditos protestantes. Estas palabras de Lutero que Horn cita, pretenden dar la impresión de que Lutero nunca dejo de creer en el purgatorio, otros apologistas católicos romanos al igual que Horn, han citado fuera de contexto a Lutero para apoyar doctrinas del catolicismo romano, eso es falso, veamos la evidencia:

---

488 Trent Horn. The Case for Catholicism. Answers to Classic and Contemporary Protestant Objections pag. 261. Ignatius. Jaroslav Pelikan en su tomo 4 (que trata la Reforma de la Iglesia y el Dogma) de su monumental obra: "La Tradición Cristiana. Una Historia del Desarrollo de la Doctrina" (Pelikan además es uno de los principales expertos en Lutero), hace estas observaciones sobre el cambio que tuvo Lutero en su creencia del purgatorio: "Lutero siguió afirmando durante años después del conflicto de las indulgencias que él "nunca había negado la existencia de un purgatorio". Pero en 1530 publicó su Negación del purgatorio, y poco después su discípulo inglés John Frith, publicó su propia Disputación del purgatorio que "articulaba el pensamiento completo de Frith sobre el tema y presentaba una comprensión bien razonada de la concepción de Lutero de la justificación sólo por la gracia a través de la fe". Estos tratados, sobre la base de un examen de los textos de prueba de la idea del purgatorio, llegaron a la conclusión de que la 'piedra angular' entre éstos, el relato de la 'ofrenda por el pecado' por la que Judas Macabeo 'hizo expiación por los muertos, para que fueran liberados del pecado', carecía de autoridad porque el libro en el que aparecía no pertenecía propiamente al canon de las Escrituras, mientras que otros, como la afirmación del Nuevo Testamento de que un hombre 'se salvará, pero sólo como a través del fuego', no se referían al purgatorio en absoluto, sino al fuego de la oposición a través del cual la predicación del Evangelio debe pasar aquí en esta vida; el peso de la exégesis patrística a favor del purgatorio no podía decidir la cuestión. Era "claramente falso y ajeno a las Sagradas Escrituras, así como a los padres de la Iglesia" prometer que "por el poder de las llaves, a través de las indulgencias, las almas son liberadas del purgatorio". (Jaroslav Pelikan. 4 Reformation of Church and Dogma (1300-1700). The Christian Tradition. A History the Development of Doctrine pags. 136-137. The University of Chicago Press); John D. Meade y Peter J. Curry: "Lutero admite que, aunque 2 Macabeos (véase 12.43-45) ofrece alguna opinión sobre la oración por los difuntos, "en toda la Escritura no hay ningún recuerdo del purgatorio, porque el libro de los Macabeos, al no estar en el canon, sólo es eficaz para los fieles, pero no tendrá éxito contra los obstinados". Para resolver cuestiones de doctrina, Lutero buscaba una autoridad efectiva y prevaleciente, no un libro discutido como el Macabeos". (John D. Meade & Peter J. Curry. Scribes & Scripture. The Amazing Story of How We Got the Bible pag. 137. Crossway).

La Enciclopedia Católica Online nos dice:

> *"Lutero en sus tesis del año 1517 arremete contra las indulgencias, mas no ataca aún el purgatorio. En 1519 declara firmemente creer "en los sufrimientos de las pobres almas a las cuales se debe socorrer con ruegos, ayunos, limosnas y otras buenas obras". Mas ya en sus cartas privadas se trasluce que su doctrina sobre la justificación por la fe y sobre la inutilidad de las obras buenas, no le permite seguir defendiendo una expiación de los pecados. En la disputa de Lepizig con Juan Eck, obligado por éste a declarar si admitía aún el purgatorio, Lutero respondió que la Escritura no dice una palabra de él. Si se le opone el texto del 2° Libro de los Macabeos se contenta con rechazarlo, alegando que los dos libros de los Macabeos son contados por error en el canon de la Escritura. A medida que su popularidad aumenta toma una posición más definida. En su "De abroganda missa" (1524) enseña abiertamente que no se engaña negando el purgatorio. En los artículos de Esmalcalda se establece definitivamente la doctrina negativa de Lutero. En adelante, Lutero no hablará del purgatorio sino para mofarse de él, se reirá del Papa, que a precio de plata vende las Misas, las indulgencias a favor de las almas del purgatorio que no conoce".[489]*

La Enciclopedia Católica Online admite que hubo un cambio en Lutero con respecto a la doctrina del purgatorio, leamos lo que Lutero en los artículos de Esmalcalda (1537) sobre el purgatorio:

Lutero afirma en el artículo 12:

> *"12 El primero es el purgatorio. Estaban tan ocupados con las Misas de réquiem, con las vigilias, con las celebraciones semanales, mensuales y anuales de los réquiems, con la semana común, con el Día de los Difuntos y con los baños de almas, que la Misa era utilizado casi exclusivamente para los muertos, aunque Cristo instituyó el sacramento sólo para los vivos. En consecuencia, el purgatorio y toda la pompa, los servicios y las transacciones comerciales asociadas con él deben considerarse nada más que ilusiones del diablo, porque también el purgatorio es contrario al artículo fundamental de que sólo Cristo, y no la obra del hombre, puede ayudar a las almas. Además, no se nos ha ordenado ni ordenado nada*

---

489 Enciclopedia Católica Online. Purgatorio y oposición Protestante https://ec.aciprensa.com/wiki/Purgatorio_y_oposici%C3%B3n_Protestante

con referencia a los muertos. En consecuencia, todo esto puede descartarse, aparte del hecho de que es error e idolatría".[490]

Lutero afirma en el artículo 13:

"13 Los papistas aquí aducen pasajes de Agustín y de algunos de los Padres que se dice que escribieron sobre el purgatorio. Suponen que no entendemos con qué propósito y con qué fin los autores escribieron estos pasajes. San Agustín (tr-467) no escribe que exista un purgatorio, ni cita ningún pasaje de las Escrituras que lo obligue a adoptar tal opinión. No decide si existe o no un purgatorio y simplemente menciona que su madre pidió que la recordaran en el altar o en la Santa Cena. Ahora bien, esto no es más que una opinión humana de ciertos individuos y no puede constituir un artículo de fe. Ésa es prerrogativa únicamente de Dios. 14 Pero nuestros papistas se sirven de tales opiniones humanas para hacer creer a los hombres en su tráfico vergonzoso, blasfemo y maldito en las misas que se ofrecen por las almas del purgatorio, etc. Nunca podrán demostrar estas cosas desde Agustín. Sólo cuando hayan abolido su tráfico en las misas purgatoriales (que San Agustín nunca soñó) estaremos listos para discutir con ellos si las declaraciones de San Agustín deben ser aceptadas cuando no están respaldadas por las Escrituras y si los muertos deben ser conmemorados en la Santa Cena. 15 No sirve hacer artículos de fe a partir de las palabras u obras de los santos Padres. De lo contrario, lo que comían, cómo vestían y el tipo de casas en las que vivían tendrían que convertirse en artículos de fe, como ha sucedido en el caso de las reliquias. Esto significa que la Palabra de Dios establecerá los artículos de fe y nadie más, ni siquiera un ángel".[491]

Por ejemplo, en sus sermones posteriores sobre el Génesis, Lutero afirma algo con características similares a los artículos de Esmalcalda. Nótese particularmente la referencia a Agustín:

"El Papa inventa cuatro lugares separados para los muertos. El primero es el infierno de los condenados. El segundo es el purgatorio, y Tomás de Aquino dice que el infierno es el punto medio, por así decirlo. Está rodeado por el purgatorio. Pero alrededor de esto hay un tercer círculo. Es para bebés no bautizados. El cuarto círculo es el limbo de los padres. Aquí habitaron los piadosos antes de la resurrección de Cristo. Estos no son más que sueños e invenciones humanas. Pedro y Pablo afirman claramente que los demonios

---

490   James Swan. Luther Thought Purgatory was an Open Question? https://beggarsallreformation.blogspot.com/2013/05/luther-thought-purgatory-was-open.html

491   Swan. Ibid.

se mueven en el aire. Con respecto a lo que dice Pablo ver Ef. 2:2 Abrir en el software bíblico Logos (si está disponible), y en 2 Pedro 2:4 Abrir en el software bíblico Logos (si está disponible) se afirma que: "Dios no perdonó a los ángeles cuando pecaron, sino que los arrojó al infierno y los entregó a las profundidades de las tinieblas para ser guardados hasta el juicio". Con estas declaraciones me quedo contento y no indago en cosas superiores a las transmitidas por los apóstoles. Del purgatorio no se menciona en las Sagradas Escrituras; es una mentira del diablo, para que los papistas tengan algunos días de mercado y trampas para atrapar dinero. Los sofistas están de acuerdo con el Papa por culpa de Tomás. Pero Tomás no nos concierne. Agustín hace mención del purgatorio en alguna parte, pero habla de manera muy oscura. Por lo tanto, no creo que esas cuatro clases separadas existan realmente; porque la Escritura no habla así, sino que testifica que los santos muertos están reunidos con su pueblo, o con los que creen en el Mesías y esperaron su venida, así como Adán, junto con toda su descendencia, murió en la fe en Cristo. Pero no sabemos cómo se guardan estos santos en lugares definidos. [Lutero, M. (1999, c1966). vol. 8: Las obras de Lutero, vol. 8: Conferencias sobre Génesis: Capítulos 45-50 (JJ Pelikan, HC Oswald y HT Lehmann, Ed.). Las obras de Lutero (8:316). San Luis: Editorial Concordia]".[492]

En otra parte de las conferencias de Lutero sobre el Génesis, afirma:

"Purgatorio es la mayor falsedad, porque se basa en la impiedad y la incredulidad; porque niegan que la fe salve y sostienen que la satisfacción por los pecados es la causa de la salvación. Luego el que está en el purgatorio, está en el infierno mismo; porque estos son sus pensamientos: "Soy un pecador y debo dar satisfacción por mis pecados; por lo tanto, haré testamento y legaré una cantidad determinada de dinero para la construcción de iglesias y para la compra de oraciones y sacrificios por los muertos por parte de los monjes y sacerdotes". Estas personas mueren con fe en las obras y no tienen conocimiento de Cristo. De hecho, lo odian. Morimos en la fe en Cristo, quien murió por nuestros pecados y nos dio satisfacción. Él es mi Seno, mi Paraíso, mi Consuelo y mi Esperanza. [Lutero, M. (1999, c1964). vol. 4: Las obras de Lutero, vol. 4: Conferencias sobre Génesis: Capítulos 21-25 (JJ Pelikan, HC Oswald y HT Lehmann, Ed.). Las obras de Lutero (4:315). San Luis: Editorial Concordia]".[493]

---

492   Swan. Ibid.

493   Swan. Ibid.

Comentarios de Lutero similares a estos podrían multiplicarse mucho, razón por la cual algunos luteranos ven como una mentira del Diablo cualquier afirmación de que Lutero mantenía el purgatorio como una *"cuestión abierta"*.[494]

La doctrina del purgatorio es una fuente de negocios

La enseñanza del purgatorio se convirtió en la mejor inversión de negocios hecha jamás por la Iglesia católica, puesto que los grandes ingresos que produjo ayudaron a edificar la gran Catedral de San Pedro, en Roma. El purgatorio produjo el sistema de indulgencias, las acciones que se pueden llevar a cabo a fin de disminuir el tiempo que alguien se tiene que quedar en el purgatorio. Es una especie de rebaja de condena por buena conducta, obtenida por los parientes vivos de la persona, y así sigue siendo hasta el día de hoy. Si usted quiere ayudar a un pariente difunto que está en el purgatorio para que pueda ir al cielo, necesita hacer que se celebren misas por la persona. ¿Como hacer para que se celebren misas? Se le paga a la Iglesia.[495]

La doctrina del purgatorio no tiene una base bíblica clara para los eruditos católicos

El erudito católico romano Richard McBrien admite lo siguiente:

> *"A efectos prácticos, la doctrina del purgatorio carece de base bíblica. Esto no quiere decir que no haya base alguna para la doctrina, sino sólo que no hay una base bíblica clara para ella".*[496]

El erudito católico romano Ludwig Ott concuerda:

> *"La Sagrada Escritura enseña indirectamente la existencia del purgatorio concediendo la posibilidad de la purificación en la vida futura".*[497]

No hay citas directas claras de la doctrina del purgatorio en la Escritura, solo *"indirectas"*, se tiene que recurrir a inferirlo en varios pasajes bíblicos, incluyendo la apócrifa.

Los apologistas católicos romanos citan Mateo 5:26

Este texto dice: *"En verdad te digo que no saldrás de allí, hasta que pagues el ultimo cuadrante".*

---

494   Swan. Ibid.

495   Ron Carlson y Ed Decker. Realidades Sobre Doctrinas Falsas, Ed. Unilit, pág. 263.

496   Richard McBrien. Catholicism, vol. II, pág. 1143. Minneapolis: Winston. 1980

497   Ludwig Ott. Manual de Teología Dogmática, Herder, pág. 708.

Cuando se impone y se supone al texto bíblico, determinada doctrina no bíblica, se sacan interpretaciones y conclusiones que el texto no está diciendo. Esto es muy común en la doctrina católica romana del purgatorio, es más, es una de las enseñanzas católicas que más forzada se observa cuando se le intenta dar un fundamento bíblico.

Jesús no hablaba de una cárcel espiritual después de la muerte, sino de una cárcel física antes de la muerte. No hay nada en el contexto que justifique la conclusión de que pretendía que el concepto de una *"cárcel"* se refiriera a un lugar (o proceso) de purgación por pecados en la otra vida. Aun los católicos ortodoxos, tales como el cardenal Ratzinger, rehúyen de la imagen del purgatorio como una cárcel, afirmando que no es un tipo de campo de concentración supra mundial (Ratzinger,1990, p. 230).[498]

El erudito del N.T. D. A. Carson hace estas observaciones sobre Mateo 5:26:

> *"Compare Lucas 12:57-59, donde la aplicación contextual advierte al impenitente Israel que se reconcilie con Dios antes de que sea demasiado tarde…En el mundo antiguo los deudores eran encarcelados hasta que fuera pagada la deuda. Por tanto, el v. 26 es parte de la narración, y no da justificación para purgatorio".[499]*

Aun la Nueva Enciclopedia Católica reconoce francamente que: «la doctrina del Purgatorio no se declara explícitamente en la Biblia» (11:1034). De hecho, tampoco se enseña implícitamente en las Escrituras, ya que el uso católico de las Escrituras para apoyar el purgatorio distorsiona los contextos de los textos empleados.[500]

Los juzgados locales comunes, establecidos según Deuteronomio 16:18, consistían de siete jueces y dos Shoterim o de 23 jueces en los pueblos grandes y de solo tres en los pequeños. Está claro que estos tribunales tenían la autoridad para infligir castigo para los casos capitales.[501]

La segunda ilustración dada por el Señor, al parecer, tenía que ver con un desacuerdo de dinero como lo demuestra la última cláusula del versículo 26: *"Hasta que hayas pagado el ultimo cuadrante"*. Debe decirse de forma terminante que esos

---

498   Norman Geisler y Ron Rhodes. Respuestas a las Sectas pag. 129. Patmos.

499   D. A. Carson. Mateo. Comentario Bíblico del Expositor pag. 169. Editorial Vida Zondervan

500   Respuestas a las Sectas pag. 136. Patmos.

501   Evis L. Carballosa. Mateo. La Revelación de la Realeza de Cristo pag. 212. Portavoz

versículos no tienen nada que ver con el concepto católico romano de un supuesto purgatorio. Tal idea es completamente ajena a las enseñanzas de la Biblia.[502]

En los versículos 25-26, el Señor usa un lenguaje metafórico tomado de la manera antigua de resolver un caso en el que el deudor era incapaz de pagar su deuda. El Señor ha hablado de la necesidad de la *"reconciliación"* (diallageithei) en el versículo 24. La parábola del deudor lleva la ilustración a su conclusión. En la antigüedad no se usaba poner un caso en manos de un abogado, sino que las personas afectadas caminaban juntos hasta la presencia del juez. La exhortación del Señor es que quien tenía la deuda se reconciliase con el adeudado antes de ventilar el caso en presencia del juez. Es decir, lo sensato era el arreglo directamente con el acreedor. Pero, el Señor, al mismo tiempo, sugiere que aquel que ha recibido un daño tiene la obligación de perdonar a quien le ha hecho daño.[503]

La segunda escena se produce camino del juzgado, donde un litigante ha denunciado a un discípulo por algún asunto de dinero (5:26). Esto presupone posiblemente un marco legal gentil, puesto que en la ley judía no hay constancia de encarcelamiento por deuda. Antes de que el proceso legal se ponga en marcha, los discípulos de Jesús han de llegar *"a un acuerdo"* (lit. *"hacerse amigos rápidamente"*) con su adversario (BDAG, 409). Los discípulos de Jesús no han de procurar una mera resolución de sus asuntos legales, sino esforzarse por una forma de reconciliación que crea amistades a partir de relaciones enfrentadas.[504]

Ser encarcelado hasta la plena satisfacción de la deuda suscita un sentido de imposibilidad (5:26; cf. 18:34), puesto que el deudor no tenía la oportunidad de trabajar para ganar el dinero. El *"centavo"* (kodrantes) es el cuadrante romano de bronce/cobre, la moneda romana más pequeña. Jesús utiliza este panorama para volver a la seriedad del problema de la ira. La ira sin reconciliación es la equivalencia interior del asesinato, que es imposible restituir. Dejar los problemas relacionales sin resolver es permitir el pecado que se ha iniciado siga destruyendo las relaciones personales entre personas.[505]

Los apologistas católicos citan 2 Macabeos 12,42-46

El descubrimiento de amuletos en los cuerpos de los soldados judíos asesinados sacó a la luz la razón por la que estos hombres en particular habían

---

502 Carballosa. Ibid. 215

503 Carballosa. Ibid. 215

504 Michael J. Wilkins. Mateo. Comentarios bíblicos con aplicación, del texto bíblico a una aplicación contemporánea, Ed. Vida, pág. 243.

505 Wilkins. Ibid. 243

muerto: eran adoradores de ídolos, un pecado grave prohibido por la ley judía. Además, este descubrimiento dio lugar a la acción: la oración para que la idolatría de estos hombres fallecidos fuera perdonada, y la recaudación de dinero para comprar una ofrenda por el pecado en su nombre. La esperanza expresada por esta acción era que la expiación ofrecida por estos soldados muertos resultaría en su liberación del pecado y su futura resurrección.[506]

El erudito del NT, N. T. Wright comenta sobre 2 Mac. 12, 42-46 lo siguiente:

"2 Macabeos 12,39-45, donde algunos de los que han muerto en la batalla se consideró que habían sido idólatras secretos, después de lo cual Judas Macabeo y sus seguidores ofrecen oraciones y sacrificios en su nombre para asegurarse de que ellos vendrán a compartir la resurrección… Los intentos de encontrar otros textos de prueba no son convincentes… vergonzosamente fantasiosos".[507]

N. T. Wright es uno de los más destacados eruditos del protestantismo de hoy, confirma y reitera también lo que en este capítulo he escrito, que los textos de prueba que ofrece el catolicismo romano y sus apologistas *"no son convincentes"*, Wright pone el dedo en la llaga al calificar a estos textos de prueba que el catolicismo romano presenta no solamente como no convincentes, sino como *"vergonzosamente fantasiosos"*, acertado Wright en su veredicto bíblico y análisis.

El erudito F. F. Bruce nos dice:

"Pero llego a saberse que incluso entre los seguidores de Judas había algunos cuyas prácticas religiosas estaban muy lejos de la ortodoxia judía; entre las vestiduras de aquellos judíos que cayeron en Marisa se hallaron amuletos paganos de Jamnia. Esta fue dice con complacencia el autor de II Macabeos la razón de su caída en la batalla; pero no se sabía cuántos de los supervivientes poseían este tipo de prueba de idolatría".[508]

El texto no dice nada acerca de las oraciones de estos soldados para salir del purgatorio, sino que tenía que ver con la resurrección (12:43:45). Además, los apologistas católicos tienen que luchar con los estudios históricos como *("El Nacimiento del Purgatorio"* Jacques Le Goff. Chicago: University of Chicago Press, 1981) en el que se señala que *"en la época de Judas Macabeo en torno al*

---

506   Gregg R. Allison. Roman Catholic. Theology & Practice. An Evangelical Assessment, pág. 218. Crossway

507   N. T. Wright. Rethinking the Tradition http://ntwrightpage.com/Wright_Rethinking_Tradition.htm

508   F. F. Bruce. Israel y las Naciones, Portavoz, pág. 198.

170 a.C., un periodo sorprendentemente innovador, la oración por los muertos no se practicaba, pero que un siglo más tarde fue practicado por algunos judíos".[509]

Primero nótese que el pasaje no se refiere directamente al purgatorio. Como la principal prueba de la Iglesia Católica a favor de la doctrina del purgatorio, 2 Macabeos 12 es sorprendentemente oscuro. Segundo, el pasaje es internamente inconsecuente. Dice que a los muertos *"piadosamente les está reservada una magnífica recompensa"* (2 Macabeos 12:45). Sin embargo, los guerreros difuntos eran idolatras que habían sido juzgados por Dios por el pecado de ellos. Murieron siendo culpables.[510] Tercero, no hay nada en la ley de Moisés que pudiera indicar que las ofrendas por los difuntos alguna vez formaron parte autentica de la fe judía. Por lo tanto, 2 Macabeos 12 no muestra nada más que el desconocido escritor del libro creía que los sacrificios podían expiar los pecados de los difuntos. Ni siquiera prueba que Judas Macabeo personalmente creía semejante cosa. El escritor presenta claramente su propia interpretación de los hechos y motivos de Judas. A la luz de Levítico 4:1-6:7, parece más probable que Judas Macabeos envió dinero a Jerusalén para hacer una ofrenda por el pecado o transgresión.[511]

Su propósito habría sido expiar por la contaminación que el pecado de los idolatras había traído sobre el campamento, en cuyo caso la ofrenda era por los vivos, no por los muertos. Finalmente, la practica registrada en 2 Macabeos no puede admitirse como evidencia bíblica. 2 Macabeos forma parte de los libros apócrifos. No es parte genuina de la Biblia.[512]

Agustín incluyo los libros apócrifos en su catálogo de libros canónicos y bajo su influencia, los concilios de Hipona y Cartago lo hicieron. ¿Quiere decir esto que Agustín los acepto en su canon como igualmente inspirados y canónicos? De ninguna manera. En sus escritos hace una distinción muy clara entre los proto canónicos y los deuterocanónicos.[513]

---

509   James Swan. The Perspicuity of 2 Maccabees 12 on Purgatory? https://www.aomin.org/aoblog/roman-catholicism/the-perspicuity-of-2-maccabees-12-on-purgatory/

510   James G. McCarthy. El Evangelio Según Roma, págs. 94-95. Portavoz

511   McCarthy. Ibid. 95

512   McCarthy. Ibid. 95

513   Terry Hall. La Biblia. Como se Convirtió en Libro, pág. 159. Ediciones Las Américas, A.C. Leamos la distinción que hace Agustín: "Desde el tiempo de la restauración del templo entre los judíos no hubo ya reyes, sino príncipes, hasta Aristóbulo. El cálculo del tiempo de estos no se encuentra en las santas Escrituras llamadas canónicas, sino en otros escritos, entre los cuales están los libros de los Macabeos, que no tienen por canónicos los judíos, sino la Iglesia, a causa de los sufrimientos terribles y admirables de algunos mártires que, antes de la encarnación de Cristo, contendieron por la ley de Dios hasta su muerte, y soportaron los más graves y horribles tormentos". (Obras Escogidas de Agustín de Hipona. Tomo III. La Ciudad de Dios XVIII:36, pág. 752. Editor: Alfonso Ropero. CLIE)

Cuando los donatistas presentaron un pasaje de 2 Macabeos en defensa del suicidio, Agustín desecho la prueba alegada, mostrando que el libro no era aceptado por el canon hebreo del cual Cristo había dado testimonio, por más que hubiera sido *"aceptado por la iglesia no sin provecho, con tal que fuera leído y escuchado de modo juicioso"*.[514]

El erudito del NT Craig L. Blomberg hace estas observaciones:

> *"Sin embargo, los apócrifos se convirtieron en un punto de controversia, especialmente en la época de la Reforma protestante. Aunque nunca fueron aceptados como inspirados o autorizados por ninguna rama del judaísmo, ni siquiera se propusieron como candidatos a la canonización dentro del judaísmo, estos escritos llegaron a ser valorados en el cristianismo primitivo, especialmente después de la época de Constantino. Eran apreciados porque enseñaban doctrinas que no se encontraban en ninguna otra parte de las Escrituras (como el purgatorio o la oración por los muertos), porque eran simplemente inspiradores (es decir, una lectura emocionante y edificante, como Judit y Tobías), porque los textos que contenían podían interpretarse alegóricamente y verse como presagios de Jesús, o simplemente porque eran buena literatura religiosa. Sin embargo, a pesar de su uso generalizado, incluso para la predicación en las iglesias, ningún concilio ecuménico (es decir, de todo el imperio) los declaró oficialmente canónicos hasta el Concilio de Trento en 1546. Sólo después de que Martín Lutero insistiera en que los cristianos volvieran a la Biblia del Jesús judío y de los apóstoles judíos, por así decirlo, las iracundas autoridades católicas tomaron represalias canonizando formalmente los apócrifos (véase además David A. de Silva, Introducción a la Apócrifa: Mensaje, contenido y significado. Gran Rapids: Baker Academic, 2002, 23-25)"*.[515]

---

514   Brooke Foss Westcott. El Canon de la Sagrada Escritura, pág. 177. CLIE

515   Craig L. Blomberg. Can We Still Believe the Bible? An Evangelical Engagement with Contemporary Questions págs. 47-48. Brazos Press. Bruce M Metzger: "Como reacción a las críticas protestantes sobre los libros en disputa, el 8 de abril de 1546, el Concilio de Trento emitió lo que los católicos romanos consideran la primera declaración infalible y promulgada efectivamente sobre el canon de las Sagradas Escrituras". (Bruce M. Metzger: The Oxford Annotated Apocrypha. Expanded Edition. Revised Standard Version pag. 17. Oxford University Press, New York); Lee Martin McDonald: "El concilio más importante al final del proceso para la Iglesia Católica Romana fue el Concilio de Trento. En su cuarta cesión, el 8 de abril de 1546, la iglesia expuso su decisión sobre los límites del canon del Antiguo Testamento". (Lee Martin McDonald. The Origin of the Bible. A Guide for the Perplexed pag. 114. T & T Clark); El erudito católico romano Yves Congar concuerda: "La lista definitiva y oficial de los escritos sagrados no llego a existir en la Iglesia Católica hasta el concilio de Trento". (Yves Congar. Tradition and Traditions pag. 38. New York: MacMillan, 1966); El apologista católico romano Dave Armstrong admite esto cuando escribió: «Todos ellos fueron reconocidos dogmáticamente como Escritura en 1548

Los apologistas católicos romanos citan este versículo: "Dios no es Dios de muertos sino de los vivos pues para El todos viven" (Lucas 20:38)

Si, así es, se está de acuerdo en que Dios no es un Dios de muertos sino de vivos, pues para El todos viven, pero, esos que viven y tienen vida eterna gracias a Dios en su Reino (Juan 3:16), Él no los designo como *"mediadores"* de los que viven en la tierra, ni autorizo que se les *"ore"* para acercarse a Él, y hacerle peticiones una vez después de muertos físicamente. Se cita este pasaje bíblico como apoyo para que los santos que han muerto intercedan por nosotros, pero este pasaje se refiere a la *"resurrección"*, no al purgatorio, las *"oraciones por los muertos"*, o la intercesión de los *"santos"*. Es típico del catolicismo romano y sus apologistas que interpreten los textos bíblicos no de acuerdo con lo que sus autores originalmente dijeron en su contexto, sino los filtran y reinterpretan de acuerdo a sus doctrinas posteriores y desarrolladas. Jesús tampoco dice en el pasaje que se le ore a Abraham, Isaac y Jacob e intercedan o deban hacerlo, después de muertos físicamente, pero *"vivos para Dios"*. Tampoco en el AT se enseña esa doctrina. Eso es una inferencia en el texto que no está diciendo. Es la *"resurrección"* la enseñanza central del pasaje y no el que los judíos oren directamente a Abraham, Isaac y Jacob y les hagan peticiones por los que han muerto.

Los apologistas católicos romanos citan 1 Pedro 1:7

En 1 Pedro 1:7 Pedro no habla del estado intermedio, sino de las pruebas que se sufren en esta vida; lo del *"fuego"* es una metáfora aplicada de la purificación del oro, que nada tiene que ver con el Purgatorio de ultratumba.[516]

El problema al que se enfrentan estos creyentes de Asia Menor es que están sufriendo *"diversas pruebas"* (1:6), aunque sea tan solo "por un tiempo". Pedro quiere que vean el propósito del sufrimiento, para que *"vuestra fe, que vale mucho más que el oro, que es perecedero y se acrisola al fuego, al ser acrisolada*

(lo cual significa que desde entonces no se permitió a los católicos cuestionar su canonicidad)» (Dave Armstrong. Los Apócrifos: ¿Porque forman parte de la Biblia? http://www.apologeticaca-tolica.org/Canon/Canon18.htm); J. D. Douglas y Merrill C. Tenney: "Jerónimo los coloco en una sección separada en su Vulgata Latina, lo que demuestra que la iglesia de su tiempo no los aceptaba como canónicos, pero si como de más importancia que otros escritos no canónicos". (J. D. Douglas y Merrill C. Tenney. Diccionario Bíblico Mundo Hispano pag.17. Editorial Mundo Hispano); Wayne Grudem: "Este pasaje de 2 Macabeos es difícil encuadrar incluso con la enseñanza católica romana, porque enseña que se debe ofrecer oraciones y sacrificios por los soldados que han muerto en el pecado mortal de la idolatría (lo que no puede recibir perdón según la enseñanza católica romana) con la posibilidad de que serán librados de sus sufrimientos" (Wayne Grudem. Doctrina Bíblica. Enseñanzas Esenciales de la Fe Cristiana. Zondervan)

516   Francisco Lacueva. Diccionario Teológico Ilustrado, pág. 493. Revisado y ampliado por Alfonso Ropero. CLIE

por las pruebas demostrara que es digna de aprobación, gloria y honor cuando Jesucristo se revele" (1:7).[517]

Mientras que el oro perece cuando es probado por el fuego, la fe de los creyentes sobrevivirá al fuego de la persecución, demostrando en el día final que es autentica. Como Santiago 1:3, Pedro ve el sufrimiento como una situación de la que los creyentes pueden aprender, y a través de la cual pueden crecer.[518]

El distinguido erudito del NT y la patrística de Oxford, J. N. D. Kelly, hace estas observaciones sobre 1 P. 1:7:

> *"Los sufrimientos de los cristianos asiáticos... Como da a entender su lenguaje, el escritor no está pensando en posibilidades futuras, sino en un maltrato concreto al que sus lectores se han enfrentado, y aún se enfrentan, y que él intenta situar en la perspectiva de la fe cristiana".*[519]

1 Pedro 1:7 no tiene nada que ver con el *"purgatorio futuro"*, y los apologistas católicos romanos no deberían citarlo, porque lejos de apoyar la interpretación del purgatorio, el pasaje no lo enseña. El apologista católico romano Trent Horn cita Apocalipsis 21:27 y Santiago 3.2 y comenta lo siguiente:

> *"Recuerda que Apocalipsis 21:27 dice del cielo: "Nada impuro entrará en él", y Santiago 3:2 nos recuerda que "todos tropezamos en muchas cosas" (NVI). Los pecados que no separan a una persona del amor y la amistad de Dios, o lo que se llaman pecados veniales, siguen dañando nuestras almas".*[520]

Los católicos romanos están leyendo algo en este versículo que no está allí. Es cierto que *"nada inmundo y nadie que practique la abominación y la mentira entrará jamás"* en el reino de Dios, pero eso no significa que el purgatorio sea el instrumento a través del cual la gente se purifica de la inmundicia...nuestra limpieza y purificación del pecado se basa enteramente en la obra consumada de Cristo. Primera de Juan 1:7 (NVI) dice: *"La sangre de Jesús, su Hijo, nos purifica de todo pecado"*. Romanos 8:1 (NVI) dice: *"Por lo tanto, ahora no hay condenación para los que están en Cristo Jesús"* (ver también Hebreos 10:14).[521]

---

517   Scot McKnight. 1 Pedro. Comentarios bíblicos con aplicación, del texto bíblico a una aplicación contemporánea, pág. 77. Editorial Vida

518   McKnight. Ibid. 77

519   J. N. D. Kelly. The Epistles of Peter and of Jude, pág. 54. Black's New Testament Commentaries

520   Horn. Ibid. 263

521   Ron Rhodes. Reasoning from the Scriptures with Catholics pag. 252. Harvest House Publishers

La purificación del pecado es por medio de la sangre derramada de Jesús en la cruz, no por el purgatorio.

Los parias (p. ej, las prostitutas) algunas veces vivían fuera de las puertas de las ciudades, pero aquí tenemos a la vista una observación tomada del AT. No habrá más abominaciones en la casa de Dios (Zac. 14:21) ni incrédulos en Jerusalén (Joel 3:17). Los inmundos siempre han estado excluidos de la casa de Dios mientras permanecen en ese estado; este texto se refiere a la impureza espiritual o moral. Toda la ciudad es el templo de Dios o su morada (21:3, 16, 22).[522]

El termino traducido como cosa inmunda, tiene vinculación con profano común, esto es, nada profano podrá entrar en un lugar que, por ser el santuario de Dios entre los hombres, será absolutamente sagrado…El acceso a ella está reservado para quienes están inscritos en el libro de la vida del Cordero. Todas las gentes de la nueva creación, salvos por gracia, tendrá acceso a la ciudad.[523]

En Apocalipsis 7:14-17 la Escritura nos dice que los que han salido de la gran tribulación han lavado sus ropas y las han emblanquecido en la sangre del Cordero, no dice que fue a través del purgatorio. Trent Horn pretende conectar equivocadamente Apocalipsis 21:27 con la doctrina del purgatorio, pero no se puede hacer un paralelo legitimo. Los "tropiezos en muchas cosas" de los que habla Santiago 3:2, no dice que sean remediados por el purgatorio después de morir.

La Biblia no distingue entre pecados mortales y veniales. Es cierto que algunos pecados son peores que otros (Proverbios 6:16-19). Pero la Escritura nunca dice que sólo ciertos tipos de pecado conducen a la muerte espiritual. La palabra griega para muerte (thanatos) significa literalmente *"separación"*. La muerte física implica la separación del espíritu del cuerpo. Pero la muerte espiritual implica la separación del pecador de Dios. Todo pecado nos separa espiritualmente de Dios (Romanos 6:23). Todo pecado conduce a la muerte espiritual.[524]

En más de veinte cartas apostólicas que se conservan, jamás se recomienda una oración por los fieles difuntos. ¿No sería esto un olvido grave por

---

522   Craig S. Keener. Comentario del Contexto Cultural de la Biblia, pág. 806. Editorial Mundo Hispano

523   Samuel Pérez Millos, Th. M. Apocalipsis. Comentario Exegético al Texto Griego del Nuevo Testamento, págs. 1312-1313. CLIE

524   Rhodes. Ibid. 217. Sobre la distinción de pecados mortales y veniales, Justo L. González hace estas observaciones: "Por lo general, los protestantes han rechazado toda clasificación de pecado de esta índole, puesto que todo pecado separa al pecador de Dios, y todo pecado, no importa cuán grande o pequeño, requiere la gracia de Dios para ser perdonado". (Justo L. González. Diccionario Manual Teológico, pág. 220. CLIE)

parte de los apóstoles, si ellos hubiesen conocido la existencia de este lugar de tormento? Pero es evidente que ellos no en creían semejante dogma, pues el apóstol Pablo afirma que los que mueren en Cristo van a disfrutar inmediatamente de su presencia (Filipenses 1:23 y 2 Corintios 5:8).[525]

El apologista católico romano Flaviano Amatulli escribió:

> *"Cristo tiene todo el poder de limpiar completamente a una persona que está profundamente arrepentida y llevársela directamente al paraíso. Es el dueño absoluto de todo y tiene el poder para actuar como quiere. Pero esto no quiere decir que la Biblia excluya la idea del purgatorio".[526]*

La verdad es que la Biblia si excluye la idea del purgatorio, son los apologistas católicos los que quieren *"incluirla"* en ella. Resulta trágico que en la teología católica romana de Amatulli, el reconozca la verdad, pero por otro lado la niegue con esa *"idea del purgatorio".* Amatulli cita los clásicos textos bíblicos como apoyo del purgatorio, que nada tienen que ver con esa doctrina como Mateo 12:32, 1 Corintios 3:15, y cita también Apocalipsis 21:27. Si Cristo tiene todo el poder para limpiar completamente a una persona y llevarla al paraíso (lo que si enseña la Biblia), no necesitamos el purgatorio.

Los teólogos católicos romanos no están de acuerdo respecto a la naturaleza del sufrimiento en el purgatorio. Algunos enseñan que el dolor en el purgatorio es mayormente una sensación de pérdida al estar separados de Dios. Otros, siguiendo a Tomas de Aquino, enseñan que las almas en el purgatorio sufren un dolor físico intenso y horrible debido al fuego. No está claro cuánto debe sufrir una persona en el purgatorio, puesto que el católico no solo debe pagar por sus pecados, sino que su alma debe ser «purgada con penas purificadoras después de la muerte». La cantidad de tiempo que se requiere para realizar este fregado del alma varía de una persona a otra.[527]

Ludwig Ott niega que el purgatorio sea fuego físico

El erudito católico romano Ludwig Ott escribió:

> *"Teniendo en cuenta el pasaje de 1 Cor 3, 15, los padres latinos, los escolásticos y muchos teólogos modernos suponen la existencia de un fuego físico como instrumento externo de castigo. Pero notemos que las*

---

525   Samuel Vila. A Las Fuentes del Cristianismo, pág. 44. CLIE

526   Flaviano Amatulli. La Iglesia Católica y las Sectas Protestantes, pág. 235. Ediciones Paulinas

527   McCarthy. Ibid. 84

pruebas bíblicas aducidas en favor de esta sentencia son insuficientes. Los concilios, en sus declaraciones oficiales, solamente hablan de las penas del purgatorio, no del fuego del purgatorio. Lo hacen así por consideración a los griegos separados, que rechazan la existencia del fuego purificador".[528]

Si el purgatorio según lo que dicen los concilios, como Ott menciona, no hablan del *"fuego del purgatorio"*, es totalmente incompatible citar 1 Cor. 3:11-15 para probar el purgatorio. Continuemos con aquellos "textos de prueba" que los apologistas católicos romanos citan mucho para fundamentar la doctrina del purgatorio. El lector notara que los textos bíblicos citados no son ninguna prueba contundente para validar la doctrina del purgatorio.

Los apologistas del purgatorio citan el texto de Mateo 12:32

Este texto dice:

> *"A cualquiera que dijere alguna palabra contra el Hijo del Hombre, le será perdonado; pero al que hable contra el Espíritu Santo, no le será perdonado, ni en este siglo ni en el venidero".*

Cuando este texto dice que el pecado contra el Espíritu Santo no será perdonado ni en esta era ni en la venidera, es simplemente una forma idiomática judía de decir que el pecado nunca será perdonado. Esto queda claro en el relato paralelo de Marcos 3:29: *"Pero quien blasfeme contra el Espíritu Santo nunca tendrá perdón, sino que será culpable de un pecado eterno".[529]*

El erudito del NT D. A. Carson está de acuerdo:

> *"Para tal pecado no hay perdón «ni en este mundo ni en el venidero» (cf.13:22, 25:46), una manera de decir «nunca» (como en Mr. 3:29)".[530]*

Esto evidentemente excluye también la posibilidad de un purgatorio católico romano. En realidad, este pasaje tampoco puede ser usado sólida y convincentemente para apoyar la creencia en el purgatorio. Bien interpretado, se vuelve terminantemente contra él, y solo queda la *"inferencia"*, no lo que el texto por sí mismo está enseñando. Si este pecado no puede ser tampoco

---

528 Ott. Ibid. 710

529 Rhodes. Ibid. 248

530 Carson. Ibid. 328. El erudito del griego y el NT Samuel Pérez Millos hace estos comentarios: «La gravedad de este pecado se encierra en la advertencia solemne de Jesús que advierte que no podía ser perdonado ni en el tiempo presente, literalmente «en esta época», ni en el futuro, empleando un hebraísmo «ni en este siglo ni en el venidero», equivalente a «en ningún tiempo». (Samuel Pérez Millos, Th. M. Mateo. Comentario Exegético al Texto Griego del Nuevo Testamento, pág. 819 CLIE).

perdonado en el *"siglo venidero"* (suponiendo el purgatorio incluido) entonces es inútil el purgatorio para este pecado, que no se puede perdonar nunca. La verdad es que citarlo como apoyo del purgatorio lo nulifica, porque no podría haber *"purificación"* por este pecado nunca.

El texto se refiere a los que rechazan completamente la revelación de Dios, no a purgar los pecados en algún momento futuro. La Iglesia Católica Romana interpreta los pecados no perdonados en el *"siglo venidero"* como pecados que se perdonaran en el purgatorio. Esto constituye un mal uso de las palabras de Jesús.[531]

Este texto no habla del perdón de pecados en la otra vida después de sufrir por los pecados, sino que indica que no habrá perdón de este pecado en el mundo venidero (Mt.12:32). ¿Como es que la negación de que este pecado sea perdonado jamás, aun después de la muerte, puede ser la base de especulación de que los pecados serán perdonados en la otra vida? Según la enseñanza católica, el purgatorio vale solo para los pecados veniales, pero este pecado no es venial; es mortal, siendo eterno e imperdonable… Si este pasaje diera a entender que habría castigo, no es de aquellos que finalmente serán salvos (como los católicos creen en el caso de los que van al purgatorio), sino de aquellos que nunca serán salvos. Otra vez surge la interrogante: ¿Como es que un pasaje que no habla del castigo de los salvos después de la muerte se puede usar como base para la creencia en un purgatorio que afirma castigo para los salvos?[532]

Juan Crisóstomo está de acuerdo:

> *"De ahí que vuestro castigo es inexorablemente en este y en el otro mundo. De los hombres, en efecto, unos son castigados aquí y allá; otros, aquí solo; otros, allá solo; otros, ni aquí ni allá. Aquí y allá fueron castigados estos mismos blasfemos judíos: aquí, cuando sufrieron aquellos terribles males al ser tomada su ciudad; allá, aun sufrirán más graves tormentos, como los habitantes de Sodoma y como otros muchos. En el otro mundo solo, el rico glotón, que se abrasaba en el infierno y no pudo alcanzar una gota de agua. Aquí solo, como el ya citado incestuoso de Corinto. Ni aquí ni allá, como los apóstoles, los profetas y el santo Job; pues lo que padecieron no fueron castigos, sino combates y pruebas".[533]*

---

531 Tony Coffey. Respuestas a Preguntas que hacen los Católicos pág. 173. Portavoz

532 Geisler y Rhodes. Ibid. 135-136

533 Daniel Ruiz Bueno (ed.). Obras de San Juan Crisóstomo I. Homilías sobre San Mateo (1-45). Homilía 41. 4 pág. 803. BAC. Los apologistas católicos romanos citan estas palabras de

Crisóstomo aquí habla de castigo eterno, no de purificación para posteriormente entrar al cielo.

Los papas comenzaron a otorgar bulas que anulaban el castigo en el purgatorio para todos aquellos soldados que murieran en las cruzadas, e incluso para aquellos que luchaban en ellas sin morir.[534]

Con la amenaza del purgatorio sobre sus cabezas, la gente del Medioevo procuraba con gran ansiedad la obtención de indulgencias que tenían como resultado garantizado acortar, si acaso no cancelar del todo su llegada esperada a los fuegos del purgatorio. Pero ¿cómo podían obtener una ya que solo eran concedidas por el Papa? En 1096 d.C. en el sínodo de Clermont, el Papa Urbano II prometió una indulgencia plenaria, es decir, una que cubría todo castigo temporal, para aquellos que participaban en las cruzadas a la tierra

---

Crisóstomo: "No sin razón quedó determinado, mediante leyes establecidas por los apóstoles, que en la celebración de los sagrados e impresionantes misterios se haga memoria de los que ya han pasado de esta vida. Sabían, en efecto, que con ello los difuntos obtienen mucho fruto y consiguen gran provecho. Cuando todo el pueblo y los sacerdotes están con las manos extendidas y se está celebrando el santo sacrificio, ¿acaso Dios no se mostrará propicio con aquellos en favor de los cuales le imploramos? Se trata de aquellos que han muerto conservándose en la fe". (Juan Crisóstomo, Homilías sobre la Carta a los Filipenses, 3, 4: PG 62, 203) (El más allá en los padres de la Iglesia, Guillermo Pons, pág. 71). Crisóstomo está hablando de una memoria de los que han partido, y de las oraciones que se hacen por ellos, añade que Dios se muestra propicio en favor por quienes imploran, no está hablando del purgatorio, dice que es Dios quien se muestra propicio a su favor, y no el fuego del purgatorio. Menciona también que aquellos por quienes oran han muerto "conservándose en la fe". La cita de la primera carta a los corintios de Crisóstomo 41, 8 tampoco habla del purgatorio, está diciendo que las oraciones ayudan a los difuntos, no el fuego purificador del purgatorio. La ayuda según Crisóstomo proviene de las oraciones, el purgatorio no es el medio. El contexto de esta cita dice: "Pero concedamos que se fue con el pecado sobre sí, también por esto uno debe regocijarse, de que fue detenido en sus pecados y no aumentó su iniquidad; y ayúdalo en lo posible, no con lágrimas, sino con oraciones, súplicas, limosnas y ofrendas. Porque no en vano se han ideado estas cosas, ni en vano hacemos mención de los difuntos en el curso de los divinos misterios, y nos acercamos a Dios en su nombre, suplicando al Cordero que está delante de nosotros, que quita el pecado del mundo. - no en vano, sino para que así puedan obtener algún refrigerio. No en vano el que está junto al altar clama cuando se celebran los tremendos misterios, Por todos los que han dormido en Cristo, y por los que realizan conmemoraciones en su nombre. Porque si no hubiera conmemoraciones para ellos, estas cosas no se habrían dicho: ya que nuestro servicio no es un simple espectáculo escénico, ¡Dios no lo quiera! Sí, es por orden del Espíritu que estas cosas se hacen". (Homilía 41 sobre Primera de Corintios https://www.newadvent.org/fathers/220141.htm). Para Crisóstomo es Cristo el que quita el pecado del mundo, no la purificación del purgatorio.

El que se ore por estos difuntos no va de la mano con el purgatorio, Crisóstomo está hablando de refrigerio, son creyentes, Crisóstomo dice: "Por todos los que han dormido en Cristo", no está hablando un lugar de expiación punitivo. Para la postura de Crisóstomo y el más allá, véase: Gavin Ortlund ¿Afirmó Juan Crisóstomo el Purgatorio? https://www.youtube.com/watch?v=dTjJFWXzCJs

534 Judith O Neill. Martin Lutero, pág. 19. Cambridge University Press. Ediciones Akal

santa. Trescientos años después, en 1477, el Papa Sixto IV declaro que las indulgencias no solo eran válidas para los vivos sino también para los muertos. De ese modo se vendieron indulgencias al vulgo para sus parientes que estaban en el purgatorio.[535]

Una vez aceptada la premisa de que el Papa tenía autoridad para conceder indulgencias, la puerta quedo del todo abierta para los abusos. Cuando el Papa León X requirió dinero para la construcción de la Catedral de San Pedro en Roma, hizo saber a todos que podían comprarse indulgencias para perdonar los pecados de los vivos y para libertar las almas de los muertos. Fue esta oportunidad creada por la iglesia para hacer dinero lo que llevo a Tetzel hasta los confines de los territorios sajones para especular con la venta de indulgencias.[536]

Justo L. González hace estas observaciones sobre el purgatorio:

> *"En la doctrina católica romana y ortodoxa oriental, el lugar donde las almas de los difuntos van para ser purificadas y preparadas para ser admitidas al cielo. En la literatura patrística aparece con relativa frecuencia la idea de que los creyentes que al morir no están listos para la presencia divina han de pasar por un proceso de purificación antes de ser admitidos a esa presencia. Orígenes (c. 185-c. 254) y otros se refieren a una purificación por la que el alma ha de pasar "como por fuego". Agustín (354-430) sugiere la posibilidad de que exista un lugar para quienes mueren en estado de gracia, pero no están listos para ir al cielo. Pronto, lo que Agustín propuso como posibilidad se volvió doctrina común de la iglesia y sus dirigentes, quienes entonces comenzaron a sistematizar la idea del purgatorio, y su lugar preciso en el orden de la salvación. Según la doctrina proclamada en los Concilios de Lyon (1274) y Florencia (1439), el purgatorio es un lugar de castigo temporal (es decir, no eterno) y purificación, de tal modo que las almas en el purgatorio a la postre serán admitidas al cielo. En el Occidente, pero no en el Oriente, la doctrina fue definida con más claridad en el Concilio de Trento (1545-63), que siguiendo a Tomas de Aquino (c. 1225-1274) distinguió entre la culpa y la pena por el pecado. Aunque la culpa queda borrada por la gracia de Dios, la pena permanece, y es esto lo que se paga en el purgatorio...Los reformadores rechazaron la idea misma del purgatorio, principalmente porque se fundamenta en la — salvación por las obras - y no por*

---

535 Erwin Lutzer. Doctrinas Que Dividen, pág. 97. Portavoz

536 Lutzer. Ibid. 98

la gracia. Esto los llevo entonces a rechazar también las oraciones por los muertos, puesto que quienes ya están en el cielo no necesitan oraciones, y quienes están en el infierno no recibirán provecho alguno por ellas — aunque en alguna literatura patrística temprana se habla de oraciones por los muertos".[537]

Aunque los ortodoxos creen que las almas después de la muerte esperan el Juicio Final, en un lugar que no es el paraíso ni tampoco el Hades.[538]

Tomas de Aquino admitió sobre el purgatorio lo siguiente:

"Nada se dice claramente en las Escrituras sobre la situación del Purgatorio, ni es posible ofrecer argumentos convincentes sobre esta cuestión. Es probable, sin embargo, y más de acuerdo con las declaraciones de los hombres santos y las revelaciones hechas a muchos, que el Purgatorio tenga un doble lugar. Uno, según el derecho común; y así el lugar del Purgatorio está situado debajo y en las proximidades del infierno, de modo que es el mismo fuego el que atormenta a los condenados en el infierno y limpia a los justos en el Purgatorio; aunque los condenados sean de menor mérito, deben ser relegados a un lugar inferior. Otro lugar del Purgatorio es según dispensación: y así a veces, como leemos, algunos son castigados en diversos lugares, ya sea para que los vivos aprendan, ya para que los muertos sean socorridos, para que, dado a conocer su castigo a los vivos, ser mitigados a través de las oraciones de la Iglesia. Algunos dicen, sin embargo, que según el derecho común el lugar del Purgatorio es donde el hombre peca. Esto no parece probable, ya que un hombre puede ser castigado al mismo tiempo por pecados cometidos en varios lugares. Y otros dicen que según el derecho común son castigados por encima de nosotros, porque están entre nosotros y Dios, en cuanto a su estado. Pero

---

537   González. Ibid. 242-243. El obispo y erudito ortodoxo Timothy Ware (Kallistos), que ha escrito la introducción estándar de la Iglesia Ortodoxa en inglés, hace estos comentarios sobre el purgatorio: "En la actualidad, la mayoría de los teólogos ortodoxos, si no todos, rechazan la idea del purgatorio, al menos en esta forma. La mayoría se inclinaría por afirmar que los fieles difuntos no sufren en absoluto. Otra escuela sostiene que tal vez sufran, pero, si es así, su sufrimiento es de carácter purificador, pero no expiatorio; porque cuando una persona muere en la gracia de Dios, entonces Dios le perdona libremente todos sus pecados y no le exige penas expiatorias: Cristo, el Cordero de Dios que quita el pecado del mundo, es nuestra única expiación y satisfacción. Sin embargo, un tercer grupo preferiría dejar toda la cuestión totalmente abierta: evitemos una formulación detallada sobre la vida después de la muerte, dicen, y mantengamos en su lugar una reticencia reverente y agnóstica". (Timothy Ware. The Orthodox Church. An Introduction to Eastern Christianity. New Edition pag. 248. Penguin Random House).

538   Diferencias entre la Iglesia Católica Ortodoxa y La Iglesia Católica Romana https://iglesiaortodoxa.org.mx/informacion/2013/05/ diferencias-entre-la-iglesia-catolica-ortodoxa-y-la-iglesia-catolica-romana/

esto no tiene importancia, porque no son castigados por estar por encima de nosotros, sino por lo que en ellos es más bajo, es decir, el pecado".[539]

La enseñanza de Clemente es un resumen justo del conjunto de los escritos de los Padres Apostólicos. En los escritos de Ignacio, La Didaje, Clemente, Policarpo, Justino Mártir o Ireneo no se menciona la confesión de los pecados a un sacerdote ni a nadie que no sea Dios mismo, ni la penitencia, el purgatorio o las indulgencias. Todo el sistema de perdón sacramental ideado por la Iglesia Romana no puede encontrar confirmación en estos primeros escritos.[540]

En todos los escritos de los Padres Apostólicos, Ireneo y Justino Mártir no hay la menor alusión a la idea del purgatorio. Roma afirma que la Iglesia primitiva creía no obstante en el purgatorio porque rezaba por los muertos. Esto se estaba convirtiendo en una práctica común a principios del siglo III, pero no prueba por sí mismo que la Iglesia primitiva creyera en la existencia de un purgatorio.[541]

Las oraciones escritas que se han conservado y los testimonios de las catacumbas y las inscripciones funerarias indican que la Iglesia primitiva consideraba que los cristianos difuntos residían en paz y felicidad, y las oraciones que se ofrecían eran para que tuvieran una mayor experiencia de ello. Ya en Tertuliano, a finales del siglo II y principios del III, estas oraciones utilizan a menudo el término latino refrigerium como petición a Dios en nombre de los cristianos difuntos, un término que significa *"refrescar"* o *"refrescarse"* y que llegó a encarnar el concepto de felicidad celestial.[542]

Los apologistas católicos romano citan el escrito de Tertuliano (Sobre el alma) en donde dicen que habla del *"purgatorio".* Sin embargo, el erudito católico romano Ludwig Ott admite lo siguiente:

> *"Tertuliano interpretaba la cárcel como los infiernos, y el ultimo ochavo como <las pequeñas culpas que habrá que expiar allí por ser dilatada la resurrección> (para el reino milenario; De anima 58)".[543]*

---

539 Tomás de Aquino, Suma Teológica, Apéndice II (Purgatorio), Artículo 2 citado en Present with the Lord … in Purgatory? By TurretinFan https://www.aomin.org/aoblog/roman-catholicism/present-with-the-lord-in-purgatory/

540 William Webster. The Church of Rome at the Bar of History, pág. 104. Banner of Truth

541 Webster. Church of Rome. Ibid. 114

542 Webster. Church of Rome. Ibid. 114.

543 Ott. Ibid. 709

Tertuliano debió referirse al *"purgatorio"*, si quería referirse a los *"pecados veniales"*, y no al infierno, de donde ya no hay salida. La Escritura no enseña que los que están en el infierno expían *"pequeñas culpas"*, y de hecho tampoco la Iglesia Católica Romana.

El erudito católico romano Antonio Royo Marín al presentar la enseñanza oficial de la iglesia sobre el infierno, nos dice lo siguiente:

> *"El infierno. – Es de fe que existe el infierno, que es eterno, y que, descienden inmediatamente a él, las almas de los que mueren en pecado mortal...En el infierno, las almas son castigadas con penas desiguales, según sus propios merecimientos (concilio II de Lyon, 464). Existe la pena llamada de daño, que consiste en la privación eterna de la vista y goce de Dios (Inocencio III, 410), y la pena de sentido, representada por el "fuego eterno" (Símbolo Quicumque 40) ... Si alguno dice o siente que el castigo de los demonios o de los hombres impíos es temporal y que en algún momento tendrá fin, o que se dará la reintegración de los demonios o de los hombres impíos, sea anatema".*[544]

El Catecismo de la Iglesia Católica afirma:

> *"La enseñanza de la Iglesia afirma la existencia del infierno y su eternidad. Inmediatamente después de la muerte, las almas de quienes mueren en estado de pecado mortal descienden al infierno, donde sufren el castigo del infierno, el "fuego eterno". El castigo principal del infierno es la separación eterna de Dios, en quien el hombre puede poseer la vida. y la felicidad para la que fue creado y que anhela". (CCC1035).*[545]

Cesar Vidal hace estas observaciones:

> *"Tertuliano creía en la existencia de un infierno eterno para los condenados (Apol. XLVIII) y se basó en el pasaje de Mat. 5:25 para abogar por una idea de purgatorio o purificación del alma "post mortem", que, no obstante, localiza en el infierno y durante el periodo que va de la muerte a la resurrección (De an. LVIII)".*[546]

Tertuliano en (Sobre el alma) 58 titula su capítulo así: *"Todas las almas son mantenidas en el Hades hasta la resurrección, anticipando su miseria o dicha*

---

544 Antonio Royo Marín. La Fe de la Iglesia, págs. 231-232. BAC.

545 Jimmy Akin. The Fathers Know Best. Your Essential Guide to the Teachings of the Early Church, pág. 392. Catholic Answers Press.

546 Cesar Vidal Manzanares. Diccionario de Patrística, págs. 190-191. Editorial Verbo Divino.

definitiva".[547] El Hades no es el purgatorio. La Escritura no enseña eso (2 Corintios 5:8).

Tertuliano no menciona el purgatorio aquí, es el Hades al que se está refiriendo. Estas palabras de Tertuliano son claves: *"Todas las almas, por tanto, están encerradas en el Hades"*. Alfonso Ropero editor de *"Obras Escogidas de Tertuliano"* hace estas observaciones sobre De anima 58: *"En base a su concepto de la "corporalidad" del alma, Tertuliano cree que esta pasa a recibir el premio o el castigo merecido inmediatamente después de su muerte, sin esperar a la resurrección final; creencia que se generaliza en la teología posterior"*.[548]

Los apologistas católicos romanos citan estas palabras Cirilo de Jerusalén:

> *"Recordamos también a todos los que ya durmieron, en primer lugar, los patriarcas, los profetas, los apóstoles, los mártires, para que, por sus preces y su intercesión, Dios acoja nuestra oración. Después, también por los santos padres y obispos difuntos y, en general, por todos cuya vida transcurrió entre nosotros, creyendo que ello será de la mayor ayuda para aquellos por quienes se reza. Quiero aclararos esto con un ejemplo, puesto que a muchos les he oído decir: ¿de qué le sirve a un alma salir de este mundo con o sin pecados si después se hace mención de ella en la oración? Supongamos, por ejemplo, que un rey envía al destierro a quienes le han ofendido, pero después sus parientes, afligidos por la pena, le ofrecen una corona: ¿Acaso no se lo agradecerá con una rebaja de los castigos? Del mismo modo, también nosotros presentamos súplicas a Dios por los difuntos, aunque sean pecadores. Y no ofrecemos una corona, sino que ofrecemos a Cristo muerto por nuestros pecados, pretendiendo que el Dios misericordioso se compadezca y sea propicio tanto con ellos como con nosotros"*.[549]

Cirilo de Jerusalén no está hablando de un lugar de expiación como el purgatorio, porque dice que ofrecen a Cristo muerto, para que se compadezca, y sea propicio tanto a ellos como a los que han partido, no dice que sus oraciones ayudan a reducir los castigos en el purgatorio. Simplemente ofrecen a Cristo muerto y su sacrificio en oración, para que tenga misericordia de ellos, pero no enseña un estado intermedio, los encomienda a la directa misericordia de Dios en oración. La suposición del Rey que menciona Cirilo

---

547   https://www.newadvent.org/fathers/0310.htm

548   Obras Escogidas de Tertuliano, pág. 33. Editor: Alfonso Ropero. CLIE.

549   Catechetical Lecture XXIII: 9-10; NPNF 2, Vol. VII, 154-155 http://www.ccel.org/print/schaff/npnf207/ii.xxvii

es una analogía de Dios, no de un estado intermedio. Cirilo de Jerusalén también escribió:

> *"No hay segunda oportunidad tras la muerte…Cuando se dice que los muertos no le alabaran, significa que en esta vida hay un tiempo señalado para el arrepentimiento y el perdón, por el cual los que lo disfrutan alabaran al Señor, pero no queda después de la muerte para los que han muerto en sus pecados ofrecer alabanzas como los que recibieron la bendición, porque la alabanza pertenece al que da gracias, pero a ellos, que están bajo condenación, lamentación. Por tanto, los justos alabaran, pero los que murieron en sus pecados no tienen más oportunidades de confesión".*[550]

Por un lado, Cirilo de Jerusalén presenta suplicas a Dios por los difuntos que incluso son pecadores, para que Dios tenga misericordia, se compadezca, y sea propicio, pero no habla de un lugar de expiación antes, solo menciona la misericordia de Dios, por otro lado, Cirilo dice que los que han muerto en sus pecados, no tienen una segunda oportunidad tras la muerte, no menciona tampoco el purgatorio como una opción y lugar de purificación para que puedan entrar al cielo. Cirilo admite que los *"muertos"* (los que murieron en sus pecados) están bajo condenación, lamentación.

Philip Schaff escribió:

> *"No hay nada aquí, ni en la Liturgia Clementina, ni en la de S. Marcos, que corresponda al propósito que Cirilo atribuye a la conmemoración, "que en sus oraciones e intercesiones Dios reciba nuestra petición". En la Anáfora de S. Crisóstomo contenida en la forma posterior de la Liturgia de Constantinopla encontramos, aparentemente por primera vez, esta oración añadida a la conmemoración de todos los santos, "en cuyas súplicas míranos, oh, Dios". Hubo mucha controversia sobre el tema de las oraciones por los muertos en tiempos de Cirilo, y las objeciones que él señala fueron puestas de relieve por Erio y reprendidas por Epifanio".*[551]

ORIGENES DEL PURGATORIO

Las raíces de la enseñanza del purgatorio se remontan a la religión y filosofía paganas griegas, en escritos como la Eneida del poeta romano Virgilio y,

---

550   Catequesis 1, 18:14 en Lo Mejor de Cirilo de Jerusalén, pág. 306. Compilado por Alfonso Ropero. CLIE.

551   Philip Schaff. NPNF2-07. Cyril of Jerusalem, Gregory Nazianzen, pág. 48. Grand Rapids, MI: Christian Classics Ethereal Library.

sobre todo, por influencia de Platón, cuyos puntos de vista se introdujeron en la Iglesia a través de Clemente de Alejandría y Orígenes. Estos dos destacados Padres griegos de los siglos II y III vivían en Alejandría, que en aquella época era el centro de la cultura cristiana y, en particular, un crisol en el que se mezclaban y fusionaban el cristianismo y el helenismo.[552]

El destacado erudito e historiador de la iglesia, Jaroslav Pelikan, está de acuerdo cuando hace estas observaciones:

---

552   Webster. Church of Rome. Ibid. 114. El erudito y teólogo de Oxford, Alistar E. McGrath, concuerda: "La idea se desarrolló durante el periodo patrístico. Clemente de Alejandría y Orígenes afirmaban que los que morían sin tiempo para realizar obras de penitencia serían "purificados por el fuego" en la otra vida. La práctica de rezar por los difuntos -que se generalizó en la Iglesia oriental en los cuatro primeros siglos- tuvo una gran repercusión en el desarrollo teológico y constituye un excelente ejemplo de cómo influye la liturgia en la teología". (Alistar E. McGrath. Christian Theology. An Introduction. Fifth Edition, pág. 459. Wiley – Blackwell); E. Backhouse y C. Tyler: "Espíritu tan curioso como el de Orígenes, se dedicó a especulaciones frecuentes sobre la naturaleza y la suerte futura del alma, llegando a la conclusión de que ninguna criatura humana, al fallecer, podía estar libre de pecado para entrar al cielo. Como consecuencia, dedujo que ningún humano, aunque fuera la mejor de las criaturas, podía prescindir de ser purificado por el fuego después de la resurrección final. Este fue el origen de la doctrina del purgatorio, cuya funesta invención, fomentada por la Iglesia romana, ha contribuido poderosamente a tener a las gentes en la mayor esclavitud espiritual… Es probable, sin embargo, que, en aquella época, la creencia general en cuanto al perdón y la purificación de los difuntos revistiera una forma más atenuada que la de la visión de Perpetua y muy distinta de la más reciente del purgatorio. Parece confirmar esta opinión el pasaje siguiente de las Constituciones apostólicas: <Debemos interceder en favor de los hermanos que reposan en Cristo, para que Dios, que ha recibido su alma, les perdone todos los pecados que hubieran cometido voluntaria e involuntariamente>. Constituciones apostólicas VIII, cap. XLI". (E. Backhouse y C. Tyler. Historia de la Iglesia Primitiva. Desde el siglo I hasta la muerte de Constantino, págs. 414-415. CLIE); Sobre el trasfondo pagano del purgatorio, el historiador valdense Teófilo Gay hace estos comentarios: "Los paganos creían en un purgatorio más allá de la tumba, y en la posibilidad de hacer sufragios por los muertos, véase Platón, De Repub.,110 Virgilio, Eneida, 1, 6, Belarmino, De Purgatorio 1, 11, Arnob, Adv. Gent". (Teófilo Gay. Diccionario de Controversia pag. 327. CLIE). Platón, hablando del juicio futuro de los muertos, afirma que "de aquellos que han sido juzgados, algunos deben primeramente ir a un lugar de castigo donde deben sufrir la pena que han merecido" (Platón, Phaedrus, pag. 249, A, B.). Y Virgilio dice: "Ni tampoco puede la mente envilecida, encerrada en el oscuro calabozo de las almas, ver el cielo natal ni reconocer su ser celeste; ni aun la muerte puede lavar sus manchas. Sino que la suciedad antiguamente contraída permanece aún en el alma. Llevan las reliquias del vicio inveterado, y las manchas de pecado obsceno aparecen en cada rostro. Por esto varias penitencias se prescriben; y algunas almas quedan suspendidas al viento. Otras son echadas al agua, y otras purgadas en fuego. Hasta que se haya agotado toda la malicia del pecado. Todos tienen sus manes y estos manes sufren. Las pocas así limpiadas se van a estas mansiones. Y respiran en vastos campos el aire de Eliseo, y entonces son felices cuando con el tiempo concluye la mancha de cada crimen cometido, y nada queda de su habitual pecado, sino solo el puro éter del alma". (Dryden, Virgilio, lib. VI, lins. 995-1012, tomo II). Esta doctrina resultaba muy provechosa para los sacerdotes paganos, porque era la base de sufragios piadosos por los difuntos. (Vila. Ibid. 50-51).

"Los orígenes de la idea del purgatorio se remontan a la extendida esperanza, expresada por Orígenes, de que el poder de la voluntad salvífica de Dios se extendía más allá de los límites de esta vida terrenal, concediendo a los hombres una oportunidad más de purificación y eventual salvación incluso después de la muerte. Agustín, aunque se oponía a las especulaciones de Orígenes sobre la salvación universal de todos los hombres y del demonio, creía sin embargo que había "castigos temporales después de la muerte" y que era apropiado rezar para que algunos de los muertos se les concediera la remisión de los pecados".[553]

"Orígenes, también, ha sido representado como un helenizador consecuente; uno de sus contemporáneos paganos dijo de él que "mientras su forma de vida era cristiana y contraria a la ley, se hacía el griego, e introducía ideas en fábulas falsas".[554]

Muy revelador e instructivo lo que Jaroslav Pelikan muestra sobre los orígenes de la idea del purgatorio.

La doctrina platónica se halla dominada por la idea de que en el pecado hay una parte de voluntad, y por tanto de responsabilidad, y una parte de ignorancia que solo puede borrarse a lo largo de un complejo proceso. La suerte de las almas depende por tanto a la vez de su propia opción y de un juicio de los dioses.[555]

La influencia del orfismo en el cristianismo se ha subrayado con frecuencia. Como en el judaísmo antiguo no hay huellas de la creencia de un estado intermedio entre la dicha celestial y los tormentos infernales, y como la prefiguración del Purgatorio donde hizo su aparición fue en el cristianismo griego,

---

553 Jaroslav Pelikan. 1 The Emergence of the Catholic Tradition (100-600). The Christian Tradition. A History of the Development of Doctrine pag. 355. The University of Chicago Press. El patrologo católico romano William A. Jurgens hace estas observaciones sobre Orígenes y sus palabras en su libro "Tratado de los Principios" en 3, 6, 5: "Se entiende que el último enemigo, llamado muerte, se refiere al diablo. El presente pasaje es una parte de la evidencia indicativa de que Orígenes creía especulativamente que incluso el diablo iba a encontrar una salvación final". (William A. Jurgens. The Faith of the Early Fathers. Volume 1 pag. 200. The Liturgical Press); El patrologo católico romano Hubertus R. Drobner concuerda cuando hace estas observaciones sobre Orígenes y su doctrina: "La acción redentora del Hijo reconduce al final, según 1 Cor. 15, 23-26, al bienaventurado estado original a todo lo existente, incluido a Satanás". (Hubertus R. Drobner. Manual de Patrología pag. 178. 2 edición revisada y ampliada. Biblioteca Herder); Cesar Vidal: "Dudosas fueron empero las ideas escatológicas de Orígenes que negaba el castigo eterno de los condenados sustituyéndolo por un fuego purificador para todos, que concluiría con una salvación universal – sin excluir ni a Satanás ni a los demonios – en un proceso de restauración cósmica o apokatastasis". (Vidal. D. Patrística. Ibid. 158)

554 Pelikan. Vol. 1. Ibid. 48

555 Jacques Le Goff. El Nacimiento del Purgatorio, pág. 34. Altea, Taurus, Alfaguara, S. A.

---

se ha sugerido que la idea cristiana de un *"purgatorio"* en que se purifican las almas que no son lo suficientemente culpables como para merecer las penas eternas provendría del helenismo pagano y en particular de las doctrinas órficas.[556]

Numerosas inscripciones funerarias ostentan las palabras refrigerium o refrigerare, literalmente refresco, refrescar, solas o asociadas con pax (paz): in pace et refrigerium, esto in refrigerio (que este en el refrigerium), in refrigerium anima tua (que tu alma este en el refrigerium), deus refrigeret spiritum tumm (que Dios refresque tu espíritu)…Este refrigerium aparece ya en Tertuliano, donde lo mismo designa la felicidad provisional de las almas que aguardan, según una concepción personal de este escritor, el retorno de Cristo al seno de Abraham, que la dicha definitiva en el Paraíso, de la que disfrutan desde el momento de su muerte los mártires y que se ha prometido a los elegidos para después del último veredicto divino… En los autores cristianos posteriores, refrigerium expresa de una manera general las alegrías de ultratumba, prometidas por Dios a sus escogidos.[557]

El refrigerium solo ocupa un puesto particular en la prehistoria del Purgatorio a causa de la concepción personal de Tertuliano a la que hace alusión Christine Mohrmann. En efecto, el refrigerium designa, como se ha visto, un estado de dicha casi paradisiaca, pero no designa un lugar. Solo que Tertuliano imagino una variedad particular de refrigerium, el refrigerium interim, refrigerio intermedio designado a los muertos que, entre la muerte individual y el juicio definitivo, son juzgados por Dios como dignos de un tratamiento de espera privilegiada.[558]

Norman Geisler y Ron Rhodes escriben: *"La frase "descendió a los infiernos" no se hallaba en la versión más temprana del Credo de los Apóstoles. No fue añadida hasta el siglo cuarto".*[559]

Sobre Efesios 4:9-10; Craig L. Blomberg hace estas observaciones:

"En la historia de la iglesia, a raíz de los versículos 9-10 (junto con 1 P. 3:18-22), muchos han creído que Cristo descendió al infierno, especialmente porque en el v. 9b dice, literalmente, "las partes más bajas de la

---

556 Le Goff. Ibid. 35-36. La palabra orfismo significa "religiones de misterios de la antigua Grecia".

557 Le Goff. Ibid. 62-63

558 Le Goff. Ibid. 63

559 Geisler y Rhodes. Ibid. 302.

tierra". Pero la palabra que traducimos por "partes" no aparece en muchos de los manuscritos tempranos, mientras que "de la tierra", probablemente sea un genitivo explicativo o aposicional: "las (partes) más bajas, es decir, la tierra". Después de todo, puesto que la ascensión del versículo 10 describe el regreso de Cristo a los cielos, el descenso anterior se refiere, con casi toda probabilidad, a la encarnación, cuando vino de los cielos a la tierra".[560]

Klyne Snodgrass:

"Un descenso al Hades es difícil de aceptar en este texto o en cualquier otro. Pablo no habla en ningún otro lugar de un descenso al Hades, y es dudoso que 1 Pedro 3:18-22 se refiera tampoco a este asunto. En Efesios el conflicto con los poderes se desarrolla en las regiones celestiales, y la victoria de Cristo se produce por exaltación, no por descenso (ver 1:20-23; 6:10). En este tema, el punto más importante está en el movimiento del Cielo a la Tierra, es decir, en la Encarnación (ver Jn. 1:51; 3:13; 6:51) ...Lo más probable es que se trate de una referencia a la Encarnación: Aquel que descendió en la Encarnación es el mismo que ha ascendido y ha sido ahora exaltado sobre todas las cosas".[561]

J. N. D. Kelly sobre *"el Credo de los Apóstoles"* confirma lo siguiente:

"Hay uno, sin embargo, que realmente añade algo de sustancia al segundo artículo del credo, y que implica dificultades exegéticas de no poca importancia: descendió a los infiernos (descendit ad inferna) ... En cualquier caso, su primera aparición en el credo fue en la Cuarta Fórmula de Sirmio, el Credo Fechado de 359, que afirmaba (con una alusión a Job 38, 17) que el Señor había "muerto, y descendido a los infiernos", y regulado las cosas allí. A quien los guardianes del infierno vieron y se estremecieron'. Los sínodos homogéneos que se reunieron en la misma época, en Nicea (359) y en Constantinopla (360), publicaron credos con declaraciones similares".[562]

Philip Schaff señala:

"Esta cláusula era desconocida en el credo más antiguo, aunque creída en la Iglesia, y fue transferida al símbolo romano después del siglo V".[563]

---

560   Craig L. Blomberg. De Pentecostés a Patmos, págs. 364-365. Editorial Vida.

561   Klyne Snodgrass. Efesios, del texto bíblico a una aplicación contemporánea, págs. 239-240. Editorial Vida.

562   J. N. D. Kelly. Early Christian Creeds, pág. 378. Third Edition. Longman.

563   Philip Schaff. The Creeds of Christendom. With a History and Critical Notes, pág. 46. New York. Harper & Brothers, Franklin Square.

Por otra parte, en su obra Contra Marcion y en su tratado Sobre la monogamia, Tertuliano preciso su pensamiento sobre el más allá y expreso su concepción del refrigerium. Marcion pretendía que no solo a los mártires sino también a los simples justos se los admitía en el cielo, en el paraíso, inmediatamente después de su muerte. Tertuliano en cambio, apoyándose en la historia del pobre Lázaro y el rico epulón, estimaba la residencia de los justos que aguardaban la resurrección no era el cielo, sino un refrigerium interim, un lugar intermedio de alivio, el seno de Abraham: *"Este lugar, me refiero al seno de Abraham, aunque no es celestial, pero si superior a los infiernos, ofrece a las almas de los justos un refrescamiento intermedio, hasta tanto que la consumación de las cosas suscite la resurrección general y el cumplimiento de la recompensa…".*[564] Hasta ese momento, el seno de Abraham será *"el receptáculo temporal de las almas fieles".*[565]

Entre el refrigerium interim de Tertuliano y el Purgatorio hay una diferencia no solo de naturaleza   - en un caso una esperada reposada, en el otro una prueba purificadora puesto que es punitiva y de expiación - sino también de duración: el refrigerium acoge hasta la resurrección, mientras que el Purgatorio tan solo hasta el final de la expiación.[566]

Tertuliano admite:

> *"Las oblaciones por los difuntos, las hacemos en el día del aniversario de su muerte… Si buscas en las Escrituras una ley formal que tenga que ver con estas prácticas, no la encontraras. La tradición es lo que la garantiza, la costumbre lo que las corrobora, y la fe no hace sino observarlas".*[567]

Tertuliano reconoce que estas prácticas no se encuentran en la Escritura. Se apoya en la tradición.

La pasión de Perpetua y felicidad

Aquí no se trata del purgatorio propiamente dicho, y ninguna de las imágenes ni ningún difunto de estas dos visiones habrá de reaparecer en el Purgatorio medieval. El jardín en que se halla Dinocrates es casi paradisiaco, y no es un valle, ni una llanura, ni una montaña. La sed y la imposibilidad de

---

564   Adversus Marcionem, IV, 34.

565   Le Goff. Ibid. 63

566   Le Goff. Ibid. 64

567   Citado en Le Goff. Ibid. 64

su alivio por él sufridas, se designan como mal más psicológico que moral. De lo que se trata es de pena psicofisiológica, labor, y no de pena-punición, poema, como sucederá en todos los textos concernientes a las prefiguraciones del Purgatorio y al Purgatorio mismo. No hay tampoco ni juicio ni castigo. A pesar de todo lo cual, este texto se utilizará y comentará, a partir de san Agustín, dentro de la perspectiva de la reflexión que acabará llevando al Purgatorio.[568]

Philip Schaff hace estas observaciones:

> *"Tanto Perpetua como Felicidad eran evidentemente montañistas en carácter e impresiones, pero, el hecho de que nunca hayan sido reputadas como no católicas, explica en gran medida la posición de Tertuliano durante años después de que se hubiera retirado de la comunión con el vacilante Víctor".*[569]

Aparte de las influencias filosóficas griegas, la idea del purgatorio fue promovida y embellecida por dos grandes influencias: la literatura apócrifa y los relatos de visiones. Le Goff se refiere a La pasión de Perpetua y Felicidad, escrita en el siglo III, que relata una visión del mártir cristiano Dinocrates, que había muerto y que se encontraba en un estado de sufrimiento en algún lugar intermedio entre el cielo y el infierno. Finalmente es aliviado gracias a las oraciones de su hermana Perpetua. Este relato influyó enormemente en Agustín y en todos los que posteriormente promovieron la enseñanza del purgatorio.[570]

También hubo una serie de escritos apócrifos judíos y cristianos desde finales del siglo I hasta mediados del III, como el Libro de Enoc, el Libro IV de Esdras, el

---

568   Le Goff. Ibid. 67

569   Philip Schaff. ANF03. Latin Christianity: Its Founder, Tertullian, pág. 1546. Grand Rapids, MI: Christian Classics Ethereal Library. Sobre el pasaje de apoyo (2 Macabeos 12:40-45) que los católicos romanos citan, Schaff hace estas observaciones: "La historia en 2 Maccab. xii. 40-45, se narra allí como un pensamiento sugerido a los soldados bajo el mando de Judas, y no desanimados por él, aunque se refería a hombres culpables de idolatría y que morían en pecado mortal, por venganza de Dios. Es posible que a los primeros cristianos se les haya ocurrido que sus parientes paganos podrían, por lo tanto, no estar más allá de las visitas de la compasión divina. Pero, obviamente, incluso si no fuera un texto apócrifo, no podría tener ninguna relación con el caso de los cristianos. La doctrina del Purgatorio es que nadie que muera en pecado mortal puede beneficiarse de su disciplina, ni participar en las oraciones y oblaciones de los Fieles, cualesquiera que sean". (Schaff. Ibid. 1550); El Diccionario del Antiguo Testamentó Históricos nos dice: "En conclusión es perfectamente posible que algunos israelitas veneraran a sus muertos como hacían otros pueblos antiguos. Sin embargo, los argumentos que se aducen a partir de textos históricos y (otros) textos bíblicos para apoyar que se trataba de una práctica extendida y aceptable son, en su mayoría, poco convincentes" (Bill T. Arnold y H. G. M. Williamson. Diccionario del Antiguo Testamento Histórico, pág. 833. CLIE)

570   Webster. Church of Rome. Ibid. 115

Apocalipsis de Pedro, el Apocalipsis de Esdras y el Apocalipsis de Pablo, que influyeron enormemente en algunos de los primeros Padres de la Iglesia. Clemente de Alejandría y Ambrosio citan el Cuarto Libro de Esdras, y el Apocalipsis de Esdras y el de Pablo fueron muy citados durante la Edad Media.[571]

Una vez que la autoridad de Agustín estableció la teología del purgatorio y Gregorio Magno le dio expresión dogmática, la enseñanza fue promovida y embellecida a través de los relatos de numerosas visiones que fueron aceptadas en su valor nominal. Gran parte de la autoridad a la que recurre Gregorio Magno para justificar la existencia del purgatorio son visiones que, según él, proceden de experiencias personales o afirmaciones que le fueron contadas. En sus Diálogos da varios ejemplos de ello. Con el paso de los siglos, los relatos de visiones se hicieron corrientes y siguieron dando crédito sobrenatural a la realidad del purgatorio.[572]

El erudito protestante Jerry L. Walls (quien cree en el purgatorio) en su libro: *"Purgatorio. La lógica de la transformación total",* publicado por la Universidad de Oxford, hace estas observaciones:

> *"Además de Clemente, Orígenes y Agustín, hay otra persona que merece ser reconocida como fundador del purgatorio según Le Goff, a saber, Gregorio Magno. Este pontífice se caracterizó por su celo evangelizador y escatológico. Estaba convencido de que el fin del mundo se acercaba y, en consecuencia, se comprometió a hacer todo lo posible para salvar al mayor número posible de personas, incluidas las que habían muerto. A Gregorio le fascinaba la geografía del más allá y sus especulaciones al respecto son una de sus aportaciones distintivas al purgatorio. En particular, distinguió entre el infierno superior, donde descansan los justos, y el infierno inferior, donde residen los malvados. Lo que él llamaba el infierno superior podría haber sido lo que más tarde se identificó como el Limbo de los Padres, el lugar donde se creía que descansaban los justos del Antiguo Testamento hasta que Cristo descendió a los infiernos para llevarlos al cielo. Alimentó aún más la especulación geográfica con una historia que contó sobre el rey godo Teodorico que fue llevado al infierno. Aunque la historia no menciona el purgatorio, se tomó como una pista de la ubicación terrenal del purgatorio, ya que presumiblemente se encontraba en las cercanías del infierno".[573]*

---

571   Webster. Church of Rome. Ibid. 115

572   Webster. Church of Rome. Ibid. 115

573   Jerry L. Walls. Purgatory. The Logic of Total Transformation, págs. 16-17. Oxford University Press

La erudita Carole Straw, profesora asociada de Historia en Mount Holyoke College, especialista en Gregorio Magno, su libro es muy elogiado y de gran nivel sobre la persona y los escritos de Gregorio, hace estos comentarios:

> *"Los muertos ya no habitan en refrigerium o tormentum, esperando el Juicio Final. Gregorio explica, más bien, que el alma sufre un juicio inmediato y vuela al cielo, al infierno o a los lugares de purgación. A la ansiedad de Gregorio por la cercanía del Juicio Final debe agregarse su preocupación adicional por el juicio inmediato de Dios sobre el alma después de la muerte. El castigo viene con fuerza tras esta vida, la salvación del alma continúa después de la muerte: algunos pecados pueden ser perdonados en este mundo, y algunos en el venidero (Dial. 4.41.3-4). Un fuego purificador limpiará el alma de faltas menores antes del juicio (Dial. 4-40-41). Las oraciones de los demás pueden liberar a un alma del tormento después de la muerte porque las buenas obras de un alma pueden transferirse a otra, y el sacrificio de la Misa llega de este mundo al siguiente (Dial. 4.60.1)".*[574]

Anteriormente mencione al erudito protestante Jerry L. Walls y su creencia en el purgatorio, los apologistas católicos romanos enfatizan mucho que Jerry L. Walls comparte la doctrina del purgatorio con ellos, sin embargo, Jerry L. Walls no acepta el papado, y muchas otras doctrinas principales del catolicismo romano, ni piensa convertirse a Roma.

En el excelente libro, del cual Walls es coautor con el erudito metodista Kenneth J. Collins, titulado: *Romano, pero no católico. Lo que queda en juego 500 años después de la Reforma"*, Walls hace estas observaciones:

> *"Varios años más tarde tuve la suerte de conocer a Richard John Neuhaus... Nos llevamos bien y le intrigó saber que yo era un protestante*

---

574   Carole Straw. Gregory the Great. Perfection in Imperfection, págs. 59-60. University of California Press. Los Diálogos de Gregorio Magno: "Hasta el siglo VII, la creencia era que los difuntos estaban reducidos a la situación de sombras y permanecían en un lugar transitorio, a la espera de un juicio único y final. Se trata del refrigerium. Solo escapan a él los mártires, que pueden acceder directamente a la beatitud eterna, ya que, en efecto, se encuentran enteramente poseídos por Cristo, tal como afirma Tertuliano en su tratado sobre la castidad (22,6). La felicidad celeste inmediatamente concedida es descrita en la Pasión de Perpetua y Felicidad. Los diálogos presentan otra concepción. Después de la muerte, el difunto sufre un primer juicio, particular y no general. Lo que sucede más a menudo es que es relegado al purgatorio, cerca del infierno". (Philippe Henne. Gregorio Magno, pág. 120. Ediciones Palabra); George A. Mather y Larry A. Nichols nos dicen sobre el purgatorio: "Gregorio I Magno fue el primer papa de Roma que sostuvo dicha doctrina". (George A. Mather – Larry A. Nichols. Diccionario de Creencias, Religiones, Sectas y Ocultismo, pág. 389. CLIE)

que defendía una versión de la doctrina del purgatorio... En estas discu-
siones con Neuhaus y otros miembros del grupo, defendí regularmente el
punto de vista protestante...La bienvenida que se brindó a aquellos de
nosotros que no considerábamos a Roma como la única iglesia verdadera
llegó tan lejos: observábamos desde la distancia cuando nuestros herma-
nos católicos romanos compartían el sacramento de la Comunión... He
tenido más interacciones positivas con los católicos romanos, en parte
debido al trabajo adicional que he realizado en el purgatorio (de hecho,
debido a este trabajo, ¡no frecuentemente se ha asumido que soy católico
romano!) Desde mi discusión anterior sobre la doctrina en mi libro sobre
el cielo, he escrito un libro completo defendiendo una versión ecuménica
de la doctrina, la primera defensa del purgatorio en un libro por parte de
un protestante, hasta donde yo sé (Walls, Purgatory: The Logic of Total
Transformation (Nueva York: Oxford University Press, 2012)... mi ob-
jetivo siempre es ponderar las afirmaciones doctrinales según sus méritos
bíblicos, teológicos y racionales, independientemente de sus conexiones
eclesiales. Debo decir francamente que nunca me he sentido seriamente
tentado a convertirme a Roma".[575]

Es respetable, en mi opinión, que un erudito protestante de la talla de
Jerry L. Walls, crea en la doctrina del purgatorio, son sus conclusiones personales, y se difiere de el en esa doctrina, pero esto no va de la mano con que
Jerry L. Walls piense convertirse al catolicismo romano, de hecho, en el libro
escrito con Kenneth J. Collins, Walls hace un muy buen trabajo de refutación
al papado, Roma como la única iglesia, la teoría de desarrollo de Newman, la
infalibilidad, dogmas marianos, el canon católico romano, la iglesia de Roma
profundamente dividida, y la apologética católica popular. Kenneth J. Collins
también hace muy buen trabajo en ese libro.

La palabra purgatorium no existe como sustantivo hasta finales del siglo
XII...Un texto falsamente atribuido a San Ambrosio aplica por su parte a esta
leyenda la frase de san Pablo, *"el fuego pondrá a prueba la obra de cada uno"* (1
Co, 3, 13) que es la principal base escriturística sobre la que habrá de apoyarse
el cristianismo medieval para construir el purgatorio.[576]

Las palabras purificación, purificar que se usan en Nm. 6: 9-13, Hch.
15:9, 21:26, Mc. 1:44, Lc. 2:22, Jn. 2:6, 3:25, Heb. 1:3, 9:13, 9:22-23,

---

575   Kenneth J. Collins and Jerry L. Walls. Roman but Not Catholic. What Remains at Stake
500 Years after the Reformation, págs. 20, 21, 22. Baker Academic

576   Le Goff. Ibid. 11-18

10:22, 1 P. 1:22, 2 P. 1:9, Jn. 11:55, 1 Juan 3:3, Ef. 5:26, Tit. 2:14, St. 4:8, no significan la enseñanza del purgatorio.[577]

Se cita la Carta a Antoniano de Cipriano (Carta 55:20) que dice:

> *"Y no creas, queridísimo hermano, que por esto disminuye el valor de los hermanos o mengua el número de los mártires, porque se ha facilitado la penitencia a los caídos y se ha ofrecido la esperanza de paz a los arrepentidos. La fuerza de los fieles se mantiene incólume: todos los que temen y aman con todo su corazón a Dios continúan perseverando con una firme y estable integridad. Pues también a los adúlteros les hemos concedido un tiempo de penitencia, otorgándoles después la paz, y no por ello ha faltado la virginidad en la Iglesia, ni han disminuido por los pecados ajenos a los propósitos gloriosos de continencia. Florece la Iglesia adornada con la corona de tantas vírgenes, la castidad y pureza conservan el esplendor de la propia gloria, y no se ha quebrado el vigor de la continencia por conceder al adultero la penitencia y el perdón. Una cosa es esperar el perdón y otra distinta llegar a la gloria; una cosa es haber sido encarcelado sin poder salir sin pagar el ultimo cuadrante de la deuda, y otra distinta recibir enseguida el premio de la fe y la fortaleza; una cosa es purificarse de los pecados por el largo tormento del dolor y pagar largo tiempo a través del fuego, y otra haber purgado por todos los pecados con el martirio; en fin, una cosa es esperar ansiosamente la sentencia que el Señor dará en el día de su juicio, y otra recibir inmediatamente su corona".[578]*

El erudito ortodoxo A. Edward Sicienski hace estas observaciones:

> *"Los estudiosos modernos, sin embargo, han sido más vacilantes, creyendo que Cipriano aquí no se refiere a un lugar de purgación post mortem, sino que utiliza un "lenguaje metafórico" para hablar de las "obras de limpieza de penitencia" practicadas por los lapsi. La necesidad de penitencia y perdón del lapsi se compara con la gloria instantánea que espera a los mártires, por lo que en este pasaje "no se trata de un 'purgatorio' en el más allá, sino de penitencia aquí abajo".[579]*

---

577   VINE Diccionario Expositivo de Palabras del Antiguo y del Nuevo Testamento Exhaustivo, pág. 725. Caribe

578   J. A. Gil-Tamayo (ed.). Obras Completas de san Cipriano de Cartago I. 55:20, pág. 653. BAC

579   Le Goff, El Nacimiento del Purgatorio, 58.

Brian Daley estuvo de acuerdo, nada de lo que Cipriano negaba explícitamente en otro lugar la posibilidad del arrepentimiento post mortem, escribiendo:

> *"Cuando ha habido una retirada, entonces no hay oportunidad para el arrepentimiento, no hay logro de satisfacción. Aquí la vida se pierde o se conserva; aquí por la adoración de Dios y por el fruto de la fe se hace provisión para la salvación eterna. Que nadie, ni por los pecados ni por los años, se retrase en llegar a la adquisición de la salvación. Para el que aún permanece en este mundo, ningún arrepentimiento es demasiado tarde. Cipriano de Cartago. Ad Demetrianum, 25".* [580]

¿Pablo necesitaba ser purificado en el Purgatorio?

Los católicos romanos citan Filipenses 3:12 infiriendo que debido a que Pablo tenía *"imperfecciones"*, el necesitaba ser *"purificado"* en el purgatorio. Una y otra vez es evidente que los textos que se citan como apoyo para el purgatorio no tienen relación con esa doctrina.

"No que lo haya alcanzado ya, ni que sea perfecto, sino que prosigo, por ver si logro asir aquello para lo cual fui también asido por Cristo Jesús" (RVR 1960)

Aquí el verbo traducido *"perfecto"* está en la voz pasiva y es un tiempo perfecto. Esto significa que es algo hecho por otra persona en Pablo; en este caso, el perfeccionador es Dios.[581]

Esto es distinto a la purificación *"personal"* que una persona tiene que pasar en el *"purgatorio"*. Por supuesto, la carrera a la que Pablo se refiere es en vida en su *"ministerio"* y no en el purgatorio.

De esta manera el énfasis recae en la obra que Dios pudiese haber hecho en la vida del apóstol Pablo, pero que el declara no haber sido realizada aun y que, en realidad, no será realizada hasta la resurrección.[582]

La palabra *"prosigo"* es un presente durativo y es la misma palabra que en el versículo 6 se traduce *"perseguidor"*. Pablo había sido perseguidor de la iglesia y fue en esa actividad en que Cristo lo encontró y lo salvo. Ahora, en

---

580 A. Edward Sicienski. Beards, Azymes, and Purgatory. The Other Issues that Divided East and West, pág. 220. Oxford University Press

581 Evis Carballosa. Filipenses. Un comentario Exegético y Practico, pág. 98. Editorial Portavoz

582 Carballosa. Ibid. 98

lugar de ir en pos de los cristianos como perseguidor, Pablo desea ir en pos de Cristo para ser perfeccionado y totalmente santificado por el Señor.[583]

Es poco probable que Pablo viese su *"justicia"* como algo que aún tenía que alcanzar. La justicia le ha sido dada, y es lo que hace que sea posible *"conocer a Cristo"* en el presente. Lo que todavía no ha *"conseguido"*, por tanto, es la realización escatológica de la meta expresada en los vv. 10-11, el conocimiento de Cristo que será suyo solamente cuando haya *"llegado a la resurrección de entre los muertos"* o, su equivalente, como los vv. 20-21 clarifican.[584]

La siguiente afirmación de Pablo (v. 15) es bastante sorprendente, al menos en el texto griego. El original dice de forma literal: *"Aquellos de nosotros, pues, que somos perfectos, pensemos esto"*. Después de decir que el aun no es perfecto (tetleiomai, v. 12). Pablo ahora se incluye entre los *"perfectos"* (teleioi). ¿Por qué? Encontramos la respuesta si hacemos un detallado análisis del uso que Pablo hace del término *"teleios"* en sus otras cartas. Cuando Pablo aplica esta palabra a los creyentes, no tiene el sentido de perfección ultima, sino de la madurez necesaria para distinguir la sabiduría de Dios de la sabiduría del mundo (1 Co 2:6, cf. Col 1:28) y para usar los dones espirituales de forma adecuada (1 Co 14:20, Ef. 4:11-13).[585]

Pablo persigue con ahincó conocer a Cristo, sus sufrimientos, el poder de su resurrección y el estar unido a él en el día final. Además, ese llamamiento no es para algo que se cumplirá de forma completa en el presente, sino que lo hará en el futuro, ese futuro en que el creyente pone su esperanza (Ef. 1:18, 4:4). Así, el llamamiento celestial hacia el que Pablo avanza con todo su empeño es el llamamiento de Dios a formar parte de su pueblo, formado tanto por judíos como por gentiles, quienes en el día final podrán presentarse ante Dios justificados gracias a su identificación con Cristo (vv. 8-11).[586]

Pero nada de lo dicho anteriormente debería interpretarse como que Pablo ahora dice que el esfuerzo humano tiene un rol en la salvación. El sigue diciendo que la justicia con la que se presentara ante Dios en el día final no es suya, sino de Dios, y viene por la fe (v. 9).[587] *"Perfectos"* (lo cual no significa *"sin pecado"*) indica madurez; significa pensar y vivir en rectitud, por un compromiso con Cristo.[588]

---

583 Carballosa. Ibid. 99

584 Gordon Fee. Comentario de la Epístola a los Filipenses, pág. 434 CLIE

585 Frank Thielman. Filipenses del texto bíblico a una aplicación contemporánea, pág. 225. Editorial Vida

586 Thielman. Ibid. 224-225

587 Thielman. Ibid. 235

588 Biblia de Estudio de Apologética, pág. 1628. Holman Bible Publishers

Por cierto, en filipenses 3:20, Pablo le dijo a los filipenses que eran «ciudadanos del cielo», no les dijo que tenían que ir primero a purgarse al *"purgatorio"*. Y Pablo no podría haberlo dicho, ya que el no creía en esa doctrina, la cual sería un desarrollo posterior.

El Purgatorio no fue creído, ni enseñado, por los *"padres apostólicos"*, quienes se cree, fueron discípulos directos de los apóstoles o mantuvieron con ellos una estrecha relación. Véase Alfonso Ropero. Lo Mejor de los Padres Apostólicos. CLIE. Por ejemplo: Didache 1:1; 1 Carta de Clemente a los Corintios 1.36; 1 Clemente 1:56; 2 Clemente 1:5-2; 2 Clemente 6:2; 2 Clemente 1:8; Ignacio, Carta a los Efesios 16; Ignacio, Carta a los Magnesios 1; Ignacio, Carta a los Trallanos 13; Ignacio, Carta a los Romanos, presentación y saludos; Ignacio, Carta a los Romanos 4; Carta de Policarpo 6:2; Carta de Policarpo, Mansedumbre frente al enojo 12; Martirio de Policarpo, Obispo de Esmirna, El sufrimiento gozoso de los mártires 2; Martirio de Policarpo, Obispo de Esmirna, La visión de Policarpo 5; Carta a Diogneto, 9:4; El Pastor de Hermas, Pecados de los hijos y llamada al arrepentimiento; Pastor, 3; Pastor, 1:5.

Los apologistas católicos citan 1 Corintios 3:15

Para muchos católicos romanos el principal texto de prueba bíblico que enseña la doctrina del purgatorio es 1 Corintios 3:15. Contrario a esa eiségesis, el erudito del NT Gary S. Shogren hace estos comentarios:

> *"Aquí, fuego no se refiere a fuego del infierno literal, sino que es una metáfora de la destrucción de un edificio; el trabajador escapa "como" quien pasa por el fuego…Una enseñanza paulina consistente es que los creyentes, quienes han sido justificados por fe en Cristo, enfrentaran un juicio por sus obras… El mismo pensamiento está presente en 2 Corintios 5:9-10, donde Pablo habla del tribunal de Cristo, el "bema", ante el cual todos tenemos que comparecer…Y qué hay de esta persona desafortunada? Sera salvo…Técnicamente, la pregunta no es sobre la perdida de la salvación, porque el, gana su salvación escatológica después de escapar a duras penas".*[589]

---

589   Gary S. Shogren. Primera de Corintios pags. 125-126. Colección Teológica Contemporánea. CLIE. A. T. Robertson: "Si bien el mismo será salvo, salvación eterna, pero no mediante el purgatorio. El sufrirá perdida (zemiothesetai)…voz pasiva de zemio, viejo verbo de zemia (daño, perdida), sufrir perdida…Su obra queda quemada total e irremediablemente, pero el mismo escapa a la destrucción por cuanto es realmente un hombre salvo, una persona verdaderamente creyente en Cristo". (A. T. Robertson. Comentario al Texto Griego del Nuevo Testamento pag. 430. Obra completa. 6 tomos en 1. CLIE); William Barclay: "será trabajo

El Nuevo Comentario Bíblico de Jerónimo editado por los eruditos católicos romanos Raymond E. Brown, Joseph A. Fitzmyer, Roland E. Murphy, admite sobre 1 Cor. 3:15 lo siguiente: *"No se hace referencia al purgatorio"*.[590]

Incluso la Nueva Biblia Americana Católica Romana cuando comenta 1 Cor, 3:15 también reconoce que:

> *"Serán salvos: si bien Pablo puede imaginar un castigo divino muy duro (cf⇒ 1 Cor 3: 17), se muestra optimista sobre el éxito de los medios correctivos divinos tanto aquí como en otros lugares (cf⇒ 1 Cor 5: 5;*

---

perdido, aunque el mismo se salve como el que se libra de una quema". (William Barclay. Comentario al Nuevo Testamento Obra Completa 17 Tomos en 1 pag. 620. CLIE); Gordon Fee: "La naturaleza de la perdida, sin embargo, se determina por el contexto, en primer lugar, la obra en si misma se quema, es la obra que se consume (porque fue construida con materiales perecederos) y no el obrero en sí mismo…Esta es una metáfora pura y simple, lo que probablemente refleja algo así como Amos «tizón arrebatado del fuego» (4:11)". (Gordon Fee. The Firts Epistle of the Corinthians pags. 143-144. The New International Commentary on The New Testament, Eerdmans Publishing Co.); Craig Blomberg: "El versículo 15 comienza hablando de la «obra» de cada uno, con lo cual el sustantivo se convierte en el antecedente más cercano y natural del objeto del verbo «sufrir perdida». (Craig Blomberg. 1 corintios, del texto bíblico a una aplicación contemporánea pag. 83. Editorial Vida); Ben Whiterington III: «Esto no puede ser una referencia al purgatorio ya que Pablo se está refiriendo a lo que sucede en el día del juicio… después del regreso de Cristo…. Él no se refiere a lo que sucede a una persona después de la muerte y antes del juicio final…Como por fuego es una metáfora para escapar… por la piel de sus dientes» (Ben Witherington III. Conflict and Community in Corinth. A Socio Rhetorical Commentary on 1 y 2 Corinthians pag. 134. William B. Eerdmans Publishing Company); Scot McKnight: "No se trata de personas que están siendo probadas y aprobadas, sino de sus obras. No tiene sentido que haya una experiencia post mortem en la que las personas se deshagan de sus pecados bajo la mano disciplinaria de Dios. Cuando la Biblia habla de purgar, se refiere a la vida ahora, y es un acto de Dios, no algo en lo que nos unamos a él. Este texto revela que, en la muerte o el juicio, Dios juzga nuestras obras y nos purifica o santifica de nuestras corrupciones de modo que seamos aptos para su presencia". (Lee Strobel. En Defensa del Cielo pag. 133. Editorial Vida); Nuevo Testamento Interlineal Griego-Español de Francisco Lacueva: "zemiothesetai…sufrirá perdida". (Nuevo Testamento Interlineal Griego-Español. Francisco Lacueva pag. 663 CLIE); Biblia de Estudio Patrística: "Algunos piensan que aquí el Apóstol se esta refiriendo a las doctrinas. Pero me parece que esta hablando de la virtud y el vicio, con lo cual esta preparando lo que dirá más adelante acerca del fornicador. El oro, la plata y las piedras son virtudes, mientras que la madera, el heno y la paja son lo contrario. Teodoreto de Ciro, In xii epistulas Pauli, 1 Cor. 3:13. El fuego mismo probara la calidad de la obra de cada uno. La mala doctrina se revelará, aunque ahora engañe a algunos. (…) Porque será probada con fuego y si permanece, se vera que fue buena doctrina. Ambrosiaster, In I epistulam Pauli ad Corinthios". (Biblia de Estudio Patrística. Siglos I al VI. La Sabiduría del Cristianismo Antiguo pag. 1782. CLIE); Juan Crisóstomo en sus Homilías sobre 1 Corintios 3:15, dice que el fuego es el infierno, no el purgatorio. (Homilía IX. 3-1, 2, 3 en Obras de San Juan Crisóstomo IV. Homilías sobre la Primera Carta a los Corintios pags. 215, 217, 219. 221, 223, 225. Inmaculada Delgado Jara (ed.). BAC)

590 The New Jerome Biblical Commentary. Edited by Raymond E. Brown, Joseph A. Fitzmyer, Roland E. Murphy pag. 802. Prentice Hall

⇒ 11:32 [disciplina]). El texto de ⇒ 1 Cor 3, 15 ha sido utilizado en ocasiones para apoyar la noción de purgatorio, aunque no lo prevé".[591]

Agustín cuando comenta 1 Cor. 3:15 nos dice:

"Se ha de entender de tal modo que no esté en contradicción con aquellos claros tan claros y evidentes; pues se dijo que se salvarían como a través del fuego, porque gracias al fundamento no perecerán. Las maderas, el heno y la paja, no sin motivo, pueden entenderse de los deseos de las cosas temporales, que, aunque lícitamente concedidas no pueden perderse sin dolor del alma. Mas, cuando este dolor abrasa o purifica, si Cristo de tal modo es el fundamento en el corazón, que ninguna cosa se le anteponga, y prefiere el hombre carecer de las cosas que así ama antes que, de Cristo, entonces se salva pasando por el fuego. Por el contrario, si en el tiempo de la tentación prefiere poseer tales cosas temporales y mundanas más que a Cristo, no le tiene como fundamento, ya que prefiere estas cosas en su lugar, siendo así que en el edificio nada hay más importante que el fundamento. Así, pues, el fuego del que habla el Apóstol debe entenderse que es de tal naturaleza, que ambos pasen por él, a saber, tanto el que edifica sobre este fundamento oro, plata y piedras preciosas, como el que edifica madera, heno y paja, porque, después de haber dicho esto, añadió: "La obra de cada uno será manifestada; porque el día la declarara, porque por el fuego será manifestada; y la obra de cada uno cual sea, el fuego hará la prueba. Si permaneciere la obra de alguno que sobredifico, recibirá recompensa. Si la obra de alguno fue quemada, será perdida: el empero será salvo, mas, así como por fuego (1 Cor. 3:13:15). Por consiguiente, no probara el fuego la obra de uno solo, sino la de los dos. La tentación de la tribulación es un cierto fuego, del cual en otro lugar está escrito: "El horno prueba los vasos del alfarero, la tentación de la tribulación, a los hombres justos" (Ec. 27:5). Por esta tribulación se verifica a veces en esta vida lo que dijo el apóstol, como sucede, por ejemplo, en dos fieles, de los cuales uno piensa en las cosas que son de Dios, como agradara a Dios, esto es, edifica sobre el fundamento, que es Cristo, oro, plata, piedras preciosas, más el otro piensa en las cosas del mundo, como agradara a su mujer, es a saber, edifica sobre el mismo fundamento maderas, heno, paja. La obra de ese no es consumida, porque no ama esos bienes, cuya perdida puede atormentarle; más la de este es purificada, porque no se pierden sin dolor las cosas poseídas con amor. El cual, si se les hubiese presentado la alternativa, preferiría más bien carecer de las cosas

---

591   Nueva Biblia Americana. Cartas del Nuevo Testamento 1 Corintios capítulo 3 https://www.vatican.va/archive/ENG0839/_PZ8.HTM

terrenas que de Cristo, y ni por el temor de perderlas le abandonaría,
aunque sufra al perderlas. Este tal de cierto se salvará, si bien como quien
pasa por el fuego; pues le purifica el sentimiento de las cosas perdidas que
había amado, mas no le trastorna ni consume, por estar defendido por la
firmeza e incorrupción del fundamento".[592]

El fuego al que Agustín se refiere aquí no es el purgatorio, sino el fuego que en el transcurso de la vida prueba a los hombres por medio de diferentes tentaciones. El erudito agustino Francisco Moriones, nos dice que Agustín creía en el purgatorio, sin embargo, también añade estos comentarios:

"En cambio, su doctrina acerca de la naturaleza de las penas que
sufren las almas permanece obscura. Interpreta de diversas formas los
versículos de San Pablo (1 Cor. 3, 11-15), en particular las palabras:
<como quien pasa por el fuego> (quasiper ignem), entendiendo por ellas
las tribulaciones de esta vida, o las penas propias de la muerte, o bien las
explica en el sentido de un fuego real".[593]

"No menos resuelto se manifiesta en un comentario a los Salmos,
en el que suplica a Dios le purifique en esta vida (ut in hacvita purges
me), en vez de ser purificado, después de la muerte, con el fuego purifica-
dor del purgatorio (emendatorio ignenon opus sit). En. In ps. 37,3. La
existencia de un "fuego real" es solamente probable".[594]

"En sus comentarios de los Salmos, escritos probablemente entre
404 y 414, insiste sobre todo en las dificultades que suscitan la existencia
de un fuego purificador después de la muerte: es una <cuestión oscura>
(obscura quaestio), según nos declara. A pesar de lo cual, en su Comenta-
rio del Salmo XXXVI, adelanta una observación que habría de obtener
una gran repercusión durante la Edad Media a propósito del Purgatorio:
"Aunque es cierto que algunos se salvaran por fuego, este fuego será terri-
ble que cuanto hombre pueda sufrir en esta vida"".[595]

El erudito ortodoxo John Meyendorff hace estas observaciones:

592 Agustín. Enquiridión. Tratado de la Fe, la esperanza y la caridad. Capítulo 68, en Obras Escogidas de Agustín de Hipona. Editor: Alfonso Ropero. Tomo I pags. 289-290. CLIE

593 Francisco Moriones. Teología de San Agustín pág. 634. BAC

594 Moriones. Ibid. 632

595 Le Goff. Ibid. 86. Para un tratamiento más a fondo sobre Agustín y sus puntos de vista del destino de los difuntos, y la redención después de la muerte, véase: Le Goff. Ibid. 86, 87, 88, 89, 90, 91, 92, 93, 94, 95, 96, 97, 98, 99, 100, 101, 102.

"Aunque la tradición bizantina siempre ha reconocido que la oración por los difuntos es lícita y necesaria, que la solidaridad entre todos los miembros del Cuerpo de Cristo no se rompe con la muerte y que, por la intercesión de la Iglesia, los difuntos pueden estar más cerca de Dios, también ha ignorado siempre la idea de una redención <por satisfacción>, que es lo que expresa el concepto legalista de <penas del purgatorio>…En Oriente no existe una doctrina de las <indulgencias>, o una descripción precisa del estado de las almas antes de la resurrección general…Excepto el rechazo de las tesis latinas sobre el purgatorio, que iba implicado en la canonización de Marcos de Éfeso, y algunas afirmaciones doctrinales de posteriores teólogos ortodoxos, la iglesia bizantina jamás se embarcó en la búsqueda de afirmaciones precisas sobre el <más allá>".[596]

Marcos de Éfeso (arzobispo de Éfeso) se opuso a la doctrina católica romana del purgatorio en el Concilio de Florencia de 1439.

Jaroslav Pelikan hace estos comentarios:

"En sus declaraciones teológicas de Florencia, los latinos insistieron en que Oriente aceptara la doctrina del purgatorio como enseñanza apostólica, vinculante para toda la Iglesia católica. Para los partidarios orientales de la reunificación, bastaba con que la Iglesia de Roma confesara el purgatorio, pero esto no era suficiente para otros teólogos griegos. Las oraciones en favor de los muertos eran tradición apostólica, pero esto no implicaba una doctrina del purgatorio (Marc. Ef. Or. Purg. 2. 12 (PO 15:118). La liturgia de San Juan Crisóstomo incluía siempre la oración por los que han dormido en la fe. Esto no decía nada de que estuvieran en un estado intermedio del que finalmente, a través de la purificación, serían trasladados al cielo. La Escritura tampoco decía nada sobre este estado intermedio… El decreto de Florencia afirmaba la doctrina occidental de que las almas de los penitentes fallecidos, pero que no habían podido satisfacer por sus pecados en esta vida, son limpiadas por las penas del purgatorio después de la muerte. Pero el fracaso de la unión de Florencia significó que Oriente volviera a su opinión de que el estado del alma después de la muerte no estaba claramente definido en la Escritura ni en la tradición y, por tanto, no existía una doctrina ortodoxa oficial sobre la cuestión, sino sólo diversas ologoumena privadas, que no podían probarse a partir de las normas de la enseñanza de la Iglesia. Además, los

---

596   John Meyendorff. Teología Bizantina págs. 180, 181, 409. Ediciones Cristiandad

orientales sostenían que, fuera cual fuera el estado intermedio, la iglesia en la tierra no tenía derecho a reclamar jurisdicción sobre él".[597]

Los apologistas católicos romanos para hacer la distinción entre *"pecados mortales"* y *"veniales"* y citan 1 Juan 5:16-17

Juan usa el término *"hermano"* en su sentido amplio; es decir, alguien que ha hecho la profesión de ser cristiano. En 1 Corintios 6, Gálatas 5, y Efesios 5, Pablo subraya que aquellos cuyas vidas están marcadas por los pecados no heredaran el Reino de los cielos: no dice que se trata de cristianos que cometieran pecados mortales y que por ello hayan perdido su salvación. Mas bien dice que desde un principio nunca fueron cristianos, puesto que practican el pecado, siendo que *"ninguno nacido de Dios practica el pecado".* Nunca nacieron de Dios, aunque puedan haber profesado ser cristianos.[598]

Así, un cristiano no puede cometer un pecado que lo lleve hacia la muerte en el sentido de muerte eterna. En estos versículos Juan está hablando de aquellos que, a pesar de haber confesado a Cristo como su Salvador, nunca han experimentado de forma genuina el nuevo nacimiento. En efecto, una de las razones por las que se escribió esta carta era para advertir a los verdaderos creyentes de los engañadores y falsos maestros.[599]

Ellos declaraban ser cristianos, pero sus vidas eran incoherentes con su profesión de fe. Caminaban en oscuridad (1:6); no cumplían los mandamientos de Dios (2:3-4); amaban al mundo (2:15-17); vivían en injusticia y pecado (3:4-10); no amaban (3:14-19); y negaban verdades básicas sobre la persona de Jesucristo (2:22-23; 4:2-3; 5:1). Estos hombres conocían la verdad, pero prefirieron rechazarla y abandonarla por completo, y abrazaron deliberadamente un estilo de vida público de pecado.[600]

---

597   Jaroslav Pelikan. 2 The Spirit of Eastern Christendom (600-1700). The Christian Tradition. A History of the Development of Doctrine pags. 279-280. The University of Chicago Press; José Grau: "El principal Defensor de las tesis romanistas fue Giovanni de Montenegro, provincial de los dominicos de Lombardía. El más vehemente expositor de la posición ortodoxa griega fue el obispo Marcos de Éfeso". (José Grau. Catolicismo Romano. Orígenes y Desarrollo. Tomo 1 pag. 468. Ediciones Evangélicas Europeas); A Edward Siecienski: "El purgatorio fue el primer tema tratado (del 4 de junio al 17 de julio)". (A. Edward Siecienski. The Papacy and the Orthodox. Sources and History of a Debate pag. 330. Oxford University Press).

598   William Webster. La Salvación, la Biblia y el Catolicismo Romano, pág. 43. El Estandarte de la Verdad

599   Webster. Ibid. 43-44

600   Webster. Ibid. 44

Cuando Juan usa el término *"pecado no de muerte"*, lo que quiere dar a entender es que la perdición de estas personas no está sellada. Todavía tienen tiempo de arrepentirse y encontrar el perdón. Cuando Pablo dice que ciertas personas, cuyas vidas se caracterizan por el pecado, no heredaran el Reino de Dios, no está diciendo que ellos no pueden arrepentirse y buscar el perdón. Lo que está diciendo es que, si esta gente muere en el estado descrito de falta de arrepentimiento, no habiendo sido limpiados por la sangre de Cristo, entonces su condenación esta sellada cuando mueren.[601]

¿Se le oro a Moisés y Elías? ¿Intercedieron por los discípulos?

Los católicos romanos citan el pasaje de Mateo 17:4 como prueba de que debemos orar a los muertos. Existen muchos problemas con citar ese pasaje como apoyo para dicha doctrina. No hay nada en este pasaje que muestre esa enseñanza del catolicismo romano. Los supuestos son muy frecuentes en la apologética católica romana.

Los discípulos nunca hablaron siquiera con Moisés ni Elías, ni mucho menos oraron a ellos. Moisés y Elías hablaban con Jesús (Mt.7;3) y el uno con el otro, no con los discípulos. El texto dice explícitamente *"Pedro dijo a Jesús"* (Mt.17;4), no a Moisés ni a Elías. Este fue un contacto milagroso que no representaba ninguna manera normal en que podamos comunicarnos con los difuntos. En ninguna parte de todas las Escrituras se dirige una oración a otra persona que no sea Dios. Solo Dios es el objeto apropiado de la oración. Vemos oraciones desde Génesis (4:26) hasta Apocalipsis (22:20), pero ni una se dirige jamás a un santo, un ángel o ninguna otra criatura. El Dios

---

601   Webster. Ibid. 44. I. Howard Marshall: "No hay nada en el uso de Juan que pueda sugerir que aquí se trata de un "semejante" ... Resulta más provechoso observar que en el Antiguo Testamento y en el judaísmo había una reconocida diferencia entre dos clases de pecado: los pecados inconscientes o no deliberados, para los cuales se proveía el perdón por medio del sacrificio anual del Dia de la expiación; y los pecados deliberados o conscientes, para los cuales el ritual de los sacrificios no proveía perdón. Estos últimos solo podían ser expiados por medio de la muerte del pecador. Esta distinción entre los pecados que podían ser perdonados y los que llevaban a la muerte del pecador bien podría ser parte de la solución del problema... Es claro que el autor está más interesado en los pecados que son incompatibles con la condición de hijo de Dios, y estos se concentran en la negación de que Jesús es el Hijo de Dios, el rehusarse a obedecer los mandamientos de Dios, amar el mundo, y el odio a los hermanos. Tales pecados son característicos de la persona que pertenece a la esfera de la oscuridad y no a la esfera de la luz. Esto nos llevaría a la conclusión de que por el pecado que lleva a la muerte, Juan quiere decir los pecados que son incompatibles con la condición de hijo de Dios". (I. Howard Marshall. Las Cartas de Juan, pág. 248. Nueva Creación filial de Wm. B. Eerdmans Publishing Co); Gary M. Burge: "Es posible que Juan tenga en mente la distinción ya planteada en los versículos 16-17, en el sentido de que los cristianos no se dedican a "cometer el pecado que lleva a la muerte", es decir, actos intencionados y voluntarios contra Dios". (Gary M. Burge. Cartas de Juan, del texto bíblico a una aplicación contemporánea, pág. 217. Editorial Vida).

del profeta Isaías declaro enérgicamente *"¡Mirad a mí y sed salvos, todos los términos de la tierra, porque yo soy Dios, y no hay otro!"* (Is. 45:22). En efecto, no hay otro sino Dios en todas las Escrituras a quien nadie mirara en oración.[602]

Pablo y Onesiforo

Algunos católicos romanos señalan que las palabras de Pablo a Onesiforo en 2 Timoteo 1:18 apoya la oración por los muertos, ya que Pablo dice: *"Concédale el Señor que halle misericordia cerca del Señor en aquel día".*

El que Pablo pidiera que Dios tuviera misericordia de Onesiforo en el día de su recompensa no apoya en absoluto la práctica de orar por los muertos por una razón muy fundamental: ¡Onesiforo todavía estaba vivo cuando Pablo oro por el! Rogar que alguien vivo reciba misericordia en el día del juicio dista mucho de orar por el después que ya ha muerto. Lucas 16 habla de una *"gran sima"* entre los vivos y los muertos (v. 26). Pablo reconoce que la muerte separa a los seres queridos hasta que se reúnan en la resurrección (1 Ts. 4:13-18). La práctica también insulta las intercesiones del Espíritu Santo. Gran parte de la justificación católica de la práctica se basa en el argumento aparentemente verosímil de que, debido a su posición en el cielo, tienen la posibilidad de interceder mejor a favor de nosotros. Esa es una negación practica del ministerio del Espíritu Santo, cuya tarea es hacer esta mismísima cosa a favor de nosotros. La Biblia dice: *"Que hemos de pedir como conviene, no lo sabemos, pero el Espíritu mismo intercede por nosotros con gemidos indecibles"* (Ro.8:26).[603]

---

602   Geisler y Rhodes Ibid. 146

603   Geisler y Rhodes. Ibid. 333-334. Gordon Fee: "Expresaría meramente el sentimiento de Pablo hacia Onesiforo, o su deseo para con él. No es de hecho, una oración intercesora (cf. diferencia con Ef. 1:17, p.ej.); se trata más bien del reconocimiento de que incluso una persona como Onesiforo solo podía apelar a la misericordia de Dios". (Gordon Fee, Comentario de las Epístolas 1 y 2 Timoteo y Tito pag.275 CLIE); Craig S. Keener: "Debido a que Pablo saluda a la "casa" de Onesiforo en 4:19, algunos escritores han sugerido que Onesiforo había muerto y que aquí Pablo ora por su salvación póstuma (aunque el contexto claramente establece que Onesiforo ya era un cristiano). El judaísmo a menudo se refería a los héroes muertos como un recuerdo bendito, y algunas inscripciones subsecuentes en las tumbas elogiaban a los justos muertos con la frase: "Que se le recuerde para bien"...Pero las oraciones para la "salvación" del muerto en el sentido estricto de la palabra parecen haber sido mínimas o estar ausentes completamente en el judaísmo del siglo I. Además, no es muy claro el que Onesiforo estuviera o no muerto; Pablo también ve hacia adelante al día del juicio para el mismo (1:12,4:8). Pablo podía aludir a la "casa" de alguien, incluyendo al individuo mismo, mientras dicha persona aun estuviera viva (p.ej.,1 Cor. 16:15,17)". (Craig S. Keener. Comentario del Contexto Cultural de la Biblia. El Nuevo Testamento, pág. 619. Editorial Mundo Hispano); Donald Guthrie, J.A. Motyer, Wiseman, Alan Stibbs: "Pero esto no quiere decir que Pablo ora por el bienestar de alguien que ya está muerto, practica que no cuenta con apoyo alguno en ninguna parte de la Escritura. La oración no concierne en absoluto a un estado intermedio, sino a la conducta en

El Diccionario Oxford de la Iglesia Cristiana nos dice sobre la doctrina del purgatorio lo siguiente:

> *"Término utilizado en la teología católica occidental para designar el estado (o lugar) de castigo y purificación en el que las almas de los que han muerto en estado de gracia sufren el castigo que aún les corresponde por los pecados perdonados y, tal vez, expían sus pecados veniales no perdonados, antes de ser admitidos a la Visión Beatífica. En esa forma explícita, la doctrina no se encuentra antes del siglo XII, pero sus elementos son mucho más antiguos".*[604]

Hay variaciones en los padres de la iglesia en cuanto a la creencia en el *"purgatorio"*, y no se puede probar que todos creían exactamente lo mismo en cuanto a esta doctrina, sobre todo también a como Roma dogmatizo después, y cree hoy.

El apologista católico romano Trent Horn admite y también muestra lo siguiente:

> *"Aunque la imagen del fuego purificador se ha utilizado a menudo para describir el purgatorio, la Iglesia no ha definido la naturaleza de esta purificación ni su duración. El Papa Benedicto XVI dijo que está claro que no podemos calcular la 'duración' de esta quema transformadora en términos de las medidas cronológicas de este mundo".*

En su libro Escatología, también dijo:

> *"El purgatorio no es, como pensaba Tertuliano, una especie de campo de concentración supramundano donde uno es obligado a sufrir castigos de forma más o menos arbitraria. Es más bien el proceso de transformación interiormente necesario en el que una persona se hace capaz de Cristo, capaz de Dios (es decir, capaz de la plena unidad con Cristo y Dios) y esto capaz de la unidad con toda la comunión de los santos".*[605]

El Papa emérito Benedicto XVI contradice al apologista católico romano Flaviano Amatulli que escribió:

---

esta vida y a la recompensa". (Donald Guthrie, J. A. Motyer, Wiseman, Alan Stibbs. Nuevo Comentario Bíblico, pág. 874. Casa Bautista de Publicaciones)

604   F. L. Cross and E. A. Livingstone. The Oxford Dictionary of the Christian Church pag. 1349. Third Edition. Oxford University Press

605   Horn. Ibid. 263-264

"Los que mueren en gracia de Dios, pero no están completamente purificados, antes de llegar a la gloria tienen la oportunidad de purificarse mediante el sufrimiento".[606]

Mientras Benedicto XVI hablo de *"trasformación"* en el purgatorio, y que: *"no es uno obligado a sufrir castigos de forma más o menos arbitraria"*, Amatulli enseño a que había que purificarse mediante el sufrimiento en el purgatorio.

C. S. Lewis, destacado apologista y autor cristiano de mediados del siglo XX, veía el purgatorio principalmente como un estado en el que los redimidos son purgados de sus pecados antes de entrar al cielo, en lugar de un lugar intermedio de castigo retributivo para las personas con pecados no confesados, dijo Jerry L. Walls, académico residente y profesor de filosofía en la Universidad Bautista de Houston.[607]

Visto en ese sentido, algún tipo de purgatorio (un proceso que permite que se complete la santificación antes de que un individuo entre en la presencia de Dios) puede ser adoptado ecuménicamente, dijo Walls, un metodista que ahora asiste a una iglesia episcopal.[608]

Walls habló sobre *"C. S. Lewis y el caso del mero purgatorio"* en la Universidad de Baylor el 30 de noviembre. El Centro Baylor de Filosofía Cristiana y el Instituto Baylor de Estudios de Religión patrocinaron la conferencia inaugural en memoria de C. S. Lewis. En varios de sus libros, Lewis expresó su creencia en el purgatorio, que surgió de su comprensión de la doctrina de la salvación. *"Nuestras almas exigen el purgatorio, ¿no?"* Lewis preguntó en Cartas a Malcolm: principalmente sobre la oración.[609]

Lewis vio la salvación principalmente en términos de transformación y santificación, dijo Walls. Entonces, en opinión de Lewis, el purgatorio existe no para satisfacer el sentido de justicia de Dios al castigar a los impenitentes, sino más bien para purificar a los creyentes en preparación para su hogar eterno en la presencia de Dios, explicó. El pecado entrena a la humanidad caída de cierta manera, y la santificación exige una transformación dramática

---

606 P. Flaviano Amatulli Valente, fmap. La Respuesta está en las Escrituras pag. 123. Apóstoles de la Palabra

607 C. S Lewis creía en el purgatorio, por amor de Dios. Baptist Standard https://www.baptiststandard.com/news/faith-culture/c-s-lewis-believed-purgatory-heavens-sake/#:~:text=In%20several%20of%20his%20books,transformation%20and%20sanctification%2C%20Walls%20said.

608 Ibid.

609 Ibid.

lograda a lo largo de toda la vida, y más allá, si es necesario, señaló. *"La transformación total requiere un arrepentimiento radical",* dijo Walls.[610]

> *"La declaración más definitiva de Lewis sobre el purgatorio se encuentra en el último libro que preparó para su publicación, Cartas a Malcom. Allí afirma categóricamente que cree en el purgatorio. Admite que los reformadores protestantes tenían buenas razones para desechar la doctrina romana del purgatorio, ya que se había degradado en el siglo XVI. Explica que el purgatorio había dejado de ser un lugar de purificación para las personas ya salvadas, en el Purgatorio de Dante, a ser un infierno temporal en la Súplica de las almas de Tomás Moro".*[611]

Los sufrimientos del Purgatorio – dicen – puede durar muchos años, incluso hasta el fin del mundo. Por esta razón, algunos católicos romanos que disponen de dinero suficiente, dejan grandes sumas de dinero para que se les digan regularmente misas in perpetuum = a perpetuidad, es decir, hasta el día del Juicio Final (hay casos que recuerdan lo denunciado en Marcos 7:9-13).[612]

El purgatorio es una doctrina de incertidumbre

Tampoco el pecado es de tal composición o calidad que alguna clase de sufrimiento pudiera purificarlo del corazón y el alma. El pecado es parte de la naturaleza misma de la humanidad. El sufrimiento podría, por cierto, alterar la actitud del individuo momentáneamente, pero una vez que el dolor ha pasado, las viejas tendencias vuelven de nuevo porque el corazón no ha sido cambiado. Se necesita un milagro de Dios para purificar el alma de pecado – un milagro que debe dejar intacto el poder de elección del hombre y satisfacer las demandas de la justicia infinita de Dios.[613]

La Biblia declara inequívocamente que solo hay una forma en que el alma puede ser limpiada: mediante la sangre de Cristo vertida en la cruz en pago por el pecado, y por un nuevo nacimiento del Espíritu de Dios en el alma del individuo mediante la fe en Cristo y su obra redentora consumada. Por lo tanto, sobre estos dos factores, la doctrina de los sufrimientos del purgatorio es falsa: 1) Es imposible que el sufrimiento limpie el corazón de pecado; 2)

---

610 Ibid.

611 Will Vaus. Mere Theology. A Guide to the Thought of C. S. Lewis pág. 206. IVP Academic

612 Francisco Lacueva. Catolicismo Romano pág. 193. Curso de Formación Teológica Evangélica. CLIE

613 Dave Hunt. Una Mujer Cabalga La Bestia, pág. 488. The Berean Call. Harvest House Publishers

No es necesario que el pecador perdonado sufra por su pecado porque Cristo ya ha pagado la pena total exigida por la justicia de Dios. Una persona puede ser limpiada sobre esa base solamente.[614]

La Biblia declara que Cristo *"habiendo efectuado la purificación de nuestros pecados por medio de sí mismo, se sentó a la diestra de la Majestad en las alturas"* (Hebreos 1:3), indicando que la purificación está terminada. Y de nuevo: *"La sangre de Jesucristo su Hijo (Dios) nos limpia (purifica) de todo pecado"* (1 Juan 1:7). La Escritura es muy explícita en declarar que lo que nos purifico fue el derramamiento de la sangre de Cristo en su muerte bajo el juicio de Dios.[615]

Además, *"sin derramamiento de sangre no se hace remisión (de pecado)"* (Hebreos 9:22). No se dice que el purgatorio sea un lugar de derramamiento de sangre, sino de *"fuego purificador"*. La única purificación posible de nuestros pecados fue lograda por Cristo; se le acepta solo por fe; se efectúa en el corazón solamente por la gracia de Dios.[616]

Hay una razón más porque el sufrimiento en la tierra o en el purgatorio por el pecador mismo no puede purificar del pecado. El individuo que hace el sacrificio por el pecado debe el mismo ser sin pecado. En el Antiguo Testamento se nos dice sesenta y dos veces que los animales que se ofrecían debían ser *"sin defecto"* (Éxodo 12:5; 29:1; Levítico 1:3; etc.). Estos eran *"tipos"* o símbolos de Cristo, el *"Cordero de Dios"* sin pecado, santo, que *"quitaría el pecado del mundo"* (Juan 1:29, 36). Por consiguiente, ninguna cantidad de sufrimiento que el pecador experimente, aquí o en el purgatorio, podría jamás purificarlo a él o algún otro de pecado. Solo un sacrificio sin pecado sería suficiente.[617]

Ninguna doctrina ha aumentado tanto el poder de la Iglesia sobre sus miembros, ni añadido tanto a sus ingresos. Hasta este día la amenaza del purgatorio cuelga sobre los católicos, quienes por lo tanto dan ofrendas con

---

614 Hunt. Ibid. 488

615 Hunt. Ibid. 488. Sobre Hebreos 1:3, F. F. Bruce escribió: "El énfasis subyacente aquí, sin embargo, es que al purificarnos de nuestros pecados, el Hijo de Dios ha llevado a cabo algo que ningún otro hubiese podido hacer. Y esta realización tiene como su propia secuela el séptimo de la serie presente de hechos que muestran la grandeza inigualable del Hijo de Dios… el significado puede ser no solo que Cristo hizo esta purificación por su propia actuación, sin asistencia de otros, sino también que la hizo por medio de su propia persona – es decir que se presentó a sí mismo como la ofrenda purificadora (lo que, por supuesto, se enfatiza repetidamente en esta epístola)". (F. F. Bruce. La Epístola a los Hebreos, pág. 7. Libros Desafío)

616 Hunt. Ibid. 488

617 Hunt. Ibid. 488-489

frecuencia a la Iglesia por su ayuda en sacarlos de ese lugar de tormento imaginario. Roma promete que si se siguen sus decretos la persona finalmente será librada del purgatorio y entrará al cielo.[618]

Sin embargo, la Iglesia jamás ha podido definir por cuanto tiempo cualquier persona debe pasar en el purgatorio, ni cuánto de ese tiempo se acorta por cualquier medio que se ofrezca. Es una necedad extrema confiar en la liberación del individuo del purgatorio a una Iglesia que ni siquiera puede definir cuanto tiempo la persona debe pasar allí por cada pecado, ni cuánto tiempo cada ritual o acto de penitencia reduce el sufrimiento purgatorial. No obstante, los católicos continúan dando ofrendas a la Iglesia, y grandes sumas se dejan en testamentos (recuérdese a Enrique VIII) para hacer que se oficien muchas misas en favor del difunto. Ese proceso nunca se detiene, siempre se necesitan más misas, *"por si acaso"*.[619]

¿En quién confiaras querido lector para tu salvación? ¿En Roma que de entrada no puede probar el purgatorio por las Escrituras ni el tiempo que la persona estará ahí? ¿O en la palabra de Dios que dice que Jesús con su sangre nos purifico?

Los apologistas católicos romanos citan Job 1:5 como prueba de las indulgencias, que dice que Job ofreció sacrificio por sus hijos, para apoyar también la doctrina del *"tesoro del mérito"*.

En este versículo prácticamente no se menciona un tesoro de méritos. El versículo tampoco dice que Dios aceptó lo que Job hizo en nombre de sus hijos. Los expositores de la Biblia tienen cuidado de señalar que este versículo es descriptivo, no prescriptivo. En otras palabras, el versículo sólo describe lo que Job hizo; no nos instruye (ni prescribe) lo que debe hacerse. Además, las Escrituras dejan claro que la virtud de una persona no es transferible a otra. *"La justicia del justo recaerá sobre sí mismo, y la maldad del impío recaerá sobre sí mismo"* (Ezequiel 18:20).[620]

---

618   Hunt. Ibid. 489-490

619   Hunt. Ibid. 490

620   Rhodes. Ibid. 252-253

Capítulo 16
LA SUPERIORIDAD DE LA REFORMA SOBRE EL CATOLICISMO

Por Lucas Banzoli

En los albores del siglo XVI, los países que se convertirían en protestantes estaban entre los más atrasados del mundo. Alemania (entonces el Sacro Imperio Romano) era un mosaico formado por 300 estados diferentes que a menudo estaban involucrados en conflictos entre sí, y aquellos que se unirían a la Reforma eran los *"menos civilizados de Alemania"*.[621] Suiza, también dividida en una docena de cantones, era tan pobre que sobrevivió gracias al servicio mercenario a naciones más poderosas, y los países nórdicos (Noruega, Suecia, Dinamarca, Finlandia e Islandia) eran tan miserables que el papado no tuvo mucho interés en conservarlos para sí.

Incluso Inglaterra, que en los siglos siguientes gozaría de una soberanía imponente en Europa y el mundo, era entonces una *"potencia de segunda categoría"*,[622] tan despreciado que ni siquiera los embajadores extranjeros hablaban inglés,[623] y notablemente pasado por alto por el Sumo Pontífice en todos los enfrentamientos que involucran a Francia (no es sorprendente que los ingleses odiaran el papado mucho antes del cisma de Enrique VIII)[624]. Ni siquiera su famoso poder naval era entonces una realidad: su marina fue desguazada al inicio del reinado de Isabel (1558-1603), que se considera *"el*

---

621   PIRENNE, Jacques. Historia Universal: las grandes corrientes de la historia desde el Renacimiento hasta la formación de los grandes estados continentales de Europa. Barcelona: Ediciones Leo, SA, 1953. v. 3, pág. 67.

622   MAUROIS, André. Historia de Inglaterra. Río de Janeiro: Pongetti, 1959, pág. 192.

623   GRIMBERG, Carl. Historia Universal: Las luchas emprendidas en los siglos XVI-XVII. Estocolmo: Publicaciones Europa-América, 1940. v. 11, pág. 62.

624   MAUROIS, André. Historia de Inglaterra. Río de Janeiro: Pongetti, 1959, pág. 189.

verdadero fundador del poder naval inglés".[625] André Maurois, uno de los grandes estudiosos de la historia inglesa, lo resume todo cuando dice que en el siglo XIV *"ya no era más que un país humillado y descontento"*.[626]

Pasaron cinco siglos, y si consultas el ranking más actualizado del Índice de Desarrollo Humano, verás que de los 17 países mejor clasificados, están incluidos los 13 de tradición protestante (Noruega, Suiza, Islandia, Alemania, Suecia, Australia, Países Bajos, Dinamarca, Finlandia, Reino Unido, Nueva Zelanda, Canadá y Estados Unidos)[627]. El país de tradición protestante peor clasificado es Estados Unidos, que ocupa el puesto 17 en un ranking de 189 países. Por el contrario, los países de tradición católica en el Nuevo Mundo se encuentran en las últimas posiciones, superando sólo a los de África, e incluso los países católicos de Europa están en general muy por debajo del peor país protestante (Italia, por ejemplo, sólo ocupa el puesto 29, Polonia en el puesto 35 y.Portugal en el 38).

Hay que tener en cuenta que estos eran los países más prósperos de Europa a principios del siglo XVI, cuando Lutero clavaba sus tesis en la puerta de la iglesia de Wittenberg. Portugal y España dominaban los mares y tenían un inmenso imperio colonial del que extraían todas las riquezas posibles; Italia tenía la cultura más rica y heredó la herencia del antiguo imperio, además de ser la sede del papa; Francia era el país más próspero, poblado y militarmente fuerte del continente, e incluso los países de Europa del Este, como Polonia, eran bastante respetables en comparación con sus pares.

Si incluimos las colonias de ambos, la comparación se vuelve aún más cobarde: mientras Australia y Nueva Zelanda fueron colonizadas por los británicos recién a finales del siglo XVIII y hoy se encuentran entre los países más prósperos y exitosos del planeta, los países latinoamericanos Los países colonizados por españoles y portugueses a finales del siglo XV siguen siendo miserablemente pobres y atrasados hasta el día de hoy. Quizás esto explique por qué tantos latinos inmigran (legalmente o no) a Estados Unidos y Canadá, los dos únicos países con tradición protestante en el continente (y también los dos únicos con éxito).

Si le llevamos estos datos a un apologista católico, probablemente dirá que fue suerte, una casualidad o una increíble coincidencia monumental que

---

625   PIRENNE, Jacques. Historia Universal: las grandes corrientes de la historia desde el Renacimiento hasta la formación de los grandes estados continentales de Europa. Barcelona: Ediciones Leo, SA, 1953. v. 3, pág. 116.

626   , André. Historia de Inglaterra. Río de Janeiro: Pongetti, 1959, pág. 155.

627   FREIRE, Diego. Consulta el ranking completo de los 189 países según el IDH. Disponible en: <https://www.cnnbrasil.com.br/internacional/veja-o-ranking-completo-de-todos-os-paises-por-idh>. Consultado el: 11/02/2024.

los países protestantes hayan sobresalido tan ampliamente sobre los países católicos en todos los aspectos de la civilización, no solo materialmente, sino también em cultura, educación, ciencia, tecnología, seguridad y salud – y que esto no cambia en modo alguno el hecho de que son hijos herejes de Lutero que arderán eternamente en el fuego del infierno.

¿Pero es todo esto realmente sólo una coincidencia? ¿Es una coincidencia que 36 de los 87 más grandes científicos del siglo XVI en adelante fueran protestantes (en comparación con sólo 10 católicos)?[628] ¿Es una coincidencia que de los 80 mayores inventos desde el siglo XVI hasta la fecha, nada menos que 71 hayan tenido lugar en un país protestante?[629] ¿Es una coincidencia que de los cristianos ganadores del Premio Nobel, el 82% sean protestantes, frente a sólo el 17% de católicos?[630] ¿Y todo esto cuando la proporción de católicos en el mundo es tres veces mayor que la de protestantes (una tasa que fue aún más desproporcionada en los siglos pasados)?

Aunque pocos papistas tienen la honestidad intelectual para reconocer que todo esto está lejos de ser obra del azar, este hecho no es nada nuevo para los historiadores, que desde hace tiempo reconocen que el protestantismo jugó un papel decisivo en la construcción del mundo moderno.

El primero en trabajar más de cerca en esto fue el economista alemán Max Weber (1864-1920), uno de los fundadores de la sociología. Este gran y respetado intelectual alemán observó que no sólo los países protestantes se destacaban en relación con los países católicos de su época, sino que incluso los estados protestantes dentro de un mismo país se destacaban en comparación con los estados católicos, lo cual era particularmente cierto en la propia Alemania.

Su obra *"La ética protestante y el espíritu del capitalismo"* sigue gozando de amplia aceptación académica hasta el día de hoy, donde demuestra que tal superioridad de los países protestantes no se debe a una conspiración del azar contra la Iglesia Romana, sino a una ética empresarial. que diferencian el protestantismo del catolicismo. Para empezar, en el catolicismo medieval,

---

628 ROGERS, Kara. Los 100 científicos más influyentes de todos los tiempos. Nueva York: Britannica Educational Publishing, 2010.

629 PHILBIN, Tom. Los 100 mayores inventos de la historia: una clasificación cronológica. São Paulo: Difel, 2006.

630 Disponible en: <https://pt.wikipedia.org/wiki/Lista_de_crist%C3%A3os_laureados_com_o_Nobel>. Consultado el: 11/02/2024.

el beneficio en sí mismo era un *"pecado mortal"*.[631] En 1140, Graciano de Bolonia, una gran autoridad medieval en derecho canónico, declaró:

> *Recibir, exigir o incluso prestar esperando recibir algo superior al capital prestado es incurrir en usura; puede existir usura en relación con el dinero u otras cosas; el que recibe la usura es culpable de hurto, tan culpable como un ladrón; la prohibición de la usura se aplica tanto al laico como al clérigo, pero este último, cuando sea culpable, será castigado con mayor severidad.*[632]

Los escolásticos (eruditos católicos de la Edad Media y la Edad Moderna) consideraban que cualquier margen de beneficio era usura, lo que quizás ayude a explicar por qué se acomodaron al feudalismo durante tanto tiempo: un régimen basado en la servidumbre y una economía planificada, donde no hay espacio para el ascenso social o grandes logros. Escolásticos como Tomás de Aquino (1225-1274) ayudaron a crear la atmósfera de demonización del dinero, algo tan presente en el mundo medieval, como explica el renombrado medievalista Jacques Le Goff:

> *El siglo XIII añade un nuevo aspecto a la naturaleza diabólica del dinero que los grandes autores escolásticos buscaban en Aristóteles, (...) Tomás dijo después de Aristóteles nummus non parit nummos ("el dinero no produce cosas pequeñas" o "el dinero no produce cosas baratas"). De modo que la usura es también un pecado contra la naturaleza, siendo la naturaleza desde ese momento, a los ojos de los teólogos escolásticos, una creación divina.*[633]

El autor añade que para el usurero *"no hay salvación, como lo demuestran los escultores en los que una bolsa llena de dinero colgada del cuello tira al usurero hacia abajo, es un descenso a los infiernos"*.[634] El Papa León I consagró el dicho fenus pecuniae, funus esta animae *("aprovecharse del dinero es la muerte del alma")*.[635] Posteriormente, el segundo Concilio de Letrán (1139) declaró que el usurero incontrito está condenado por el Antiguo y el Nuevo Testamento y, por tanto, no es digno de consuelos eclesiásticos ni de sepultura cristiana.[636]

---

631   McGRATH, Alister E. Revolución protestante. Brasilia: Palavra, 2012, pág. 327.

632   BOLONIA apud McGRATH, Alister E. Revolución Protestante. Brasilia: Palavra, 2012, pág. 327.

633   LE GOFF, Jacques. La Edad Media y el dinero: ensayo de antropología histórica. Río de Janeiro: Civilización brasileña, 2014, c. 7.

634   ibídem.

635   LEÃO I apud LE GOFF, Jacques. La Edad Media y el dinero: ensayo de antropología histórica. Río de Janeiro: Civilización brasileña, 2014, c. 7.

636   STARK, Rodney. La victoria de la razón: cómo el cristianismo generó la libertad, los derechos humanos, el capitalismo y el éxito de Occidente. Lisboa: Tribuna da História, 2007,

Poco después, en 1179, el tercer Concilio de Letrán afirmó que los usureros eran extraños en las ciudades cristianas y reforzó que se les debía negar el entierro.[637] Unos años más tarde, el Concilio de París de 1213 consideró la usura un pecado tan grave como la herejía,[638] y finalmente, en 1331, el Concilio de Viena autorizó a la Inquisición a perseguir a los cristianos que practicaban la usura.[639]

Como la usura era un pecado mortal, el siguiente paso fue perseguir, censurar y estigmatizar a todos sus practicantes, es decir, a aquellos que intentaban ganarse la vida con el comercio. Le Goff afirma que la actitud de la Iglesia hacia el comerciante medieval *"le obstaculizó en su actividad profesional y lo degradó en su entorno social",*[640] entonces *"condenado por ella en el ejercicio mismo de su cargo, había sido una especie de paria en la sociedad medieval, dominada por la influencia cristiana".*[641]

El Decreto de Graciano consagró la famosa máxima de que homo mercator nunquam aut vix potest Deo placere (*"el comerciante no puede agradar a Dios"*),[642] que se convertiría en precepto y regla en los siglos siguientes. Esto reflejaba la opinión del Papa León Magno de que *"Es difícil no pecar cuando se tiene como profesión la compra y venta".*[643] Por estas y otras razones, el comercio fue incluido entre las llamadas *"profesiones prohibidas"* y *"oficios deshonrosos"*, similares a la prostitución –en los que contaba con el apoyo de los *"intelectuales"* de la época. Le Goff comenta que:

> *documentos eclesiásticos –manuales de confesión, estatutos sinodales, repertorios de casos de conciencia– que dan listas de profesiones prohibidas; comercio ilícito o deshonroso; la misericordia deshonesta, casi siempre incluye el comercio. Reproducen una frase de un decreto del Papa San León Magno –a veces atribuida a Gregorio Magno– según la cual "es difícil no*

p. 114.

637 GOFF, Jacques. La Edad Media y el dinero: ensayo de antropología histórica. Río de Janeiro: Civilización brasileña, 2014, c. 7.

638 LUZ, Liliane Pinheiro da. Inquisición: poder y política en tierras lusitanas (1536-1540). Tesis (Maestría en Historia) – Universidad Federal de Paraná. Curitiba, 2001, pág. 30.

639 ibídem.

640 LE GOFF, Jacques. Comerciantes y Banqueros en Edad Media. 7ª edición. Buenos Aires: Editorial Universitaria de Buenos Aires, 1975, pág. 87.

641 ibídem.

642 ibídem.

643 LEÃO I apud LE GOFF, Jacques. Comerciantes y Banqueros en Edad Media. 7ª edición. Buenos Aires: Editorial Universitaria de Buenos Aires, 1975, pág. 55.

pecar cuando se tiene la profesión de comprar y vender". Tomás de Aquino subrayará que "el comercio, considerado en sí mismo, tiene cierto carácter vergonzoso" – quamdam turpitudinem habet. Se puede decir que la Iglesia repudia al comerciante, junto con las prostitutas, los juglares, los cocineros, los soldados, los carniceros, los posaderos y, por otra parte, también junto con los abogados, notarios, jueces, médicos, cirujanos, etc.[644]

Paradójicamente, al mismo tiempo que la Iglesia prohibía a los comerciantes honestos sacar provecho de su trabajo, ella misma multiplicaba cada vez más sus riquezas, convirtiéndose en *el mayor propietario de tierras del período feudal".*[645] Y cuanta más tierra acumulaba la Iglesia, peor era la condición de la inmensa mayoría del pueblo, que quedaba relegado a la condición de sirvientes que trabajaban en condiciones análogas a la esclavitud para un señor feudal, que podía incluso castigarlos con látigos.[646]

Por si fuera poco, el trabajo que realizaron fue abiertamente despreciado por la Iglesia, que lo consideró una auténtica maldición. De ellos, el más despreciado era sin duda el trabajo manual, considerado *"cosa de moros y judíos"* y por eso mismo negado a las clases bajas:

> *En la península Ibérica, los moros y judíos se habían dedicado a actividades como la artesanía y el comercio. El verbo "mourejar", sinónimo en portugués de trabajar, es herencia de este hecho. El ideal de la aristocracia ibérica era, precisamente, llevar una vida en la que el trabajo manual no fuera una necesidad. El trabajo manual se consideraba algo propio de moros y judíos. El ideal católico de la vida contemplativa reforzó esta idea. Las órdenes religiosas católicas se preocuparon de dejar a los monjes el mayor tiempo libre posible para dedicarse a la oración. El trabajo existía en los monasterios, pero generalmente se consideraba un castigo para el hombre, ya que Dios, al expulsar a Adán del Paraíso, había anunciado que ganaría "el pan con el sudor de su frente". El hombre sólo empezó a trabajar cuando fue expulsado del Paraíso.*[647]

---

644 LE GOFF, Jacques. Comerciantes y Banqueros en Edad Media. 7ª edición. Buenos Aires: Editorial Universitaria de Buenos Aires, 1975, pág. 87-88.

645 ZWETSCH, Roberto E. Lutero y el movimiento reformista. São Leopoldo: Escola Superior de Teología, 1993, p. 86.

646 CUATROQUIN, Guy. Señorío y feudalismo en la Edad Media. São Paulo: Edições 70, 1970, p. 41.

647 KARNAL, Leandro. Estados Unidos: la formación de la nación. São Paulo: Contexto, 2007, pág. 49.

Le Goff es uno de los muchos historiadores que coinciden en que *"El trabajo manual sufrió una cierta 'peyorización'"*[648] es que *"Durante la alta Edad Media el trabajo era despreciado por el cristianismo, considerado consecuencia del pecado original"*.[649] Un ejemplo del desprecio por el trabajo viene del gran pensador medieval Tomás de Aquino, quien decía que el trabajo *"ofende a la naturaleza"*.[650] El historiador de la ciencia Reijer Hooykaas sostiene que el avance tecnológico medieval podría haber sido mucho mayor si no fuera por este prejuicio en relación a las *"profesiones serviles"*:

> *Aún persistían importantes obstáculos sociales a la introducción de innovaciones tecnológicas. Además, las enseñanzas escolásticas contribuyeron a mantener vivo el contraste entre las artes liberales y las artes no liberales o "serviles", así como los prejuicios contra estas últimas. Así como existía una escala de valores morales, que situaba las ocupaciones intelectuales y religiosas por encima de los oficios manuales, también existía una jerarquía feudal, en la que cada categoría tenía sus deberes específicos: la nobleza se encargaba de defender, el clero se encargaba de orar, y los trabajadores eran responsables de sostener a todos.*[651]

Aquí es donde entra en juego la gran idea protestante: la valoración del trabajo. Mientras que los católicos hacían una distinción entre trabajo secular (despreciado y visto como una maldición) y trabajo *"espiritual"* (como el de los clérigos e *"intelectuales"* como Tomás de Aquino), este último era considerado noble y valioso, para los protestantes todo trabajo honesto era realizado para la gloria de Dios y contemplado por Él. Los protestantes, por así decirlo, *"sacralizaron"* el trabajo secular con la doctrina del sacerdocio universal de todos los creyentes, donde todos los cristianos tienen un llamado o vocación divina, incluso cuando este llamado es en el mundo secular y no dentro de las cuatro paredes de la iglesia.

En otras palabras, a los ojos de Dios, el trabajo de un simple campesino o de un comerciante era tan valioso como el de un clérigo, porque ambos cumplían el llamado que recibían de Dios, cada uno a su manera. Dado que toda vocación proviene de Dios, Calvino sostiene que *"No hay trabajo despreciable y sórdido que no sea realmente respetable, juzgado como muy importante a los ojos de*

---

648   LE GOFF, Jacques. La Edad Media y el dinero: ensayo de antropología histórica. Río de Janeiro: Civilización brasileña, 2014, c. 3.

649   ibídem, c. 7.

650   AQUINO, Tomás de. Suma Teológica. "Pars Prima Secundae". Pregunta 41, artículo 4.

651   HOOYKAAS, R. La religión y el desarrollo de la ciencia moderna. Brasilia: Editora Polis, 1988, p. 113-114.

Dios".[652] El reformador inglés William Tyndale (1494-1536) dijo que aunque lavar los platos y predicar la Palabra de Dios eran actividades diferentes, cuando se trataba de agradar a Dios no había una diferencia esencial entre ambas.[653]

Aunque esto sonó escandaloso para el mundo católico de la época, contribuyó a revolucionar el concepto de trabajo e impulsó la actividad mercantil, la más despreciada de todas. A ello también contribuyó el hecho de que los protestantes no se oponían al lucro con fines comerciales, lo que representó un salto extraordinario en el comercio en los países protestantes. Calvino *"declaró que prestar a interés era lícito y legítima la adquisición de riqueza"*.[654] Incluso Lutero, el más *"tradicional"* de los reformadores, *"para dejar la libertad al espíritu, se negó a legislar en materia económica"*.[655] Para él, el comerciante debía consultar el evangelio y su conciencia, lo que liberó a muchos de ellos de las restricciones escolásticas y de la censura eclesiástica.[656]

Otra evolución se refiere a la forma de abordar la pobreza. Desde el punto de vista católico tradicional, la pobreza era en sí misma un mérito, razón por la cual surgieron tantas órdenes mendicantes en la Edad Media: monjes que se negaban a trabajar y preferían vivir de la mendicidad (irónicamente, el alto clero vivía en el extremo opuesto, complaciéndose con la pobreza, ellos mismos en el más alto lujo). Pero si la pobreza fuera un objetivo en sí mismo, ¿cómo podrían salvarse los ricos?

Aquí entra en juego otro concepto distorsionado por los teólogos medievales: la caridad. Como es bien sabido, la salvación en la Iglesia de Roma no es por la fe, sino por la fe y las obras, que ocupan el papel principal. Y cuando hablamos de *"obras"*, nos referimos sobre todo a la caridad (léase: limosna). Así, para que los ricos alcanzaran la salvación, era necesario que los pobres siguieran siendo siempre pobres. Cuanto más pobres había, más *"obras meritorias"* podían hacer los ricos. Los propios predicadores medievales no dudaron en referirse a esta relación como una transacción comercial – *"los pobres llevan a sus espaldas al cielo las riquezas de los ricos"*.[657]

---

652 CALVINO, João. Institutos. Libro 3, 10:6.

653 McGRATH, Alister E. Revolución protestante. Brasilia: Palavra, 2012, pág. 332.

654 Mousnier, Roland. Historia General de las Civilizaciones: Siglos XVI y XVII – Tomo IV. São Paulo: Difusión europea del libro, 1960. v. 1, pág. 60.

655 ibídem, pág. 91.

656 ibídem.

657 LINDBERG, Carter. Reformas en Europa. São Leopoldo: Sinodal, 2001, pág. 139.

El predicador dominico Giordano da Pisa (1260-1311) explicó esta extraña relación con estas palabras:

> *Dios ha ordenado que haya ricos y pobres, para que los ricos puedan ser servidos por los pobres y los pobres puedan ser cuidados por los ricos. Y ésta es una forma común de organización entre todos los pueblos. ¿Por qué los pobres tienen su posición en la sociedad? Para que los ricos puedan obtener a través de ellos la vida eterna.*[658]

En otras palabras, los pobres existen para que los ricos puedan obtener la salvación a través de ellos. La pobreza realmente no importaba, lo que importaba era cómo los ricos podían explotarla para su propio beneficio. Como comenta Chatellier, *"El objetivo principal de la caridad no era aliviar las dificultades de quienes la recibían, sino obtener méritos ante Dios"*.[659] Evidentemente, en un sistema como este, cuanto más pobres haya, mejor. La idea, por tanto, era perpetuar la pobreza, si no acentuarla, en lugar de crear mecanismos para reducirla progresivamente. Carter Lindberg afirma precisamente:

> *Los estudios estadísticos de los libros de registro fiscal de la época indican que la parte de la población que no poseía propiedades, los llamados "desposeídos", ascendía entre el 30 y el 75 por ciento de la población de las ciudades. Además, hubo fluctuaciones significativas en esta pobreza generalizada, ya que un gran número de jornaleros sobrevivieron con un nivel de mera subsistencia, sin reservas para tiempos de crisis; así, los jornaleros siempre estaban al borde de la mendicidad. Los esfuerzos prácticos por poner límites a la mendicidad terminaron frustrados por una teología que legitimaba la mendicidad y valoraba la limosna, así como por una Iglesia cuyos propios monjes mendigos aumentaban los problemas sociales de la pobreza.*[660]

Por el contrario, Lutero:

> *Socavó esta ideología religiosa medieval de la pobreza con su doctrina de la justificación sólo por gracia, aparte de las obras humanas. Dado que la justicia ante Dios se adquiere sólo a través de la gracia y dado que la salvación es la fuente de la vida, (...), es imposible racionalizar la pobreza y la desgracia de los pobres transformándolas en una forma*

---

658 LESNICK, Daniel. La predicación en la Florencia medieval: el mundo social de la espiritualidad franciscana y dominicana. Atenas: Universidad de Georgia, 1889, pág. 126.

659 CHATELLIER, Luis. La Europa de los devotos: la reforma católica y la formación de una nueva sociedad. Cambridge: Universidad de Cambridge, 1989, pág. 133.

660 LINDBERG, Carter. Reformas en Europa. São Leopoldo: Sinodal, 2001, pág. 140.

peculiar de bienaventuranza. No hay ningún valor salvífico en ser pobre
o en dar limosna. Esta nueva teología desideologizó la forma medieval
de tratar a los pobres, que había oscurecido los problemas sociales y eco-
nómicos de la pobreza y obstruido el desarrollo de la asistencia social.[661]

Esto no significa que los protestantes estuvieran en contra de la caridad, significa que el propósito de la caridad era superar la pobreza y no la salvación de los
ricos (lo que implicaba la perpetuación de la pobreza). Así, mientras en el mundo
católico prevalecía una ideología que literalmente impedía el ascenso social y
apuntaba a perpetuar la pobreza, obstruir los negocios, frenar las ganancias y
condenar a los comerciantes, en el lado protestante todas estas obstrucciones cayeron al suelo para dejar espacio a la prosperidad de las naciones. Así es como los
países protestantes pasaron de la periferia de Europa a la vanguardia del mundo,
mientras que los países católicos permanecieron al margen del desarrollo econó-
mico, sobreviviendo a un alto precio de las migajas que caían de sus vecinos ricos.

Pero no es sólo financieramente que la Reforma revolucionó el mundo. Si hoy
hay algo que podemos llamar democracia y si tenemos la libertad de elegir nuestra
propia religión y criticar al poder dominante, le debemos mucho a la Reforma.
A mediados del siglo XIX, el Papa Pío IX escribió su encíclica Syllabus (1864),
que incluía entre las tesis condenadas que *"Cualquier persona es libre de abrazar o*
profesar la religión que, guiado por la luz de la razón, considere verdadera".[662]

Otras tesis condenadas fueron:

> *Que en la actualidad ya no es necesario que la religión católica se*
> *mantenga como única religión del Estado con exclusión de todos los de-*
> *más modos de culto.*[663]
> *Que era una disposición muy sabia de la ley, en algunos países nomi-*
> *nalmente católicos, que las personas que vinieran a habitarlos pudieran*
> *disfrutar del libre ejercicio de su propio culto.*[664]
> *La Iglesia debe estar separada del Estado y el Estado de la Iglesia.*[665]

---

661 Ibídem, pág. 141.

662 Pío IX. Programa de estudios. Disponible en: <http://www.montfort.org.br/old/index.
php?secao=documentos&subsecao=enciclicas&artigo=silabo&lang=bra>. Consultado el:
10/02/2024.

663 Pío IX. Programa de estudios. Denzinger, 1701 y sigs. Citado en: BETTENSON, Henry.
Documentos de la Iglesia cristiana. São Paulo: Aste, 1967, pág. 310.

664 Ibídem.

665 Pío IX. Programa de estudios. Disponible en: <http://www.montfort.org.br/old/index.
php?secao=documentos&subsecao=enciclicas&artigo=silabo&lang=bra>. Consultado el:
01/07/2018.

> *Es falso que la libertad civil de todas las religiones y el pleno poder concedido a cada uno para expresar clara y públicamente sus opiniones y pensamientos produzca corrupción en las costumbres y el espíritu de las personas, además de contribuir a la propagación de la plaga del indiferentismo.*[666]

No satisfecho con ello, pocos meses después publicaría otra bula, titulada Quanta Cura (1864), donde condena la tesis de que el gobierno civil no tiene la obligación de castigar a los *"violadores de la religión católica"* y que la propia Iglesia no puede reprimir a quienes se atreven a oponerse a ella.[667] Todavía critica a quienes dicen *"que la Iglesia no tiene derecho a castigar con penas temporales a quienes violan sus leyes"*,[668] lo que revela que incluso en el siglo XIX los papas todavía querían mantener la máquina terrorista de la Inquisición, pero ya no tenían el poder para hacerlo.

O vea lo que dijo el Papa Gregorio XVI (1831-1846) en su encíclica Mirari Vos (1832):

> *De esta fuente turbia del indiferentismo emana esa sentencia absurda y errónea, digo disparate, que afirma y defiende la libertad de conciencia. Este error corrupto que abre sus alas, escudado en la inmoderada libertad de opinión que, para confusión de las cosas sagradas y civiles, se extiende por todas partes, llegando hasta la imprudencia para alguien afirmar que redunda en gran beneficio para la causa de la religión. ¿Qué peor muerte hay para el alma que la libertad del error?*[669]

Nótese el contraste de este pensamiento con el de Lutero, quien, cuando se le pidió que se retractara en Worms, dijo: *"A menos que esté convencido por el testimonio de las Escrituras o por argumentos convincentes, no puedo retractarme de nada, ni lo haré, porque es difícil, malo y peligroso actuar contra la conciencia"*[670] - incluso si esto representaba un riesgo real de muerte, como le sucedió a Hus y la única razón por la que no le sucedió a él fue porque fue salvado por el príncipe de Sajonia. No sorprende que una de las 41 proposiciones de Lutero condena-

---

666 ibídem.

667 Pío IX. Cuánta curación. Disponible en: <http://www.montfort.org.br/old/action.php?secao=documentos&subsecao=enciclicas&artigo=quantacura&lang=bra&action=print>. Consultado el: 10/02/2024.

668 ibídem, 6.

669 GREGORIO XVI. Mirari Vos. Disponible en: <http://www.montfort.org.br/old/index.php?secao=documentos&subsecao=enciclicas&artigo=mirarivos&lang=bra>. Consultado el: 10/02/2024.

670 MILLER, Stephen M; HUBER, Robert V. La Biblia y su historia: el surgimiento y el impacto de la Biblia. Barueri: Sociedade Bíblica do Brasil, 2006, p. 165.

das por el Papa León X en su bula Exsurge Domine (1520) fuera que *"Es contra la voluntad del Espíritu Santo que los herejes sean quemados".*[671]

En la misma encíclica en la que ataca la libertad de conciencia, Gregorio XVI *"califica la libertad religiosa como locura y demencia"*[672] y muestra todo su horror ante la libertad de opinión, diciendo: *"Las ciudades que más florecieron por su opulencia, extensión y poder sucumbieron, sólo por la desenfrenada libertad de opinión, la libertad de educación y el afán de innovación".*[673] Incluso dedicó un tema entero titulado *"La monstruosidad de la libertad de prensa"* (no es broma), donde afirma que la libertad de prensa *"nunca es condenada suficientemente"*[674] además de despotricar contra quienes predicaban la tolerancia y la libertad:

> *Cuán falsa, temeraria e insultante para la Santa Sede y fecunda en gravísimos males para el pueblo cristiano es esa doctrina que, no contenta con rechazar tal censura de libros por considerarla demasiado grave y onerosa, llega incluso a afirmar que se opone a los principios de la recta justicia y que no es competencia de la Iglesia decretarlo.*[675]

Esto todavía era poco comparado con León XIII (1878-1903), quien dijo en su encíclica Libertas Praestantissimum (1888) que *"ofrecer al hombre libertad es darle el poder de distorsionar o abandonar impunemente el más sagrado de los deberes"*[676] y que la libertad de *"cada uno a profesar la religión que más le agrade"* es *"contrario a la virtud de la religión".*[677] En la misma encíclica también arremete contra el laicismo del Estado[678] y libertad de conciencia[679] ¿cómo podría ser diferente?

Incluso a mediados del siglo XX, Pío También incluye a la propia democracia en la lista de tesis condenadas, siguiendo el ejemplo de sus antecesores (que citaron una frase que consideraron incorrecta para censurarla):

671 LEÓN X. Exsurge Domine, n. 33.

672 BAKER, Robert A. Compendio de la historia cristiana. El Paso: Casa Bautista de Publicaciones, 1974, p. 306.

673 GREGORIO XVI. Mirari Vos, 10. Disponible en: <http://www.montfort.org.br/old/index.php?secao=documentos&subsecao=enciclicas&artigo=mirarivos&lang=bra>. Consultado el: 10/02/2024.

674 ibídem, 11.

675 ibídem, 12.

676 León XIII. Libertas Praestantissimum. Disponible en: <https://www.veritatis.com.br/libertas-praestantissimum>. Consultado el: 10/02/2024.

677 ibídem, 24.

678 ibídem, 22.

679 ibídem, 37.

Dado que la profesión docente, después de todo, no es más que un producto de las conciencias individuales, y sólo para el bienestar de esas mismas conciencias se le atribuye un cargo público, se sigue necesaria-mente que depende de estas conciencias y, por lo tanto, debe estar incli-nado a formas democráticas. Prohibir, por lo tanto, a las conciencias de los individuos expresar públicamente sus necesidades e impedir que la crítica tome el camino que lleva al dogma a evoluciones necesarias, no es hacer uso de un poder otorgado para el bien público, sino abusar de él.[680]

Tenga en cuenta nuevamente que el extracto anterior no proviene de una tesis que el Papa aprobó, sino de lo que condenó en los modernistas. Incluso el siguiente extracto fue considerado *"modernista"* e incluido en la lista de condenas:

Hoy en día el sentimiento de libertad ha alcanzado su pleno desarro-llo. En el Estado civil, la conciencia pública quería un régimen popular. Pero la conciencia del hombre, como la vida, es una. Si, por tanto, la au-toridad de la Iglesia no quiere suscitar y mantener una guerra interna en las conciencias humanas, es necesario también inclinarse ante las formas democráticas; tanto más porque, si no lo queréis, la catástrofe será inmi-nente. Sería una locura creer que el vivo sentimiento de libertad, ahora dominante, retrocedería. Reprimiendo y confinando con violencia, se desbordará más impetuosamente, destruyendo conjuntamente la religión y la Iglesia. Éste es el razonamiento de los modernistas quienes, por lo tanto, están todos comprometidos a encontrar una manera de reconciliar la autoridad de la Iglesia con la libertad de los creyentes.[681]

No sorprende que incluso el renombrado historiador católico Paul Johnson reconociera que:

Los estados protestantes tendieron a ser los principales beneficia-rios de esta serie internacional de movimientos religiosos. Puede que tu-vieran religiones estatales, pero tendían a ser más tolerantes. Rara vez emprendieron persecuciones sistemáticas. No tenían ninguna agencia equivalente a la Inquisición. No eran clericalistas. Permitieron una cir-culación más libre de libros.[682]

680 PIO X. Pascendi Dominici Gregis. Disponible en: <http://w2.vatican.va/content/pius-x/pt/encyclals/documents/hf_p-x_enc_19070908_pascendi-dominici-gregis.html>. Consultado el: 10/02/2024.

681 ibídem.

682 JOHNSON, Pablo. Historia del cristianismo. Río de Janeiro: Imago Ed., 2001, p. 381.

Entre estos libros que circularon libremente entre los protestantes, pero fueron censurados por los católicos, se encontraba, para sorpresa de muchos, la propia Biblia. Entre las tesis condenadas de Pascásio Quesnel por el Papa Clemente XI en su Constitución Dogmática Unigenitus Dei Filius (1713), se encuentran:

> *79. Es útil y necesario en todo tiempo, en todo lugar y para toda clase de personas estudiar y conocer el espíritu, la piedad y los misterios de la Sagrada Escritura.*
>
> *80. La lectura de la Sagrada Escritura es para todos.*
>
> *81. La oscuridad de la Santa Palabra de Dios no es motivo para que los laicos prescindan de leerla.*
>
> *82. El día del Señor debe ser santificado por los cristianos con lecturas piadosas y, sobre todo, con las Sagradas Escrituras. Es perjudicial intentar mantener a los cristianos alejados de esta lectura.*
>
> *83. Es una ilusión tratar de convencerse de que el conocimiento de los misterios de la religión no debe comunicarse a las mujeres mediante la lectura de las Sagradas Escrituras. No fue de la sencillez de las mujeres, sino del conocimiento orgulloso de los hombres que surgió el abuso de las Escrituras y nacieron las herejías.*
>
> *84. Arrancar el Nuevo Testamento de las manos de los cristianos o mantenerlo cerrado, quitándoles los medios para comprenderlo, es cerrar la boca de Cristo.*
>
> *85. Prohibir a los cristianos leer la Sagrada Escritura, especialmente los Evangelios, es prohibir el uso de la luz a los hijos de la luz y hacerles sufrir una especie de excomunión.*

Recuerde, una vez más, que estamos hablando de las tesis que el Papa condenó, no de las que respaldó. En otras palabras, el Papa simplemente estaba en contra de la idea de que *"la lectura de la Sagrada Escritura es para todos"*. Mucho antes, el Concilio de Toulouse de 1229 había hecho algo peor, persiguiendo salvajemente a quienes poseían una Biblia:

> *Prohibimos a los laicos poseer el Antiguo y el Nuevo Testamento. (...) Prohibimos aún más severamente la posesión de estos libros en la lengua vernácula popular. Los hogares, los escondites más humildes e incluso los retiros subterráneos de los hombres condenados por poseer las Escrituras deben ser completamente destruidos. Estos hombres deben ser perseguidos y cazados en los bosques y cuevas, y cualquiera que los albergue será severamente castigado.[683]*

---

683 Concilio de Tolosa, Papa Gregorio IX, Año 1229.

El Canon 14 de ese mismo concilio prescribía, además:

> *También prohibimos que a los laicos se les permita poseer los libros del Antiguo y Nuevo Testamento., excepto el Salterio, o el Breviario para decir el Oficio Divino, o las Horas de la Santísima Virgen a quienes quieran tenerlos por devoción; sin embargo, prohibimos estrictamente que estos libros estén en lenguaje vulgar.*[684]

Unos años más tarde, el Concilio de Tarragona (1234) confirmó las determinaciones de Toulouse y prohibió cualquier Biblia en lengua vernácula:

> *Nadie puede poseer los libros del Antiguo y Nuevo Testamento en lenguas romances,*[685] *y si alguno las posee, deberá entregarlas al obispo local dentro de los ocho días siguientes a la promulgación de este decreto, para que las queme. Y él, ya sea clérigo o laico, será considerado sospechoso hasta que sea absuelto de cualquier sospecha.*[686]

Nótese el contraste en relación con los reformadores, muchos de los cuales se convirtieron en traductores de la Biblia con la intención de que todas las personas pudieran tener acceso a las Escrituras y llegar a sus propias conclusiones. La verdad ya no era un monopolio del clero. Entre ellos podemos destacar a William Tyndale (1494-1536), brutalmente perseguido por traducir la Biblia. Los católicos atacaron su tipografía,[687] quemaron sus Biblias[688] y luego lograron arrestarlo. Incluso en prisión. Tyndale continuó firmemente en su misión de traducir lo que faltaba en el Antiguo Testamento y escribió en una carta:

> *Ruego a vuestra señoría que pida al comisario que tenga la amabilidad de enviarme, de mis cosas que lleva consigo, un sombrero más caliente, porque siento mucho frío en la cabeza. También le pido que me envíe un abrigo más caliente, porque el que tengo es muy delgado. También te pido que me envíes un trozo de tela para poder remendar mis pantalones. Pero sobre todo, les ruego que me envíen mi Biblia hebrea,*

---

684 ibídem.

685 Las lenguas romances incluyen el portugués, el francés, el italiano, el rumano y el español.

686 Ayuntamiento de Tarragona, canon 2.

687 MILLER, Stephen M; HUBER, Robert V. La Biblia y su historia: el surgimiento y el impacto de la Biblia. Barueri: Sociedade Bíblica do Brasil, 2006, p. 170.

688 ibídem.

mi diccionario hebreo y mi gramática hebrea, para poder continuar con mi trabajo.[689]

Desafortunadamente para Tyndale, su final fue el mismo que el de muchos otros: estrangulado y luego quemado. Pero este no fue el final de la Reforma, y la propia Biblia de Tyndale se convertiría en la versión oficial en inglés años más tarde, cuando Inglaterra fuera ganada para la Reforma.

La importancia de permitir la libre circulación de libros va más allá de lo que imaginamos. La libertad de prensa es el motor de la difusión de ideas, que son fundamentales no sólo para la democracia, sino para la divulgación científica y el avance en todas las áreas del conocimiento. Mientras que la Iglesia católica arrestó a Galileo por atreverse a cuestionar el geocentrismo y colocó las obras de Copérnico en el índice de libros prohibidos por el mismo motivo[690] en los países protestantes no hay constancia de que un solo científico haya sido censurado por sus ideas.

Así, los países protestantes proporcionaron un terreno libre para la circulación de las ideas revolucionarias que nos legó el mundo moderno, mientras que las mentes más brillantes del lado católico lo pensaron dos veces antes de publicar cualquier cosa que pudiera conducirlos al mismo fin que Giordano Bruno.

De esta manera, mientras la innovación, la ciencia y el progreso estaban en pleno apogeo en el mundo protestante, en el mundo católico la Iglesia hizo todo lo posible para mantenerlos lo más medievales posible, en una lucha feroz contra todo lo que se pareciera a la modernidad. Es significativo que incluso los ferrocarriles estuvieran prohibidos en los Estados Pontificios, *"porque el Papa Gregorio XVI creía que podían dañar la religión"*,[691] estados que eran, por cierto, los más atrasados de todos los países católicos (y no por casualidad, los únicos gobernados directamente por el Papa).

La Iglesia utilizó todos sus esfuerzos para mantener al máximo el ideal feudal, lo que significó renunciar al mundo moderno en favor del oscurantismo más puro. Y el precio era alto. Países como España, Portugal y la propia Italia quedaron claramente rezagados, y los Estados Pontificios fueron, con diferencia, los más miserables y peor administrados.

---

689 Giraldi, Luis Antonio. Historia de la Biblia en Brasil. Barueri: Sociedade Bíblica do Brasil, 2008, p. 30.

690 LÓPEZ, Luis Roberto. Historia de la Inquisición. Porto Alegre: Mercado Abierto, 1993, pág. 83.

691 BAIGENT, Michael; LEIGH, Ricardo. La Inquisición. Río de Janeiro: Imago Ed., 2001, p. 210.

Además del atraso tecnológico y la notoria pobreza, los países católicos se destacaban por su analfabetismo. A pesar de la creación de universidades (reservadas a una estricta minoría de hombres ricos,[692] y ellos mismos llenos de los defectos más terribles, como veremos más adelante), el hombre medieval *"era analfabeto y dejó pocos rastros de sus pensamientos para la posteridad"*.[693] Llama la atención sobre el hecho de que ni siquiera los propios varones sabían leer, *"sin saber siquiera dibujar su propio nombre, que sustituyeron por una cruz, dando origen así a la palabra signo, que originalmente significaba dibujar una cruz en lugar del nombre"*.[694]

Incluso los obispos católicos medievales –los responsables de darnos la doctrina que los católicos todavía creen hoy– eran en gran medida analfabetos, por lo que *"Muchos obispos no añadieron sus nombres a los cánones de los concilios en los que participaron, porque no sabían escribir"*.[695] Una estimación optimista calcula que el 5% de la población europea estaba alfabetizada a principios del siglo XVI,[696] una tasa mucho más baja que la de los peores países del mundo moderno (el peor de ellos, Sudán del Sur, tiene una tasa de alfabetización del 27%, que es más de cinco veces mayor que la tasa de alfabetización antes de la Reforma).

Una vez más, fue el protestantismo el que sacó al mundo de la oscuridad del analfabetismo, al garantizar que cada persona pudiera leer las Escrituras en su propio idioma, algo a lo que, como hemos visto, la Iglesia se opuso violentamente. El renombrado historiador Geoffrey Blainey habla de esto con las siguientes palabras:

> *Los protestantes creían que la mayor cantidad posible de personas, hombres y mujeres, debían leer la Biblia, y esto llevó a la apertura de más escuelas que enseñaban a leer y escribir. La tasa de alfabetización de las mujeres comenzó a crecer progresivamente. Prusia, base luterana, hizo obligatoria la educación para niños y niñas en 1717. En la ciudad*

---

692 "Los estatutos parisinos de 1215 exigen estudiar ocho años en la facultad de teología y una edad mínima de treinta y cinco años para obtener el doctorado. Por tanto, las universidades están pobladas por una minoría, una élite intelectual y social" (LE GOFF, Jacques. La Baja Edad Media. Madrid: Siglo XXI, 1971, p. 246).

693 BROOKE, Cristóbal. Europa en el centro de la Era de los Medios (962-1154). Madrid: Aguilar, 1973, pág. 338.

694 LINS, Iván. La Edad Media: Caballería y Cruzadas. 2da ed. Río de Janeiro: Panamericana, 1944, p. 224.

695 ibídem.

696 LINDBERG, Carter. Reformas en Europa. São Leopoldo: Sinodal, 2001, pág. 50.

---

holandesa de Ámsterdam, en 1780, un extraordinario 64% de las novias firmaron el certificado al casarse, mientras que el resto marcó torpemente una cruz en el lugar donde la firma debe ser, en señal de consentimiento. En Inglaterra, alrededor del 1% de las mujeres sabía leer en el año 1500, pero este número había aumentado al 40% en 1750. Sólo más tarde los países católicos siguieron esta tendencia revolucionaria.[697]

Él agrega que *"la Reforma trajo el gran beneficio de incrementar el número de mujeres alfabetizadas en el siglo XVIII"*,[698] y que sólo más tarde reacciona-ron los países católicos, pero aun así *"Sin embargo, durante los siguientes tres siglos, quizás ningún país católico alcanzó el nivel de alfabetización de Escocia, Holanda, Prusia y otros países protestantes".*[699]

La diferencia no estaba sólo en la alfabetización, sino en la calidad de la educación misma. Los libros usados en las universidades católicas de las que están tan orgullosos enseñaban *"numerosas leyendas geográficas, piadosamente aceptadas, incluida la del océano hirviendo al sur de África, y de que había un pueblo, cerca del Ganges, que se alimentaba del aroma de ciertas flores".*[700] Los libros de historia no fueron una excepción. ellos también fueron *"lleno de fic-ciones y fábulas, ya que los historiadores medievales quedaban más impresionados por lo maravilloso que por lo verdadero".*[701]

Ivan Lins afirma que ellos:

> *aceptaron todo lo que encontraron escrito – enseña el padre Fleury. Sin crítica, sin discernimiento, sin examinar el tiempo y la autoridad de los escritores, todo les parecía igualmente bueno. Así, la fábula de Fran-cisco, hijo de Héctor, y los francos procedentes de Troya, fue adoptada, hasta finales del siglo XVI, por todos los historiadores franceses, que tam-bién hicieron que la historia de España se remontara a Jafet y la de Gran Bretaña. recaudó. Cada historiador hizo una historia general, desde la creación del mundo hasta su época, y luego amontonó, sin criterio, todo lo que encontró en los libros que cayeron en sus manos.*[702]

---

697   BLAINEY, Geoffrey. Una breve historia del mundo. São Paulo: Fundamento Educacional, 2010, p. 189.

698   ibídem, pág. 188.

699   ibídem, pág. 142.

700   LINS, Iván. La Edad Media: Caballería y Cruzadas. 2da ed. Río de Janeiro: Panamericana, 1944, p. 222.

701   ibídem.

702   ibídem, pág. 222-223.

Muchos escolásticos pensaban que el nombre del río Tigris se derivaba de Tiberio, el emperador romano en la época de Jesús, que Justiniano (482-565 d. C.) había vivido antes de Cristo y que Papiniano (142-212 d. C.) había sido ejecutado por Marco Antonio (83-30 a. C.) y *"Ni siquiera los más grandes glosadores como Irnério, Placentino, Azo y Acurso pudieron escapar de errores tan groseros"*.[703] Los libros de ciencia, a su vez, podrían ser aún más horribles, *"lleno de absurdos, hablando de animales y plantas inexistentes"*.[704]

"El Tesoro de las Ciencias", uno de los libros más utilizados en la Edad Media, decía que las hemorragias nasales debían tratarse con *"Excrementos de cerdo todavía calientes y estiércol de camello batido"*[705] y dijo que era bueno tener lombrices intestinales, porque *"se nutren de los venenos que se encuentran en el cuerpo, eliminándolos y favoreciendo así la salud"*.[706] La medicina de la época decía que el temperamento humano estaba regido por cuatro estados de ánimo (sanguíneo, flemático, colérico y melancólico), que, *"en combinación con los signos del zodíaco, determinaban el grado de (...) la masculinidad o feminidad de una persona"*.[707]

Entre los remedios que surgieron de esta maravillosa medicina destaca triaga, *"compuesto por innumerables sustancias heterogéneas, entre ellas el veneno de víbora, que curaba mordeduras de serpientes y multitud de dolencias"*.[708] No sin razón, en aquella época los médicos eran tan despreciados como los comerciantes, y la medicina árabe estaba a años luz de ventaja. Tanto es así que cuando Ricardo Corazón de León resultó herido durante la Tercera Cruzada, no buscó ayuda de médicos católicos, sino que, irónicamente, acudió a ser tratado precisamente por los médicos de Saladino, su enemigo.[709]

Cuando no estaban difundiendo mitos o promocionando medicamentos dudosos, los escolásticos se pasaban la vida discutiendo cosas inútiles por pura vanidad, compitiendo entre ellos sobre quién podía discutir más. Así fue como el teólogo suizo Johan Verus hizo un censo del infierno y concluyó que

---

703 ibídem, pág. 223.

704 BASTOS, Plínio. Historia del Mundo - Desde la prehistoria hasta nuestros días. 3ª edición. Río de Janeiro: Livraria Império, 1983, pág. 105.

705 LINS, Iván. La Edad Media: Caballería y Cruzadas. 2da ed. Río de Janeiro: Panamericana, 1944, p. 270.

706 ibídem.

707 LÓPEZ, Luis Roberto. Historia de la Inquisición. Porto Alegre: Mercado Abierto, 1993, pág. 29.

708 LINS, Iván. La Edad Media: Caballería y Cruzadas. 2da ed. Río de Janeiro: Panamericana, 1944, p. 269.

709 ibídem, pág. 414.

estaba formado por 1.111 legiones, 72 príncipes y 7.405.926 demonios. Pero Pannethorme Hughes no estuvo de acuerdo con sus cálculos y lo corrigió: en realidad el infierno tenía 1.758.064.176 demonios. No satisfecho, Martim Barshaus les mostró a ambos cómo hacer teología real y *"alcanzó la fantástica cifra de 2.665.866.746.666 demonios"*.[710]

Antes de que alguien diga que estas discusiones inútiles sólo fueron llevadas a cabo por teólogos de segunda categoría, basta leer el índice de la Summa Theologica de Tomás de Aquino para ver discusiones como *"si en los ángeles hay conocimiento vespertino y matutino"*, *"si el conocimiento vespertino es igual que el de la mañana"*, *"si el ángel es más imagen de Dios que el hombre"*, *"si un ángel ilumina a outro"*, *"si el ángel inferior puede iluminar al superior"*, *"si el ángel inferior le habla al superior"*, *"si las mujeres debieron haber sido producidas en la producción primera de causas"*, *"si las mujeres nacerían en el estado primitivo"*, entre otras cuestiones igualmente *"importantes"*…

Peor que perder el tiempo en todo tipo de discusiones inútiles es que estas discusiones conducían a menudo a conclusiones peligrosas, utilizando el arte del sofisma que tan bien conocían para inducir todo tipo de libertinaje. El abad Fleury, que además de sacerdote era historiador, afirmó que los estudiantes de la Universidad de París, además de perderse en *"vanas sutilezas"* y *"cuestiones frívolas e inútiles"*, *"sostuvieron incluso que los adulterios, el incesto, etc., cuando se cometen por caridad, no constituyen pecados"*.[711]

El propio Ignacio de Loyola, gran nombre de la Contrarreforma católica y fundador de la Compañía de Jesús (jesuitas), *"declaró explícitamente que para combatir al diablo se podía recurrir a todos los medios que él utilizaba para perder almas"*.[712] Esto resultó en una *"racionalización de toda ética"*,[713] al estilo de *"el fin justifica los medios"*. No sorprende que el propio Lutero fuera tan vilipendiado después de su muerte, algunos de los cuales siguen siendo utilizados por los apologistas católicos hasta el día de hoy.

Hay mucho más que decir, pero, en resumen, la escolástica católica se puede resumir en una enseñanza débil y sesgada, excesivamente preocupada

---

710 LÓPEZ, Luis Roberto. Historia de la Inquisición. Porto Alegre: Mercado Abierto, 1993, pág. 45.

711 LINS, Iván. La Edad Media: Caballería y Cruzadas. 2da ed. Río de Janeiro: Panamericana, 1944, p. 207.

712 VALENTÍN, Veit. Historia Universal – Tomo II. 6ª edición. São Paulo: Librería Martins Editora, 1961, p. 288.

713 ibídem.

por discusiones frívolas e infructuosas, basada en gran medida en leyendas y fábulas, profundamente prejuiciada contra todo lo que se desvíe de los moldes tradicionales y de moralidad muy dudosa, por decir lo menos.

No es de extrañar que casi nadie relevante para la ciencia se capacitara en estas universidades, y que sólo después de la Reforma hubo una explosión de ciencia, comercio e innovaciones tecnológicas, causadas precisamente por la superación del ideal romanista que mantuvo al mundo como un país mil años atrás. No sorprende que cuando estudiamos la Revolución Científica hablemos del siglo XVI y cuando hablamos de la Revolución Industrial hablemos del siglo XVIII. Las principales revoluciones que nos llevaron al mundo moderno se produjeron después de la Reforma, porque fue la Reforma la que les abrió el camino.

Sin la Reforma, lo más probable es que hoy estaríamos trabajando como sirvientes de un señor feudal, con una esperanza de vida que ojalá se acercara a los 40 años (siendo veinte veces menor la posibilidad de que nuestros hijos sobrevivan sus primeros años de vida), matar judíos como estrategia para contener plagas y utilizar excrementos de cerdo y de camello para curar hemorragias nasales.

Al mismo tiempo, nuestra libertad para elegir nuestra religión sería aproximadamente la misma que tienen los norcoreanos para elegir cualquier sistema de gobierno que no sea el comunismo, el único periódico permitido sería Vatican News y los científicos que se atrevían a descubrir algo nuevo lo pensarían dos veces antes de publicar sus ideas para no ser quemados en el fuego (probablemente entonces estarían más interesados en hacer censos del infierno).

No hace falta decir que probablemente no sabrías escribir tu propio nombre, ciertamente no tendrías una Biblia para leer y probablemente ni siquiera pensarías en los ferrocarriles. También se podría decir adiós a prácticamente todos los grandes inventos que han transformado a la humanidad en los últimos siglos y que hoy nos hacen la vida más fácil. De hecho, consulté cada uno de los *100 mayores inventos de la historia* en el libro de Tom Philbin, que no es un libro protestante ni religioso, y me aseguré de que la gran mayoría de ellos son posteriores a la Reforma, y la mayoría son de Países protestantes:

Nro.	Invención	¿Después de 1517?	¿País protestante?
1	Rueda	No	No

2	Bombilla	Sí	Sí
3	Imprenta	No	No
4	Teléfono	Sí	Sí
5	Televisión	Sí	Sí
6	Radio	Sí	No
7	Pólvora	No	No
8	Computadora de escritorio	Sí	Sí
9	Telégrafo	Sí	Sí
10	Motor de combustión interna	Sí	Sí
11	Lápiz	Sí	Sí
12	Papel	No	No
13	Auto	Sí	Sí
14	Avión	Sí	Sí
15	Arado	No	No
16	Anteojos	Sí	Sí
17	Reactor atómico	Sí	Sí
18	Bomba atómica	Sí	Sí
19	Computadora colossus	Sí	Sí
20	Baño sanitario	Sí	Sí
21	Rifle	Sí	Sí
22	Pistola	Sí	Sí
23	Sistema de plomería	No	No
24	Transformación del hierro en acero.	Sí	Sí
25	Cable	No	No
26	Transitor	Sí	Sí
27	Máquina de vapor	Sí	Sí
28	Navegación a vela	No	No
29	Arco y flecha	No	No
30	Máquina de soldar	Sí	Sí
31	Segador	Sí	Sí
32	Motor a reacción	Sí	Sí

33	Locomotora	Sí	Sí
34	Anestesia	Sí	Sí
35	Batería	No	No
36	Clavo	No	No
37	Tornillo	No	No
38	Máquina de rayos X	Sí	Sí
39	Brújula	No	No
40	Embarcación de madera	No	No
41	Estetoscopio	Sí	No
42	Rascacielos	Sí	Sí
43	Ascensor	Sí	Sí
44	Reloj	No	No
45	Cronógrafo	Sí	Sí
46	Microscopio	Sí	Sí
47	Braille	Sí	No
48	Radar	Sí	Sí
49	Aire condicionado	Sí	Sí
50	Puente colgante	Sí	Sí
51	Termómetro	Sí	No
52	Incubadora	Sí	No
53	Tomografía computarizada	Sí	Sí
54	Dispositivo de resonancia magnética	Sí	Sí
55	Drywall	Sí	Sí
56	Motor eléctrico	Sí	Sí
57	Alambre de púas	Sí	Sí
58	Preservativo	Sí	Sí
59	Telescopio	Sí	Sí
60	Electrocardiograma	Sí	Sí
61	Marcapasos	Sí	Sí
62	Máquina de diálisis renal	Sí	Sí

63	Film fotográfico	Sí	No
64	GPS	Sí	Sí
65	Máquina de coser	Sí	Sí
66	Cámara fotográfica	Sí	Sí
67	Maquina giratoria	Sí	Sí
68	Ladrillo	No	No
69	Video cámara	Sí	No
70	Dinamita	Sí	Sí
71	Cañón	No	No
72	Encuadre de globos	Sí	Sí
73	Máquina de escribir	Sí	Sí
74	Motor Diesel	Sí	Sí
75	Máquina de triodo de vacío	Sí	Sí
76	Motor de inducción de corriente alterna	Sí	No
77	Helicóptero	Sí	Sí
78	Calculadora	Sí	No
79	Linterna	Sí	Sí
80	Láser	Sí	Sí
81	Buque de vapor	Sí	Sí
82	Fax	Sí	Sí
83	Tanque militar	Sí	Sí
84	Cohete	Sí	Sí
85	Desmotadora de algodón	Sí	Sí
86	Molino de viento	No	No
87	Submarino	Sí	Sí
88	Tinta	No	No
89	Interruptor de circuito	Sí	Sí
90	Lavadora	Sí	Sí
91	Trilladora	Sí	Sí
92	Extintor de incendios	Sí	Sí
93	Refrigerador	Sí	Sí

94	Horno	No	No
95	Bicicleta	Sí	Sí
96	Grabadora	Sí	Sí
97	Derrick	Sí	Sí
98	Fonógrafo	Sí	Sí
99	Aspersor	Sí	Sí
100	Grabadora de vídeo	Sí	Sí

De todos los inventos, como podemos ver, el 80% se remonta a la época de la Reforma, y de ellos, casi el 90% surgieron en países protestantes. Teniendo en cuenta todo esto, es imposible medir cuánto le debe el mundo moderno a la Reforma Protestante. En mi trilogía *"500 años de reforma: cómo el protestantismo revolucionó el mundo"* (dos libros que suman 1.800 páginas y un tercero aún en construcción) intenté llegar a esta respuesta, pero aún es poco comparado con lo que merece el tema. Que el protestantismo es superior al catolicismo debería estar lejos de cualquier discusión. Lo que realmente merece ser discutido es por qué tantos papistas se niegan a aceptar lo que está ante sus ojos.

Capítulo 17
EL CATACLISMO EN EL CATOLICISMO ROMANO POR LAS BENDICIONES A PAREJAS HOMOSEXUALES

Por Enmanuel Díaz

A través del tiempo hemos visto cambios en el magisterio católico romano con respecto a las escrituras. La interpretación de la tradición misma ha cambiado a través de las distintas iglesias que afirman defender su tradición y sucesión hasta los apóstoles, llegando a conclusiones distintas en muchas doctrinas.

Las Sagradas Escrituras son las únicas infalibles, esto que se ha reivindicado nuevamente ante los ojos de todos en varias ocasiones y sobre todo en los últimos tiempos. Y esto no es de extrañarse para los protestantes, ya que creemos firmemente la promesa de nuestro Señor:

"El cielo y la tierra pasarán, pero mis palabras no pasarán" (Mateo 24:35).

Pero los católicos romanos tendrían una nueva muestra de la falibilidad de su magisterio en temas de moral y doctrina, con la publicación de Fiduccia Suplicans, un documento que haría a muchos católicos refugiarse nuevamente en la Palabra de Dios frente a un magisterio que se abría al progresismo.

El cataclismo en el catolicismo por las bendiciones a parejas homosexuales.

Cuando el Dicasterio[714] para la doctrina de la fe publicó el documento *"Fiduccia Suplicans"* (FS) el 18 diciembre del 2023, los cimientos de la

---

714   El Dicasterio para la doctrina de la fe, antes *"la santa inquisición"*, es parte del magisterio de la curia romana, el dicasterio más importante, y ayuda en la tarea pastoral al Papa en temas de doctrina.

apologética católica se desmoronaron, para luego, fragmentarse en opiniones tan diversas como contradictorias entre los católicos intérpretes de este nuevo documento, que permitía la bendición a parejas homosexuales.

La noticia se hizo viral en horas. Fue presentado en los medios de comunicación como un hecho *"histórico"* debido a la apertura a la *"inclusión LGBT"*.

"En el horizonte aquí delineado se coloca la posibilidad de bendiciones de parejas en situaciones irregulares y de parejas del mismo sexo, cuya forma no debe encontrar ninguna fijación ritual por parte de las autoridades eclesiásticas, para no producir confusión con la bendición propia del sacramento del matrimonio", dice el Ítem 31 del documento FS.

El documento afirma que el homosexualismo es pecado según la doctrina (FS - 1.4), y que no debe confundirse dicha bendición con el sacramento matrimonial, pero bajo *"el discernimiento pastoral"* se permite la bendición a personas en pareja homosexual fuera de la liturgia.

Ante los hechos y la confusión entre católicos romanos, nuevamente se demostraba que lo único que no cambiaba y seguiría siendo infalible, no era el magisterio romano, sino que las Sagradas Escrituras. Una nueva reivindicación hacia la defensa de este principio estaba sucediendo ante los ojos de los apologistas católicos romanos anti protestantes más renuentes.

El dogma romano del concilio Vaticano I reza que el Romano Pontífice está libre de error *"...cuando habla ex cathedra, esto es, cuando en el ejercicio de su oficio de pastor y maestro de todos los cristianos, en virtud de su suprema autoridad apostólica, define una doctrina de fe o costumbres".*

Pero la confusión con FS ocurrió debido a que el documento afirma que estas nuevas bendiciones *"pastorales"* y *"no litúrgicas"* no cambian la doctrina perenne de la iglesia, esto, aún y siendo un documento publicado por el Dicasterio para la doctrina de la fe, con la firma de Francisco el que promulgó el documento.

¿Cómo un documento *"no doctrinal"* podía modificar algo tan trascendental como el hecho de bendecir un pecado, el cual si está doctrinalmente condenado en el catecismo católico? (CIC #2357).

El magisterio quiso hacer un juego de palabras, para intentar no contradecir el Responsum de 2021 del mismo Dicasterio para la doctrina de la fe, en donde se rechazaba la bendición a las uniones homosexuales. La argucia del

Dicasterio y del Papa, consistía en la novedad de diferenciar la palabra *"pareja"* de la palabra *"unión"*. De esta manera, no se bendice la unión de gays tal como dice el Responsum de 2021, pero si se bendice la pareja de homosexuales con una bendición fuera de los sacramentales.

Pero la necesidad de aprobar las bendiciones a homosexuales y su apremio, llevó al magisterio a no considerar algo tan básico como que ni el catecismo hace tal diferenciación de las palabras *"pareja"* y *"unión"*. El catecismo, en los numerales 2333 y 2335 utilizan las dos palabras como intercambiables para referirse al matrimonio.

Tal argucia llevó a una gran confrontación entre los católicos romanos, debido a que el magisterio, que supuestamente garantiza la unidad, es quien trajo ante la vista de todos, la división entre las posturas contrapuestas de los laicos, sacerdote y cardenales.

Se podía ver apologistas romanos conservadores refugiándose en las Sagradas Escrituras, para oponerse al documento FS.

1 Corintios 6:9-10

> *"¿No sabéis que los injustos no heredarán el reino de Dios? No erréis; ni los fornicarios, ni los idólatras, ni los adúlteros, ni los afeminados, ni los que se echan con varones, ni los ladrones, ni los avaros, ni los borrachos, ni los maldicientes, ni los estafadores, heredarán el reino de Dios".*

Mientras que la Palabra de Dios llama al arrepentimiento de pecados, el documento FS no menciona ni tan sólo una vez la palabra *"arrepentimiento"*.

Esos hechos reivindican la protesta de los reformadores ante la corrupción del Papa y las Escrituras como única infalible ante cualquier cambio de la doctrina y la moral. El refugiarse en las Escrituras por parte de algunos apologistas católicos conservadores, los llevó a ser acusados de *"cismáticos"* y *"protestantes"* por boca de otros católicos que apoyaban las bendiciones a parejas homosexuales.

Tal es el caso de Fernando Casanova,[715] ex protestante convertido al catolicismo, quien desde antes de la publicación de FS intuyó que se cambiaría el catecismo de la Iglesia católica en temas de moral.

"Van a cambiar El CATECISMO. Lo bueno es que la Sagrada Escritura no la pueden cambiar... Otra cosa es si tú decides creerles a ellos. Yo NO", sostuvo.

---

715 Fernando Casanova - Apologista católico ex protestante (cuenta oficial de X) 1/7/23.

Fernando Casanova, sin darse cuenta, volvió a la Sola Escritura en el tema de la moralidad, viendo con sus propios ojos que lo único que no cambia es la Palabra de Dios. El magisterio puede cambiar, pueden hacer de la tradición una nueva interpretación de lo posible con respecto al pecado de sodomía.

Volviendo a FS, el documento presupone que quienes piden dicha bendición están buscando *"la presencia salvífica de Dios en su historia, y quien pide una bendición a la Iglesia reconoce a esta última como sacramento de la salvación que Dios ofrece".*[716] Algo que no condice con la realidad misma.

Las primeras bendiciones a parejas homosexuales fueron a personas que vivían una relación estable y que estaban casadas frente al estado. Tal es el caso de Jason (teólogo católico), y su *"esposo"* Damian, bendecidos de la mano por el sacerdote James Martin.[717]

Martin calificó de *"conmovedor"* el momento. *"...me sentí honrado cuando me pidieron que ofreciera una bendición a dos hombres que conozco desde hace algún tiempo..."*[718]

Y agregó: *"La declaración abre la puerta a bendiciones no litúrgicas para parejas del mismo sexo, algo que anteriormente estaba prohibido para obispos, sacerdotes y diáconos. Junto con muchos sacerdotes, ahora. Estaré encantado de bendecir a mis amigos en uniones entre personas del mismo sexo".*

Desde el comienzo del *"Sínodo de la sinodalidad"* en 2020, Alemania fue la primera conferencia episcopal que comenzó a bendecir parejas del mismo sexo.

Refiriéndose al tema de las parejas homosexuales y la enseñanza del catolicismo, Georg Bätzing, presidente de la conferencia episcopal de Alemania dijo: *"... tenemos que cambiar de algún modo el Catecismo en este tema. La sexualidad es un don de Dios y no un pecado. Sí, está bien si se hace en fidelidad y responsabilidad. No afecta la relación con Dios".*[719]

El Sínodo de la sinodalidad es un invento de Francisco, y su web oficial ya daba indicios de que se tratarían temas como la homosexualidad, el sacedocio femenino, entre otras demandas sociales y progresistas. Esto llevó a

716   FS, Ítem 20

717   Martin no ha parado de bendecir parejas homosexuales.

718   https://outreach.faith/2024/01/father-james-martin-how-same-sex-couples-have-blessed-me/

719   Aci Prensa - 1/4/22

los obispos flamencos de Bélgica, a crear un bendicional para parejas homosexuales que curiosamente tiene mucho del documento FS, ya que se presenta como una bendición que debe ser diferenciada por completo del sacramento del matrimonio, y no se presentaba como un rito que cambiase la doctrina de la iglesia católica.

"La diferencia también debe quedar clara con lo que la Iglesia entiende por matrimonio sacramental",[720] dice el documento.

El Monseñor flamenco Johan Bonny aseguró que el *"Papa"* dio el visto bueno a la bendición de parejas homosexuales en Bélgica. Tiempo después, el Dicasterio para la doctrina de la fe tomaría esta base *"no ritual"* del documento de los obispos de Bélgica para Fiduccia Suplicans (FS).

Cuando todo parecía ir a pasos agigantados, el Dicasterio para la doctrina de la fe con Ladaría como prefecto publicaría *"Responsum"* en 2021, en donde afirmaba que *"... la iglesia no tiene potestad de bendecir el pecado"* refiriéndose a las bendiciones a las uniones homosexuales. Pero Francisco bajó los ánimos con declaraciones defendiendo la unión civil de homosexuales, algo que impactó a la comunidad LGBT (*documental Francesco 2020).

Los sínodos regionales transcurrieron con otras declaraciones del Papa como guiños a la comunidad LGBT, mientras en las diósecis de Chicago con el Cardenal Cupich y el relator del Sínodo, el Cardenal Hollerich daban muestras de apoyo total al colectivo LGBT, permitiendo por ejemplo una homilía de una pareja homosexual en el mes de orgullo gay o el Cardenal Hollerich negando la doctrina romana sobre el pecado de sodomía:

> *"La sodomía era vista en aquella época como algo meramente orgiástico, típico de personas casadas que entretenían a esclavos por lujuria personal. Pero ¿cómo se puede condenar a personas que no pueden amar excepto al mismo sexo? Para algunos es posible ser castos, pero llamar a otros a la castidad les parece hablar egipcio (...) Me parece un poco dudosa la parte de la enseñanza que califica la homosexualidad de intrínsecamente desordenada".*[721]

---

720   "Estar pastoralmente cerca de las personas homosexuales" - Obispos Flamencos / https://www.kerknet.be/sites/default/files/20220920%20PB%20Aanspreekpunt%20-%20Bijlage%201.pdf

721   Fuente: Glas Kincila "El Cardenal Jean-Claude Hollerich Sobre Los Desafíos Sinodales" - 27/3/23

En este contexto, el Papa tuvo numerosos guiños a la comunidad LGBT; varios testimonios de Transexuales que declaraban, que, en su encuentro con el Papa, él afirmaba su identidad sexual. Estas declaraciones unilaterales serían confirmadas cuando el Papa declararía en varias oportunidades que a las personas transexuales Dios las ama *"tal y como son"*, pero no llamándolos al arrepentimiento de pecados tal y como lo vemos en las escrituras (Jn 8:11).

Mientras Francisco nombró en 2022 al Sacerdote progresista James Martin en el Dicasterio para la comunicación, ocupando el puesto de consultor, también nombró a Juan Carlos Cruz, un actor chileno, abiertamente gay, quien ha sido nombrado miembro del Pontificio Consejo para la Protección de Menores, que fue creado por el Papa en 2013 en respuesta al escándalo de abusos en Iglesia Católica.

El 2023 era el año donde el Sínodo de la sinodalidad tendría la primera de las 2 reuniones finales en El Vaticano. Dicho sínodo traía el bagaje de lo que sucedió en Alemania, en donde seguían bendiciendo parejas homosexuales sin disciplina alguna por parte del Papa. Este sería el año en donde el Papa nombraría como prefecto del Dicasterio para la doctrina de la fe al arzobispo de la ciudad de La Plata, Víctor Manuel Fernández, quien sin dudas es un modernista en varios aspectos, pero también ha sido advertido por muchos católicos conservadores por sus declaraciones sobre la clasificación moral que hace la iglesia católica romana.

En una entrevista al medio Qoutidiano Nazionale (11/7/23), Fernández pondría en duda la condena al pecado de homosexualismo de la Biblia.

> *"Hay textos bíblicos que no deben ser interpretados de manera material, no quiero decir literal. La Iglesia ha comprendido desde hace tiempo la necesidad de una hermenéutica que los interprete en su contexto histórico. Esto no significa que pierdan su contenido, sino que no deben tomarse completamente al pie de la letra".*

El mismo Fernández había anticipado en una entrevista al medio *"InfoVaticana"* el 5 de Julio de 2023, que se podrían aprobar las bendiciones a parejas homosexuales si era de forma *"disciplinar"*. Finalmente, no se aprobó de manera disciplinar sino *"pastoral"* con FS.

Esto de *"no tomar al pie de la letra"* lo que dice la Biblia sobre la homosexualidad va en consonancia con lo que dice otro Cardenal, miembro del consejo del Papa, elegido además por el máximo líder de los católicos romanos como Relator general del Sínodo de la Sinodalidad, el Cardenal Hollerich.

"Cuando se hizo la enseñanza de la Iglesia, el término homosexualidad ni siquiera existía. La homosexualidad es una palabra nueva; Incluso en tiempos de San Pablo la gente no tenía idea de que pudiera haber hombres y mujeres atraídos por el mismo sexo",[722] sostuvo Hollerich.

Los rumores sobre la primera reunión del sínodo en octubre de 2023, llevó a 5 cardenales a realizar la famosa *"Dubia"* al Papa, preguntándole si podría llegar a bendecirse parejas homosexuales. La respuesta del Papa fue tan ambigua que los cardenales reenviaron las preguntas, esta vez pidiéndole como respuesta un *"si"* o un *"no",* pero el Papa ya no respondió.

El Cardenal Zen, uno de los que enviaron la Dubia, afirmó entonces que la respuesta del Papa sobre la bendición de uniones homosexuales es *"pastoralmente insostenible".*

Pasó el Sínodo, y se dejó el tema de la homosexualidad para la reunión sinodal de 2024.

Cuando todo parecía enfriarse, el Dicasterio para la doctrina de la fe, publicó una respuesta al Monseñor Negri, en donde permitía los bautismos a personas transexuales y los padrinos trans en los bautismos de niños.

La novedad de este documento de definir a las personas transexuales como quienes se quitan los genitales, y hacerlo en un documento doctrinal, llevó al Cardenal Muller a advertir que la iglesia había cambiado la antropología al reconocer un género además del hombre y la mujer. Ahora se reconoce ademas de la antropología bíblica de hombre y mujer, a personas *"trans",* una terminología propia de la ideología de género.

Pero llegaría diciembre, con el documento Fiduccia Suplicans, las bendiciones homosexuales y la confusión en el catolicismo romano. Esto llevó a una gran ola de rechazo:

El Simposio de Conferencias Episcopales de África y Madagascar denegaron las bendiciones que permite el documento. También las conferencias episcopales de Ucrania y Polonia rechazaron las bendiciones homosexuales.

Obispos de distintas diócesis prohibieron la bendición de parejas irregulares por el grave escándalo y confusión, por ejemplo, de Santa María de Astana y de Santo Tomé.

---

722 Fuente: Glas Kincila "El Cardenal Jean-Claude Hollerich Sobre Los Desafíos Sinodales" - 27/3/23

Una cofradía británica de 500 sacerdotes, publicaron una carta en donde se oponen al documento. También muchos Sacerdotes españoles lanzaron una campaña de recogida de firmas pidiendo al Papa que anule Fiducia supplicans. Cardenales se opusieron firmemente al documento, tal como Muller quien afirmó que FS es una blasfemia. El Monseñor Shneider dijo que no eran *"...imbéciles para creer esos silogismos"*. Mientras los católicos que estaban a favor del documento decían que FS era *"un documento hermoso"*, y que era claro sin confusión, el Dicasterio decidió sacar una nota de prensa explicatoria de FS.

La nueva nota explicatoria, afirmaba en el Ítem 1 que las manifestaciones contrarias eran *"comprensibles"*, pero en el ítem 2, afirmaría que este nuevo cambio no podría ser negado totalmente ni para siempre. En algún momento todos los que se oponen a FS tendrán que ceder y aceptar el cambio.

Mientras, la conferencia episcopal de Alemania afirmaba que FS fue un *"regalo de navidad"*:

"Es una expresión de respeto por la realidad de la vida y las decisiones de vida de las personas que quieren estar ahí el uno para el otro. Y esto nos da la oportunidad de bendecir sin pedir nada". Arzobispo Hebe.

"La Congregación para la Doctrina de la Fe está haciendo algo que solo podemos acoger con agrado". Presidente del Comité Central de los Católicos Alemanes (ZdK), Irme Stetter-Karp.

El Monseñor Georg Bätzing, presidente de la conferencia episcopal de Alemania, ya había afirmado que el catecismo debía cambiar sobre la condena de las relaciones homosexuales.

Y como venimos repitiendo, el magisterio puede cambiar las enseñanzas bíblicas.

El catecismo ya ha cambiado en 2018, en el #2267 sobre la pena de muerte.

Antes: *"la enseñanza tradicional de la Iglesia no excluye, supuesta la plena comprobación de la identidad y de la responsabilidad del culpable, el recurso a la pena de muerte, si esta fuera el único camino posible para defender eficazmente del agresor injusto las vidas humanas"*.

Ahora: *"la Iglesia enseña, a la luz del Evangelio, que la pena de muerte es inadmisible, porque atenta contra la inviolabilidad y la dignidad de la persona, y se compromete con determinación a su abolición en todo el mundo"*.

El Papa tiene la potestad de cambiar el catecismo cuando quiera, y así lo explica el Teólogo y Cardenal Cardenal Christoph Schönborn, quien participó en la edición del último catecismo y el profesor de la Facultad de Teología de la Universidad Pontificia de Salamanca Emilio José Justo Domínguez.

El catecismo puede cambiar, el magisterio puede cambiar, y sólo la Palabra de Dios se mantiene inmutable. Los protestantes no estamos en contra de la tradición perse, sino que estudiamos la tradición, y comprendemos que puede fallar, tal y como el magisterio puede hacerlo, siendo las Sagradas Escrituras la única infalible, por lo que vemos una vez más reivindicado este principio que defendemos.

Sólo la Biblia no cambia, y vemos como los católicos conservadores se refugian en ellas ante un magisterio que está cambiando la moral doctrinal con respecto al homosexualismo. Por eso es que decimos, Sola Scriptura.

Made in United States
Orlando, FL
19 June 2024